中国固定资产投资统计年鉴

2003

国家统计局固定资产投资统计司 编

中国统计出版社
China Statistics Press

(京)新登字 041 号

图书在版编目(CIP)数据

中国固定资产投资统计年鉴 - 2003/国家统计局固定资产投资统计司编.
- 北京:中国统计出版社,2003.10
ISBN 7-5037-4250-X

Ⅰ.中…
Ⅱ.国…
Ⅲ.固定资产 - 投资 - 统计资料 - 中国 - 2003 - 年鉴
Ⅳ.F832.48 - 54

中国版本图书馆 CIP 数据核字(2003)第 085201 号

中国固定资产投资统计年鉴 - 2003

作　　者/国家统计局固定资产投资统计司
责任编辑/陈悟朝
封面设计/张　冰
出版发行/中国统计出版社
通信地址/北京市西城区月坛南街 75 号　邮政编码/100826
办公地址/北京市丰台区西三环南路甲 6 号
电　　话/(010)63459084　63266600 - 22500(发行部)
印　　刷/科伦克三莱印务(北京)有限公司
经　　销/新华书店
开　　本/787×1092mm　1/16
字　　数/1000 千字
印　　张/42.125
印　　数/1 - 1200 册
版　　别/2003 年 10 月第 1 版
版　　次/2003 年 10 月北京第 1 次印刷
书　　号/ISBN 7-5037-4250-X/F·1675
定　　价/142.00 元

编 者 说 明

《中国固定资产投资统计年鉴—2003》资料是直接由2002年全国固定资产投资统计报表基层数据库和综合报表加工而来,分上下两篇。

上篇由以下部分组成:

一、全社会固定资产投资。包括全社会固定资产投资主要指标,并按各种经济类型(国有经济、集体经济、联营经济、股份制经济、外商投资经济、港澳台投资经济和个体经济)固定资产投资分列。

二、国有经济固定资产投资。包括国有基本建设、国有更新改造、国有其他固定资产投资和国有房地产开发投资。

三、集体经济固定资产投资。包括城镇集体所有制单位建造和购置固定资产和农村非农户固定资产投资。

四、联营经济固定资产投资。不同所有制性质的企业或企业、事业单位之间共同投资组成新的经济实体所进行的固定资产投资。联营经济投资只包括具备法人条件的紧密型联营企业所进行的投资。不具备法人条件的半紧密型联营企业和松散型联营企业的投资,仍按其各自的所有制性质划归经济类型。

五、股份制经济固定资产投资。全体股东共同出资,并以股份形式投资办企业所进行的固定资产投资。包括股份有限公司和其他有限责任公司(不含国有独资)。

六、外商投资经济固定资产投资。外国投资者根据中华人民共和国有关涉外经济的法律、法规,以合资、合作或独资的形式在中国大陆举办的企业所进行的固定资产投资。包括中外合资经营、中外合作经营、外商独资和外商股份有限四种登记注册类型。

七、港澳台投资经济固定资产投资。港澳台地区投资者根据中华人民共和国有关涉外经济的法律、法规,以及合资、合作或独资的形式在中国大陆举办的企业所进行的固定资产投资。包括与大陆合资、合作经营、独资和股份有限公司等企业在中国大陆的投资。

八、私营个体经济固定资产投资。包括以下三部分:城镇和工矿区所辖范围的个人建房投资;城镇私营个体经济的总投资50万元以上固定资产投资和城镇私营个体经济房地产开发投资;农村农户固定资产投资。农村农户固定资产投资由农调队根据抽样调查资料得到。

下篇由以下部分组成:

一、基本建设固定资产投资。内容包括:

1.列入中央和各级地方本年基本建设计划的项目(含用军费、人防经费安排的基建工程),以及虽未列入本年基本建设计划,但使用以前年度基本建设计划内结转投资在本年继续施工的项目;

2.用基本建设计划内投资与更新改造计划内投资合建的新建项目和新增生产能力(或效益)达到大中型项目标准的扩建项目,以及为改变生产力布局而进行的全厂性迁建项目;

3.国有经济既未列入基本建设计划也未列入更新改造计划的总投资在50万元以上的新建、扩建、恢复和为改变生产力布局而进行的全厂性迁建项目，以及行政、事业单位增建业务用房和行政单位增建生活福利设施的项目。

二、更新改造固定资产投资。内容包括：

1.列入中央和各级地方本年更新改造计划的项目，以及虽未列入本年更新改造计划，但使用以前年度更新改造计划内结转投资在本年继续施工的项目；

2.用更新改造计划内投资与基本建设计划内投资结合安排的对企业、事业单位原有设施进行技术改造或更新的项目，增建主要车间、分厂等新增生产能力（或效益）尚未达到大中型项目标准的项目，以及由于城市环境保护和安全生产的需要而进行的迁建工程；

3.国有经济企业、事业单位既未列入更新改造计划也未列入基本建设计划，总投资在50万元以上的属于改建或更新改造性质的项目，以及由于城市环境保护和安全生产的需要而进行的迁建工程。

三、房地产开发固定资产投资。内容包括：

各种经济类型的房地产开发公司、商品房建设公司及其他房地产开发单位统一开发的商品住宅、厂房、仓库、饭店、宾馆、度假村、写字楼、办公楼等房屋建筑物和配套的服务设施、土地开发工程投资，如道路、给水、排水、供电、供热、通讯、平整场地等基础设施工程。包括非房地产企业实际从事房地产开发或经营活动，不包括单纯的土地交易活动。

使用本年报资料时请注意以下几点：

1.本年报上篇各部分按建设性质分的投资中不含房地产开发投资。

2.由于房地产自筹资金来源中只下设“企事业单位自有资金”，故上篇各部分自筹资金来源各分项之和不等于总计。

3.不分地区固定资产投资数据包括跨省、市、区项目和各部门统一购置的设备、铁路机车、车辆、飞机等，以及用军费和人防经费安排的基本建设工程完成的投资。

4.本年报资料凡小数点后各项相加不等于总计者，均由于四舍五入的缘故。

5.本年报资料是直接由全国固定资产投资统计基层报表数据库及综合表加工而来，由于篇幅所限，只能编印部分内容。各资料使用单位若有特殊的资料加工需求，可与国家统计局固定资产投资统计司联系。

目　　录

上　　篇

一、全社会固定资产投资

二、国有经济固定资产投资

三、集体经济固定资产投资

四、联营经济固定资产投资

五、股份制经济固定资产投资

六、外商投资经济固定资产投资

七、港澳台投资经济固定资产投资

八、私营个体经济固定资产投资

下　　篇

九、基本建设固定资产投资

（一）概况与投资总规模

（二）基本建设投资和新增固定资产

十、更新改造固定资产投资

十一、房地产开发固定资产投资

上　篇

一、全社会固定资产投资

1-1　全社会固定资产投资 2002 年主要指标与 2001 年比较

指　标　名　称	2001 年	2002 年	2002 年比 2001 年增减	
			绝对数	%
一、投资总额(亿元)	**37213.49**	**43499.91**	**6286.42**	**16.9**
1.按构成分				
建筑安装工程	22954.88	26578.89	3624.01	15.8
设备工器具购置	8833.79	9884.47	1050.68	11.9
其他费用	5424.83	7036.55	1611.72	29.7
2.按产业分				
第一产业	1085.38	1487.21	401.83	37.0
第二产业	12137.18	14691.98	2554.80	21.0
第三产业	23990.93	27320.72	3329.79	13.9
3.住宅	8339.10	9407.10	1068.00	12.8
二、全部项目建设规模(亿元)				
计划总投资	118302.62	135312.75	17010.13	14.4
实际需要总投资	120949.03	138045.72	17096.69	14.1
自开始建设至本年底				
累计完成投资	69106.43	78273.83	9167.40	13.3
全部建成尚需投资	51842.60	59771.89	7929.29	15.3
三、新增固定资产(亿元)	**28184.88**	**32304.20**	**4119.32**	**14.6**
四、房屋建筑面积(万平方米)				
施工面积	276025.40	304428.15	28402.75	10.3
其中:住宅	182767.05	193730.96	10963.91	6.0
竣工面积	182437.05	196737.87	14300.82	7.8
其中:住宅	130419.64	134002.10	3582.46	2.7

1-2 全社会固定资产投资主要指标

指标名称	合计	国有经济	集体经济	集体经济：农村	个体经济	个体经济：农村
一、投资总额(亿元)	**43499.91**	**18877.35**	**5987.43**	**4887.91**	**6519.19**	**3123.23**
1.按构成分						
建筑安装工程	26578.89	12194.13	3246.24	2498.36	4634.20	2117.21
设备工器具购置	9884.47	3592.29	2179.55	1999.71	861.27	616.75
其他费用	7036.55	3090.94	561.64	389.85	1023.72	389.27
2.按产业分						
第一产业	1487.21	499.50	292.06	281.84	631.15	613.77
第二产业	14691.98	4938.10	3440.35	3102.93	642.47	222.94
第三产业	27320.72	13439.76	2255.02	1503.14	5245.57	2286.52
3.住宅	9407.10	1730.23	673.21	240.52	3976.85	1917.67
二、全部项目建设规模(亿元)						
计划总投资	135312.75	67372.89	12494.15	9775.82	10944.96	3123.23
实际需要总投资	138045.72	68446.15	12585.52	9775.82	11326.79	3123.23
自开始建设至本年底累计完成投资	78273.83	38073.52	6661.16	4887.91	8292.24	3123.23
全部建成尚需投资	59771.89	30372.64	5924.36	4887.91	3034.55	
三、新增固定资产(亿元)	**32304.20**	**13014.40**	**5228.00**	**4417.63**	**5725.48**	**3094.66**
四、房屋建筑面积(万平方米)						
施工面积	304428.15	63874.61	45062.43	34109.74	128131.44	80344.99
其中:住宅	193730.96	30159.12	12681.47	5552.37	111516.77	74330.07
竣工面积	196737.87	29536.09	34015.12	28593.88	107621.19	75125.72
其中:住宅	134002.10	15009.71	7793.96	4367.49	96171.39	69840.97

1－2续表

指　标　名　称	联营经济	股份制经　济	外商投资经济	港澳台投资经济	其他经济
一、投资总额(亿元)	**138.19**	**8328.81**	**1685.42**	**1765.33**	**198.19**
1.按构成分					
建筑安装工程	79.63	4664.79	675.27	953.72	130.91
设备工器具购置	39.89	1877.00	776.84	521.13	36.51
其他费用	18.67	1787.02	233.32	290.48	30.77
2.按产业分					
第一产业	3.57	43.17	6.47	5.52	5.77
第二产业	71.66	3688.79	1149.64	692.56	68.41
第三产业	62.96	4596.85	529.31	1067.25	124.00
3.住宅	32.75	2241.36	206.82	505.02	40.86
二、全部项目建设规模(亿元)					
计划总投资	368.86	28233.06	7101.99	8362.16	434.69
实际需要总投资	374.82	28730.43	7194.72	8937.68	449.61
自开始建设至本年底累计完成投资	218.81	15582.19	3925.98	5247.98	271.96
全部建成尚需投资	156.02	13148.24	3268.74	3689.70	177.64
三、新增固定资产(亿元)	**87.82**	**5518.81**	**1361.92**	**1230.63**	**137.13**
四、房屋建筑面积(万平方米)					
施工面积	735.36	46753.76	6752.84	11717.07	1400.63
其中:住宅	417.77	29508.48	2718.13	6099.98	629.24
竣工面积	344.64	18605.11	2452.80	3493.97	668.96
其中:住宅	171.45	11683.18	934.59	1944.27	293.55

1-3 各地区全社会全部项目计划总投资

单位:亿元

地区	合计	国有经济	集体经济	农村	个体经济	农村
全国总计	**135312.75**	**67372.89**	**12494.15**	**9775.82**	**10944.96**	**3123.23**
北京	8357.51	3343.05	352.44	145.03	350.73	30.00
天津	2525.95	1080.21	202.09	148.00	264.10	18.01
河北	4204.81	1665.64	1110.64	958.44	397.21	187.27
山西	2440.72	1208.97	118.94	78.64	162.16	46.26
内蒙古	1595.41	825.67	53.80	40.80	151.54	52.16
辽宁	4250.08	1796.27	342.21	297.58	461.39	92.72
吉林	1959.38	984.41	54.13	42.32	207.77	62.34
黑龙江	2207.13	1269.72	56.27	32.29	168.55	71.34
上海	9322.64	2999.55	557.15	389.13	920.78	6.87
江苏	8231.88	3825.71	1654.11	1424.60	651.98	222.50
浙江	9872.72	3348.98	1867.66	1693.27	648.08	201.49
安徽	2868.35	1491.07	173.10	116.02	362.30	152.00
福建	3886.81	1535.33	375.82	281.01	300.38	82.00
江西	2390.64	1205.45	185.70	152.45	397.36	98.21
山东	7651.03	3050.57	1628.51	1231.74	663.35	285.64
河南	4347.95	2440.12	509.16	454.01	463.91	303.07
湖北	4757.28	2876.35	330.96	281.40	321.35	88.16
湖南	3711.47	2248.58	346.24	303.80	366.25	207.79
广东	14568.90	5043.76	1166.06	623.18	1409.55	251.87
广西	2553.74	1457.18	80.82	46.61	255.47	99.30
海南	893.58	254.54	21.16	13.91	36.46	15.71
重庆	2823.45	1211.49	165.05	112.47	459.58	47.89
四川	4989.48	2213.48	627.95	540.00	486.74	151.55
贵州	2154.81	1641.87	42.79	25.05	232.02	64.60
云南	2569.24	1707.70	138.95	116.88	214.64	91.33
西藏	197.58	182.12	1.26		3.27	0.00
陕西	2967.95	1990.21	122.03	66.97	252.30	86.43
甘肃	1620.67	1115.63	81.46	53.42	96.83	34.05
青海	724.19	334.56	20.61	14.10	32.96	9.86
宁夏	564.90	398.70	47.51	42.13	43.31	22.46
新疆	1889.93	966.61	59.58	50.58	162.64	40.33
不分地区	12212.56	11659.40				

1-3 续表　　　　单位:亿元

地　　区	联营经济	股份制经济	外商投资经济	港澳台投资经济	其他经济
全国总计	**368.86**	**28233.06**	**7101.99**	**8362.16**	**434.69**
北　　京	0.87	2709.09	516.36	1071.64	13.33
天　　津	0.47	534.50	246.12	193.40	5.05
河　　北	21.87	844.08	63.59	81.66	20.12
山　　西	29.72	697.74	169.39	42.90	10.89
内 蒙 古	1.90	526.51	6.42	24.58	4.98
辽　　宁	1.81	1058.58	281.48	290.96	17.39
吉　　林	2.27	605.89	64.02	32.13	8.76
黑 龙 江	0.33	658.71	25.42	25.24	2.90
上　　海	61.79	2559.72	1376.49	825.00	22.15
江　　苏	6.74	897.62	817.62	368.20	9.91
浙　　江	5.59	3402.43	284.31	290.74	24.94
安　　徽	4.90	599.57	162.24	60.78	14.39
福　　建	17.23	439.18	531.02	661.10	26.76
江　　西	7.39	365.71	67.99	150.34	10.71
山　　东	52.33	1583.26	361.67	252.68	58.67
河　　南	2.06	659.42	81.16	171.25	20.88
湖　　北	12.45	799.92	140.85	234.18	41.21
湖　　南	7.40	559.11	77.95	96.44	9.51
广　　东	52.62	2796.95	1196.53	2860.49	42.94
广　　西	30.90	536.13	56.12	130.13	7.00
海　　南	7.34	300.55	244.20	20.29	9.05
重　　庆	9.13	659.78	127.55	187.87	3.00
四　　川	6.18	1438.75	101.01	100.86	14.51
贵　　州	3.85	198.98	11.17	21.60	2.53
云　　南	2.61	436.58	18.07	45.31	5.37
西　　藏		10.80	0.02		0.11
陕　　西	13.76	507.47	28.58	44.22	9.39
甘　　肃	4.61	266.35	11.70	31.62	12.48
青　　海	0.33	312.82	20.47	1.73	0.70
宁　　夏		66.33	5.84	2.24	0.97
新　　疆	0.40	647.39	6.65	42.57	4.09
不分地区		553.15			

1-4 各地区全社会全部项目实际需要总投资

单位:亿元

地　区	合　计	国有经济	集体经济	农　村	个体经济	农　村
全国总计	**138045.72**	**68446.15**	**12585.52**	**9775.82**	**11326.79**	**3123.23**
北　京	8716.36	3487.12	364.95	145.03	361.65	30.00
天　津	2434.21	1068.43	205.80	148.00	273.19	18.01
河　北	4286.69	1725.98	1114.45	958.44	401.35	187.27
山　西	2498.06	1245.38	119.59	78.64	166.36	46.26
内蒙古	1602.97	831.07	53.81	40.80	152.15	52.16
辽　宁	4364.76	1823.83	342.48	297.58	487.38	92.72
吉　林	1983.53	994.09	54.36	42.32	208.97	62.34
黑龙江	2225.79	1280.24	56.41	32.29	169.27	71.34
上　海	9610.45	3071.61	570.27	389.13	985.95	6.87
江　苏	8321.61	3869.03	1658.74	1424.60	661.44	222.50
浙　江	9944.65	3415.58	1883.51	1693.27	659.10	201.49
安　徽	2911.01	1524.13	174.29	116.02	364.72	152.00
福　建	4106.99	1561.96	377.73	281.01	310.35	82.00
江　西	2421.80	1223.24	186.52	152.45	401.80	98.21
山　东	7793.36	3128.40	1640.06	1231.74	670.32	285.64
河　南	4406.37	2481.78	510.61	454.01	465.36	303.07
湖　北	4910.71	2904.53	332.72	281.40	333.58	88.16
湖　南	3753.67	2278.10	346.67	303.80	368.47	207.79
广　东	15261.45	5220.66	1176.63	623.18	1569.61	251.87
广　西	2588.44	1474.26	82.86	46.61	258.85	99.30
海　南	861.61	257.07	21.16	13.91	36.59	15.71
重　庆	2873.38	1227.45	165.42	112.47	471.70	47.89
四　川	5074.64	2234.23	629.20	540.00	491.42	151.55
贵　州	2197.64	1668.81	42.98	25.05	236.94	64.60
云　南	2615.97	1743.62	139.52	116.88	217.22	91.33
西　藏	197.79	182.25	1.26		3.27	
陕　西	3025.46	2025.64	123.73	66.97	256.41	86.43
甘　肃	1639.24	1127.86	81.84	53.42	98.90	34.05
青　海	723.24	334.14	20.61	14.10	32.95	9.86
宁　夏	573.51	404.54	47.54	42.13	44.22	22.46
新　疆	1904.50	971.43	59.80	50.58	167.27	40.33
不分地区	12215.88	11659.70				

1-4 续表 单位:亿元

地　区	联营经济	股份制经济	外商投资经济	港澳台投资经济	其他经济
全国总计	**374.82**	**28730.43**	**7194.72**	**8937.68**	**449.61**
北　京	0.93	2780.75	532.66	1174.88	13.43
天　津	0.42	472.18	206.30	202.95	4.94
河　北	25.48	848.22	67.99	82.78	20.44
山　西	29.75	709.22	169.53	47.31	10.91
内蒙古	1.90	529.29	6.46	23.30	4.98
辽　宁	1.82	1083.20	292.69	315.81	17.55
吉　林	2.27	618.73	64.20	32.15	8.76
黑龙江	0.33	663.43	26.38	26.82	2.90
上　海	62.18	2653.93	1390.56	853.45	22.50
江　苏	6.41	909.76	831.47	374.72	10.03
浙　江	5.61	3401.05	270.19	283.34	26.27
安　徽	4.99	606.43	161.43	60.64	14.38
福　建	17.64	456.02	531.71	816.89	34.69
江　西	7.33	372.93	67.90	151.37	10.71
山　东	52.62	1614.85	368.62	259.51	58.97
河　南	2.06	664.66	82.99	178.02	20.90
湖　北	12.85	850.11	189.38	245.13	42.40
湖　南	7.41	567.30	78.25	97.94	9.52
广　东	52.69	2931.23	1214.61	3051.25	44.78
广　西	31.11	542.18	56.97	135.19	7.01
海　南	7.64	264.06	245.11	21.00	8.97
重　庆	9.23	666.32	130.30	199.82	3.14
四　川	6.32	1485.26	102.77	110.65	14.79
贵　州	3.96	206.84	12.41	23.16	2.53
云　南	2.61	443.57	18.34	45.63	5.46
西　藏		10.88	0.02		0.11
陕　西	13.90	521.25	29.96	44.96	9.61
甘　肃	4.61	269.13	12.38	32.03	12.48
青　海	0.33	312.31	20.47	1.73	0.70
宁　夏		68.11	5.84	2.28	0.97
新　疆	0.41	651.04	6.82	42.96	4.77
不分地区		556.18			

1-5 各地区会社会全部项目累计完成投资

单位:亿元

地区	合计	国有经济	集体经济	农村	个体经济	农村
全国总计	**78273.83**	**38073.52**	**6661.16**	**4887.91**	**8292.24**	**3123.23**
北京	4605.65	2068.96	188.03	72.52	222.77	30.00
天津	1530.88	589.19	104.01	74.00	179.09	18.01
河北	2769.61	1211.01	589.11	479.22	355.83	187.27
山西	1499.01	832.48	64.62	39.32	112.74	46.26
内蒙古	1049.17	578.31	29.17	20.40	119.29	52.16
辽宁	2872.05	1305.75	180.14	148.79	329.69	92.72
吉林	1327.55	657.63	28.99	21.16	156.46	62.34
黑龙江	1504.29	855.13	36.33	16.15	148.77	71.34
上海	5651.86	1827.08	334.74	194.56	623.91	6.87
江苏	4884.61	2360.94	876.14	712.30	529.32	222.50
浙江	5847.19	2128.48	975.10	846.63	511.47	201.49
安徽	1695.13	950.49	96.85	58.01	282.97	152.00
福建	2406.03	921.12	194.87	140.51	223.52	82.00
江西	1261.10	709.52	97.81	76.23	221.48	98.21
山东	4689.25	1954.83	861.11	615.87	527.87	285.64
河南	2989.61	1805.97	265.54	227.00	407.43	303.07
湖北	3472.80	2263.43	179.41	140.70	265.71	88.16
湖南	2363.77	1448.73	178.22	151.90	324.37	207.79
广东	8714.02	2787.37	646.61	311.59	1036.47	251.87
广西	1302.56	762.87	42.02	23.30	216.67	99.30
海南	414.23	177.16	9.68	6.95	32.58	15.71
重庆	1613.56	726.39	88.59	56.23	302.88	47.89
四川	2954.27	1384.84	315.76	270.00	376.13	151.55
贵州	1091.45	787.09	22.95	12.52	154.27	64.60
云南	1599.58	1039.18	74.41	58.44	188.52	91.33
西藏	131.30	117.49	0.42		3.12	
陕西	1848.77	1187.66	65.23	33.48	188.95	86.43
甘肃	951.73	663.37	46.90	26.71	67.58	34.05
青海	461.22	232.86	10.54	7.05	21.72	9.86
宁夏	353.54	238.85	25.33	21.06	38.29	22.46
新疆	1310.46	608.02	32.52	25.29	122.38	40.33
不分地区	3107.58	2891.34				

1－5 续表

单位:亿元

地区	联营经济	股份制经济	外商投资经济	港澳台投资经济	其他经济
全国总计	**218.81**	**15582.19**	**3925.98**	**5247.98**	**271.96**
北京	0.86	1197.95	270.19	647.36	9.52
天津	0.34	315.13	171.01	169.48	2.63
河北	19.03	482.83	49.95	45.89	15.98
山西	21.30	274.43	154.73	33.01	5.70
内蒙古	1.90	292.85	3.81	19.60	4.25
辽宁	1.31	663.98	177.60	203.08	10.50
吉林	2.04	416.35	45.56	13.76	6.75
黑龙江	0.33	431.54	16.88	12.91	2.39
上海	39.06	1488.17	824.00	496.86	18.04
江苏	4.57	498.39	411.29	197.06	6.91
浙江	4.44	1900.92	178.89	132.34	15.55
安徽	2.64	263.60	61.44	29.22	7.91
福建	10.98	246.63	325.62	463.38	19.91
江西	3.95	156.15	28.60	39.51	4.08
山东	33.74	923.26	209.93	161.10	17.44
河南	1.92	320.70	55.50	120.79	11.76
湖北	8.76	498.21	121.23	108.74	27.32
湖南	4.38	303.01	42.01	56.34	6.72
广东	32.13	1763.30	512.52	1904.65	30.99
广西	2.58	161.94	29.26	82.84	4.38
海南	2.80	126.24	45.59	13.53	6.65
重庆	5.29	321.52	69.34	96.97	2.58
四川	3.42	713.00	68.74	81.95	10.42
贵州	2.34	102.56	7.22	14.03	0.99
云南	0.98	248.13	10.48	34.09	3.79
西藏		10.21	0.02		0.05
陕西	4.51	348.25	18.52	28.54	7.10
甘肃	3.03	146.16	3.12	13.87	7.70
青海	0.10	188.21	6.03	1.32	0.44
宁夏		46.81	2.53	1.49	0.25
新疆	0.08	515.51	4.38	24.30	3.26
不分地区		216.24			

1-6 按管理渠道分的全社会固定资产投资

指 标 名 称	2001年	2002年	2002年比2001年增减	
			绝对数	%
投资总额(亿元)	**37213.49**	**43499.91**	**6286.42**	**16.9**
一、基本建设				
完成投资	14820.10	17666.62	2846.52	19.2
建筑安装工程	10154.63	11865.82	1711.19	16.9
设备、工器具购置	2473.29	2780.18	306.89	12.4
其他费用	2192.18	3020.62	828.44	37.8
计划总投资	63308.13	70030.15	6722.02	10.6
实际需要总投资	64407.15	70637.75	6230.60	9.7
自开始建设至本年底				
累计完成投资	34121.55	37297.19	3175.64	9.3
新增固定资产(亿元)	10112.67	11989.69	1877.02	18.6
二、更新改造				
完成投资	5923.76	6750.55	826.79	14.0
建筑安装工程	2206.06	2598.03	391.97	17.8
设备、工器具购置	3297.88	3635.32	337.44	10.2
其他费用	419.82	517.19	97.37	23.2
计划总投资	12492.87	14611.34	2118.47	17.0
实际需要总投资	12639.47	14817.89	2178.42	17.2
自开始建设至本年底				
累计完成投资	8472.19	9891.19	1419.00	16.7
新增固定资产(亿元)	4411.49	4693.16	281.67	6.4
三、房地产开发				
完成投资	6344.11	7790.92	1446.81	22.8
建筑安装工程	4273.20	5202.71	929.51	21.8
设备、工器具购置	122.68	139.75	17.07	13.9
其他费用	1948.24	2448.46	500.22	25.7
计划总投资	26179.48	32189.10	6009.62	23.0
实际需要总投资	27552.59	33953.72	6401.13	23.2
自开始建设至本年底				
累计完成投资	15580.22	18998.76	3418.54	21.9
新增固定资产(亿元)	4489.02	5384.84	895.82	20.0

1－7　各地区按三次产业分的全社会固定资产投资

单位：亿元

地　区	合　计	第一产业	第二产业	第三产业
全国总计	**43499.91**	**1487.21**	**14691.98**	**27320.72**
北　京	1796.14	6.55	188.26	1601.33
天　津	807.51	6.36	316.15	484.99
河　北	2020.38	110.15	763.22	1147.01
山　西	813.36	20.01	378.80	414.55
内蒙古	707.91	66.34	234.35	407.22
辽　宁	1605.55	45.71	605.32	954.52
吉　林	834.23	35.11	299.13	499.98
黑龙江	1046.17	66.63	361.88	617.65
上　海	2213.72	5.65	715.57	1492.50
江　苏	3450.12	68.26	1488.67	1893.20
浙　江	3477.47	42.29	1288.93	2146.25
安　徽	1074.46	41.27	339.38	693.82
福　建	1253.08	21.10	419.03	812.94
江　西	889.04	23.18	271.37	594.49
山　东	3483.31	131.70	1650.59	1701.02
河　南	1725.93	100.15	518.52	1107.26
湖　北	1605.06	58.79	655.16	891.11
湖　南	1347.96	39.57	368.47	939.92
广　东	3850.78	37.39	1162.24	2651.15
广　西	750.33	24.29	200.57	525.46
海　南	225.41	26.11	34.38	164.91
重　庆	899.26	18.10	172.53	708.63
四　川	1902.72	49.07	645.89	1207.77
贵　州	632.97	19.78	202.21	410.98
云　南	814.61	21.57	218.37	574.68
西　藏	106.58	2.86	20.77	82.95
陕　西	915.35	35.98	274.52	604.85
甘　肃	526.21	26.31	193.18	306.72
青　海	232.35	10.19	89.51	132.65
宁　夏	226.98	13.74	67.91	145.32
新　疆	800.09	57.21	302.25	440.62
不分地区	1464.87	255.77	244.83	964.27

1-8 各地区全社会固定资产投资

单位：亿元

地区	合计	国有经济	集体经济	集体经济：农村	个体经济	个体经济：农村
全国总计	**43499.91**	**18877.35**	**5987.43**	**4887.91**	**6519.19**	**3123.23**
北京	1796.14	762.67	132.67	72.52	139.51	30.00
天津	807.51	319.97	90.27	74.00	89.43	18.01
河北	2020.38	724.02	571.23	479.22	332.25	187.27
山西	813.36	415.65	58.19	39.32	94.30	46.26
内蒙古	707.91	365.61	27.94	20.40	106.00	52.16
辽宁	1605.55	648.90	173.54	148.79	240.19	92.72
吉林	834.23	349.80	28.03	21.16	145.13	62.34
黑龙江	1046.17	537.25	30.12	16.15	136.74	71.34
上海	2213.72	720.64	256.05	194.56	284.66	6.87
江苏	3450.12	1422.05	827.25	712.30	464.43	222.50
浙江	3477.47	1100.90	918.19	846.63	427.30	201.49
安徽	1074.46	513.46	85.03	58.01	245.70	152.00
福建	1253.08	451.44	171.27	140.51	172.60	82.00
江西	889.04	431.91	91.25	76.23	207.66	98.21
山东	3483.31	1211.16	812.66	615.87	487.32	285.64
河南	1725.93	804.80	254.92	227.00	384.71	303.07
湖北	1605.06	862.96	169.52	140.70	224.97	88.16
湖南	1347.96	635.69	166.92	151.90	304.63	207.79
广东	3850.78	1167.09	456.21	311.59	654.33	251.87
广西	750.33	391.08	36.32	23.30	193.53	99.30
海南	225.41	93.36	9.27	6.95	32.01	15.71
重庆	899.26	382.15	76.78	56.23	195.94	47.89
四川	1902.72	791.82	297.94	270.00	317.93	151.55
贵州	632.97	416.21	18.80	12.52	126.92	64.60
云南	814.61	483.53	67.84	58.44	146.14	91.33
西藏	106.58	92.86	0.41		3.05	
陕西	915.35	528.69	54.52	33.48	151.79	86.43
甘肃	526.21	345.06	39.69	26.71	57.79	34.05
青海	232.35	135.96	9.66	7.05	19.75	9.86
宁夏	226.98	129.74	24.17	21.06	36.38	22.46
新疆	800.09	392.30	30.75	25.29	96.10	40.33
不分地区	1464.87	1248.62				

1－8续表 单位:亿元

地　　区	联营经济	股份制经济	外商投资经济	港澳台投资经济	其他经济
全国总计	**138.19**	**8328.81**	**1685.42**	**1765.33**	**198.19**
北　　京	0.36	540.62	64.76	147.25	8.30
天　　津	0.34	172.24	71.06	62.17	2.02
河　　北	17.47	305.59	30.25	23.78	15.80
山　　西	19.15	173.67	37.08	11.02	4.30
内 蒙 古	0.90	194.98	2.81	5.91	3.76
辽　　宁	1.31	388.32	89.19	54.29	9.80
吉　　林	1.18	266.45	28.70	9.85	5.10
黑 龙 江	0.33	318.93	12.78	7.67	2.36
上　　海	11.36	592.71	232.34	111.75	4.21
江　　苏	3.18	346.15	260.68	121.68	4.71
浙　　江	1.58	866.37	90.46	62.26	10.40
安　　徽	1.81	183.78	24.73	14.28	5.67
福　　建	4.88	140.65	150.41	152.26	9.57
江　　西	3.07	97.57	23.09	30.53	3.95
山　　东	29.79	710.70	125.18	91.06	15.45
河　　南	0.73	198.29	28.91	44.39	9.18
湖　　北	5.81	234.28	40.97	42.32	24.23
湖　　南	3.98	177.48	25.98	26.64	6.64
广　　东	12.86	696.43	244.31	598.32	21.24
广　　西	1.98	91.70	13.97	18.11	3.64
海　　南	1.03	71.83	8.83	5.53	3.54
重　　庆	4.57	164.33	36.07	37.10	2.32
四　　川	2.35	438.64	16.62	31.42	6.02
贵　　州	1.63	58.10	2.84	7.61	0.85
云　　南	0.39	97.05	5.86	11.44	2.35
西　　藏		10.18	0.02		0.05
陕　　西	3.19	154.08	8.83	9.10	5.14
甘　　肃	2.77	67.94	1.87	6.01	5.07
青　　海	0.10	62.66	2.75	1.21	0.25
宁　　夏		32.70	2.29	1.43	0.25
新　　疆	0.08	258.13	1.78	18.90	2.03
不分地区		216.24			

1－9 各地区全社会新增固定资产

单位:亿元

地 区	合 计	国有经济	集体经济		个体经济	
				农 村		农 村
全国总计	**32304.20**	**13014.40**	**5228.00**	**4417.63**	**5725.48**	**3094.66**
北 京	1350.32	610.44	102.82	65.81	108.16	28.94
天 津	534.68	199.86	82.14	71.14	58.73	18.01
河 北	1620.75	545.04	543.82	475.12	302.74	178.96
山 西	840.96	398.08	49.44	37.75	84.81	44.86
内蒙古	581.81	305.81	25.94	20.03	93.75	49.30
辽 宁	1265.09	543.55	169.04	148.31	188.94	92.28
吉 林	665.36	258.53	25.35	21.06	137.41	62.48
黑龙江	854.06	467.16	30.64	15.93	127.75	69.76
上 海	1230.94	395.97	205.87	154.97	198.20	6.87
江 苏	2752.09	1099.68	776.73	680.04	400.04	200.25
浙 江	2657.33	729.12	831.80	784.29	359.85	201.49
安 徽	812.32	373.53	74.88	53.58	229.26	151.77
福 建	896.05	295.88	95.86	72.83	121.24	44.59
江 西	575.76	261.71	73.52	61.54	171.07	91.61
山 东	2510.78	748.77	731.29	603.16	439.03	284.19
河 南	1410.81	656.61	216.39	193.16	347.03	276.70
湖 北	1125.81	551.54	119.81	94.11	201.62	84.86
湖 南	881.30	472.35	110.62	99.18	153.77	72.34
广 东	3127.01	654.05	377.76	266.24	826.02	514.82
广 西	475.66	220.33	25.08	17.22	176.11	94.04
海 南	166.11	69.89	7.87	6.80	25.00	8.99
重 庆	653.68	258.00	65.01	50.20	146.72	45.60
四 川	1338.43	534.97	274.00	256.64	259.96	139.85
贵 州	403.07	243.77	12.01	7.82	103.56	59.41
云 南	657.76	360.29	59.87	51.80	131.80	80.72
西 藏	60.97	56.92	0.20		2.63	
陕 西	715.42	339.34	45.06	31.15	141.19	85.35
甘 肃	317.82	185.63	35.41	26.69	51.56	34.03
青 海	126.61	69.28	8.25	7.05	15.35	9.86
宁 夏	153.57	74.36	21.29	18.75	33.02	22.46
新 疆	629.03	321.09	30.21	25.29	89.13	40.29
不分地区	912.83	712.86				

1－9续表

单位:亿元

地　　区	联营经济	股份制经济	外商投资经济	港澳台投资经济	其他经济
全国总计	**87.82**	**5518.81**	**1361.92**	**1230.63**	**137.13**
北　　京	0.13	341.73	71.93	112.70	2.42
天　　津	0.09	100.23	36.70	56.01	0.92
河　　北	9.60	171.81	22.18	14.46	11.11
山　　西	19.90	120.39	147.39	17.88	3.06
内 蒙 古	1.88	131.47	2.10	17.66	3.22
辽　　宁	0.83	262.40	59.16	34.60	6.57
吉　　林	0.90	214.20	18.64	6.61	3.72
黑 龙 江	0.33	215.49	6.80	4.11	1.78
上　　海	5.62	246.37	108.72	67.48	2.70
江　　苏	2.20	229.26	174.95	66.30	2.93
浙　　江	1.01	570.65	101.78	55.02	8.09
安　　徽	1.38	104.20	17.88	7.36	3.83
福　　建	3.24	99.26	145.03	121.62	13.92
江　　西	0.88	42.01	11.13	13.95	1.49
山　　东	17.31	442.00	74.04	48.92	9.42
河　　南	0.54	128.90	17.34	38.72	5.29
湖　　北	3.64	170.95	41.00	20.62	16.64
湖　　南	2.19	105.30	12.44	20.58	4.04
广　　东	5.62	606.26	224.85	418.80	13.66
广　　西	0.58	36.76	7.29	7.39	2.12
海　　南	0.54	57.11	3.94	1.30	0.46
重　　庆	3.03	136.05	24.67	18.89	1.30
四　　川	0.50	226.67	14.87	21.80	5.65
贵　　州	1.58	35.17	1.92	4.34	0.71
云　　南	0.09	93.71	4.66	5.98	1.36
西　　藏		1.20	0.02		
陕　　西	2.21	168.98	5.76	8.39	4.49
甘　　肃	1.98	34.83	1.60	2.93	3.89
青　　海	0.01	32.88	0.37	0.07	0.39
宁　　夏		23.34	0.71	0.81	0.04
新　　疆	0.01	169.28	2.03	15.35	1.93
不分地区		199.97			

1－10 各地区全社会住宅建设投资

单位:亿元

地　区	合　计	国有经济	集体经济	农　村	个体经济	农　村
全国总计	**9407.10**	**1730.23**	**673.21**	**240.52**	**3976.85**	**1917.67**
北　京	667.43	148.27	50.28	5.55	116.57	27.19
天　津	139.07	29.80	16.31	11.72	45.07	11.33
河　北	394.73	83.02	29.44	8.80	205.54	116.99
山　西	115.67	39.04	5.53	1.26	48.93	30.16
内蒙古	100.68	25.02	3.18	0.36	44.96	20.63
辽　宁	381.85	52.42	20.24	10.74	132.77	47.36
吉　林	175.88	42.79	4.64	2.14	77.29	22.16
黑龙江	170.58	47.75	5.50	0.12	61.47	23.10
上　海	584.27	70.28	35.66	1.69	204.47	6.56
江　苏	623.23	132.45	69.28	26.43	244.23	110.07
浙　江	833.23	101.76	62.41	26.24	291.86	145.89
安　徽	252.19	39.30	12.47	2.01	163.38	107.30
福　建	300.65	37.64	35.88	19.93	129.61	62.80
江　西	180.41	23.09	14.54	9.76	115.32	68.74
山　东	605.23	133.44	91.21	30.10	235.14	156.17
河　南	411.25	63.27	13.55	4.82	265.76	204.14
湖　北	296.84	61.97	14.56	7.55	144.41	64.42
湖　南	327.55	46.68	18.61	12.87	209.07	143.82
广　东	1081.95	94.44	78.91	17.64	421.67	169.37
广　西	198.11	26.27	6.69	2.81	142.83	67.30
海　南	38.20	11.19	1.73	0.56	13.34	3.78
重　庆	253.59	47.40	18.58	9.41	122.68	38.55
四　川	440.86	94.19	33.20	18.01	192.80	78.11
贵　州	113.04	17.61	2.54	0.33	71.29	35.12
云　南	188.44	45.31	7.43	4.20	93.02	56.07
西　藏	9.17	7.33	0.03		1.79	
陕　西	229.28	84.87	8.08	0.41	99.71	62.90
甘　肃	89.70	40.17	5.36	1.57	27.75	15.76
青　海	20.78	7.79	0.95	0.06	6.01	2.24
宁　夏	41.34	6.87	2.57	0.82	16.44	11.77
新　疆	112.70	39.61	3.84	2.61	31.68	7.86
不分地区	29.22	29.22				

1-10续表

单位:亿元

地区	联营经济	股份制经济	外商投资经济	港澳台投资经济	其他经济
全国总计	**32.75**	**2241.36**	**206.82**	**505.02**	**40.86**
北京	0.10	270.89	22.80	53.08	5.45
天津		38.74	3.59	5.12	0.45
河北	7.71	61.99	2.57	2.75	1.73
山西	0.62	16.96	0.42	3.33	0.85
内蒙古	0.09	24.91	0.05	0.60	1.88
辽宁	0.11	138.12	21.38	15.31	1.50
吉林	0.59	44.99	2.14	3.15	0.29
黑龙江		50.69	1.48	2.56	1.13
上海	6.79	199.25	32.47	33.39	1.96
江苏	1.18	128.64	16.43	30.07	0.94
浙江	0.62	354.83	9.03	11.28	1.45
安徽	0.22	29.33	2.92	3.85	0.71
福建	1.54	32.28	25.30	36.01	2.38
江西	0.47	16.36	2.41	8.00	0.22
山东	1.79	114.04	8.86	17.37	3.38
河南	0.09	49.87	5.53	11.24	1.94
湖北	0.45	52.20	8.19	9.55	5.50
湖南	0.52	40.74	2.01	9.13	0.80
广东	6.46	264.72	23.23	190.42	2.10
广西	0.20	13.40	2.36	6.21	0.15
海南	0.10	7.07	1.64	2.07	1.05
重庆	1.90	44.14	3.94	13.91	1.04
四川	0.02	104.32	2.29	13.37	0.68
贵州	0.27	18.66	0.61	1.99	0.06
云南	0.15	33.84	1.63	6.55	0.50
西藏					0.01
陕西	0.75	29.06	1.94	3.80	1.07
甘肃	0.01	11.24	0.85	3.45	0.87
青海		5.95	0.07		
宁夏		14.82	0.53	0.07	0.03
新疆		29.31	0.16	7.36	0.72
不分地区					

1－11 各地区全社会建筑安装工程投资

单位：亿元

地区	合计	国有经济	集体经济		个体经济	
				农村		农村
全国总计	**26578.89**	**12194.13**	**3246.24**	**2498.36**	**4634.20**	**2117.21**
北京	1036.95	452.49	84.08	39.73	93.88	28.73
天津	507.01	228.20	45.85	36.00	57.53	12.63
河北	1199.44	463.62	272.45	207.84	251.49	127.02
山西	505.33	285.08	29.17	16.50	64.24	31.75
内蒙古	464.15	262.50	18.91	12.45	67.00	24.82
辽宁	984.76	402.74	104.26	87.47	161.78	57.84
吉林	587.03	264.89	20.40	14.58	96.71	23.31
黑龙江	677.41	343.89	16.93	6.39	79.72	23.38
上海	1138.75	397.96	148.34	112.41	183.03	6.66
江苏	1940.61	923.21	405.81	335.45	285.93	117.49
浙江	1953.32	723.03	413.66	367.21	313.53	156.23
安徽	698.51	351.38	50.51	32.26	188.54	114.57
福建	772.55	291.09	125.04	102.20	141.55	66.83
江西	580.16	304.82	51.28	41.70	143.63	70.33
山东	2080.30	812.74	421.52	287.27	324.52	184.93
河南	1174.37	564.94	166.55	148.97	284.34	212.04
湖北	932.25	489.07	89.61	72.17	168.37	67.54
湖南	920.48	430.62	112.98	101.86	242.22	159.24
广东	2420.04	789.83	270.67	165.66	481.64	192.57
广西	499.23	248.06	25.61	17.72	156.15	72.39
海南	126.26	63.86	5.37	3.49	18.76	4.21
重庆	625.89	275.84	54.09	37.71	155.41	43.50
四川	1204.02	532.76	149.63	130.07	239.91	108.46
贵州	413.15	272.52	12.12	7.87	85.55	36.56
云南	563.52	336.59	48.99	42.97	107.17	62.40
西藏	95.20	82.26	0.31		3.01	
陕西	634.68	381.34	33.39	19.04	117.60	65.36
甘肃	348.83	238.97	23.60	14.31	36.29	18.19
青海	180.11	114.60	7.26	5.21	10.31	2.56
宁夏	157.38	94.53	17.02	14.42	22.32	12.97
新疆	536.91	273.83	20.86	17.43	52.06	12.67
不分地区	620.26	496.90				

1-11 续表 单位:亿元

地区	联营经济	股份制经济	外商投资经济	港澳台投资经济	其他经济
全国总计	**79.63**	**4664.79**	**675.27**	**953.72**	**130.91**
北京	0.33	298.38	36.37	66.08	5.36
天津	0.26	103.49	23.00	47.67	1.01
河北	13.56	162.32	12.22	12.39	11.40
山西	11.56	94.32	10.64	7.47	2.84
内蒙古	0.23	108.18	0.79	3.17	3.36
辽宁	1.03	238.91	43.77	26.24	6.03
吉林	0.94	181.43	12.29	6.23	4.14
黑龙江	0.24	223.18	6.62	4.81	2.01
上海	4.34	276.55	67.26	59.08	2.19
江苏	1.24	176.73	86.94	57.85	2.91
浙江	1.04	428.76	36.29	31.70	5.33
安徽	1.00	85.97	10.54	6.88	3.70
福建	3.85	73.29	58.42	72.58	6.75
江西	2.13	47.76	9.22	19.66	1.67
山东	12.55	402.27	53.06	42.44	11.22
河南	0.46	114.73	11.22	26.91	5.22
湖北	2.48	123.40	18.08	25.33	15.91
湖南	2.95	101.18	9.34	17.10	4.09
广东	8.54	410.04	120.58	325.38	13.38
广西	1.20	48.05	5.72	12.07	2.38
海南	0.49	25.25	6.35	3.59	2.60
重庆	3.16	102.02	15.01	18.46	1.91
四川	2.09	249.60	6.44	20.20	3.39
贵州	1.13	35.25	1.30	4.61	0.66
云南	0.23	57.13	3.19	8.53	1.70
西藏		9.56			0.05
陕西	1.62	85.70	5.50	5.87	3.65
甘肃	0.85	39.64	0.60	4.83	4.05
青海	0.10	45.43	1.57	0.66	0.20
宁夏		21.06	1.71	0.59	0.15
新疆	0.04	171.85	1.24	15.36	1.68
不分地区		123.36			

1-12 各地区全社会设备、工器具购置投资

单位:亿元

地区	合计	国有经济	集体经济	农村	个体经济	农村
全国总计	**9884.47**	**3592.29**	**2179.55**	**1999.71**	**861.27**	**616.75**
北京	198.90	83.41	27.25	23.51	3.37	0.58
天津	185.24	48.62	37.74	34.58	7.49	3.35
河北	571.90	170.15	231.21	215.58	52.45	45.66
山西	203.42	85.15	18.89	13.92	15.18	9.15
内蒙古	149.33	57.49	4.07	3.70	22.31	16.86
辽宁	336.69	149.09	51.57	47.25	23.47	13.39
吉林	152.22	56.17	4.15	3.59	15.65	13.94
黑龙江	233.06	137.66	9.77	7.61	31.00	27.88
上海	502.07	117.01	70.66	61.34	3.57	0.21
江苏	977.36	248.71	375.85	349.22	84.77	52.62
浙江	797.09	138.45	410.63	404.37	51.98	39.12
安徽	240.73	102.18	24.31	18.76	29.12	24.04
福建	311.96	89.06	36.15	33.13	10.82	7.35
江西	185.29	75.86	32.58	30.38	33.83	14.58
山东	1060.62	284.89	332.01	289.85	116.79	83.53
河南	366.35	135.46	76.80	69.92	74.40	72.33
湖北	369.14	172.84	57.71	49.87	34.63	14.80
湖南	251.88	110.71	44.45	42.63	37.66	33.39
广东	802.74	203.70	132.40	117.92	50.87	27.71
广西	147.60	84.05	7.63	4.89	24.40	20.03
海南	67.48	16.10	2.22	2.10	4.85	3.34
重庆	133.24	59.77	14.68	12.94	11.23	2.25
四川	394.55	135.52	116.63	114.93	20.52	15.21
贵州	125.69	86.09	4.89	4.02	18.59	15.64
云南	137.71	86.80	12.13	10.03	14.56	10.23
西藏	9.61	9.11				
陕西	154.01	75.25	15.15	10.89	14.91	11.23
甘肃	123.57	73.43	14.66	11.66	14.02	11.62
青海	34.89	14.29	2.06	1.70	7.28	6.50
宁夏	40.82	22.75	4.93	4.80	7.17	4.55
新疆	172.32	86.09	6.34	4.62	24.37	15.64
不分地区	446.98	376.47				

1－12 续表

单位:亿元

地区	联营经济	股份制经济	外商投资经济	港澳台投资经济	其他经济
全国总计	**39.89**	**1877.00**	**776.84**	**521.13**	**36.51**
北京	0.02	39.48	10.28	34.75	0.33
天津	0.08	31.00	46.85	13.00	0.47
河北	2.34	90.39	13.30	8.84	3.24
山西	7.38	57.59	15.75	2.66	0.81
内蒙古	0.66	60.93	1.68	1.94	0.26
辽宁	0.19	61.95	28.89	18.33	3.20
吉林	0.18	58.02	14.69	2.58	0.78
黑龙江	0.02	47.55	4.62	2.15	0.28
上海	1.32	152.72	127.31	29.45	0.02
江苏	1.00	81.62	140.60	44.26	0.56
浙江	0.40	134.22	37.02	22.46	1.93
安徽	0.72	66.60	12.51	4.25	1.05
福建	0.77	38.09	75.64	60.27	1.15
江西	0.03	28.14	9.90	4.02	0.93
山东	15.56	214.81	59.40	35.61	1.55
河南	0.22	49.13	14.08	13.51	2.76
湖北	2.55	71.15	14.54	10.58	5.13
湖南	0.61	38.59	14.60	3.73	1.52
广东	1.79	124.43	97.26	186.59	5.70
广西	0.51	21.76	5.16	3.19	0.91
海南	0.46	41.38	1.35	0.53	0.60
重庆	0.22	23.55	18.45	5.17	0.17
四川	0.18	109.28	5.83	5.03	1.56
贵州	0.17	13.78	0.74	1.37	0.06
云南	0.01	20.11	2.20	1.73	0.18
西藏		0.50			
陕西	0.58	44.02	2.51	1.12	0.45
甘肃	1.87	18.13	0.39	0.44	0.63
青海	0.01	10.14	0.57	0.50	0.05
宁夏		4.95	0.29	0.72	
新疆	0.04	52.49	0.43	2.33	0.23
不分地区		70.51			

1-13 各地区全社会其他费用投资

单位:亿元

地区	合计	国有经济	集体经济	农村	个体经济	农村
全国总计	**7036.55**	**3090.94**	**561.64**	**389.85**	**1023.72**	**389.27**
北京	560.30	226.77	21.34	9.27	42.26	0.69
天津	115.25	43.16	6.68	3.43	24.42	2.02
河北	249.04	90.26	67.58	55.80	28.31	14.59
山西	104.61	45.41	10.13	8.91	14.88	5.37
内蒙古	94.42	45.62	4.96	4.26	16.68	10.48
辽宁	284.10	97.08	17.71	14.07	54.93	21.48
吉林	94.97	28.74	3.47	2.99	32.76	25.09
黑龙江	135.70	55.70	3.42	2.14	26.02	20.08
上海	572.90	205.68	37.06	20.82	98.05	0.00
江苏	532.15	250.13	45.60	27.63	93.73	52.39
浙江	727.06	239.42	93.90	75.04	61.79	6.14
安徽	135.22	59.90	10.21	6.98	28.05	13.39
福建	168.56	71.30	10.08	5.18	20.23	7.83
江西	123.59	51.23	7.39	4.15	30.20	13.30
山东	342.38	113.54	59.13	38.75	46.01	17.19
河南	185.21	104.39	11.57	8.11	25.98	18.69
湖北	303.67	201.04	22.19	18.67	21.97	5.81
湖南	175.60	94.36	9.49	7.41	24.74	15.16
广东	628.00	173.55	53.15	28.01	121.82	31.59
广西	103.49	58.97	3.08	0.69	12.97	6.88
海南	31.67	13.41	1.68	1.37	8.40	8.16
重庆	140.13	46.54	8.00	5.59	29.30	2.14
四川	304.16	123.55	31.67	25.00	57.50	27.88
贵州	94.12	57.61	1.79	0.63	22.78	12.39
云南	113.38	60.14	6.73	5.43	24.42	18.70
西藏	1.78	1.50	0.10		0.04	
陕西	126.66	72.10	5.98	3.55	19.28	9.85
甘肃	53.81	32.66	1.43	0.75	7.47	4.24
青海	17.34	7.08	0.35	0.14	2.15	0.79
宁夏	28.78	12.46	2.23	1.84	6.89	4.94
新疆	90.86	32.38	3.55	3.24	19.67	12.01
不分地区	397.63	375.26				

1－13 续表 单位:亿元

地　　区	联营经济	股份制经济	外商投资经济	港澳台投资经济	其他经济
全国总计	**18.67**	**1787.02**	**233.32**	**290.48**	**30.77**
北　　京	0.01	202.77	18.11	46.42	2.61
天　　津		37.76	1.21	1.49	0.54
河　　北	1.57	52.89	4.72	2.55	1.16
山　　西	0.20	21.76	10.69	0.89	0.64
内 蒙 古	0.01	25.87	0.35	0.80	0.15
辽　　宁	0.09	87.46	16.53	9.73	0.58
吉　　林	0.07	27.00	1.71	1.04	0.18
黑 龙 江	0.06	48.19	1.54	0.70	0.06
上　　海	5.69	163.44	37.76	23.21	2.00
江　　苏	0.94	87.79	33.13	19.57	1.24
浙　　江	0.14	303.39	17.16	8.11	3.15
安　　徽	0.08	31.22	1.68	3.16	0.92
福　　建	0.26	29.27	16.35	19.41	1.67
江　　西	0.91	21.68	3.98	6.85	1.35
山　　东	1.68	93.62	12.71	13.01	2.68
河　　南	0.04	34.43	3.62	3.98	1.20
湖　　北	0.78	39.73	8.35	6.41	3.19
湖　　南	0.42	37.72	2.04	5.81	1.02
广　　东	2.53	161.95	26.47	86.36	2.16
广　　西	0.28	21.90	3.10	2.85	0.35
海　　南	0.09	5.20	1.14	1.41	0.34
重　　庆	1.20	38.76	2.62	13.48	0.24
四　　川	0.08	79.75	4.34	6.19	1.07
贵　　州	0.33	9.07	0.79	1.63	0.13
云　　南	0.15	19.81	0.47	1.18	0.48
西　　藏		0.12	0.02		
陕　　西	0.99	24.36	0.82	2.12	1.03
甘　　肃	0.06	10.17	0.89	0.74	0.39
青　　海		7.09	0.62	0.05	
宁　　夏		6.70	0.28	0.12	0.10
新　　疆		33.80	0.11	1.21	0.12
不分地区		22.36			

1-14 各地区全社会按主要行业分的固定资产投资

单位:亿元

地区	合计	农、林、牧、渔业	采掘业	制造业	电力、煤气及水的生产和供应业
全国总计	**43499.91**	**1701.90**	**1379.16**	**9343.25**	**3243.14**
北京	1796.14	8.69	1.79	113.46	54.41
天津	807.51	7.40	60.89	183.10	37.91
河北	2020.38	140.84	43.76	552.96	119.43
山西	813.36	22.15	75.62	200.51	94.05
内蒙古	707.91	79.42	19.57	103.81	103.17
辽宁	1605.55	54.07	89.09	376.48	89.15
吉林	834.23	35.82	46.86	187.04	51.77
黑龙江	1046.17	68.47	150.29	130.17	58.48
上海	2213.72	7.14	1.45	627.79	78.15
江苏	3450.12	81.61	20.82	1211.17	213.57
浙江	3477.47	57.96	8.01	1038.46	197.21
安徽	1074.46	46.34	32.81	206.40	70.57
福建	1253.08	25.82	5.41	295.27	97.41
江西	889.04	26.01	16.58	183.99	54.75
山东	3483.31	156.97	204.10	1174.07	213.84
河南	1725.93	113.96	115.45	278.19	120.21
湖北	1605.06	74.64	26.95	325.97	275.37
湖南	1347.96	42.51	18.23	220.79	114.40
广东	3850.78	40.67	23.61	827.65	264.88
广西	750.33	26.07	5.63	99.29	93.02
海南	225.41	29.24	2.35	19.85	10.10
重庆	899.26	20.93	3.95	103.83	51.33
四川	1902.72	61.90	48.61	342.30	147.34
贵州	632.97	20.75	7.52	75.79	117.61
云南	814.61	27.68	9.64	98.78	107.30
西藏	106.58	3.92	0.14	1.18	15.18
陕西	915.35	41.91	45.22	124.59	73.57
甘肃	526.21	30.71	17.56	111.96	52.62
青海	232.35	16.84	20.12	25.24	36.74
宁夏	226.98	15.89	3.82	28.76	34.19
新疆	800.09	59.80	129.92	74.41	74.01
不分地区	1464.87	255.77	123.39		121.43

1－14 续表 1

单位:亿元

地　区	建 筑 业	地质勘查业水利管理业	交通运输、仓储和邮电通信业	批发零售贸易和餐饮业	金融、保险业	房地产业
全国总计	**726.43**	**809.62**	**6818.78**	**798.27**	**100.21**	**8154.36**
北　京	18.62	10.73	197.76	13.89	1.75	997.13
天　津	34.24	18.60	92.54	20.71	1.29	182.93
河　北	47.06	25.43	234.31	91.39	3.39	211.47
山　西	8.62	10.11	166.77	25.01	2.86	68.11
内蒙古	7.80	30.38	130.07	13.74	1.94	77.18
辽　宁	50.60	10.76	175.30	44.88	5.12	426.35
吉　林	13.47	9.33	82.81	28.07	2.98	117.64
黑龙江	22.94	12.67	175.92	31.71	2.06	150.84
上　海	8.18	29.11	176.42	20.69	1.97	780.71
江　苏	43.10	57.03	399.34	50.36	8.19	561.95
浙　江	45.25	46.29	386.04	36.64	4.60	747.74
安　徽	29.60	45.77	160.57	10.54	3.21	154.06
福　建	20.94	7.99	241.63	14.76	2.00	270.65
江　西	16.05	13.73	200.59	15.70	2.21	116.57
山　东	58.58	26.24	375.27	89.36	5.94	423.10
河　南	4.67	43.56	360.88	25.09	4.75	143.00
湖　北	26.88	65.50	226.11	37.63	6.42	185.14
湖　南	15.06	64.38	179.86	38.08	2.75	154.70
广　东	46.11	35.59	538.77	51.21	12.70	1150.57
广　西	2.63	26.82	137.40	11.43	1.54	78.24
海　南	2.08	4.20	66.01	2.37	1.24	22.30
重　庆	13.43	16.14	145.17	11.25	3.87	265.48
四　川	107.64	35.31	283.51	18.77	3.40	365.04
贵　州	1.28	6.79	147.81	7.76	1.04	84.99
云　南	2.65	26.22	172.64	14.87	2.82	98.19
西　藏	4.27	8.10	41.67	0.87	0.40	2.78
陕　西	31.15	14.75	171.82	23.59	3.40	128.23
甘　肃	11.04	19.86	107.24	11.65	1.10	43.51
青　海	7.41	3.69	59.00	4.01	0.42	17.30
宁　夏	1.15	10.53	42.51	4.88	0.77	31.83
新　疆	23.92	44.13	129.88	27.37	4.10	96.61
不分地区		29.86	813.18			

1－14 续表 2

单位：亿元

地区	社会服务业	卫生体育和社会福利业	教育、文化艺术和广播电影电视业	科学研究和综合技术服务业	国家机关、政党机关和社会团体	其他行业
全国总计	**3093.45**	**477.60**	**1475.26**	**182.14**	**1709.14**	**3487.20**
北京	130.77	25.05	62.53	42.91	66.70	49.97
天津	78.93	8.59	31.35	2.39	17.15	29.47
河北	92.24	27.38	77.29	4.76	89.88	258.77
山西	49.44	4.55	33.49	1.28	13.44	37.36
内蒙古	48.23	3.84	20.66	1.20	27.53	39.37
辽宁	96.07	13.44	47.39	6.30	61.32	59.25
吉林	67.13	6.72	38.11	7.58	63.27	75.63
黑龙江	64.09	6.96	38.00	2.63	56.60	74.35
上海	352.47	20.92	43.86	16.46	17.51	30.91
江苏	275.61	34.96	119.77	10.18	116.53	245.92
浙江	358.42	50.37	145.97	4.81	69.08	280.61
安徽	48.68	11.96	36.04	1.73	64.33	151.85
福建	62.08	12.30	40.32	3.30	29.57	123.63
江西	55.08	5.81	31.67	2.04	44.93	103.33
山东	157.56	29.41	100.49	9.75	190.39	268.24
河南	84.46	20.76	65.59	6.43	68.73	270.20
湖北	71.09	18.74	49.74	9.49	66.55	138.85
湖南	113.29	25.04	56.56	3.43	62.20	236.71
广东	269.50	62.39	116.36	5.98	98.00	306.80
广西	65.66	9.79	28.14	1.26	21.58	141.82
海南	29.52	2.32	6.19	0.29	8.72	18.64
重庆	75.37	10.12	36.84	8.20	54.49	78.87
四川	182.69	18.23	83.00	5.98	72.21	126.79
贵州	52.08	6.01	17.96	0.61	19.59	65.36
云南	64.06	8.73	32.27	4.11	39.69	104.96
西藏	2.39	1.15	4.61	0.59	16.56	2.77
陕西	44.56	12.19	53.64	11.11	42.92	92.69
甘肃	25.41	3.55	21.51	1.46	38.28	28.76
青海	13.03	1.46	5.01	0.36	15.95	5.75
宁夏	18.61	3.53	6.83	0.43	7.89	15.36
新疆	44.91	11.34	24.05	1.32	30.09	24.22
不分地区				3.78	117.44	

1－15 各地区全社会竣工房屋面积

单位:万平方米

地区	合计	国有经济	集体经济		个体经济	
				农村		农村
全国总计	**196737.87**	**29536.09**	**34015.12**	**28593.88**	**107621.19**	**75125.72**
北京	3081.00	1224.15	639.05	461.33	913.07	579.21
天津	1178.25	415.26	739.98	657.84	512.24	211.90
河北	2964.72	1540.19	2955.88	2602.10	5315.66	3692.54
山西	1435.15	727.07	388.60	301.98	1381.36	954.23
内蒙古	1552.23	720.00	108.57	53.00	1563.49	1047.00
辽宁	3094.63	808.89	978.41	826.00	3053.45	2273.53
吉林	1916.39	750.93	248.00	214.13	1465.10	522.14
黑龙江	1974.45	1026.16	243.27	121.15	1406.80	625.12
上海	2352.87	373.51	936.00	682.83	859.30	119.86
江苏	4840.62	1950.74	4917.26	4349.27	5014.66	3121.78
浙江	4718.61	1546.39	4507.94	4206.00	5363.68	3240.00
安徽	1971.25	929.14	577.47	404.37	6631.16	5339.76
福建	2155.08	619.27	677.80	501.38	2691.10	1607.00
江西	1599.62	847.75	552.76	433.30	4441.80	3203.07
山东	5584.83	2240.85	4274.52	3460.73	8380.99	6867.19
河南	2536.78	1450.47	1369.41	1189.96	9190.62	7813.24
湖北	2611.61	1302.44	829.55	691.32	4401.95	2660.43
湖南	2072.69	1135.21	1349.58	1238.00	8203.94	6503.00
广东	6475.61	1421.46	3473.43	2713.00	7108.05	4430.00
广西	1005.56	620.51	358.24	301.40	5088.77	2993.63
海南	323.24	185.67	36.91	29.93	330.20	114.77
重庆	2845.44	1083.14	542.33	382.00	3677.50	2115.00
四川	3976.21	1575.23	1768.56	1560.79	7954.96	5803.68
贵州	1049.76	550.06	118.25	81.87	2739.12	1834.42
云南	1398.20	833.51	397.29	360.00	3566.54	2857.89
西藏	153.72	150.81	0.49		132.41	
陕西	1916.89	1163.17	369.73	247.06	3525.11	2767.46
甘肃	889.03	566.47	204.73	141.10	952.73	708.24
青海	277.49	167.53	79.11	70.40	219.91	141.28
宁夏	454.63	184.87	206.66	180.02	453.70	364.07
新疆	1758.86	854.98	165.35	131.62	1081.83	614.28
不分地区	570.26	570.26				

单位:万平方米

地区	联营经济	股份制经济	外商投资经济	港澳台投资经济	其他经济
全国总计	**344.64**	**18605.11**	**2452.80**	**3493.97**	**668.96**
北京	0.71	1058.74	141.81	139.81	5.41
天津	0.90	344.95	57.67	33.01	1.53
河北	62.52	681.52	36.66	46.76	43.63
山西	11.90	350.71	10.68	66.80	19.64
内蒙古	10.69	485.18	2.31	6.96	36.69
辽宁	3.13	1160.37	155.31	120.04	29.80
吉林	9.60	754.04	100.50	24.60	9.21
黑龙江	2.57	584.65	31.10	27.78	17.91
上海	15.14	685.25	149.35	154.11	6.05
江苏	11.78	1057.61	297.02	212.37	19.97
浙江	6.47	1978.42	135.02	144.97	39.39
安徽	6.57	425.47	39.20	32.43	19.99
福建	11.58	402.32	296.83	413.28	47.91
江西	8.92	220.64	52.01	87.22	10.55
山东	49.54	1402.57	191.38	180.50	72.56
河南	1.40	532.70	35.80	103.51	31.23
湖北	11.32	619.23	81.25	79.93	62.04
湖南	26.38	495.25	44.24	82.38	15.25
广东	22.45	1479.67	387.69	1063.27	50.97
广西	1.47	143.80	33.66	42.61	3.72
海南	2.03	98.62	12.06	4.20	1.22
重庆	38.70	692.58	62.00	97.93	17.67
四川	2.09	1245.27	37.86	103.57	31.24
贵州	11.39	187.52	8.55	17.89	1.29
云南	2.25	321.82	9.11	31.01	10.24
西藏		0.25			
陕西	12.90	356.25	22.56	31.23	28.47
甘肃	0.17	120.33	4.34	26.04	22.63
青海	0.05	88.52	1.96	0.04	0.45
宁夏		168.72	3.74	2.60	0.56
新疆	0.02	462.16	11.14	117.15	11.75
不分地区					

1－16 各地区全社会竣工住宅面积

单位:万平方米

地区	合计	国有经济	集体经济		个体经济	
				农村		农村
全国总计	**134002.10**	**15009.71**	**7793.96**	**4367.49**	**96171.39**	**69840.97**
北京	2157.17	750.31	249.68	98.87	847.36	553.72
天津	757.74	230.28	171.96	129.12	367.98	132.71
河北	1514.73	794.00	397.11	232.77	4710.95	3401.57
山西	734.40	414.34	69.21	25.83	1257.77	931.63
内蒙古	794.67	309.53	35.76	10.00	1233.91	869.00
辽宁	2011.68	404.79	185.68	92.00	2604.11	2013.21
吉林	954.97	372.29	68.06	47.72	1166.24	411.85
黑龙江	1138.81	541.61	80.00	2.68	1165.13	543.49
上海	1754.02	195.57	197.36	10.01	763.28	116.86
江苏	2576.53	848.64	804.63	432.52	4448.01	2952.50
浙江	2398.01	613.42	517.69	331.00	4847.46	3104.00
安徽	1116.64	455.42	150.96	35.55	6157.28	5127.00
福建	1145.46	303.23	255.86	141.88	2475.22	1495.00
江西	783.44	368.10	149.24	64.77	4171.03	3146.01
山东	2711.82	1137.23	1180.06	747.61	6983.59	6094.15
河南	1455.39	730.30	256.24	154.70	8635.04	7476.50
湖北	1531.87	715.59	246.02	167.86	4057.10	2568.21
湖南	1080.81	539.46	336.38	268.00	7675.13	6190.00
广东	3615.32	624.38	1026.84	488.00	6381.19	4376.00
广西	569.73	318.00	96.87	60.29	4909.57	2944.71
海南	188.34	117.06	13.81	9.37	265.52	101.33
重庆	1795.22	605.74	298.57	180.00	3212.28	1973.00
四川	2629.00	935.45	575.37	417.97	6714.30	4942.76
贵州	593.38	235.57	34.87	9.61	2505.10	1748.50
云南	821.34	441.69	110.35	87.00	2971.17	2376.22
西藏	52.66	52.66			121.76	
陕西	1150.33	709.54	87.16	10.99	3276.64	2649.75
甘肃	563.78	345.89	77.71	34.54	833.73	641.25
青海	163.06	83.03	7.86	1.52	196.44	127.05
宁夏	241.40	72.71	70.54	51.42	372.30	322.78
新疆	1107.74	502.51	42.11	23.89	844.80	510.21
不分地区	241.38	241.38				

1-16 续表

单位:万平方米

地　区	联营经济	股份制经济	外商投资经济	港澳台投资经济	其他经济
全国总计	**171.45**	**11683.18**	**934.59**	**1944.27**	**293.55**
北　京		799.40	82.36	77.27	4.47
天　津		281.65	8.46	16.70	
河　北	29.40	362.44	8.83	14.33	13.38
山　西	1.14	142.06	5.14	34.29	4.70
内蒙古	7.06	284.28			26.92
辽　宁	1.21	846.79	98.48	68.41	11.83
吉　林	6.31	343.42	12.15	17.61	2.72
黑龙江		393.46	13.97	21.49	9.34
上　海	10.52	557.05	81.57	94.27	4.41
江　苏	5.48	688.28	80.67	118.29	9.50
浙　江	4.65	1157.91	44.35	49.64	4.01
安　徽	2.89	255.60	21.64	17.10	8.15
福　建	4.60	218.06	135.98	213.21	18.23
江　西	8.85	111.88	26.25	42.69	3.43
山　东	22.24	698.70	42.13	76.13	34.70
河　南	1.10	367.15	17.93	53.54	25.93
湖　北	6.86	395.94	44.40	47.91	30.80
湖　南	4.91	300.20	12.52	53.71	8.08
广　东	12.06	973.62	87.28	589.86	7.93
广　西	0.88	84.96	26.29	28.04	2.41
海　南	0.05	52.37	9.96		0.10
重　庆	29.50	444.62	31.00	57.83	11.48
四　川	0.84	804.02	15.71	91.14	12.12
贵　州	4.82	129.34	3.88	13.91	0.71
云　南	0.87	229.97	2.94	21.05	2.36
西　藏					
陕　西	5.12	204.67	8.49	11.35	11.47
甘　肃	0.09	79.27	2.08	23.69	16.57
青　海		65.38	1.34		
宁　夏		113.95	2.87	1.39	0.44
新　疆		296.72	5.89	89.43	7.36
不分地区					

上　　篇

二、国有经济固定资产投资

2－1 国有经济固定资产投资主要指标

指　　标	2001年	2002年	2002年比2001年增减	
			绝对数	%
一、投资总额(亿元)	**17606.97**	**18877.35**	**1270.38**	**7.2**
1.按构成分				
建筑安装工程	11280.10	12194.13	914.03	8.1
设备、工具、器具购置	3862.16	3592.29	－269.87	－7.0
其他费用	2464.71	3090.94	626.23	25.4
2.按三次产业分				
第一产业	372.83	499.50	126.67	34.0
第二产业	4710.25	4938.10	227.85	4.8
第三产业	12523.89	13439.76	915.87	7.3
3.住宅	1933.30	1730.23	－203.07	－10.5
二、全部项目建设规模(亿元)				
计划总投资	65179.90	67372.89	2192.99	3.4
实际需要总投资	66505.83	68446.15	1940.32	2.9
自开始建设至本年底				
累计完成投资	36798.59	38073.52	1274.92	3.5
全部建成尚需投资	29707.24	30372.64	665.40	2.2
三、新增固定资产(亿元)	**12512.63**	**13014.40**	**501.77**	**4.0**
四、房屋建筑面积(万平方米)				
施工面积	64536.95	63874.61	－662.34	－1.0
其中:住宅	33600.36	30159.12	－3441.24	－10.2
竣工面积	31281.63	29536.09	－1745.54	－5.6
其中:住宅	17600.29	15009.71	－2590.58	－14.7

2－2 国有经济按登记注册类型分的投资

单位：万元

地　　区	国有经济	国　　有	国有联营	国有独资
全国总计	**188773548**	**179303028**	**911587**	**8558933**
北　　京	7626718	5657039	21419	1948260
天　　津	3199728	2856954	32592	310182
河　　北	7240176	6932997	25192	281987
山　　西	4156450	3823127	53284	280039
内 蒙 古	3656146	3370249	1000	284897
辽　　宁	6489046	6155802	1460	331784
吉　　林	3498013	3422431	1300	74282
黑 龙 江	5372495	5311902	1455	59138
上　　海	7206435	6723164	58334	424937
江　　苏	14220502	14003898	31277	185327
浙　　江	11008955	10555713	60241	393001
安　　徽	5134591	4891215	36906	206470
福　　建	4514393	4160516	152105	201772
江　　西	4319147	4204677	3650	110820
山　　东	12111580	11543731	51079	516770
河　　南	8047976	7777989	9750	260237
湖　　北	8629557	8435765	49382	144410
湖　　南	6356892	6213874	32831	110187
广　　东	11670857	10924741	109167	636949
广　　西	3910753	3705432	32406	172915
海　　南	933648	904264	15678	13706
重　　庆	3821474	3442640	3334	375500
四　　川	7918216	7748685	59152	110379
贵　　州	4162140	3869619	1187	291334
云　　南	4835280	4642453	819	192008
西　　藏	928642	927836	806	
陕　　西	5286881	4989497	53355	244029
甘　　肃	3450580	3424971	4299	21310
青　　海	1359620	1343491	3102	13027
宁　　夏	1297431	1264270	749	32412
新　　疆	3922997	3710689	4276	208032
不分地区	12486229	12363397		122832

2－3　各地区国有经济投资总规模与完成情况

单位:万元

地　　区	计划总投资	实际需要总投资	自开始建设至本年底累计完成投资	本年完成投资
全国总计	**673728880**	**684461531**	**380735162**	**188773548**
北　　京	33430510	34871155	20689639	7626718
天　　津	10802119	10684326	5891941	3199728
河　　北	16656400	17259787	12110053	7240176
山　　西	12089707	12453832	8324847	4156450
内 蒙 古	8256707	8310717	5783051	3656146
辽　　宁	17962666	18238312	13057463	6489046
吉　　林	9844083	9940912	6576346	3498013
黑 龙 江	12697173	12802395	8551298	5372495
上　　海	29995516	30716130	18270783	7206435
江　　苏	38257138	38690339	23609356	14220502
浙　　江	33489753	34155758	21284789	11008955
安　　徽	14910731	15241303	9504923	5134591
福　　建	15353286	15619554	9211178	4514393
江　　西	12054485	12232351	7095167	4319147
山　　东	30505676	31284034	19548253	12111580
河　　南	24401196	24817786	18059748	8047976
湖　　北	28763450	29045292	22634286	8629557
湖　　南	22485798	22781002	14487298	6356892
广　　东	50437571	52206631	27873660	11670857
广　　西	14571836	14742592	7628691	3910753
海　　南	2545350	2570706	1771632	933648
重　　庆	12114864	12274494	7263876	3821474
四　　川	22134780	22342264	13848359	7918216
贵　　州	16418733	16688104	7870909	4162140
云　　南	17077032	17436152	10391804	4835280
西　　藏	1821150	1822531	1174903	928642
陕　　西	19902126	20256396	11876551	5286881
甘　　肃	11156281	11278580	6633673	3450580
青　　海	3345632	3341441	2328588	1359620
宁　　夏	3987009	4045373	2388482	1297431
新　　疆	9666101	9714261	6080249	3922997
不分地区	116594021	116597021	28913366	12486229

2－3 续表

单位:万元

地　区	累计新增固定资产	未完工程累计投资	全部建成尚需投资	未完工程占用率(%)
全国总计	**196348033**	**139622740**	**303726369**	**74.0**
北　京	11371162	8913682	14181516	116.9
天　津	2965871	2195286	4792385	68.6
河　北	7964826	3401550	5149734	47.0
山　西	4959611	2920464	4128985	70.3
内蒙古	3412380	2216902	2527666	60.6
辽　宁	8498624	3653443	5180849	56.3
吉　林	3905946	1625912	3364566	46.5
黑龙江	5566449	2400050	4251097	44.7
上　海	6336157	8826090	12445347	122.5
江　苏	13616906	9594097	15080983	67.5
浙　江	10352565	9611313	12870969	87.3
安　徽	5987536	3004453	5736380	58.5
福　建	5964472	2679404	6408376	59.4
江　西	3295399	2855704	5137184	66.1
山　东	11397907	5807841	11735781	48.0
河　南	9424475	4902554	6758038	60.9
湖　北	9533846	2935062	6411006	34.0
湖　南	6746557	6939270	8293704	109.2
广　东	12822073	12451999	24332971	106.7
广　西	3934307	3635836	7113901	93.0
海　南	834110	754952	799074	80.9
重　庆	3530076	3413037	5010618	89.3
四　川	6830459	4093562	8493905	51.7
贵　州	3944316	3572355	8817195	85.8
云　南	5168505	4453923	7044348	92.1
西　藏	595505	412864	647628	44.5
陕　西	6522974	5111103	8379845	96.7
甘　肃	2457275	3808191	4644907	110.4
青　海	1026209	1127675	1012853	82.9
宁　夏	1025731	556749	1656891	42.9
新　疆	4047932	1776496	3634012	45.3
不分地区	12307872	9970921	87683655	79.9

2-4 国有经济分行业投资总规模与完成情况

单位:万元

行　业	计划总投资	实际需要总投资	自开始建设至本年底累计完成投资	本年完成投资
全国总计	**673728880**	**684461531**	**380735162**	**188773548**
(一)农、林、牧、渔业	**83774454**	**83820272**	**8399412**	**5645414**
农业	2004139	2021382	1252854	979178
林业	79214961	79230002	5708938	3663376
畜牧业	468243	473323	326516	260641
渔业	316341	317623	133006	91772
农、林、牧、渔服务业	1770770	1777942	978098	650447
(二)采掘业	**14567080**	**14846608**	**10113656**	**4674299**
煤炭采选业	9895567	10078696	6442106	2331703
石油和天然气开采业	2342466	2352968	2027618	1575651
黑色金属矿采选业	669246	682390	402424	141253
有色金属矿采选业	840929	909085	698608	350365
非金属矿采选业	231994	232946	168437	82867
其他矿采选业	627	627	499	489
木材及竹材采运业	586251	589896	373964	191971
(三)制造业	**56267007**	**56677977**	**31970910**	**18771067**
食品加工业	645226	646633	432151	367328
食品制造业	508732	516779	338189	248595
饮料制造业	900592	908284	528592	370354
烟草加工业	1897663	1938795	1318004	668170
纺织业	2327448	2225286	1343577	927082
服装及其他纤维品制造业	226225	227017	135387	99758
皮革、毛皮、羽绒及其制品业	87084	86766	72812	50926
木材加工及竹、藤、棕、草制品业	186305	186773	91721	76751
家具制造业	85877	86161	41446	38156
造纸及纸制品业	1434752	1487275	1117460	437909
印刷业、记录媒介的复制	553222	547882	312471	200716
文教体育用品制造业	82580	83160	52377	34564
石油加工及炼焦业	2568756	2574870	1550653	931620
化学原料及化学制品制造业	6760182	6725978	4227636	1934071
医药制造业	1150885	1234269	744490	530923
化学纤维制造业	308184	309725	205980	136527
橡胶制品业	306883	312182	166754	135096
塑料制品业	396559	404641	251761	194905
非金属矿物制品业	2128745	2133811	1154263	803498
黑色金属冶炼及压延加工业	12384123	12585655	6835608	4153482
有色金属冶炼及压延加工业	4168834	4174880	1986619	1196638
金属制品业	508246	523591	388417	274508
普通机械制造业	1589663	1609888	902502	550926

2-4 续表 1　　　　单位:万元

行　　业	计划总投资	实际需要总投资	自开始建设至本年底	
			累计完成投资	本年完成投资
专用设备制造业	1418394	1430710	833096	523800
交通运输设备制造业	6723658	6761624	3649191	1978427
电气机械及器材制造业	872788	873272	512034	303852
电子及通信设备制造业	2376462	2397927	1078222	636518
仪器仪表及文化办公用机械制造业	1110830	1116326	435195	314153
其他制造业	2558109	2567817	1264302	651814
(四)电力、煤气及水的生产和供应业	**92676383**	**93640988**	**61051974**	**23225969**
电力、蒸汽、热水的生产和供应业	80295515	80738156	53402759	20821751
煤气的生产和供应业	3515464	3916899	2087199	600903
自来水的生产和供应业	8865404	8985933	5562016	1803315
(五)建筑业	**6261259**	**6320392**	**4277830**	**2709645**
土木工程建筑业	5734744	5788573	3963528	2489496
线路、管道和设备安装业	505414	510464	296633	203498
建筑物的装修装饰业	21101	21355	17669	16651
(六)地质勘查业、水利管理业	**36618688**	**37120216**	**20259714**	**7369912**
地质勘查业	240861	244386	201047	174359
水利管理业	36377827	36875830	20058667	7195553
(七)交通运输、仓储及邮电通信业	**166054079**	**167569392**	**108800625**	**53923813**
铁路运输业	30917446	30930696	22238055	8139877
公路运输业	66943453	67461130	41246900	18836741
管道运输业	22937	23113	18784	12687
水上运输业	2683258	2728919	1487145	626706
航空运输业	3143181	3144015	2320486	1719721
交通运输辅助业	37114857	37424491	20826467	11251806
其他交通运输业	1555531	1557563	968943	515616
仓储业	2137234	2149669	1859274	945355
邮电通信业	21536182	22149796	17834571	11875304
(八)批发和零售贸易、餐饮业	**4435442**	**4774257**	**3395230**	**2208908**
食品、饮料、烟草和家庭用品批发商业	1417099	1461388	1079852	695870
能源、材料和机械电子设备批发业	607876	680034	525069	431218
其他批发业	409864	418663	235978	113585
零售业	1808369	2018766	1453992	899123
商业经纪与代理业	39543	39802	19704	11056

2-4 续表 2

单位:万元

行　　业	计划 总投资	实际需要 总投资	自开始建设至本年底 累计完成投资	本年完成投资
餐饮业	152691	155604	80635	58056
(九)金融、保险业	**1472074**	**1516768**	**1197692**	**721933**
金融业	1376997	1420885	1117352	675046
保险业	95077	95883	80340	46887
(十)房地产业	**61404307**	**64127253**	**36746714**	**13805696**
房地产开发与经营业	60488505	63216564	36127379	13406411
房地产管理业	879104	872786	599342	382190
房地产代理与经纪业	36698	37903	19993	17095
(十一)社会服务业	**70504055**	**72261948**	**43865094**	**23375268**
公共服务业	65967322	67594273	40820781	21529423
居民服务业	242527	255098	170860	115421
旅馆业	1270478	1321291	929389	503180
租赁服务业	25906	25251	8432	6796
旅行社	854540	860145	501639	315814
娱乐服务业	349627	351923	178392	84878
信息、咨询服务业	135984	136720	95427	28582
计算机应用服务业	537492	546674	403592	307671
其他社会服务业	1120179	1170573	756582	483503
(十二)卫生、体育和社会福利业	**9000151**	**9580337**	**6028012**	**3520352**
卫生	5558971	6124784	3880482	2515973
体育	3068306	3065938	1835541	815599
社会福利保障业	372874	389615	311989	188780
(十三)教育、文化艺术及广播电影电视业	**28360355**	**29159721**	**17680391**	**11239074**
教育	21442915	22049886	14056083	9523636
文化艺术业	3474755	3589245	2065888	1009662
广播电影电视业	3442685	3520590	1558420	705776
(十四)科学研究和综合技术服务业	**5509082**	**5598525**	**3392941**	**1518393**
科学研究业	2162898	2248241	1307561	641356
综合技术服务业	3346184	3350284	2085380	877037
(十五)国家机关、政党机关和社会团体	**31371921**	**31944005**	**20360487**	**13927495**
国家机关	30205311	30749394	19562919	13449818
政党机关	716048	732103	477911	294041
社会团体	359303	369818	250851	118608
基层群众自治组织	91259	92690	68806	65028
(十六)其他行业	**5452543**	**5502872**	**3194480**	**2136310**
其他行业	5452543	5502872	3194480	2136310

2-4 续表 3

单位:万元

行　　业	累计新增固定资产	未完工程累计投资	全部建成尚需投资	未完工程占用率(%)
全国总计	**196348033**	**139622740**	**303726369**	**74.0**
(一)农、林、牧、渔业	**2646297**	**1154942**	**75420860**	**20.5**
农业	859060	275333	768528	28.1
林业	926533	390905	73521064	10.7
畜牧业	244268	68469	146807	26.3
渔业	79815	23626	184617	25.7
农、林、牧、渔服务业	536621	396609	799844	61.0
(二)采掘业	**6622861**	**2532220**	**4732952**	**54.2**
煤炭采选业	3979899	1847002	3636590	79.2
石油和天然气开采业	1707427	277241	325350	17.6
黑色金属矿采选业	254695	87590	279966	62.0
有色金属矿采选业	447759	211734	210477	60.4
非金属矿采选业	87995	73545	64509	88.8
其他矿采选业	475		128	
木材及竹材采运业	144611	35108	215932	18.3
(三)制造业	**17118882**	**11812674**	**24707067**	**62.9**
食品加工业	250078	129411	214482	35.2
食品制造业	246320	65301	178590	26.3
饮料制造业	280277	196900	379692	53.2
烟草加工业	650014	603040	620791	90.3
纺织业	936197	282609	881709	30.5
服装及其他纤维品制造业	79201	47068	91630	47.2
皮革、毛皮、羽绒及其制品业	45271	27231	13954	53.5
木材加工及竹、藤、棕、草制品业	44435	44455	95052	57.9
家具制造业	17509	22717	44715	59.5
造纸及纸制品业	652405	426680	369815	97.4
印刷业、记录媒介的复制	192150	96885	235411	48.3
文教体育用品制造业	40111	11016	30783	31.9
石油加工及炼焦业	929721	537293	1024217	57.7
化学原料及化学制品制造业	2638400	1219834	2498342	63.1
医药制造业	383684	267906	489779	50.5
化学纤维制造业	89399	104901	103745	76.8
橡胶制品业	64386	102058	145428	75.5
塑料制品业	155764	72054	152880	37.0
非金属矿物制品业	772638	287610	979548	35.8
黑色金属冶炼及压延加工业	3607550	2703159	5750047	65.1
有色金属冶炼及压延加工业	949567	942981	2188261	78.8
金属制品业	226507	121386	135174	44.2
普通机械制造业	473416	391189	707386	71.0

2-4 续表 4

单位:万元

行　　业	累计新增固定资产	未完工程累计投资	全部建成尚需投资	未完工程占用率(%)
专用设备制造业	322868	437508	597614	83.5
交通运输设备制造业	1793250	1413604	3112433	71.5
电气机械及器材制造业	284470	208787	361238	68.7
电子及通信设备制造业	473704	498743	1319705	78.4
仪器仪表及文化办公用机械制造业	114175	78047	681131	24.8
其他制造业	405415	472301	1303515	72.5
(四)电力、煤气及水的生产和供应业	**29939243**	**18354153**	**32589014**	**79.0**
电力、蒸汽、热水的生产和供应业	26732846	14539684	27335397	69.8
煤气的生产和供应业	838357	1006107	1829700	167.4
自来水的生产和供应业	2368040	2808362	3423917	155.7
(五)建筑业	**2866984**	**959360**	**2042562**	**35.4**
土木工程建筑业	2649459	881869	1825045	35.4
线路、管道和设备安装业	207154	73695	213831	36.2
建筑物的装修装饰业	10371	3796	3686	22.8
(六)地质勘查业、水利管理业	**8144232**	**8006068**	**16860502**	**108.6**
地质勘查业	153014	35399	43339	20.3
水利管理业	7991218	7970669	16817163	110.8
(七)交通运输、仓储及邮电通信业	**59554423**	**42407688**	**58768767**	**78.6**
铁路运输业	12016201	9823792	8692641	120.7
公路运输业	22097343	15482821	26214230	82.2
管道运输业	8712	6803	4329	53.6
水上运输业	270174	1012006	1241774	161.5
航空运输业	1643762	644021	823529	37.4
交通运输辅助业	9382767	10259985	16598024	91.2
其他交通运输业	504401	443748	588620	86.1
仓储业	1461504	314569	290395	33.3
邮电通信业	12169559	4419943	4315225	37.2
(八)批发和零售贸易、餐饮业	**2085542**	**1017643**	**1379027**	**46.1**
食品、饮料、烟草和家庭用品批发商业	639283	374654	381536	53.8
能源、材料和机械电子设备批发业	384621	120673	154965	28.0
其他批发业	110461	115610	182685	101.8
零售业	907663	357867	564774	39.8
商业经纪与代理业	9089	6915	20098	62.5

2－4续表5

单位：万元

行　　业	累计新增固定资产	未完工程累计投资	全部建成尚需投资	未完工程占用率（%）
餐饮业	34425	41924	74969	72.2
（九）金融、保险业	**589203**	**433490**	**319076**	**60.0**
金融业	538500	406632	303533	60.2
保险业	50703	26858	15543	57.3
（十）房地产业	**20020021**	**14438389**	**27380539**	**104.6**
房地产开发与经营业	19679243	14177263	27089185	105.7
房地产管理业	332059	249952	273444	65.4
房地产代理与经纪业	8719	11174	17910	65.4
（十一）社会服务业	**20109648**	**19919720**	**28396854**	**85.2**
公共服务业	18846425	18421278	26773492	85.6
居民服务业	92644	65186	84238	56.5
旅馆业	457051	437055	391902	86.9
租赁服务业	3634	1200	16819	17.7
旅行社	246503	212097	358506	67.2
娱乐服务业	62681	110794	173531	130.5
信息、咨询服务业	23210	72217	41293	252.7
计算机应用服务业	158615	148491	143082	48.3
其他社会服务业	218885	451402	413991	93.4
（十二）卫生、体育和社会福利业	**2972811**	**2436572**	**3552325**	**69.2**
卫生	1964223	1697371	2244302	67.5
体育	794429	663360	1230397	81.3
社会福利保障业	214159	75841	77626	40.2
（十三）教育、文化艺术及广播电影电视业	**9491303**	**6700113**	**11479330**	**59.6**
教育	8168124	4745473	7993803	49.8
文化艺术业	684349	1216957	1523357	120.5
广播电影电视业	638830	737683	1962170	104.5
（十四）科学研究和综合技术服务业	**1319996**	**1910902**	**2205584**	**125.9**
科学研究业	709335	554675	940680	86.5
综合技术服务业	610661	1356227	1264904	154.6
（十五）国家机关、政党机关和社会团体	**11249246**	**6392262**	**11583518**	**45.9**
国家机关	10870098	6006615	11186475	44.7
政党机关	226276	236538	254192	80.4
社会团体	111503	128283	118967	108.2
基层群众自治组织	41369	20826	23884	32.0
（十六）其他行业	**1617341**	**1146544**	**2308392**	**53.7**
其他行业	1617341	1146544	2308392	53.7

2－5　分地区国有经济投资和新增固定资产

单位：万元

地　区	投资额	新增固定资产	固定资产交付使用率(%)
全国总计	**188773548**	**130143974**	**68.9**
北　京	7626718	6104356	80.0
天　津	3199728	1998605	62.5
河　北	7240176	5450366	75.3
山　西	4156450	3980819	95.8
内蒙古	3656146	3058063	83.6
辽　宁	6489046	5435526	83.8
吉　林	3498013	2585316	73.9
黑龙江	5372495	4671577	87.0
上　海	7206435	3959747	54.9
江　苏	14220502	10996815	77.3
浙　江	11008955	7291158	66.2
安　徽	5134591	3735287	72.7
福　建	4514393	2958816	65.5
江　西	4319147	2617070	60.6
山　东	12111580	7487735	61.8
河　南	8047976	6566057	81.6
湖　北	8629557	5515364	63.9
湖　南	6356892	4723505	74.3
广　东	11670857	6540472	56.0
广　西	3910753	2203341	56.3
海　南	933648	698926	74.9
重　庆	3821474	2579958	67.5
四　川	7918216	5349749	67.6
贵　州	4162140	2437692	58.6
云　南	4835280	3602854	74.5
西　藏	928642	569180	61.3
陕　西	5286881	3393438	64.2
甘　肃	3450580	1856258	53.8
青　海	1359620	692761	51.0
宁　夏	1297431	743613	57.3
新　疆	3922997	3210948	81.8
不分地区	12486229	7128602	57.1

2-6 国有经济分行业投资和新增固定资产

单位:万元

行　业	投资额	新增固定资产	固定资产交付使用率(%)
全国总计	**188773548**	**130143974**	**68.9**
(一)农、林、牧、渔业	**5645414**	**2305498**	**40.8**
农业	979178	764884	78.1
林业	3663376	782143	21.4
畜牧业	260641	212552	81.5
渔业	91772	67203	73.2
农、林、牧、渔服务业	650447	478716	73.6
(二)采掘业	**4674299**	**3385583**	**72.4**
煤炭采选业	2331703	1538985	66.0
石油和天然气开采业	1575651	1302732	82.7
黑色金属矿采选业	141253	97796	69.2
有色金属矿采选业	350365	289196	82.5
非金属矿采选业	82867	60876	73.5
其他矿采选业	489	475	97.1
木材及竹材采运业	191971	95523	49.8
(三)制造业	**18771067**	**12628483**	**67.3**
食品加工业	367328	224872	61.2
食品制造业	248595	214228	86.2
饮料制造业	370354	219393	59.2
烟草加工业	668170	489947	73.3
纺织业	927082	768409	82.9
服装及其他纤维品制造业	99758	65951	66.1
皮革、毛皮、羽绒及其制品业	50926	36810	72.3
木材加工及竹、藤、棕、草制品业	76751	39700	51.7
家具制造业	38156	17009	44.6
造纸及纸制品业	437909	278103	63.5
印刷业、记录媒介的复制	200716	138512	69.0
文教体育用品制造业	34564	28779	83.3
石油加工及炼焦业	931620	671126	72.0
化学原料及化学制品制造业	1934071	2103750	108.8
医药制造业	530923	331773	62.5
化学纤维制造业	136527	71816	52.6
橡胶制品业	135096	54689	40.5
塑料制品业	194905	117710	60.4
非金属矿物制品业	803498	651059	81.0
黑色金属冶炼及压延加工业	4153482	2795273	67.3
有色金属冶炼及压延加工业	1196638	594974	49.7
金属制品业	274508	205002	74.7
普通机械制造业	550926	354024	64.3

2－6 续表 1

单位:万元

行　　业	投资额	新增固定资产	固定资产交付使用率(%)
专用设备制造业	523800	250529	47.8
交通运输设备制造业	1978427	964660	48.8
电气机械及器材制造业	303852	225266	74.1
电子及通信设备制造业	636518	365960	57.5
仪器仪表及文化办公用机械制造业	314153	90842	28.9
其他制造业	651814	258317	39.6
(四)电力、煤气及水的生产和供应业	**23225969**	**14944779**	**64.3**
电力、蒸汽、热水的生产和供应业	20821751	13363038	64.2
煤气的生产和供应业	600903	418839	69.7
自来水的生产和供应业	1803315	1162902	64.5
(五)建筑业	**2709645**	**1949064**	**71.9**
土木工程建筑业	2489496	1800272	72.3
线路、管道和设备安装业	203498	138795	68.2
建筑物的装修装饰业	16651	9997	60.0
(六)地质勘查业、水利管理业	**7369912**	**4307785**	**58.5**
地质勘查业	174359	147007	84.3
水利管理业	7195553	4160778	57.8
(七)交通运输、仓储及邮电通信业	**53923813**	**40839249**	**75.7**
铁路运输业	8139877	6935955	85.2
公路运输业	18836741	14822260	78.7
管道运输业	12687	7055	55.6
水上运输业	626706	169828	27.1
航空运输业	1719721	1425404	82.9
交通运输辅助业	11251806	6852642	60.9
其他交通运输业	515616	135592	26.3
仓储业	945355	929758	98.4
邮电通信业	11875304	9560755	80.5
(八)批发和零售贸易、餐饮业	**2208908**	**1672183**	**75.7**
食品、饮料、烟草和家庭用品批发商业	695870	549921	79.0
能源、材料和机械电子设备批发业	431218	330893	76.7
其他批发业	113585	85948	75.7
零售业	899123	665795	74.0
商业经纪与代理业	11056	6582	59.5

2-6 续表 2

单位:万元

行业	投资额	新增固定资产	固定资产交付使用率(%)
餐饮业	58056	33044	56.9
(九)金融、保险业	**721933**	**552773**	**76.6**
金融业	675046	505260	74.8
保险业	46887	47513	101.3
(十)房地产业	**13805696**	**10764989**	**78.0**
房地产开发与经营业	13406411	10513607	78.4
房地产管理业	382190	242663	63.5
房地产代理与经纪业	17095	8719	51.0
(十一)社会服务业	**23375268**	**14405394**	**61.6**
公共服务业	21529423	13333517	61.9
居民服务业	115421	84136	72.9
旅馆业	503180	380326	75.6
租赁服务业	6796	2798	41.2
旅行社	315814	213259	67.5
娱乐服务业	84878	56312	66.3
信息、咨询服务业	28582	17295	60.5
计算机应用服务业	307671	142684	46.4
其他社会服务业	483503	175067	36.2
(十二)卫生、体育和社会福利业	**3520352**	**2509261**	**71.3**
卫生	2515973	1772491	70.4
体育	815599	556253	68.2
社会福利保障业	188780	180517	95.6
(十三)教育、文化艺术及广播电影电视业	**11239074**	**8012805**	**71.3**
教育	9523636	6990750	73.4
文化艺术业	1009662	549386	54.4
广播电影电视业	705776	472669	67.0
(十四)科学研究和综合技术服务业	**1518393**	**1045635**	**68.9**
科学研究业	641356	555826	86.7
综合技术服务业	877037	489809	55.8
(十五)国家机关、政党机关和社会团体	**13927495**	**9543269**	**68.5**
国家机关	13449818	9194978	68.4
政党机关	294041	208346	70.9
社会团体	118608	98642	83.2
基层群众自治组织	65028	41303	63.5
(十六)其他行业	**2136310**	**1277224**	**59.8**
其他行业	2136310	1277224	59.8

2-7 各地区按投资规模分的国有经济投资

单位:万元

地 区	500万元以下	500～1000万元	1000～3000万元	3000～5000万元
全国总计	**8165345**	**7528544**	**20081796**	**13211096**
北 京	37127	124882	412772	393294
天 津	52731	53589	213678	195705
河 北	505548	608652	1433503	714376
山 西	214800	183882	426210	273847
内蒙古	310422	247249	613088	416161
辽 宁	180901	200911	542771	386072
吉 林	151134	163842	384610	260002
黑龙江	276666	297734	657519	328556
上 海	119295	156736	518041	398237
江 苏	285169	359075	1336591	1094876
浙 江	251191	316867	1069519	810337
安 徽	284631	232607	719650	409570
福 建	161524	162545	476120	313368
江 西	222342	189901	479764	285755
山 东	413592	468174	1414341	957754
河 南	426868	405014	1169572	891246
湖 北	418486	358162	920933	527044
湖 南	376265	328382	764451	538169
广 东	313612	344474	1245650	793797
广 西	419688	237780	460843	324503
海 南	100674	89627	175969	101270
重 庆	169460	182329	499032	275948
四 川	384959	343234	1065851	685070
贵 州	339628	210219	473787	257149
云 南	364535	254695	578195	329023
西 藏	183806	96142	146729	112407
陕 西	290633	271990	606486	354290
甘 肃	277112	188428	384704	217689
青 海	166149	96835	201748	93770
宁 夏	95561	78866	147175	100032
新 疆	370836	274971	538803	360478
不分地区		750	3691	11301

2－7 续表　　　　单位:万元

地　区	5000 万元~1 亿元	1~5 亿元	5~10 亿元	10 亿元及以上
全国总计	**20480774**	**46220665**	**17502746**	**55582582**
北　京	502257	1854971	865537	3435878
天　津	371579	843414	517256	951776
河　北	1069002	1479485	633998	795612
山　西	366206	928577	509219	1253709
内 蒙 古	466178	837024	294199	471825
辽　宁	822553	1917477	986335	1452026
吉　林	464516	1170137	344285	559487
黑 龙 江	589577	1316701	561045	1344697
上　海	674058	1904774	864002	2571292
江　苏	1859228	4459439	1026450	3799674
浙　江	1222508	3953149	1310615	2074769
安　徽	743603	1368820	493731	881979
福　建	509025	1094155	443957	1353699
江　西	433622	925808	381441	1400514
山　东	1713333	4093618	1236920	1813848
河　南	1243043	2022443	510457	1379333
湖　北	968520	1736909	578688	3120815
湖　南	691148	1534719	431546	1692212
广　东	1132089	2916803	1231074	3693358
广　西	456565	900485	403071	707818
海　南	94684	126380	57686	187358
重　庆	457143	1066881	265959	904722
四　川	1135506	2180632	920424	1202540
贵　州	344292	807509	263987	1465569
云　南	448855	882068	261960	1715949
西　藏	118998	193297	77263	
陕　西	553051	1223732	578165	1408534
甘　肃	269880	862179	498804	751784
青　海	112288	302234	227813	158783
宁　夏	156969	223158	120700	374970
新　疆	489649	941484	468148	478628
不分地区	849	152203	138011	12179424

2-8 各地区按构成分的国有经济投资

单位:万元

地　区	投资额	建筑安装工程	设备工器具购置	其他费用
全国总计	**188773548**	**121941281**	**35922903**	**30909364**
北　京	7626718	4524867	834116	2267735
天　津	3199728	2281971	486167	431590
河　北	7240176	4636156	1701463	902557
山　西	4156450	2850799	851507	454144
内蒙古	3656146	2625047	574909	456190
辽　宁	6489046	4027379	1490913	970754
吉　林	3498013	2648939	561684	287390
黑龙江	5372495	3438929	1376571	556995
上　海	7206435	3979592	1170077	2056766
江　苏	14220502	9232091	2487105	2501306
浙　江	11008955	7230252	1384490	2394213
安　徽	5134591	3513805	1021772	599014
福　建	4514393	2910857	890556	712980
江　西	4319147	3048228	758600	512319
山　东	12111580	8127354	2848858	1135368
河　南	8047976	5649420	1354630	1043926
湖　北	8629557	4890708	1728418	2010431
湖　南	6356892	4306228	1107064	943600
广　东	11670857	7898289	2037043	1735525
广　西	3910753	2480572	840455	589726
海　南	933648	638557	160953	134138
重　庆	3821474	2758391	597693	465390
四　川	7918216	5327568	1355157	1235491
贵　州	4162140	2725180	860867	576093
云　南	4835280	3365904	867951	601425
西　藏	928642	822595	91096	14951
陕　西	5286881	3813398	752519	720964
甘　肃	3450580	2389675	734314	326591
青　海	1359620	1145974	142875	70771
宁　夏	1297431	945303	227542	124586
新　疆	3922997	2738294	860885	323818
不分地区	12486229	4968959	3764653	3752617

2－9 各地区按隶属关系分的国有经济投资

单位：万元

地区	合计	中央项目	地方项目	省属	地市属	县属	其他
全国总计	**188773548**	**49731986**	**139041562**	**40924773**	**47279341**	**48467063**	**2370385**
北京	7626718	2174306	5452412	3410700	1427593	395146	218973
天津	3199728	515206	2684522	1967969	417013	121788	177752
河北	7240176	973828	6266348	1428418	1482998	3306707	48225
山西	4156450	814247	3342203	1686236	765374	855935	34658
内蒙古	3656146	507009	3149137	720173	982758	1425247	20959
辽宁	6489046	1753118	4735928	1127223	2568969	995073	44663
吉林	3498013	752495	2745518	377294	1277459	1020785	69980
黑龙江	5372495	1573818	3798677	1578325	1363701	790739	65912
上海	7206435	1496211	5710224	3384755	1674809	632472	18188
江苏	14220502	2589689	11630813	1711700	5197423	4705944	15746
浙江	11008955	1532208	9476747	992105	3606305	4806655	71682
安徽	5134591	873785	4260806	1205131	1810943	1172167	72565
福建	4514393	677125	3837268	1419756	1233812	1156259	27441
江西	4319147	728424	3590723	1723826	735240	1117220	14437
山东	12111580	1523459	10588121	2193018	3487922	4723252	183929
河南	8047976	1731023	6316953	1071324	2314799	2806130	124700
湖北	8629557	3402475	5227082	998057	2310834	1783694	134497
湖南	6356892	1335503	5021389	1450575	1461341	2058993	50480
广东	11670857	1545437	10125420	2625087	4586035	2770070	144228
广西	3910753	980879	2929874	827965	1212125	859444	30340
海南	933648	273832	659816	301817	105936	248542	3521
重庆	3821474	892093	2929381	699344	56873	2155207	17957
四川	7918216	1200963	6717253	1183737	2573507	2873865	86144
贵州	4162140	1567789	2594351	1045256	628743	827383	92969
云南	4835280	1185513	3649767	1243590	842261	1337855	226061
西藏	928642	710340	218302	71587	74664	23509	48542
陕西	5286881	1000630	4286251	1304078	1622755	1344947	14471
甘肃	3450580	971254	2479326	1077911	574915	790604	35896
青海	1359620	212258	1147362	525977	212545	406226	2614
宁夏	1297431	408355	889076	503165	150360	233916	1635
新疆	3922997	1605300	2317697	1068674	519329	721289	8405
不分地区	12486229	12223414	262815				262815

2-10 各地区按建设性质分的国有经济投资

单位:万元

地区	新建	扩建	改建	单纯建造生活设施	迁建	恢复	单纯购置
全国总计	**79935189**	**48622645**	**34955012**	**3255146**	**2692778**	**267372**	**6366762**
北京	1778417	2424002	775177	109274	163871	659	101637
天津	1716510	702814	284069	13446	17671	39950	47755
河北	2948107	1723569	1548448	168295	96837	20610	255794
山西	1740620	1092890	909399	211474	15272	3166	35114
内蒙古	1126130	1562528	740342	134482	7769	1819	36318
辽宁	1861291	1903733	2035825	142411	185729	6505	83604
吉林	884691	1068411	1108760	135359	13824	737	162026
黑龙江	2088813	1827578	677411	127508	42118	1204	369163
上海	3964444	669638	1363019	6660	103516	20327	230466
江苏	5195012	4636703	2713836	57321	127186		93553
浙江	5619847	2429731	1386898	68039	391497	2912	187429
安徽	2446364	1197122	969845	65951	30163	8325	106171
福建	2378210	893862	468773	17728	120849	3355	183569
江西	1903890	1089188	1010555	10742	9160	6597	86942
山东	3704534	4461072	2494150	229168	144638	3168	220805
河南	3333384	2293858	1756726	262183	62429	11185	117502
湖北	3764414	2105589	2000324	93078	139840	18653	149575
湖南	2560055	1829509	1296850	135630	99225	11137	110711
广东	6149271	2436305	1675657	24289	83116	11213	343966
广西	1750327	1144322	661300	77913	47052	7099	68441
海南	494208	287843	55020	32175	2297	80	26579
重庆	1566360	981200	560152	71621	368328	13762	89469
四川	2911296	1775231	2237219	120598	219723	21733	94599
贵州	1765437	1288908	884243	43384	56360	45	41046
云南	1989231	1313343	1085874	113037	64441	12096	32271
西藏	577382	112075	154748	41571	2614	4249	12278
陕西	2016000	1567726	857957	274076	26448	15493	41134
甘肃	1425675	1136085	598503	207027	6485	5200	21658
青海	708472	195165	379549	24486	716	4354	17044
宁夏	517351	307113	394670	29431	20036		1459
新疆	810957	1535424	1172418	206789	23568	11739	78347
不分地区	8238489	630108	697295				2920337

2-11 各地区按主要行业分的国有经济投资

单位:万元

地区	合计	农、林、牧、渔业	采掘业	制造业	电力、煤气及水的生产和供应业
全国总计	**188773548**	**5645414**	**4674299**	**18771067**	**23225969**
北京	7626718	19769	12125	435445	504771
天津	3199728	9588	92269	305967	304576
河北	7240176	223034	212563	1238351	627089
山西	4156450	79903	516680	515100	498016
内蒙古	3656146	408045	85127	348122	440046
辽宁	6489046	77505	254082	1276183	739735
吉林	3498013	15806	124293	255284	388619
黑龙江	5372495	205506	223521	534472	523633
上海	7206435	23467	4050	1370748	689841
江苏	14220502	55166	176408	1751831	1897124
浙江	11008955	53096	6218	481510	914160
安徽	5134591	32479	268622	465116	547917
福建	4514393	45288	28522	258884	539402
江西	4319147	47042	114190	441563	348872
山东	12111580	77638	535906	2005217	1240201
河南	8047976	127583	763190	890196	820248
湖北	8629557	165089	152525	1105438	2322601
湖南	6356892	63790	31313	747341	953924
广东	11670857	36822	68285	664432	1580799
广西	3910753	61132	31676	382878	634690
海南	933648	127580	2222	108678	72702
重庆	3821474	60621	13155	256749	343673
四川	7918216	115989	104983	779117	917036
贵州	4162140	54324	50720	402620	1155560
云南	4835280	69649	71012	406655	894801
西藏	928642	39214	1077	8072	151848
陕西	5286881	180158	409748	434106	561171
甘肃	3450580	172126	47927	680128	389084
青海	1359620	124637	58463	43248	147677
宁夏	1297431	43558	35069	41453	334818
新疆	3922997	272115	55526	136163	527005
不分地区	12486229	2557695	122832		1214330

单位：万元

地区	建筑业	地质勘查业水利管理业	交通运输、仓储和邮电通信业	批发零售贸易和餐饮业	金融、保险业	房地产业
全国总计	**2709645**	**7369912**	**53923813**	**2208908**	**721933**	**13805696**
北京	52201	104933	1631207	23594	9318	2285734
天津	67358	183798	678036	23583	10822	385048
河北	155377	250736	1757548	216716	23184	612006
山西	43893	99775	1393185	39095	26432	152175
内蒙古	12457	191549	1166471	52883	16226	67962
辽宁	98964	71255	1609315	74735	29169	381312
吉林	83557	87648	727413	58575	23881	128875
黑龙江	38597	116452	1632224	165090	20337	244847
上海	35573	280708	890932	92535	18955	1051396
江苏	188766	560833	3320223	196242	71784	1426481
浙江	73927	402248	2662676	62289	34510	1000699
安徽	252430	456563	1332362	39453	18693	341123
福建	72373	69981	1838114	22187	14587	464828
江西	35047	135734	1766680	35110	21125	209632
山东	288753	256482	2707846	224847	34098	898472
河南	28128	398106	2636499	73492	31273	233002
湖北	223224	650488	1793131	95329	38113	374015
湖南	78935	394753	1513953	170599	19439	320161
广东	270781	350744	3040203	122086	78053	1088769
广西	10462	264209	1244089	40601	15167	162331
海南	9454	30806	265118	10331	12372	41918
重庆	37301	158378	1084321	34924	27495	217140
四川	158073	309710	2128318	27564	20258	594395
贵州	1641	67667	1415510	32724	7101	94004
云南	3960	234701	1634455	65169	22334	239037
西藏	37967	80775	323293	7329	3960	23825
陕西	37973	138794	1462663	91435	23710	491955
甘肃	78176	157634	1013730	53212	9183	93126
青海	70471	36949	522309	19795	3885	30443
宁夏	4671	101341	403596	6706	4790	35631
新疆	159155	427519	1247929	30678	31679	115354
不分地区		298643	7080464			

2－11 续表 2

单位：万元

地　　区	社　　会服务业	卫生体育和社会福利业	教育、文化艺术和广播电影电视业	科学研究和综合技术服务业	国家机关、政党机关和社会团体	其　　他行　　业
全国总计	**23375268**	**3520352**	**11239074**	**1518393**	**13927495**	**2136310**
北　　京	762801	174957	577495	390415	523784	118169
天　　津	476014	74706	269746	11669	168885	137663
河　　北	672892	146485	454648	36717	531066	81764
山　　西	379411	41316	237449	10847	119218	3955
内 蒙 古	382761	36428	162247	11818	245496	28508
辽　　宁	731880	64207	389102	45842	545833	99927
吉　　林	554049	51765	305082	68223	594263	30680
黑 龙 江	413441	60625	337189	21730	533523	301308
上　　海	1805379	178329	402364	161011	164904	36243
江　　苏	2464806	266419	974686	63684	593647	212402
浙　　江	2998322	367638	1162168	31538	597520	160436
安　　徽	399961	108377	264362	14190	577559	15384
福　　建	458402	78360	275771	26468	252792	68434
江　　西	407103	36067	227046	20113	405388	68435
山　　东	1263406	230172	772224	69884	1379431	127003
河　　南	731170	160001	431657	62779	604302	56350
湖　　北	477327	156607	410089	89198	541142	35241
湖　　南	912106	229164	331663	32262	509081	48408
广　　东	2169727	414773	876561	45297	710807	152718
广　　西	588571	85551	190807	12201	165139	21249
海　　南	104513	11937	44936	2157	83798	5126
重　　庆	586098	78604	304939	33807	508907	75362
四　　川	1506403	118880	563250	33840	499897	40503
贵　　州	489987	51746	153871	5332	172629	6704
云　　南	531695	65976	225288	32752	336652	1144
西　　藏	19608	11487	46135	5909	165633	2510
陕　　西	312530	65196	410351	107115	398723	161253
甘　　肃	184191	25188	147825	14476	367843	16731
青　　海	103661	13726	35437	2949	145710	260
宁　　夏	121938	24573	55408	3654	71567	8658
新　　疆	365115	91092	199278	12674	237933	13782
不分地区				37842	1174423	

2-12 各地区按主要工业行业分的国有经济投资

单位:万元

地　区	工业合计	煤炭采选业	石油和天然气开采业	黑色金属矿采选业	有色金属矿采选业	非金属矿采选业	其他矿采选业
全国总计	**46671335**	**2331703**	**1575651**	**141253**	**350365**	**82867**	**489**
北　京	952341	1206		10397		522	
天　津	702812		81810			10459	
河　北	2078003	165619	4811	28708	5705	7720	
山　西	1529796	516280		400			
内蒙古	873295	65492	6010	810	12625	190	
辽　宁	2270000	76217	138785	34383	3787	910	
吉　林	768196	19905	54920		1755		
黑龙江	1281626	83237			400		
上　海	2064639		2836	1214			
江　苏	3825363	84049	83783	650		7926	
浙　江	1401888			4751	1210	257	
安　徽	1281655	215097		19499	25012	9014	
福　建	826808	14793		220	11471	1644	
江　西	904625	28291		60	82635	3086	
山　东	3781324	464171		7593	52392	11750	
河　南	2473634	179281	553038	50	30771	50	
湖　北	3580564	7002	127877	9660	1505	5938	
湖　南	1732578	20026		1788	8007	1392	
广　东	2313516		66387		453	1146	299
广　西	1049244	6276		1162	12438	11688	
海　南	183602			2080		142	
重　庆	613577	9955	3200				
四　川	1801136	24257	61273	7178	10442	1833	
贵　州	1608900	42005	6865	121	303	1415	
云　南	1372468	25331		1356	43340	815	
西　藏	160997			127	950		
陕　西	1405025	61225	317180	3200	26330	850	
甘　肃	1117139	38623	779	3900	2147	2295	
青　海	249388	1140	44400		11386	1347	190
宁　夏	411340	35069					
新　疆	718694	24324	21697	1946	5301	478	
不分地区	1337162	122832					

2－12 续表 1　　单位：万元

地　区	木材及竹材采运业	食　品加工业	食　品制造业	饮　料制造业	烟　草加工业	纺织业	服装及其他纤维制品制造业
全国总计	**191971**	**367328**	**248595**	**370354**	**668170**	**927082**	**99758**
北　京			3131	17943	1503	6439	1220
天　津		7572	16070	2423	2150	22092	86
河　北		30725	19081	23038	13777	49958	11898
山　西		2979	417	3708	4580	12237	150
内 蒙 古		3338	3183	1370	3008	41978	
辽　宁		2175	1821	482	3537	15403	
吉　林	47713	3150	950	2110	1000	4922	
黑 龙 江	139884	33205	9131	1400	3690	990	
上　海			10033	1552	28581	28550	4033
江　苏		28677	33575	10828	36119	140162	9484
浙　江		4089	12873	37563	19296	9621	37094
安　徽		7533	2117	15255	29600	35504	
福　建	394	2835	4347	13822	83621	6050	1739
江　西	118	6895	2553	2574	11331	6405	257
山　东		92546	56553	90441	36820	303761	27542
河　南		28947	31051	14034	50908	44760	98
湖　北	543	18537	4000	11115	40622	85976	4438
湖　南	100	23631	1610	18547	58248	23547	457
广　东		3142	5063	9080	28192	8009	120
广　西	112	21112	3194	1252	45276	6566	580
海　南		254	4790	828	357	286	
重　庆		8435	3492	1690	20440	6240	240
四　川		4908	6653	33232	20690	7963	
贵　州	11	5375	1767	43450	30462	703	
云　南	170	8676	120	2240	74288	5487	132
西　藏		575	300	469			190
陕　西	963	2973	4683	5289	6911	16907	
甘　肃	183	3352	5019	2000	11142	955	
青　海		2327		300			
宁　夏		260	260	2009		130	
新　疆	1780	9105	758	310	2021	35481	
不分地区							

2－12 续表 2

单位:万元

地区	皮革、毛皮、羽绒及其制品业	木材加工及竹、藤、棕、草制品业	家具制造业	造纸及纸制品业	印刷业、记录媒介的复制	文教体育用品制造业	石油加工及炼焦业
全国总计	**50926**	**76751**	**38156**	**437909**	**200716**	**34564**	**931620**
北京				2359	29505	15	16285
天津	500	600		3258	1330		695
河北	21312	5935	1480	30039	8697		38100
山西			845		720		41881
内蒙古			110	2000			13128
辽宁	842	242		238	12044	1300	186277
吉林		3320		70	220		5072
黑龙江		990	440	19616	340	300	118554
上海			450	180	12301	848	53030
江苏	6420	17185	1000	3068	4250	50	61690
浙江	2109		30	300	9183	6763	19000
安徽	2000	1147		908	3096	100	6881
福建		5729		5230	129		
江西	250	4538	1260	7522	21608		23752
山东	6977	8729	28888	129684	4820	19352	111682
河南	3909	2550	775	44813	10906	240	3568
湖北	150	80	210	1775	8000		18014
湖南		1918	115	114975	2458		83674
广东	50	200	765	12468	6164	1791	49718
广西		16751	400	36829	901		2049
海南		3428			220		
重庆		420			851		1260
四川	4800			2918	29238	3582	6800
贵州		105		480	1097		120
云南		603		3353	6834	223	
西藏							
陕西		292	510	2101	18959		34216
甘肃	740	950	800	280	1295		6448
青海	767			230			
宁夏					1810		
新疆	100	1039	78	13215	3740		29726
不分地区							

2－12 续表 3

单位：万元

地　区	化学原料及化学制品制造业	医　药制造业	化学纤维制造业	橡　胶制品业	塑　料制品业	非金属矿物制品业	黑色金属冶炼及压延加工业
全国总计	**1934071**	**530923**	**136527**	**135096**	**194905**	**803498**	**4153482**
北　京	37473	8348		200		25334	45230
天　津	65600	2365	256		3660	11138	131258
河　北	98894	42062	6349	2122	40527	86857	569649
山　西	37795	2470		360	200	16840	264502
内蒙古	4409	12514			1104	4117	142623
辽　宁	34232	18652	2438	2563	615	11407	631796
吉　林	15302	29571		1250	5500	29005	12718
黑龙江	43013	11119	6451	2174	230	5396	7582
上　海	103198	66151	1413		2251	10463	335187
江　苏	437225	61723	1173	3612	8191	38755	260571
浙　江	43513	26770	1575	16199	14996	1301	57196
安　徽	36255	10220	2545		10310	57401	10090
福　建	28376	5701	7771		867	2611	38445
江　西	21892	17004	6604	300	8154	27879	117998
山　东	135160	50460	25236	90454	48812	141921	107167
河　南	141982	33781	4151	9795	12952	88896	64298
湖　北	63700	23504	18025	80	7196	25048	455711
湖　南	36253	7089		150		20218	169790
广　东	10883	38529		1468	150	7615	65351
广　西	7674	6441	72	364		15718	81609
海　南	84994	2777		1169		225	
重　庆	15028	515	51578	855		6027	22031
四　川	83113	16106			18799	37574	164696
贵　州	48744	353		88	6584	6735	21068
云　南	59938	15884			607	17575	169596
西　藏		1180			69	3789	
陕　西	16000	7770		1778	40	43665	9895
甘　肃	212547	5553	890	115	2355	21191	167334
青　海	7447				60	15822	10250
宁　夏	2290	1228				10137	3000
新　疆	1141	5083			676	12838	16841
不分地区							

单位:万元

地　　区	有色金属冶炼及压延加工业	金　属制品业	普通机械制造业	专用设备制造业	交通运输设备制造业	电气机械及器材制造业
全国总计	**1196638**	**274508**	**550926**	**523800**	**1978427**	**303852**
北　　京		4928	14623	55753	103846	30393
天　　津	450	2851	4289	3270	2214	5378
河　　北	4364	32740	27934	18784	19241	18204
山　　西	60448	167	10369	12901	13501	2413
内 蒙 古	70362	320	770		8284	450
辽　　宁	43201	1122	60885	78326	120671	12648
吉　　林	3399	4444	7645	590	115569	800
黑 龙 江	6991		4401	12061	201444	23600
上　　海	6639	6649	12588	45320	265396	5567
江　　苏	5173	57313	93782	71759	149708	42673
浙　　江	1060	5220	26245	13454	55157	1128
安　　徽	18541	2060	14388	2200	178210	13346
福　　建	7740	270	5503	16678	1476	5342
江　　西	71820	786	8700	3431	49689	6258
山　　东	117303	30363	94102	48297	78862	40613
河　　南	160813	4612	35656	28451	29228	17514
湖　　北	28497	13473	24284	28363	168648	6828
湖　　南	47881	1142	22039	16445	59982	12128
广　　东	4194	27859	16322	4900	21796	12441
广　　西	104729	689	8939	4086	9562	4496
海　　南	2642	1214	210	25	2611	
重　　庆			7516	533	39267	2615
四　　川	59817	60209	16536	15107	102696	3103
贵　　州	141426	1165	713	6086	64772	2378
云　　南	9521	994	4149	6552	9141	5003
西　　藏		200			1300	
陕　　西	13432	2967	20004	25563	101101	19651
甘　　肃	191883	3964	7520	2320	3551	8627
青　　海	5188	90	560	152		55
宁　　夏	8084	6397	254	1226		200
新　　疆	1040	300		1167	1504	
不分地区						

单位:万元

地　　区	电子及通信设备制造业	仪器仪表及文化办公用机械制造业	其　他制造业	电力、蒸汽、热水的生产和供应业	煤气的生产和供应业	自来水的生产和供应业
全国总计	**636518**	**314153**	**651814**	**20821751**	**600903**	**1803315**
北　　京	15723	14744	450	337740	137111	29920
天　　津	15462	1000		260455	25683	18438
河　　北	11814	1660	3110	566147	34768	26174
山　　西	1610		24007	433561	8655	55800
内 蒙 古			35054	382160	8748	49138
辽　　宁	21377	1347	10542	670609	9642	59484
吉　　林	8677			346856		41763
黑 龙 江	1098	4107	16149	456608	23877	43148
上　　海	79711	6035	284622	585703	26252	77886
江　　苏	93204	9514	64947	1665249	45225	186650
浙　　江	39947	1520	18308	792891	21209	100060
安　　徽	4130	1116	163	496623	11186	40108
福　　建	10768	110	3724	486231	9697	43474
江　　西	6122	760	5221	302326	2427	44119
山　　东	71865	3386	3421	1130146	34709	75346
河　　南	1391	14070	6047	721509	32361	66378
湖　　北	25984	8999	14181	2256496	7697	58408
湖　　南	2448	1052	21544	884433	20056	49435
广　　东	81788	214496	31878	1463790	14902	102107
广　　西	2651	938		585326	13084	36280
海　　南	358		2290	48628	603	23471
重　　庆	1477	8690	57549	298281	14727	30665
四　　川	61643	8583	10351	771899	26798	118339
贵　　州	18558	391		1087104	4181	64275
云　　南	1695		4044	723848	3839	167114
西　　藏				146541		5307
陕　　西	39477	6310	33612	477517	22476	61178
甘　　肃	17540	1157	600	344412	5105	39567
青　　海				136691	1900	9086
宁　　夏		4168		305582	3127	26109
新　　疆				442059	30858	54088
不分地区				1214330		

2-13 各地区国有经济中三次产业投资

单位:万元

地区	投资额	第一产业	第二产业	第三产业
全国总计	**188773548**	**4994967**	**49380980**	**134397601**
北京	7626718	17381	1004542	6604795
天津	3199728	7622	770170	2421936
河北	7240176	198478	2233380	4808318
山西	4156450	73722	1573689	2509039
内蒙古	3656146	298574	885752	2471820
辽宁	6489046	50933	2368964	4069149
吉林	3498013	13110	851753	2633150
黑龙江	5372495	192077	1320223	3860195
上海	7206435	21470	2100212	5084753
江苏	14220502	27679	4014129	10178694
浙江	11008955	25335	1475815	9507805
安徽	5134591	22992	1534085	3577514
福建	4514393	35229	899181	3579983
江西	4319147	33541	939672	3345934
山东	12111580	53435	4070077	7988068
河南	8047976	85582	2501762	5460632
湖北	8629557	126787	3803788	4698982
湖南	6356892	57275	1811513	4488104
广东	11670857	33418	2584297	9053142
广西	3910753	50460	1059706	2800587
海南	933648	117597	193056	622995
重庆	3821474	52891	650878	3117705
四川	7918216	89008	1959209	5869999
贵州	4162140	48591	1610541	2503008
云南	4835280	40039	1376428	3418813
西藏	928642	28623	198964	701055
陕西	5286881	139107	1442998	3704776
甘肃	3450580	136744	1195315	2118521
青海	1359620	65307	319859	974454
宁夏	1297431	32455	416011	848965
新疆	3922997	261810	877849	2783338
不分地区	12486229	2557695	1337162	8591372

2－14　各地区能源工业国有经济投资

单位:万元

地　　区	能源工业合计	煤　炭采选业	石油和天然气开采业	电力、蒸汽、热水的生产和供应业	石油加工及炼焦业	煤气的生产和供应业
全国总计	**26261628**	**2331703**	**1575651**	**20821751**	**931620**	**600903**
北　　京	492342	1206		337740	16285	137111
天　　津	368643		81810	260455	695	25683
河　　北	809445	165619	4811	566147	38100	34768
山　　西	1000377	516280		433561	41881	8655
内 蒙 古	475538	65492	6010	382160	13128	8748
辽　　宁	1081530	76217	138785	670609	186277	9642
吉　　林	426753	19905	54920	346856	5072	
黑 龙 江	682276	83237		456608	118554	23877
上　　海	667821		2836	585703	53030	26252
江　　苏	1939996	84049	83783	1665249	61690	45225
浙　　江	833100			792891	19000	21209
安　　徽	729787	215097		496623	6881	11186
福　　建	510721	14793		486231		9697
江　　西	356796	28291		302326	23752	2427
山　　东	1740708	464171		1130146	111682	34709
河　　南	1489757	179281	553038	721509	3568	32361
湖　　北	2417086	7002	127877	2256496	18014	7697
湖　　南	1008189	20026		884433	83674	20056
广　　东	1594797		66387	1463790	49718	14902
广　　西	606735	6276		585326	2049	13084
海　　南	49231			48628		603
重　　庆	327423	9955	3200	298281	1260	14727
四　　川	891027	24257	61273	771899	6800	26798
贵　　州	1140275	42005	6865	1087104	120	4181
云　　南	753018	25331		723848		3839
西　　藏	146541			146541		
陕　　西	912614	61225	317180	477517	34216	22476
甘　　肃	395367	38623	779	344412	6448	5105
青　　海	184131	1140	44400	136691		1900
宁　　夏	343778	35069		305582		3127
新　　疆	548664	24324	21697	442059	29726	30858
不分地区	1337162	122832		1214330		

2-15 各地区交通运输业国有经济投资

单位:万元

地区	合计	铁路运输业	公路运输业	管道运输业	水上运输业	航空运输业	交通运输辅助业	其他交通运输业
全国总计	**41103154**	**8139877**	**18836741**	**12687**	**626706**	**1719721**	**11251806**	**515616**
北京	1149094	13643	1068201			13641	53609	
天津	540174	13872	16648			3180	506474	
河北	1039016	14102	386216		145517	500	492681	
山西	1126166	140517	950442			3188	32019	
内蒙古	933557	76193	90659			4680	762025	
辽宁	1196996	112745	509627	118	57519	130784	304260	81943
吉林	564040	22494	354963			53403	116357	16823
黑龙江	974559	159419	545002		3256	14700	245161	7021
上海	385580	28139	14037		14937	81896	245375	1196
江苏	2637254	28175	1376213	110	74051		933809	224896
浙江	1847123	6843	894246		29324	3591	860910	52209
安徽	969187	81555	630063	150	1234	12760	237213	6212
福建	1394047	9688	1072847	595	21757	89706	190559	8895
江西	1266159	96637	1040241		9397		119809	75
山东	2118807	388163	475636		25843	6900	1215225	7040
河南	2199373	162866	847883	2013	301	373	1185787	150
湖北	1233811	180123	490239		6302		556897	250
湖南	1115361	42090	812372		22542	2515	228104	7738
广东	1946146	44025	1101364	2200	59439	54302	653793	31023
广西	798587	70171	674083		30359	7980	15761	233
海南	220560	103000	39222		10175		55434	12729
重庆	763328	3420	117367	2550	13145	48175	578596	75
四川	1491300	127279	1095213			107591	147500	13717
贵州	1110699	32392	1019396		3768	43306	11837	
云南	1228507	23811	1174069		2257	22070		6300
西藏	234295		233302				993	
陕西	1169459	70297	143621	4151		32247	917743	1400
甘肃	740724	81711	103570		942	9574	516710	28217
青海	467710	82200	342261	800			35176	7273
宁夏	319013	6728	310928			425	932	
新疆	842058	139552	643995			27253	31057	201
不分地区	7080464	5778027	262815		94641	944981		

2－16　各地区邮电通信业国有经济投资

单位：万元

地　区	投资额	邮政业	电信业	邮电业
全国总计	**11875304**	**457076**	**11168161**	**250067**
北　京	473220	15792	457428	
天　津	116248	12593	103655	
河　北	645198	24598	597235	23365
山　西	253470	16099	233077	4294
内 蒙 古	188350	2611	185739	
辽　宁	351591	6964	344188	439
吉　林	124117	13079	107978	3060
黑 龙 江	540401	15830	508867	15704
上　海	495757	19311	476446	
江　苏	640212	15124	615779	9309
浙　江	747413	27757	713041	6615
安　徽	323075	15698	305583	1794
福　建	423294	34381	380475	8438
江　西	473450	16869	455997	584
山　东	536695	15108	494658	26929
河　南	364752	25063	305048	34641
湖　北	534571	10404	515029	9138
湖　南	373815	31434	342050	331
广　东	1069745	16511	975683	77551
广　西	427846	15133	412054	659
海　南	40881	3485	37396	
重　庆	309095	8437	300658	
四　川	603937	32962	570575	400
贵　州	294751	4671	290040	40
云　南	394481	7669	386598	214
西　藏	78322	10083	68132	107
陕　西	271898	22375	234768	14755
甘　肃	257969	4961	244839	8169
青　海	51721	1406	50315	
宁　夏	80896	526	80370	
新　疆	388133	10142	374460	3531
不分地区				

2－17 国民经济行业按隶属关系分的国有经济投资

单位：万元

行业	合计	中央项目	地方项目				
				省属	地市属	县属	其他
全国总计	**188773548**	**49731986**	**139041562**	**40924773**	**47279341**	**48467063**	**2370385**
(一)农、林、牧、渔业	**5645414**	**2819314**	**2826100**	**516414**	**272241**	**1991634**	**45811**
农业	979178	180828	798350	200632	62304	514384	21030
林业	3663376	2591919	1071457	201748	147973	711558	10178
畜牧业	260641	12558	248083	30001	14260	199280	4542
渔业	91772	12839	78933	6762	3770	64548	3853
农、林、牧、渔服务业	650447	21170	629277	77271	43934	501864	6208
(二)采掘业	**4674299**	**1703941**	**2970358**	**1968926**	**386811**	**578998**	**35623**
煤炭采选业	2331703	238250	2093453	1747771	128715	213629	3338
石油和天然气开采业	1575651	1200209	375442	18469	152326	181142	23505
黑色金属矿采选业	141253	63179	78074	25590	27797	22827	1860
有色金属矿采选业	350365	93804	256561	105286	27426	118932	4917
非金属矿采选业	82867	478	82389	25087	14834	40465	2003
其他矿采选业	489		489		299	190	
木材及竹材采运业	191971	108021	83950	46723	35414	1813	
(三)制造业	**18771067**	**5498256**	**13272811**	**4668933**	**4916319**	**3334381**	**353178**
食品加工业	367328	8452	358876	51379	44091	243485	19921
食品制造业	248595	1025	247570	40375	61310	133834	12051
饮料制造业	370354	692	369662	50033	128849	182104	8676
烟草加工业	668170	492653	175517	98351	67963	9203	
纺织业	927082	33419	893663	71626	426481	379382	16174
服装及其他纤维品制造业	99758	3588	96170	5775	2875	82810	4710
皮革、毛皮、羽绒及其制品业	50926	942	49984	4390	4580	37741	3273
木材加工及竹、藤、棕、草制品业	76751	517	76234	22016	3873	45727	4618
家具制造业	38156		38156	890	29518	7633	115
造纸及纸制品业	437909	2127	435782	133033	125554	175752	1443
印刷业、记录媒介的复制	200716	89610	111106	62184	33512	13372	2038
文教体育用品制造业	34564	128	34436	4445	2263	25066	2662
石油加工及炼焦业	931620	704092	227528	63775	98589	57264	7900
化学原料及化学制品制造业	1934071	681742	1252329	442670	433075	365128	11456
医药制造业	530923	29325	501598	123443	180343	148287	49525
化学纤维制造业	136527	51834	84693	21776	49054	13863	
橡胶制品业	135096	1224	133872	3304	109806	12702	8060
塑料制品业	194905	4847	190058	17598	78613	85138	8709
非金属矿物制品业	803498	40348	763150	194754	255223	285295	27878
黑色金属冶炼及压延加工业	4153482	993936	3159546	2116063	944259	88049	11175
有色金属冶炼及压延加工业	1196638	403881	792757	404719	207606	146531	33901
金属制品业	274508	11615	262893	27334	107173	92025	36361
普通机械制造业	550926	88947	461979	70932	237586	139204	14257

2－17 续表 1

单位：万元

行业	合计	中央项目	地方项目				
				省属	地市属	县属	其他
专用设备制造业	523800	79042	444758	146398	166522	124110	7728
交通运输设备制造业	1978427	1413264	565163	181847	226737	154008	2571
电气机械及器材制造业	303852	36897	266955	74739	109719	70753	11744
电子及通信设备制造业	636518	88782	547736	87855	341913	87468	30500
仪器仪表及文化办公用机械制造业	314153	40703	273450	31157	230886	7967	3440
其他制造业	651814	194624	457190	116072	208346	120480	12292
(四)电力、煤气及水的生产和供应业	**23225969**	**12395772**	**10830197**	**3866348**	**3163762**	**3551322**	**248765**
电力、蒸汽、热水的生产和供应业	20821751	12369525	8452226	3514487	1876034	2824663	237042
煤气的生产和供应业	600903	10933	589970	200457	305208	83305	1000
自来水的生产和供应业	1803315	15314	1788001	151404	982520	643354	10723
(五)建筑业	**2709645**	**461400**	**2248245**	**291939**	**677795**	**1216627**	**61884**
土木工程建筑业	2489496	391023	2098473	259504	618609	1161071	59289
线路、管道和设备安装业	203498	70377	133121	28456	56028	47502	1135
建筑物的装修装饰业	16651		16651	3979	3158	8054	1460
(六)地质勘查业、水利管理业	**7369912**	**1310261**	**6059651**	**1284170**	**1767014**	**2971709**	**36758**
地质勘查业	174359	119939	54420	43153	8230	2270	767
水利管理业	7195553	1190322	6005231	1241017	1758784	2969439	35991
(七)交通运输、仓储及邮电通信业	**53923813**	**19093423**	**34830390**	**17672004**	**9019194**	**7618659**	**520533**
铁路运输业	8139877	7670044	469833	303790	104389	59598	2056
公路运输业	18836741	472180	18364561	11015426	3498902	3500151	350082
管道运输业	12687	954	11733	5328	2650	3755	
水上运输业	626706	319921	306785	143974	139287	23524	
航空运输业	1719721	1409088	310633	79167	226686	4780	
交通运输辅助业	11251806	966136	10285670	2909444	3942517	3291545	142164
其他交通运输业	515616	1630	513986	190790	173706	149029	461
仓储业	945355	281742	663613	126440	126704	403735	6734
邮电通信业	11875304	7971728	3903576	2897645	804353	182542	19036
(八)批发和零售贸易、餐饮业	**2208908**	**340396**	**1868512**	**263683**	**550926**	**968691**	**85212**
食品、饮料、烟草和家庭用品批发商业	695870	83567	612303	109363	154196	322956	25788
能源、材料和机械电子设备批发业	431218	217527	213691	22728	83119	101282	6562
其他批发业	113585	3695	109890	15133	27348	66195	1214
零售业	899123	35219	863904	106002	273377	436290	48235
商业经纪与代理业	11056	20	11036		3547	5289	2200

单位:万元

行业	合计	中央项目	地方项目				
				省属	地市属	县属	其他
餐饮业	58056	368	57688	10457	9339	36679	1213
(九)金融、保险业	**721933**	**536548**	**185385**	**68417**	**83734**	**30085**	**3149**
金融业	675046	502581	172465	61447	81399	26470	3149
保险业	46887	33967	12920	6970	2335	3615	
(十)房地产业	**13805696**	**604036**	**13201660**	**2295392**	**5759619**	**4752204**	**394445**
房地产开发与经营业	13406411	603216	12803195	2248149	5679144	4488592	387310
房地产管理业	382190	820	381370	47243	79208	247784	7135
房地产代理与经纪业	17095		17095		1267	15828	
(十一)社会服务业	**23375268**	**305496**	**23069772**	**2214764**	**12410201**	**8309783**	**135024**
公共服务业	21529423	82495	21446928	2035031	11673666	7633702	104529
居民服务业	115421	4137	111284	5217	51044	55023	
旅馆业	503180	49560	453620	90898	183963	166821	11938
租赁服务业	6796		6796	400	998	5398	
旅行社	315814	4040	311774	8752	81433	211135	10454
娱乐服务业	84878	1680	83198	12528	21051	48139	1480
信息、咨询服务业	28582	3543	25039	9871	9542	5326	300
计算机应用服务业	307671	145367	162304	5220	145339	9245	2500
其他社会服务业	483503	14674	468829	46847	243165	174994	3823
(十二)卫生、体育和社会福利业	**3520352**	**214185**	**3306167**	**837264**	**1288423**	**1138343**	**42137**
卫生	2515973	188050	2327923	569797	861948	861516	34662
体育	815599	23162	792437	218695	364513	204130	5099
社会福利保障业	188780	2973	185807	48772	61962	72697	2376
(十三)教育、文化艺术及广播电影电视业	**11239074**	**1658235**	**9580839**	**3287501**	**2417683**	**3769993**	**105662**
教育	9523636	1504709	8018927	2870713	1745402	3321385	81427
文化艺术业	1009662	115770	893892	272370	440248	159167	22107
广播电影电视业	705776	37756	668020	144418	232033	289441	2128
(十四)科学研究和综合技术服务业	**1518393**	**687960**	**830433**	**274238**	**341714**	**207671**	**6810**
科学研究业	641356	507940	133416	76330	38486	15185	3415
综合技术服务业	877037	180020	697017	197908	303228	192486	3395
(十五)国家机关、政党机关和社会团体	**13927495**	**1979037**	**11948458**	**1315247**	**3215915**	**7235908**	**181388**
国家机关	13449818	1876981	11572837	1232332	3130699	7037849	171957
政党机关	294041	88876	205165	52060	48529	103858	718
社会团体	118608	13180	105428	30455	32491	41820	662
基层群众自治组织	65028		65028	400	4196	52381	8051
(十六)其他行业	**2136310**	**123726**	**2012584**	**99533**	**1007990**	**791055**	**114006**
其他行业	2136310	123726	2012584	99533	1007990	791055	114006

2－18 各地区按隶属关系分的国有经济新增固定资产

单位：万元

地　区	合　计	中央项目	地方项目	省　属	地市属	县　属	其　他
全国总计	**130143974**	**33780809**	**96363165**	**30012378**	**30710157**	**34327712**	**1312918**
北　京	6104356	1776952	4327404	2555411	1268972	293778	209243
天　津	1998605	400074	1598531	1252396	270602	53835	21698
河　北	5450366	660339	4790027	1178104	1100626	2484749	26548
山　西	3980819	956264	3024555	1749469	565145	689630	20311
内蒙古	3058063	397983	2660080	819448	570732	1265213	4687
辽　宁	5435526	1303598	4131928	1614097	1836973	649764	31094
吉　林	2585316	399823	2185493	313108	1017533	791655	63197
黑龙江	4671577	1410820	3260757	1439577	1108294	705874	7012
上　海	3959747	412101	3547646	1840796	1249849	450871	6130
江　苏	10996815	2077956	8918859	1652584	3363208	3891513	11554
浙　江	7291158	1214214	6076944	654107	2604606	2752472	65759
安　徽	3735287	614842	3120445	1315608	947312	822353	35172
福　建	2958816	546219	2412597	850610	772482	773797	15708
江　西	2617070	494011	2123059	1121433	346374	648520	6732
山　东	7487735	1150111	6337624	1218643	2050449	2988059	80473
河　南	6566057	1700785	4865272	837886	1795655	2199336	32395
湖　北	5515364	1614250	3901114	527839	1822158	1440744	110373
湖　南	4723505	815290	3908215	1502346	1077376	1300806	27687
广　东	6540472	936900	5603572	1384762	2261464	1882885	74461
广　西	2203341	809592	1393749	259528	558227	550092	25902
海　南	698926	198023	500903	206851	100842	189609	3601
重　庆	2579958	621936	1958022	506294	9214	1427079	15435
四　川	5349749	770710	4579039	1320602	1468075	1747277	43085
贵　州	2437692	818376	1619316	690887	215050	635063	78316
云　南	3602854	984613	2618241	1209299	395266	1004677	8999
西　藏	569180	394818	174362	53346	67049	18414	35553
陕　西	3393438	695604	2697834	562519	1035809	1088922	10584
甘　肃	1856258	689693	1166565	376252	315120	463262	11931
青　海	692761	126197	566564	184855	68575	310520	2614
宁　夏	743613	313626	429987	155001	88761	183475	2750
新　疆	3210948	1566594	1644354	658720	358359	623468	3807
不分地区	7128602	6908495	220107				220107

2－19 各地区按主要行业分的国有经济新增固定资产

单位：万元

地区	合计	农、林、牧、渔业	采掘业	制造业	电力、煤气及水的生产和供应业
全国总计	**130143974**	**2305498**	**3385583**	**12628483**	**14944779**
北京	6104356	7732	11828	341130	329881
天津	1998605	4879	66067	182813	217530
河北	5450366	168494	132811	784775	506571
山西	3980819	67655	411714	446366	631433
内蒙古	3058063	262210	78603	525132	243414
辽宁	5435526	62416	188874	845106	570248
吉林	2585316	10209	104121	134428	320688
黑龙江	4671577	172173	128277	415710	523794
上海	3959747	9706		342658	240308
江苏	10996815	46169	164397	1813474	1394673
浙江	7291158	36976	6142	297522	765466
安徽	3735287	25110	174263	206013	358973
福建	2958816	21752	14178	137434	539278
江西	2617070	26700	82935	219928	220066
山东	7487735	54756	307580	1232774	622045
河南	6566057	121074	629263	1304809	722752
湖北	5515364	121968	116447	826644	733163
湖南	4723505	32513	25233	356055	377956
广东	6540472	26378	15436	263327	970493
广西	2203341	36643	7562	168947	297775
海南	698926	116947	2159	15227	47954
重庆	2579958	47295	11516	144871	274012
四川	5349749	68512	80861	348018	742919
贵州	2437692	46529	34445	207285	544840
云南	3602854	50057	51873	363461	500757
西藏	569180	21620	295	7657	51071
陕西	3393438	144357	377939	264490	409678
甘肃	1856258	128072	20882	228496	407774
青海	692761	96764	57358	35717	45758
宁夏	743613	32536	26686	38687	225294
新疆	3210948	237296	55838	129529	399490
不分地区	7128602				708725

单位:万元

地　区	建筑业	地质勘查业水利管理业	交通运输、仓储和邮电通信业	批发零售贸易和餐饮业	金融、保险业	房地产业
全国总计	**1949064**	**4307785**	**40839249**	**1672183**	**552773**	**10764989**
北　京	64661	122093	497574	15094		2068625
天　津	38298	101110	474961	85673	6005	271137
河　北	124169	197087	1580992	150563	22323	390737
山　西	38366	73694	1543068	37419	14822	126496
内蒙古	10304	134983	1007287	37815	11307	68862
辽　宁	67470	47537	2096935	41291	16276	283719
吉　林	59911	71218	553876	32241	42042	78605
黑龙江	41168	103203	1515723	122466	19255	220438
上　海	26179	70566	177125	44631	20280	779462
江　苏	173557	393388	2443873	218487	22770	943581
浙　江	42798	176699	2474066	39733	27428	714520
安　徽	179832	189776	1432075	41744	14819	266200
福　建	28547	46007	1032333	14550	15304	347662
江　西	18688	62732	1104413	26630	17830	121770
山　东	227882	147761	1841709	130399	25732	718568
河　南	16500	148232	1855633	62136	22599	190606
湖　北	156564	591490	1057543	81290	30363	271109
湖　南	34950	336342	1832344	100967	16947	178390
广　东	123692	149714	1657350	55076	63297	1169726
广　西	14830	105444	899861	28365	9943	94449
海　南	10857	21702	241085	13320	8471	34427
重　庆	14951	65892	680714	37099	33175	99998
四　川	80242	138810	1925172	15867	10395	519048
贵　州	599	23003	1015524	23273	5007	69813
云　南	3662	115712	1428587	48302	21565	191397
西　藏	24436	45864	190062	6849	1930	24825
陕　西	75956	95633	742674	56635	7963	303643
甘　肃	40892	67397	449007	48416	10134	63621
青　海	53762	20400	172552	16999	4263	32803
宁　夏	4361	43162	98680	8092	1465	14881
新　疆	150980	243640	1106191	30761	29063	105871
不分地区		157494	5710260			

2-19 续表 2

单位:万元

地　　区	社　会服务业	卫生体育和社会福利业	教育、文化艺术和广播电影电视业	科学研究和综合技术服务业	国家机关、政党机关和社会团体	其　他行　业
全国总计	**14405394**	**2509261**	**8012805**	**1045635**	**9543269**	**1277224**
北　京	1211153	92973	507994	295895	358693	179030
天　津	206728	17633	191476	11972	102846	19477
河　北	507226	93747	337648	36575	378794	37854
山　西	266134	23439	165854	8204	120493	5662
内 蒙 古	300839	24307	136913	14446	195363	6278
辽　宁	408040	29280	329293	32942	376343	39756
吉　林	363671	33632	213104	55068	480615	31887
黑 龙 江	422804	50700	266773	7241	364508	297344
上　海	1863469	81450	196402	11091	86089	10331
江　苏	1573727	286291	762748	43844	525885	189951
浙　江	1380073	183734	723936	18554	337567	65944
安　徽	195527	85372	188619	8765	356773	11426
福　建	312034	61514	220308	7114	140008	20793
江　西	215862	30128	163009	26755	259679	19945
山　东	592952	184131	455625	18096	869956	57769
河　南	520458	173282	267358	54018	448106	29231
湖　北	362458	164905	347581	163735	461607	28497
湖　南	638497	118900	281022	36436	337156	19797
广　东	598794	320079	553491	35650	489662	48307
广　西	212622	41722	154999	5528	106455	18196
海　南	65688	10547	31970	1912	71717	4943
重　庆	388269	57405	250184	16953	420134	37490
四　川	617296	81266	325862	21463	362641	11377
贵　州	209103	41723	98099	3939	112885	1625
云　南	333011	60119	162384	19414	251767	786
西　藏	9990	9585	38905	2268	131963	1860
陕　西	200609	57295	307471	70068	226901	52126
甘　肃	57463	14579	83706	3684	220185	11950
青　海	22083	9622	30121	1708	92141	710
宁　夏	75344	11744	61055	3307	86308	12011
新　疆	273470	58157	158895	8990	217906	4871
不分地区					552123	

2－20 各地区国有经济财务拨款

单位:万元

地区	本年资金来源合计	上年末结余资金	本年资金来源小计	本年各项应付款合计
全国总计	**199128499**	**13789926**	**185338573**	**20962014**
北京	10041552	1841962	8199590	644633
天津	3477169	327100	3150069	800238
河北	7616396	287917	7328479	575665
山西	4143769	398050	3745719	887689
内蒙古	3273637	61723	3211914	579729
辽宁	6675842	330863	6344979	779888
吉林	3424333	135128	3289205	363913
黑龙江	5277446	128587	5148859	551218
上海	8780881	1441297	7339584	816402
江苏	14586044	753758	13832286	1269606
浙江	12389209	1052412	11336797	1442005
安徽	5189545	289195	4900350	670335
福建	5025092	480714	4544378	606904
江西	4394153	211755	4182398	348194
山东	12274738	618212	11656526	1541059
河南	8578467	541963	8036504	637796
湖北	8798604	417302	8381302	884292
湖南	6429943	284686	6145257	800811
广东	12602067	1009489	11592578	1432904
广西	4321041	309606	4011435	351092
海南	1004503	56630	947873	226392
重庆	4038743	307141	3731602	367602
四川	8038060	445862	7592198	802729
贵州	4358004	312001	4046003	324759
云南	4820391	330947	4489444	735701
西藏	1106308	12251	1094057	184853
陕西	5562255	405635	5156620	573523
甘肃	3527515	330563	3196952	364081
青海	1462305	82016	1380289	126888
宁夏	1237785	47954	1189831	163668
新疆	3938676	125589	3813087	436132
不分地区	12734026	411618	12322408	671313

2－21　各地区国有经济财务拨款资金来源

单位：万元

地　　区	本年资金来源小计	国家预算内资金	国　内贷　款	债　　券
全国总计	**185338573**	**26393929**	**45200943**	**1726821**
北　　京	8199590	1068659	2047271	6859
天　　津	3150069	187451	983407	23960
河　　北	7328479	304163	1106182	25112
山　　西	3745719	325449	915815	
内 蒙 古	3211914	956156	521227	5162
辽　　宁	6344979	947287	1561560	30523
吉　　林	3289205	319710	500180	18405
黑 龙 江	5148859	586401	859924	129197
上　　海	7339584	258757	1666204	20300
江　　苏	13832286	470401	3493962	18264
浙　　江	11336797	654558	3041048	25800
安　　徽	4900350	749221	1239734	96704
福　　建	4544378	555703	1346987	33631
江　　西	4182398	447878	1273108	30325
山　　东	11656526	835757	2530676	33476
河　　南	8036504	789384	2268682	
湖　　北	8381302	1630879	2024284	500000
湖　　南	6145257	670646	1418365	58056
广　　东	11592578	517356	2518672	23758
广　　西	4011435	678508	1035790	
海　　南	947873	157169	236712	35230
重　　庆	3731602	1072411	681864	435
四　　川	7592198	973820	1729219	39973
贵　　州	4046003	447604	1726740	16086
云　　南	4489444	623221	1294250	25000
西　　藏	1094057	640595	70418	114175
陕　　西	5156620	991645	1261385	4062
甘　　肃	3196952	552531	820186	17995
青　　海	1380289	400841	382744	
宁　　夏	1189831	333999	373590	
新　　疆	3813087	1166780	887163	25768
不分地区	12322408	6078989	3383594	368565

单位:万元

地区	利用外资	外商直接投资	自筹资金	其他资金来源
全国总计	**4074264**	**741641**	**88604747**	**19337869**
北京	35061	2661	3316885	1724855
天津	36785	7689	1673205	245261
河北	46544	18045	4750720	1095758
山西	89345	9454	1912551	502559
内蒙古	56028	19828	1306747	366594
辽宁	201582	11658	3172898	431129
吉林	63795	25272	1874758	512357
黑龙江	89071	38652	2899407	584859
上海	195036	29441	4502689	696598
江苏	388925	68455	8424338	1036396
浙江	88206	16114	6225857	1301328
安徽	125516	13922	2165592	523583
福建	90221	6863	1855571	662265
江西	56597	55683	1944975	429515
山东	90241	46844	6897460	1268916
河南	141060	23563	3922553	914825
湖北	303613	190663	3300320	622206
湖南	215133	67247	3178487	604570
广东	79505	32656	7486008	967279
广西	53734	8180	1827097	416306
海南	12340	290	358411	148011
重庆	93945	233	1329733	553214
四川	100537	5178	3841584	907065
贵州	18210	4152	1649143	188220
云南	141997	2127	1971305	433671
西藏	258	258	132447	136164
陕西	84753	5974	1996006	818769
甘肃	35578	2960	1414185	356477
青海	1950	1693	381214	213540
宁夏	27550	1455	278441	176251
新疆	46810	24431	1298190	388376
不分地区	1064338		1315970	110952

2－22 各地区国有经济财务拨款中的自筹资金

单位：万元

地区	自筹资金合计	中央各部门自筹	省自筹	地市自筹	县自筹	企事业单位自有资金	发行股票
全国总计	**88604747**	**4682185**	**8675811**	**10310413**	**10330824**	**52645679**	**486176**
北京	3316885	190070	308622	199905	113510	2212929	18777
天津	1673205	83100	203890	328139	25818	969685	
河北	4750720	102518	563710	322331	861221	2818658	68069
山西	1912551	134387	237019	203214	189843	1129584	14098
内蒙古	1306747	28498	62401	110956	243162	852266	7777
辽宁	3172898	118512	187054	157857	224480	2431657	52
吉林	1874758	175	110560	120387	100464	1481511	
黑龙江	2899407	319444	293091	408708	127405	1730754	39243
上海	4502689	80250	674402	748323		2816824	2800
江苏	8424338	88546	1416892	859601	1058524	4752045	38072
浙江	6225857	102766	379419	964162	1621511	3109286	6562
安徽	2165592	85734	157255	215698	174766	1489449	32228
福建	1855571	20165	369646	182124	192485	1025901	
江西	1944975	213872	180579	425818	191982	905166	3500
山东	6897460	107206	284897	536769	846457	5023691	53437
河南	3922553	195491	339900	362263	446870	2554100	13371
湖北	3300320	126478	201196	254914	277039	2351051	29007
湖南	3178487	204772	262802	372466	521570	1757869	18299
广东	7486008	187297	706623	2192662	1193265	3045138	4640
广西	1827097	133679	251701	212921	179362	1030533	
海南	358411	933	25646	22949	27890	276007	
重庆	1329733	55350	57665	24984	246444	909785	73249
四川	3841584	205593	366538	459407	588871	2139571	12944
贵州	1649143	210165	266284	149941	192665	823989	37234
云南	1971305	198745	284013	185628	218875	1077039	7588
西藏	132447	25669	14709	13349	4195	74525	
陕西	1996006	129654	154665	112174	196370	1269316	
甘肃	1414185	98884	84563	68541	102902	1051147	
青海	381214	134017	25850	10744	39840	169496	
宁夏	278441	7970	55807	5016	25945	176315	5229
新疆	1298190	104987	48500	76716	97093	963338	
不分地区	1315970	987258	99912	1746		227054	

2－23 国有经济分行业财务拨款

单位:万元

行 业	本年资金来源合计	上年末结余资金	本年资金来源小计	本年各项应付款合计
全国总计	**199128499**	**13789926**	**185338573**	**20962014**
(一)农、林、牧、渔业	**5776583**	**181437**	**5595146**	**281050**
农业	982913	13449	969464	44045
林业	3776318	140416	3635902	172896
畜牧业	261642	5669	255973	10720
渔业	89124	606	88518	5716
农、林、牧、渔服务业	666586	21297	645289	47673
(二)采掘业	**4840107**	**256878**	**4583229**	**361597**
煤炭采选业	2526764	235964	2290800	284908
石油和天然气开采业	1560729	2319	1558410	36988
黑色金属矿采选业	128844	1416	127428	14786
有色金属矿采选业	350901	9506	341395	16015
非金属矿采选业	79375	5207	74168	7317
其他矿采选业	617	190	427	
木材及竹材采运业	192877	2276	190601	1583
(三)制造业	**20359167**	**1585041**	**18774126**	**1183512**
食品加工业	363977	4160	359817	35343
食品制造业	269748	5926	263822	14904
饮料制造业	387144	5649	381495	18968
烟草加工业	781126	39821	741305	16075
纺织业	1034517	68705	965812	32464
服装及其他纤维品制造业	94918	1340	93578	6837
皮革、毛皮、羽绒及其制品业	58521	14100	44421	988
木材加工及竹、藤、棕、草制品业	92687	587	92100	3545
家具制造业	25901	100	25801	16257
造纸及纸制品业	474618	84027	390591	12439
印刷业、记录媒介的复制	205026	3652	201374	11843
文教体育用品制造业	36981	3018	33963	1725
石油加工及炼焦业	945321	19853	925468	29147
化学原料及化学制品制造业	1987895	183024	1804871	242225
医药制造业	609245	40104	569141	26014
化学纤维制造业	133918	16898	117020	7192
橡胶制品业	208510	18175	190335	3147
塑料制品业	187194	390	186804	14088
非金属矿物制品业	861319	30215	831104	80889
黑色金属冶炼及压延加工业	4259719	251602	4008117	219903
有色金属冶炼及压延加工业	1242321	102382	1139939	89564
金属制品业	282885	10417	272468	2083
普通机械制造业	628045	52421	575624	38977

单位：万元

行　业	本年资金来源合计	上年末结余资金	本年资金来源小计	本年各项应付款合计
专用设备制造业	618684	34749	583935	41071
交通运输设备制造业	2299624	364740	1934884	91015
电气机械及器材制造业	335477	9463	326014	15248
电子及通信设备制造业	820319	88457	731862	55668
仪器仪表及文化办公用机械制造业	330621	21143	309478	10409
其他制造业	782906	109923	672983	45484
(四)电力、煤气及水的生产和供应业	**24502223**	**1836400**	**22665823**	**2593355**
电力、蒸汽、热水的生产和供应业	21692718	1242858	20449860	2192460
煤气的生产和供应业	789537	267360	522177	81712
自来水的生产和供应业	2019968	326182	1693786	319183
(五)建筑业	**2770163**	**99572**	**2670591**	**300459**
土木工程建筑业	2546243	96662	2449581	275818
线路、管道和设备安装业	206889	2225	204664	24250
建筑物的装修装饰业	17031	685	16346	391
(六)地质勘查业、水利管理业	**7994883**	**1071706**	**6923177**	**1201394**
地质勘查业	180768	6461	174307	3346
水利管理业	7814115	1065245	6748870	1198048
(七)交通运输、仓储及邮电通信业	**53286760**	**1622906**	**51663854**	**5258155**
铁路运输业	8209198	58740	8150458	47400
公路运输业	18318029	682580	17635449	2502237
管道运输业	14458	275	14183	171
水上运输业	603548	13545	590003	77434
航空运输业	1759181	108067	1651114	80165
交通运输辅助业	10628324	320935	10307389	1767247
其他交通运输业	457260	17894	439366	106885
仓储业	932224	83682	848542	105073
邮电通信业	12364538	337188	12027350	571543
(八)批发和零售贸易、餐饮业	**2248497**	**64813**	**2183684**	**286049**
食品、饮料、烟草和家庭用品批发商业	702218	28039	674179	73052
能源、材料和机械电子设备批发业	472357	11294	461063	101430
其他批发业	134359	3140	131219	9450
零售业	867533	21201	846332	99004
商业经纪与代理业	12350	201	12149	2009

单位:万元

行　业	本年资金来源合计	上年末结余资金	本年资金来源小计	本年各项应付款合计
餐饮业	59680	938	58742	1104
(九)金融、保险业	**810400**	**85231**	**725169**	**32089**
金融业	756179	78878	677301	30663
保险业	54221	6353	47868	1426
(十)房地产业	**18933959**	**2492191**	**16441768**	**2266433**
房地产开发与经营业	18542648	2483204	16059444	2237438
房地产管理业	371409	6987	364422	27944
房地产代理与经纪业	19902	2000	17902	1051
(十一)社会服务业	**23294636**	**1581225**	**21713411**	**3386500**
公共服务业	21332012	1470552	19861460	3136117
居民服务业	118997	8037	110960	12846
旅馆业	566402	60751	505651	58559
租赁服务业	7926	2200	5726	1176
旅行社	322838	7452	315386	23695
娱乐服务业	88077	358	87719	32437
信息、咨询服务业	29208	1720	27488	2731
计算机应用服务业	310916	6961	303955	18774
其他社会服务业	518260	23194	495066	100165
(十二)卫生、体育和社会福利业	**3764375**	**463616**	**3300759**	**463721**
卫生	2754303	275393	2478910	245394
体育	815142	163397	651745	183291
社会福利保障业	194930	24826	170104	35036
(十三)教育、文化艺术及广播电影电视业	**11947752**	**1038185**	**10909567**	**1566982**
教育	9926126	738022	9188104	1076034
文化艺术业	1169366	170565	998801	380398
广播电影电视业	852260	129598	722662	110550
(十四)科学研究和综合技术服务业	**1838397**	**387535**	**1450862**	**188869**
科学研究业	871601	194644	676957	78433
综合技术服务业	966796	192891	773905	110436
(十五)国家机关、政党机关和社会团体	**14588531**	**948912**	**13639619**	**1396386**
国家机关	14049870	854541	13195329	1332765
政党机关	349065	74285	274780	31277
社会团体	126273	19833	106440	26708
基层群众自治组织	63323	253	63070	5636
(十六)其他行业	**2172066**	**74278**	**2097788**	**195463**
其他行业	2172066	74278	2097788	195463

2-24 国有经济分行业财务拨款资金来源

单位:万元

行业	本年资金来源小计	国家预算内资金	国内贷款	债券
全国总计	**185338573**	**26393929**	**45200943**	**1726821**
(一)农、林、牧、渔业	**5595146**	**3437836**	**177408**	**34203**
农业	969464	271521	57675	3918
林业	3635902	2856716	51682	16590
畜牧业	255973	47077	28719	1980
渔业	88518	2581	4414	
农、林、牧、渔服务业	645289	259941	34918	11715
(二)采掘业	**4583229**	**190457**	**789367**	**4543**
煤炭采选业	2290800	64585	416621	1523
石油和天然气开采业	1558410	1510	303087	
黑色金属矿采选业	127428		4230	
有色金属矿采选业	341395	2682	42782	
非金属矿采选业	74168	200	14005	
其他矿采选业	427			
木材及竹材采运业	190601	121480	8642	3020
(三)制造业	18774126	718929	3667274	14961
食品加工业	359817	13160	54334	1655
食品制造业	263822	1386	41034	6000
饮料制造业	381495	440	37868	
烟草加工业	741305		168991	
纺织业	965812	18581	229135	
服装及其他纤维品制造业	93578	440	6060	
皮革、毛皮、羽绒及其制品业	44421		5100	
木材加工及竹、藤、棕、草制品业	92100	466	5292	
家具制造业	25801	200	1385	100
造纸及纸制品业	390591	224	81595	
印刷业、记录媒介的复制	201374	346	21886	
文教体育用品制造业	33963	240	3543	
石油加工及炼焦业	925468	940	140895	
化学原料及化学制品制造业	1804871	57702	366611	3100
医药制造业	569141	4288	124572	500
化学纤维制造业	117020	3000	21689	
橡胶制品业	190335	20354	77630	
塑料制品业	186804	40	38714	
非金属矿物制品业	831104	29509	189136	
黑色金属冶炼及压延加工业	4008117	49488	570873	
有色金属冶炼及压延加工业	1139939	32928	341891	
金属制品业	272468	1673	12963	
普通机械制造业	575624	18009	97611	200

2－24 续表 1　　单位:万元

行　业	本年资金来源小计	国家预算内资金	国内贷款	债　券
专用设备制造业	583935	30096	151786	
交通运输设备制造业	1934884	296746	426989	3406
电气机械及器材制造业	326014	8542	37676	
电子及通信设备制造业	731862	45515	201827	
仪器仪表及文化办公用机械制造业	309478	14986	45143	
其他制造业	672983	69630	165045	
(四)电力、煤气及水的生产和供应业	**22665823**	**2371959**	**11327914**	**960928**
电力、蒸汽、热水的生产和供应业	20449860	1967712	10877563	921980
煤气的生产和供应业	522177	72016	75469	7200
自来水的生产和供应业	1693786	332231	374882	31748
(五)建筑业	**2670591**	**412980**	**313367**	**15466**
土木工程建筑业	2449581	368577	296136	9878
线路、管道和设备安装业	204664	44403	17151	5588
建筑物的装修装饰业	16346		80	
(六)地质勘查业、水利管理业	**6923177**	**3198415**	**511289**	**108068**
地质勘查业	174307	11421	2214	
水利管理业	6748870	3186994	509075	108068
(七)交通运输、仓储及邮电通信业	**51663854**	**7339228**	**15684006**	**379831**
铁路运输业	8150458	2881347	2564109	188335
公路运输业	17635449	2427449	7316808	125816
管道运输业	14183	1411	4000	
水上运输业	590003	25497	128997	300
航空运输业	1651114	111947	365248	
交通运输辅助业	10307389	1227196	3781482	16091
其他交通运输业	439366	72017	107923	7179
仓储业	848542	446744	74126	42110
邮电通信业	12027350	145620	1341313	
(八)批发和零售贸易、餐饮业	**2183684**	**53649**	**220107**	**5350**
食品、饮料、烟草和家庭用品批发商业	674179	35701	51074	5350
能源、材料和机械电子设备批发业	461063	2020	90518	
其他批发业	131219	5330	4146	
零售业	846332	10131	67771	
商业经纪与代理业	12149	240	3000	

2－24 续表 2

单位:万元

行　　业	本年资金来源小计	国家预算内资金	国内贷款	债券
餐饮业	58742	227	3598	
(九)金融、保险业	**725169**	**53393**	**37525**	
金融业	677301	52495	37470	
保险业	47868	898	55	
(十)房地产业	**16441768**	**111691**	**3857574**	**6807**
房地产开发与经营业	16059444	102618	3801074	6807
房地产管理业	364422	8913	54300	
房地产代理与经纪业	17902	160	2200	
(十一)社会服务业	**21713411**	**2661456**	**5159764**	**80590**
公共服务业	19861460	2501397	4779527	74959
居民服务业	110960	5110	10573	
旅馆业	505651	31116	123164	
租赁服务业	5726	2326	500	1400
旅行社	315386	31817	35418	4231
娱乐服务业	87719	2161	3693	
信息、咨询服务业	27488	6872	2469	
计算机应用服务业	303955	46047	139279	
其他社会服务业	495066	34610	65141	
(十二)卫生、体育和社会福利业	**3300759**	**416586**	**463375**	**3445**
卫生	2478910	257668	344054	3426
体育	651745	139638	104929	
社会福利保障业	170104	19280	14392	19
(十三)教育、文化艺术及广播电影电视业	**10909567**	**1429755**	**1926459**	**20996**
教育	9188104	1155908	1615399	20996
文化艺术业	998801	236404	181152	
广播电影电视业	722662	37443	129908	
(十四)科学研究和综合技术服务业	**1450862**	**541977**	**140868**	**8017**
科学研究业	676957	307031	49682	817
综合技术服务业	773905	234946	91186	7200
(十五)国家机关、政党机关和社会团体	**13639619**	**3304286**	**699925**	**82273**
国家机关	13195329	3147971	683406	82273
政党机关	274780	125759	7452	
社会团体	106440	22129	6467	
基层群众自治组织	63070	8427	2600	
(十六)其他行业	**2097788**	**151332**	**224721**	**1343**
其他行业	2097788	151332	224721	1343

2－24 续表 3

单位:万元

行　　业	利用外资	外商直接投资	自筹资金	其他资金来源
全国总计	**4074264**	**741641**	**88604747**	**19337869**
(一)农、林、牧、渔业	**100256**	**20130**	**1304483**	**540960**
农业	27045	9087	447830	161475
林业	36163	5506	446632	228119
畜牧业	4496	2611	115170	58531
渔业	6525	500	68526	6472
农、林、牧、渔服务业	26027	2426	226325	86363
(二)采掘业	**20744**	**19844**	**3399626**	**178492**
煤炭采选业	9397	9397	1714305	84369
石油和天然气开采业	5000	5000	1219553	29260
黑色金属矿采选业	900		115432	6866
有色金属矿采选业	5447	5447	265527	24957
非金属矿采选业			50135	9828
其他矿采选业			427	
木材及竹材采运业			34247	23212
(三)制造业	**247931**	**142642**	**13096202**	**1028829**
食品加工业	6884	2460	248108	35676
食品制造业			191969	23433
饮料制造业	14207	10065	304563	24417
烟草加工业			560101	12213
纺织业	7616	7150	622558	87922
服装及其他纤维品制造业	90	90	76315	10673
皮革、毛皮、羽绒及其制品业	642	642	30012	8667
木材加工及竹、藤、棕、草制品业	296	296	78177	7869
家具制造业			17636	6480
造纸及纸制品业	64092	15996	224526	20154
印刷业、记录媒介的复制	200	200	166882	12060
文教体育用品制造业			27322	2858
石油加工及炼焦业	2972	720	755160	25501
化学原料及化学制品制造业	23406	21500	1305637	48415
医药制造业	430	80	403358	35993
化学纤维制造业	120	120	73478	18733
橡胶制品业	40	40	86275	6036
塑料制品业	3560	2150	113318	31172
非金属矿物制品业	7721	7721	537866	66872
黑色金属冶炼及压延加工业	24071	2330	3256210	107475
有色金属冶炼及压延加工业	1363	1363	723610	40147
金属制品业	3844	3844	233408	20580
普通机械制造业	7084	7084	402765	49955

2-24 续表 4

单位:万元

行　　业	利用外资	外商直接投资	自筹资金	其他资金来源
专用设备制造业	21904	6020	323675	56474
交通运输设备制造业	5874	3442	1098376	103493
电气机械及器材制造业	16156	16056	214831	48809
电子及通信设备制造业	28650	28033	404308	51562
仪器仪表及文化办公用机械制造业	2870	2870	218418	28061
其他制造业	3839	2370	397340	37129
(四)电力、煤气及水的生产和供应业	**1107045**	**239985**	**6037827**	**860150**
电力、蒸汽、热水的生产和供应业	905174	204072	5094121	683310
煤气的生产和供应业	36301	4532	242928	88263
自来水的生产和供应业	165570	31381	700778	88577
(五)建筑业	**79406**	**1173**	**1505621**	**343751**
土木工程建筑业	79406	1173	1378815	316769
线路、管道和设备安装业			110660	26862
建筑物的装修装饰业			16146	120
(六)地质勘查业、水利管理业	**151724**	**10865**	**2511903**	**441778**
地质勘查业	500	500	123443	36729
水利管理业	151224	10365	2388460	405049
(七)交通运输、仓储及邮电通信业	**1815856**	**112894**	**24526509**	**1918424**
铁路运输业	352459	7308	2042518	121690
公路运输业	493492	58680	6404398	867486
管道运输业			7611	1161
水上运输业	11182		396080	27947
航空运输业	745041		419057	9821
交通运输辅助业	162809	31076	4519856	599955
其他交通运输业			229929	22318
仓储业	17971		241251	26340
邮电通信业	32902	15830	10265809	241706
(八)批发和零售贸易、餐饮业	**16970**	**12709**	**1307495**	**580113**
食品、饮料、烟草和家庭用品批发商业	2302	281	418830	160922
能源、材料和机械电子设备批发业	3200	3200	201007	164318
其他批发业			79654	42089
零售业	11468	9228	554316	202646
商业经纪与代理业			7893	1016

2－24 续表 5

单位:万元

行　业	利　用 外　资	外商直接投资	自　筹 资　金	其他资 金来源
餐饮业			45795	9122
(九)金融、保险业			**469140**	**165111**
金融业			431392	155944
保险业			37748	9167
(十)房地产业	**23074**	**19122**	**5030913**	**7411709**
房地产开发与经营业	23074	19122	4832876	7292995
房地产管理业			189180	112029
房地产代理与经纪业			8857	6685
(十一)社会服务业	**335666**	**93074**	**11608302**	**1867633**
公共服务业	323216	80834	10500749	1681612
居民服务业	885	885	71952	22440
旅馆业	1840	1750	296327	53204
租赁服务业			1500	
旅行社	9225	9105	198293	36402
娱乐服务业			61466	20399
信息、咨询服务业			17300	847
计算机应用服务业			117521	1108
其他社会服务业	500	500	343194	51621
(十二)卫生、体育和社会福利业	**23152**	**8032**	**2096216**	**297985**
卫生	23072	7952	1625855	224835
体育			357969	49209
社会福利保障业	80	80	112392	23941
(十三)教育、文化艺术及广播电影电视业	**36348**	**21941**	**6478848**	**1017161**
教育	35819	21412	5451115	908867
文化艺术业	529	529	527533	53183
广播电影电视业			500200	55111
(十四)科学研究和综合技术服务业	**26441**	**380**	**631054**	**102505**
科学研究业	4147		268888	46392
综合技术服务业	22294	380	362166	56113
(十五)国家机关、政党机关和社会团体	**74797**	**29896**	**7123958**	**2354380**
国家机关	71731	27020	6938678	2271270
政党机关	316	126	97645	43608
社会团体	2750	2750	46462	28632
基层群众自治组织			41173	10870
(十六)其他行业	**14854**	**8954**	**1476650**	**228888**
其他行业	14854	8954	1476650	228888

2－25 国有经济分行业财务拨款中的自筹资金

单位:万元

行业	自筹资金合计	中央各部门自筹	省自筹	地市自筹	县自筹	企事业单位	
						自有资金	发行股票
全国总计	**88604747**	**4682185**	**8675811**	**10310413**	**10330824**	**52645679**	**486176**
(一)农、林、牧、渔业	**1304483**	**215850**	**85125**	**66492**	**296238**	**640778**	
农业	447830	8106	24475	21664	94547	299038	
林业	446632	203436	14759	23458	86494	118485	
畜牧业	115170	1023	10546	6512	25318	71771	
渔业	68526		2025		4090	62411	
农、林、牧、渔服务业	226325	3285	33320	14858	85789	89073	
(二)采掘业	**3399626**	**73158**	**24176**	**10375**	**67604**	**3224313**	**4068**
煤炭采选业	1714305	2002	22866	5336	48213	1635888	
石油和天然气开采业	1219553	71068		4600	14327	1129558	
黑色金属矿采选业	115432					115432	
有色金属矿采选业	265527		1230		2364	261933	4068
非金属矿采选业	50135		80	12	2700	47343	
其他矿采选业	427			427			
木材及竹材采运业	34247	88				34159	
(三)制造业	**13096202**	**165060**	**65994**	**310754**	**297683**	**12256711**	**445311**
食品加工业	248108	300	5939	1936	26114	213819	9730
食品制造业	191969		1124	319	4041	186485	5974
饮料制造业	304563	469	16	1610	3925	298543	80815
烟草加工业	560101		4928		732	554441	
纺织业	622558	160	2300	60290	33928	525880	10536
服装及其他纤维品制造业	76315		1100	783	4001	70431	
皮革、毛皮、羽绒及其制品业	30012				500	29512	1260
木材加工及竹、藤、棕、草制品业	78177		500		1161	76516	15000
家具制造业	17636				700	16936	
造纸及纸制品业	224526		7130	80	4748	212568	10862
印刷业、记录媒介的复制	166882	5496	721	50	80	160535	4006
文教体育用品制造业	27322					27322	
石油加工及炼焦业	755160	124745	479	1969	3087	624880	21919
化学原料及化学制品制造业	1305637	6474	6799	7630	30400	1254334	45661
医药制造业	403358	80	1609	4212	5849	391608	7130
化学纤维制造业	73478			550		72928	
橡胶制品业	86275			365		85910	19700
塑料制品业	113318		60	516	5665	107077	
非金属矿物制品业	537866	2500	4650	8296	44280	478140	834
黑色金属冶炼及压延加工业	3256210			760	4939	3250511	47083
有色金属冶炼及压延加工业	723610	150	14410	4800	38500	665750	2800
金属制品业	233408	450	753	430	380	231395	5041
普通机械制造业	402765	50	2438	2908	24691	372678	16735

2－25 续表 1 单位：万元

行　　业	自筹资金合计	中央各部门自筹	省自筹	地市自筹	县自筹	企事业单位	
						自有资金	发行股票
专用设备制造业	323675	2093	6717	3300	15895	295670	16829
交通运输设备制造业	1098376	16785	2209	16554	13187	1049641	35126
电气机械及器材制造业	214831	1630	1812	490	2002	208897	11758
电子及通信设备制造业	404308	2628	300	29048	9859	362473	3075
仪器仪表及文化办公用机械制造业	218418			157283	100	61035	188
其他制造业	397340	1050		6575	18919	370796	73249
(四)电力、煤气及水的生产和供应业	**6037827**	**307986**	**900294**	**440171**	**262396**	**4126980**	**23892**
电力、蒸汽、热水的生产和供应业	5094121	305387	857329	268180	173717	3489508	23892
煤气的生产和供应业	242928	1613	15972	20513	7550	197280	
自来水的生产和供应业	700778	986	26993	151478	81129	440192	
(五)建筑业	**1505621**	**33299**	**138158**	**165214**	**323209**	**845741**	
土木工程建筑业	1378815	31757	121653	163944	312523	748938	
线路、管道和设备安装业	110660	1542	16505	1124	5825	85664	
建筑物的装修装饰业	16146			146	4861	11139	
(六)地质勘查业、水利管理业	**2511903**	**158608**	**367167**	**659892**	**736427**	**589809**	**192**
地质勘查业	123443	63752	1157	420	560	57554	
水利管理业	2388460	94856	366010	659472	735867	532255	192
(七)交通运输、仓储及邮电通信业	**24526509**	**3097983**	**5123852**	**2160687**	**1987922**	**12156065**	**1470**
铁路运输业	2042518	1482480	39289	13436	22430	484883	
公路运输业	6404398	996410	2061142	1120758	976517	1249571	
管道运输业	7611			2622	2540	2449	
水上运输业	396080	7169	116449	24914	4308	243240	
航空运输业	419057	36545	16363	28816	306	337027	
交通运输辅助业	4519856	238400	1070778	573533	819886	1817259	
其他交通运输业	229929	392	101096	7889	33217	87335	
仓储业	241251	5926	27822	8469	31997	167037	
邮电通信业	10265809	330661	1690913	380250	96721	7767264	1470
(八)批发和零售贸易、餐饮业	**1307495**	**16323**	**32069**	**25228**	**127277**	**1106598**	**1260**
食品、饮料、烟草和家庭用品批发商业	418830	2234	15236	2778	51300	347282	
能源、材料和机械电子设备批发业	201007	10163	1795	1226	9997	177826	
其他批发业	79654		4827	783	13512	60532	
零售业	554316	3818	9891	20191	43343	477073	1260
商业经纪与代理业	7893		20			7873	

2－25 续表 2 单位：万元

行业	自筹资金合计	中央各部门自筹	省自筹	地市自筹	县自筹	企事业单位	
						自有资金	发行股票
餐饮业	45795	108	300	250	9125	36012	
(九)金融、保险业	**469140**	**58932**	**31207**	**7632**	**3522**	**367847**	
金融业	431392	55689	26671	7010	3522	338500	
保险业	37748	3243	4536	622		29347	
(十)房地产业	**5030913**	**240**	**5833**	**156579**	**72694**	**2835732**	
房地产开发与经营业	4832876	240	970	107286	35001	2729544	
房地产管理业	189180		4613	48814	31706	104047	
房地产代理与经纪业	8857		250	479	5987	2141	
(十一)社会服务业	**11608302**	**33428**	**980271**	**3883213**	**2859419**	**3851971**	**8630**
公共服务业	10500749	30126	953502	3601646	2744644	3170831	1630
居民服务业	71952	141	2150	15298	12179	42184	
旅馆业	296327	1600	15417	32143	16246	230921	7000
租赁服务业	1500					1500	
旅行社	198293	500	2667	5586	35149	154391	
娱乐服务业	61466	780	300	675	6169	53542	
信息、咨询服务业	17300	281	5161	4403	350	7105	
计算机应用服务业	117521			11551	4452	101518	
其他社会服务业	343194		1074	211911	40230	89979	
(十二)卫生、体育和社会福利业	**2096216**	**26002**	**100779**	**226610**	**186028**	**1556797**	**96**
卫生	1625855	23044	60688	107517	74829	1359777	44
体育	357969	1388	24216	105773	88459	138133	
社会福利保障业	112392	1570	15875	13320	22740	58887	52
(十三)教育、文化艺术及广播电影电视业	**6478848**	**58548**	**364921**	**800238**	**955728**	**4299413**	**277**
教育	5451115	49407	290469	564782	869300	3677157	277
文化艺术业	527533	4776	37227	187335	43864	254331	
广播电影电视业	500200	4365	37225	48121	42564	367925	
(十四)科学研究和综合技术服务业	**631054**	**40404**	**40656**	**50931**	**34813**	**464250**	
科学研究业	268888	36177	11290	3249	3092	215080	
综合技术服务业	362166	4227	29366	47682	31721	249170	
(十五)国家机关、政党机关和社会团体	**7123958**	**368229**	**405782**	**1097277**	**1888723**	**3363947**	**980**
国家机关	6938678	360706	381551	1081516	1848181	3266724	980
政党机关	97645	533	18040	7296	31233	40543	
社会团体	46462	6810	3458	8095	6134	21965	
基层群众自治组织	41173	180	2733	370	3175	34715	
(十六)其他行业	**1476650**	**28135**	**9527**	**249120**	**231141**	**958727**	
其他行业	1476650	28135	9527	249120	231141	958727	

2－26 各地区国有经济项目个数

单位:个

地　　区	施工项目个数	新开工项目个数	全部建成投产项目个数	项目建成投产率（%）
全国总计	**121757**	**83336**	**71282**	**58.5**
北　　京	2068	1202	1069	51.7
天　　津	938	624	528	56.3
河　　北	6233	4600	3916	62.8
山　　西	3643	2778	2471	67.8
内 蒙 古	3700	2998	2779	75.1
辽　　宁	4314	3334	3115	72.2
吉　　林	2185	1834	1392	63.7
黑 龙 江	3649	2987	2758	75.6
上　　海	2394	474	243	10.2
江　　苏	5493	4011	3825	69.6
浙　　江	6145	3674	3349	54.5
安　　徽	3170	2150	1715	54.1
福　　建	3496	2237	2024	57.9
江　　西	3679	2567	1724	46.9
山　　东	6216	4280	2988	48.1
河　　南	5421	3792	3233	59.6
湖　　北	5058	3357	3342	66.1
湖　　南	6324	4288	3732	59.0
广　　东	6719	3943	3417	50.9
广　　西	5559	3707	3195	57.5
海　　南	2353	1734	1494	63.5
重　　庆	2444	1418	1216	49.8
四　　川	5368	3465	2678	49.9
贵　　州	4227	2899	2580	61.0
云　　南	4846	3074	2790	57.6
西　　藏	1573	1345	1041	66.2
陕　　西	3783	2507	2172	57.4
甘　　肃	3967	2865	1834	46.2
青　　海	1716	1278	1105	64.4
宁　　夏	1047	800	694	66.3
新　　疆	3946	3098	2848	72.2
不分地区	83	16	15	18.1

2-27 国有经济分行业项目个数

单位:个

行　　业	施工项目个数	新开工项目个数	全部建成投产项目个　数	项目建成投产率(%)
全国总计	**121757**	**83336**	**71282**	**58.5**
(一)农、林、牧、渔业	**5405**	**4315**	**3529**	**65.3**
农业	1724	1427	1205	69.9
林业	1940	1531	1170	60.3
畜牧业	469	385	329	70.1
渔业	96	70	62	64.6
农、林、牧、渔服务业	1176	902	763	64.9
(二)采掘业	**2360**	**1725**	**1485**	**62.9**
煤炭采选业	1431	1065	875	61.1
石油和天然气开采业	110	71	55	50.0
黑色金属矿采选业	142	106	91	64.1
有色金属矿采选业	424	320	293	69.1
非金属矿采选业	125	90	83	66.4
其他矿采选业	8	7	6	75.0
木材及竹材采运业	120	66	82	68.3
(三)制造业	**12273**	**7706**	**6369**	**51.9**
食品加工业	524	410	348	66.4
食品制造业	276	209	168	60.9
饮料制造业	312	226	165	52.9
烟草加工业	432	196	222	51.4
纺织业	644	455	386	59.9
服装及其他纤维品制造业	75	57	40	53.3
皮革、毛皮、羽绒及其制品业	51	34	31	60.8
木材加工及竹、藤、棕、草制品业	100	77	63	63.0
家具制造业	46	31	12	26.1
造纸及纸制品业	220	137	122	55.5
印刷业、记录媒介的复制	163	108	103	63.2
文教体育用品制造业	26	11	8	30.8
石油加工及炼焦业	629	474	395	62.8
化学原料及化学制品制造业	1407	969	796	56.6
医药制造业	461	268	177	38.4
化学纤维制造业	103	62	58	56.3
橡胶制品业	101	37	52	51.5
塑料制品业	126	81	65	51.6
非金属矿物制品业	823	621	519	63.1
黑色金属冶炼及压延加工业	1712	931	892	52.1
有色金属冶炼及压延加工业	823	515	385	46.8
金属制品业	173	119	109	63.0
普通机械制造业	534	323	231	43.3

2-27 续表 1

单位:个

行　　业	施工项目个数	新开工项目个数	全部建成投产项目个　　数	项目建成投产率(%)
专用设备制造业	393	212	175	44.5
交通运输设备制造业	1051	543	388	36.9
电气机械及器材制造业	267	153	127	47.6
电子及通信设备制造业	342	166	113	33.0
仪器仪表及文化办公用机械制造业	126	59	52	41.3
其他制造业	333	222	167	50.2
(四)电力、煤气及水的生产和供应业	**9879**	**6102**	**5162**	**52.3**
电力、蒸汽、热水的生产和供应业	7782	5008	4332	55.7
煤气的生产和供应业	319	164	114	35.7
自来水的生产和供应业	1778	930	716	40.3
(五)建筑业	**2163**	**1581**	**1235**	**57.1**
土木工程建筑业	1984	1453	1131	57.0
线路、管道和设备安装业	160	114	94	58.8
建筑物的装修装饰业	19	14	10	52.6
(六)地质勘查业、水利管理业	**5350**	**3701**	**2869**	**53.6**
地质勘查业	183	114	99	54.1
水利管理业	5167	3587	2770	53.6
(七)交通运输、仓储及邮电通信业	**26082**	**18849**	**17216**	**66.0**
铁路运输业	2824	2370	1748	61.9
公路运输业	5036	3372	2898	57.5
管道运输业	16	10	8	50.0
水上运输业	337	230	187	55.5
航空运输业	132	62	56	42.4
交通运输辅助业	4492	3207	2652	59.0
其他交通运输业	141	85	70	49.6
仓储业	1110	678	744	67.0
邮电通信业	11994	8835	8853	73.8
(八)批发和零售贸易、餐饮业	**3316**	**2226**	**2140**	**64.5**
食品、饮料、烟草和家庭用品批发商业	1169	778	737	63.0
能源、材料和机械电子设备批发业	401	292	263	65.6
其他批发业	254	154	163	64.2
零售业	1356	913	890	65.6
商业经纪与代理业	17	9	8	47.1

2-27 续表 2

单位:个

行　　业	施工项目个数	新开工项目个数	全部建成投产项目个　数	项目建成投产率(%)
餐饮业	119	80	79	66.4
(九)金融、保险业	**1157**	**743**	**746**	**64.5**
金融业	1001	649	640	63.9
保险业	156	94	106	67.9
(十)房地产业	**799**	**468**	**379**	**47.4**
房地产开发与经营业	403	206	157	39.0
房地产管理业	379	248	214	56.5
房地产代理与经纪业	17	14	8	47.1
(十一)社会服务业	**11773**	**7847**	**6121**	**52.0**
公共服务业	10135	6824	5259	51.9
居民服务业	266	157	140	52.6
旅馆业	624	395	339	54.3
租赁服务业	7	5	3	42.9
旅行社	326	214	159	48.8
娱乐服务业	93	66	52	55.9
信息、咨询服务业	28	11	10	35.7
计算机应用服务业	38	11	11	28.9
其他社会服务业	256	164	148	57.8
(十二)卫生、体育和社会福利业	**5110**	**3197**	**2874**	**56.2**
卫生	4334	2732	2513	58.0
体育	350	182	133	38.0
社会福利保障业	426	283	228	53.5
(十三)教育、文化艺术及广播电影电视业	**15772**	**10949**	**9755**	**61.9**
教育	14053	10028	8956	63.7
文化艺术业	827	418	389	47.0
广播电影电视业	892	503	410	46.0
(十四)科学研究和综合技术服务业	**1151**	**630**	**522**	**45.4**
科学研究业	504	217	208	41.3
综合技术服务业	647	413	314	48.5
(十五)国家机关、政党机关和社会团体	**18190**	**12657**	**10395**	**57.1**
国家机关	17421	12141	9976	57.3
政党机关	429	273	225	52.4
社会团体	233	145	125	53.6
基层群众自治组织	107	98	69	64.5
(十六)其他行业	**977**	**640**	**485**	**49.6**
其他行业	977	640	485	49.6

2－28 各地区国有经济房屋建筑面积和造价

地 区	施工房屋面积（万平方米）	竣工房屋面积（万平方米）	房屋建筑面积竣工率（%）	竣工房屋价值（万元）	竣工房屋造价（元/平方米）
全国总计	**63874.61**	**29536.09**	**46.2**	**28641082**	**970**
北 京	3472.49	1224.15	35.3	2258083	1845
天 津	965.33	415.26	43.0	575344	1386
河 北	2833.18	1540.19	54.4	1375467	893
山 西	1531.59	727.07	47.5	599056	824
内 蒙 古	1141.60	720.00	63.1	596012	828
辽 宁	1788.49	808.89	45.2	814504	1007
吉 林	1381.00	750.93	54.4	733418	977
黑 龙 江	1674.87	1026.16	61.3	993183	968
上 海	1649.61	373.51	22.6	753165	2016
江 苏	3750.40	1950.74	52.0	2079816	1066
浙 江	4312.14	1546.39	35.9	1813897	1173
安 徽	1789.53	929.14	51.9	705539	759
福 建	1687.89	619.27	36.7	641153	1035
江 西	1488.28	847.75	57.0	572294	675
山 东	4844.32	2240.85	46.3	2007824	896
河 南	3500.76	1450.47	41.4	1146223	790
湖 北	2302.99	1302.44	56.6	1114297	856
湖 南	2530.98	1135.21	44.9	971706	856
广 东	3960.94	1421.46	35.9	1901834	1338
广 西	1390.08	620.51	44.6	452219	729
海 南	362.50	185.67	51.2	182206	981
重 庆	2031.70	1083.14	53.3	756988	699
四 川	3228.82	1575.23	48.8	1102571	700
贵 州	1251.87	550.06	43.9	379167	689
云 南	1673.91	833.51	49.8	752247	903
西 藏	216.04	150.81	69.8	209490	1389
陕 西	2917.07	1163.17	39.9	1072360	922
甘 肃	1431.11	566.47	39.6	457180	807
青 海	350.81	167.53	47.8	149810	894
宁 夏	325.91	184.87	56.7	172946	935
新 疆	1320.71	854.98	64.7	774001	905
不分地区	767.73	570.26	74.3	527082	924

2－29 各地区国有经济住宅建筑面积和造价

地　区	施工房屋面　积（万平方米）	竣工房屋面　积（万平方米）	房屋建筑面积竣工率（%）	竣工房屋价　值（万元）	竣工房屋造　价（元/平方米）
全国总计	**30159.12**	**15009.71**	**49.8**	**12717577**	**847**
北　京	1935.65	750.31	38.8	1112895	1483
天　津	468.11	230.28	49.2	252458	1096
河　北	1443.22	794.00	55.0	599801	755
山　西	858.97	414.34	48.2	306172	739
内蒙古	446.06	309.53	69.4	216357	699
辽　宁	790.22	404.79	51.2	346368	856
吉　林	581.99	372.29	64.0	311559	837
黑龙江	785.32	541.61	69.0	448566	828
上　海	816.70	195.57	23.9	353875	1809
江　苏	1632.85	848.64	52.0	770099	907
浙　江	1617.57	613.42	37.9	686245	1119
安　徽	852.70	455.42	53.4	289121	635
福　建	722.12	303.23	42.0	284223	937
江　西	617.35	368.10	59.6	190654	518
山　东	2274.89	1137.23	50.0	930402	818
河　南	1491.04	730.30	49.0	480048	657
湖　北	1143.07	715.59	62.6	506017	707
湖　南	1107.55	539.46	48.7	344542	639
广　东	1554.59	624.38	40.2	887820	1422
广　西	615.43	318.00	51.7	196009	616
海　南	209.97	117.06	55.7	118856	1015
重　庆	1149.77	605.74	52.7	378084	624
四　川	1712.07	935.45	54.6	569861	609
贵　州	506.86	235.57	46.5	127464	541
云　南	824.71	441.69	53.6	341287	773
西　藏	68.93	52.66	76.4	63951	1215
陕　西	1826.83	709.54	38.8	583035	822
甘　肃	828.03	345.89	41.8	249853	722
青　海	173.51	83.03	47.9	64519	777
宁　夏	123.96	72.71	58.7	51644	710
新　疆	684.80	502.51	73.4	382357	761
不分地区	294.29	241.38	82.0	273435	1133

2－30 国有经济分行业房屋建筑面积和造价

行　业	施工房屋面　积(万平方米)	竣工房屋面　积(万平方米)	房屋建筑面积竣工率(%)	竣工房屋价　值(万元)	竣工房屋造　价(元/平方米)
全国总计	**63874.61**	**29536.09**	**46.2**	**28641082**	**970**
(一)农、林、牧、渔业	**793.48**	**563.73**	**71.0**	**338388**	**600**
农业	346.43	286.18	82.6	173042	605
林业	97.79	67.87	69.4	46149	680
畜牧业	168.22	105.29	62.6	54889	521
渔业	6.96	2.85	40.9	3605	1266
农、林、牧、渔服务业	174.09	101.54	58.3	60703	598
(二)采掘业	**630.08**	**347.10**	**55.1**	**245029**	**706**
煤炭采选业	367.76	208.20	56.6	142840	686
石油和天然气开采业	87.66	38.98	44.5	24149	620
黑色金属矿采选业	40.89	19.33	47.3	19027	984
有色金属矿采选业	83.43	42.22	50.6	28914	685
非金属矿采选业	16.54	12.60	76.2	12146	964
其他矿采选业	0.34	0.34	100.0	200	588
木材及竹材采运业	33.47	25.43	76.0	17753	698
(三)制造业	**4426.48**	**1995.13**	**45.1**	**1873784**	**939**
食品加工业	124.17	71.52	57.6	58077	812
食品制造业	81.92	49.09	59.9	47222	962
饮料制造业	86.13	38.46	44.7	31942	831
烟草加工业	213.87	96.51	45.1	136481	1414
纺织业	324.03	173.23	53.5	112852	651
服装及其他纤维品制造业	65.50	24.28	37.1	18284	753
皮革、毛皮、羽绒及其制品业	21.28	14.13	66.4	13599	963
木材加工及竹、藤、棕、草制品业	27.56	16.39	59.5	12040	735
家具制造业	8.34	4.45	53.3	3133	704
造纸及纸制品业	70.47	38.48	54.6	32786	852
印刷业、记录媒介的复制	75.24	43.04	57.2	45993	1069
文教体育用品制造业	24.67	14.89	60.4	9505	638
石油加工及炼焦业	36.59	18.58	50.8	18447	993
化学原料及化学制品制造业	261.74	122.75	46.9	100670	820
医药制造业	179.31	59.59	33.2	62644	1051
化学纤维制造业	27.69	9.01	32.6	8733	969
橡胶制品业	74.67	13.77	18.4	8858	643
塑料制品业	25.24	15.16	60.1	13710	904
非金属矿物制品业	216.80	106.12	48.9	95978	904
黑色金属冶炼及压延加工业	466.13	190.31	40.8	212420	1116
有色金属冶炼及压延加工业	185.22	83.44	45.0	76554	917
金属制品业	97.48	34.09	35.0	27583	809
普通机械制造业	278.55	123.32	44.3	98807	801

2－30 续表 1

行　　业	施工房屋面　　积（万平方米）	竣工房屋面　　积（万平方米）	房屋建筑面积竣工率（%）	竣工房屋价　　值（万元）	竣工房屋造　　价（元/平方米）
专用设备制造业	218.70	112.79	51.6	83614	741
交通运输设备制造业	596.06	262.14	44.0	293138	1118
电气机械及器材制造业	122.15	61.20	50.1	56617	925
电子及通信设备制造业	239.01	96.69	40.5	97950	1013
仪器仪表及文化办公用机械制造业	78.18	25.00	32.0	33738	1349
其他制造业	199.80	76.69	38.4	62409	814
（四）电力、煤气及水的生产和供应业	**1265.26**	**556.33**	**44.0**	**536111**	**964**
电力、蒸汽、热水的生产和供应业	1043.41	466.60	44.7	452584	970
煤气的生产和供应业	65.23	17.34	26.6	16164	932
自来水的生产和供应业	156.61	72.39	46.2	67363	931
（五）建筑业	**877.17**	**481.84**	**54.9**	**382967**	**795**
土木工程建筑业	804.45	449.85	55.9	355501	790
线路、管道和设备安装业	71.23	31.16	43.7	26925	864
建筑物的装修装饰业	1.49	0.83	55.4	541	654
（六）地质勘查业、水利管理业	**462.72**	**209.78**	**45.3**	**138516**	**660**
地质勘查业	127.26	67.95	53.4	53814	792
水利管理业	335.46	141.84	42.3	84702	597
（七）交通运输、仓储及邮电通信业	**3476.21**	**1567.43**	**45.1**	**1826070**	**1165**
铁路运输业	462.36	289.92	62.7	253449	874
公路运输业	310.37	166.65	53.7	151823	911
管道运输业	2.51	1.15	46.0	1871	1622
水上运输业	27.11	3.86	14.3	5744	1486
航空运输业	125.08	19.92	15.9	35886	1801
交通运输辅助业	712.02	148.90	20.9	133978	900
其他交通运输业	10.24	5.63	55.0	8232	1461
仓储业	598.32	416.60	69.6	487280	1170
邮电通信业	1228.19	514.79	41.9	747807	1453
（八）批发和零售贸易、餐饮业	**1952.15**	**1030.52**	**52.8**	**897741**	**871**
食品、饮料、烟草和家庭用品批发商业	761.75	385.97	50.7	318785	826
能源、材料和机械电子设备批发业	193.80	120.94	62.4	103231	854
其他批发业	148.37	75.49	50.9	54224	718
零售业	780.94	416.74	53.4	391478	939
商业经纪与代理业	19.80	6.48	32.7	6153	950

2-30 续表 2

行业	施工房屋面积（万平方米）	竣工房屋面积（万平方米）	房屋建筑面积竣工率（%）	竣工房屋价值（万元）	竣工房屋造价（元/平方米）
餐饮业	47.48	24.90	52.4	23870	959
(九)金融、保险业	**580.95**	**292.74**	**50.4**	**280625**	**959**
金融业	521.98	254.21	48.7	243986	960
保险业	58.97	38.54	65.3	36639	951
(十)房地产业	**18114.10**	**7413.00**	**40.9**	**7909677**	**1067**
房地产开发与经营业	17635.46	7180.18	40.7	7730249	1077
房地产管理业	440.65	224.16	50.9	173153	772
房地产代理与经纪业	37.99	8.66	22.8	6275	725
(十一)社会服务业	**3038.30**	**1048.68**	**34.5**	**1024077**	**977**
公共服务业	2145.15	682.68	31.8	601529	881
居民服务业	82.07	41.44	50.5	45481	1097
旅馆业	348.01	151.64	43.6	200179	1320
租赁服务业	4.33	0.70	16.2	400	571
旅行社	78.87	43.54	55.2	39980	918
娱乐服务业	40.85	16.99	41.6	18918	1113
信息、咨询服务业	29.35	3.57	12.2	3839	1076
计算机应用服务业	76.83	32.25	42.0	36591	1134
其他社会服务业	232.84	75.87	32.6	77160	1017
(十二)卫生、体育和社会福利业	**2766.02**	**1046.95**	**37.9**	**1265524**	**1209**
卫生	2226.62	835.68	37.5	955253	1143
体育	344.91	116.67	33.8	218643	1874
社会福利保障业	194.49	94.59	48.6	91628	969
(十三)教育、文化艺术及广播电影电视业	**12424.50**	**6423.84**	**51.7**	**5945287**	**926**
教育	11467.18	6135.33	53.5	5517958	899
文化艺术业	588.31	194.04	33.0	302897	1561
广播电影电视业	369.01	94.48	25.6	124432	1317
(十四)科学研究和综合技术服务业	**695.45**	**257.38**	**37.0**	**386802**	**1503**
科学研究业	410.60	172.66	42.1	271832	1574
综合技术服务业	284.86	84.72	29.7	114970	1357
(十五)国家机关、政党机关和社会团体	**11050.01**	**5813.64**	**52.6**	**5108680**	**879**
国家机关	10534.72	5581.62	53.0	4891515	876
政党机关	285.39	126.16	44.2	136561	1082
社会团体	135.84	41.83	30.8	44817	1071
基层群众自治组织	94.06	64.03	68.1	35787	559
(十六)其他行业	**1321.74**	**487.99**	**36.9**	**481804**	**987**
其他行业	1321.74	487.99	36.9	481804	987

2－31 国有经济分行业住宅建筑面积和造价

行　　业	施工房屋面　　积（万平方米）	竣工房屋面　　积（万平方米）	房屋建筑面积竣工率(%)	竣工房屋价　　值（万元）	竣工房屋造　　价（元/平方米）
全国总计	**30159.12**	**15009.71**	**49.8**	**21717577**	**847**
(一)农、林、牧、渔业	**405.15**	**317.90**	**78.5**	**174792**	**550**
农业	246.90	213.43	86.4	114854	538
林业	61.64	43.71	70.9	26265	601
畜牧业	8.36	6.35	75.9	3475	548
渔业	4.04	1.44	35.6	2455	1709
农、林、牧、渔服务业	84.22	52.98	62.9	27743	524
(二)采掘业	**406.74**	**213.81**	**52.6**	**133809**	**626**
煤炭采选业	208.58	109.72	52.6	65201	594
石油和天然气开采业	77.11	33.67	43.7	20117	598
黑色金属矿采选业	32.65	16.06	49.2	13752	856
有色金属矿采选业	62.11	29.47	47.4	18312	621
非金属矿采选业	7.98	7.32	91.7	5625	769
其他矿采选业	0.34	0.34	100.0	200	588
木材及竹材采运业	17.98	17.25	95.9	10602	615
(三)制造业	**1670.31**	**844.99**	**50.6**	**643108**	**761**
食品加工业	28.33	21.67	76.5	13221	610
食品制造业	23.61	15.97	67.7	11606	727
饮料制造业	22.62	16.32	72.1	11155	684
烟草加工业	53.40	37.41	70.0	36776	983
纺织业	115.06	80.81	70.2	56152	695
服装及其他纤维品制造业	7.31	7.03	96.2	5170	736
皮革、毛皮、羽绒及其制品业	5.57	3.19	57.3	2438	764
木材加工及竹、藤、棕、草制品业	7.89	4.83	61.1	2991	620
家具制造业	4.62	2.17	47.0	1704	784
造纸及纸制品业	19.10	8.46	44.3	5501	650
印刷业、记录媒介的复制	21.22	15.98	75.3	11954	748
文教体育用品制造业	2.04	0.82	40.1	1018	1244
石油加工及炼焦业	15.81	10.77	68.2	9850	914
化学原料及化学制品制造业	97.38	55.91	57.4	37635	673
医药制造业	43.91	10.72	24.4	8839	824
化学纤维制造业	17.03	4.43	26.0	2980	673
橡胶制品业	12.31	8.37	67.9	5583	667
塑料制品业	3.96	3.15	79.6	1773	562
非金属矿物制品业	57.52	27.40	47.6	17482	638
黑色金属冶炼及压延加工业	230.78	93.36	40.5	65079	697
有色金属冶炼及压延加工业	84.78	33.46	39.5	27332	817
金属制品业	15.67	11.62	74.1	8908	767
普通机械制造业	149.68	71.02	47.4	49953	703

2－31 续表 1

行　　业	施工房屋面　　积（万平方米）	竣工房屋面　　积（万平方米）	房屋建筑面积竣工率（%）	竣工房屋价　　值（万元）	竣工房屋造　　价（元/平方米）
专用设备制造业	122.02	67.26	55.1	44089	656
交通运输设备制造业	263.86	131.57	49.9	119198	906
电气机械及器材制造业	45.95	25.39	55.3	22620	891
电子及通信设备制造业	60.16	29.74	49.4	22704	763
仪器仪表及文化办公用机械制造业	40.53	18.08	44.6	19580	1083
其他制造业	98.19	28.08	28.6	19817	706
（四）电力、煤气及水的生产和供应业	**504.54**	**267.53**	**53.0**	**201247**	**752**
电力、蒸汽、热水的生产和供应业	439.53	225.78	51.4	173391	768
煤气的生产和供应业	12.53	8.67	69.2	4949	571
自来水的生产和供应业	52.48	33.08	63.0	22907	693
（五）建筑业	**611.05**	**348.26**	**57.0**	**241872**	**695**
土木工程建筑业	555.20	323.52	58.3	224104	693
线路、管道和设备安装业	55.85	24.75	44.3	17768	718
建筑物的装修装饰业					
（六）地质勘查业、水利管理业	**304.01**	**150.15**	**49.4**	**83875**	**559**
地质勘查业	95.20	50.36	52.9	35351	702
水利管理业	208.81	99.79	47.8	48524	486
（七）交通运输、仓储及邮电通信业	**642.57**	**399.26**	**62.1**	**304335**	**762**
铁路运输业	163.81	124.09	75.8	99608	803
公路运输业	112.63	65.43	58.1	42315	647
管道运输业	1.52	1.06	69.6	1110	1048
水上运输业	5.99	1.43	23.9	1323	924
航空运输业	35.35	10.33	29.2	15815	1531
交通运输辅助业	97.56	67.68	69.4	51627	763
其他交通运输业	2.43	0.98	40.4	525	534
仓储业	33.12	28.26	85.3	19456	688
邮电通信业	190.17	100.00	52.6	72556	726
（八）批发和零售贸易、餐饮业	**618.05**	**376.50**	**60.9**	**250739**	**666**
食品、饮料、烟草和家庭用品批发商业	253.27	153.99	60.8	100145	650
能源、材料和机械电子设备批发业	66.78	44.41	66.5	27393	617
其他批发业	61.65	41.87	67.9	27275	651
零售业	218.85	131.17	59.9	92785	707
商业经纪与代理业	7.17	0.50	6.9	286	575

2-31 续表 2

行　　业	施工房屋面　　积（万平方米）	竣工房屋面　　积（万平方米）	房屋建筑面积竣工率（%）	竣工房屋价　　值（万元）	竣工房屋造　　价（元/平方米）
餐饮业	10.33	4.57	44.2	2855	625
(九)金融、保险业	**310.26**	**177.43**	**57.2**	**128086**	**722**
金融业	289.12	158.90	55.0	116371	732
保险业	21.14	18.53	87.6	11715	632
(十)房地产业	**14771.03**	**6276.08**	**42.5**	**6202238**	**988**
房地产开发与经营业	14374.82	6076.12	42.3	6051385	996
房地产管理业	365.85	194.00	53.0	146288	754
房地产代理与经纪业	30.36	5.96	19.6	4565	766
(十一)社会服务业	**1013.41**	**414.25**	**40.9**	**300205**	**725**
公共服务业	893.97	356.97	39.9	251595	705
居民服务业	9.33	3.97	42.5	2517	634
旅馆业	53.51	27.91	52.2	28580	1024
租赁服务业	0.63	0.63	100.0	400	635
旅行社	10.78	8.50	78.8	5030	592
娱乐服务业	3.51	0.57	16.2	294	517
信息、咨询服务业	2.36	0.14	5.8	70	509
计算机应用服务业	0.60	0.60	100.0	721	1202
其他社会服务业	38.72	14.97	38.7	10998	735
(十二)卫生、体育和社会福利业	**477.33**	**262.18**	**54.9**	**198120**	**756**
卫生	409.31	225.91	55.2	165751	734
体育	18.39	7.57	41.2	8493	1122
社会福利保障业	49.63	28.70	57.8	23876	832
(十三)教育、文化艺术及广播电影电视业	**2616.45**	**1621.22**	**62.0**	**1336016**	**824**
教育	2472.47	1539.24	62.3	1267052	823
文化艺术业	85.61	50.86	59.4	47674	937
广播电影电视业	58.37	31.12	53.3	21290	684
(十四)科学研究和综合技术服务业	**269.26**	**113.60**	**42.2**	**143151**	**1260**
科学研究业	181.64	81.50	44.9	108557	1332
综合技术服务业	87.62	32.10	36.6	34594	1078
(十五)国家机关、政党机关和社会团体	**4868.80**	**2957.32**	**60.7**	**2188272**	**740**
国家机关	4658.37	2851.96	61.2	2108028	739
政党机关	132.94	66.84	50.3	55567	831
社会团体	33.41	13.22	39.6	9597	726
基层群众自治组织	44.08	25.30	57.4	15080	596
(十六)其他行业	**670.13**	**269.23**	**40.2**	**187712**	**697**
其他行业	670.13	269.23	40.2	187712	697

上　篇

三、集体经济固定资产投资

3-1 集体经济固定资产投资主要指标

指 标 名 称	2001年	2002年	2002年比2001年增减	
			绝对数	%
一、投资总额(亿元)	**5278.57**	**5987.43**	**708.86**	**13.4**
1.按构成分				
建筑安装工程	2858.78	3246.24	387.46	13.6
设备、工具、器具购置	1940.13	2179.55	239.42	12.3
其他费用	479.67	561.64	81.97	17.1
2.按三次产业分				
第一产业	200.78	292.06	91.28	45.5
第二产业	3007.56	3440.35	432.79	14.4
第三产业	2070.23	2255.02	184.79	8.9
3.住宅	622.26	673.21	50.95	8.2
二、全部项目建设规模(亿元)				
计划总投资	11029.75	12494.15	1464.40	13.3
实际需要总投资	11148.37	12585.52	1437.15	12.9
自开始建设至本年底				
累计完成投资	5946.85	6661.16	714.31	12.0
全部建成尚需投资	5201.52	5924.36	722.84	13.9
三、新增固定资产(亿元)	**4548.08**	**5228.00**	**679.92**	**14.9**
四、房屋建筑面积(万平方米)				
施工面积	39470.14	45062.43	5592.29	14.2
其中:住宅	12124.88	12681.47	556.58	4.6
竣工面积	28303.11	34015.12	5712.00	20.2
其中:住宅	7865.12	7793.96	-71.16	-0.9

3-2 各地区集体经济固定资产投资

地　区	2001年	2002年	2002年比2001年增减	
			绝对数	%
全国总计	**5278.57**	**5987.43**	**708.86**	**13.4**
北　京	107.15	132.67	25.52	23.8
天　津	78.47	90.27	11.81	15.0
河　北	549.82	571.23	21.42	3.9
山　西	53.73	58.19	4.46	8.3
内蒙古	28.00	27.94	-0.06	-0.2
辽　宁	158.70	173.54	14.84	9.3
吉　林	30.28	28.03	-2.26	-7.5
黑龙江	36.02	30.12	-5.90	-16.4
上　海	259.73	256.05	-3.68	-1.4
江　苏	706.26	827.25	120.99	17.1
浙　江	705.08	918.19	213.11	30.2
安　徽	74.59	85.03	10.43	14.0
福　建	151.33	171.27	19.93	13.2
江　西	63.77	91.25	27.48	43.1
山　东	690.18	812.66	122.48	17.7
河　南	223.21	254.92	31.70	14.2
湖　北	197.30	169.52	-27.78	-14.1
湖　南	145.78	166.92	21.14	14.5
广　东	411.44	456.21	44.78	10.9
广　西	31.60	36.32	4.73	15.0
海　南	14.55	9.27	-5.28	-36.3
重　庆	69.50	76.78	7.27	10.5
四　川	261.89	297.94	36.05	13.8
贵　州	22.36	18.80	-3.56	-15.9
云　南	63.52	67.84	4.32	6.8
西　藏	0.22	0.41	0.19	87.2
陕　西	48.47	54.52	6.05	12.5
甘　肃	39.16	39.69	0.53	1.4
青　海	8.09	9.66	1.57	19.5
宁　夏	18.83	24.17	5.34	28.3
新　疆	29.52	30.75	1.23	4.2
不分地区				

3-3 各地区集体经济按构成分的固定资产投资

单位:亿元

地区	投资额	建筑安装工程	设备工器具购置	其他费用
全国总计	**5987.43**	**3246.24**	**2179.55**	**561.64**
北京	132.67	84.08	27.25	21.34
天津	90.27	45.85	37.74	6.68
河北	571.23	272.45	231.21	67.58
山西	58.19	29.17	18.89	10.13
内蒙古	27.94	18.91	4.07	4.96
辽宁	173.54	104.26	51.57	17.71
吉林	28.03	20.40	4.15	3.47
黑龙江	30.12	16.93	9.77	3.42
上海	256.05	148.34	70.66	37.06
江苏	827.25	405.81	375.85	45.60
浙江	918.19	413.66	410.63	93.90
安徽	85.03	50.51	24.31	10.21
福建	171.27	125.04	36.15	10.08
江西	91.25	51.28	32.58	7.39
山东	812.66	421.52	332.01	59.13
河南	254.92	166.55	76.80	11.57
湖北	169.52	89.61	57.71	22.19
湖南	166.92	112.98	44.45	9.49
广东	456.21	270.67	132.40	53.15
广西	36.32	25.61	7.63	3.08
海南	9.27	5.37	2.22	1.68
重庆	76.78	54.09	14.68	8.00
四川	297.94	149.63	116.63	31.67
贵州	18.80	12.12	4.89	1.79
云南	67.84	48.99	12.13	6.73
西藏	0.41	0.31		0.10
陕西	54.52	33.39	15.15	5.98
甘肃	39.69	23.60	14.66	1.43
青海	9.66	7.26	2.06	0.35
宁夏	24.17	17.02	4.93	2.23
新疆	30.75	20.86	6.34	3.55
不分地区				

3-4 各地区集体经济按主要行业分的固定资产投资

单位:亿元

地　区	合　计	农、林、牧、渔业	采掘业	制造业	电力、煤气及水的生产和供应业
全国总计	**5987.43**	**433.74**	**143.11**	**2923.26**	**145.92**
北　京	132.67	5.60	0.57	19.84	2.19
天　津	90.27	2.76	0.05	39.51	0.65
河　北	571.23	85.64	13.03	236.44	12.06
山　西	58.19	4.94	7.67	19.10	0.25
内蒙古	27.94	6.07	2.71	0.82	2.55
辽　宁	173.54	16.29	4.13	69.22	0.94
吉　林	28.03	1.87	0.45	4.31	0.78
黑龙江	30.12	0.62	0.22	9.29	0.24
上　海	256.05	3.85	0.64	163.66	0.62
江　苏	827.25	32.41	2.20	547.06	2.50
浙　江	918.19	37.85	6.70	672.86	9.34
安　徽	85.03	12.19	2.09	28.31	2.58
福　建	171.27	10.41	0.49	55.80	9.34
江　西	91.25	4.08	1.60	40.52	3.67
山　东	812.66	68.41	4.87	458.35	17.16
河　南	254.92	28.93	35.79	73.32	4.27
湖　北	169.52	32.34	8.90	52.09	16.37
湖　南	166.92	6.28	11.77	40.82	11.29
广　东	456.21	5.28	0.25	233.54	17.27
广　西	36.32	1.33	0.72	6.68	3.42
海　南	9.27	3.05	0.05	0.55	0.05
重　庆	76.78	6.34	1.17	16.16	2.09
四　川	297.94	30.34	33.03	78.78	9.45
贵　州	18.80	1.16	1.09	3.79	1.04
云　南	67.84	9.24	0.49	13.71	4.33
西　藏	0.41			0.07	
陕　西	54.52	5.26	0.84	10.91	6.30
甘　肃	39.69	1.72	0.46	16.34	0.58
青　海	9.66	2.11	0.49	0.65	1.01
宁　夏	24.17	3.08		8.80	
新　疆	30.75	4.27	0.66	1.95	3.58
不分地区					

3-4 续表 1 单位:亿元

地　　区	建筑业	地质勘查业水利管理业	交通运输、仓储和邮电通信业	批发零售贸易和餐饮业	金融、保险业	房地产业
全国总计	**228.06**	**45.21**	**309.66**	**198.64**	**13.97**	**609.15**
北　　京	12.20	0.18	2.11	5.43	0.64	56.06
天　　津	17.43	0.17	0.34	10.14	0.19	11.13
河　　北	25.96	0.34	41.84	39.90	0.85	22.38
山　　西	2.12		2.26	3.16	0.08	3.68
内 蒙 古	0.94		2.83	0.68	0.24	3.96
辽　　宁	19.90	2.32	3.06	10.53	0.72	17.55
吉　　林	0.97	0.23	3.66	2.52	0.38	2.51
黑 龙 江	3.49		1.24	1.74	0.02	3.80
上　　海	4.36	1.04	4.47	7.17		42.57
江　　苏	21.45	0.95	11.70	10.65	0.93	66.98
浙　　江	34.41	1.58	21.19	13.38	0.39	55.27
安　　徽	2.52	0.07	4.54	1.44	0.23	14.44
福　　建	13.15	0.56	13.22	5.16	0.46	38.23
江　　西	1.18		8.36	1.81	0.09	16.66
山　　东	23.71	0.59	36.96	27.95	1.28	70.99
河　　南	0.85	3.17	48.39	9.73	1.00	6.20
湖　　北	1.80	0.40	15.83	3.87	0.18	9.02
湖　　南	3.69	22.69	11.24	8.60	0.59	10.15
广　　东	7.58	0.52	25.13	9.56	1.47	86.65
广　　西	0.41	0.26	1.14	1.35	0.02	5.98
海　　南	0.41	0.54	0.76	0.49		1.27
重　　庆	2.87	0.17	12.88	2.43	1.12	18.05
四　　川	19.79	3.64	24.95	7.64	1.01	24.63
贵　　州	0.02	0.02	1.52	0.62	0.32	3.34
云　　南	1.46	2.24	2.48	4.26	0.56	2.25
西　　藏				0.07		
陕　　西	1.84	0.19	2.88	2.55	0.61	6.62
甘　　肃	0.84	2.73	1.40	2.48	0.18	2.83
青　　海	0.15		0.83	0.59	0.03	0.78
宁　　夏	0.20	0.39	0.84	1.69	0.04	1.82
新　　疆	2.33	0.21	1.62	1.03	0.34	3.36
不分地区						

3-4 续表2 单位:亿元

地 区	社 会 服务业	卫生体育和 社会福利业	教育、文化 艺术和广播 电影电视业	科学研究 和综合技术 服务业	国家机关、 政党机关和 社 会 团 体	其 他 行 业
全国总计	**130.24**	**86.61**	**227.12**	**5.71**	**276.62**	**210.41**
北 京	6.41	6.62	1.22	0.53	7.61	5.45
天 津	4.10	1.08	0.60	0.94	0.24	0.96
河 北	9.92	11.56	16.81	0.63	35.29	18.57
山 西	7.21	0.25	5.13		1.15	1.20
内 蒙 古	0.29	0.15	2.90	0.01	2.31	1.50
辽 宁	8.44	5.31	6.53	0.34	6.27	1.99
吉 林	1.68	0.48	3.03	0.02	3.73	1.42
黑 龙 江	0.30	0.23	3.33		2.72	2.87
上 海	4.01	1.13	2.71	0.08	1.02	18.74
江 苏	9.50	7.58	18.80	0.28	55.39	38.89
浙 江	11.95	7.91	10.24		8.94	26.18
安 徽	1.42	1.13	5.72	0.10	3.74	4.50
福 建	5.65	3.95	8.52	0.05	3.23	3.02
江 西	2.99	0.65	4.98		3.40	1.26
山 东	10.14	4.95	13.93	1.78	46.06	25.53
河 南	5.68	3.96	19.94	0.12	7.51	6.05
湖 北	1.53	1.06	7.07	0.08	10.35	8.63
湖 南	5.78	1.03	11.74	0.16	9.79	11.30
广 东	8.30	11.74	20.85	0.07	20.63	7.38
广 西	0.26	1.15	8.13	0.04	4.47	0.96
海 南	0.67	0.12	0.63	0.07	0.34	0.28
重 庆	2.44	2.11	4.69	0.01	2.77	1.48
四 川	3.99	5.82	22.42	0.23	21.46	10.76
贵 州	1.12	0.77	1.41	0.01	2.26	0.32
云 南	6.21	2.14	8.28	0.06	5.53	4.59
西 藏	0.17					0.10
陕 西	2.13	1.82	8.11	0.02	1.96	2.46
甘 肃	1.67	1.03	5.31		1.25	0.86
青 海	0.93	0.09	1.02	0.05	0.76	0.16
宁 夏	4.81	0.11	0.92		0.73	0.74
新 疆	0.53	0.69	2.17	0.01	5.71	2.30
不分地区						

3-5 各地区集体经济房屋建筑面积

单位:万平方米

地　区	施工房屋面积	住　宅	竣工房屋面积	住　宅
全国总计	**45062.43**	**12681.47**	**34015.12**	**7793.96**
北　京	1155.92	568.79	639.05	249.68
天　津	808.62	326.56	739.98	171.96
河　北	3439.88	550.99	2955.88	397.11
山　西	492.41	118.53	388.60	69.21
内蒙古	145.85	46.87	108.57	35.76
辽　宁	1067.26	249.31	978.41	185.68
吉　林	260.06	93.12	248.00	68.06
黑龙江	282.02	101.65	243.27	80.00
上　海	1789.78	443.04	936.00	197.36
江　苏	5771.44	1194.91	4917.26	804.63
浙　江	6151.07	1043.57	4507.94	517.69
安　徽	743.55	229.55	577.47	150.96
福　建	1791.99	631.33	677.80	255.86
江　西	884.68	306.28	552.76	149.24
山　东	5162.33	1714.69	4274.52	1180.06
河　南	1738.76	362.34	1369.41	256.24
湖　北	972.80	312.31	829.55	246.02
湖　南	1905.11	493.57	1349.58	336.38
广　东	4755.35	1613.54	3473.43	1026.84
广　西	549.80	181.69	358.24	96.87
海　南	60.07	31.59	36.91	13.81
重　庆	871.81	525.49	542.33	298.57
四　川	2221.57	870.94	1768.56	575.37
贵　州	215.29	84.53	118.25	34.87
云　南	494.95	132.28	397.29	110.35
西　藏	1.07	0.20	0.49	
陕　西	494.74	159.95	369.73	87.16
甘　肃	270.37	111.05	204.73	77.71
青　海	110.13	26.68	79.11	7.86
宁　夏	257.70	87.30	206.66	70.54
新　疆	196.04	68.81	165.35	42.11
不分地区				

3-6 城镇集体经济按登记注册类型分的投资

单位:万元

地区	集体经济	集体	股份合作	集体联营
全国总计	**10995174**	**8046741**	**2588653**	**359780**
北京	601522	318283	283239	
天津	162710	95031	67213	466
河北	920126	819743	94003	6380
山西	188703	144485	42148	2070
内蒙古	75365	35282	39956	127
辽宁	247503	151471	94882	1150
吉林	68646	61638	7008	
黑龙江	139731	88488	51243	
上海	614881	383205	75931	155745
江苏	1149523	808353	317642	23528
浙江	715596	481885	208052	25659
安徽	270186	167700	95243	7243
福建	307628	184873	103961	18794
江西	150279	67734	80800	1745
山东	1967845	1638318	298702	30825
河南	279117	248601	29595	921
湖北	288201	196583	83631	7987
湖南	150177	92962	56510	705
广东	1446216	1249285	149448	47483
广西	130208	94971	32644	2593
海南	23200	11483	11147	570
重庆	205409	123739	80030	1640
四川	279366	185869	92141	1356
贵州	62780	44269	17351	1160
云南	94026	49922	43604	500
西藏	4130	3880	250	
陕西	210352	136983	69698	3671
甘肃	129833	74931	37651	17251
青海	26168	14838	11330	
宁夏	31109	27550	3559	
新疆	54638	44386	10041	211
不分地区				

3－7　各地区城镇集体经济投资总规模与完成情况

单位：万元

地　　区	计划总投资	实际需要总投资	自开始建设至本年底累计完成投资	本年完成投资
全国总计	**27183217**	**28096991**	**17732452**	**10995174**
北　　京	2074114	2199189	1155174	601522
天　　津	540895	577968	300060	162710
河　　北	1521929	1560106	1098887	920126
山　　西	402986	409499	252988	188703
内 蒙 古	129950	130112	87685	75365
辽　　宁	446278	449012	313529	247503
吉　　林	118115	120362	78320	68646
黑 龙 江	239778	241227	201864	139731
上　　海	1680184	1811391	1401721	614881
江　　苏	2295065	2341347	1638393	1149523
浙　　江	1743894	1902477	1284718	715596
安　　徽	570885	582742	388445	270186
福　　建	948081	967165	543615	307628
江　　西	332488	340669	215875	150279
山　　东	3967654	4083211	2452335	1967845
河　　南	551458	566008	385333	279117
湖　　北	495617	513196	387074	288201
湖　　南	424471	428774	263170	150177
广　　东	5428797	5534459	3350183	1446216
广　　西	342133	362583	187157	130208
海　　南	72542	72540	27255	23200
重　　庆	525835	529454	323517	205409
四　　川	879488	891965	457625	279366
贵　　州	177423	179334	104300	62780
云　　南	220741	226403	159692	94026
西　　藏	12554	12554	4180	4130
陕　　西	550603	567625	317496	210352
甘　　肃	280327	284168	201922	129833
青　　海	65119	65119	34940	26168
宁　　夏	53789	54156	42653	31109
新　　疆	90024	92176	72346	54638
不分地区				

3－7 续表

单位：万元

地区	累计新增固定资产	未完工程累计投资	全部建成尚需投资	未完工程占用率(%)
全国总计	**10325177**	**5865661**	**10364539**	**53.3**
北京	482728	635239	1044015	105.6
天津	128715	144990	277908	89.1
河北	788810	205551	461219	22.3
山西	130683	92288	156511	48.9
内蒙古	59157	25022	42427	33.2
辽宁	226143	67310	135483	27.2
吉林	43795	21425	42042	31.2
黑龙江	165975	30227	39363	21.6
上海	590073	573246	409670	93.2
江苏	1105307	457888	702954	39.8
浙江	610052	581834	617759	81.3
安徽	278918	94099	194297	34.8
福建	306093	182059	423550	59.2
江西	143594	50438	124794	33.6
山东	1564952	727842	1630876	37.0
河南	267535	101561	180675	36.4
湖北	279446	68878	126122	23.9
湖南	150432	110307	165604	73.5
广东	1981286	951229	2184276	65.8
广西	110117	71712	175426	55.1
海南	13160	14005	45285	60.4
重庆	186990	111338	205937	54.2
四川	204817	167891	434340	60.1
贵州	45593	57224	75034	91.2
云南	84497	69312	66711	73.7
西藏	2030	2150	8374	52.1
陕西	169468	130357	250129	62.0
甘肃	112480	77533	82246	59.7
青海	13700	18490	30179	70.7
宁夏	27202	14691	11503	47.2
新疆	51429	9525	19830	17.4
不分地区				

3-8 城镇集体经济分行业投资总规模与完成情况

单位:万元

行　业	计　划 总投资	实际需要 总 投 资	自开始建设至本年底 累计完成投资	本年完成投资
全国总计	**27183217**	**28096991**	**17732452**	**10995174**
(一)农、林、牧、渔业	**220107**	**220588**	**137130**	**109820**
农业	131433	132362	84927	60551
林业	7878	7948	6918	6918
畜牧业	53697	53707	26603	25203
渔业	14075	13480	9623	9485
农、林、牧、渔服务业	13024	13091	9059	7663
(二)采掘业	**178655**	**180755**	**113649**	**94791**
煤炭采选业	95056	96136	53387	45244
石油和天然气开采业	1064	1064	1064	1064
黑色金属矿采选业	29667	29477	18579	11678
有色金属矿采选业	32997	33377	28359	24545
非金属矿采选业	19136	19966	11525	11525
其他矿采选业	480	480	480	480
木材及竹材采运业	255	255	255	255
(三)制造业	**4754580**	**4813892**	**3420826**	**2778244**
食品加工业	264730	264596	175002	163481
食品制造业	164590	164701	85372	74274
饮料制造业	96981	97101	60619	50743
烟草加工业	1087	6337	4011	2078
纺织业	388202	400435	277522	219388
服装及其他纤维品制造业	132883	130385	90959	80860
皮革、毛皮、羽绒及其制品业	37414	37909	31457	26146
木材加工及竹、藤、棕、草制品业	43274	43564	40164	32289
家具制造业	35337	35567	22892	21154
造纸及纸制品业	206425	210322	177035	142261
印刷业、记录媒介的复制	66696	67241	60605	37174
文教体育用品制造业	11909	11909	9085	7653
石油加工及炼焦业	46709	48187	35241	29663
化学原料及化学制品制造业	279704	285925	219093	190654
医药制造业	338288	345072	221206	137494
化学纤维制造业	11246	11270	11230	9567
橡胶制品业	43632	43929	31793	29043
塑料制品业	386649	388214	242331	162335
非金属矿物制品业	465587	468852	367884	300601
黑色金属冶炼及压延加工业	235825	252757	175075	164236
有色金属冶炼及压延加工业	99324	99312	59537	50030
金属制品业	241159	241544	175530	141353
普通机械制造业	204673	203995	162265	137134

单位：万元

行　　业	计　划 总投资	实际需要 总 投 资	自开始建设至本年底 累计完成投资	本年完成投资
专用设备制造业	155391	153275	105152	72878
交通运输设备制造业	212387	211967	158390	142669
电气机械及器材制造业	202648	202933	155224	131464
电子及通信设备制造业	192753	197192	128619	112270
仪器仪表及文化办公用机械制造业	26068	26068	17672	17672
其他制造业	163009	163333	119861	91680
（四）电力、煤气及水的生产和供应业	**514205**	**515080**	**261063**	**209349**
电力、蒸汽、热水的生产和供应业	416131	417000	202693	164265
煤气的生产和供应业	6618	6697	5625	5023
自来水的生产和供应业	91456	91383	52745	40061
（五）建筑业	**462415**	**466829**	**343477**	**291789**
土木工程建筑业	429486	433899	319829	268293
线路、管道和设备安装业	23169	23169	16001	16001
建筑物的装修装饰业	9760	9761	7647	7495
（六）地质勘查业、水利管理业	**35632**	**35786**	**26945**	**23554**
地质勘查业				
水利管理业	35632	35786	26945	23554
（七）交通运输、仓储及邮电通信业	**457183**	**461309**	**312162**	**228820**
铁路运输业	621	621	538	428
公路运输业	225887	226507	166729	125519
管道运输业	306	306	280	280
水上运输业	12261	12276	8460	7561
航空运输业				
交通运输辅助业	117141	117447	64224	40022
其他交通运输业	16430	17470	11281	6981
仓储业	34277	34422	24887	24342
邮电通信业	50260	52260	35763	23687
（八）批发和零售贸易、餐饮业	**1085038**	**1113697**	**815464**	**649670**
食品、饮料、烟草和家庭用品批发商业	307365	319463	228015	178590
能源、材料和机械电子设备批发业	110481	110450	86605	65706
其他批发业	104878	112612	85226	56831
零售业	467323	471322	337875	291134
商业经纪与代理业	7118	7118	5374	3525

3－8 续表 2

单位:万元

行　　业	计　划 总投资	实际需要 总 投 资	自开始建设至本年底 累计完成投资	本年完成投资
餐饮业	87873	92732	72369	53884
(九)金融、保险业	**208238**	**211944**	**161065**	**88026**
金融业	208238	211944	161065	88026
保险业				
(十)房地产业	**16382552**	**17127676**	**10224695**	**4975044**
房地产开发与经营业	16313484	17058410	10163419	4934517
房地产管理业	66620	66818	58978	38229
房地产代理与经纪业	2448	2448	2298	2298
(十一)社会服务业	**884608**	**902383**	**517069**	**398357**
公共服务业	432214	439413	252307	193263
居民服务业	52989	55390	40418	32559
旅馆业	130590	132408	90254	62759
租赁服务业	9686	9616	7388	6938
旅行社	85034	85284	27570	24846
娱乐服务业	57604	58424	30736	27576
信息、咨询服务业	1530	1500	875	700
计算机应用服务业	8550	8550	5000	2500
其他社会服务业	106411	111798	62521	47216
(十二)卫生、体育和社会福利业	**103604**	**113030**	**88698**	**65629**
卫生	62370	70834	61441	45529
体育	10376	10792	10422	7832
社会福利保障业	30858	31404	16835	12268
(十三)教育、文化艺术及广播电影电视业	**296885**	**323719**	**225471**	**137667**
教育	256871	255576	159823	114517
文化艺术业	38570	66566	64317	22027
广播电影电视业	1444	1577	1331	1123
(十四)科学研究和综合技术服务业	**52916**	**53952**	**29616**	**26839**
科学研究业	11514	11914	8442	6602
综合技术服务业	41402	42038	21174	20237
(十五)国家机关、政党机关和社会团体	**1064001**	**1070586**	**738615**	**664805**
国家机关	272882	275608	154728	143101
政党机关	15029	15029	10479	10479
社会团体	27789	27959	16422	11728
基层群众自治组织	748301	751990	556986	499497
(十六)其他行业	**482598**	**485765**	**316507**	**252770**
其他行业	482598	485765	316507	252770

3－8 续表 3

单位:万元

行　　业	累计新增固定资产	未完工程累计投资	全部建成尚需投资	未完工程占用率(%)
全国总计	**10325177**	**5865661**	**10364539**	**53.3**
(一)农、林、牧、渔业	**82376**	**29148**	**83458**	**26.5**
农业	39992	21589	47435	35.7
林业	5148	1770	1030	25.6
畜牧业	21466	2877	27104	11.4
渔业	7475	2148	3857	22.6
农、林、牧、渔服务业	8295	764	4032	10.0
(二)采掘业	**66287**	**27674**	**67106**	**29.2**
煤炭采选业	26669	18425	42749	40.7
石油和天然气开采业	1064			
黑色金属矿采选业	6643	2456	10898	21.0
有色金属矿采选业	20843	5651	5018	23.0
非金属矿采选业	10383	1142	8441	9.9
其他矿采选业	430			
木材及竹材采运业	255			
(三)制造业	**2400678**	**828511**	**1393066**	**29.8**
食品加工业	137463	34739	89594	21.2
食品制造业	61567	15037	79329	20.2
饮料制造业	39535	19983	36482	39.4
烟草加工业	3670	120	2326	5.8
纺织业	220447	48948	122913	22.3
服装及其他纤维品制造业	69189	19681	39426	24.3
皮革、毛皮、羽绒及其制品业	19465	8612	6452	32.9
木材加工及竹、藤、棕、草制品业	31652	6760	3400	20.9
家具制造业	18395	4197	12675	19.8
造纸及纸制品业	115316	26299	33287	18.5
印刷业、记录媒介的复制	49399	3631	6636	9.8
文教体育用品制造业	8312	670	2824	8.8
石油加工及炼焦业	11136	18585	12946	62.7
化学原料及化学制品制造业	181019	30144	66832	15.8
医药制造业	87429	127999	123866	93.1
化学纤维制造业	10820	410	40	4.3
橡胶制品业	26752	4373	12136	15.1
塑料制品业	191897	33735	145883	20.8
非金属矿物制品业	280461	69554	100968	23.1
黑色金属冶炼及压延加工业	133907	38480	77682	23.4
有色金属冶炼及压延加工业	42129	17006	39775	34.0
金属制品业	129447	35918	66014	25.4
普通机械制造业	118492	23157	41730	16.9

3－8 续表 4

单位:万元

行　　业	累计新增固定资产	未完工程累计投资	全部建成尚需投资	未完工程占用率(%)
专用设备制造业	73225	27356	48123	37.5
交通运输设备制造业	56356	99518	53577	69.8
电气机械及器材制造业	101555	49301	47709	37.5
电子及通信设备制造业	89095	32929	68573	29.3
仪器仪表及文化办公用机械制造业	14354	2523	8396	14.3
其他制造业	78194	28846	43472	31.5
(四)电力、煤气及水的生产和供应业	**137524**	**107158**	**254017**	**51.2**
电力、蒸汽、热水的生产和供应业	103766	82666	214307	50.3
煤气的生产和供应业	4749	756	1072	15.1
自来水的生产和供应业	29009	23736	38638	59.2
(五)建筑业	**258956**	**55698**	**123352**	**19.1**
土木工程建筑业	242046	54146	114070	20.2
线路、管道和设备安装业	10350	465	7168	2.9
建筑物的装修装饰业	6560	1087	2114	14.5
(六)地质勘查业、水利管理业	**15364**	**11581**	**8841**	**49.2**
地质勘查业				
水利管理业	15364	11581	8841	49.2
(七)交通运输、仓储及邮电通信业	**208827**	**92523**	**149147**	**40.4**
铁路运输业	218	320	83	74.8
公路运输业	109179	47793	59778	38.1
管道运输业	280		26	
水上运输业	6684	1471	3816	19.5
航空运输业				
交通运输辅助业	43749	19725	53223	49.3
其他交通运输业	11281		6189	
仓储业	24130	757	9535	3.1
邮电通信业	13306	22457	16497	94.8
(八)批发和零售贸易、餐饮业	**569129**	**209946**	**298233**	**32.3**
食品、饮料、烟草和家庭用品批发商业	139827	77640	91448	43.5
能源、材料和机械电子设备批发业	70788	14088	23845	21.4
其他批发业	43422	37445	27386	65.9
零售业	259648	60353	133447	20.7
商业经纪与代理业	4774	280	1744	7.9

3－8 续表 5

单位：万元

行　　业	累计新增固定资产	未完工程累计投资	全部建成尚需投资	未完工程占用率（%）
餐饮业	50670	20140	20363	37.4
（九）金融、保险业	**111383**	**37244**	**50879**	**42.3**
金融业	111383	37244	50879	42.3
保险业				
（十）房地产业	**5180121**	**3943188**	**6902981**	**79.3**
房地产开发与经营业	5130265	3932218	6894991	79.7
房地产管理业	48008	10970	7840	28.7
房地产代理与经纪业	1848		150	
（十一）社会服务业	**327081**	**148289**	**385314**	**37.2**
公共服务业	164543	59405	187106	30.7
居民服务业	16895	22096	14972	67.9
旅馆业	57712	28302	42154	45.1
租赁服务业	4226	812	2228	11.7
旅行社	11948	14278	57714	57.5
娱乐服务业	17396	13340	27688	48.4
信息、咨询服务业	875		625	
计算机应用服务业	5000		3550	
其他社会服务业	48486	10056	49277	21.3
（十二）卫生、体育和社会福利业	**62740**	**22417**	**24332**	**34.2**
卫生	49248	9852	9393	21.6
体育	8800	1622	370	20.7
社会福利保障业	4692	10943	14569	89.2
（十三）教育、文化艺术及广播电影电视业	**192955**	**19421**	**98248**	**14.1**
教育	135621	17486	95753	15.3
文化艺术业	56509	1429	2249	6.5
广播电影电视业	825	506	246	45.1
（十四）科学研究和综合技术服务业	**13827**	**6919**	**24336**	**25.8**
科学研究业	4850	3500	3472	53.0
综合技术服务业	8977	3419	20864	16.9
（十五）国家机关、政党机关和社会团体	**524891**	**199567**	**331971**	**30.0**
国家机关	125015	27674	120880	19.3
政党机关	655	9474	4550	90.4
社会团体	5262	9440	11537	80.5
基层群众自治组织	393959	152979	195004	30.6
（十六）其他行业	**173038**	**126377**	**169258**	**50.0**
其他行业	173038	126377	169258	50.0

3-9 各地区城镇集体经济投资和新增固定资产

单位:万元

地　　区	投资额	新增固定资　　产	固定资产交付使用率(%)
全国总计	**10995174**	**8103691**	**73.7**
北　　京	601522	370111	61.5
天　　津	162710	110000	67.6
河　　北	920126	686971	74.7
山　　西	188703	116897	61.9
内 蒙 古	75365	59097	78.4
辽　　宁	247503	207327	83.8
吉　　林	68646	42915	62.5
黑 龙 江	139731	147022	105.2
上　　海	614881	509007	82.8
江　　苏	1149523	966928	84.1
浙　　江	715596	475140	66.4
安　　徽	270186	212953	78.8
福　　建	307628	230288	74.9
江　　西	150279	119801	79.7
山　　东	1967845	1281357	65.1
河　　南	279117	232376	83.3
湖　　北	288201	256977	89.2
湖　　南	150177	114482	76.2
广　　东	1446216	1115203	77.1
广　　西	130208	78626	60.4
海　　南	23200	10790	46.5
重　　庆	205409	148123	72.1
四　　川	279366	173593	62.1
贵　　州	62780	41936	66.8
云　　南	94026	80740	85.9
西　　藏	4130	2030	49.2
陕　　西	210352	139069	66.1
甘　　肃	129833	87260	67.2
青　　海	26168	12051	46.1
宁　　夏	31109	25427	81.7
新　　疆	54638	49194	90.0
不分地区			

3-10 城镇集体经济分行业投资和新增固定资产

单位:万元

地　　区	投资额	新增固定资　产	固定资产交付使用率(%)
全国总计	**10995174**	**8103691**	**73.7**
(一)农、林、牧、渔业	**109820**	**76419**	**69.6**
农业	60551	36213	59.8
林业	6918	4548	65.7
畜牧业	25203	20839	82.7
渔业	9485	7395	78.0
农、林、牧、渔服务业	7663	7424	96.9
(二)采掘业	**94791**	**62674**	**66.1**
煤炭采选业	45244	25731	56.9
石油和天然气开采业	1064	1064	100.0
黑色金属矿采选业	11678	6283	53.8
有色金属矿采选业	24545	18554	75.6
非金属矿采选业	11525	10357	89.9
其他矿采选业	480	430	89.6
木材及竹材采运业	255	255	100.0
(三)制造业	**2778244**	**2034767**	**73.2**
食品加工业	163481	132153	80.8
食品制造业	74274	56058	75.5
饮料制造业	50743	37055	73.0
烟草加工业	2078	3670	176.6
纺织业	219388	177843	81.1
服装及其他纤维品制造业	80860	67882	84.0
皮革、毛皮、羽绒及其制品业	26146	19280	73.7
木材加工及竹、藤、棕、草制品业	32289	29552	91.5
家具制造业	21154	16946	80.1
造纸及纸制品业	142261	95592	67.2
印刷业、记录媒介的复制	37174	33211	89.3
文教体育用品制造业	7653	8311	108.6
石油加工及炼焦业	29663	10536	35.5
化学原料及化学制品制造业	190654	158119	82.9
医药制造业	137494	78354	57.0
化学纤维制造业	9567	10820	113.1
橡胶制品业	29043	26630	91.7
塑料制品业	162335	102049	62.9
非金属矿物制品业	300601	247418	82.3
黑色金属冶炼及压延加工业	164236	117657	71.6
有色金属冶炼及压延加工业	50030	40999	81.9
金属制品业	141353	117926	83.4
普通机械制造业	137134	99246	72.4

3-10续表1

单位:万元

地　　区	投资额	新增固定资　　产	固定资产交付使用率(%)
专用设备制造业	72878	57770	79.3
交通运输设备制造业	142669	48851	34.2
电气机械及器材制造业	131464	88125	67.0
电子及通信设备制造业	112270	74416	66.3
仪器仪表及文化办公用机械制造业	17672	13184	74.6
其他制造业	91680	65114	71.0
(四)电力、煤气及水的生产和供应业	**209349**	**127832**	**61.1**
电力、蒸汽、热水的生产和供应业	164265	96904	59.0
煤气的生产和供应业	5023	4749	94.5
自来水的生产和供应业	40061	26179	65.3
(五)建筑业	**291789**	**242759**	**83.2**
土木工程建筑业	268293	225849	84.2
线路、管道和设备安装业	16001	10350	64.7
建筑物的装修装饰业	7495	6560	87.5
(六)地质勘查业、水利管理业	**23554**	**14538**	**61.7**
地质勘查业			
水利管理业	23554	14538	61.7
(七)交通运输、仓储及邮电通信业	**228820**	**162651**	**71.1**
铁路运输业	428	218	50.9
公路运输业	125519	81464	64.9
管道运输业	280	280	100.0
水上运输业	7561	6684	88.4
航空运输业			
交通运输辅助业	40022	32288	80.7
其他交通运输业	6981	8801	126.1
仓储业	24342	23950	98.4
邮电通信业	23687	8966	37.9
(八)批发和零售贸易、餐饮业	**649670**	**525310**	**80.9**
食品、饮料、烟草和家庭用品批发商业	178590	132079	74.0
能源、材料和机械电子设备批发业	65706	66008	100.5
其他批发业	56831	43240	76.1
零售业	291134	243401	83.6
商业经纪与代理业	3525	2975	84.4

3－10续表2

单位：万元

地　　区	投资额	新增固定资　　产	固定资产交付使用率(%)
餐饮业	53884	37607	69.8
(九)金融、保险业	**88026**	**91681**	**104.2**
金融业	88026	91681	104.2
保险业			
(十)房地产业	**4975044**	**3686178**	**74.1**
房地产开发与经营业	4934517	3643172	73.8
房地产管理业	38229	41158	107.7
房地产代理与经纪业	2298	1848	80.4
(十一)社会服务业	**398357**	**282762**	**71.0**
公共服务业	193263	145483	75.3
居民服务业	32559	11818	36.3
旅馆业	62759	54536	86.9
租赁服务业	6938	4226	60.9
旅行社	24846	7772	31.3
娱乐服务业	27576	17396	63.1
信息、咨询服务业	700	700	100.0
计算机应用服务业	2500	2500	100.0
其他社会服务业	47216	38331	81.2
(十二)卫生、体育和社会福利业	**65629**	**57482**	**87.6**
卫生	45529	44590	97.9
体育	7832	8800	112.4
社会福利保障业	12268	4092	33.4
(十三)教育、文化艺术及广播电影电视业	**137667**	**117963**	**85.7**
教育	114517	107178	93.6
文化艺术业	22027	9960	45.2
广播电影电视业	1123	825	73.5
(十四)科学研究和综合技术服务业	**26839**	**9472**	**35.3**
科学研究业	6602	1350	20.4
综合技术服务业	20237	8122	40.1
(十五)国家机关、政党机关和社会团体	**664805**	**444466**	**66.9**
国家机关	143101	101838	71.2
政党机关	10479	655	6.3
社会团体	11728	5262	44.9
基层群众自治组织	499497	336711	67.4
(十六)其他行业	**252770**	**166737**	**66.0**
其他行业	252770	166737	66.0

3-11 各地区按构成分的城镇集体经济投资

单位:万元

地 区	投资额	建筑安装工程	设备工器具购置	其他费用
全国总计	**10995174**	**7478892**	**1798381**	**1717901**
北 京	601522	443410	37451	120661
天 津	162710	98558	31658	32494
河 北	920126	646056	156256	117814
山 西	188703	126722	49722	12259
内蒙古	75365	64651	3708	7006
辽 宁	247503	167934	43174	36395
吉 林	68646	58213	5671	4762
黑龙江	139731	105350	21585	12796
上 海	614881	359281	93197	162403
江 苏	1149523	703569	266294	179660
浙 江	715596	464468	62541	188587
安 徽	270186	182493	55469	32224
福 建	307628	228354	30249	49025
江 西	150279	95807	22028	32444
山 东	1967845	1342498	421594	203753
河 南	279117	175751	68761	34605
湖 北	288201	174492	78421	35288
湖 南	150177	111192	18174	20811
广 东	1446216	1050048	144755	251413
广 西	130208	78915	27410	23883
海 南	23200	18829	1231	3140
重 庆	205409	163830	17459	24120
四 川	279366	195610	17025	66731
贵 州	62780	42540	8709	11531
云 南	94026	60133	20951	12942
西 藏	4130	3130		1000
陕 西	210352	143409	42657	24286
甘 肃	129833	92960	30022	6851
青 海	26168	20428	3667	2073
宁 夏	31109	25941	1350	3818
新 疆	54638	34320	17192	3126
不分地区				

3-12 各地区按隶属关系分的城镇集体经济投资

单位:万元

地　　区	合　　计	中央项目	地方项目				
				省属	地市属	县属	其他
全国总计	**10995174**	**30742**	**10964432**	**308489**	**1488120**	**4102245**	**5065578**
北　　京	601522		601522	27457	52923	40958	480184
天　　津	162710		162710	32232	52420	6803	71255
河　　北	920126	1696	918430		43898	423087	451445
山　　西	188703		188703	1870	13572	85128	88133
内 蒙 古	75365		75365		23846	33719	17800
辽　　宁	247503		247503	10042	36199	114771	86491
吉　　林	68646	1067	67579	190	14378	20780	32231
黑 龙 江	139731	5010	134721	29350	23298	57884	24189
上　　海	614881	13159	601722	36269	168960	74022	322471
江　　苏	1149523		1149523	9539	99385	656394	384205
浙　　江	715596	1672	713924	17958	120103	315769	260094
安　　徽	270186	1809	268377	1396	64126	86287	116568
福　　建	307628		307628	5445	41202	102314	158667
江　　西	150279	74	150205	5360	30689	44787	69369
山　　东	1967845	1971	1965874	37535	196707	814146	917486
河　　南	279117		279117	5896	46327	114029	112865
湖　　北	288201		288201	7396	69193	67895	143717
湖　　南	150177	120	150057	10358	36459	54705	48535
广　　东	1446216		1446216	3343	155917	402148	884808
广　　西	130208	63	130145	3491	43857	47595	35202
海　　南	23200		23200	5056	4367	3843	9934
重　　庆	205409	400	205009	11660	12734	115812	64803
四　　川	279366	200	279166	15544	56005	121782	85835
贵　　州	62780		62780	2810	6223	26040	27707
云　　南	94026		94026	4491	11045	39051	39439
西　　藏	4130	1000	3130		250		2880
陕　　西	210352	260	210092	5658	29817	117312	57305
甘　　肃	129833	2170	127663	16002	15658	53901	42102
青　　海	26168		26168	248	7845	15254	2821
宁　　夏	31109		31109	74	4814	18359	7862
新　　疆	54638	71	54567	1819	5903	27670	19175
不分地区							

3-13 各地区按建设性质分的城镇集体经济投资

单位：万元

地　　区	新建	扩建	改建	单纯建造生活设施	迁建	恢复	单纯购置
全国总计	**2833719**	**1958450**	**853485**	**290668**	**127031**	**1177**	**175405**
北　　京	35350	18408	10294	5185	13443		450
天　　津	60051	15170	4538				3735
河　　北	416239	222738	111702	18932	9680		36190
山　　西	71478	53882	18018	8581			
内 蒙 古	12856	11830	1124	9200	595	180	480
辽　　宁	68470	46866	18107	11330	745		2885
吉　　林	18126	23071	3974	930			206
黑 龙 江	46297	48410	2809	6695			
上　　海	105113	80476	22264		2922	700	18249
江　　苏	215609	241524	95815	51096	2396		10829
浙　　江	92366	67640	60977	2995	22480		8336
安　　徽	77337	29573	20303	215	3750		6534
福　　建	50383	33798	7606	340	3425		8058
江　　西	52270	11881	8046	320	50		710
山　　东	512314	580617	221857	101141	8982		25825
河　　南	81897	88281	25587	14049	5162		6392
湖　　北	57712	86078	52596	4567	8248	57	6767
湖　　南	23911	28514	16658	4932	320		2251
广　　东	489984	125389	42032	4319	2405	110	21199
广　　西	34996	24716	11571	3138	120	60	2471
海　　南	7696	1110	625	1065			540
重　　庆	28019	9600	12743	3292	36228		4863
四　　川	43750	17025	15183	2044	2680		1257
贵　　州	13539	9170	4229	346	300		1975
云　　南	41279	21387	5046	6003	150	70	67
西　　藏	2430		1700				
陕　　西	96885	18981	13788	15505	875		1334
甘　　肃	38174	22214	36440	8756			1061
青　　海	11811	1992	833	670	1900		1123
宁　　夏	6654	1895	2858	1470	175		
新　　疆	20723	16214	4162	3552			1618
不分地区							

3-14 各地区按主要行业分的城镇集体经济投资

单位:万元

地区	合计	农、林、牧、渔业	采掘业	制造业	电力、煤气及水的生产和供应业
全国总计	**10995174**	**109820**	**94791**	**2778244**	**209349**
北京	601522			47560	
天津	162710	2390	464	21506	6024
河北	920126	21416	2683	287033	6349
山西	188703	5596	22598	71094	1890
内蒙古	75365	1150	790	6007	691
辽宁	247503	1776	7722	80201	
吉林	68646	5564	3271	19743	
黑龙江	139731	1294	1546	32041	100
上海	614881			172420	700
江苏	1149523	8362	630	371757	3584
浙江	715596	1324		104640	6134
安徽	270186	1692	5978	72559	3704
福建	307628	4558	65	46761	7192
江西	150279	750	150	34555	1735
山东	1967845	3765	20852	670077	63716
河南	279117	1200	1275	117309	
湖北	288201	8077	7446	96000	8142
湖南	150177	252	2171	30055	2891
广东	1446216	12469	381	259739	31686
广西	130208	2873	2545	36395	9471
海南	23200	1960		1192	90
重庆	205409	5931		22782	3622
四川	279366	1021	2201	21919	8984
贵州	62780	145		15010	360
云南	94026	806	920	31850	11910
西藏	4130			700	
陕西	210352	9470	3285	31115	27906
甘肃	129833	3781	2493	52825	1632
青海	26168	740		4622	206
宁夏	31109			1530	
新疆	54638	1458	5325	17247	630
不分地区					

3-14 续表 1 单位:万元

地　　区	建筑业	地质勘查业水利管理业	交通运输、仓储和邮电通信业	批发零售贸易和餐饮业	金融、保险业	房地产业
全国总计	**291789**	**23554**	**228820**	**649670**	**88026**	**4975044**
北　京	4529		1773	9351		519389
天　津	3557		921	11309	1861	88755
河　北	60500	1300	27332	128766	4464	130293
山　西	2485		1792	31533	783	36744
内蒙古	4012		348	5024	2350	39564
辽　宁	8612		4630	17470	3668	102890
吉　林	527			10430	3300	22339
黑龙江	19537		9669	12376	218	37381
上　海	1264	4149	7870	3684		404387
江　苏	31368	4683	29995	29096	4415	542394
浙　江	4366	4132	10279	33428	3906	462502
安　徽	13273	345	4526	7804	2249	140931
福　建	2045	108	3903	6630	2221	205056
江　西	1189		1438	13541	943	77362
山　东	44971		33297	132460	4377	559284
河　南	7621	997	6343	30356	6405	58199
湖　北	10506	1267	5376	19691	1140	77742
湖　南	3962		2428	14681	3370	73591
广　东	23266	2961	47844	38155	9539	837742
广　西	429	486	2265	10406	189	53886
海　南	387		279	2818		12164
重　庆	9202	1500	12227	13984	8640	115327
四　川	14916		6400	5668	4779	199277
贵　州	240		313	3446	3187	33351
云　南	1995		985	8090	5448	21574
西　藏				700		
陕　西	3346	1065	4393	18527	5923	65367
甘　肃	6660		950	18019	1321	23188
青　海	641		180	1918	320	7839
宁　夏	1813		230	3414	436	18157
新　疆	4570	561	834	6895	2574	8369
不分地区						

单位:万元

地区	社会服务业	卫生体育和社会福利业	教育、文化艺术和广播电影电视业	科学研究和综合技术服务业	国家机关、政党机关和社会团体	其他行业
全国总计	**398357**	**65629**	**137667**	**26839**	**664805**	**252770**
北京	9152		1012	4466		4290
天津	11976	710	3664	9403		170
河北	23565	4619	17393	3251	128193	72969
山西	8097	303	1801		3797	190
内蒙古	2100	170	952		10130	2077
辽宁	2272	1676	200	3300	9265	3821
吉林		72		100	3300	
黑龙江	2470	827	4450		14792	3030
上海	10883	4350	2291		2633	250
江苏	40467	19703	9947	2610	38124	12388
浙江	63706	7010	6717		4060	3392
安徽	3432	1780	4322	600	3472	3519
福建	10442	396	9075	50	5382	3744
江西	6522	474	3201		3019	5400
山东	38642	3414	25244	150	312149	55447
河南	23766	1600	3125	120	15148	5653
湖北	10089	2281	1291	810	10653	27690
湖南	6522	1027		500	6679	2048
广东	70683	3957	23205	745	63374	20470
广西	1019	240	2955	395	5566	1088
海南	2660	280	1370			
重庆	5812	4101		97	1657	527
四川	7394	1921	966		1640	2280
贵州	5990	324			380	34
云南	9028		90	242	1012	76
西藏	1730					1000
陕西	4501	548	11689		11869	11348
甘肃	7248	286			5119	6311
青海	6244	146	1080		2072	160
宁夏	1175	1072			1320	1962
新疆	770	2342	1627			1436
不分地区						

3-15 各地区按主要工业行业分的城镇集体经济投资

单位:万元

地区	工业合计	煤炭采选业	石油和天然气开采业	黑色金属矿采选业	有色金属矿采选业	非金属矿采选业	其他矿采选业
全国总计	**3082384**	**45244**	**1064**	**11678**	**24545**	**11525**	**480**
北京	47560						
天津	27994		464				
河北	296065	1320	600	442	321		
山西	95582	22318		280			
内蒙古	7488	790					
辽宁	87923	684		2276	1782	2980	
吉林	23014	1000			1040	1231	
黑龙江	33687	1426				120	
上海	173120						
江苏	375971					630	
浙江	110774						
安徽	82241	2403		1000	210	2365	
福建	54018					65	
江西	36440	150					
山东	754645	2260		4226	12914	1452	
河南	118584	1155		120			
湖北	111588	2280		160	3452	1124	430
湖南	35117	1800		181		190	
广东	291806					381	
广西	48411				2335	210	
海南	1282						
重庆	26404						
四川	33104	1401		800			
贵州	15370						
云南	44680	615					50
西藏	700						
陕西	62306	1237		300	1641	107	
甘肃	56950			1193	700	600	
青海	4828						
宁夏	1530						
新疆	23202	4405		700	150	70	
不分地区							

地　区	木材及竹材采运业	食品加工业	食品制造业	饮料制造业	烟草加工业	纺织业	服装及其他纤维制品制造业
全国总计	**255**	**163481**	**74274**	**50743**	**2078**	**219388**	**80860**
北　京		960	2850			438	2100
天　津		450	1656			301	940
河　北		8083	3640	4367		34255	3635
山　西		900	878	6770		1740	
内蒙古		550		280			
辽　宁		480	55	1118		684	1361
吉　林				1100			
黑龙江		2593	2353	3940		680	
上　海			470		1821	2430	1827
江　苏		16875	6602	1854		52079	8837
浙　江		169	3104	3088		5016	10283
安　徽		7698	820	1603		6766	1210
福　建		4954	5254	823		2850	3104
江　西		390	990	355		4270	2046
山　东		79334	13893	7555		71955	26893
河　南		18610	10400	2920		12989	1852
湖　北		6723	2804	4026		11470	3528
湖　南		791	1100	1300		193	458
广　东		834	7381	2489		4645	5340
广　西		3971	751	229		438	2228
海　南			170				470
重　庆		2388	670			261	
四　川		820	967	525	257	1000	
贵　州		440	90	40			
云　南	255	3365	2283	60		551	
西　藏							
陕　西		420	2120	747		200	1745
甘　肃		1683	2313	5304		1129	2663
青　海			200				
宁　夏			460				
新　疆				250		3048	340
不分地区							

3－15 续表 2

单位:万元

地区	皮革、毛皮、羽绒及其制品业	木材加工及竹、藤、棕、草制品业	家具制造业	造纸及纸制品业	印刷业、记录媒介的复制	文教体育用品制造业	石油加工及炼焦业
全国总计	**26146**	**32289**	**21154**	**142261**	**37174**	**7653**	**29663**
北京					2478		
天津	298		390	2980			
河北	7880	7130	4358	17275	5776		2300
山西	15		140		230	130	15480
内蒙古							
辽宁	100	3628		2535	200		1760
吉林							
黑龙江		2700		130	60		
上海	239	500	2980	170	6650		
江苏	1030	2201	500	3553	3490	2086	7147
浙江	5067	205		901	850	141	
安徽	1020	1355	1726	3912	420	300	50
福建	1305	200	100	1097	215	2210	
江西	50	491	960	372	871	230	
山东	4258	2020	7500	77778	5004	860	
河南	500	100	1356	11025	1485		1741
湖北	233	4729	300	3220	1591		
湖南	795	456		347	945		
广东	3090	780	40	8453	2620	1489	600
广西		160		1019	903		
海南		200				140	
重庆		4053					
四川				245	1039		
贵州		120			461		
云南	80	775		4220	82	67	500
西藏							
陕西			804	600	1789		85
甘肃	186	486		1218	15		
青海							
宁夏				300			
新疆				911			
不分地区							

单位:万元

地　区	化学原料及化学制品制造业	医药制造业	化学纤维制造业	橡胶制品业	塑料制品业	非金属矿物制品业	黑色金属冶炼及压延加工业
全国总计	**190654**	**137494**	**9567**	**29043**	**162335**	**300601**	**164236**
北　京	210	13844		148		5864	
天　津	944				508	4050	
河　北	24825	13341		2960	5872	15454	75695
山　西	4155	1660			3002	10234	16197
内蒙古	1548	400				669	854
辽　宁	10070	2887		9143	3717	8010	3700
吉　林	1736	4600		1200		240	
黑龙江	4540	580		585	969	4051	
上　海	3010	11296		255	4037	14888	3350
江　苏	24980	28436	1726	5012	5833	12678	18340
浙　江	4185	5582	4101	517	6094	4275	1315
安　徽	7684	5851		960	8164	5202	
福　建	418	700			740	4901	6277
江　西	2520	2637		50	2012	11002	
山　东	65046	6790	3220	3290	21933	86014	24370
河　南	6435	3640		1912	2347	19288	200
湖　北	10484	1509		500	8938	12225	1510
湖　南	2544	1138		480	48	9425	580
广　东	4846	15232		1643	73772	13899	4000
广　西	1130	957			349	2631	1740
海　南							
重　庆	1250	850	520		416	2821	80
四　川	680	7200			595	3751	560
贵　州	2751	686			742	2023	300
云　南	2850	4050		148	759	9811	
西　藏		700					
陕　西	175	2928			280	11395	453
甘　肃	705			240	1710	23882	3524
青　海	368					20	1136
宁　夏	175					483	
新　疆	390				9498	1415	55
不分地区							

3－15 续表 4 单位:万元

地　　区	有色金属冶炼及压延加工业	金属制品业	普通机械制造业	专用设备制造业	交通运输设备制造业	电气机械及器材制造业
全国总计	**50030**	**141353**	**137134**	**72878**	**142669**	**131464**
北　　京		4767	711			1682
天　　津		3176	220	200	650	3710
河　　北	720	17659	18075	4597	1245	5167
山　　西	230	2272	1527	1923		2280
内 蒙 古	430	160	806			127
辽　　宁	5140	5373	6672	4622	2908	5633
吉　　林		900	9000		967	
黑 龙 江		380	700	2800	3420	1200
上　　海	1035	6217	8687	2250	49290	6662
江　　苏	4377	28539	24399	21764	12391	38279
浙　　江	15259	8117	12365	3768	2358	6974
安　　徽	100	2942	6944		2516	4816
福　　建		726	1924	534	2040	1148
江　　西	1080	435	333	1444	605	502
山　　东	6792	18725	30296	9916	41417	16713
河　　南	200	1360	4477	7447	1360	5615
湖　　北	828	2008	2337	3825	5274	2683
湖　　南	800	2330	1655	1169	2450	451
广　　东	3750	8772	2150	3950	2854	21397
广　　西	1844	16895		150	637	248
海　　南		12				200
重　　庆		570	255		7968	
四　　川		1856	318	841	755	450
贵　　州	420	472	364	247	582	4892
云　　南	250	971		707	29	232
西　　藏						
陕　　西	300	3419	2849	175	498	133
甘　　肃	4575	959	70	30	105	200
青　　海	1900	298		460		70
宁　　夏		112				
新　　疆		931		59	350	
不分地区						

单位:万元

地　　区	电子及通信设备制造业	仪器仪表及文化办公用机械制造业	其他制造业	电力、蒸汽、热水的生产和供应业	煤气的生产和供应业	自来水的生产和供应业
全国总计	**112270**	**17672**	**91680**	**164265**	**5023**	**40061**
北　京	7137	2371	2000			
天　津	600	225	208	6024		
河　北		200	2524	3270	2379	700
山　西			1331	1000	640	250
内蒙古			183	691		
辽　宁	270	135				
吉　林						
黑龙江		360		100		
上　海	1785	3915	38656			700
江　苏	31605	2609	4535	1212	170	2202
浙　江	526	87	293	4445		1689
安　徽			500	3334	190	180
福　建	860		4381	7192		
江　西	545	60	305	1235		500
山　东	15257	6866	16382	62066	700	950
河　南			50			
湖　北	1900	140	3215	3133		5009
湖　南		400	200	2491	200	200
广　东	51785	194	13734	9333		22353
广　西			115	8968		503
海　南						
重　庆			680	200		3422
四　川			60	8200	254	530
贵　州		110	270		110	250
云　南			60	11910		
西　藏						
陕　西				27526	380	
甘　肃			1828	1579		53
青　海			170	206		
宁　夏						
新　疆				150		480
不分地区						

3-16 各地区能源工业城镇集体经济投资

单位:万元

地区	能源工业合计	煤炭采选业	石油和天然气开采业	电力、蒸汽、热水的生产和供应业	石油加工及炼焦业	煤气的生产和供应业
全国总计	**245259**	**45244**	**1064**	**164265**	**29663**	**5023**
北京						
天津	6488		464	6024		
河北	9869	1320	600	3270	2300	2379
山西	39438	22318		1000	15480	640
内蒙古	1481	790		691		
辽宁	2444	684			1760	
吉林	1000	1000				
黑龙江	1526	1426		100		
上海						
江苏	8529			1212	7147	170
浙江	4445			4445		
安徽	5977	2403		3334	50	190
福建	7192			7192		
江西	1385	150		1235		
山东	65026	2260		62066		700
河南	2896	1155			1741	
湖北	5413	2280		3133		
湖南	4491	1800		2491		200
广东	9933			9333	600	
广西	8968			8968		
海南						
重庆	200			200		
四川	9855	1401		8200		254
贵州	110					110
云南	13025	615		11910	500	
西藏						
陕西	29228	1237		27526	85	380
甘肃	1579			1579		
青海	206			206		
宁夏						
新疆	4555	4405		150		
不分地区						

3-17 各地区交通运输业城镇集体经济投资

单位:万元

地　区	合　计	铁路运输业	公路运输业	管道运输业	水上运输业	航空运输业	交通运输辅助业	其他交通运输业
全国总计	**180791**	**428**	**125519**	**280**	**7561**		**40022**	**6981**
北　京	1773		1773					
天　津	500		150				350	
河　北	25802		25122				680	
山　西	992		992					
内蒙古	348		348					
辽　宁	4630		4000				350	280
吉　林								
黑龙江	596		260				336	
上　海	1639		1639					
江　苏	26615		13213	100	507		12795	
浙　江	10036		2483		585		6968	
安　徽	4176	218	3239		579		140	
福　建	3423		2882				291	250
江　西	1388		1388					
山　东	17955		9020		200		8735	
河　南	3793		2450				1343	
湖　北	4116		2250		305		1481	80
湖　南	2222		1032		193		997	
广　东	44137		36933				833	6371
广　西	1995		1841		154			
海　南	279				279			
重　庆	12227		5475	180	4422		2150	
四　川	6400		5500				900	
贵　州	313		13		300			
云　南	858		821		37			
西　藏								
陕　西	3084	210	1865				1009	
甘　肃	950		650				300	
青　海	180		180					
宁　夏								
新　疆	364						364	
不分地区								

3－18 各地区城镇集体经济财务拨款

单位：万元

地　区	本年资金来源合计	上年末结余资金	本年资金来源小计	本年各项应付款合计
全国总计	**12645405**	**944811**	**11700594**	**1326735**
北　京	782607	103789	678818	70236
天　津	188812	18883	169929	24676
河　北	928228	12306	915922	22309
山　西	199538	4977	194561	21978
内蒙古	70013	788	69225	10133
辽　宁	266213	17501	248712	33100
吉　林	68388	53	68335	8926
黑龙江	135478	2649	132829	10742
上　海	811163	102138	709025	114708
江　苏	1225662	76927	1148735	141009
浙　江	894326	72253	822073	81992
安　徽	298160	30236	267924	43718
福　建	395352	71233	324119	46178
江　西	173288	9569	163719	32760
山　东	2070741	110828	1959913	180402
河　南	307272	17404	289868	18776
湖　北	305832	14310	291522	40019
湖　南	168830	11408	157422	10126
广　东	1897865	161374	1736491	259273
广　西	147791	11448	136343	9373
海　南	23438	1721	21717	2766
重　庆	239262	19303	219959	29071
四　川	377219	34466	342753	44095
贵　州	80662	15401	65261	3998
云　南	116699	4635	112064	8729
西　藏	4080		4080	50
陕　西	205871	11206	194665	28520
甘　肃	149500	5770	143730	12482
青　海	27133	887	26246	1491
宁　夏	29958	70	29888	4025
新　疆	56024	1278	54746	11074
不分地区				

3-19 各地区城镇集体经济财务拨款资金来源

单位:万元

地 区	本年资金来源小计	国家预算内资金	国内贷款	债 券
全国总计	**11700594**	**59721**	**1511147**	**3135**
北 京	678818	200	80693	
天 津	169929		17965	
河 北	915922	2360	64036	450
山 西	194561	2330	28158	
内 蒙 古	69225	51	5080	
辽 宁	248712	800	22398	
吉 林	68335	5	3125	
黑 龙 江	132829	270	19260	285
上 海	709025	2800	71044	
江 苏	1148735	7295	185438	
浙 江	822073	4193	155029	
安 徽	267924	2594	33330	
福 建	324119	2791	36137	
江 西	163719	100	19536	
山 东	1959913		235510	
河 南	289868	800	49512	
湖 北	291522	4264	20670	
湖 南	157422	464	22232	
广 东	1736491	2850	191254	2400
广 西	136343	639	16865	
海 南	21717		1200	
重 庆	219959	19636	39600	
四 川	342753	5	86975	
贵 州	65261	23	7392	
云 南	112064	244	27674	
西 藏	4080	1000		
陕 西	194665	2107	24113	
甘 肃	143730	715	24530	
青 海	26246	252	4323	
宁 夏	29888	8	5703	
新 疆	54746	925	12365	
不分地区				

3－19 续表

单位：万元

地区	利用外资	外商直接投资	自筹资金	其他资金来源
全国总计	**111434**	**78852**	**6503298**	**3511859**
北京	2789	2789	263048	332088
天津	3295	3295	88136	60533
河北	1000	700	645151	202925
山西			110651	53422
内蒙古			35391	28703
辽宁	2360	360	167489	55665
吉林			55919	9286
黑龙江			86607	26407
上海	6112	6055	346709	282360
江苏	2075	2075	644033	309894
浙江	1590		304315	356946
安徽	2460	160	148427	81113
福建	5771	5691	131826	147594
江西	520	520	90711	52852
山东	6040	4340	1342054	376309
河南	1500	1500	154369	83687
湖北	662	412	199937	65989
湖南			83375	51351
广东	70758	46613	958066	511163
广西	330	170	61461	57048
海南	1028	1028	12428	7061
重庆	37	37	88044	72642
四川			149006	106767
贵州	263	263	38782	18801
云南			54358	29788
西藏			1830	1250
陕西			119846	48599
甘肃	2844	2844	70422	45219
青海			11669	10002
宁夏			10916	13261
新疆			28322	13134
不分地区				

3－20　各地区国城镇集体济财务拨款中的自筹资金

单位：万元

地　区	自筹资金合　计	中央各部门自筹	省自筹	地市自筹	县自筹	企事业单位自有资金	发行股票
全国总计	**6503298**	**3577**	**37940**	**68896**	**168985**	**5305973**	**1334**
北　京	263048			50		160165	
天　津	88136	1037	1265	537	782	72029	205
河　北	645151	452		1090	20981	594887	37
山　西	110651	150	1215	134	1841	101183	
内蒙古	35391			150	553	28073	
辽　宁	167489			800	1906	139394	
吉　林	55919					52045	
黑龙江	86607		100		3947	71222	
上　海	346709		532	2010		244576	
江　苏	644033		900	4340	19834	538875	296
浙　江	304315	680	584	2316	24085	225605	
安　徽	148427	350	1624	284	2639	110073	250
福　建	131826				567	104973	
江　西	90711		235		533	82963	
山　东	1342054	320	1180	4467	10130	1223991	
河　南	154369	78	297	840	5822	138204	
湖　北	199937		176	2652	460	180244	
湖　南	83375		400	447	1379	71909	
广　东	958066	60	2777	45960	54707	685762	546
广　西	61461		300	438	925	49384	
海　南	12428					9174	
重　庆	88044	130	175		113	60556	
四　川	149006		70	723	242	102222	
贵　州	38782		112		36	31098	
云　南	54358		131	150	1254	48218	
西　藏	1830					1830	
陕　西	119846	320	25593	75	10910	72686	
甘　肃	70422		40	361	4212	58378	
青　海	11669					10071	
宁　夏	10916		74	1072		9148	
新　疆	28322		160		1127	27035	
不分地区							

3-21　城镇集体经济分行业财务拨款

单位:万元

行　　业	本年资金来源合计	上年末结余资金	本年资金来源小计	本年各项应付款合计
全国总计	**12645405**	**944811**	**11700594**	**1326735**
(一)农、林、牧、渔业	**111365**	**811**	**110554**	**4174**
农业	60933	706	60227	3124
林业	6827		6827	91
畜牧业	26398	40	26358	750
渔业	9544		9544	62
农、林、牧、渔服务业	7663	65	7598	147
(二)采掘业	**95087**	**396**	**94691**	**3632**
煤炭采选业	45974	70	45904	2644
石油和天然气开采业	1064		1064	
黑色金属矿采选业	11295	326	10969	460
有色金属矿采选业	24545		24545	132
非金属矿采选业	11479		11479	191
其他矿采选业	480		480	200
木材及竹材采运业	250		250	5
(三)制造业	**2842001**	**90858**	**2751143**	**123670**
食品加工业	168278	1253	167025	4952
食品制造业	78355	1010	77345	2673
饮料制造业	53288	27	53261	1169
烟草加工业	2078		2078	
纺织业	220838	24417	196421	9688
服装及其他纤维品制造业	79306	130	79176	5244
皮革、毛皮、羽绒及其制品业	26205	470	25735	1239
木材加工及竹、藤、棕、草制品业	32992		32992	553
家具制造业	22724	152	22572	1020
造纸及纸制品业	150537	19591	130946	4713
印刷业、记录媒介的复制	37809	959	36850	941
文教体育用品制造业	7403	703	6700	960
石油加工及炼焦业	31237		31237	
化学原料及化学制品制造业	191471	322	191149	6544
医药制造业	156131	9352	146779	3959
化学纤维制造业	9397	190	9207	170
橡胶制品业	29527	232	29295	530
塑料制品业	164520	890	163630	9272
非金属矿物制品业	303405	4189	299216	13605
黑色金属冶炼及压延加工业	159651	220	159431	9915
有色金属冶炼及压延加工业	51150	350	50800	1640
金属制品业	147423	2283	145140	8573
普通机械制造业	137627	5146	132481	5616

3－21 续表 1

单位：万元

行　　业	本年资金来源合计	上年末结余资金	本年资金来源小计	本年各项应付款合计
专用设备制造业	74097	485	73612	2941
交通运输设备制造业	143925	785	143140	4900
电气机械及器材制造业	134826	15036	119790	9538
电子及通信设备制造业	112607	1356	111251	11540
仪器仪表及文化办公用机械制造业	18090	10	18080	
其他制造业	97104	1300	95804	1775
(四)电力、煤气及水的生产和供应业	**226828**	**4836**	**221992**	**8248**
电力、蒸汽、热水的生产和供应业	181809	4443	177366	2500
煤气的生产和供应业	5263		5263	20
自来水的生产和供应业	39756	393	39363	5728
(五)建筑业	**293007**	**7768**	**285239**	**17623**
土木工程建筑业	269316	7768	261548	17608
线路、管道和设备安装业	16201		16201	10
建筑物的装修装饰业	7490		7490	5
(六)地质勘查业、水利管理业	**21312**	**100**	**21212**	**4544**
地质勘查业				
水利管理业	21312	100	21212	4544
(七)交通运输、仓储及邮电通信业	**249909**	**6062**	**243847**	**10982**
铁路运输业	428		428	141
公路运输业	144147	3755	140392	4246
管道运输业	280		280	
水上运输业	9053	849	8204	77
航空运输业				
交通运输辅助业	39433	858	38575	1157
其他交通运输业	6981		6981	
仓储业	27027	340	26687	600
邮电通信业	22560	260	22300	4761
(八)批发和零售贸易、餐饮业	**664621**	**21036**	**643585**	**41008**
食品、饮料、烟草和家庭用品批发商业	187529	10251	177278	11561
能源、材料和机械电子设备批发业	66124	2522	63602	9091
其他批发业	61418	1329	60089	2236
零售业	293528	4393	289135	15094
商业经纪与代理业	3445		3445	80

单位:万元

行　　业	本年资金来源合计	上年末结余资金	本年资金来源小计	本年各项应付款合计
餐饮业	52577	2541	50036	2946
(九)金融、保险业	**93411**	**8790**	**84621**	**9547**
金融业	93411	8790	84621	9547
保险业				
(十)房地产业	**6453408**	**783055**	**5670353**	**1008361**
房地产开发与经营业	6408146	782411	5625735	1007137
房地产管理业	42964	644	42320	1224
房地产代理与经纪业	2298		2298	
(十一)社会服务业	**424979**	**2600**	**422379**	**25757**
公共服务业	198931	2023	196908	12402
居民服务业	36910	3	36907	6115
旅馆业	69544	487	69057	2433
租赁服务业	7338		7338	
旅行社	26591	50	26541	1216
娱乐服务业	30996		30996	80
信息、咨询服务业	1295		1295	
计算机应用服务业	5000		5000	
其他社会服务业	48374	37	48337	3511
(十二)卫生、体育和社会福利业	**68177**	**1870**	**66307**	**3432**
卫生	46818	1800	45018	3292
体育	7982		7982	
社会福利保障业	13377	70	13307	140
(十三)教育、文化艺术及广播电影电视业	**146918**	**1432**	**145486**	**7508**
教育	125029	1432	123597	5646
文化艺术业	20648		20648	1804
广播电影电视业	1241		1241	58
(十四)科学研究和综合技术服务业	**32202**	**3649**	**28553**	**4635**
科学研究业	7574	110	7464	40
综合技术服务业	24628	3539	21089	4595
(十五)国家机关、政党机关和社会团体	**670964**	**8192**	**662772**	**43965**
国家机关	146853	110	146743	9708
政党机关	10479		10479	
社会团体	11502	617	10885	306
基层群众自治组织	502130	7465	494665	33951
(十六)其他行业	**251216**	**3356**	**247860**	**9649**
其他行业	251216	3356	247860	9649

3－22 城镇集体经济分行业财务拨款资金来源

单位:万元

行业	本年资金来源小计	国家预算内资金	国内贷款	债券
全国总计	**11700594**	**59721**	**1511147**	**3135**
(一)农、林、牧、渔业	**110554**	**3827**	**8847**	
农业	60227	2379	7543	
林业	6827	246	30	
畜牧业	26358	165	735	
渔业	9544	230	424	
农、林、牧、渔服务业	7598	807	115	
(二)采掘业	**94691**	**160**	**5696**	
煤炭采选业	45904	10	2173	
石油和天然气开采业	1064			
黑色金属矿采选业	10969	150	720	
有色金属矿采选业	24545		2273	
非金属矿采选业	11479		530	
其他矿采选业	480			
木材及竹材采运业	250			
(三)制造业	**2751143**	**14874**	**401075**	**2400**
食品加工业	167025	1195	29470	
食品制造业	77345	120	8840	
饮料制造业	53261	480	12937	
烟草加工业	2078			
纺织业	196421	100	28319	
服装及其他纤维品制造业	79176		9358	
皮革、毛皮、羽绒及其制品业	25735		1416	
木材加工及竹、藤、棕、草制品业	32992		2535	
家具制造业	22572		1490	
造纸及纸制品业	130946	355	54454	
印刷业、记录媒介的复制	36850		3206	
文教体育用品制造业	6700		139	
石油加工及炼焦业	31237	1600	6500	
化学原料及化学制品制造业	191149	300	19098	
医药制造业	146779	3150	14791	
化学纤维制造业	9207		1950	
橡胶制品业	29295	5	4448	
塑料制品业	163630		21569	
非金属矿物制品业	299216	3462	41271	
黑色金属冶炼及压延加工业	159431		23350	
有色金属冶炼及压延加工业	50800		13106	100
金属制品业	145140	108	24337	500
普通机械制造业	132481	380	11818	

3－22 续表 1

单位：万元

行业	本年资金来源小计	国家预算内资金	国内贷款	债券
专用设备制造业	73612		5579	
交通运输设备制造业	143140	1692	10044	
电气机械及器材制造业	119790		27261	
电子及通信设备制造业	111251		8463	1800
仪器仪表及文化办公用机械制造业	18080		1020	
其他制造业	95804	1927	14306	
（四）电力、煤气及水的生产和供应业	**221992**	**4166**	**22931**	**300**
电力、蒸汽、热水的生产和供应业	177366	1356	16414	300
煤气的生产和供应业	5263		1091	
自来水的生产和供应业	39363	2810	5426	
（五）建筑业	**285239**	**557**	**12299**	
土木工程建筑业	261548	557	12214	
线路、管道和设备安装业	16201			
建筑物的装修装饰业	7490		85	
（六）地质勘查业、水利管理业	**21212**	**5039**	**200**	
地质勘查业				
水利管理业	21212	5039	200	
（七）交通运输、仓储及邮电通信业	**243847**	**5143**	**35171**	**150**
铁路运输业	428			
公路运输业	140392	2785	9332	150
管道运输业	280			
水上运输业	8204	983	3470	
航空运输业				
交通运输辅助业	38575	1240	7491	
其他交通运输业	6981	135	210	
仓储业	26687		8451	
邮电通信业	22300		6217	
（八）批发和零售贸易、餐饮业	**643585**	**5083**	**52473**	
食品、饮料、烟草和家庭用品批发商业	177278	3594	12198	
能源、材料和机械电子设备批发业	63602		4466	
其他批发业	60089	817	4814	
零售业	289135	672	19297	
商业经纪与代理业	3445			

3－22 续表 2

单位:万元

行　　业	本年资金来源小计	国家预算内资金	国内贷款	债券
餐饮业	50036		11698	
(九)金融、保险业	**84621**	**354**	**1470**	
金融业	84621	354	1470	
保险业				
(十)房地产业	**5670353**	**2709**	**865358**	
房地产开发与经营业	5625735	2709	864203	
房地产管理业	42320		1155	
房地产代理与经纪业	2298			
(十一)社会服务业	**422379**	**5839**	**56375**	
公共服务业	196908	5001	20540	
居民服务业	36907	70	22381	
旅馆业	69057	669	7023	
租赁服务业	7338		340	
旅行社	26541	99	2115	
娱乐服务业	30996		1890	
信息、咨询服务业	1295		150	
计算机应用服务业	5000			
其他社会服务业	48337		1936	
(十二)卫生、体育和社会福利业	**66307**	**6820**	**3957**	
卫生	45018	1174	2207	
体育	7982	5500	400	
社会福利保障业	13307	146	1350	
(十三)教育、文化艺术及广播电影电视业	**145486**	**1820**	**3379**	**285**
教育	123597	1660	3379	285
文化艺术业	20648	160		
广播电影电视业	1241			
(十四)科学研究和综合技术服务业	**28553**		**400**	
科学研究业	7464		400	
综合技术服务业	21089			
(十五)国家机关、政党机关和社会团体	**662772**	**1813**	**30085**	
国家机关	146743	1553	11433	
政党机关	10479			
社会团体	10885	10	100	
基层群众自治组织	494665	250	18552	
(十六)其他行业	**247860**	**1517**	**11431**	
其他行业	247860	1517	11431	

3－22续表3

单位:万元

行　　业	利用外资	外商直接投资	自筹资金	其他资金来源
全国总计	**111434**	**78852**	**6503298**	**3511859**
(一)农、林、牧、渔业	160	80	73646	24074
农业	80		40308	9917
林业			5410	1141
畜牧业	80	80	16484	8894
渔业			5762	3128
农、林、牧、渔服务业			5682	994
(二)采掘业	**1160**	**360**	**73326**	**14349**
煤炭采选业			37978	5743
石油和天然气开采业			1064	
黑色金属矿采选业			4828	5271
有色金属矿采选业	1160	360	19962	1150
非金属矿采选业			8994	1955
其他矿采选业			480	
木材及竹材采运业			20	230
(三)制造业	**50132**	**30051**	**2016703**	**265959**
食品加工业	7479	4929	110284	18597
食品制造业	1010	550	58826	8549
饮料制造业	412	412	32928	6504
烟草加工业			2078	
纺织业	830	830	150875	16297
服装及其他纤维品制造业	1976	1976	59314	8528
皮革、毛皮、羽绒及其制品业	1184	627	20764	2371
木材加工及竹、藤、棕、草制品业			28606	1851
家具制造业	3380	3380	14012	3690
造纸及纸制品业			62110	14027
印刷业、记录媒介的复制			28138	5506
文教体育用品制造业	300	300	5855	406
石油加工及炼焦业			22998	139
化学原料及化学制品制造业	100	100	152238	19413
医药制造业			109730	19108
化学纤维制造业	37	37	7200	20
橡胶制品业			23632	1210
塑料制品业	17357	4857	110663	14041
非金属矿物制品业	320	320	221075	33088
黑色金属冶炼及压延加工业	400		126929	8752
有色金属冶炼及压延加工业			33053	4541
金属制品业	3909	1909	100460	15826
普通机械制造业			99207	21076

3－22 续表 4

单位:万元

行　　业	利　用 外　资	外商直接投资	自　筹 资　金	其他资 金来源
专用设备制造业			60522	7511
交通运输设备制造业			125005	6399
电气机械及器材制造业	930	930	84939	6660
电子及通信设备制造业	4564	2950	92757	3667
仪器仪表及文化办公用机械制造业	2864	2864	13476	720
其他制造业	3080	3080	59029	17462
(四)电力、煤气及水的生产和供应业	**400**	**400**	**169885**	**24310**
电力、蒸汽、热水的生产和供应业			136271	23025
煤气的生产和供应业			4132	40
自来水的生产和供应业	400	400	29482	1245
(五)建筑业			**191562**	**80821**
土木工程建筑业			169589	79188
线路、管道和设备安装业			15766	435
建筑物的装修装饰业			6207	1198
(六)地质勘查业、水利管理业			**13395**	**2578**
地质勘查业				
水利管理业			13395	2578
(七)交通运输、仓储及邮电通信业	**1673**	**1673**	**161649**	**40061**
铁路运输业			210	218
公路运输业	1673	1673	104279	22173
管道运输业			100	180
水上运输业			2911	840
航空运输业				
交通运输辅助业			26291	3553
其他交通运输业			6356	280
仓储业			8832	9404
邮电通信业			12670	3413
(八)批发和零售贸易、餐饮业			**455564**	**130465**
食品、饮料、烟草和家庭用品批发商业			119408	42078
能源、材料和机械电子设备批发业			49676	9460
其他批发业			36417	18041
零售业			217305	51861
商业经纪与代理业			2495	950

3-22 续表 5

单位:万元

行　　业	利用外资	外商直接投资	自筹资金	其他资金来源
餐饮业			30263	8075
(九)金融、保险业			**61865**	**20932**
金融业			61865	20932
保险业				
(十)房地产业	**37350**	**26169**	**2169415**	**2595521**
房地产开发与经营业	37350	26169	2129817	2591656
房地产管理业			37750	3415
房地产代理与经纪业			1848	450
(十一)社会服务业	**2720**	**2280**	**288310**	**69135**
公共服务业	2030	2030	132343	36994
居民服务业			10559	3897
旅馆业	250	250	51564	9551
租赁服务业			6248	750
旅行社	440		23422	465
娱乐服务业			25236	3870
信息、咨询服务业			195	950
计算机应用服务业			5000	
其他社会服务业			33743	12658
(十二)卫生、体育和社会福利业			**49022**	**6508**
卫生			37213	4424
体育			2082	
社会福利保障业			9727	2084
(十三)教育、文化艺术及广播电影电视业	**160**	**160**	**119578**	**20264**
教育	160	160	100007	18106
文化艺术业			18590	1898
广播电影电视业			981	260
(十四)科学研究和综合技术服务业	**1595**	**1595**	**24518**	**2040**
科学研究业			6804	260
综合技术服务业	1595	1595	17714	1780
(十五)国家机关、政党机关和社会团体	**13060**	**13060**	**166238**	**151576**
国家机关	11900	11900	94691	27166
政党机关			10070	409
社会团体	160	160	8668	1947
基层群众自治组织	1000	1000	352809	122054
(十六)其他行业	**3024**	**3024**	**168622**	**63266**
其他行业	3024	3024	168622	63266

3-23 城镇集体经济分行业财务拨款中的自筹资金

单位:万元

地区	自筹资金合计	中央各部门自筹	省自筹	地市自筹	县自筹	企事业单位自有资金	
							发行股票
全国总计	**6503298**	**3577**	**37940**	**68896**	**168985**	**5305973**	**1334**
(一)农、林、牧、渔业	**73646**	**334**	**1770**	**1115**	**6908**	**63519**	**239**
农业	40308	194	1693	1104	4701	32616	
林业	5410				371	5039	
畜牧业	16484		30		1545	14909	239
渔业	5762	80				5682	
农、林、牧、渔服务业	5682	60	47	11	291	5273	
(二)采掘业	**73326**	**150**	**15**	**800**	**610**	**71751**	
煤炭采选业	37978		15		430	37533	
石油和天然气开采业	1064			600		464	
黑色金属矿采选业	4828	150			180	4498	
有色金属矿采选业	19962			200		19762	
非金属矿采选业	8994					8994	
其他矿采选业	480					480	
木材及竹材采运业	20					20	
(三)制造业	**2016703**	**1387**	**1146**	**5553**	**26554**	**1982063**	**299**
食品加工业	110284		490	50	307	109437	
食品制造业	58826		100	15	849	57862	
饮料制造业	32928				836	32092	
烟草加工业	2078					2078	
纺织业	150875		351	887	2866	146771	57
服装及其他纤维品制造业	59314				380	58934	
皮革、毛皮、羽绒及其制品业	20764		15			20749	
木材加工及竹、藤、棕、草制品业	28606		100		1300	27206	
家具制造业	14012				65	13947	
造纸及纸制品业	62110				400	61710	
印刷业、记录媒介的复制	28138					28138	
文教体育用品制造业	5855			186		5669	
石油加工及炼焦业	22998					22998	
化学原料及化学制品制造业	152238				2760	149478	
医药制造业	109730	350		350	530	108500	
化学纤维制造业	7200					7200	
橡胶制品业	23632				80	23552	
塑料制品业	110663				5034	105629	205
非金属矿物制品业	221075		50	20	1260	219745	37
黑色金属冶炼及压延加工业	126929			79	2000	124850	
有色金属冶炼及压延加工业	33053					33053	
金属制品业	100460				6000	94460	
普通机械制造业	99207				422	98785	

3－23 续表 1　　　　单位：万元

地　　区	自筹资金合　　计	中央各部门自筹	省自筹	地市自筹	县自筹	企事业单位自有资金	发行股票
专用设备制造业	60522				419	60103	
交通运输设备制造业	125005			110		124895	
电气机械及器材制造业	84939	1037			90	83812	
电子及通信设备制造业	92757			380		92377	
仪器仪表及文化办公用机械制造业	13476			1170	20	12286	
其他制造业	59029		40	2306	936	55747	
(四)电力、煤气及水的生产和供应业	**169885**		**28844**	**5579**	**8790**	**126672**	
电力、蒸汽、热水的生产和供应业	136271		27114	532	520	108105	
煤气的生产和供应业	4132					4132	
自来水的生产和供应业	29482		1730	5047	8270	14435	
(五)建筑业	**191562**		**1050**	**4558**	**8950**	**177004**	
土木工程建筑业	169589		1050	4298	8190	156051	
线路、管道和设备安装业	15766			260	760	14746	
建筑物的装修装饰业	6207					6207	
(六)地质勘查业、水利管理业	**13395**	**680**	**863**	**2091**	**2612**	**7149**	
地质勘查业							
水利管理业	13395	680	863	2091	2612	7149	
(七)交通运输、仓储及邮电通信业	**161649**	**582**	**940**	**29314**	**22339**	**108474**	
铁路运输业	210					210	
公路运输业	104279		770	29114	4935	69460	
管道运输业	100					100	
水上运输业	2911	130				2781	
航空运输业							
交通运输辅助业	26291			200	12614	13477	
其他交通运输业	6356				4480	1876	
仓储业	8832	452			310	8070	
邮电通信业	12670		170			12500	
(八)批发和零售贸易、餐饮业	**455564**		**900**	**4188**	**10214**	**440262**	
食品、饮料、烟草和家庭用品批发商业	119408		900	188	2313	116007	
能源、材料和机械电子设备批发业	49676			2200	920	46556	
其他批发业	36417				157	36260	
零售业	217305			1800	3924	211581	
商业经纪与代理业	2495				600	1895	

单位:万元

地　　区	自筹资金合　计	中央各部门自筹	省自筹	地市自筹	县自筹	企事业单位自有资金	发行股票
餐饮业	30263				2300	27963	
(九)金融、保险业	**61865**	**204**	**74**	**150**	**2881**	**58556**	
金融业	61865	204	74	150	2881	58556	
保险业							
(十)房地产业	**2169415**				**1620**	**1249868**	**546**
房地产开发与经营业	2129817				1620	1210270	
房地产管理业	37750					37750	546
房地产代理与经纪业	1848					1848	
(十一)社会服务业	**288310**		**377**	**4488**	**37444**	**246001**	
公共服务业	132343		15	4140	34346	93842	
居民服务业	10559		362	198	466	9533	
旅馆业	51564				1100	50464	
租赁服务业	6248				180	6068	
旅行社	23422				400	23022	
娱乐服务业	25236			150	570	24516	
信息、咨询服务业	195					195	
计算机应用服务业	5000					5000	
其他社会服务业	33743				382	33361	
(十二)卫生、体育和社会福利业	**49022**		**229**	**1790**	**702**	**46301**	
卫生	37213		59	718	564	35872	
体育	2082			1072		1010	
社会福利保障业	9727		170		138	9419	
(十三)教育、文化艺术及广播电影电视业	**119578**		**1385**	**3844**	**13667**	**100682**	**250**
教育	100007		1385	3844	11417	83361	
文化艺术业	18590				2250	16340	
广播电影电视业	981					981	250
(十四)科学研究和综合技术服务业	**24518**		**100**		**400**	**24018**	
科学研究业	6804					6804	
综合技术服务业	17714		100		400	17214	
(十五)国家机关、政党机关和社会团体	**466238**		**247**	**4586**	**18690**	**442715**	
国家机关	94691		247	539	6010	87895	
政党机关	10070				8750	1320	
社会团体	8668			620	10	8038	
基层群众自治组织	352809			3427	3920	345462	
(十六)其他行业	**168622**	**240**		**840**	**6604**	**160938**	
其他行业	168622	240		840	6604	160938	

3－24 各地区城镇集体经济项目个数

单位:个

地区	施工项目个数	新开工项目个数	全部建成投产项目个数	项目建成投产率(%)
全国总计	**9351**	**7143**	**5901**	**63.1**
北京	56	33	29	51.8
天津	123	105	113	91.9
河北	1027	866	665	64.8
山西	267	215	152	56.9
内蒙古	79	71	56	70.9
辽宁	288	246	196	68.1
吉林	53	49	39	73.6
黑龙江	181	154	141	77.9
上海	144	49	31	21.5
江苏	978	801	751	76.8
浙江	364	190	166	45.6
安徽	327	260	231	70.6
福建	231	157	143	61.9
江西	210	189	112	53.3
山东	1550	1277	931	60.1
河南	401	302	277	69.1
湖北	499	417	371	74.3
湖南	222	172	142	64.0
广东	647	421	343	53.0
广西	210	162	126	60.0
海南	42	34	26	61.9
重庆	175	105	109	62.3
四川	197	109	96	48.7
贵州	86	60	59	68.6
云南	233	153	166	71.2
西藏	6	5	2	33.3
陕西	246	174	140	56.9
甘肃	298	202	163	54.7
青海	52	37	29	55.8
宁夏	40	34	21	52.5
新疆	119	94	75	63.0
不分地区				

3-25 城镇集体经济分行业项目个数

单位:个

行业	施工项目个数	新开工项目个数	全部建成投产项目个数	项目建成投产率(%)
全国总计	**9351**	**7143**	**5901**	**63.1**
(一)农、林、牧、渔业	**293**	**256**	**209**	**71.3**
农业	111	89	66	59.5
林业	33	31	26	78.8
畜牧业	62	56	40	64.5
渔业	23	21	20	87.0
农、林、牧、渔服务业	64	59	57	89.1
(二)采掘业	**230**	**188**	**135**	**58.7**
煤炭采选业	120	101	69	57.5
石油和天然气开采业	3	3	3	100.0
黑色金属矿采选业	28	23	15	53.6
有色金属矿采选业	35	21	17	48.6
非金属矿采选业	39	36	27	69.2
其他矿采选业	3	2	2	66.7
木材及竹材采运业	2	2	2	100.0
(三)制造业	**3737**	**2995**	**2451**	**65.6**
食品加工业	214	186	150	70.1
食品制造业	162	145	126	77.8
饮料制造业	96	77	57	59.4
烟草加工业	4	3	2	50.0
纺织业	284	247	204	71.8
服装及其他纤维品制造业	146	111	99	67.8
皮革、毛皮、羽绒及其制品业	48	38	25	52.1
木材加工及竹、藤、棕、草制品业	67	60	49	73.1
家具制造业	39	34	27	69.2
造纸及纸制品业	121	107	89	73.6
印刷业、记录媒介的复制	75	63	51	68.0
文教体育用品制造业	19	13	13	68.4
石油加工及炼焦业	26	21	17	65.4
化学原料及化学制品制造业	355	291	253	71.3
医药制造业	106	74	43	40.6
化学纤维制造业	22	18	20	90.9
橡胶制品业	48	37	31	64.6
塑料制品业	212	172	142	67.0
非金属矿物制品业	423	350	296	70.0
黑色金属冶炼及压延加工业	83	61	52	62.7
有色金属冶炼及压延加工业	51	40	33	64.7
金属制品业	241	185	154	63.9
普通机械制造业	230	178	147	63.9

3－25 续表 1

单位：个

行　　业	施工项目个数	新开工项目个数	全部建成投产项目个　　数	项目建成投产率（%）
专用设备制造业	161	126	103	64.0
交通运输设备制造业	133	90	80	60.2
电气机械及器材制造业	172	125	92	53.5
电子及通信设备制造业	66	48	29	43.9
仪器仪表及文化办公用机械制造业	22	21	15	68.2
其他制造业	111	74	52	46.8
（四）电力、煤气及水的生产和供应业	**208**	**144**	**110**	**52.9**
电力、蒸汽、热水的生产和供应业	136	89	66	48.5
煤气的生产和供应业	14	11	9	64.3
自来水的生产和供应业	58	44	35	60.3
（五）建筑业	**569**	**412**	**375**	**65.9**
土木工程建筑业	543	388	356	65.6
线路、管道和设备安装业	13	12	8	61.5
建筑物的装修装饰业	13	12	11	84.6
（六）地质勘查业、水利管理业	**41**	**31**	**25**	**61.0**
地质勘查业				
水利管理业	41	31	25	61.0
（七）交通运输、仓储及邮电通信业	**302**	**222**	**196**	**64.9**
铁路运输业	2	1	0	0.0
公路运输业	155	115	100	64.5
管道运输业	2	2	1	50.0
水上运输业	20	15	14	70.0
航空运输业				
交通运输辅助业	71	50	48	67.6
其他交通运输业	7	3	3	42.9
仓储业	34	28	27	79.4
邮电通信业	11	8	3	27.3
（八）批发和零售贸易、餐饮业	**1195**	**904**	**770**	**64.4**
食品、饮料、烟草和家庭用品批发商业	309	228	192	62.1
能源、材料和机械电子设备批发业	103	80	64	62.1
其他批发业	105	72	70	66.7
零售业	578	449	382	66.1
商业经纪与代理业	10	6	5	50.0

3-25 续表2

单位：个

行　　业	施工项目个数	新开工项目个数	全部建成投产项目个　　数	项目建成投产率（%）
餐饮业	90	69	57	63.3
(九)金融、保险业	**270**	**165**	**157**	**58.1**
金融业	270	165	157	58.1
保险业				
(十)房地产业	**137**	**91**	**80**	**58.4**
房地产开发与经营业	108	71	62	57.4
房地产管理业	25	16	15	60.0
房地产代理与经纪业	4	4	3	75.0
(十一)社会服务业	**589**	**408**	**325**	**55.2**
公共服务业	284	195	149	52.5
居民服务业	48	35	24	50.0
旅馆业	104	61	74	71.2
租赁服务业	12	10	6	50.0
旅行社	25	19	11	44.0
娱乐服务业	30	22	18	60.0
信息、咨询服务业	4	3	2	50.0
计算机应用服务业				
其他社会服务业	82	63	41	50.0
(十二)卫生、体育和社会福利业	**162**	**102**	**104**	**64.2**
卫生	135	81	91	67.4
体育	5	4	2	40.0
社会福利保障业	22	17	11	50.0
(十三)教育、文化艺术及广播电影电视业	**375**	**249**	**252**	**67.2**
教育	350	234	242	69.1
文化艺术业	20	12	9	45.0
广播电影电视业	5	3	1	20.0
(十四)科学研究和综合技术服务业	**31**	**27**	**18**	**58.1**
科学研究业	8	7	2	25.0
综合技术服务业	23	20	16	69.6
(十五)国家机关、政党机关和社会团体	**923**	**751**	**538**	**58.3**
国家机关	182	136	105	57.7
政党机关	7	6	2	28.6
社会团体	17	9	9	52.9
基层群众自治组织	717	600	422	58.9
(十六)其他行业	**289**	**198**	**156**	**54.0**
其他行业	289	198	156	54.0

3-26 各地区城镇集体经济房屋建筑面积和造价

地　　区	施工房屋面积（万平方米）	竣工房屋面积（万平方米）	房屋建筑面积竣工率（%）	竣工房屋价值（万元）	竣工房屋造价（元/平方米）
全国总计	**10952.69**	**5421.24**	**49.5**	**4845325**	**894**
北　京	572.93	177.72	31.0	273128	1537
天　津	160.36	82.14	51.2	84904	1034
河　北	573.26	353.78	61.7	329113	930
山　西	168.60	86.62	51.4	63488	733
内蒙古	86.85	55.57	64.0	49334	888
辽　宁	238.26	152.41	64.0	123858	813
吉　林	74.36	33.87	45.5	32506	960
黑龙江	162.06	122.12	75.4	112860	924
上　海	564.83	253.17	44.8	371431	1467
江　苏	997.30	567.99	57.0	487020	857
浙　江	765.07	301.94	39.5	292882	970
安　徽	311.49	173.10	55.6	117747	680
福　建	398.65	176.42	44.3	143882	816
江　西	208.44	119.46	57.3	74042	620
山　东	1604.24	813.79	50.7	681650	838
河　南	318.47	179.45	56.3	123525	688
湖　北	224.27	138.23	61.6	121996	883
湖　南	230.11	111.58	48.5	83085	745
广　东	1600.35	760.43	47.5	736420	968
广　西	170.06	56.84	33.4	35402	623
海　南	28.04	6.98	24.9	6115	876
重　庆	332.81	160.33	48.2	110692	690
四　川	500.27	207.77	41.5	130243	627
贵　州	115.39	36.38	31.5	22307	613
云　南	70.95	37.29	52.6	27509	738
西　藏	1.07	0.49	45.5	1030	2124
陕　西	218.72	122.67	56.1	99942	815
甘　肃	119.22	63.63	53.4	47366	744
青　海	37.66	8.71	23.1	7415	851
宁　夏	53.98	26.64	49.3	23287	874
新　疆	44.61	33.73	75.6	31146	923
不分地区					

3－27 各地区城镇集体经济住宅建筑面积和造价

地　区	施工住宅面积(万平方米)	竣工住宅面积(万平方米)	住宅建筑面积竣工率(%)	竣工住宅价值(万元)	竣工住宅造价(元/平方米)
全国总计	**7129.10**	**3426.47**	**48.1**	**3028511**	**884**
北　京	461.64	150.81	32.7	221429	1468
天　津	93.60	42.84	45.8	54803	1279
河　北	293.09	164.34	56.1	135202	823
山　西	92.28	43.38	47.0	31170	719
内蒙古	36.87	25.76	69.9	21014	816
辽　宁	150.31	93.68	62.3	74481	795
吉　林	45.40	20.34	44.8	15101	742
黑龙江	98.79	77.32	78.3	70205	908
上　海	419.76	187.35	44.6	284027	1516
江　苏	673.29	372.11	55.3	325768	875
浙　江	491.57	186.69	38.0	179603	962
安　徽	191.60	115.41	60.2	76836	666
福　建	286.17	113.98	39.8	94889	832
江　西	144.86	84.47	58.3	49049	581
山　东	918.24	432.45	47.1	346324	801
河　南	206.51	101.54	49.2	60892	600
湖　北	138.52	78.16	56.4	69050	883
湖　南	146.57	68.38	46.7	47853	700
广　东	1098.54	538.84	49.1	524888	974
广　西	102.60	36.58	35.7	22805	623
海　南	22.00	4.44	20.2	3918	882
重　庆	230.49	118.57	51.4	71512	603
四　川	361.17	157.40	43.6	90571	575
贵　州	72.27	25.26	35.0	13554	537
云　南	44.28	23.35	52.7	16944	726
西　藏	0.20				
陕　西	147.65	76.17	51.6	60902	800
甘　肃	77.70	43.17	55.6	30201	700
青　海	25.08	6.34	25.3	5110	806
宁　夏	35.88	19.12	53.3	16764	877
新　疆	22.16	18.22	82.2	13646	749
不分地区					

3-28 城镇集体经济分行业房屋建筑面积和造价

地　　区	施工房屋面　　积（万平方米）	竣工房屋面　　积（万平方米）	房屋建筑面积竣工率（%）	竣工房屋价　　值（万元）	竣工房屋造　　价（元/平方米）
全国总计	**10952.69**	**5421.24**	**49.5**	**4845325**	**894**
(一)农、林、牧、渔业	**40.40**	**25.30**	**62.6**	**20588**	**814**
农业	11.35	5.64	49.7	3329	590
林业	7.32	0.31	4.2	156	506
畜牧业	17.26	15.66	90.7	14578	931
渔业	1.77	1.12	63.0	857	768
农、林、牧、渔服务业	2.70	2.58	95.6	1668	646
(二)采掘业	**7.82**	**4.78**	**61.1**	**3736**	**782**
煤炭采选业	2.55	1.10	43.3	1145	1039
石油和天然气开采业	0.44	0.44	100.0	329	755
黑色金属矿采选业	0.76	0.22	29.1	200	909
有色金属矿采选业	1.33	0.38	28.9	186	483
非金属矿采选业	2.19	2.07	94.5	1471	712
其他矿采选业	0.23	0.23	100.0	150	652
木材及竹材采运业	0.34	0.34	100.0	255	759
(三)制造业	**1102.91**	**659.30**	**59.8**	**537494**	**815**
食品加工业	47.27	33.61	71.1	25948	772
食品制造业	35.96	21.51	59.8	19055	886
饮料制造业	15.35	11.50	74.9	9451	822
烟草加工业	0.33	0.11	33.3	137	1264
纺织业	74.04	48.87	66.0	39124	801
服装及其他纤维品制造业	64.64	33.52	51.8	28147	840
皮革、毛皮、羽绒及其制品业	22.12	8.89	40.2	6427	723
木材加工及竹、藤、棕、草制品业	13.39	12.13	90.6	6739	555
家具制造业	17.29	11.31	65.4	6521	576
造纸及纸制品业	20.80	16.88	81.2	14034	831
印刷业、记录媒介的复制	19.42	14.96	77.0	10745	718
文教体育用品制造业	5.32	4.29	80.5	3258	760
石油加工及炼焦业	1.08	0.20	18.6	200	1000
化学原料及化学制品制造业	58.07	46.24	79.6	40326	872
医药制造业	45.51	20.61	45.3	24508	1189
化学纤维制造业	2.04	1.84	90.2	1384	754
橡胶制品业	10.86	6.66	61.4	5682	853
塑料制品业	75.89	47.08	62.0	41196	875
非金属矿物制品业	79.80	52.58	65.9	40907	778
黑色金属冶炼及压延加工业	29.97	13.67	45.6	9780	716
有色金属冶炼及压延加工业	10.50	6.57	62.5	4353	663
金属制品业	87.28	50.31	57.6	35655	709
普通机械制造业	72.32	38.02	52.6	33902	892

3－28 续表 1

地　　区	施工房屋面　　积（万平方米）	竣工房屋面　　积（万平方米）	房屋建筑面积竣工率（%）	竣工房屋价　　值（万元）	竣工房屋造　　价（元/平方米）
专用设备制造业	40.67	31.51	77.5	20007	635
交通运输设备制造业	45.24	22.57	49.9	20780	921
电气机械及器材制造业	60.54	35.42	58.5	30446	859
电子及通信设备制造业	62.48	19.95	31.9	20522	1029
仪器仪表及文化办公用机械制造业	6.84	3.53	51.7	2299	651
其他制造业	77.91	44.94	57.7	35961	800
（四）电力、煤气及水的生产和供应业	**28.49**	**9.37**	**32.9**	**6054**	**646**
电力、蒸汽、热水的生产和供应业	24.00	5.97	24.9	4396	737
煤气的生产和供应业	2.61	2.19	83.8	920	421
自来水的生产和供应业	1.88	1.22	64.9	738	606
（五）建筑业	**354.54**	**216.83**	**61.2**	**150406**	**694**
土木工程建筑业	347.33	211.05	60.8	146676	695
线路、管道和设备安装业	2.56	1.72	67.2	1335	775
建筑物的装修装饰业	4.65	4.06	87.3	2395	590
（六）地质勘查业、水利管理业	**0.73**	**0.73**	**100.0**	**650**	**890**
地质勘查业					
水利管理业	0.73	0.73	100.0	650	890
（七）交通运输、仓储及邮电通信业	**91.06**	**52.38**	**57.5**	**35688**	**681**
铁路运输业	0.68	0.25	36.7	218	872
公路运输业	48.13	26.57	55.2	16630	626
管道运输业	0.55	0.42	76.4	140	333
水上运输业	3.41	2.72	79.8	1696	623
航空运输业					
交通运输辅助业	9.45	5.53	58.5	3424	619
其他交通运输业	0.63	0.63	100.0	980	1565
仓储业	24.93	16.23	65.1	12589	776
邮电通信业	3.27	0.03	1.0	11	344
（八）批发和零售贸易、餐饮业	**671.71**	**406.35**	**60.5**	**311276**	**766**
食品、饮料、烟草和家庭用品批发商业	227.76	124.69	54.7	90550	726
能源、材料和机械电子设备批发业	60.24	36.14	60.0	31469	871
其他批发业	69.72	51.11	73.3	32464	635
零售业	277.84	179.96	64.8	142624	793
商业经纪与代理业	3.53	2.38	67.4	2006	842

3-28 续表 2

地　　区	施工房屋面　　积（万平方米）	竣工房屋面　　积（万平方米）	房屋建筑面积竣工率（%）	竣工房屋价　　值（万元）	竣工房屋造　　价（元/平方米）
餐饮业	32.62	12.07	37.0	12163	1008
（九）金融、保险业	**136.36**	**76.29**	**55.9**	**65001**	**852**
金融业	136.36	76.29	55.9	65001	852
保险业					
（十）房地产业	**7073.86**	**3172.39**	**44.8**	**3070592**	**968**
房地产开发与经营业	7039.57	3154.23	44.8	3045741	966
房地产管理业	32.45	16.68	51.4	23003	1379
房地产代理与经纪业	1.83	1.48	80.9	1848	1245
（十一）社会服务业	**245.00**	**116.61**	**47.6**	**93527**	**802**
公共服务业	66.21	31.15	47.0	19614	630
居民服务业	34.56	11.17	32.3	7934	710
旅馆业	61.70	38.37	62.2	38566	1005
租赁服务业	7.52	2.75	36.6	1670	607
旅行社	7.21	4.05	56.2	4342	1072
娱乐服务业	32.36	9.75	30.1	4720	484
信息、咨询服务业	0.62	0.62	100.0	485	789
计算机应用服务业					
其他社会服务业	34.82	18.76	53.9	16196	863
（十二）卫生、体育和社会福利业	**70.42**	**39.80**	**56.5**	**34032**	**855**
卫生	43.36	28.51	65.8	26738	938
体育	9.59	8.87	92.5	4800	541
社会福利保障业	17.47	2.42	13.9	2494	1030
（十三）教育、文化艺术及广播电影电视业	**164.71**	**122.19**	**74.2**	**85266**	**698**
教育	149.15	113.28	75.9	76439	675
文化艺术业	14.59	8.75	60.0	8747	1000
广播电影电视业	0.98	0.17	17.4	80	471
（十四）科学研究和综合技术服务业	**9.24**	**4.69**	**50.8**	**5818**	**1241**
科学研究业	2.22	0.40	18.0	1150	2876
综合技术服务业	7.02	4.29	61.1	4668	1088
（十五）国家机关、政党机关和社会团体	**688.16**	**382.10**	**55.5**	**314296**	**823**
国家机关	127.31	68.18	53.6	56943	835
政党机关	1.18	1.08	91.0	655	608
社会团体	8.46	1.47	17.3	789	538
基层群众自治组织	551.20	311.37	56.5	255909	822
（十六）其他行业	**267.29**	**132.13**	**49.4**	**110901**	**839**
其他行业	267.29	132.13	49.4	110901	839

3－29 城镇集体经济分行业住宅建筑面积和造价

地区	施工住宅面积（万平方米）	竣工住宅面积（万平方米）	住宅建筑面积竣工率（%）	竣工住宅价值（万元）	竣工住宅造价（元/平方米）
全国总计	**7129.10**	**3426.47**	**48.1**	**3028511**	**884**
（一）农、林、牧、渔业	**6.08**	**5.50**	**90.4**	**3906**	**710**
农业	1.53	1.53	100.0	950	622
林业	0.51				
畜牧业	2.94	2.94	100.0	2465	838
渔业	0.06	0.06	100.0	28	467
农、林、牧、渔服务业	1.04	0.97	93.3	463	477
（二）采掘业	**1.81**	**0.73**	**40.5**	**431**	**587**
煤炭采选业	0.35	0.22	63.5	72	321
石油和天然气开采业	0.04	0.04	100.0	32	744
黑色金属矿采选业	0.13				
有色金属矿采选业	0.79	0.08	10.2	36	444
非金属矿采选业	0.20	0.09	43.9	96	1116
其他矿采选业					
木材及竹材采运业	0.30	0.30	100.0	195	650
（三）制造业	**180.96**	**101.82**	**56.3**	**69640**	**684**
食品加工业	9.90	8.30	83.8	5736	691
食品制造业	10.85	4.23	39.0	2127	503
饮料制造业	4.73	3.03	64.0	1870	617
烟草加工业					
纺织业	14.56	6.59	45.3	4188	636
服装及其他纤维品制造业	9.79	9.64	98.5	6576	682
皮革、毛皮、羽绒及其制品业	5.40	2.43	44.9	1321	544
木材加工及竹、藤、棕、草制品业	1.36	1.06	77.9	567	535
家具制造业	4.47	3.32	74.3	1846	556
造纸及纸制品业	2.16	1.36	63.0	1078	793
印刷业、记录媒介的复制	2.40	1.80	74.8	1019	567
文教体育用品制造业	0.99	0.37	37.5	190	514
石油加工及炼焦业	0.14				
化学原料及化学制品制造业	10.05	6.68	66.5	4914	735
医药制造业	1.79	1.30	72.6	1068	822
化学纤维制造业					
橡胶制品业	3.44	2.63	76.5	2028	770
塑料制品业	19.00	14.36	75.5	10331	720
非金属矿物制品业	8.72	4.58	52.5	2882	629
黑色金属冶炼及压延加工业	2.62	2.62	99.9	1600	612
有色金属冶炼及压延加工业	1.09	1.09	100.0	693	634
金属制品业	20.96	6.74	32.1	5197	772
普通机械制造业	21.14	6.87	32.5	5401	786

3-29续表1

地　　区	施工住宅面　　积（万平方米）	竣工住宅面　　积（万平方米）	住宅建筑面积竣工率（%）	竣工住宅价　　值（万元）	竣工住宅造　　价（元/平方米）
专用设备制造业	5.13	5.03	98.0	3142	625
交通运输设备制造业	5.31	4.29	80.8	2831	660
电气机械及器材制造业	3.95	0.18	4.6	78	426
电子及通信设备制造业	9.13	1.83	20.0	1820	997
仪器仪表及文化办公用机械制造业	0.91	0.91	100.0	479	527
其他制造业	0.98	0.61	61.8	658	1087
(四)电力、煤气及水的生产和供应业	**3.53**	**2.04**	**57.8**	**1341**	**657**
电力、蒸汽、热水的生产和供应业	2.68	1.31	48.8	843	643
煤气的生产和供应业	0.43	0.31	72.9	250	806
自来水的生产和供应业	0.42	0.42	100.0	248	587
(五)建筑业	**248.07**	**159.01**	**64.1**	**103661**	**652**
土木工程建筑业	244.04	155.23	63.6	101581	654
线路、管道和设备安装业	1.44	1.19	82.7	820	688
建筑物的装修装饰业	2.59	2.59	100.0	1260	487
(六)地质勘查业、水利管理业					
地质勘查业					
水利管理业					
(七)交通运输、仓储及邮电通信业	**33.53**	**23.26**	**69.4**	**13995**	**602**
铁路运输业	0.25	0.25	100.0	218	872
公路运输业	22.22	14.61	65.8	8402	575
管道运输业	0.50	0.37	74.0	120	324
水上运输业	2.70	2.01	74.5	1241	617
航空运输业					
交通运输辅助业	4.91	3.06	62.3	1538	503
其他交通运输业					
仓储业	2.92	2.92	100.0	2465	843
邮电通信业	0.03	0.03	100.0	11	344
(八)批发和零售贸易、餐饮业	**190.56**	**116.19**	**61.0**	**75849**	**653**
食品、饮料、烟草和家庭用品批发商业	61.93	36.33	58.7	20947	577
能源、材料和机械电子设备批发业	17.57	9.81	55.9	6872	700
其他批发业	31.87	26.64	83.6	17013	639
零售业	68.66	41.75	60.8	29881	716
商业经纪与代理业	0.40	0.40	100.0	220	547

3－29 续表 2

地　　区	施工住宅面　积（万平方米）	竣工住宅面　积（万平方米）	住宅建筑面积竣工率（%）	竣工住宅价　值（万元）	竣工住宅造　价（元/平方米）
餐饮业	10.12	1.26	12.4	916	728
（九）金融、保险业	**72.60**	**40.07**	**55.2**	**27017**	**674**
金融业	72.60	40.07	55.2	27017	674
保险业					
（十）房地产业	**5736.69**	**2636.12**	**46.0**	**2474604**	**939**
房地产开发与经营业	5710.63	2623.91	45.9	2461545	938
房地产管理业	25.71	12.21	47.5	13059	1069
房地产代理与经纪业	0.35				
（十一）社会服务业	**69.96**	**28.23**	**40.4**	**18594**	**659**
公共服务业	29.22	10.90	37.3	6366	584
居民服务业	20.81	3.17	15.2	2463	777
旅馆业	10.35	7.88	76.1	5478	695
租赁服务业	2.40	0.60	25.0	280	467
旅行社	0.80	0.33	41.3	165	500
娱乐服务业	0.12	0.12	100.0	50	417
信息、咨询服务业	0.25	0.25	100.0	130	520
计算机应用服务业					
其他社会服务业	6.01	4.99	82.9	3662	734
（十二）卫生、体育和社会福利业	**10.32**	**5.28**	**51.2**	**2950**	**558**
卫生	6.57	4.73	72.1	2580	545
体育					
社会福利保障业	3.75	0.55	14.6	370	674
（十三）教育、文化艺术及广播电影电视业	**28.99**	**19.21**	**66.3**	**12818**	**667**
教育	24.12	16.85	69.9	10844	643
文化艺术业	4.69	2.19	46.7	1894	865
广播电影电视业	0.17	0.17	100.0	80	471
（十四）科学研究和综合技术服务业	**3.93**	**2.40**	**61.1**	**2800**	**1167**
科学研究业	0.57				
综合技术服务业	3.36	2.40	71.5	2800	1167
（十五）国家机关、政党机关和社会团体	**403.80**	**227.72**	**56.4**	**180447**	**792**
国家机关	64.79	31.48	48.6	25842	821
政党机关					
社会团体	2.35	0.80	33.9	378	475
基层群众自治组织	336.67	195.44	58.1	154227	789
（十六）其他行业	**138.27**	**58.88**	**42.6**	**40458**	**687**
其他行业	138.27	58.88	42.6	40458	687

3-30 各地区农村集体经济按项目分的固定资产投资

单位：亿元

地　区	完成投资	房　屋	道　路	桥　梁	设　备	水　利	其　它
全国总计	**4887.91**	**1585.34**	**368.51**	**23.67**	**1999.71**	**211.95**	**698.72**
北　京	72.52	32.13	5.15	0.19	23.51	1.86	9.68
天　津	74.00	33.63	0.38	0.36	34.58	0.72	4.33
河　北	479.22	119.43	28.85	1.13	215.58	27.73	86.50
山　西	39.32	12.33	3.79		13.92	2.30	6.99
内蒙古	20.40	4.45	3.24	0.06	3.70	2.91	6.05
辽　宁	148.79	64.42	8.64	0.95	47.25	3.75	23.78
吉　林	21.16	10.29	2.11	0.58	3.59	1.41	3.18
黑龙江	16.15	5.47	1.44	0.01	7.61	0.15	1.45
上　海	194.56	97.56	8.35	0.63	61.34	0.43	26.26
江　苏	712.30	257.41	37.08	4.90	349.22	9.61	54.09
浙　江	846.63	246.48	37.31	2.38	404.37	21.73	134.36
安　徽	58.01	14.40	5.92	0.30	18.76	8.71	9.92
福　建	140.51	66.40	14.51	0.45	33.13	5.22	20.79
江　西	76.23	26.15	7.48	0.49	30.38	3.19	8.53
山　东	615.87	192.60	43.35	1.62	289.85	21.88	66.56
河　南	227.00	47.86	47.50	1.08	69.92	14.22	46.43
湖　北	140.70	29.20	14.70	0.90	49.87	23.07	22.95
湖　南	151.90	45.00	17.31	0.65	42.63	22.37	23.93
广　东	311.59	116.40	17.13	2.22	117.92	4.20	53.72
广　西	23.30	12.32	2.17	0.14	4.89	1.97	1.81
海　南	6.95	1.40	0.95	0.03	2.10	0.77	1.71
重　庆	56.23	19.46	10.45	0.69	12.94	3.78	8.92
四　川	270.00	66.01	30.08	1.89	114.93	9.38	47.71
贵　州	12.52	3.02	1.96	0.41	4.02	1.19	1.92
云　南	58.44	21.19	7.88	0.62	10.03	8.32	10.41
西　藏							
陕　西	33.48	10.53	4.02	0.61	10.89	2.45	4.99
甘　肃	26.71	8.22	1.65	0.15	11.66	2.72	2.31
青　海	7.05	2.19	0.97	0.12	1.70	0.80	1.27
宁　夏	21.06	8.06	1.12		4.80	2.29	4.80
新　疆	25.29	11.35	3.01	0.09	4.62	2.83	3.39
不分地区							

3-31 各地区农村集体经济按构成分的固定资产投资

单位:亿元

地　　区	投资额	建筑安装工程	设备工器具购置	其他费用
全国总计	**4887.91**	**2498.36**	**1999.71**	**389.85**
北　　京	72.52	34.48	23.51	9.27
天　　津	74.00	37.82	34.58	3.43
河　　北	479.22	189.18	215.58	55.80
山　　西	39.32	17.88	13.92	8.91
内 蒙 古	20.40	13.05	3.70	4.26
辽　　宁	148.79	65.06	47.25	14.07
吉　　林	21.16	10.44	3.59	2.99
黑 龙 江	16.15	7.01	7.61	2.14
上　　海	194.56	105.22	61.34	20.82
江　　苏	712.30	241.03	349.22	27.63
浙　　江	846.63	285.17	404.37	75.04
安　　徽	58.01	32.77	18.76	6.98
福　　建	140.51	70.37	33.13	5.18
江　　西	76.23	30.44	30.38	4.15
山　　东	615.87	218.45	289.85	38.75
河　　南	227.00	133.03	69.92	8.11
湖　　北	140.70	90.60	49.87	18.67
湖　　南	151.90	79.68	42.63	7.41
广　　东	311.59	178.62	117.92	28.01
广　　西	23.30	16.74	4.89	0.69
海　　南	6.95	5.58	2.10	1.37
重　　庆	56.23	26.30	12.94	5.59
四　　川	270.00	137.65	114.93	25.00
贵　　州	12.52	9.43	4.02	0.63
云　　南	58.44	41.45	10.03	5.43
西　　藏				
陕　　西	33.48	21.39	10.89	3.55
甘　　肃	26.71	16.46	11.66	0.75
青　　海	7.05	3.92	1.70	0.14
宁　　夏	21.06	7.07	4.80	1.84
新　　疆	25.29	11.40	4.62	3.24
不分地区				

3－32 各地区农村集体经济按行业分的固定资产投资

单位：亿元

地　区	合　计	农、林、牧、渔业	采掘业	制造业	电力、煤气及水的生产和供应业
全国总计	**4887.91**	**422.76**	**133.63**	**2645.43**	**124.99**
北　京	72.52	5.60	0.57	15.08	2.19
天　津	74.00	2.52		37.36	0.05
河　北	479.22	83.50	12.76	207.74	11.43
山　西	39.32	4.38	5.41	11.99	0.07
内蒙古	20.40	5.95	2.63	0.22	2.49
辽　宁	148.79	16.12	3.36	61.20	0.94
吉　林	21.16	1.31	0.12	2.33	0.78
黑龙江	16.15	0.50	0.06	6.08	0.23
上　海	194.56	3.85	0.64	146.42	0.55
江　苏	712.30	31.57	2.13	509.88	2.14
浙　江	846.63	37.72	6.70	662.39	8.72
安　徽	58.01	12.02	1.49	21.05	2.21
福　建	140.51	9.96	0.48	51.13	8.62
江　西	76.23	4.01	1.58	37.07	3.50
山　东	615.87	68.04	2.78	391.35	10.79
河　南	227.00	28.81	35.66	61.59	4.27
湖　北	140.70	31.54	8.15	42.49	15.55
湖　南	151.90	6.26	11.55	37.82	11.00
广　东	311.59	4.03	0.21	207.56	14.10
广　西	23.30	1.04	0.47	3.04	2.47
海　南	6.95	2.85	0.05	0.44	0.04
重　庆	56.23	5.75	1.17	13.88	1.72
四　川	270.00	30.24	32.81	76.59	8.55
贵　州	12.52	1.14	1.09	2.29	1.00
云　南	58.44	9.16	0.40	10.52	3.14
西　藏					
陕　西	33.48	4.31	0.52	7.80	3.51
甘　肃	26.71	1.35	0.21	11.06	0.42
青　海	7.05	2.04	0.49	0.19	0.99
宁　夏	21.06	3.08		8.65	
新　疆	25.29	4.12	0.13	0.22	3.51
不分地区					

单位:亿元

地区	建筑业	地质勘查业水利管理业	交通运输、仓储和邮电通信业	批发零售贸易和餐饮业	金融、保险业	房地产业
全国总计	**198.88**	**42.86**	**286.78**	**133.67**	**5.17**	**111.64**
北京	11.75	0.18	1.93	4.50	0.64	4.12
天津	17.07	0.17	0.25	9.00		2.25
河北	19.91	0.21	39.11	27.03	0.40	9.35
山西	1.87		2.08	0.01		
内蒙古	0.53		2.79	0.18		
辽宁	19.04	2.32	2.60	8.78	0.35	7.26
吉林	0.92	0.23	3.66	1.48	0.05	0.28
黑龙江	1.54		0.28	0.50		0.07
上海	4.23	0.62	3.68	6.80		2.13
江苏	18.32	0.48	8.70	7.74	0.49	12.74
浙江	33.97	1.17	20.16	10.04		9.02
安徽	1.20	0.04	4.09	0.66		0.35
福建	12.94	0.55	12.83	4.50	0.24	17.73
江西	1.06		8.22	0.46		8.92
山东	19.22	0.59	33.63	14.70	0.84	15.06
河南	0.09	3.07	47.75	6.70	0.36	0.38
湖北	0.75	0.28	15.30	1.90	0.07	1.24
湖南	3.30	22.69	11.00	7.13	0.25	2.79
广东	5.25	0.22	20.34	5.75	0.52	2.87
广西	0.37	0.21	0.92	0.31		0.59
海南	0.37	0.54	0.73	0.21		0.05
重庆	1.95	0.02	11.66	1.03	0.26	6.52
四川	18.30	3.64	24.31	7.07	0.53	4.70
贵州	0.00	0.02	1.49	0.28		
云南	1.26	2.24	2.38	3.46	0.02	0.10
西藏						
陕西	1.51	0.09	2.44	0.70	0.02	0.09
甘肃	0.17	2.73	1.31	0.68	0.05	0.51
青海	0.08		0.81	0.40		
宁夏	0.02	0.39	0.81	1.35		
新疆	1.87	0.15	1.54	0.34	0.08	2.52
不分地区						

3－32 续表 2

单位：亿元

地　　区	社　会 服务业	卫生体育和 社会福利业	教育、文化 艺术和广播 电影电视业	科学研究 和综合技术 服务业	国家机关、 政党机关和 社会团体	其　他 行　业
全国总计	**90.41**	**80.04**	**213.35**	**3.03**	**210.14**	**185.14**
北　京	5.50	6.62	1.12	0.08	7.61	5.02
天　津	2.90	1.01	0.24		0.24	0.94
河　北	7.57	11.10	15.07	0.31	22.47	11.27
山　西	6.40	0.21	4.95		0.77	1.18
内蒙古	0.08	0.13	2.80	0.01	1.30	1.29
辽　宁	8.21	5.14	6.51	0.01	5.35	1.60
吉　林	1.68	0.47	3.03	0.01	3.40	1.42
黑龙江	0.05	0.15	2.88		1.24	2.57
上　海	2.92	0.69	2.48	0.08	0.75	18.71
江　苏	5.45	5.61	17.80	0.02	51.58	37.65
浙　江	5.58	7.21	9.57		8.53	25.84
安　徽	1.07	0.95	5.29	0.04	3.40	4.15
福　建	4.61	3.91	7.61	0.05	2.69	2.65
江　西	2.34	0.60	4.66	0.00	3.10	0.72
山　东	6.28	4.61	11.40	1.77	14.84	19.98
河　南	3.30	3.80	19.63	0.11	5.99	5.48
湖　北	0.52	0.83	6.94		9.28	5.86
湖　南	5.13	0.93	11.74	0.11	9.12	11.09
广　东	1.23	11.34	18.53		14.29	5.33
广　西	0.16	1.12	7.83		3.92	0.85
海　南	0.41	0.10	0.49	0.07	0.34	0.28
重　庆	1.86	1.70	4.69		2.60	1.42
四　川	3.25	5.63	22.33	0.23	21.30	10.53
贵　州	0.52	0.74	1.41	0.01	2.22	0.31
云　南	5.31	2.14	8.27	0.04	5.43	4.59
西　藏						
陕　西	1.68	1.76	6.95	0.02	0.77	1.33
甘　肃	0.94	1.00	5.31		0.74	0.23
青　海	0.31	0.08	0.92	0.05	0.56	0.14
宁　夏	4.69		0.92		0.60	0.54
新　疆	0.45	0.46	2.00	0.01	5.71	2.16
不分地区						

3-33 各地区农村集体经济房屋建筑面积和造价

地区	施工房屋面积(万平方米)	竣工房屋面积(万平方米)	房屋建筑面积竣工率(%)	竣工房屋投资额(亿元)
全国总计	**34109.74**	**28593.88**	**83.8**	**1294.58**
北京	582.99	461.33	79.1	23.24
天津	648.26	657.84	101.5	39.26
河北	2866.62	2602.10	90.8	100.99
山西	323.81	301.98	93.3	10.78
内蒙古	59.00	53.00	89.8	1.98
辽宁	829.00	826.00	99.6	39.97
吉林	185.70	214.13	115.3	9.46
黑龙江	119.96	121.15	101.0	5.26
上海	1224.95	682.83	55.7	60.03
江苏	4774.14	4349.27	91.1	234.94
浙江	5386.00	4206.00	78.1	195.54
安徽	432.06	404.37	93.6	12.66
福建	1393.34	501.38	36.0	22.33
江西	676.24	433.30	64.1	16.06
山东	3558.09	3460.73	97.3	185.65
河南	1420.29	1189.96	83.8	38.41
湖北	748.53	691.32	92.4	26.91
湖南	1675.00	1238.00	73.9	34.19
广东	3155.00	2713.00	86.0	97.64
广西	379.74	301.40	79.4	10.31
海南	32.03	29.93	93.4	0.94
重庆	539.00	382.00	70.9	13.86
四川	1721.30	1560.79	90.7	59.13
贵州	99.90	81.87	82.0	2.45
云南	424.00	360.00	84.9	16.48
西藏				
陕西	276.02	247.06	89.5	9.34
甘肃	151.15	141.10	93.4	7.88
青海	72.47	70.40	97.1	1.98
宁夏	203.72	180.02	88.4	7.84
新疆	151.43	131.62	86.9	9.05
不分地区				

3－34 各地区农村集体经济住宅建筑面积和造价

地区	施工住宅面积（万平方米）	竣工住宅面积（万平方米）	住宅建筑面积竣工率（%）	竣工住宅投资额（亿元）
全国总计	**5552.37**	**4367.49**	**78.7**	**189.66**
北京	107.15	98.87	92.3	6.03
天津	232.96	129.12	55.4	11.36
河北	257.90	232.77	90.3	5.26
山西	26.25	25.83	98.4	1.23
内蒙古	10.00	10.00	100.0	0.34
辽宁	99.00	92.00	92.9	7.32
吉林	47.72	47.72	100.0	1.93
黑龙江	2.86	2.68	93.7	0.11
上海	23.28	10.01	43.0	0.90
江苏	521.62	432.52	82.9	23.28
浙江	552.00	331.00	60.0	19.90
安徽	37.95	35.55	93.7	1.98
福建	345.16	141.88	41.1	5.60
江西	161.42	64.77	40.1	2.79
山东	796.45	747.61	93.9	29.43
河南	155.83	154.70	99.3	4.68
湖北	173.79	167.86	96.6	7.28
湖南	347.00	268.00	77.2	9.83
广东	515.00	488.00	94.8	17.80
广西	79.09	60.29	76.2	2.35
海南	9.59	9.37	97.7	0.38
重庆	295.00	180.00	61.0	6.24
四川	509.77	417.97	82.0	15.22
贵州	12.26	9.61	78.4	0.29
云南	88.00	87.00	98.9	3.96
西藏				
陕西	12.30	10.99	89.3	0.29
甘肃	33.35	34.54	103.6	1.59
青海	1.60	1.52	95.0	0.06
宁夏	51.42	51.42	100.0	0.82
新疆	46.65	23.89	51.2	1.39
不分地区				

上　篇

四、联营经济固定资产投资

4-1 联营经济按登记注册类型分的投资

单位:万元

地区	联营经济	国有与集体联营	其他联营
全国总计	**1381862**	**670876**	**710986**
北京	3553	3317	236
天津	3436	1470	1966
河北	174717	8018	166699
山西	191459	153876	37583
内蒙古	8967	2417	6550
辽宁	13094	1572	11522
吉林	11842	4060	7782
黑龙江	3286	310	2976
上海	113552	94847	18705
江苏	31793	15567	16226
浙江	15797	7604	8193
安徽	18110	6174	11936
福建	48771	15324	33447
江西	30688	8376	22312
山东	297854	253220	44634
河南	7260	1226	6034
湖北	58145	21022	37123
湖南	39822	3484	36338
广东	128608	12248	116360
广西	19802	3398	16404
海南	10342	4152	6190
重庆	45739	11719	34020
四川	23507	16657	6850
贵州	16313	4826	11487
云南	3938	1452	2486
西藏			
陕西	31927	13435	18492
甘肃	27726	313	27413
青海	1022		1022
宁夏			
新疆	792	792	
不分地区			

4-2 各地区联营经济投资总规模与完成情况

单位：万元

地　区	计划总投资	实际需要总投资	自开始建设至本年底累计完成投资	本年完成投资
全国总计	**3688587**	**3748245**	**2188069**	**1381862**
北　京	8726	9286	8600	3553
天　津	4700	4220	3436	3436
河　北	218683	254843	190300	174717
山　西	297239	297539	212968	191459
内蒙古	19027	19027	18967	8967
辽　宁	18139	18239	13134	13094
吉　林	22656	22656	20442	11842
黑龙江	3286	3286	3286	3286
上　海	617945	621813	390563	113552
江　苏	67418	64130	45659	31793
浙　江	55906	56081	44360	15797
安　徽	49006	49876	26355	18110
福　建	172334	176398	109812	48771
江　西	73883	73329	39545	30688
山　东	523332	526224	337396	297854
河　南	20608	20608	19203	7260
湖　北	124466	128516	87564	58145
湖　南	73971	74080	43837	39822
广　东	526191	526924	321280	128608
广　西	308977	311061	25846	19802
海　南	73351	76415	27954	10342
重　庆	91325	92298	52928	45739
四　川	61762	63189	34232	23507
贵　州	38503	39613	23446	16313
云　南	26109	26103	9781	3938
西　藏				
陕　西	137631	138958	45079	31927
甘　肃	46135	46135	30282	27726
青　海	3325	3325	1022	1022
宁　夏				
新　疆	3953	4073	792	792
不分地区				

4-2 续表

单位:万元

地区	累计新增固定资产	未完工程累计投资	全部建成尚需投资	未完工程占用率(%)
全国总计	**1257634**	**694002**	**1560176**	**50.2**
北京	5666	2934	686	82.6
天津	1217	260	784	7.6
河北	107838	82462	64543	47.2
山西	203295	9126	84571	4.8
内蒙古	18757		60	
辽宁	8282	4262	5105	32.5
吉林	16957	2450	2214	20.7
黑龙江	3286			
上海	153602	145722	231250	128.3
江苏	22491	9609	18471	30.2
浙江	23679	20561	11721	130.2
安徽	22213	2604	23521	14.4
福建	36439	60576	66586	124.2
江西	10492	12420	33784	40.5
山东	227562	78346	188828	26.3
河南	15530	2553	1405	35.2
湖北	48283	32581	40952	56.0
湖南	24650	18887	30243	47.4
广东	189901	104236	205644	81.0
广西	9870	15749	285215	79.5
海南	5577	18727	48461	181.1
重庆	30683	18045	39370	39.5
四川	6493	8497	28957	36.1
贵州	17439	6007	16167	36.8
云南	5343	2502	16322	63.5
西藏				
陕西	22098	22781	93879	71.4
甘肃	19753	10529	15853	38.0
青海	122	900	2303	88.1
宁夏				
新疆	116	676	3281	85.4
不分地区				

4－3 联营经济分行业投资总规模与完成情况

单位：万元

行　业	计　划 总投资	实际需要 总 投 资	自开始建设至本年底 累计完成投资	本年完成投资
全国总计	**3688587**	**3748245**	**2188069**	**1381862**
(一)农、林、牧、渔业	**119302**	**118868**	**48024**	**36922**
农业	70984	70984	24074	18519
林业	12715	12715	5065	5065
畜牧业	14964	14530	9286	4539
渔业	12830	12830	7530	7530
农、林、牧、渔服务业	7809	7809	2069	1269
(二)采掘业	**19206**	**19216**	**13287**	**13197**
煤炭采选业	10492	10492	7038	6998
石油和天然气开采业				
黑色金属矿采选业	1529	1539	1439	1439
有色金属矿采选业	6595	6595	4340	4340
非金属矿采选业	590	590	470	420
其他矿采选业				
木材及竹材采运业				
(三)制造业	**1382502**	**1384650**	**765289**	**661148**
食品加工业	25286	25406	17085	13105
食品制造业	9530	9540	6310	6230
饮料制造业	306135	306135	23510	21700
烟草加工业				
纺织业	12259	12259	10181	9244
服装及其他纤维品制造业	21190	21190	12716	11891
皮革、毛皮、羽绒及其制品业	2800	2850	2850	800
木材加工及竹、藤、棕、草制品业	14858	12558	11808	11708
家具制造业	7090	7090	3990	3990
造纸及纸制品业	30754	34754	20129	18929
印刷业、记录媒介的复制	23967	23967	21795	20795
文教体育用品制造业	560	560	560	560
石油加工及炼焦业	19870	19870	19870	2070
化学原料及化学制品制造业	33761	33761	22851	21346
医药制造业	70310	70323	45714	28014
化学纤维制造业	2700	2700	1735	220
橡胶制品业	10070	10075	9760	5488
塑料制品业	21297	20817	19989	17559
非金属矿物制品业	38323	38578	27958	22685
黑色金属冶炼及压延加工业	593347	593347	384526	362474
有色金属冶炼及压延加工业	21386	21406	20151	12911
金属制品业	20776	21065	17407	13677
普通机械制造业	7660	7676	6081	6048

4－3 续表 1　　单位：万元

行　业	计　划 总投资	实际需要 总 投 资	自开始建设至本年底 累计完成投资	本年完成投资
专用设备制造业	16266	16326	13868	13253
交通运输设备制造业	21565	21615	12130	8945
电气机械及器材制造业	6615	6655	4810	4105
电子及通信设备制造业	23277	23277	16661	13148
仪器仪表及文化办公用机械制造业	6120	6120	2584	2023
其他制造业	14730	14730	8260	8230
（四）电力、煤气及水的生产和供应业	**112931**	**114792**	**49413**	**31847**
电力、蒸汽、热水的生产和供应业	109489	111207	45994	28428
煤气的生产和供应业	300	300	300	300
自来水的生产和供应业	3142	3285	3119	3119
（五）建筑业	**12666**	**12666**	**12453**	**10418**
土木工程建筑业	12496	12496	12313	10278
线路、管道和设备安装业	170	170	140	140
建筑物的装修装饰业				
（六）地质勘查业、水利管理业	**3320**	**3320**	**2820**	**1838**
地质勘查业				
水利管理业	3320	3320	2820	1838
（七）交通运输、仓储及邮电通信业	**54659**	**58112**	**55502**	**18276**
铁路运输业				
公路运输业	12254	13583	12173	5936
管道运输业				
水上运输业	310	310	310	310
航空运输业	33945	33945	33945	4880
交通运输辅助业				
其他交通运输业				
仓储业	7150	9274	8074	6150
邮电通信业	1000	1000	1000	1000
（八）批发和零售贸易、餐饮业	**110200**	**110350**	**89057**	**87006**
食品、饮料、烟草和家庭用品批发商业	34729	34729	23299	23158
能源、材料和机械电子设备批发业	18596	18675	16595	16449
其他批发业	8880	8913	4383	4153
零售业	46632	46670	43417	41883
商业经纪与代理业				

4-3 续表 2

单位:万元

行　　业	计　划 总投资	实际需要 总 投 资	自开始建设至本年底 累计完成投资	本年完成投资
餐饮业	1363	1363	1363	1363
(九)金融、保险业	**1408**	**1408**	**1330**	**1330**
金融业	1408	1408	1330	1330
保险业				
(十)房地产业	**1336842**	**1350563**	**780293**	**287047**
房地产开发与经营业	1334322	1348043	778523	285277
房地产管理业	2520	2520	1770	1770
房地产代理与经纪业				
(十一)社会服务业	**290854**	**330953**	**234984**	**131106**
公共服务业	146133	182708	115198	107255
居民服务业	510	610	610	590
旅馆业	134641	138065	112578	17663
租赁服务业				
旅行社	3305	3305	1882	1882
娱乐服务业	5302	5302	3753	2753
信息、咨询服务业	63	63	63	63
计算机应用服务业				
其他社会服务业	900	900	900	900
(十二)卫生、体育和社会福利业	**27680**	**27680**	**21225**	**8425**
卫生	4160	4160	3550	2350
体育	160	160	160	160
社会福利保障业	23360	23360	17515	5915
(十三)教育、文化艺术及广播电影电视业	**49860**	**49060**	**47295**	**34860**
教育	49510	48710	46945	34510
文化艺术业	300	300	300	300
广播电影电视业	50	50	50	50
(十四)科学研究和综合技术服务业	**1825**	**1825**	**1382**	**1372**
科学研究业				
综合技术服务业	1825	1825	1382	1372
(十五)国家机关、政党机关和社会团体	**115952**	**115952**	**32444**	**28012**
国家机关	87276	87276	24724	20292
政党机关				
社会团体	400	400	380	380
基层群众自治组织	28276	28276	7340	7340
(十六)其他行业	**49380**	**48830**	**33271**	**29058**
其他行业	49380	48830	33271	29058

4－3 续表 3

单位:万元

行　　业	累计新增固定资产	未完工程累计投资	全部建成尚需投资	未完工程占用率(%)
全国总计	**1257634**	**694002**	**1560176**	**50.2**
(一)农、林、牧、渔业	**23866**	**15343**	**70844**	**41.6**
农业	11382	8777	46910	47.4
林业	2015	3050	7650	60.2
畜牧业	7030	2056	5244	45.3
渔业	2830		5300	
农、林、牧、渔服务业	609	1460	5740	115.1
(二)采掘业	**6881**	**3746**	**5929**	**28.4**
煤炭采选业	3312	3466	3454	49.5
石油和天然气开采业				
黑色金属矿采选业	1389	50	100	3.5
有色金属矿采选业	1940		2255	
非金属矿采选业	240	230	120	54.8
其他矿采选业				
木材及竹材采运业				
(三)制造业	**582577**	**138639**	**619361**	**21.0**
食品加工业	14036	2859	8321	21.8
食品制造业	5458	852	3230	13.7
饮料制造业	14887	8243	282625	38.0
烟草加工业				
纺织业	5949	4232	2078	45.8
服装及其他纤维品制造业	4539	7640	8474	64.3
皮革、毛皮、羽绒及其制品业	2850			
木材加工及竹、藤、棕、草制品业	11418	250	750	2.1
家具制造业	3990		3100	
造纸及纸制品业	15870	3880	14625	20.5
印刷业、记录媒介的复制	7285		2172	
文教体育用品制造业	560			
石油加工及炼焦业	19870			
化学原料及化学制品制造业	14490	6761	10910	31.7
医药制造业	21815	20191	24609	72.1
化学纤维制造业	1735		965	
橡胶制品业	7200	2405	315	43.8
塑料制品业	14447	1042	828	5.9
非金属矿物制品业	17841	7255	10620	32.0
黑色金属冶炼及压延加工业	323453	50526	208821	13.9
有色金属冶炼及压延加工业	17753	2398	1255	18.6
金属制品业	12109	1528	3658	11.2
普通机械制造业	3298	2783	1595	46.0

4-3续表4

单位:万元

行　　业	累计新增固定资产	未完工程累计投资	全部建成尚需投资	未完工程占用率(%)
专用设备制造业	9678	4190	2458	31.6
交通运输设备制造业	6462	5604	9485	62.6
电气机械及器材制造业	2850	1460	1845	35.6
电子及通信设备制造业	14661	2000	6616	15.2
仪器仪表及文化办公用机械制造业	353	2000	3536	98.9
其他制造业	7720	540	6470	6.6
(四)电力、煤气及水的生产和供应业	**20746**	**20940**	**65379**	**65.8**
电力、蒸汽、热水的生产和供应业	18085	20182	65213	71.0
煤气的生产和供应业	300			
自来水的生产和供应业	2361	758	166	24.3
(五)建筑业	**12443**	**10**	**213**	**0.1**
土木工程建筑业	12303	10	183	0.1
线路、管道和设备安装业	140		30	
建筑物的装修装饰业				
(六)地质勘查业、水利管理业	**2320**	**500**	**500**	**27.2**
地质勘查业				
水利管理业	2320	500	500	27.2
(七)交通运输、仓储及邮电通信业	**6266**	**49036**	**2610**	**268.3**
铁路运输业				
公路运输业	4306	7867	1410	132.5
管道运输业				
水上运输业	310			
航空运输业		33945		695.6
交通运输辅助业				
其他交通运输业				
仓储业	1650	6224	1200	101.2
邮电通信业		1000		100.0
(八)批发和零售贸易、餐饮业	**58747**	**27599**	**21293**	**31.7**
食品、饮料、烟草和家庭用品批发商业	13864	8935	11430	38.6
能源、材料和机械电子设备批发业	14929	1300	2080	7.9
其他批发业	3713		4530	
零售业	24878	17364	3253	41.5
商业经纪与代理业				

4-3续表5　　单位:万元

行　业	累计新增固定资产	未完工程累计投资	全部建成尚需投资	未完工程占用率(%)
餐饮业	1363			
(九)金融、保险业	**200**	**730**	**78**	**54.9**
金融业	200	730	78	54.9
保险业				
(十)房地产业	**305681**	**336782**	**570270**	**117.3**
房地产开发与经营业	304801	335892	569520	117.7
房地产管理业	880	890	750	50.3
房地产代理与经纪业				
(十一)社会服务业	**152464**	**60678**	**95969**	**46.3**
公共服务业	47540	49705	67510	46.3
居民服务业	400			
旅馆业	100661	8838	25487	50.0
租赁服务业				
旅行社	220	1062	1423	56.4
娱乐服务业	2680	1073	1549	39.0
信息、咨询服务业	63			
计算机应用服务业				
其他社会服务业	900			
(十二)卫生、体育和社会福利业	**7310**	**7200**	**6455**	**85.5**
卫生	1750	1800	610	76.6
体育	160			
社会福利保障业	5400	5400	5845	91.3
(十三)教育、文化艺术及广播电影电视业	**43250**	**3745**	**1765**	**10.7**
教育	42900	3745	1765	10.9
文化艺术业	300			
广播电影电视业	50			
(十四)科学研究和综合技术服务业	**122**	**1260**	**443**	**91.8**
科学研究业				
综合技术服务业	122	1260	443	91.8
(十五)国家机关、政党机关和社会团体	**20170**	**9974**	**83508**	**35.6**
国家机关	15504	7300	62552	36.0
政党机关				
社会团体				
基层群众自治组织	4666	2674	20936	36.4
(十六)其他行业	**14591**	**17820**	**15559**	**61.3**
其他行业	14591	17820	15559	61.3

4-4 各地区联营经济投资额和新增固定资产

单位:万元

地　　区	投资额	新增固定资　　产	固定资产交付使用率(%)
全国总计	**1381862**	**878233**	**63.6**
北　　京	3553	1286	36.2
天　　津	3436	930	27.1
河　　北	174717	96009	55.0
山　　西	191459	199025	104.0
内 蒙 古	8967	18757	209.2
辽　　宁	13094	8282	63.3
吉　　林	11842	8957	75.6
黑 龙 江	3286	3286	100.0
上　　海	113552	56212	49.5
江　　苏	31793	22001	69.2
浙　　江	15797	10091	63.9
安　　徽	18110	13818	76.3
福　　建	48771	32383	66.4
江　　西	30688	8842	28.8
山　　东	297854	173115	58.1
河　　南	7260	5376	74.0
湖　　北	58145	36403	62.6
湖　　南	39822	21881	54.9
广　　东	128608	56206	43.7
广　　西	19802	5820	29.4
海　　南	10342	5377	52.0
重　　庆	45739	30333	66.3
四　　川	23507	5038	21.4
贵　　州	16313	15832	97.1
云　　南	3938	884	22.4
西　　藏			
陕　　西	31927	22098	69.2
甘　　肃	27726	19753	71.2
青　　海	1022	122	11.9
宁　　夏			
新　　疆	792	116	14.6
不分地区			

4-5 联营经济分行业投资额和新增固定资产

单位：万元

行　　业	投资额	新增固定资　　产	固定资产交付使用率(%)
全国总计	**1381862**	**878233**	**63.6**
(一)农、林、牧、渔业	**36922**	**17650**	**47.8**
农业	18519	9123	49.3
林业	5065	2015	39.8
畜牧业	4539	3073	67.7
渔业	7530	2830	37.6
农、林、牧、渔服务业	1269	609	48.0
(二)采掘业	**13197**	**5309**	**40.2**
煤炭采选业	6998	1740	24.9
石油和天然气开采业			
黑色金属矿采选业	1439	1389	96.5
有色金属矿采选业	4340	1940	44.7
非金属矿采选业	420	240	57.1
其他矿采选业			
木材及竹材采运业			
(三)制造业	**661148**	**494155**	**74.7**
食品加工业	13105	12140	92.6
食品制造业	6230	4908	78.8
饮料制造业	21700	14207	65.5
烟草加工业			
纺织业	9244	5499	59.5
服装及其他纤维品制造业	11891	4269	35.9
皮革、毛皮、羽绒及其制品业	800	2850	356.3
木材加工及竹、藤、棕、草制品业	11708	11418	97.5
家具制造业	3990	3990	100.0
造纸及纸制品业	18929	4470	23.6
印刷业、记录媒介的复制	20795	6967	33.5
文教体育用品制造业	560	560	100.0
石油加工及炼焦业	2070	19870	959.9
化学原料及化学制品制造业	21346	13190	61.8
医药制造业	28014	21815	77.9
化学纤维制造业	220	128	58.2
橡胶制品业	5488	7200	131.2
塑料制品业	17559	10617	60.5
非金属矿物制品业	22685	17323	76.4
黑色金属冶炼及压延加工业	362474	272122	75.1
有色金属冶炼及压延加工业	12911	12411	96.1
金属制品业	13677	9850	72.0
普通机械制造业	6048	2746	45.4

4-5续表1

单位:万元

行　　业	投资额	新增固定资　　产	固定资产交付使用率(%)
专用设备制造业	13253	9678	73.0
交通运输设备制造业	8945	6212	69.4
电气机械及器材制造业	4105	1778	43.3
电子及通信设备制造业	13148	11704	89.0
仪器仪表及文化办公用机械制造业	2023	13	0.6
其他制造业	8230	6220	75.6
(四)电力、煤气及水的生产和供应业	**31847**	**15986**	**50.2**
电力、蒸汽、热水的生产和供应业	28428	13325	46.9
煤气的生产和供应业	300	300	100.0
自来水的生产和供应业	3119	2361	75.7
(五)建筑业	**10418**	**12443**	**119.4**
土木工程建筑业	10278	12303	119.7
线路、管道和设备安装业	140	140	100.0
建筑物的装修装饰业			
(六)地质勘查业、水利管理业	**1838**		
地质勘查业			
水利管理业	1838		
(七)交通运输、仓储及邮电通信业	**18276**	**4796**	**26.2**
铁路运输业			
公路运输业	5936	2836	47.8
管道运输业			
水上运输业	310	310	100.0
航空运输业	4880		
交通运输辅助业			
其他交通运输业			
仓储业	6150	1650	26.8
邮电通信业	1000		
(八)批发和零售贸易、餐饮业	**87006**	**58254**	**67.0**
食品、饮料、烟草和家庭用品批发商业	23158	13854	59.8
能源、材料和机械电子设备批发业	16449	14929	90.8
其他批发业	4153	3680	88.6
零售业	41883	24428	58.3
商业经纪与代理业			

4－5续表2　　单位:万元

行　　业	投资额	新增固定资　　产	固定资产交付使用率(%)
餐饮业	1363	1363	100.0
(九)金融、保险业	**1330**	**200**	**15.0**
金融业	1330	200	15.0
保险业			
(十)房地产业	**287047**	**133525**	**46.5**
房地产开发与经营业	285277	132645	46.5
房地产管理业	1770	880	49.7
房地产代理与经纪业			
(十一)社会服务业	**131106**	**64407**	**49.1**
公共服务业	107255	47540	44.3
居民服务业	590	400	67.8
旅馆业	17663	13604	77.0
租赁服务业			
旅行社	1882	220	11.7
娱乐服务业	2753	1680	61.0
信息、咨询服务业	63	63	100.0
计算机应用服务业			
其他社会服务业	900	900	100.0
(十二)卫生、体育和社会福利业	**8425**	**7310**	**86.8**
卫生	2350	1750	74.5
体育	160	160	100.0
社会福利保障业	5915	5400	91.3
(十三)教育、文化艺术及广播电影电视业	**34860**	**32678**	**93.7**
教育	34510	32328	93.7
文化艺术业	300	300	100.0
广播电影电视业	50	50	100.0
(十四)科学研究和综合技术服务业	**1372**	**122**	**8.9**
科学研究业			
综合技术服务业	1372	122	8.9
(十五)国家机关、政党机关和社会团体	**28012**	**20170**	**72.0**
国家机关	20292	15504	76.4
政党机关			
社会团体	380		
基层群众自治组织	7340	4666	63.6
(十六)其他行业	**29058**	**11228**	**38.6**
其他行业	29058	11228	38.6

4-6 各地区按构成分的联营经济投资

单位：万元

地　　区	投资额	建筑安装工程	设备工器具购置	其他费用
全国总计	**1381862**	**796292**	**398868**	**186702**
北　　京	3553	3306	190	57
天　　津	3436	2629	807	
河　　北	174717	135605	23383	15729
山　　西	191459	115631	73816	2012
内 蒙 古	8967	2297	6609	61
辽　　宁	13094	10332	1880	882
吉　　林	11842	9356	1751	735
黑 龙 江	3286	2438	248	600
上　　海	113552	43449	13243	56860
江　　苏	31793	12374	9981	9438
浙　　江	15797	10352	3998	1447
安　　徽	18110	10047	7224	839
福　　建	48771	38450	7745	2576
江　　西	30688	21268	285	9135
山　　东	297854	125457	155615	16782
河　　南	7260	4620	2191	449
湖　　北	58145	24826	25485	7834
湖　　南	39822	29527	6116	4179
广　　东	128608	85357	17937	25314
广　　西	19802	11968	5061	2773
海　　南	10342	4902	4582	858
重　　庆	45739	31561	2221	11957
四　　川	23507	20889	1772	846
贵　　州	16313	11304	1699	3310
云　　南	3938	2289	106	1543
西　　藏				
陕　　西	31927	16240	5819	9868
甘　　肃	27726	8464	18674	588
青　　海	1022	957	62	3
宁　　夏				
新　　疆	792	397	368	27
不分地区				

4－7　各地区按建设性质分的联营经济投资

单位：万元

地　　区	新建	扩建	改建	单纯建造生活设施	迁建	恢复	单纯购置
全国总计	**454684**	**410107**	**184366**	**31909**	**5031**	**900**	**43225**
北　　京	1250	1216			135		
天　　津	890	680	1866				
河　　北	77527	31490	46880	14100	160		4560
山　　西	77253	63282	45114	5810			
内 蒙 古	350	1072	345				6200
辽　　宁	9164	830	2000				
吉　　林	5692	3190	1800	1160			
黑 龙 江		3286					
上　　海	21635	7710	1700		1150		
江　　苏	12500	3458	2084				252
浙　　江	2326	1702	1350				2600
安　　徽	9079	2542	2244				1270
福　　建	19823	6332	3783	4746	300		221
江　　西	15270	68	1154				
山　　东	49383	228640	14320	365	806	900	210
河　　南	3288	1570	2402				
湖　　北	26289	12767	17029	1440			380
湖　　南	22239	11128	2676				1669
广　　东	25571	3368	6127				7620
广　　西	13109	710	1518				200
海　　南	8253			180			63
重　　庆	8140	8647	19401		757		80
四　　川	15310	2540	5292				
贵　　州	1239	5476	5146	2419			
云　　南	2183	80	135	132	223		
西　　藏							
陕　　西	18444	6060		1557			600
甘　　肃	7563	1363			1500		17300
青　　海	122	900					
宁　　夏							
新　　疆	792						
不分地区							

4-8 各地区按主要行业分的联营经济投资

单位:万元

地区	合计	农、林、牧、渔业	采掘业	制造业	电力、煤气及水的生产和供应业
全国总计	**1381862**	**36922**	**13197**	**661148**	**31847**
北京	3553			371	
天津	3436			740	
河北	174717	2422		35654	120
山西	191459	640	1578	174490	5603
内蒙古	8967		345	190	322
辽宁	13094			3460	
吉林	11842			5810	
黑龙江	3286				
上海	113552			24944	
江苏	31793	200		10399	2143
浙江	15797	3800		2142	
安徽	18110	545		10565	180
福建	48771	960		13233	4115
江西	30688	110		1240	68
山东	297854	2268		266840	500
河南	7260		2082	2620	
湖北	58145	3507	240	35608	150
湖南	39822	299	1398	22285	1480
广东	128608	2520		18434	3423
广西	19802	1938		5210	4527
海南	10342	4500		510	
重庆	45739	147	1079	1000	
四川	23507	6000	3180	5082	4500
贵州	16313		65	10654	
云南	3938	686		267	
西藏					
陕西	31927	2530	360	6970	4408
甘肃	27726	3850	2870	738	308
青海	1022			900	
宁夏					
新疆	792			792	
不分地区					

4－8 续表1 单位:万元

地　　区	建筑业	地质勘查业水利管理业	交通运输、仓储和邮电通信业	批发零售贸易和餐饮业	金融、保险业	房地产业
全国总计	**10418**	**1838**	**18276**	**87006**	**1330**	**287047**
北　京						952
天　津	215			315		
河　北	4940		3300	30773		29780
山　西		1338	2000	4210		
内蒙古				6200		1000
辽　宁				7000		1100
吉　林	1136			365	450	
黑龙江				3286		
上　海	1952			1150		81657
江　苏			1000			13499
浙　江						7819
安　徽			1400	240		3275
福　建	1365		4880	6006		13974
江　西			120	1604		14196
山　东			400	1306		3230
河　南			106	620		
湖　北	800		530	2900	680	1990
湖　南				9540		2330
广　东				4923		85922
广　西			2300	1492		4265
海　南						2076
重　庆				230		8714
四　川			1880			365
贵　州			310	227		4452
云　南						1185
西　藏						
陕　西		500	50	2769	200	5266
甘　肃	10			1850		
青　海						
宁　夏						
新　疆						
不分地区						

4－8 续表 2

单位:万元

地　区	社会服务业	卫生体育和社会福利业	教育、文化艺术和广播电影电视业	科学研究和综合技术服务业	国家机关、政党机关和社会团体	其他行业
全国总计	**131106**	**8425**	**34860**	**1372**	**28012**	**29058**
北　京	980			1250		
天　津	2166					
河　北	29968	960	8600		4100	24100
山　西		1300	300			
内蒙古	910					
辽　宁	1232		302			
吉　林		515	3200		366	
黑龙江						
上　海	3849					
江　苏	752		3400		400	
浙　江	266				770	1000
安　徽	275				1630	
福　建	2580				380	1278
江　西	13350					
山　东	12440	250	10320		300	
河　南			472		500	860
湖　北	2110	5400	240		2240	1750
湖　南	570		1420		500	
广　东	11698		1688			
广　西						70
海　南	3256					
重　庆	26501		1068		7000	
四　川					2500	
贵　州	400				205	
云　南					1800	
西　藏						
陕　西	200		3500		5174	
甘　肃	17603		350		147	
青　海				122		
宁　夏						
新　疆						
不分地区						

4－9 各地区按主要工业行业分的联营经济投资

单位：万元

地　　区	工业合计	煤　炭采选业	石油和天然气开采业	黑色金属矿采选业	有色金属矿采选业	非金属矿采选业	其他矿采选业
全国总计	**706192**	**6998**		**1439**	**4340**	**420**	
北　　京	371						
天　　津	740						
河　　北	35774						
山　　西	181671	238			1340		
内 蒙 古	857	345					
辽　　宁	3460						
吉　　林	5810						
黑 龙 江							
上　　海	24944						
江　　苏	12542						
浙　　江	2142						
安　　徽	10745						
福　　建	17348						
江　　西	1308						
山　　东	267340						
河　　南	4702	2082					
湖　　北	35998					240	
湖　　南	25163	1398					
广　　东	21857						
广　　西	9737						
海　　南	510						
重　　庆	2079			1079			
四　　川	12762				3000	180	
贵　　州	10719	65					
云　　南	267						
西　　藏							
陕　　西	11738			360			
甘　　肃	3916	2870					
青　　海	900						
宁　　夏							
新　　疆	792						
不分地区							

4－9 续表 1

单位：万元

地　　区	木材及竹材采运业	食　品加工业	食　品制造业	饮　料制造业	烟　草加工业	纺织业	服装及其他纤维制品制造业
全国总计		**13105**	**6230**	**21700**		**9244**	**11891**
北　　京						135	
天　　津				380			
河　　北		1299	670	50		820	
山　　西			50	130		680	
内 蒙 古		50				140	
辽　　宁		520					
吉　　林				700			200
黑 龙 江							
上　　海							3861
江　　苏			300				
浙　　江							
安　　徽		1635					
福　　建		1720		517			60
江　　西							
山　　东		6272	120	9396		4100	
河　　南							
湖　　北		100	1100	380		2989	
湖　　南		200		30			6700
广　　东		650					1070
广　　西				3900			
海　　南			280				
重　　庆						380	
四　　川							
贵　　州				6217			
云　　南							
西　　藏							
陕　　西			3640				
甘　　肃			70				
青　　海							
宁　　夏							
新　　疆		659					
不分地区							

4－9 续表 2

单位：万元

地　　区	皮革、毛皮、羽绒及其制品业	木材加工及竹、藤、棕、草制品业	家　具制造业	造纸及纸制品业	印刷业、记录媒介的复制	文教体育用品制造业	石油加工及炼焦业
全国总计	**800**	**11708**	**3990**	**18929**	**20795**	**560**	**2070**
北　　京							
天　　津							
河　　北			3990	2200	1670	560	
山　　西							2070
内 蒙 古							
辽　　宁							
吉　　林	300						
黑 龙 江							
上　　海							
江　　苏		7700					
浙　　江							
安　　徽		748		379			
福　　建							
江　　西							
山　　东		2400		1870	14828		
河　　南							
湖　　北		100		12630	1200		
湖　　南							
广　　东	500				2930		
广　　西		760					
海　　南							
重　　庆					80		
四　　川							
贵　　州					87		
云　　南							
西　　藏							
陕　　西				1800			
甘　　肃				50			
青　　海							
宁　　夏							
新　　疆							
不分地区							

4－9 续表 3

单位:万元

地　　区	化学原料及化学制品制造业	医　药制造业	化学纤维制造业	橡　胶制品业	塑　料制品业	非金属矿物制品业	黑色金属冶炼及压延加工业
全国总计	**21346**	**28014**	**220**	**5488**	**17559**	**22685**	**362474**
北　　京							
天　　津	100				260		
河　　北	1310	2100		105	1432	4369	1020
山　　西	7985					600	152327
内 蒙 古							
辽　　宁					1100		
吉　　林	650					1300	
黑 龙 江							
上　　海		12085			498		
江　　苏							
浙　　江							
安　　徽	320	60			4500	1734	
福　　建		2983		155	188	4390	
江　　西	1240						
山　　东	7803	3340		3428		900	206258
河　　南	300						500
湖　　北	920	6811		1800	680	1998	800
湖　　南						1076	680
广　　东					4041	430	247
广　　西	50						500
海　　南							
重　　庆						120	
四　　川	50				4500	532	
贵　　州		500	220		360	3128	142
云　　南		135					
西　　藏							
陕　　西						1075	
甘　　肃	618						
青　　海						900	
宁　　夏							
新　　疆						133	
不分地区							

4－9 续表 4　　单位:万元

地　　区	有色金属冶炼及压延加工业	金　属制品业	普通机械制造业	专用设备制造业	交通运输设备制造业	电气机械及器材制造业
全国总计	**12911**	**13677**	**6048**	**13253**	**8945**	**4105**
北　　京				236		
天　　津						
河　　北	1300	1530	750	1030	3349	1800
山　　西	8100	98	2130		320	
内 蒙 古						
辽　　宁	160			800		430
吉　　林					2660	
黑 龙 江						
上　　海		1500				
江　　苏					1052	85
浙　　江		1052	200	150	240	
安　　徽			705	100	264	120
福　　建		3164	33			
江　　西						
山　　东		3515	1680		210	290
河　　南	1320					
湖　　北	250	1080	400		840	1200
湖　　南	1361	1738	150	10350		
广　　东					10	
广　　西						
海　　南						180
重　　庆	420					
四　　川						
贵　　州						
云　　南				132		
西　　藏						
陕　　西				455		
甘　　肃						
青　　海						
宁　　夏						
新　　疆						
不分地区						

4－9 续表 5　　　　单位:万元

地　　区	电子及通信设备制造业	仪器仪表及文化办公用机械制造业	其　他制造业	电力、蒸汽、热水的生产和供应业	煤气的生产和供应业	自来水的生产和供应业
全国总计	**13148**	**2023**	**8230**	**28428**	**300**	**3119**
北　　京						
天　　津						
河　　北	2000	2000	300	120		
山　　西				5603		
内 蒙 古				322		
辽　　宁	450					
吉　　林						
黑 龙 江						
上　　海			7000			
江　　苏	1262					2143
浙　　江	500					
安　　徽				180		
福　　建		23		4115		
江　　西						68
山　　东			430	500		
河　　南	500					
湖　　北			330			150
湖　　南				1480		
广　　东	8436		120	3423		
广　　西				4527		
海　　南			50			
重　　庆						
四　　川				4500		
贵　　州						
云　　南						
西　　藏						
陕　　西				3650		758
甘　　肃				8	300	
青　　海						
宁　　夏						
新　　疆						
不分地区						

4-10 各地区联营经济中三次产业投资

单位:万元

地　　区	投资额	第一产业	第二产业	第三产业
全国总计	**1381862**	**35653**	**716610**	**629599**
北　　京	3553		371	3182
天　　津	3436		955	2481
河　　北	174717	2422	40714	131581
山　　西	191459	640	181671	9148
内 蒙 古	8967		857	8110
辽　　宁	13094		3460	9634
吉　　林	11842		6946	4896
黑 龙 江	3286			3286
上　　海	113552		26896	86656
江　　苏	31793	200	12542	19051
浙　　江	15797	3800	2142	9855
安　　徽	18110	545	10745	6820
福　　建	48771	300	18713	29758
江　　西	30688	110	1308	29270
山　　东	297854	2268	267340	28246
河　　南	7260		4702	2558
湖　　北	58145	3507	36798	17840
湖　　南	39822	299	25163	14360
广　　东	128608	1911	21857	104840
广　　西	19802	1938	9737	8127
海　　南	10342	4500	510	5332
重　　庆	45739	147	2079	43513
四　　川	23507	6000	12762	4745
贵　　州	16313		10719	5594
云　　南	3938	686	267	2985
西　　藏				
陕　　西	31927	2530	11738	17659
甘　　肃	27726	3850	3926	19950
青　　海	1022		900	122
宁　　夏				
新　　疆	792		792	
不分地区				

4-11 各地区能源工业联营经济投资

单位:万元

地　　区	能源工业合计	煤　炭采选业	石油和天然气开采业	电力、蒸汽、热水的生产和供应业	石油加工及炼焦业	煤气的生产和供应业
全国总计	**37796**	**6998**		**28428**	**2070**	**300**
北　京						
天　津						
河　北	120			120		
山　西	7911	238		5603	2070	
内蒙古	667	345		322		
辽　宁						
吉　林						
黑龙江						
上　海						
江　苏						
浙　江						
安　徽	180			180		
福　建	4115			4115		
江　西						
山　东	500			500		
河　南	2082	2082				
湖　北						
湖　南	2878	1398		1480		
广　东	3423			3423		
广　西	4527			4527		
海　南						
重　庆						
四　川	4500			4500		
贵　州	65	65				
云　南						
西　藏						
陕　西	3650			3650		
甘　肃	3178	2870		8		300
青　海						
宁　夏						
新　疆						
不分地区						

4-12 各地区交通运输业联营经济投资

单位:万元

地区	合计	铁路运输业	公路运输业	管道运输业	水上运输业	航空运输业	交通运输辅助业	其他交通运输业
全国总计	**11126**		**5936**		**310**	**4880**		
北京								
天津								
河北	2700		2700					
山西								
内蒙古								
辽宁								
吉林								
黑龙江								
上海								
江苏								
浙江								
安徽	1200		1200					
福建	4880					4880		
江西								
山东								
河南	106		106					
湖北								
湖南								
广东								
广西								
海南								
重庆								
四川	1880		1880					
贵州	310				310			
云南								
西藏								
陕西	50		50					
甘肃								
青海								
宁夏								
新疆								
不分地区								

4－13 国民经济行业按构成分的联营经济投资

单位：万元

行 业	投资额	建筑安装工程	设备工器具购置	其他费用
全国总计	**1381862**	**796292**	**398868**	**186702**
（一）农、林、牧、渔业	**36922**	**20431**	**10125**	**6366**
农业	18519	9640	4958	3921
林业	5065	2375	905	1785
畜牧业	4539	2908	1171	460
渔业	7530	4856	2674	
农、林、牧、渔服务业	1269	652	417	200
（二）采掘业	**13197**	**8927**	**3919**	**351**
煤炭采选业	6998	4902	1905	191
石油和天然气开采业				
黑色金属矿采选业	1439	590	792	57
有色金属矿采选业	4340	3295	952	93
非金属矿采选业	420	140	270	10
其他矿采选业				
木材及竹材采运业				
（三）制造业	**661148**	**301369**	**325521**	**34258**
食品加工业	13105	5805	6034	1266
食品制造业	6230	2321	2975	934
饮料制造业	21700	7841	11915	1944
烟草加工业				
纺织业	9244	3349	5101	794
服装及其他纤维品制造业	11891	5805	3767	2319
皮革、毛皮、羽绒及其制品业	800	800		
木材加工及竹、藤、棕、草制品业	11708	4548	7140	20
家具制造业	3990	2150	665	1175
造纸及纸制品业	18929	2548	15279	1102
印刷业、记录媒介的复制	20795	6474	14086	235
文教体育用品制造业	560	98	367	95
石油加工及炼焦业	2070	634	1436	
化学原料及化学制品制造业	21346	9824	10226	1296
医药制造业	28014	16554	7386	4074
化学纤维制造业	220	220		
橡胶制品业	5488	1093	4290	105
塑料制品业	17559	9987	6521	1051
非金属矿物制品业	22685	13250	8386	1049
黑色金属冶炼及压延加工业	362474	171654	179845	10975
有色金属冶炼及压延加工业	12911	6577	5705	629
金属制品业	13677	5172	7615	890
普通机械制造业	6048	2746	3287	15

4－13续表1　　单位:万元

行业	投资额	建筑安装工程	设备工器具购置	其他费用
专用设备制造业	13253	10401	1220	1632
交通运输设备制造业	8945	3982	3868	1095
电气机械及器材制造业	4105	980	3070	55
电子及通信设备制造业	13148	2519	9681	948
仪器仪表及文化办公用机械制造业	2023	1046	507	470
其他制造业	8230	2991	5149	90
(四)电力、煤气及水的生产和供应业	**31847**	**21527**	**8837**	**1483**
电力、蒸汽、热水的生产和供应业	28428	19343	8022	1063
煤气的生产和供应业	300	300		
自来水的生产和供应业	3119	1884	815	420
(五)建筑业	**10418**	**7015**	**2528**	**875**
土木工程建筑业	10278	6910	2528	840
线路、管道和设备安装业	140	105		35
建筑物的装修装饰业				
(六)地质勘查业、水利管理业	**1838**	**1800**		**38**
地质勘查业				
水利管理业	1838	1800		38
(七)交通运输、仓储及邮电通信业	**18276**	**12306**	**3000**	**2970**
铁路运输业				
公路运输业	5936	2006	1230	2700
管道运输业				
水上运输业	310	250	60	
航空运输业	4880	4880		
交通运输辅助业				
其他交通运输业				
仓储业	6150	5170	710	270
邮电通信业	1000		1000	
(八)批发和零售贸易、餐饮业	**87006**	**67425**	**14008**	**5573**
食品、饮料、烟草和家庭用品批发商业	23158	16712	3900	2546
能源、材料和机械电子设备批发业	16449	8640	6738	1071
其他批发业	4153	4153		
零售业	41883	37070	3370	1443
商业经纪与代理业				

4－13 续表 2

单位：万元

行　　业	投资额	建筑安装工程	设备工器具购置	其他费用
餐饮业	1363	850		513
(九)金融、保险业	**1330**	**1050**		**280**
金融业	1330	1050		280
保险业				
(十)房地产业	**287047**	**190446**	**1608**	**94993**
房地产开发与经营业	285277	188716	1608	94953
房地产管理业	1770	1730		40
房地产代理与经纪业				
(十一)社会服务业	**131106**	**87521**	**25038**	**18547**
公共服务业	107255	70444	21484	15327
居民服务业	590	442	148	
旅馆业	17663	12307	2721	2635
租赁服务业				
旅行社	1882	1278	177	427
娱乐服务业	2753	2150	445	158
信息、咨询服务业	63		63	
计算机应用服务业				
其他社会服务业	900	900		
(十二)卫生、体育和社会福利业	**8425**	**5775**	**510**	**2140**
卫生	2350	2350		
体育	160	160		
社会福利保障业	5915	3265	510	2140
(十三)教育、文化艺术及广播电影电视业	**34860**	**28535**	**2630**	**3695**
教育	34510	28485	2630	3395
文化艺术业	300			300
广播电影电视业	50	50		
(十四)科学研究和综合技术服务业	**1372**	**1307**	**62**	**3**
科学研究业				
综合技术服务业	1372	1307	62	3
(十五)国家机关、政党机关和社会团体	**28012**	**13867**	**1017**	**13128**
国家机关	20292	8330	652	11310
政党机关				
社会团体	380	380		
基层群众自治组织	7340	5157	365	1818
(十六)其他行业	**29058**	**26991**	**65**	**2002**
其他行业	29058	26991	65	2002

4-14 各地区联营经济财务拨款

单位:万元

地区	本年资金来源合计	上年末结余资金	本年资金来源小计	本年各项应付款合计
全国总计	**1541696**	**52358**	**1489338**	**97700**
北京	3651	13	3638	
天津	3330	46	3284	147
河北	175832	542	175290	647
山西	184784		184784	10318
内蒙古	8967		8967	
辽宁	13157		13157	160
吉林	12217		12217	
黑龙江	2886		2886	400
上海	192253	16099	176154	15043
江苏	41307	4283	37024	2913
浙江	24955	3611	21344	907
安徽	22161	660	21501	3700
福建	63137	5029	58108	3004
江西	37232		37232	
山东	293941	2740	291201	14801
河南	7260		7260	90
湖北	58822	6424	52398	2681
湖南	40434	67	40367	2112
广东	170891	8576	162315	21424
广西	19440	289	19151	4779
海南	11316		11316	128
重庆	49235	938	48297	3646
四川	22287	2250	20037	2912
贵州	17449	648	16801	1382
云南	2367	143	2224	1868
西藏				
陕西	32845		32845	3848
甘肃	27943		27943	570
青海	1025		1025	
宁夏				
新疆	572		572	220
不分地区				

4-15 各地区联营经济财务拨款资金来源

单位:万元

地区	本年资金来源小计	国家预算内资金	国内贷款	债券
全国总计	**1489338**	**5127**	**237177**	**100**
北京	3638			
天津	3284			
河北	175290	275	11329	
山西	184784	210	4595	
内蒙古	8967		25	
辽宁	13157			
吉林	12217		1496	
黑龙江	2886			
上海	176154		59233	
江苏	37024		8820	
浙江	21344	200	1400	
安徽	21501		2790	
福建	58108		5955	
江西	37232	2538	10080	
山东	291201		85480	
河南	7260			
湖北	52398	270	2340	
湖南	40367		1375	
广东	162315	100	18050	
广西	19151	162	690	
海南	11316		830	
重庆	48297	445	12589	
四川	20037	500	742	
贵州	16801	62	2285	
云南	2224	215	625	
西藏				
陕西	32845	150	5170	
甘肃	27943		1278	100
青海	1025			
宁夏				
新疆	572			
不分地区				

单位：万元

地　　区	利用外资	外商直接投资	自筹资金	其他资金来源
全国总计	**9045**	**9030**	**857826**	**380063**
北　京			2686	952
天　津			3096	188
河　北	200	200	116151	47335
山　西	2500	2500	170200	7279
内蒙古			8242	700
辽　宁			11975	1182
吉　林			5450	5271
黑龙江			276	2610
上　海	1952	1952	69214	45755
江　苏	260	260	18358	9586
浙　江			7481	12263
安　徽	35	35	8826	9850
福　建	308	308	18952	32893
江　西	690	690	14366	9558
山　东			183784	21937
河　南			6734	526
湖　北	2780	2780	32952	14056
湖　南			28590	10402
广　东	20	5	54467	89678
广　西	300	300	13681	4318
海　南			8043	2443
重　庆			18139	17124
四　川			17720	1075
贵　州			10264	4190
云　南			409	975
西　藏				
陕　西			19704	7821
甘　肃			6805	19760
青　海			750	275
宁　夏				
新　疆			511	61
不分地区				

4-16 各地区联营经济财务拨款中的自筹资金

单位:万元

地区	自筹资金合计	中央各部门自筹	省自筹	地市自筹	县自筹	企事业单位自有资金	发行股票
全国总计	**857826**	**275**	**5151**	**4638**	**29883**	**779230**	
北京	2686					2686	
天津	3096			1866		1230	
河北	116151		2450	1600	1269	110832	
山西	170200		48	32	2324	167796	
内蒙古	8242				210	8032	
辽宁	11975					11695	
吉林	5450				366	5084	
黑龙江	276					276	
上海	69214			1010		40740	
江苏	18358					17021	
浙江	7481		15		970	6496	
安徽	8826				110	7816	
福建	18952		35		385	17570	
江西	14366				5008	9358	
山东	183784		900		1968	179906	
河南	6734				500	6234	
湖北	32952					32952	
湖南	28590					28290	
广东	54467		1703	80	7829	42459	
广西	13681	275				11206	
海南	8043					8043	
重庆	18139				422	17717	
四川	17720				650	17070	
贵州	10264				391	9873	
云南	409			50	147	197	
西藏							
陕西	19704				6694	11225	
甘肃	6805				640	6165	
青海	750					750	
宁夏							
新疆	511					511	
不分地区							

4－17 联营经济分行业财务拨款

单位：万元

行　　业	本年资金来源合计	上年末结余资金	本年资金来源小计	本年各项应付款合计
全国总计	**1541696**	**52358**	**1489338**	**97700**
(一)农、林、牧、渔业	**37135**	**42**	**37093**	**2774**
农业	19399	42	19357	573
林业	4908		4908	437
畜牧业	4589		4589	255
渔业	6630		6630	900
农、林、牧、渔服务业	1609		1609	609
(二)采掘业	**13161**		**13161**	**96**
煤炭采选业	6962		6962	56
石油和天然气开采业				
黑色金属矿采选业	1439		1439	
有色金属矿采选业	4340		4340	
非金属矿采选业	420		420	40
其他矿采选业				
木材及竹材采运业				
(三)制造业	**659956**	**11374**	**648582**	**25270**
食品加工业	12790		12790	1750
食品制造业	6230		6230	190
饮料制造业	21994	46	21948	542
烟草加工业				
纺织业	9322	313	9009	
服装及其他纤维品制造业	12404	40	12364	
皮革、毛皮、羽绒及其制品业	800		800	
木材加工及竹、藤、棕、草制品业	11708		11708	
家具制造业	3990		3990	
造纸及纸制品业	19049		19049	
印刷业、记录媒介的复制	16370	903	15467	9658
文教体育用品制造业	560		560	
石油加工及炼焦业	70		70	2000
化学原料及化学制品制造业	20711		20711	1500
医药制造业	32461	6456	26005	2059
化学纤维制造业	220		220	
橡胶制品业	5488		5488	
塑料制品业	18319	300	18019	1280
非金属矿物制品业	22911	1001	21910	667
黑色金属冶炼及压延加工业	362474		362474	
有色金属冶炼及压延加工业	12911		12911	1230
金属制品业	11818		11818	3674
普通机械制造业	6048		6048	130

4-17 续表 1

单位:万元

行　　业	本年资金来源合计	上年末结余资金	本年资金来源小计	本年各项应付款合计
专用设备制造业	13403		13403	110
交通运输设备制造业	9631		9631	210
电气机械及器材制造业	4017		4017	118
电子及通信设备制造业	13468	1756	11712	152
仪器仪表及文化办公用机械制造业	2559	559	2000	
其他制造业	8230		8230	
(四)电力、煤气及水的生产和供应业	**30172**	**176**	**29996**	**7454**
电力、蒸汽、热水的生产和供应业	26901	176	26725	7306
煤气的生产和供应业	300		300	
自来水的生产和供应业	2971		2971	148
(五)建筑业	**10553**	**615**	**9938**	
土木工程建筑业	10413	615	9798	
线路、管道和设备安装业	140		140	
建筑物的装修装饰业				
(六)地质勘查业、水利管理业	**1838**		**1838**	**1338**
地质勘查业				
水利管理业	1838		1838	1338
(七)交通运输、仓储及邮电通信业	**17626**		**17626**	**700**
铁路运输业				
公路运输业	5586		5586	400
管道运输业				
水上运输业	310		310	
航空运输业	4880		4880	
交通运输辅助业				
其他交通运输业				
仓储业	5850		5850	300
邮电通信业	1000		1000	
(八)批发和零售贸易、餐饮业	**86125**	**200**	**85925**	**2254**
食品、饮料、烟草和家庭用品批发商业	22533		22533	1045
能源、材料和机械电子设备批发业	16449		16449	
其他批发业	4253	200	4053	
零售业	41527		41527	1159
商业经纪与代理业				

4－17 续表 2

单位：万元

行　　业	本年资金来源合计	上年末结余资金	本年资金来源小计	本年各项应付款合计
餐饮业	1363		1363	50
(九)金融、保险业	**1380**	**150**	**1230**	
金融业	1380	150	1230	
保险业				
(十)房地产业	**448883**	**35330**	**413553**	**48347**
房地产开发与经营业	447083	35330	411753	48067
房地产管理业	1800		1800	280
房地产代理与经纪业				
(十一)社会服务业	**135637**	**2726**	**132911**	**2118**
公共服务业	109852		109852	1088
居民服务业	590		590	
旅馆业	19547	2026	17521	1030
租赁服务业				
旅行社	1885		1885	
娱乐服务业	2800	700	2100	
信息、咨询服务业	63		63	
计算机应用服务业				
其他社会服务业	900		900	
(十二)卫生、体育和社会福利业	**7908**	**108**	**7800**	**1400**
卫生	1608	108	1500	1400
体育	160		160	
社会福利保障业	6140		6140	
(十三)教育、文化艺术及广播电影电视业	**33540**	**210**	**33330**	**1612**
教育	33190	210	32980	1612
文化艺术业	300		300	
广播电影电视业	50		50	
(十四)科学研究和综合技术服务业	**1375**		**1375**	
科学研究业				
综合技术服务业	1375		1375	
(十五)国家机关、政党机关和社会团体	**26300**	**1300**	**25000**	**4337**
国家机关	18710	1300	17410	3437
政党机关				
社会团体	400		400	
基层群众自治组织	7190		7190	900
(十六)其他行业	**30107**	**127**	**29980**	
其他行业	30107	127	29980	

4－18 联营经济分行业财务拨款资金来源

单位:万元

行业	本年资金来源小计	国家预算内资金	国内贷款	债券
全国总计	**1489338**	**5127**	**237177**	**100**
(一)农、林、牧、渔业	**37093**	**815**	**3473**	
农业	19357	485	2430	
林业	4908	230	650	
畜牧业	4589	100	373	
渔业	6630		20	
农、林、牧、渔服务业	1609			
(二)采掘业	**13161**	**500**	**1340**	
煤炭采选业	6962		30	
石油和天然气开采业				
黑色金属矿采选业	1439			
有色金属矿采选业	4340	500	1310	
非金属矿采选业	420			
其他矿采选业				
木材及竹材采运业				
(三)制造业	**648582**	**727**	**117396**	**100**
食品加工业	12790		460	
食品制造业	6230		730	100
饮料制造业	21948		4610	
烟草加工业				
纺织业	9009	380	200	
服装及其他纤维品制造业	12364		2245	
皮革、毛皮、羽绒及其制品业	800			
木材加工及竹、藤、棕、草制品业	11708		600	
家具制造业	3990		50	
造纸及纸制品业	19049		2600	
印刷业、记录媒介的复制	15467		8600	
文教体育用品制造业	560			
石油加工及炼焦业	70			
化学原料及化学制品制造业	20711	347	1100	
医药制造业	26005		13928	
化学纤维制造业	220		35	
橡胶制品业	5488			
塑料制品业	18019		1576	
非金属矿物制品业	21910		2472	
黑色金属冶炼及压延加工业	362474		71100	
有色金属冶炼及压延加工业	12911		520	
金属制品业	11818		1300	
普通机械制造业	6048		500	

4－18 续表 1

单位:万元

行　　业	本年资金来源小计	国家预算内资金	国内贷款	债　券
专用设备制造业	13403		20	
交通运输设备制造业	9631		500	
电气机械及器材制造业	4017		20	
电子及通信设备制造业	11712			
仪器仪表及文化办公用机械制造业	2000			
其他制造业	8230		4230	
(四)电力、煤气及水的生产和供应业	**29996**		**4858**	
电力、蒸汽、热水的生产和供应业	26725		4858	
煤气的生产和供应业	300			
自来水的生产和供应业	2971			
(五)建筑业	**9938**		**96**	
土木工程建筑业	9798		96	
线路、管道和设备安装业	140			
建筑物的装修装饰业				
(六)地质勘查业、水利管理业	**1838**	**125**	**735**	
地质勘查业				
水利管理业	1838	125	735	
(七)交通运输、仓储及邮电通信业	**17626**		**500**	
铁路运输业				
公路运输业	5586		250	
管道运输业				
水上运输业	310		150	
航空运输业	4880			
交通运输辅助业				
其他交通运输业				
仓储业	5850		100	
邮电通信业	1000			
(八)批发和零售贸易、餐饮业	**85925**	**50**	**2330**	
食品、饮料、烟草和家庭用品批发商业	22533		600	
能源、材料和机械电子设备批发业	16449			
其他批发业	4053	50		
零售业	41527		1720	
商业经纪与代理业				

4-18 续表 2

单位:万元

行　　业	本年资金来源小计	国家预算内资金	国内贷款	债　券
餐饮业	1363		10	
(九)金融、保险业	**1230**			
金融业	1230			
保险业				
(十)房地产业	**413553**	**212**	**75195**	
房地产开发与经营业	411753	212	75195	
房地产管理业	1800			
房地产代理与经纪业				
(十一)社会服务业	**132911**	**2391**	**20694**	
公共服务业	109852	2391	17394	
居民服务业	590			
旅馆业	17521		3000	
租赁服务业				
旅行社	1885			
娱乐服务业	2100		300	
信息、咨询服务业	63			
计算机应用服务业				
其他社会服务业	900			
(十二)卫生、体育和社会福利业	**7800**		**600**	
卫生	1500		600	
体育	160			
社会福利保障业	6140			
(十三)教育、文化艺术及广播电影电视业	**33330**	**5**	**4820**	
教育	32980	5	4820	
文化艺术业	300			
广播电影电视业	50			
(十四)科学研究和综合技术服务业	**1375**			
科学研究业				
综合技术服务业	1375			
(十五)国家机关、政党机关和社会团体	**25000**	**275**	**2940**	
国家机关	17410	275	2600	
政党机关				
社会团体	400			
基层群众自治组织	7190		340	
(十六)其他行业	**29980**	**27**	**2200**	
其他行业	29980	27	2200	

4－18 续表 3　　　　单位:万元

行　　业	利　用 外　资	外商直接投资	自　筹 资　金	其他资 金来源
全国总计	**9045**	**9030**	**857826**	**380063**
(一)农、林、牧、渔业	**20**	**5**	**27114**	**5671**
农业			13904	2538
林业			1896	2132
畜牧业	20	5	3305	791
渔业			6400	210
农、林、牧、渔服务业			1609	
(二)采掘业			**10358**	**963**
煤炭采选业			6509	423
石油和天然气开采业				
黑色金属矿采选业			1139	300
有色金属矿采选业			2530	
非金属矿采选业			180	240
其他矿采选业				
木材及竹材采运业				
(三)制造业	**5775**	**5775**	**484704**	**39880**
食品加工业			9989	2341
食品制造业	1040	1040	3490	870
饮料制造业			16310	1028
烟草加工业				
纺织业			8039	390
服装及其他纤维品制造业			9419	700
皮革、毛皮、羽绒及其制品业			500	300
木材加工及竹、藤、棕、草制品业	35	35	10463	610
家具制造业			3940	
造纸及纸制品业	2000	2000	13699	750
印刷业、记录媒介的复制			5867	1000
文教体育用品制造业			560	
石油加工及炼焦业			70	
化学原料及化学制品制造业			15151	4113
医药制造业	200	200	11877	
化学纤维制造业			185	
橡胶制品业			5453	35
塑料制品业			11317	5126
非金属矿物制品业			16758	2680
黑色金属冶炼及压延加工业			277992	13382
有色金属冶炼及压延加工业	2500	2500	9471	420
金属制品业			8443	2075
普通机械制造业			5088	460

4－18续表4

单位:万元

行　　业	利　用 外　资	外商直接投资	自　筹 资　金	其他资 金来源
专用设备制造业			13001	382
交通运输设备制造业			8611	520
电气机械及器材制造业			3850	147
电子及通信设备制造业			9161	2551
仪器仪表及文化办公用机械制造业			2000	
其他制造业			4000	
(四)电力、煤气及水的生产和供应业			**19585**	**5553**
电力、蒸汽、热水的生产和供应业			16924	4943
煤气的生产和供应业			300	
自来水的生产和供应业			2361	610
(五)建筑业	**1952**	**1952**	**6209**	**1681**
土木工程建筑业	1952	1952	6209	1541
线路、管道和设备安装业				140
建筑物的装修装饰业				
(六)地质勘查业、水利管理业			**199**	**779**
地质勘查业				
水利管理业			199	779
(七)交通运输、仓储及邮电通信业	**300**	**300**	**15270**	**1556**
铁路运输业				
公路运输业			3900	1436
管道运输业				
水上运输业			160	
航空运输业			4880	
交通运输辅助业				
其他交通运输业				
仓储业	300	300	5330	120
邮电通信业			1000	
(八)批发和零售贸易、餐饮业	**690**	**690**	**57990**	**24865**
食品、饮料、烟草和家庭用品批发商业	690	690	11210	10033
能源、材料和机械电子设备批发业			13476	2973
其他批发业			150	3853
零售业			31821	7986
商业经纪与代理业				

4-18 续表 5

单位:万元

行业	利用外资	外商直接投资	自筹资金	其他资金来源
餐饮业			1333	20
(九)金融、保险业			**930**	**300**
金融业			930	300
保险业				
(十)房地产业	**308**	**308**	**110441**	**227397**
房地产开发与经营业	308	308	109521	226517
房地产管理业			920	880
房地产代理与经纪业				
(十一)社会服务业			**69178**	**40648**
公共服务业			52444	37623
居民服务业			590	
旅馆业			12396	2125
租赁服务业				
旅行社			1285	600
娱乐服务业			1800	
信息、咨询服务业			63	
计算机应用服务业				
其他社会服务业			600	300
(十二)卫生、体育和社会福利业			**1190**	**6010**
卫生			900	
体育			160	
社会福利保障业			130	6010
(十三)教育、文化艺术及广播电影电视业			**23863**	**4642**
教育			23513	4642
文化艺术业			300	
广播电影电视业			50	
(十四)科学研究和综合技术服务业			**1250**	**125**
科学研究业				
综合技术服务业			1250	125
(十五)国家机关、政党机关和社会团体			**17235**	**4550**
国家机关			13415	1120
政党机关				
社会团体				400
基层群众自治组织			3820	3030
(十六)其他行业			**12310**	**15443**
其他行业			12310	15443

4－19 联营经济分行业财务拨款中的自筹资金

单位:万元

行业	自筹资金合计	中央各部门自筹	省自筹	地市自筹	县自筹	企事业单位自有资金	
							发行股票
全国总计	**857826**	**275**	**5151**	**4638**	**29883**	**779230**	
(一)农、林、牧、渔业	**27114**	**275**	**1718**	**1645**	**1476**	**22000**	
农业	13904		1688	1600	127	10489	
林业	1896	275				1621	
畜牧业	3305		30	45	1349	1881	
渔业	6400					6400	
农、林、牧、渔服务业	1609					1609	
(二)采掘业	**10358**					**10358**	
煤炭采选业	6509					6509	
石油和天然气开采业							
黑色金属矿采选业	1139					1139	
有色金属矿采选业	2530					2530	
非金属矿采选业	180					180	
其他矿采选业							
木材及竹材采运业							
(三)制造业	**484704**		**2250**	**1045**	**1787**	**479622**	
食品加工业	9989				186	9803	
食品制造业	3490				30	3460	
饮料制造业	16310					16310	
烟草加工业							
纺织业	8039				100	7939	
服装及其他纤维品制造业	9419			35		9384	
皮革、毛皮、羽绒及其制品业	500					500	
木材加工及竹、藤、棕、草制品业	10463					10463	
家具制造业	3940					3940	
造纸及纸制品业	13699					13699	
印刷业、记录媒介的复制	5867		900			4967	
文教体育用品制造业	560					560	
石油加工及炼焦业	70					70	
化学原料及化学制品制造业	15151				500	14651	
医药制造业	11877			1010		10867	
化学纤维制造业	185					185	
橡胶制品业	5453					5453	
塑料制品业	11317				140	11177	
非金属矿物制品业	16758				301	16457	
黑色金属冶炼及压延加工业	277992					277992	
有色金属冶炼及压延加工业	9471					9471	
金属制品业	8443		1350			7093	
普通机械制造业	5088				530	4558	

行　　业	自筹资金合　计	中央各部门自筹	省自筹	地市自筹	县自筹	企事业单位自有资金	发行股票
专用设备制造业	13001					13001	
交通运输设备制造业	8611					8611	
电气机械及器材制造业	3850					3850	
电子及通信设备制造业	9161					9161	
仪器仪表及文化办公用机械制造业	2000					2000	
其他制造业	4000					4000	
(四)电力、煤气及水的生产和供应业	**19585**		**35**		**465**	**19085**	
电力、蒸汽、热水的生产和供应业	16924		35		165	16724	
煤气的生产和供应业	300				300		
自来水的生产和供应业	2361					2361	
(五)建筑业	**6209**					**6209**	
土木工程建筑业	6209					6209	
线路、管道和设备安装业							
建筑物的装修装饰业							
(六)地质勘查业、水利管理业	**199**		**48**	**27**	**124**		
地质勘查业							
水利管理业	199		48	27	124		
(七)交通运输、仓储及邮电通信业	**15270**				**2350**	**12920**	
铁路运输业							
公路运输业	3900				650	3250	
管道运输业							
水上运输业	160					160	
航空运输业	4880					4880	
交通运输辅助业							
其他交通运输业							
仓储业	5330				1700	3630	
邮电通信业	1000					1000	
(八)批发和零售贸易、餐饮业	**57990**				**1240**	**56750**	
食品、饮料、烟草和家庭用品批发商业	11210				1240	9970	
能源、材料和机械电子设备批发业	13476					13476	
其他批发业	150					150	
零售业	31821					31821	
商业经纪与代理业							

行　　业	自筹资金合　计	中央各部门自筹	省自筹	地市自筹	县自筹	企事业单位自有资金	发行股票
餐饮业	1333					1333	
(九)金融、保险业	**930**					**930**	
金融业	930					930	
保险业							
(十)房地产业	**110441**					**71792**	
房地产开发与经营业	109521					70872	
房地产管理业	920					920	
房地产代理与经纪业							
(十一)社会服务业	**69178**			**1866**	**13658**	**53654**	
公共服务业	52444				13348	39096	
居民服务业	590				210	380	
旅馆业	12396			1866		10530	
租赁服务业							
旅行社	1285					1285	
娱乐服务业	1800					1800	
信息、咨询服务业	63					63	
计算机应用服务业							
其他社会服务业	600				100	500	
(十二)卫生、体育和社会福利业	**1190**				**100**	**1090**	
卫生	900				100	800	
体育	160					160	
社会福利保障业	130					130	
(十三)教育、文化艺术及广播电影电视业	**23863**		**1100**	**5**	**600**	**22158**	
教育	23513		1100	5	600	21808	
文化艺术业	300					300	
广播电影电视业	50					50	
(十四)科学研究和综合技术服务业	**1250**					**1250**	
科学研究业							
综合技术服务业	1250					1250	
(十五)国家机关、政党机关和社会团体	**17235**			**50**	**8083**	**9102**	
国家机关	13415			50	7033	6332	
政党机关							
社会团体							
基层群众自治组织	3820				1050	2770	
(十六)其他行业	**12310**					**12310**	
其他行业	12310					12310	

4-20 各地区联营经济项目个数

单位:个

地　　区	施工项目个数	新开工项目个数	全部建成投产项目个数	项目建成投产率(%)
全国总计	**797**	**635**	**435**	**54.6**
北　　京	4	1	2	50.0
天　　津	7	7	4	57.1
河　　北	98	89	55	56.1
山　　西	49	41	24	49.0
内 蒙 古	7	7	6	85.7
辽　　宁	13	12	7	53.8
吉　　林	20	18	9	45.0
黑 龙 江	3	3	3	100.0
上　　海	17	8	3	17.6
江　　苏	17	15	13	76.5
浙　　江	10	7	3	30.0
安　　徽	32	28	12	37.5
福　　建	45	25	21	46.7
江　　西	9	4	7	77.8
山　　东	102	84	59	57.8
河　　南	25	21	11	44.0
湖　　北	96	79	68	70.8
湖　　南	36	30	19	52.8
广　　东	53	38	35	66.0
广　　西	19	12	9	47.4
海　　南	10	5	4	40.0
重　　庆	15	10	7	46.7
四　　川	15	9	4	26.7
贵　　州	33	29	26	78.8
云　　南	6	4	2	33.3
西　　藏				
陕　　西	31	25	15	48.4
甘　　肃	21	20	6	28.6
青　　海	2	2	1	50.0
宁　　夏				
新　　疆	2	2		
不分地区				

4－21 联营经济分行业项目个数

单位:个

行　业	施工项目个数	新开工项目个数	全部建成投产项目个数	项目建成投产率（%）
全国总计	**797**	**635**	**435**	**54.6**
(一)农、林、牧、渔业	**46**	**36**	**21**	**45.7**
农业	25	18	10	40.0
林业	5	5	2	40.0
畜牧业	12	10	7	58.3
渔业	2	2	1	50.0
农、林、牧、渔服务业	2	1	1	50.0
(二)采掘业	**34**	**32**	**13**	**38.2**
煤炭采选业	25	24	7	28.0
石油和天然气开采业				
黑色金属矿采选业	4	4	3	75.0
有色金属矿采选业	3	3	2	66.7
非金属矿采选业	2	1	1	50.0
其他矿采选业				
木材及竹材采运业				
(三)制造业	**401**	**326**	**220**	**54.9**
食品加工业	23	20	12	52.2
食品制造业	16	15	8	50.0
饮料制造业	29	24	15	51.7
烟草加工业				
纺织业	29	25	19	65.5
服装及其他纤维品制造业	9	5	2	22.2
皮革、毛皮、羽绒及其制品业	2	1	1	50.0
木材加工及竹、藤、棕、草制品业	8	7	3	37.5
家具制造业	4	4	3	75.0
造纸及纸制品业	12	9	6	50.0
印刷业、记录媒介的复制	4	2	3	75.0
文教体育用品制造业	1	1	1	100.0
石油加工及炼焦业	2	1	2	100.0
化学原料及化学制品制造业	32	31	14	43.8
医药制造业	14	7	7	50.0
化学纤维制造业	1	1		
橡胶制品业	6	3	2	33.3
塑料制品业	11	9	5	45.5
非金属矿物制品业	43	37	30	69.8
黑色金属冶炼及压延加工业	59	50	40	67.8
有色金属冶炼及压延加工业	13	11	11	84.6
金属制品业	16	10	6	37.5
普通机械制造业	13	12	8	61.5

4－21续表1　　　单位：个

行　　业	施工项目个数	新开工项目个数	全部建成投产项目个数	项目建成投产率(%)
专用设备制造业	9	6	5	55.6
交通运输设备制造业	14	11	7	50.0
电气机械及器材制造业	11	9	2	18.2
电子及通信设备制造业	7	5	4	57.1
仪器仪表及文化办公用机械制造业	2	1		
其他制造业	11	9	4	36.4
(四)电力、煤气及水的生产和供应业	**39**	**24**	**18**	**46.2**
电力、蒸汽、热水的生产和供应业	34	19	15	44.1
煤气的生产和供应业	1	1	1	100.0
自来水的生产和供应业	4	4	2	50.0
(五)建筑业	**15**	**12**	**11**	**73.3**
土木工程建筑业	14	11	10	71.4
线路、管道和设备安装业	1	1	1	100.0
建筑物的装修装饰业				
(六)地质勘查业、水利管理业	**2**	**1**		
地质勘查业				
水利管理业	2	1		
(七)交通运输、仓储及邮电通信业	**16**	**9**	**8**	**50.0**
铁路运输业				
公路运输业	5	2	4	80.0
管道运输业				
水上运输业	1	1	1	100.0
航空运输业	2			
交通运输辅助业				
其他交通运输业				
仓储业	7	5	3	42.9
邮电通信业	1	1		
(八)批发和零售贸易、餐饮业	**73**	**57**	**50**	**68.5**
食品、饮料、烟草和家庭用品批发商业	23	19	11	47.8
能源、材料和机械电子设备批发业	8	7	6	75.0
其他批发业	6	4	3	50.0
零售业	31	24	25	80.6
商业经纪与代理业				

4－21续表2 单位:个

行　　业	施工项目个数	新开工项目个数	全部建成投产项目个数	项目建成投产率(%)
餐饮业	5	3	5	100.0
(九)金融、保险业	**3**	**2**		
金融业	3	2		
保险业				
(十)房地产业	**18**	**14**	**10**	**55.6**
房地产开发与经营业	12	8	8	66.7
房地产管理业	6	6	2	33.3
房地产代理与经纪业				
(十一)社会服务业	**71**	**60**	**42**	**59.2**
公共服务业	39	36	25	64.1
居民服务业	2	1	1	50.0
旅馆业	14	9	6	42.9
租赁服务业				
旅行社	3	3	1	33.3
娱乐服务业	9	7	5	55.6
信息、咨询服务业				
计算机应用服务业				
其他社会服务业	4	4	4	100.0
(十二)卫生、体育和社会福利业	**6**	**3**	**2**	**33.3**
卫生	3	1	1	33.3
体育	1	1	1	100.0
社会福利保障业	2	1		
(十三)教育、文化艺术及广播电影电视业	**25**	**20**	**15**	**60.0**
教育	23	18	14	60.9
文化艺术业	1	1	1	100.0
广播电影电视业	1	1		
(十四)科学研究和综合技术服务业	**2**	**1**	**1**	**50.0**
科学研究业				
综合技术服务业	2	1	1	50.0
(十五)国家机关、政党机关和社会团体	**29**	**25**	**15**	**51.7**
国家机关	19	17	11	57.9
政党机关				
社会团体	1	1		
基层群众自治组织	9	7	4	44.4
(十六)其他行业	**17**	**13**	**9**	**52.9**
其他行业	17	13	9	52.9

4-22 各地区联营经济房屋建筑面积和造价

地区	施工房屋面积（万平方米）	竣工房屋面积（万平方米）	房屋建筑面积竣工率（%）	竣工房屋价值（万元）	竣工房屋造价（元/平方米）
全国总计	**735.36**	**344.64**	**46.9**	**284346**	**825**
北京	1.79	0.71	39.6	1081	1528
天津	1.12	0.90	80.4	790	878
河北	105.76	62.52	59.1	55860	893
山西	18.62	11.90	63.9	8726	733
内蒙古	10.94	10.69	97.7	8893	832
辽宁	6.05	3.13	51.8	3172	1012
吉林	19.97	9.60	48.1	8412	876
黑龙江	2.57	2.57	100.0	3238	1260
上海	68.43	15.14	22.1	21611	1427
江苏	22.45	11.78	52.5	10635	903
浙江	14.76	6.47	43.8	6248	966
安徽	10.82	6.57	60.7	4661	709
福建	48.70	11.58	23.8	12072	1042
江西	16.10	8.92	55.4	6229	698
山东	75.78	49.54	65.4	44440	897
河南	3.10	1.40	45.2	796	568
湖北	26.92	11.32	42.0	7014	620
湖南	51.13	26.38	51.6	12478	473
广东	75.46	22.45	29.8	25723	1146
广西	8.32	1.47	17.7	657	447
海南	12.02	2.03	16.9	3581	1767
重庆	65.29	38.70	59.3	17200	444
四川	8.79	2.09	23.8	1080	517
贵州	19.40	11.39	58.7	7665	673
云南	3.76	2.25	59.8	884	393
西藏					
陕西	34.02	12.90	37.9	11010	853
甘肃	2.83	0.17	6.0	107	629
青海	0.23	0.05	21.1	35	729
宁夏					
新疆	0.26	0.02	8.0	48	2286
不分地区					

4-23 各地区联营经济住宅建筑面积和造价

地　区	施工住宅面积（万平方米）	竣工住宅面积（万平方米）	住宅建筑面积竣工率（%）	竣工住宅价值（万元）	竣工住宅造价（元/平方米）
全国总计	**417.77**	**171.45**	**41.0**	**135602**	**791**
北　京	0.33				
天　津					
河　北	47.60	29.40	61.8	24560	835
山　西	6.62	1.14	17.1	573	505
内蒙古	7.19	7.06	98.2	5579	790
辽　宁	1.21	1.21	100.0	900	743
吉　林	16.48	6.31	38.3	5192	823
黑龙江					
上　海	52.92	10.52	19.9	15617	1484
江　苏	15.72	5.48	34.9	3492	637
浙　江	8.81	4.65	52.7	3456	743
安　徽	6.05	2.89	47.7	1797	622
福　建	30.47	4.60	15.1	5204	1131
江　西	14.49	8.85	61.1	6146	695
山　东	32.15	22.24	69.2	16778	754
河　南	1.50	1.10	73.4	696	632
湖　北	7.76	6.86	88.4	3991	582
湖　南	13.59	4.91	36.1	3158	643
广　东	53.58	12.06	22.5	17236	1429
广　西	2.19	0.88	40.2	388	441
海　南	6.60	0.05	0.8	31	596
重　庆	49.59	29.50	59.5	11537	391
四　川	4.05	0.84	20.9	394	466
贵　州	11.05	4.82	43.6	2999	622
云　南	2.20	0.87	39.5	509	587
西　藏					
陕　西	25.51	5.12	20.1	5312	1037
甘　肃	0.09	0.09	100.0	57	633
青　海					
宁　夏					
新　疆	240.00				
不分地区					

4－24　联营经济分行业房屋建筑面积和造价

行　　业	施工房屋面　　积(万平方米)	竣工房屋面　　积(万平方米)	房屋建筑面积竣工率(%)	竣工房屋价　　值(万元)	竣工房屋造　　价(元/平方米)
全国总计	**735.36**	**344.64**	**46.9**	**284346**	**825**
(一)农、林、牧、渔业	**5.71**	**4.26**	**74.6**	**1881**	**442**
农业	3.47	2.16	62.2	687	319
林业	0.61	0.61	100.0	242	395
畜牧业	1.48	1.34	90.5	760	567
渔业					
农、林、牧、渔服务业	0.15	0.15	100.0	192	1280
(二)采掘业	**1.55**	**0.61**	**39.4**	**285**	**467**
煤炭采选业	0.39	0.25	64.9	105	420
石油和天然气开采业					
黑色金属矿采选业					
有色金属矿采选业	1.10	0.30	27.2	100	333
非金属矿采选业	0.06	0.06	100.0	80	1333
其他矿采选业					
木材及竹材采运业					
(三)制造业	**142.99**	**86.40**	**60.4**	**65208**	**755**
食品加工业	6.25	5.36	85.8	4478	836
食品制造业	2.10	1.54	73.5	870	563
饮料制造业	7.91	6.56	82.9	4884	745
烟草加工业					
纺织业	2.15	1.09	50.8	1199	1100
服装及其他纤维品制造业	4.07	0.56	13.8	400	715
皮革、毛皮、羽绒及其制品业	1.80	1.80	100.0	2850	1583
木材加工及竹、藤、棕、草制品业	3.15	2.75	87.3	2245	816
家具制造业	1.34	1.34	100.0	1270	948
造纸及纸制品业	0.74	0.20	27.5	300	1478
印刷业、记录媒介的复制	2.81	0.29	10.2	237	832
文教体育用品制造业	0.10	0.10	100.0	80	800
石油加工及炼焦业					
化学原料及化学制品制造业	2.99	1.78	59.4	1780	1003
医药制造业	14.81	4.71	31.8	4659	988
化学纤维制造业					
橡胶制品业	1.98	1.79	90.8	1922	1071
塑料制品业	2.16	1.04	48.1	1150	1109
非金属矿物制品业	8.83	4.40	49.8	3200	727
黑色金属冶炼及压延加工业	33.62	19.84	59.0	15305	771
有色金属冶炼及压延加工业	5.48	5.01	91.5	3285	656
金属制品业	4.98	2.59	52.1	2949	1137
普通机械制造业	1.29	1.29	100.0	1070	833

4－24续表1

行　　业	施工房屋面　　积(万平方米)	竣工房屋面　　积(万平方米)	房屋建筑面积竣工率(%)	竣工房屋价　　值(万元)	竣工房屋造　　价(元/平方米)
专用设备制造业	26.86	18.24	67.9	7238	397
交通运输设备制造业	2.28	2.14	94.2	2010	938
电气机械及器材制造业	0.93	0.20	21.4	220	1100
电子及通信设备制造业	1.86	1.57	84.0	1404	896
仪器仪表及文化办公用机械制造业	1.20				
其他制造业	1.33	0.21	15.4	203	990
(四)电力、煤气及水的生产和供应业	**3.73**	**2.21**	**59.2**	**2533**	**1149**
电力、蒸汽、热水的生产和供应业	1.71	1.51	88.3	1500	997
煤气的生产和供应业					
自来水的生产和供应业	2.02	0.70	34.7	1033	1476
(五)建筑业	**8.12**	**7.85**	**96.7**	**5112**	**651**
土木工程建筑业	7.87	7.60	96.6	4972	654
线路、管道和设备安装业	0.25	0.25	100.0	140	560
建筑物的装修装饰业					
(六)地质勘查业、水利管理业					
地质勘查业					
水利管理业					
(七)交通运输、仓储及邮电通信业	**18.31**	**2.24**	**12.2**	**1516**	**678**
铁路运输业					
公路运输业	0.79	0.79	100.0	606	768
管道运输业					
水上运输业	0.41	0.41	100.0	240	585
航空运输业	14.06				
交通运输辅助业					
其他交通运输业					
仓储业	3.05	1.04	33.9	670	647
邮电通信业					
(八)批发和零售贸易、餐饮业	**65.14**	**37.48**	**57.5**	**31320**	**836**
食品、饮料、烟草和家庭用品批发商业	24.78	7.58	30.6	7309	964
能源、材料和机械电子设备批发业	13.58	10.58	77.9	7780	736
其他批发业	6.09	3.89	63.9	3680	946
零售业	19.17	13.92	72.6	11468	824
商业经纪与代理业					

4－24续表2

行　　业	施工房屋面　　积（万平方米）	竣工房屋面　　积（万平方米）	房屋建筑面积竣工率（%）	竣工房屋价　　值（万元）	竣工房屋造　　价（元/平方米）
餐饮业	1.52	1.52	100.0	1083	715
（九）金融、保险业	**1.98**				
金融业	1.98				
保险业					
（十）房地产业	**311.86**	**111.34**	**35.7**	**113752**	**1022**
房地产开发与经营业	309.37	111.10	35.9	113152	1018
房地产管理业	2.49	0.24	9.6	600	2500
房地产代理与经纪业					
（十一）社会服务业	**84.00**	**48.10**	**57.3**	**24801**	**516**
公共服务业	68.45	39.82	58.2	14946	375
居民服务业	0.73	0.48	65.8	200	417
旅馆业	11.69	5.48	46.9	7825	1427
租赁服务业					
旅行社	0.07	0.07	100.0	160	2388
娱乐服务业	1.87	1.05	56.1	870	829
信息、咨询服务业					
计算机应用服务业					
其他社会服务业	1.20	1.20	100.0	800	667
（十二）卫生、体育和社会福利业	**11.32**	**0.05**	**0.4**	**100**	**2000**
卫生	1.97				
体育	0.05	0.05	100.0	100	2000
社会福利保障业	9.30				
（十三）教育、文化艺术及广播电影电视业	**32.51**	**23.79**	**73.2**	**22874**	**961**
教育	32.39	23.79	73.5	22874	961
文化艺术业					
广播电影电视业	0.11				
（十四）科学研究和综合技术服务业	**0.64**	**0.05**	**7.5**	**35**	**729**
科学研究业					
综合技术服务业	0.64	0.05	7.5	35	729
（十五）国家机关、政党机关和社会团体	**27.11**	**10.91**	**40.2**	**8629**	**791**
国家机关	16.91	6.74	39.9	5623	834
政党机关					
社会团体					
基层群众自治组织	10.20	4.17	40.8	3006	722
（十六）其他行业	**20.41**	**9.36**	**45.9**	**6300**	**673**
其他行业	20.41	9.36	45.9	6300	673

4-25 联营经济分行业住宅建筑面积和造价

行业	施工住宅面积(万平方米)	竣工住宅面积(万平方米)	住宅建筑面积竣工率(%)	竣工住宅价值(万元)	竣工住宅造价(元/平方米)
全国总计	**417.77**	**171.45**	**41.0**	**135602**	**791**
(一)农、林、牧、渔业	**1.51**	**0.71**	**46.8**	**274**	**388**
农业	1.24	0.44	35.2	144	330
林业	0.27	0.27	100.0	130	480
畜牧业					
渔业					
农、林、牧、渔服务业					
(二)采掘业	**0.11**	**0.05**	**47.6**	**80**	**1600**
煤炭采选业	0.06				
石油和天然气开采业					
黑色金属矿采选业					
有色金属矿采选业					
非金属矿采选业	0.05	0.05	100.0	80	1600
其他矿采选业					
木材及竹材采运业					
(三)制造业	**28.95**	**19.60**	**67.7**	**11757**	**600**
食品加工业	0.78	0.76	96.9	390	513
食品制造业	1.00	0.80	80.1	547	682
饮料制造业	0.60	0.60	100.0	700	1167
烟草加工业					
纺织业	0.70				
服装及其他纤维品制造业	0.24	0.24	100.0	200	833
皮革、毛皮、羽绒及其制品业	0.30	0.30	100.0	300	1000
木材加工及竹、藤、棕、草制品业	0.04				
家具制造业					
造纸及纸制品业					
印刷业、记录媒介的复制					
文教体育用品制造业					
石油加工及炼焦业					
化学原料及化学制品制造业	0.65	0.65	100.0	650	1000
医药制造业					
化学纤维制造业					
橡胶制品业					
塑料制品业	0.32	0.22	68.8	120	545
非金属矿物制品业	1.57	1.57	100.0	1478	944
黑色金属冶炼及压延加工业	18.30	11.11	60.7	5447	490
有色金属冶炼及压延加工业	0.55	0.55	100.0	280	509
金属制品业					
普通机械制造业	0.72	0.72	100.0	330	458

4－25 续表 1

行　　业	施工住宅面　　积(万平方米)	竣工住宅面　　积(万平方米)	住宅建筑面积竣工率(%)	竣工住宅价　　值(万元)	竣工住宅造　　价(元/平方米)
专用设备制造业	1.04	1.04	100.0	732	702
交通运输设备制造业	1.04	1.04	100.0	580	559
电气机械及器材制造业	0.65				
电子及通信设备制造业	0.30				
仪器仪表及文化办公用机械制造业	0.15				
其他制造业	0.00	0.00	100.0	3	1500
(四)电力、煤气及水的生产和供应业	**1.63**	**0.24**	**14.4**	**118**	**502**
电力、蒸汽、热水的生产和供应业	0.31	0.24	75.8	118	502
煤气的生产和供应业					
自来水的生产和供应业	1.32				
(五)建筑业	**5.96**	**5.96**	**100.0**	**4472**	**750**
土木工程建筑业	5.71	5.71	100.0	4332	758
线路、管道和设备安装业	0.25	0.25	100.0	140	560
建筑物的装修装饰业					
(六)地质勘查业、水利管理业					
地质勘查业					
水利管理业					
(七)交通运输、仓储及邮电通信业	**12.00**	**0.23**	**1.9**	**106**	**471**
铁路运输业					
公路运输业	0.23	0.23	100.0	106	471
管道运输业					
水上运输业					
航空运输业	11.78				
交通运输辅助业					
其他交通运输业					
仓储业					
邮电通信业					
(八)批发和零售贸易、餐饮业	**12.79**	**7.07**	**55.3**	**4300**	**608**
食品、饮料、烟草和家庭用品批发商业	5.10	0.69	13.5	324	470
能源、材料和机械电子设备批发业	0.08	0.08	100.0	42	506
其他批发业	0.75	0.75	100.0	350	467
零售业	6.70	5.39	80.5	3504	650
商业经纪与代理业					

4－25 续表 2

行　　业	施工住宅面　　积(万平方米)	竣工住宅面　　积(万平方米)	住宅建筑面积竣工率(%)	竣工住宅价　　值(万元)	竣工住宅造　　价(元/平方米)
餐饮业	0.16	0.16	100.0	80	513
(九)金融、保险业	**1.58**				
金融业	1.58				
保险业					
(十)房地产业	**250.27**	**86.76**	**34.7**	**85054**	**980**
房地产开发与经营业	248.97	86.56	34.8	84554	977
房地产管理业	1.30	0.20	15.4	500	2500
房地产代理与经纪业					
(十一)社会服务业	**56.53**	**32.57**	**57.6**	**13496**	**414**
公共服务业	53.88	30.06	55.8	9746	324
居民服务业	0.13				
旅馆业	2.12	2.12	100.0	3550	1677
租赁服务业					
旅行社					
娱乐服务业					
信息、咨询服务业					
计算机应用服务业					
其他社会服务业	0.40	0.40	100.0	200	500
(十二)卫生、体育和社会福利业	**9.35**				
卫生					
体育	0.05				
社会福利保障业	9.30				
(十三)教育、文化艺术及广播电影电视业	**6.66**	**6.66**	**100.0**	**6546**	**983**
教育	6.66	6.66	100.0	6546	983
文化艺术业					
广播电影电视业					
(十四)科学研究和综合技术服务业					
科学研究业					
综合技术服务业					
(十五)国家机关、政党机关和社会团体	**21.53**	**7.60**	**35.3**	**6399**	**842**
国家机关	13.11	3.98	30.4	4319	1084
政党机关					
社会团体					
基层群众自治组织	8.42	3.62	43.0	2080	575
(十六)其他行业	**8.91**	**4.00**	**44.9**	**3000**	**750**
其他行业	8.91	4.00	44.9	3000	750

上　篇

五、股份制经济固定资产投资

5-1 股份制经济按登记注册类型分的投资

单位:万元

地区	股份制经济	其他有限责任公司	股份有限公司
全国总计	**83288076**	**51982643**	**31305433**
北京	5406204	4172719	1233485
天津	1722428	1088490	633938
河北	3055926	1590453	1465473
山西	1736713	1288326	448387
内蒙古	1949767	1437579	512188
辽宁	3883196	2428137	1455059
吉林	2664495	1472008	1192487
黑龙江	3189290	887358	2301932
上海	5927145	4862833	1064312
江苏	3461466	2281348	1180118
浙江	8663714	6956816	1706898
安徽	1837834	789245	1048589
福建	1406517	933782	472735
江西	975702	635881	339821
山东	7106986	5010913	2096073
河南	1982929	1078206	904723
湖北	2342789	1256062	1086727
湖南	1774800	1016001	758799
广东	6964252	4544655	2419597
广西	916990	373266	543724
海南	718321	197579	520742
重庆	1643262	1269226	374036
四川	4386371	2522834	1863537
贵州	581025	373911	207114
云南	970521	615048	355473
西藏	101802	315	101487
陕西	1540813	970296	570517
甘肃	679428	389286	290142
青海	626589	275832	350757
宁夏	327029	258904	68125
新疆	2581336	1005334	1576002
不分地区	2162436		2162436

5-2 各地区股份制经济投资总规模与完成情况

单位:万元

地区	计划总投资	实际需要总投资	自开始建设至本年底累计完成投资	本年完成投资
全国总计	**282330603**	**287304291**	**155821868**	**83288076**
北京	27090866	27807500	11979501	5406204
天津	5344986	4721777	3151263	1722428
河北	8440807	8482189	4828262	3055926
山西	6977434	7092215	2744303	1736713
内蒙古	5265066	5292936	2928522	1949767
辽宁	10585840	10831964	6639783	3883196
吉林	6058895	6187299	4163512	2664495
黑龙江	6587094	6634340	4315432	3189290
上海	25597211	26539299	14881737	5927145
江苏	8976194	9097627	4983930	3461466
浙江	34024259	34010497	19009155	8663714
安徽	5995724	6064340	2636031	1837834
福建	4391772	4560178	2466349	1406517
江西	3657068	3729274	1561459	975702
山东	15832647	16148459	9232565	7106986
河南	6594197	6646570	3206977	1982929
湖北	7999220	8501126	4982101	2342789
湖南	5591086	5673033	3030128	1774800
广东	27969495	29312272	17633002	6964252
广西	5361323	5421796	1619387	916990
海南	3005485	2640596	1262435	718321
重庆	6597849	6663234	3215243	1643262
四川	14387498	14852635	7130025	4386371
贵州	1989758	2068411	1025571	581025
云南	4365801	4435720	2481251	970521
西藏	107983	108786	102106	101802
陕西	5074652	5212480	3482493	1540813
甘肃	2663468	2691320	1461618	679428
青海	3128200	3123077	1882061	626589
宁夏	663319	681105	468085	327029
新疆	6473863	6510448	5155145	2581336
不分地区	5531543	5561788	2162436	2162436

5-2续表

单位:万元

地　　区	累计新增固定资产	未完工程累计投资	全部建成尚需投资	未完工程占用率(%)
全国总计	**76583450**	**67535190**	**131482423**	**81.1**
北　　京	4974173	6642016	15827999	122.9
天　　津	1777081	902623	1570514	52.4
河　　北	2726341	1612118	3653927	52.8
山　　西	1646322	984833	4347912	56.7
内 蒙 古	1474891	1442930	2364414	74.0
辽　　宁	3472075	2632067	4192181	67.8
吉　　林	2916986	1128250	2023787	42.3
黑 龙 江	2376392	1362356	2318908	42.7
上　　海	4008954	9142331	11657562	154.2
江　　苏	2677761	2002731	4113697	57.9
浙　　江	8297176	9904490	15001342	114.3
安　　徽	1412410	990005	3428309	53.9
福　　建	1328217	948167	2093829	67.4
江　　西	500037	766863	2167815	78.6
山　　东	5246751	3022817	6915894	42.5
河　　南	1598550	1449124	3439593	73.1
湖　　北	2938302	1485887	3519025	63.4
湖　　南	1411155	1500738	2642905	84.6
广　　东	9326883	7659751	11679270	110.0
广　　西	548672	1061699	3802409	115.8
海　　南	580523	640918	1378161	89.2
重　　庆	1642159	1430776	3447991	87.1
四　　川	2845268	2625636	7722610	59.9
贵　　州	542130	456201	1042840	78.5
云　　南	1570746	860589	1954469	88.7
西　　藏	11951	89250	6680	87.7
陕　　西	1879687	1501823	1729987	97.5
甘　　肃	748367	545827	1229702	80.3
青　　海	898726	592870	1241016	94.6
宁　　夏	295795	132423	213020	40.5
新　　疆	2909248	2017081	1355303	78.1
不分地区	1999721		3399352	

5－3 股份制经济分行业投资总规模与完成情况

单位：万元

行业	计划总投资	实际需要总投资	自开始建设至本年底累计完成投资	本年完成投资
全国总计	**282330603**	**287304291**	**155821868**	**83288076**
(一)农、林、牧、渔业	**1692831**	**1697945**	**733408**	**471885**
农业	493075	495072	250793	147652
林业	375005	376759	52695	40686
畜牧业	425976	424900	233370	202052
渔业	93027	94264	63522	41293
农、林、牧、渔服务业	305748	306950	133028	40202
(二)采掘业	**10313549**	**10376197**	**9090199**	**6947250**
煤炭采选业	1337880	1344390	883419	585386
石油和天然气开采业	8258581	8303698	7800467	6086284
黑色金属矿采选业	125675	126230	60554	50185
有色金属矿采选业	377612	387836	213070	122677
非金属矿采选业	197948	198190	117521	93770
其他矿采选业	3691	3691	3521	3131
木材及竹材采运业	12162	12162	11647	5817
(三)制造业	**58954361**	**59604198**	**32952979**	**22787197**
食品加工业	2025914	2040652	1155937	977540
食品制造业	1887199	1892983	1060424	915402
饮料制造业	1724641	1735692	984719	783067
烟草加工业	91074	91574	51122	26344
纺织业	2362187	2334547	1396013	1202588
服装及其他纤维品制造业	699362	696977	392236	342655
皮革、毛皮、羽绒及其制品业	240196	245329	168122	130394
木材加工及竹、藤、棕、草制品业	492563	448844	232925	212347
家具制造业	204519	206603	131412	100542
造纸及纸制品业	1424920	1475845	843506	577439
印刷业、记录媒介的复制	462739	471699	328307	289964
文教体育用品制造业	83552	83608	53661	45800
石油加工及炼焦业	3809558	3821490	2391524	983413
化学原料及化学制品制造业	6838877	6930306	3749669	2397149
医药制造业	5116304	5154969	2995728	2227584
化学纤维制造业	836823	841919	626271	378630
橡胶制品业	388502	389981	218171	183858
塑料制品业	1514779	1536134	911590	707532
非金属矿物制品业	4384312	4397966	2391292	1845023
黑色金属冶炼及压延加工业	5600492	5863136	2602065	1933446
有色金属冶炼及压延加工业	3212026	3219939	1386535	813512
金属制品业	1186670	1180136	724885	549497
普通机械制造业	1884674	1887289	1152909	664026

5-3 续表 1

单位:万元

行　　业	计划总投资	实际需要总投资	自开始建设至本年底累计完成投资	本年完成投资
专用设备制造业	1588679	1589029	991163	679473
交通运输设备制造业	3635735	3697984	2056365	1215069
电气机械及器材制造业	1951769	1959537	1100225	805630
电子及通信设备制造业	4268253	4330825	2227145	1292875
仪器仪表及文化办公用机械制造业	410309	408481	188259	160460
其他制造业	627733	670724	440799	345938
(四)电力、煤气及水的生产和供应业	**40995140**	**40840519**	**21699650**	**6517650**
电力、蒸汽、热水的生产和供应业	39551750	39360732	21070665	6205763
煤气的生产和供应业	1110354	1146519	405292	202221
自来水的生产和供应业	333036	333268	223693	109666
(五)建筑业	**1287614**	**1321276**	**776521**	**635832**
土木工程建筑业	1218538	1252083	718043	589347
线路、管道和设备安装业	50416	50383	42670	35444
建筑物的装修装饰业	18660	18810	15808	11041
(六)地质勘查业、水利管理业	**1212924**	**1216404**	**557914**	**180504**
地质勘查业	12817	15600	11395	11395
水利管理业	1200107	1200804	546519	169109
(七)交通运输、仓储及邮电通信业	**19730485**	**19511192**	**9172142**	**5315213**
铁路运输业	1609689	1616938	1486167	241690
公路运输业	4527479	4566080	1842360	744452
管道运输业	4354360	4354360	1055701	1052541
水上运输业	181320	186747	150323	85185
航空运输业	2390508	2064708	1187062	763573
交通运输辅助业	2354844	2378850	1192168	701007
其他交通运输业	46071	46071	20427	8802
仓储业	1305609	1308544	193107	173707
邮电通信业	2960605	2988894	2044827	1544256
(八)批发和零售贸易、餐饮业	**4625944**	**4708403**	**3137821**	**2184523**
食品、饮料、烟草和家庭用品批发商业	1009230	1014690	677111	453500
能源、材料和机械电子设备批发业	889100	900124	466459	358546
其他批发业	232805	231242	145080	89137
零售业	2128254	2192906	1569295	1058088
商业经纪与代理业	51941	52278	40888	29858

5－3 续表 2

单位:万元

行　　业	计划总投资	实际需要总投资	自开始建设至本年底累计完成投资	本年完成投资
餐饮业	314614	317163	238988	195394
(九)金融、保险业	**255029**	**266545**	**167021**	**130848**
金融业	187550	199066	149720	122069
保险业	67479	67479	17301	8779
(十)房地产业	**118523700**	**123706740**	**66038616**	**32217656**
房地产开发与经营业	118386399	123567109	65948244	32144585
房地产管理业	133841	136154	87095	69794
房地产代理与经纪业	3460	3477	3277	3277
(十一)社会服务业	**20761115**	**20055595**	**9367828**	**4527089**
公共服务业	15680994	14918453	6963773	2966042
居民服务业	112881	115847	65127	46524
旅馆业	1909843	1918368	669538	417819
租赁服务业	354613	356613	267109	214264
旅行社	775141	777334	313546	178485
娱乐服务业	313159	310147	185954	86578
信息、咨询服务业	172232	173672	79522	72369
计算机应用服务业	616274	627277	446178	280572
其他社会服务业	825978	857884	377081	264436
(十二)卫生、体育和社会福利业	**441969**	**435937**	**222672**	**159747**
卫生	284974	278042	174581	131252
体育	126755	127655	34820	19272
社会福利保障业	30240	30240	13271	9223
(十三)教育、文化艺术及广播电影电视业	**1791618**	**1841174**	**1034975**	**608257**
教育	1201954	1242912	725247	438737
文化艺术业	234430	236610	92674	72549
广播电影电视业	355234	361652	217054	96971
(十四)科学研究和综合技术服务业	**702158**	**709046**	**344369**	**218029**
科学研究业	250074	250216	95086	64750
综合技术服务业	452084	458830	249283	153279
(十五)国家机关、政党机关和社会团体	**100330**	**100735**	**48940**	**38102**
国家机关	73529	73929	28713	20468
政党机关	1596	1596	1596	1596
社会团体				
基层群众自治组织	25205	25210	18631	16038
(十六)其他行业	**941836**	**912385**	**476813**	**348294**
其他行业	941836	912385	476813	348294

5-3续表3

单位:万元

行　　业	累计新增固定资产	未完工程累计投资	全部建成尚需投资	未完工程占用率(%)
全国总计	**76583450**	**67535190**	**131482423**	**81.1**
(一)农、林、牧、渔业	**371630**	**298860**	**964537**	**63.3**
农业	131487	101477	244279	68.7
林业	28221	10296	324064	25.3
畜牧业	122423	96214	191530	47.6
渔业	23221	26753	30742	64.8
农、林、牧、渔服务业	66278	64120	173922	159.5
(二)采掘业	**6397486**	**1802760**	**1285998**	**25.9**
煤炭采选业	504370	334440	460971	57.1
石油和天然气开采业	5632444	1349988	503231	22.2
黑色金属矿采选业	40556	14903	65676	29.7
有色金属矿采选业	117140	83566	174766	68.1
非金属矿采选业	90453	19348	80669	20.6
其他矿采选业	1391		170	
木材及竹材采运业	11132	515	515	8.9
(三)制造业	**18371803**	**11700339**	**26651219**	**51.3**
食品加工业	680294	388764	884715	39.8
食品制造业	634581	357255	832559	39.0
饮料制造业	593587	287203	750973	36.7
烟草加工业	27128	17593	40452	66.8
纺织业	953192	354484	938534	29.5
服装及其他纤维品制造业	240211	124445	304741	36.3
皮革、毛皮、羽绒及其制品业	91679	72684	77207	55.7
木材加工及竹、藤、棕、草制品业	166308	45261	215919	21.3
家具制造业	89079	28692	75191	28.5
造纸及纸制品业	540193	256714	632339	44.5
印刷业、记录媒介的复制	245923	50447	143392	17.4
文教体育用品制造业	35649	11644	29947	25.4
石油加工及炼焦业	1011050	1068825	1429966	108.7
化学原料及化学制品制造业	2104223	1294228	3180637	54.0
医药制造业	1663752	1093713	2159241	49.1
化学纤维制造业	253481	327238	215648	86.4
橡胶制品业	141401	69649	171810	37.9
塑料制品业	591921	229373	624544	32.4
非金属矿物制品业	1357099	807251	2006674	43.8
黑色金属冶炼及压延加工业	995217	1444449	3261071	74.7
有色金属冶炼及压延加工业	718188	456808	1833404	56.2
金属制品业	522072	144790	455251	26.3
普通机械制造业	652394	429669	734380	64.7

5-3续表4

单位:万元

行　　业	累计新增固定资产	未完工程累计投资	全部建成尚需投资	未完工程占用率(%)
专用设备制造业	535691	340400	597866	50.1
交通运输设备制造业	1422956	534429	1641619	44.0
电气机械及器材制造业	628050	400590	859312	49.7
电子及通信设备制造业	1174718	768617	2103680	59.5
仪器仪表及文化办公用机械制造业	86645	86633	220222	54.0
其他制造业	215121	208491	229925	60.3
(四)电力、煤气及水的生产和供应业	**10521448**	**9905443**	**19140869**	**152.0**
电力、蒸汽、热水的生产和供应业	10325293	9535801	18290067	153.7
煤气的生产和供应业	128616	253611	741227	125.4
自来水的生产和供应业	67539	116031	109575	105.8
(五)建筑业	**469010**	**213682**	**544755**	**33.6**
土木工程建筑业	432101	195411	534040	33.2
线路、管道和设备安装业	25252	14463	7713	40.8
建筑物的装修装饰业	11657	3808	3002	34.5
(六)地质勘查业、水利管理业	**39852**	**511719**	**658490**	**283.5**
地质勘查业	3900	7495	4205	65.8
水利管理业	35952	504224	654285	298.2
(七)交通运输、仓储及邮电通信业	**5647139**	**2914167**	**10339050**	**54.8**
铁路运输业	1211468	171518	130771	71.0
公路运输业	467641	1159532	2723720	155.8
管道运输业	1055681		3298659	
水上运输业	84237	64769	36424	76.0
航空运输业	1021731	139448	877646	18.3
交通运输辅助业	483095	611538	1186682	87.2
其他交通运输业	4518	15909	25644	180.7
仓储业	70466	114856	1115437	66.1
邮电通信业	1248302	636597	944067	41.2
(八)批发和零售贸易、餐饮业	**1769988**	**1139816**	**1570582**	**52.2**
食品、饮料、烟草和家庭用品批发商业	374317	272934	337579	60.2
能源、材料和机械电子设备批发业	265056	139099	433665	38.8
其他批发业	63579	66520	86162	74.6
零售业	886005	584229	623611	55.2
商业经纪与代理业	22603	16033	11390	53.7

5－3续表5

单位：万元

行业	累计新增固定资产	未完工程累计投资	全部建成尚需投资	未完工程占用率（%）
餐饮业	158428	61001	78175	31.2
（九）金融、保险业	**98974**	**55334**	**99524**	**42.3**
金融业	98011	39071	49346	32.0
保险业	963	16263	50178	185.2
（十）房地产业	**29663588**	**31665014**	**57668124**	**98.3**
房地产开发与经营业	29613207	31629183	57618865	98.4
房地产管理业	47404	35531	49059	50.9
房地产代理与经纪业	2977	300	200	9.2
（十一）社会服务业	**2174559**	**6410061**	**10687767**	**141.6**
公共服务业	1047189	5361981	7954680	180.8
居民服务业	40941	20444	50720	43.9
旅馆业	312726	300882	1248830	72.0
租赁服务业	2133	258766	89504	120.8
旅行社	144110	128619	463788	72.1
娱乐服务业	93846	79838	124193	92.2
信息、咨询服务业	8049	9914	94150	13.7
计算机应用服务业	295571	136214	181099	48.5
其他社会服务业	229994	113403	480803	42.9
（十二）卫生、体育和社会福利业	**100772**	**117349**	**213265**	**73.5**
卫生	80792	89453	103461	68.2
体育	19200	15405	92835	79.9
社会福利保障业	780	12491	16969	135.4
（十三）教育、文化艺术及广播电影电视业	**542856**	**403920**	**806199**	**66.4**
教育	426445	220751	517665	50.3
文化艺术业	30384	52358	143936	72.2
广播电影电视业	86027	130811	144598	134.9
（十四）科学研究和综合技术服务业	**167625**	**146949**	**364677**	**67.4**
科学研究业	39461	29514	155130	45.6
综合技术服务业	128164	117435	209547	76.6
（十五）国家机关、政党机关和社会团体	**29612**	**18018**	**51795**	**47.3**
国家机关	10601	17942	45216	87.7
政党机关	1596			
社会团体				
基层群众自治组织	17415	76	6579	0.5
（十六）其他行业	**217108**	**231759**	**435572**	**66.5**
其他行业	217108	231759	435572	66.5

5-4 各地区股份制经济投资和新增固定资产

单位:万元

地　　区	投资额	新增固定资产	固定资产交付使用率(%)
全国总计	**83288076**	**55188130**	**66.3**
北　　京	5406204	3417275	63.2
天　　津	1722428	1002258	58.2
河　　北	3055926	1718114	56.2
山　　西	1736713	1203906	69.3
内 蒙 古	1949767	1314681	67.4
辽　　宁	3883196	2623983	67.6
吉　　林	2664495	2141963	80.4
黑 龙 江	3189290	2154896	67.6
上　　海	5927145	2463734	41.6
江　　苏	3461466	2292554	66.2
浙　　江	8663714	5706522	65.9
安　　徽	1837834	1041993	56.7
福　　建	1406517	992571	70.6
江　　西	975702	420069	43.1
山　　东	7106986	4420018	62.2
河　　南	1982929	1289018	65.0
湖　　北	2342789	1709499	73.0
湖　　南	1774800	1053043	59.3
广　　东	6964252	6062565	87.1
广　　西	916990	367613	40.1
海　　南	718321	571089	79.5
重　　庆	1643262	1360543	82.8
四　　川	4386371	2266683	51.7
贵　　州	581025	351691	60.5
云　　南	970521	937139	96.6
西　　藏	101802	11951	11.7
陕　　西	1540813	1689787	109.7
甘　　肃	679428	348259	51.3
青　　海	626589	328799	52.5
宁　　夏	327029	233373	71.4
新　　疆	2581336	1692820	65.6
不分地区	2162436	1999721	92.5

5-5 股份制经济分行业投资和新增固定资产

单位:万元

地　　区	投资额	新增固定资产	固定资产交付使用率(%)
全国总计	**83288076**	**55188130**	**66.3**
(一)农、林、牧、渔业	**471885**	**296511**	**62.8**
农业	147652	95075	64.4
林业	40686	22571	55.5
畜牧业	202052	111729	55.3
渔业	41293	22921	55.5
农、林、牧、渔服务业	40202	44215	110.0
(二)采掘业	**6947250**	**5151747**	**74.2**
煤炭采选业	585386	461557	78.8
石油和天然气开采业	6086284	4515433	74.2
黑色金属矿采选业	50185	33029	65.8
有色金属矿采选业	122677	67149	54.7
非金属矿采选业	93770	68221	72.8
其他矿采选业	3131	1391	44.4
木材及竹材采运业	5817	4967	85.4
(三)制造业	**22787197**	**14444105**	**63.4**
食品加工业	977540	586769	60.0
食品制造业	915402	572555	62.5
饮料制造业	783067	476099	60.8
烟草加工业	26344	18057	68.5
纺织业	1202588	839052	69.8
服装及其他纤维品制造业	342655	221742	64.7
皮革、毛皮、羽绒及其制品业	130394	85991	65.9
木材加工及竹、藤、棕、草制品业	212347	157939	74.4
家具制造业	100542	79980	79.5
造纸及纸制品业	577439	378639	65.6
印刷业、记录媒介的复制	289964	221243	76.3
文教体育用品制造业	45800	29511	64.4
石油加工及炼焦业	983413	601590	61.2
化学原料及化学制品制造业	2397149	1566418	65.3
医药制造业	2227584	1435479	64.4
化学纤维制造业	378630	237623	62.8
橡胶制品业	183858	129477	70.4
塑料制品业	707532	517511	73.1
非金属矿物制品业	1845023	1189120	64.5
黑色金属冶炼及压延加工业	1933446	910432	47.1
有色金属冶炼及压延加工业	813512	511874	62.9
金属制品业	549497	430358	78.3
普通机械制造业	664026	439493	66.2

5－5续表1

单位：万元

地　　区	投资额	新增固定资产	固定资产交付使用率(%)
专用设备制造业	679473	397092	58.4
交通运输设备制造业	1215069	807781	66.5
电气机械及器材制造业	805630	501737	62.3
电子及通信设备制造业	1292875	840994	65.0
仪器仪表及文化办公用机械制造业	160460	76971	48.0
其他制造业	345938	182578	52.8
(四)电力、煤气及水的生产和供应业	**6517650**	**5757686**	**88.3**
电力、蒸汽、热水的生产和供应业	6205763	5639527	90.9
煤气的生产和供应业	202221	86768	42.9
自来水的生产和供应业	109666	31391	28.6
(五)建筑业	**635832**	**409998**	**64.5**
土木工程建筑业	589347	374213	63.5
线路、管道和设备安装业	35444	24973	70.5
建筑物的装修装饰业	11041	10812	97.9
(六)地质勘查业、水利管理业	**180504**	**36467**	**20.2**
地质勘查业	11395	3900	34.2
水利管理业	169109	32567	19.3
(七)交通运输、仓储及邮电通信业	**5315213**	**4458542**	**83.9**
铁路运输业	241690	881676	364.8
公路运输业	744452	401101	53.9
管道运输业	1052541	1055681	100.3
水上运输业	85185	78544	92.2
航空运输业	763573	711876	93.2
交通运输辅助业	701007	255294	36.4
其他交通运输业	8802	3691	41.9
仓储业	173707	59777	34.4
邮电通信业	1544256	1010902	65.5
(八)批发和零售贸易、餐饮业	**2184523**	**1523322**	**69.7**
食品、饮料、烟草和家庭用品批发商业	453500	327927	72.3
能源、材料和机械电子设备批发业	358546	218115	60.8
其他批发业	89137	38432	43.1
零售业	1058088	773421	73.1
商业经纪与代理业	29858	21745	72.8

5－5 续表 2　　　　单位:万元

地　　区	投资额	新增固定资产	固定资产交付使用率(%)
餐饮业	195394	143682	73.5
(九)金融、保险业	**130848**	**91344**	**69.8**
金融业	122069	90381	74.0
保险业	8779	963	11.0
(十)房地产业	**32217656**	**20528626**	**63.7**
房地产开发与经营业	32144585	20486065	63.7
房地产管理业	69794	39584	56.7
房地产代理与经纪业	3277	2977	90.8
(十一)社会服务业	**4527089**	**1753410**	**38.7**
公共服务业	2966042	893565	30.1
居民服务业	46524	37391	80.4
旅馆业	417819	266840	63.9
租赁服务业	214264	2128	1.0
旅行社	178485	114595	64.2
娱乐服务业	86578	52233	60.3
信息、咨询服务业	72369	8049	11.1
计算机应用服务业	280572	227652	81.1
其他社会服务业	264436	150957	57.1
(十二)卫生、体育和社会福利业	**159747**	**88049**	**55.1**
卫生	131252	80769	61.5
体育	19272	6500	33.7
社会福利保障业	9223	780	8.5
(十三)教育、文化艺术及广播电影电视业	**608257**	**302499**	**49.7**
教育	438737	212760	48.5
文化艺术业	72549	30384	41.9
广播电影电视业	96971	59355	61.2
(十四)科学研究和综合技术服务业	**218029**	**124223**	**57.0**
科学研究业	64750	27813	43.0
综合技术服务业	153279	96410	62.9
(十五)国家机关、政党机关和社会团体	**38102**	**27562**	**72.3**
国家机关	20468	9351	45.7
政党机关	1596	796	49.9
社会团体			
基层群众自治组织	16038	17415	108.6
(十六)其他行业	**348294**	**194039**	**55.7**
其他行业	348294	194039	55.7

5-6 各地区按构成分的股份制经济投资

单位：万元

地　　区	投资额	建筑安装工程	设备工器具购置	其　他费　用
全国总计	**83288076**	**46647889**	**18770026**	**17870161**
北　　京	5406204	2983773	394768	2027663
天　　津	1722428	1034880	309967	377581
河　　北	3055926	1623202	903873	528851
山　　西	1736713	943237	575903	217573
内 蒙 古	1949767	1081845	609269	258653
辽　　宁	3883196	2389071	619535	874590
吉　　林	2664495	1814275	580200	270020
黑 龙 江	3189290	2231838	475525	481927
上　　海	5927145	2765488	1527225	1634432
江　　苏	3461466	1767285	816232	877949
浙　　江	8663714	4287648	1342209	3033857
安　　徽	1837834	859676	665953	312205
福　　建	1406517	732900	380889	292728
江　　西	975702	477554	281368	216780
山　　东	7106986	4022710	2148061	936215
河　　南	1982929	1147343	491328	344258
湖　　北	2342789	1233970	711547	397272
湖　　南	1774800	1011767	385872	377161
广　　东	6964252	4100397	1244334	1619521
广　　西	916990	480487	217550	218953
海　　南	718321	252460	413829	52032
重　　庆	1643262	1020157	235504	387601
四　　川	4386371	2496047	1092798	797526
贵　　州	581025	352511	137829	90685
云　　南	970521	571290	201100	198131
西　　藏	101802	95622	4974	1206
陕　　西	1540813	857043	440204	243566
甘　　肃	679428	396421	181300	101707
青　　海	626589	454284	101377	70928
宁　　夏	327029	210587	49458	66984
新　　疆	2581336	1718478	524901	337957
不分地区	2162436	1233643	705144	223649

5－7 各地区按隶属关系分的股份制经济投资

单位：万元

地　　区	合　　计	中央项目	地方项目	省　属	地市属	县　属	其　他
全国总计	**83288076**	**14473371**	**68814705**	**10692450**	**17207205**	**15710826**	**25204224**
北　　京	5406204	101704	5304500	1281534	583758	148339	3290869
天　　津	1722428	414990	1307438	279474	122432	1768	903764
河　　北	3055926	319822	2736104	311021	554587	978051	892445
山　　西	1736713	210853	1525860	142495	224950	299676	858739
内 蒙 古	1949767	416853	1532914	225761	413549	324287	569317
辽　　宁	3883196	803170	3080026	133748	924024	700118	1322136
吉　　林	2664495	551242	2113253	170759	570307	487608	884579
黑 龙 江	3189290	1343807	1845483	316472	594111	224850	710050
上　　海	5927145	903944	5023201	3149555	338647	661620	873379
江　　苏	3461466	189207	3272259	106722	1147311	1422606	595620
浙　　江	8663714	877481	7786233	413901	1957383	2610212	2804737
安　　徽	1837834	34070	1803764	299523	830678	205224	468339
福　　建	1406517	13753	1392764	92588	442535	427749	429892
江　　西	975702	100541	875161	126992	149868	192608	405693
山　　东	7106986	1636773	5470213	564148	1525739	1757679	1622647
河　　南	1982929	211830	1771099	165343	579333	434065	592358
湖　　北	2342789	192788	2150001	157647	559069	578454	854831
湖　　南	1774800	32054	1742746	170373	458406	380849	733118
广　　东	6964252	1165217	5799035	488729	2700144	999268	1610894
广　　西	916990	196675	720315	52206	324060	108072	235977
海　　南	718321	32690	685631	406146	44576	8035	226874
重　　庆	1643262	38540	1604722	305470	12292	607462	679498
四　　川	4386371	130097	4256274	333821	1244642	1158717	1519094
贵　　州	581025	27610	553415	48510	39974	105985	358946
云　　南	970521	62398	908123	255178	238322	179032	235591
西　　藏	101802	99111	2691	1876	500		315
陕　　西	1540813	264773	1276040	195827	225722	211773	642718
甘　　肃	679428	184206	495222	144943	63856	133233	153190
青　　海	626589	301377	325212	121120	90154	81187	32751
宁　　夏	327029	6293	320736	88225	104007	41352	87152
新　　疆	2581336	1447066	1134270	142343	142269	240947	608711
不分地区	2162436	2162436					

5-8 各地区按建设性质分的股份制经济投资

单位:万元

地区	新建	扩建	改建	单纯建造生活设施	迁建	恢复	单纯购置
全国总计	**23416288**	**18008967**	**7689037**	**326525**	**525688**	**67511**	**1778070**
北京	533027	121452	106808	22803	40953		72911
天津	752554	177245	64605		6566	4759	61117
河北	1104890	737701	408337	21244	15356		72198
山西	585840	675713	182062	33328	1440	4769	13796
内蒙古	790114	595491	125688	20509	4370	7321	16667
辽宁	605454	775571	619123	27310	11843		31302
吉林	880295	517013	587527	18701	34778		16950
黑龙江	1800762	295336	179095	17332	1756		6911
上海	2173013	283766	648116		24547		293263
江苏	442288	916113	282963	10354	9564	1891	47219
浙江	2196001	1317875	429566	1991	64909		107315
安徽	443863	502101	341994	2290	12259		25277
福建	429136	318431	63545	2251	20663	583	56909
江西	319513	263031	87487	6033	6664	662	7793
山东	1907463	3146762	459064	28807	40511		62702
河南	697126	349749	244647	19911	4090		20573
湖北	741486	644151	191141	7458	52640	1110	58422
湖南	399433	416757	201621	8374	13308		30582
广东	2237656	505950	156077	2504	45214	1800	309345
广西	387178	223049	80225	7709	5833	600	5203
海南	267244	39357	13380	3629	320	2959	311063
重庆	517355	165014	89490	9218	44168	6493	25573
四川	1293831	1028426	521372	5773	44665	33167	11274
贵州	122033	105117	54071	543	1460		7537
云南	258808	143790	117971	5054	3744	912	3431
西藏	2477		94826				4499
陕西	553790	337513	240978	23147	2981	150	55576
甘肃	324624	147087	54678	4333	8986	335	1689
青海	250168	237575	44078	1229	200		1124
宁夏	42870	45041	28090	3575	1890		
新疆	355996	1047567	737199	11115	10		39849
不分地区		1929223	233213				

5-9 各地区按主要行业分的股份制经济投资

单位:万元

地区	合计	农、林、牧、渔业	采掘业	制造业	电力、煤气及水的生产和供应业
全国总计	**83288076**	**471885**	**6947250**	**22787197**	**6517650**
北京	5406204	2200		249969	16567
天津	1722428	556	166896	299959	67016
河北	3055926	21378	92430	1240870	425116
山西	1736713	11117	148859	865328	297245
内蒙古	1949767	68097	68355	553176	529786
辽宁	3883196	13029	583407	876009	128542
吉林	2664495	14274	330450	1242487	119820
黑龙江	3189290	5454	1269788	497032	54805
上海	5927145	8189	4073	1156726	77648
江苏	3461466	520	3955	1282269	71719
浙江	8663714	7176	3571	1939518	919504
安徽	1837834	4466	26849	1027125	120830
福建	1406517	36741	14555	547703	77525
江西	975702	1655	4480	409409	140676
山东	7106986	43889	1438734	2812899	626131
河南	1982929	16749	29836	645847	320244
湖北	2342789	29983	16017	1008348	161022
湖南	1774800	17052	20854	634619	56516
广东	6964252	30077	8301	1151083	743685
广西	916990	8060	2747	343407	237855
海南	718321	23431	19335	53947	27405
重庆	1643262	21586	10496	324452	142912
四川	4386371	19709	39154	1567814	448129
贵州	581025	799	8701	211393	7096
云南	970521	9039	16016	306152	127347
西藏	101802		323	2858	
陕西	1540813	16090	25793	573186	92924
甘肃	679428	18646	115833	218857	111241
青海	626589	386	134888	172085	194999
宁夏	327029	2762		81302	6594
新疆	2581336	18775	1231459	491368	166751
不分地区	2162436		1111095		

单位:万元

地　区	建筑业	地质勘查业水利管理业	交通运输、仓储和邮电通信业	批发零售贸易和餐饮业	金融、保险业	房地产业
全国总计	**635832**	**180504**	**5315213**	**2184523**	**130848**	**32217656**
北　京	11763	606	12789	55276		4531168
天　津	3325		140747	37045		667993
河　北	42982	200	41837	159157	1701	757801
山　西	3627		16349	87397	1172	242865
内蒙古	15714	84739	103609	48770	800	398298
辽　宁	30316		21122	152661	14450	1975312
吉　林	30855	3400	13565	165680	1610	610470
黑龙江	41062	10209	73468	88106		908547
上　海	639		564690	35900	720	2570957
江　苏	8605		99630	65253	797	1756624
浙　江	28194	44809	452514	90363	7611	4564303
安　徽	14933	110	35420	27478	10612	533484
福　建	2762	2012	113582	33799	545	525342
江　西	9857	985	21335	33032		297002
山　东	27452		228857	219608	12516	1516911
河　南	8032	5830	200631	50620	5981	656432
湖　北	18631		153700	108196	23631	653343
湖　南	19393	2785	36708	69339	2180	708003
广　东	78373		730154	180966	33845	3765858
广　西	1853		44285	35971		208953
海　南	4300	5345	362010	5518	49	90889
重　庆	48559	1331	84599	34182		854546
四　川	44416	6047	419605	70546		1492125
贵　州	10940		6455	26566		294419
云　南	801		18488	22672	252	439505
西　藏	4499	255	93367	500		
陕　西	77670	2300	148702	79938	3932	352453
甘　肃	12595		12519	20781		143571
青　海			1215	10740		94615
宁　夏	1356		250	16779	2500	205793
新　疆	32328	9541	11670	151684	5944	400074
不分地区			1051341			

5-9 续表 2

单位:万元

地 区	社 会 服务业	卫生体育和社会福利业	教育、文化艺术和广播电影电视业	科学研究和综合技术服务业	国家机关、政党机关和社会团体	其 他 行 业
全国总计	**4527089**	**159747**	**608257**	**218029**	**38102**	**348294**
北 京	458739	9350	2900	30560		24317
天 津	255855		23151	2810		57075
河 北	65960	3585	124172	4523	1200	73014
山 西	32026	400	24518	1950		3860
内 蒙 古	64407		3748	162	50	10056
辽 宁	57432	9347	7850	13305		414
吉 林	88732	8500	25900	7072		1680
黑 龙 江	216485	6517	422	4409	1220	11766
上 海	1495401	3080	486	2648		5988
江 苏	107905	5131	14001	33704	6153	5200
浙 江	398311	50561	126594	16311	1993	12381
安 徽	27073		3928	276	2830	2420
福 建	32105	320	11975	3962		3589
江 西	35428	2803	14702		240	4098
山 东	103278	10978	25780	5250	1595	33108
河 南	30693	2908	8474			652
湖 北	114323	1464	10257	4861	7421	31592
湖 南	106654	220	85557	380	4260	10280
广 东	219831		14508	3798	430	3343
广 西	29520		2400		261	1678
海 南	123837		775			1480
重 庆	64274	1067	7660	45839		1759
四 川	199734	2696	35962	23707		16727
贵 州	13956			700		
云 南	16425		5412	7771	527	114
西 藏						
陕 西	79441	37040	12021	3005	5052	31266
甘 肃	24242		883			260
青 海	10661		2130		4870	
宁 夏	5663	3430		600		
新 疆	48698	350	12091	426		177
不分地区						

5-10　各地区按主要工业行业分的股份制经济投资

单位:万元

地　　区	工　业 合　计	煤　炭 采选业	石油和天然 气开采业	黑色金属 矿采选业	有色金属 矿采选业	非金属矿 采选业	其他矿 采选业
全国总计	**36252097**	**585386**	**6086284**	**50185**	**122677**	**93770**	**3131**
北　　京	266536						
天　　津	533871		166896				
河　　北	1758416	44580	43502	490	1860	1998	
山　　西	1311432	133548		5185	10026	100	
内 蒙 古	1151317	6762		17757	20925	22911	
辽　　宁	1587958	35179	545934	750	1544		
吉　　林	1692757	1000	323468	2635		1967	
黑 龙 江	1821625	31548	1235560			2680	
上　　海	1238447		3747				326
江　　苏	1357943			2855	1100		
浙　　江	2862593			50	1511	2010	
安　　徽	1174804	17814	75	3190	2417	3353	
福　　建	639783	728		2000	4015	1327	2130
江　　西	554565				2990	1490	
山　　东	4877764	247183	1170090	52	10352	10527	530
河　　南	995927	21405			8431		
湖　　北	1185387	833		2060	6600	6444	80
湖　　南	711989	2787		810	3842	13415	
广　　东	1903069				4436	3865	
广　　西	584009			455	1751	541	
海　　南	100687		18885			450	
重　　庆	477860	2728	3464		1095	3209	
四　　川	2055097	7831	17872	3050	520	9881	
贵　　州	227190	6388			2113	200	
云　　南	449515	378		1707	12916	933	
西　　藏	3181				323		
陕　　西	691903	12175	3200	2288	7965	100	65
甘　　肃	445931		101745	2400	9952	1736	
青　　海	501972	1028	133400		260	200	
宁　　夏	87896						
新　　疆	1889578	11491	1207351	2451	5733	4433	
不分地区	1111095		1111095				

5－10 续表 1

单位：万元

地　　区	木材及竹材采运业	食　品加工业	食　品制造业	饮　料制造业	烟草加工业	纺织业	服装及其他纤维制品制造业
全国总计	**5817**	**977540**	**915402**	**783067**	**26344**	**1202588**	**342655**
北　　京		2510	11995	11421		7491	3132
天　　津		4620	100	450		8984	520
河　　北		30630	69104	37647		87711	25334
山　　西		39971	30775	22380		10350	1119
内 蒙 古		77475	108202	25619		12789	540
辽　　宁		44349	14632	24475		13831	8479
吉　　林	1380	79595	53728	95894		7760	1501
黑 龙 江		41330	65681	23125		7996	
上　　海			5802			13383	24974
江　　苏		33191	20409	26232		131910	35910
浙　　江		29093	24521	13547		155388	77205
安　　徽		9610	79055	6799		35379	2475
福　　建	4355	45634	34422	26016		82796	17774
江　　西		11107	9851	43352		11744	6113
山　　东		161048	93673	70788		292707	89758
河　　南		58665	26690	41451		52688	8000
湖　　北		46890	35821	34533	6818	80478	15887
湖　　南		53026	27993	17936	116	21118	1620
广　　东		22743	23762	27588	9412	32839	9929
广　　西		63668	5134	8069		1850	550
海　　南		6660	616	1340		2075	150
重　　庆		3340	6772	19514	8015	3588	2300
四　　川		39828	42594	109148	1573	41154	4270
贵　　州		3068	5425	4345		58	2000
云　　南	82	9031	3662	11071	410	704	
西　　藏		1572		1096		130	
陕　　西		14042	15246	17205		15350	1892
甘　　肃		26251	33954	9530		1290	1000
青　　海		10438	1843	1368		350	
宁　　夏		518	8250	3195			223
新　　疆		7637	55690	47933		68697	
不分地区							

单位：万元

地　　区	皮革、毛皮、羽绒及其制品业	木材加工及竹、藤、棕、草制品业	家　具制造业	造纸及纸制品业	印刷业、记录媒介的复制	文教体育用品制造业	石油加工及炼焦业
全国总计	**130394**	**212347**	**100542**	**577439**	**289964**	**45800**	**983413**
北　　京	300	200		200	9528		8537
天　　津				229	11440		13937
河　　北	5382	7970	12615	41928	31235	6300	13903
山　　西				1214	2090	540	165685
内 蒙 古	262	4450	160	16080	1288		5116
辽　　宁	4726	9074	303	18361	5472	100	83447
吉　　林		13070	14830	8213	300	400	3335
黑 龙 江	5570	13402	4973	2250			34854
上　　海		4990			17940	123	150851
江　　苏	660	5060	690	6558	6650	1720	
浙　　江	58000	28037	8343	59319	49662	5825	162211
安　　徽	1722	21716	974	21452	7617	1385	11227
福　　建	8500	17236	1084	31714	10985	1600	19837
江　　西	3349	7091	5495	10848	11483	7008	220
山　　东	13494	17448	25106	156133	13889	8123	75406
河　　南	1350	3438	260	26780	6214	4786	485
湖　　北	50	10702	5790	30095	13760	2838	20698
湖　　南	4451	13195	3900	12485	4581		1850
广　　东	910	739	2609	20053	32437	5052	28301
广　　西	230	550	540	23929	605		1013
海　　南		6870	178	627	141		600
重　　庆	3010	423		5897	902		
四　　川	4913	22985	10423	49167	33324		16058
贵　　州		640	99	1993	280		
云　　南		2003	50	2316	6918		10321
西　　藏							
陕　　西	700	70		11793	10432		2620
甘　　肃	794	720	750	2638	65		
青　　海	1794		470	108			
宁　　夏	3750	181	700	8690	448		
新　　疆	6477	87	200	6369	278		152901
不分地区							

5－10 续表 3

单位：万元

地　　区	化学原料及化学制品制造业	医　药制造业	化学纤维制造业	橡　胶制品业	塑　料制品业	非金属矿物制品业	黑色金属冶炼及压延加工业
全国总计	**2397149**	**2227584**	**378630**	**183858**	**707532**	**1845023**	**1933446**
北　　京	2670	33706		740	11273	4845	20812
天　　津	5975	105497	9851	300	4189	2662	3141
河　　北	121932	97417	1490	16364	31154	144477	235804
山　　西	143688	36205	8045	775	11603	103066	168354
内 蒙 古	56680	59538			6599	74243	29100
辽　　宁	130877	51318	1213	2814	13965	78931	59031
吉　　林	176400	247803	16706	17146	29106	59984	115553
黑 龙 江	20047	74408	825	2540	3841	29461	70852
上　　海	86103	30647	12515	2938	26469	5905	442277
江　　苏	160183	81671	168126	908	22494	74549	144785
浙　　江	165477	173290	63102	14173	56804	150634	19523
安　　徽	54983	59917	4299	10953	69796	152741	217405
福　　建	26420	19262	4572	735	18979	45167	7116
江　　西	26209	32216	600	557	14036	40867	27591
山　　东	322682	153515	8822	87748	181525	215289	49324
河　　南	77621	71351	22955	2208	10261	60469	20597
湖　　北	111499	135019	1888	2251	26199	102279	17270
湖　　南	58476	67865	13724	2100	17095	55302	11260
广　　东	120544	137003	1699	3450	35464	31451	2152
广　　西	24487	74968	3035		6398	34872	3138
海　　南	5002	12749	3738		2986	2599	500
重　　庆	45327	40841		1002		19867	11415
四　　川	189978	177256	23375	1168	66540	126893	159603
贵　　州	27655	43391		7834	9043	21338	10932
云　　南	50929	32621		285	523	29152	25408
西　　藏							
陕　　西	43179	149136		4040	5200	52244	47919
甘　　肃	20005	13320		125	5595	22834	576
青　　海	84396	2256			150	34133	1080
宁　　夏	13628	2190		409	60	19061	4957
新　　疆	24097	11208	8050	295	20185	49708	5971
不分地区							

5－10 续表 4

单位:万元

地　　区	有色金属冶炼及压延加工业	金　属制品业	普通机械制造业	专用设备制造业	交通运输设备制造业	电气机械及器材制造业
全国总计	**813512**	**549497**	**664026**	**679473**	**1215069**	**805630**
北　　京	2159	3183	3233	27329	23211	7225
天　　津	3033	5254	2312	12461	10817	29428
河　　北	17725	41002	64471	24839	22575	13266
山　　西	62669	14415	18068	6219	5014	2380
内 蒙 古	49121	6000	12668	1571	800	4499
辽　　宁	23184	34022	60341	35374	86812	42559
吉　　林	3950	27625	15483	14486	101405	32613
黑 龙 江		11783	20765	16371	8664	21817
上　　海	7522	1491	30487	9178	85478	26153
江　　苏	10405	25377	54869	40621	69491	62354
浙　　江	28662	57910	54267	53067	151659	145716
安　　徽	28471	15192	17568	9459	74337	32191
福　　建	3254	18653	19207	14314	9608	14813
江　　西	18145	14420	19960	18920	17983	11828
山　　东	33743	60804	106119	151474	232181	85021
河　　南	79792	6455	5259	16505	7783	17390
湖　　北	19046	39193	16160	39069	57212	39441
湖　　南	54496	17434	18788	55478	39387	33304
广　　东	15362	40633	21798	13365	26287	101719
广　　西	42267	15354	5444	6500	5198	6772
海　　南	76	410		1154	1353	81
重　　庆	21256	33451	17293	5410	67319	6375
四　　川	54306	44012	32419	48003	44561	37745
贵　　州	38870	1677	945	1483	9844	3238
云　　南	77523	1113	14983	21213	365	5551
西　　藏						
陕　　西	14711	7133	21123	30940	51960	3195
甘　　肃	66058	700	650	3370	906	4317
青　　海	24580	1874	4901		989	455
宁　　夏	6056	700	2812	1000		2060
新　　疆	7070	2227	1633	300	1870	12124
不分地区						

5－10 续表 5

单位:万元

地　　区	电子及通信设备制造业	仪器仪表及文化办公用机械制造业	其　他制造业	电力、蒸汽、热水的生产和供应业	煤气的生产和供应业	自来水的生产和供应业
全国总计	**1292875**	**160460**	**345938**	**6205763**	**202221**	**109666**
北　京	38063	15276	930	14279	2288	
天　津	49942	2807	12010	67016		
河　北	28621	7119	2855	418955	5091	1070
山　西	3044	1033	6626	287585	9460	200
内蒙古	305		71	510697	15719	3370
辽　宁	16832	8480	3007	108824	4980	14738
吉　林	70295	33076	2230	118820		1000
黑龙江	3324	6347	6806	52812		1993
上　海	71584		99916	35422	42098	128
江　苏	67056	10865	19525	66511	5208	
浙　江	89648	11367	33068	892744	6852	19908
安　徽	68076	2087	10239	118751	120	1959
福　建	43165	2429	2411	71080	2641	3804
江　西	28657	886	8873	138623	1547	506
山　东	58935	14034	34110	611496	14635	
河　南	8921	3310	4163	292135	28109	
湖　北	74186	15120	8156	149818	7538	3666
湖　南	17367	2380	7892	42098	2930	11488
广　东	320038	5124	58620	718235	9512	15938
广　西	2126	1800	4910	235210	1506	1139
海　南	4042			19035	5354	3016
重　庆	104	951	80	132150	6210	4552
四　川	169942	12914	3662	430406	9777	7946
贵　州	14122		3113	4702	2339	55
云　南				124164	705	2478
西　藏			60			
陕　西	40996	2515	9545	74715	11541	6668
甘　肃	1109		2300	110853		388
青　海		290	610	194279	720	
宁　夏	2264		150	6208	386	
新　疆	111	250		158140	4955	3656
不分地区						

5-11 各地区股份制经济中三次产业投资

单位:万元

地　　区	投资额	第一产业	第二产业	第三产业
全国总计	**83288076**	**431683**	**36887929**	**45968464**
北　京	5406204	2200	278299	5125705
天　津	1722428	556	537196	1184676
河　北	3055926	19678	1801398	1234850
山　西	1736713	10617	1315059	411037
内蒙古	1949767	66897	1167031	715839
辽　宁	3883196	10229	1618274	2254693
吉　林	2664495	14274	1723612	926609
黑龙江	3189290	3170	1862687	1323433
上　海	5927145	8189	1239086	4679870
江　苏	3461466	520	1366548	2094398
浙　江	8663714	4739	2890787	5768188
安　徽	1837834	4068	1189737	644029
福　建	1406517	35979	642545	727993
江　西	975702	1455	564422	409825
山　东	7106986	43889	4905216	2157881
河　南	1982929	16749	1003959	962221
湖　北	2342789	24283	1204018	1114488
湖　南	1774800	15452	731382	1027966
广　东	6964252	19582	1981442	4963228
广　西	916990	7390	585862	323738
海　南	718321	22449	104987	590885
重　庆	1643262	20258	526419	1096585
四　川	4386371	19509	2099513	2267349
贵　州	581025	799	238130	342096
云　南	970521	9039	450316	511166
西　藏	101802		7680	94122
陕　西	1540813	12710	769573	758530
甘　肃	679428	16182	458526	204720
青　海	626589	386	501972	124231
宁　夏	327029	2650	89252	235127
新　疆	2581336	17785	1921906	641645
不分地区	2162436		1111095	1051341

5-12 各地区能源工业股份制经济投资

单位:万元

地区	能源工业合计	煤炭采选业	石油和天然气开采业	电力、蒸汽、热水的生产和供应业	石油加工及炼焦业	煤气的生产和供应业
全国总计	**14063067**	**585386**	**6086284**	**6205763**	**983413**	**202221**
北京	25104			14279	8537	2288
天津	247849		166896	67016	13937	
河北	526031	44580	43502	418955	13903	5091
山西	596278	133548		287585	165685	9460
内蒙古	538294	6762		510697	5116	15719
辽宁	778364	35179	545934	108824	83447	4980
吉林	446623	1000	323468	118820	3335	
黑龙江	1354774	31548	1235560	52812	34854	
上海	232118		3747	35422	150851	42098
江苏	71719			66511		5208
浙江	1061807			892744	162211	6852
安徽	147987	17814	75	118751	11227	120
福建	94286	728		71080	19837	2641
江西	140390			138623	220	1547
山东	2118810	247183	1170090	611496	75406	14635
河南	342134	21405		292135	485	28109
湖北	178887	833		149818	20698	7538
湖南	49665	2787		42098	1850	2930
广东	756048			718235	28301	9512
广西	237729			235210	1013	1506
海南	43874		18885	19035	600	5354
重庆	144552	2728	3464	132150		6210
四川	481944	7831	17872	430406	16058	9777
贵州	13429	6388		4702		2339
云南	135568	378		124164	10321	705
西藏						
陕西	104251	12175	3200	74715	2620	11541
甘肃	212598		101745	110853		
青海	329427	1028	133400	194279		720
宁夏	6594			6208		386
新疆	1534838	11491	1207351	158140	152901	4955
不分地区	1111095		1111095			

5－13　各地区交通运输业股份制经济投资

单位：万元

地　　区	合　计	铁　路 运输业	公　路 运输业	管　道 运输业	水　上 运输业	航　空 运输业	交通运输 辅助业	其他交通 运输业
全国总计	**3597250**	**241690**	**744452**	**1052541**	**85185**	**763573**	**701007**	**8802**
北　　京	2278						2278	
天　　津	9448						9448	
河　　北	39921	1315	37470		1136			
山　　西	13745	1019	12726					
内 蒙 古	100101	11073	5883			9980	73165	
辽　　宁	10619		5055				5564	
吉　　林	4092	680	1412				2000	
黑 龙 江	3887	220	3572			95		
上　　海	221295		890		10226	116261	93918	
江　　苏	32816		9372		936	3222	19286	
浙　　江	347846	200	99619		49032		194114	4881
安　　徽	14793	235	3712			1090	9406	350
福　　建	54880		38300		5992		10588	
江　　西	1327		1040		160		127	
山　　东	68051	24826	20517		5021		17687	
河　　南	126353	10863	112799				2691	
湖　　北	66286	300	10763		210	3230	51583	200
湖　　南	19038		15808		2455		775	
广　　东	648467	124131	102125		500	284308	134052	3351
广　　西	11959	2320	7329		2032		278	
海　　南	325220					325220		
重　　庆	49251		14282		4796	11353	18820	
四　　川	221336	29960	124401	1200	2689	8814	54272	
贵　　州	4978		4978					
云　　南	16743	2419	14304					20
西　　藏	93367		93367					
陕　　西	33609	31661	1268				680	
甘　　肃	1402		1402					
青　　海	365		90				275	
宁　　夏	250		250					
新　　疆	2186	468	1718					
不分地区	1051341			1051341				

5－14 国民经济行业按构成分的股份制经济投资

单位:万元

行　　业	投资额	建筑安装工程	设备工器具购置	其他费用
全国总计	**83288076**	**46647889**	**18770026**	**17870161**
(一)农、林、牧、渔业	**471885**	**279146**	**68804**	**123935**
农业	147652	86078	15566	46008
林业	40686	19703	1502	19481
畜牧业	202052	119251	35496	47305
渔业	41293	22244	12056	6993
农、林、牧、渔服务业	40202	31870	4184	4148
(二)采掘业	**6947250**	**5238047**	**1049943**	**659260**
煤炭采选业	585386	295872	247754	41760
石油和天然气开采业	6086284	4800839	707565	577880
黑色金属矿采选业	50185	25962	18423	5800
有色金属矿采选业	122677	69614	35286	17777
非金属矿采选业	93770	43549	38011	12210
其他矿采选业	3131	1486	1492	153
木材及竹材采运业	5817	725	1412	3680
(三)制造业	**22787197**	**9452317**	**10898074**	**2436806**
食品加工业	977540	458154	429911	89475
食品制造业	915402	357556	472483	85363
饮料制造业	783067	349373	377971	55723
烟草加工业	26344	9621	9871	6852
纺织业	1202588	347562	769263	85763
服装及其他纤维品制造业	342655	190860	97181	54614
皮革、毛皮、羽绒及其制品业	130394	70015	41591	18788
木材加工及竹、藤、棕、草制品业	212347	89747	104888	17712
家具制造业	100542	55269	31823	13450
造纸及纸制品业	577439	189514	342575	45350
印刷业、记录媒介的复制	289964	89768	174998	25198
文教体育用品制造业	45800	18003	23820	3977
石油加工及炼焦业	983413	445573	426864	110976
化学原料及化学制品制造业	2397149	958976	1189168	249005
医药制造业	2227584	1142316	824984	260284
化学纤维制造业	378630	113112	228837	36681
橡胶制品业	183858	54130	119577	10151
塑料制品业	707532	280258	367287	59987
非金属矿物制品业	1845023	753667	899792	191564
黑色金属冶炼及压延加工业	1933446	785879	947838	199729
有色金属冶炼及压延加工业	813512	324040	419213	70259
金属制品业	549497	248131	240988	60378
普通机械制造业	664026	266956	343757	53313

5－14 续表 1

行　　业	投资额	建筑安装工程	设备工器具购置	其　他费　用
专用设备制造业	679473	312925	275961	90587
交通运输设备制造业	1215069	455664	625235	134170
电气机械及器材制造业	805630	332498	349226	123906
电子及通信设备制造业	1292875	559368	602439	131068
仪器仪表及文化办公用机械制造业	160460	71101	57785	31574
其他制造业	345938	122281	102748	120909
(四)电力、煤气及水的生产和供应业	**6517650**	**3047611**	**2094137**	**1375902**
电力、蒸汽、热水的生产和供应业	6205763	2831812	2037304	1336647
煤气的生产和供应业	202221	136940	41133	24148
自来水的生产和供应业	109666	78859	15700	15107
(五)建筑业	**635832**	**419651**	**153073**	**63108**
土木工程建筑业	589347	390730	138239	60378
线路、管道和设备安装业	35444	20323	13509	1612
建筑物的装修装饰业	11041	8598	1325	1118
(六)地质勘查业、水利管理业	**180504**	**106933**	**11869**	**61702**
地质勘查业	11395	5942	503	4950
水利管理业	169109	100991	11366	56752
(七)交通运输、仓储及邮电通信业	**5315213**	**2270319**	**2440877**	**604017**
铁路运输业	241690	171281	6879	63530
公路运输业	744452	497603	111935	134914
管道运输业	1052541	353215	591888	107438
水上运输业	85185	15061	67760	2364
航空运输业	763573	68275	686731	8567
交通运输辅助业	701007	506805	53776	140426
其他交通运输业	8802	4880	3321	601
仓储业	173707	100465	15503	57739
邮电通信业	1544256	552734	903084	88438
(八)批发和零售贸易、餐饮业	**2184523**	**1546630**	**254324**	**383569**
食品、饮料、烟草和家庭用品批发商业	453500	373073	26968	53459
能源、材料和机械电子设备批发业	358546	250950	41269	66327
其他批发业	89137	64419	8152	16566
零售业	1058088	685171	147895	225022
商业经纪与代理业	29858	23054	5195	1609

5-14 续表 2

行　　业	投资额	建筑安装工程	设备工器具购置	其他费用
餐饮业	195394	149963	24845	20586
(九)金融、保险业	**130848**	**57285**	**62553**	**11010**
金融业	122069	53010	61118	7941
保险业	8779	4275	1435	3069
(十)房地产业	**32217656**	**20754717**	**555436**	**10907503**
房地产开发与经营业	32144585	20690038	553434	10901113
房地产管理业	69794	63289	1742	4763
房地产代理与经纪业	3277	1390	260	1627
(十一)社会服务业	**4527089**	**2541019**	**1009082**	**976988**
公共服务业	2966042	1427652	758549	779841
居民服务业	46524	32895	6150	7479
旅馆业	417819	321407	44561	51851
租赁服务业	214264	200342	2105	11817
旅行社	178485	136406	11752	30327
娱乐服务业	86578	58585	12663	15330
信息、咨询服务业	72369	13182	57859	1328
计算机应用服务业	280572	159809	99859	20904
其他社会服务业	264436	190741	15584	58111
(十二)卫生、体育和社会福利业	**159747**	**89737**	**58698**	**11312**
卫生	131252	64929	57899	8424
体育	19272	16213	514	2545
社会福利保障业	9223	8595	285	343
(十三)教育、文化艺术及广播电影电视业	**608257**	**455517**	**44195**	**108545**
教育	438737	342725	22724	73288
文化艺术业	72549	44937	3619	23993
广播电影电视业	96971	67855	17852	11264
(十四)科学研究和综合技术服务业	**218029**	**109953**	**47397**	**60679**
科学研究业	64750	23322	30062	11366
综合技术服务业	153279	86631	17335	49313
(十五)国家机关、政党机关和社会团体	**38102**	**29519**	**1653**	**6930**
国家机关	20468	16973	395	3100
政党机关	1596	288	550	758
社会团体				
基层群众自治组织	16038	12258	708	3072
(十六)其他行业	**348294**	**249488**	**19911**	**78895**
其他行业	348294	249488	19911	78895

5－15 各地区股份制经济财务拨款

单位：万元

地区	本年资金来源合计	上年末结余资金	本年资金来源小计	本年各项应付款合计
全国总计	**100693096**	**8837026**	**91856070**	**9066432**
北京	8823262	1503743	7319519	413980
天津	2152494	223875	1928619	264354
河北	3227501	253360	2974141	279030
山西	1885063	84482	1800581	220811
内蒙古	1814944	38296	1776648	247739
辽宁	4391010	387412	4003598	674909
吉林	2789022	91125	2697897	239137
黑龙江	3232124	170766	3061358	176059
上海	7127740	945645	6182095	1120593
江苏	4055206	344142	3711064	462696
浙江	12221618	1111481	11110137	716002
安徽	2096898	121329	1975569	204866
福建	1913749	230456	1683293	114979
江西	1089873	46752	1043121	111018
山东	7698083	379281	7318802	688352
河南	2411126	212257	2198869	171543
湖北	3434748	208718	3226030	243052
湖南	1983875	111805	1872070	200910
广东	8823832	1098741	7725091	974430
广西	1226559	70204	1156355	93366
海南	809634	59549	750085	37340
重庆	2003647	213805	1789842	200294
四川	5092427	379655	4712772	422250
贵州	749259	102495	646764	81223
云南	1172640	102561	1070079	147435
西藏	102198		102198	
陕西	1678537	137479	1541058	201288
甘肃	743965	41389	702576	87529
青海	704252	48643	655609	30188
宁夏	356334	13274	343060	43762
新疆	2719040	104306	2614734	197297
不分地区	2162436		2162436	

5－16 各地区股份制经济财务拨款资金来源

单位：万元

地区	本年资金来源小计	国家预算内资金	国内贷款	债券
全国总计	**91856070**	**927761**	**21875019**	**199315**
北京	7319519	16000	2193205	
天津	1928619	9165	511521	10
河北	2974141	23954	545063	5019
山西	1800581	7494	546125	
内蒙古	1776648	76720	440030	5270
辽宁	4003598	38320	618249	
吉林	2697897	39907	302690	3445
黑龙江	3061358	32332	345162	1350
上海	6182095	12881	1653119	80000
江苏	3711064	10520	916638	
浙江	11110137	33042	3380072	60
安徽	1975569	22687	417272	
福建	1683293	12219	338692	3300
江西	1043121	10493	168769	
山东	7318802	27136	1264852	40
河南	2198869	22161	641766	
湖北	3226030	47744	497495	
湖南	1872070	10554	351267	807
广东	7725091	20787	1554426	90000
广西	1156355	21108	425329	
海南	750085	10717	62362	
重庆	1789842	133544	586908	
四川	4712772	98342	1214979	5560
贵州	646764	2920	110355	
云南	1070079	19375	321568	
西藏	102198	79001	1880	
陕西	1541058	31689	260564	
甘肃	702576	16745	190774	780
青海	655609	23617	234770	50
宁夏	343060	233	84373	
新疆	2614734	16354	568569	3624
不分地区	2162436		1126175	

单位：万元

地　区	利　用 外　资	外商直 接投资	自　筹 资　金	其他资 金来源
全国总计	**1978597**	**688321**	**44166659**	**22708719**
北　京	19777	6600	2099205	2991332
天　津	6211	5681	990639	411073
河　北	20455	9225	1894936	484714
山　西	9489	3600	969277	268196
内蒙古	112642	1803	911211	230775
辽　宁	46855	40957	2402687	897487
吉　林	79021	16833	1594876	677958
黑龙江	15947	14488	2288037	378530
上　海	128370	24400	2460128	1847597
江　苏	41228	35148	1733514	1009164
浙　江	284015	25284	3627306	3785642
安　徽	23561	12008	1210288	301761
福　建	11354	9654	776755	540973
江　西	66258	33182	597640	199961
山　东	185415	30688	4840478	1000881
河　南	13115	8194	1154897	366930
湖　北	23631	18981	1528887	1128273
湖　南	12895	7491	1085225	411322
广　东	507861	46071	3034467	2517550
广　西	9503	6273	503005	197410
海　南	310046	310046	322612	44348
重　庆	6762	2362	706024	356604
四　川	22538	11408	2456838	914515
贵　州	4109	4109	323295	206085
云　南	1350	300	420904	306882
西　藏			20567	750
陕　西	9227	400	958241	281337
甘　肃	2322		307072	184883
青　海	286	86	186627	210259
宁　夏			131048	127406
新　疆	3049	3049	1595017	428121
不分地区	1305		1034956	

5－17 各地区股份制经济财务拨款中的自筹资金

单位：万元

地区	自筹资金合计	中央各部门自筹	省自筹	地市自筹	县自筹	企事业单位自有资金	
							发行股票
全国总计	**44166659**	**365814**	**480558**	**381312**	**388007**	**37261588**	**829570**
北京	2099205	2276	96654	1692	700	1259608	230
天津	990639	114306	8405	30367		722913	18344
河北	1894936		3740	9062	56332	1665430	12679
山西	969277	2562	7595	9012	10925	864175	11000
内蒙古	911211		7599	22615	25371	798532	13839
辽宁	2402687		3170	4830	11889	2070357	32940
吉林	1594876		794	4507	440	1483731	2987
黑龙江	2288037		7984	5330	916	2130226	35080
上海	2460128	60000	37097	15457		1800702	23790
江苏	1733514	1200	16734	7780	6154	1450986	16400
浙江	3627306	18032	43007	65746	50918	2875601	22880
安徽	1210288	6000	450	2220	3561	1091573	24204
福建	776755	375	4490	1322	5145	691544	29095
江西	597640	1840	25411	1209	21001	489427	7941
山东	4840478	9556	36450	10634	67240	4415332	144627
河南	1154897	3600	18906	570	6235	1012454	7104
湖北	1528887	4188	3292	72911	4165	1325739	20832
湖南	1085225	698	34945	9256	19924	878610	48271
广东	3034467	97745	23327	46728	25624	2319509	92883
广西	503005	24593	3499	3930	4214	419655	21673
海南	322612		2529			302068	2075
重庆	706024	579	6160	3079	18428	529885	13046
四川	2456838	3420	48503	8338	15053	2133834	86727
贵州	323295		1478	414	17247	260776	15756
云南	420904	752	24197	10432	1553	352508	43503
西藏	20567	12282	1738			6547	
陕西	958241	300	1198	7736	8490	833835	13312
甘肃	307072	1390	870	7814	3951	247387	16940
青海	186627		10300		280	144115	
宁夏	131048		6	1382	5	116488	
新疆	1595017	120	30	16939	2246	1533085	51412
不分地区	1034956					1034956	

5-18 股份制经济分行业财务拨款

单位:万元

行　业	本年资金来源合计	上年末结余资金	本年资金来源小计	本年各项应付款合计
全国总计	**100693096**	**8837026**	**91856070**	**9066432**
(一)农、林、牧、渔业	**475614**	**6858**	**468756**	**32518**
农业	153531	5197	148334	13243
林业	40984		40984	412
畜牧业	202992	375	202617	12355
渔业	39505	495	39010	4126
农、林、牧、渔服务业	38602	791	37811	2382
(二)采掘业	**6965819**	**30166**	**6935653**	**54284**
煤炭采选业	554939	5953	548986	40528
石油和天然气开采业	6100673	20200	6080473	5210
黑色金属矿采选业	54501	220	54281	2395
有色金属矿采选业	150720	3245	147475	2739
非金属矿采选业	96038	548	95490	3412
其他矿采选业	3131		3131	
木材及竹材采运业	5817		5817	
(三)制造业	**24705964**	**1114121**	**23591843**	**1646911**
食品加工业	1076842	10023	1066819	46435
食品制造业	940605	10832	929773	74262
饮料制造业	804703	16102	788601	37150
烟草加工业	28767	2248	26519	2550
纺织业	1240660	27781	1212879	73928
服装及其他纤维品制造业	346367	6032	340335	34116
皮革、毛皮、羽绒及其制品业	133104	2141	130963	3809
木材加工及竹、藤、棕、草制品业	214392	2088	212304	6006
家具制造业	103978	822	103156	3869
造纸及纸制品业	688417	27004	661413	39572
印刷业、记录媒介的复制	288874	7862	281012	15165
文教体育用品制造业	49916	837	49079	1310
石油加工及炼焦业	959332	56667	902665	170339
化学原料及化学制品制造业	2596176	106807	2489369	153410
医药制造业	2486321	124124	2362197	164943
化学纤维制造业	413217	17790	395427	23323
橡胶制品业	218303	2156	216147	6273
塑料制品业	726338	18309	708029	46525
非金属矿物制品业	1903297	81796	1821501	173863
黑色金属冶炼及压延加工业	1958755	78453	1880302	98750
有色金属冶炼及压延加工业	908467	19575	888892	66459
金属制品业	589060	33447	555613	44518
普通机械制造业	764902	81241	683661	38650

5－18 续表 1　　单位：万元

行　业	本年资金来源合计	上年末结余资金	本年资金来源小计	本年各项应付款合计
专用设备制造业	751178	27544	723634	41184
交通运输设备制造业	1552314	112686	1439628	76170
电气机械及器材制造业	850226	38958	811268	75849
电子及通信设备制造业	1579259	159884	1419375	83213
仪器仪表及文化办公用机械制造业	162556	8257	154299	15115
其他制造业	369638	32655	336983	30155
(四)电力、煤气及水的生产和供应业	**7134212**	**507808**	**6626404**	**661217**
电力、蒸汽、热水的生产和供应业	6704877	443667	6261210	616324
煤气的生产和供应业	307031	49912	257119	29515
自来水的生产和供应业	122304	14229	108075	15378
(五)建筑业	**651280**	**9437**	**641843**	**45300**
土木工程建筑业	607725	9143	598582	39340
线路、管道和设备安装业	32563	164	32399	5062
建筑物的装修装饰业	10992	130	10862	898
(六)地质勘查业、水利管理业	**218835**	**38527**	**180308**	**7197**
地质勘查业	11395		11395	
水利管理业	207440	38527	168913	7197
(七)交通运输、仓储及邮电通信业	**5832447**	**271199**	**5561248**	**291904**
铁路运输业	248271	12776	235495	14840
公路运输业	896351	21019	875332	66719
管道运输业	1052541		1052541	
水上运输业	86796	5358	81438	2507
航空运输业	754260	4269	749991	9460
交通运输辅助业	896100	150912	745188	77937
其他交通运输业	10331	12	10319	6439
仓储业	321254	4629	316625	9203
邮电通信业	1566543	72224	1494319	104799
(八)批发和零售贸易、餐饮业	**2256985**	**58163**	**2198822**	**204257**
食品、饮料、烟草和家庭用品批发商业	464331	6529	457802	29578
能源、材料和机械电子设备批发业	375395	3961	371434	33769
其他批发业	95466	6832	88634	4686
零售业	1094272	39578	1054694	124203
商业经纪与代理业	30345	953	29392	65

5－18 续表 2

单位:万元

行　　业	本年资金来源合计	上年末结余资金	本年资金来源小计	本年各项应付款合计
餐饮业	197176	310	196866	11956
(九)金融、保险业	**140470**	**1783**	**138687**	**9824**
金融业	121720	1731	119989	9824
保险业	18750	52	18698	
(十)房地产业	**45889166**	**5952211**	**39936955**	**5300366**
房地产开发与经营业	45809150	5942601	39866549	5294344
房地产管理业	76739	9610	67129	6022
房地产代理与经纪业	3277		3277	
(十一)社会服务业	**4861524**	**717312**	**4144212**	**641396**
公共服务业	3186572	639398	2547174	519326
居民服务业	50660	2700	47960	8036
旅馆业	452695	33231	419464	29860
租赁服务业	211438		211438	3774
旅行社	179280	3737	175543	20127
娱乐服务业	99368	8912	90456	3874
信息、咨询服务业	75529	3050	72479	10703
计算机应用服务业	315742	21364	294378	20783
其他社会服务业	290240	4920	285320	24913
(十二)卫生、体育和社会福利业	**161794**	**10354**	**151440**	**44282**
卫生	137517	7056	130461	37797
体育	19450	2493	16957	2089
社会福利保障业	4827	805	4022	4396
(十三)教育、文化艺术及广播电影电视业	**653197**	**28997**	**624200**	**79946**
教育	481894	10746	471148	46145
文化艺术业	72018	1448	70570	6152
广播电影电视业	99285	16803	82482	27649
(十四)科学研究和综合技术服务业	**284477**	**63305**	**221172**	**19488**
科学研究业	100201	33444	66757	8163
综合技术服务业	184276	29861	154415	11325
(十五)国家机关、政党机关和社会团体	**37263**	**601**	**36662**	**6330**
国家机关	19858	601	19257	5890
政党机关	1396		1396	200
社会团体				
基层群众自治组织	16009		16009	240
(十六)其他行业	**424049**	**26184**	**397865**	**21212**
其他行业	424049	26184	397865	21212

5－19 股份制经济分行业财务拨款资金来源

单位:万元

行业	本年资金来源小计	国家预算内资金	国内贷款	债券
全国总计	**91856070**	**927761**	**21875019**	**199315**
(一)农、林、牧、渔业	**468756**	**9649**	**62769**	
农业	148334	6482	29598	
林业	40984	715	12141	
畜牧业	202617	785	16183	
渔业	39010	607	3889	
农、林、牧、渔服务业	37811	1060	958	
(二)采掘业	**6935653**	**15890**	**952594**	
煤炭采选业	548986	6640	96973	
石油和天然气开采业	6080473	7300	817373	
黑色金属矿采选业	54281	1000	6509	
有色金属矿采选业	147475	300	25779	
非金属矿采选业	95490	650	4980	
其他矿采选业	3131		400	
木材及竹材采运业	5817		580	
(三)制造业	**23591843**	**216287**	**4861930**	**14311**
食品加工业	1066819	1906	182766	150
食品制造业	929773	7862	168498	
饮料制造业	788601	22213	111280	
烟草加工业	26519		15590	
纺织业	1212879	5966	245972	8679
服装及其他纤维品制造业	340335	3250	51519	
皮革、毛皮、羽绒及其制品业	130963		14045	
木材加工及竹、藤、棕、草制品业	212304	1700	29745	
家具制造业	103156		15870	
造纸及纸制品业	661413	800	118894	
印刷业、记录媒介的复制	281012		45578	
文教体育用品制造业	49079		3365	
石油加工及炼焦业	902665	3670	250524	
化学原料及化学制品制造业	2489369	49412	505010	
医药制造业	2362197	14094	464137	1895
化学纤维制造业	395427	1710	183662	
橡胶制品业	216147		48744	
塑料制品业	708029	1905	191809	780
非金属矿物制品业	1821501	16973	416162	
黑色金属冶炼及压延加工业	1880302	2335	326059	
有色金属冶炼及压延加工业	888892	600	160339	
金属制品业	555613	1072	103853	100
普通机械制造业	683661	13693	121146	

5－19 续表 1

单位：万元

行　　业	本年资金来源小计	国家预算内资金	国内贷款	债　　券
专用设备制造业	723634	8860	111111	1507
交通运输设备制造业	1439628	35941	360555	
电气机械及器材制造业	811268	7771	166451	
电子及通信设备制造业	1419375	11032	320505	
仪器仪表及文化办公用机械制造业	154299	2360	14233	
其他制造业	336983	1162	114508	1200
(四)电力、煤气及水的生产和供应业	**6626404**	**169393**	**2953043**	**93624**
电力、蒸汽、热水的生产和供应业	6261210	136745	2880951	93624
煤气的生产和供应业	257119	2900	55557	
自来水的生产和供应业	108075	29748	16535	
(五)建筑业	**641843**	**22211**	**100015**	**3400**
土木工程建筑业	598582	21761	96491	3400
线路、管道和设备安装业	32399	450	1650	
建筑物的装修装饰业	10862		1874	
(六)地质勘查业、水利管理业	**180308**	**75424**	**48410**	
地质勘查业	11395		3400	
水利管理业	168913	75424	45010	
(七)交通运输、仓储及邮电通信业	**5561248**	**205888**	**1766310**	**85000**
铁路运输业	235495	51828	57440	
公路运输业	875332	116294	327159	
管道运输业	1052541		683972	
水上运输业	81438	2181	29381	
航空运输业	749991	13317	78581	
交通运输辅助业	745188	16968	246048	85000
其他交通运输业	10319		3450	
仓储业	316625	3495	27578	
邮电通信业	1494319	1805	312701	
(八)批发和零售贸易、餐饮业	**2198822**	**11383**	**262928**	
食品、饮料、烟草和家庭用品批发商业	457802	266	42909	
能源、材料和机械电子设备批发业	371434	1500	37266	
其他批发业	88634	4680	13001	
零售业	1054694	4324	142577	
商业经纪与代理业	29392		1450	

5－19 续表2

单位:万元

行　　业	本年资金来源小计	国家预算内资金	国内贷款	债券
餐饮业	196866	613	25725	
(九)金融、保险业	**138687**	**500**	**3350**	
金融业	119989	500	3350	
保险业	18698			
(十)房地产业	**39936955**	**44788**	**9198186**	**380**
房地产开发与经营业	39866549	28788	9181226	380
房地产管理业	67129	16000	16960	
房地产代理与经纪业	3277			
(十一)社会服务业	**4144212**	**89362**	**1280143**	**2600**
公共服务业	2547174	77175	945954	2600
居民服务业	47960	73	6100	
旅馆业	419464		75095	
租赁服务业	211438			
旅行社	175543	7442	22186	
娱乐服务业	90456		9632	
信息、咨询服务业	72479	2672	49164	
计算机应用服务业	294378		75550	
其他社会服务业	285320	2000	96462	
(十二)卫生、体育和社会福利业	**151440**	**500**	**23915**	
卫生	130461	500	20486	
体育	16957		3429	
社会福利保障业	4022			
(十三)教育、文化艺术及广播电影电视业	**624200**	**13056**	**233323**	
教育	471148	1800	199845	
文化艺术业	70570	11222	13180	
广播电影电视业	82482	34	20298	
(十四)科学研究和综合技术服务业	**221172**	**29768**	**76428**	
科学研究业	66757	4685	11462	
综合技术服务业	154415	25083	64966	
(十五)国家机关、政党机关和社会团体	**36662**	**498**	**5700**	
国家机关	19257	422	4900	
政党机关	1396		600	
社会团体				
基层群众自治组织	16009	76	200	
(十六)其他行业	**397865**	**23164**	**45975**	
其他行业	397865	23164	45975	

5－19 续表 3

单位:万元

行业	利用外资	外商直接投资	自筹资金	其他资金来源
全国总计	**1978597**	**688321**	**44166659**	**22708719**
(一)农、林、牧、渔业	**8916**	**3766**	**334075**	**53347**
农业	3067	3067	94493	14694
林业			24694	3434
畜牧业	5549	399	154421	25679
渔业	300	300	26434	7780
农、林、牧、渔服务业			34033	1760
(二)采掘业	**32560**	**28940**	**5209054**	**725555**
煤炭采选业			432014	13359
石油和天然气开采业	28592	27287	4542610	684598
黑色金属矿采选业			37584	9188
有色金属矿采选业	500	500	107641	13255
非金属矿采选业	3468	1153	83847	2545
其他矿采选业			601	2130
木材及竹材采运业			4757	480
(三)制造业	**322451**	**260255**	**16883977**	**1292887**
食品加工业	19077	15176	782498	80422
食品制造业	5137	5137	669566	78710
饮料制造业	2650	2650	621020	31438
烟草加工业			10709	220
纺织业	21263	17733	831082	99917
服装及其他纤维品制造业	17457	13957	258952	9157
皮革、毛皮、羽绒及其制品业	270	70	105135	11513
木材加工及竹、藤、棕、草制品业	2065	2065	161757	17037
家具制造业			76442	10844
造纸及纸制品业	14004	13804	510038	17677
印刷业、记录媒介的复制	2592	2592	204287	28555
文教体育用品制造业	1300	1300	41822	2592
石油加工及炼焦业	380		586512	61579
化学原料及化学制品制造业	43814	23166	1694546	196587
医药制造业	11698	10798	1755561	114812
化学纤维制造业			200254	9801
橡胶制品业	6027	6027	151046	10330
塑料制品业	24837	19421	454635	34063
非金属矿物制品业	21739	17450	1215640	150987
黑色金属冶炼及压延加工业	15368	13127	1499612	36928
有色金属冶炼及压延加工业	3673	3673	676491	47789
金属制品业	852	240	415411	34325
普通机械制造业	1395	1219	502458	44969

5－19 续表 4

单位:万元

行　　业	利用外资	外商直接投资	自筹资金	其他资金来源
专用设备制造业	8160	6920	553958	40038
交通运输设备制造业	11815	9814	1001827	29490
电气机械及器材制造业	28365	20576	569405	39276
电子及通信设备制造业	40596	35493	1018122	29120
仪器仪表及文化办公用机械制造业	3250	3250	122662	11794
其他制造业	14667	14597	192529	12917
(四)电力、煤气及水的生产和供应业	**841994**	**38707**	**2228728**	**339622**
电力、蒸汽、热水的生产和供应业	833751	31717	2003138	313001
煤气的生产和供应业	8243	6990	172762	17657
自来水的生产和供应业			52828	8964
(五)建筑业	**50**		**410543**	**105624**
土木工程建筑业			376632	100298
线路、管道和设备安装业			26599	3700
建筑物的装修装饰业	50		7312	1626
(六)地质勘查业、水利管理业	**2840**		**39908**	**13726**
地质勘查业			7495	500
水利管理业	2840		32413	13226
(七)交通运输、仓储及邮电通信业	**623680**	**309796**	**2665494**	**214876**
铁路运输业	7376		115606	3245
公路运输业	1756		392062	38061
管道运输业			368569	
水上运输业			46680	3196
航空运输业	606905	309446	49538	1650
交通运输辅助业			293179	103993
其他交通运输业	3650		2899	320
仓储业	1500		270215	13837
邮电通信业	2493	350	1126746	50574
(八)批发和零售贸易、餐饮业	**22949**	**12250**	**1614551**	**287011**
食品、饮料、烟草和家庭用品批发商业	230		359937	54460
能源、材料和机械电子设备批发业	800	800	285910	45958
其他批发业	7000	7000	46761	17192
零售业	13300	3300	751764	142729
商业经纪与代理业	300	300	27469	173

5－19 续表 5

单位：万元

行业	利用外资	外商直接投资	自筹资金	其他资金来源
餐饮业	1319	850	142710	26499
（九）金融、保险业			**131281**	**3556**
金融业			112737	3402
保险业			18544	154
（十）房地产业	**42220**	**27287**	**11596692**	**19054689**
房地产开发与经营业	42220	27287	11563268	19050667
房地产管理业			32174	1995
房地产代理与经纪业			1250	2027
（十一）社会服务业	**75953**	**5220**	**2203285**	**492869**
公共服务业	70803	1170	1056596	394046
居民服务业	950	950	32345	8492
旅馆业			323189	21180
租赁服务业			211438	
旅行社	500		128048	17367
娱乐服务业	1500	1500	67738	11586
信息、咨询服务业			20373	270
计算机应用服务业	600		210434	7794
其他社会服务业	1600	1600	153124	32134
（十二）卫生、体育和社会福利业			**112320**	**14705**
卫生			95770	13705
体育			12628	900
社会福利保障业			3922	100
（十三）教育、文化艺术及广播电影电视业	**2650**	**1600**	**342061**	**33110**
教育	2650	1600	244876	21977
文化艺术业			43823	2345
广播电影电视业			53362	8788
（十四）科学研究和综合技术服务业	**2034**	**200**	**106248**	**6694**
科学研究业	1834		46586	2190
综合技术服务业	200	200	59662	4504
（十五）国家机关、政党机关和社会团体			**25087**	**5377**
国家机关			9360	4575
政党机关			796	
社会团体				
基层群众自治组织			14931	802
（十六）其他行业	**300**	**300**	**263355**	**65071**
其他行业	300	300	263355	65071

5－20　股份制经济分行业财务拨款中的自筹资金

单位：万元

行　　业	自筹资金合　　计	中央各部门自筹	省自筹	地市自筹	县自筹	企事业单位自有资金	
							发行股票
全国总计	**44166659**	**365814**	**480558**	**381312**	**388007**	**37261588**	**829570**
(一)农、林、牧、渔业	**334075**	**214**	**2222**	**4752**	**10700**	**316187**	**12362**
农业	94493	14	746	2465	4264	87004	500
林业	24694		550	1450	10	22684	1262
畜牧业	154421		120	800	5584	147917	
渔业	26434				57	26377	800
农、林、牧、渔服务业	34033	200	806	37	785	32205	9800
(二)采掘业	**5209054**	**1888**	**35**	**10**	**4586**	**5202535**	**36237**
煤炭采选业	432014		15	10	3406	428583	3671
石油和天然气开采业	4542610					4542610	32566
黑色金属矿采选业	37584	1320				36264	
有色金属矿采选业	107641	430			330	106881	
非金属矿采选业	83847	138	20		850	82839	
其他矿采选业	601					601	
木材及竹材采运业	4757					4757	
(三)制造业	**16883977**	**34242**	**62587**	**58575**	**174626**	**16553947**	**713626**
食品加工业	782498		4146	806	16385	761161	13392
食品制造业	669566	100	1084	2800	14617	650965	27459
饮料制造业	621020	120	200	560	4842	615298	27261
烟草加工业	10709					10709	
纺织业	831082	130	100	13293	24870	792689	30228
服装及其他纤维品制造业	258952	396	2158	145	4200	252053	3
皮革、毛皮、羽绒及其制品业	105135			1170		103965	
木材加工及竹、藤、棕、草制品业	161757		80	335		161342	15820
家具制造业	76442				515	75927	
造纸及纸制品业	510038			465	6260	503313	92742
印刷业、记录媒介的复制	204287			642	260	203385	3000
文教体育用品制造业	41822			48	2091	39683	
石油加工及炼焦业	586512	16213	1500	50		568749	34507
化学原料及化学制品制造业	1694546	2738	3264	7913	9460	1671171	94642
医药制造业	1755561	9620	13899	6100	2210	1723732	105511
化学纤维制造业	200254	1763			400	198091	30
橡胶制品业	151046		30	1040		149976	22000
塑料制品业	454635		294	3480	2393	448468	7154
非金属矿物制品业	1215640		235	9466	34234	1171705	10446
黑色金属冶炼及压延加工业	1499612		24197	312	22007	1453096	3008
有色金属冶炼及压延加工业	676491		460		3745	672286	43340
金属制品业	415411	262	500	1200	2780	410669	4270
普通机械制造业	502458		1070	1210	5735	494443	44589

5－20 续表 1　　单位:万元

行　业	自筹资金合　计	中央各部门自筹	省自筹	地市自筹	县自筹	企事业单位自有资金	企事业单位：发行股票
专用设备制造业	553958	600	800	1800	7031	543727	9759
交通运输设备制造业	1001827	2250			2640	996937	43356
电气机械及器材制造业	569405		6320	2450	2742	557893	16088
电子及通信设备制造业	1018122	50	450	2138	5209	1010275	59183
仪器仪表及文化办公用机械制造业	122662					122662	5838
其他制造业	192529		1800	1152		189577	
(四)电力、煤气及水的生产和供应业	**2228728**	**41281**	**111217**	**17328**	**76955**	**1981947**	**28996**
电力、蒸汽、热水的生产和供应业	2003138	41281	109387	11986	73028	1767456	28996
煤气的生产和供应业	172762		400	4054	1500	166808	
自来水的生产和供应业	52828		1430	1288	2427	47683	
(五)建筑业	**410543**		**2100**	**5602**	**1576**	**401265**	
土木工程建筑业	376632		2100	5602	1556	367374	
线路、管道和设备安装业	26599				20	26579	
建筑物的装修装饰业	7312					7312	
(六)地质勘查业、水利管理业	**39908**		**500**	**6982**	**2810**	**29616**	
地质勘查业	7495					7495	
水利管理业	32413		500	6982	2810	22121	
(七)交通运输、仓储及邮电通信业	**2665494**	**281863**	**153774**	**124107**	**12656**	**2093094**	**4053**
铁路运输业	115606	72000	12306	1570		29730	
公路运输业	392062	12952	29643	26563	6183	316721	
管道运输业	368569					368569	
水上运输业	46680				190	46490	2340
航空运输业	49538			500		49038	
交通运输辅助业	293179	60000	29952	84264	6268	112695	
其他交通运输业	2899					2899	
仓储业	270215	8107	287	115	5	261701	1713
邮电通信业	1126746	128804	81586	11095	10	905251	
(八)批发和零售贸易、餐饮业	**1614551**	**5002**	**8862**	**11834**	**37438**	**1551415**	**15815**
食品、饮料、烟草和家庭用品批发商业	359937	80	5380	4747	1006	348724	
能源、材料和机械电子设备批发业	285910	4442	2897	2449	8171	267951	4000
其他批发业	46761		120	150	690	45801	
零售业	751764	480	465	4430	27411	718978	11815
商业经纪与代理业	27469					27469	

5－20 续表 2　　　　单位：万元

行　　业	自筹资金合　　计	中央各部门自筹	省自筹	地市自筹	县自筹	企事业单位自有资金	发行股票
餐饮业	142710			58	160	142492	
(九)金融、保险业	**131281**			**150**		**131131**	
金融业	112737			150		112587	
保险业	18544					18544	
(十)房地产业	**11596692**			**7620**	**1576**	**6298116**	
房地产开发与经营业	11563268			7620	500	6265768	
房地产管理业	32174				1076	31098	
房地产代理与经纪业	1250					1250	
(十一)社会服务业	**2203285**	**920**	**121399**	**126580**	**50059**	**1904327**	**7630**
公共服务业	1056596	100	118459	111209	37190	789638	2630
居民服务业	32345		80			32265	
旅馆业	323189				2533	320656	
租赁服务业	211438					211438	
旅行社	128048	220	2060		4636	121132	
娱乐服务业	67738				720	67018	
信息、咨询服务业	20373					20373	
计算机应用服务业	210434	600	800	109		208925	
其他社会服务业	153124			15262	4980	132882	5000
(十二)卫生、体育和社会福利业	**112320**				**69**	**112251**	
卫生	95770				69	95701	
体育	12628					12628	
社会福利保障业	3922					3922	
(十三)教育、文化艺术及广播电影电视业	**342061**		**13200**	**15321**	**4357**	**309183**	
教育	244876			2521	3902	238453	
文化艺术业	43823		2200	12800	150	28673	
广播电影电视业	53362		11000		305	42057	
(十四)科学研究和综合技术服务业	**106248**		**4662**	**1951**		**99635**	**10851**
科学研究业	46586		4662	897		41027	9628
综合技术服务业	59662			1054		58608	1223
(十五)国家机关、政党机关和社会团体	**25087**	**404**		**450**		**24233**	
国家机关	9360	404		450		8506	
政党机关	796					796	
社会团体							
基层群众自治组织	14931					14931	
(十六)其他行业	**263355**			**50**	**10599**	**252706**	
其他行业	263355			50	10599	252706	

5-21　各地区股份制经济项目个数

单位:个

地　区	施工项目个数	新开工项目个数	全部建成投产项目个数	项目建成投产率(%)
全国总计	**26114**	**18838**	**13128**	**50.3**
北　京	278	153	160	57.6
天　津	236	168	113	47.9
河　北	1330	1072	738	55.5
山　西	1107	855	676	61.1
内蒙古	797	672	477	59.8
辽　宁	1101	874	637	57.9
吉　林	1052	880	624	59.3
黑龙江	610	486	360	59.0
上　海	537	93	43	8.0
江　苏	1059	852	734	69.3
浙　江	2223	1393	884	39.8
安　徽	705	534	373	52.9
福　建	1154	926	544	47.1
江　西	779	632	296	38.0
山　东	2462	1915	1132	46.0
河　南	737	536	396	53.7
湖　北	1385	1038	812	58.6
湖　南	1230	951	605	49.2
广　东	1285	743	605	47.1
广　西	616	438	329	53.4
海　南	182	118	55	30.2
重　庆	761	515	419	55.1
四　川	1627	1035	676	41.5
贵　州	305	222	139	45.6
云　南	530	302	252	47.5
西　藏	15	9	6	40.0
陕　西	704	481	391	55.5
甘　肃	418	282	155	37.1
青　海	172	124	77	44.8
宁　夏	142	113	79	55.6
新　疆	568	419	336	59.2
不分地区	7	7	5	71.4

5－22 股份制经济分行业项目个数

单位：个

地 区	施工项目个数	新开工项目个数	全部建成投产项目个数	项目建成投产率（%）
全国总计	**26114**	**18838**	**13128**	**50.3**
(一)农、林、牧、渔业	**480**	**357**	**201**	**41.9**
农业	172	117	65	37.8
林业	35	25	12	34.3
畜牧业	191	161	88	46.1
渔业	37	25	19	51.4
农、林、牧、渔服务业	45	29	17	37.8
(二)采掘业	**781**	**583**	**453**	**58.0**
煤炭采选业	252	183	139	55.2
石油和天然气开采业	121	80	68	56.2
黑色金属矿采选业	105	87	67	63.8
有色金属矿采选业	155	119	88	56.8
非金属矿采选业	135	106	81	60.0
其他矿采选业	5	2	3	60.0
木材及竹材采运业	8	6	7	87.5
(三)制造业	**17592**	**13093**	**9007**	**51.2**
食品加工业	976	816	551	56.5
食品制造业	743	607	391	52.6
饮料制造业	580	434	323	55.7
烟草加工业	12	8	6	50.0
纺织业	975	762	534	54.8
服装及其他纤维品制造业	390	295	170	43.6
皮革、毛皮、羽绒及其制品业	166	125	74	44.6
木材加工及竹、藤、棕、草制品业	262	229	163	62.2
家具制造业	130	102	66	50.8
造纸及纸制品业	450	331	250	55.6
印刷业、记录媒介的复制	247	201	143	57.9
文教体育用品制造业	73	56	41	56.2
石油加工及炼焦业	457	332	272	59.5
化学原料及化学制品制造业	2210	1688	1318	59.6
医药制造业	1385	919	505	36.5
化学纤维制造业	122	93	77	63.1
橡胶制品业	141	112	78	55.3
塑料制品业	541	402	275	50.8
非金属矿物制品业	1603	1261	943	58.8
黑色金属冶炼及压延加工业	792	607	480	60.6
有色金属冶炼及压延加工业	688	486	395	57.4
金属制品业	801	665	336	41.9
普通机械制造业	782	546	340	43.5

5-22 续表1

单位:个

地　　区	施工项目个数	新开工项目个数	全部建成投产项目个　　数	项目建成投产率（%）
专用设备制造业	628	424	288	45.9
交通运输设备制造业	716	503	289	40.4
电气机械及器材制造业	780	532	345	44.2
电子及通信设备制造业	535	283	190	35.5
仪器仪表及文化办公用机械制造业	153	102	54	35.3
其他制造业	254	172	110	43.3
(四)电力、煤气及水的生产和供应业	**1693**	**991**	**805**	**47.5**
电力、蒸汽、热水的生产和供应业	1487	879	747	50.2
煤气的生产和供应业	118	58	26	22.0
自来水的生产和供应业	88	54	32	36.4
(五)建筑业	**611**	**439**	**333**	**54.5**
土木工程建筑业	543	389	292	53.8
线路、管道和设备安装业	33	25	18	54.5
建筑物的装修装饰业	35	25	23	65.7
(六)地质勘查业、水利管理业	**32**	**18**	**9**	**28.1**
地质勘查业	4	4	2	50.0
水利管理业	28	14	7	25.0
(七)交通运输、仓储及邮电通信业	**954**	**658**	**453**	**47.5**
铁路运输业	23	10	12	52.2
公路运输业	209	122	87	41.6
管道运输业	2	1	1	50.0
水上运输业	29	18	15	51.7
航空运输业	25	12	4	16.0
交通运输辅助业	118	57	48	40.7
其他交通运输业	7	2	3	42.9
仓储业	94	70	43	45.7
邮电通信业	447	366	240	53.7
(八)批发和零售贸易、餐饮业	**1764**	**1298**	**995**	**56.4**
食品、饮料、烟草和家庭用品批发商业	274	196	145	52.9
能源、材料和机械电子设备批发业	345	250	188	54.5
其他批发业	105	72	52	49.5
零售业	829	621	480	57.9
商业经纪与代理业	29	18	18	62.1

5－22 续表 2 单位:个

地　　区	施工项目个数	新开工项目个数	全部建成投产项目个　　数	项目建成投产率(%)
餐饮业	182	141	112	61.5
(九)金融、保险业	**55**	**37**	**33**	**60.0**
金融业	51	34	31	60.8
保险业	4	3	2	50.0
(十)房地产业	**397**	**265**	**160**	**40.3**
房地产开发与经营业	343	226	131	38.2
房地产管理业	49	34	27	55.1
房地产代理与经纪业	5	5	2	40.0
(十一)社会服务业	**1219**	**757**	**465**	**38.1**
公共服务业	468	285	162	34.6
居民服务业	60	42	32	53.3
旅馆业	275	161	114	41.5
租赁服务业	12	10	3	25.0
旅行社	107	71	34	31.8
娱乐服务业	81	52	41	50.6
信息、咨询服务业	20	12	9	45.0
计算机应用服务业	93	50	30	32.3
其他社会服务业	103	74	40	38.8
(十二)卫生、体育和社会福利业	**58**	**41**	**21**	**36.2**
卫生	37	28	16	43.2
体育	17	11	4	23.5
社会福利保障业	4	2	1	25.0
(十三)教育、文化艺术及广播电影电视业	**194**	**130**	**85**	**43.8**
教育	133	95	60	45.1
文化艺术业	21	15	6	28.6
广播电影电视业	40	20	19	47.5
(十四)科学研究和综合技术服务业	**97**	**53**	**39**	**40.2**
科学研究业	35	15	11	31.4
综合技术服务业	62	38	28	45.2
(十五)国家机关、政党机关和社会团体	**45**	**28**	**21**	**46.7**
国家机关	28	13	10	35.7
政党机关	2	2	1	50.0
社会团体				
基层群众自治组织	15	13	10	66.7
(十六)其他行业	**142**	**90**	**48**	**33.8**
其他行业	142	90	48	33.8

5-23 各地区股份制经济房屋建筑面积和造价

地区	施工房屋面积（万平方米）	竣工房屋面积（万平方米）	房屋建筑面积竣工率（%）	竣工房屋价值（万元）	竣工房屋造价（元/平方米）
全国总计	**46753.76**	**18605.11**	**39.8**	**20989051**	**1128**
北京	3230.14	1058.74	32.8	1965506	1856
天津	924.95	344.95	37.3	345266	1001
河北	1665.87	681.52	40.9	695360	1020
山西	716.38	350.71	49.0	342123	976
内蒙古	832.68	485.18	58.3	432615	892
辽宁	2598.99	1160.37	44.6	1147529	989
吉林	1285.79	754.04	58.6	881316	1169
黑龙江	1318.46	584.65	44.3	521153	891
上海	2487.15	685.25	27.6	1408436	2055
江苏	2317.07	1057.61	45.6	1014083	959
浙江	5861.04	1978.42	33.8	2549816	1289
安徽	977.89	425.47	43.5	342669	805
福建	1051.19	402.32	38.3	395241	982
江西	621.65	220.64	35.5	161000	730
山东	3043.97	1402.57	46.1	1356884	967
河南	1329.95	532.70	40.1	419975	788
湖北	1222.29	619.23	50.7	652757	1054
湖南	1380.19	495.25	35.9	487140	984
广东	4463.00	1479.67	33.2	2384575	1612
广西	538.82	143.80	26.7	113773	791
海南	283.96	98.62	34.7	106582	1081
重庆	1706.38	692.58	40.6	599747	866
四川	3031.20	1245.27	41.1	1030790	828
贵州	574.33	187.52	32.7	136222	726
云南	720.87	321.82	44.6	297266	924
西藏	1.25	0.25	20.2	755	2983
陕西	827.89	356.25	43.0	378281	1062
甘肃	363.53	120.33	33.1	119703	995
青海	212.42	88.52	41.7	94822	1071
宁夏	339.90	168.72	49.6	148764	882
新疆	824.58	462.16	56.0	458902	993
不分地区					

5-24 各地区股份制经济住宅建筑面积和造价

地　　区	施工住宅面　积(万平方米)	竣工住宅面　积(万平方米)	住宅建筑面积竣工率(%)	竣工住宅价　值(万元)	竣工住宅造　价(元/平方米)
全国总计	**29508.48**	**11683.18**	**39.6**	**13127637**	**1124**
北　京	2224.80	799.40	35.9	1422978	1780
天　津	673.94	281.65	41.8	272749	968
河　北	963.28	362.44	37.6	342351	945
山　西	320.84	142.06	44.3	126471	890
内蒙古	475.46	284.28	59.8	215476	758
辽　宁	1818.01	846.79	46.6	795094	939
吉　林	560.05	343.42	61.3	372265	1084
黑龙江	784.26	393.46	50.2	314922	800
上　海	1991.33	557.05	28.0	1116732	2005
江　苏	1580.93	688.28	43.5	656562	954
浙　江	3739.56	1157.91	31.0	1580965	1365
安　徽	624.62	255.60	40.9	192225	752
福　建	633.71	218.06	34.4	218305	1001
江　西	346.78	111.88	32.3	81187	726
山　东	1593.59	698.70	43.8	697001	998
河　南	929.53	367.15	39.5	253061	689
湖　北	796.29	395.94	49.7	410730	1037
湖　南	728.09	300.20	41.2	296414	987
广　东	2888.64	973.62	33.7	1713364	1760
广　西	334.08	84.96	25.4	60690	714
海　南	131.98	52.37	39.7	42157	805
重　庆	1050.22	444.62	42.3	353597	795
四　川	1923.64	804.02	41.8	627559	781
贵　州	391.73	129.34	33.0	83264	644
云　南	492.80	229.97	46.7	202844	882
西　藏					
陕　西	467.68	204.67	43.8	190190	929
甘　肃	238.55	79.27	33.2	66101	834
青　海	146.98	65.38	44.5	66343	1015
宁　夏	226.05	113.95	50.4	89734	787
新　疆	431.05	296.72	68.8	266306	898
不分地区					

5-25 股份制经济分行业房屋建筑面积和造价

地　区	施工房屋面　积（万平方米）	竣工房屋面　积（万平方米）	房屋建筑面积竣工率（%）	竣工房屋价　值（万元）	竣工房屋造　价（元/平方米）
全国总计	**46753.76**	**18605.11**	**39.8**	**20989051**	**1128**
(一)农、林、牧、渔业	**168.17**	**107.38**	**63.8**	**67917**	**633**
农业	33.97	14.96	44.0	12247	819
林业	1.54	0.82	53.1	482	587
畜牧业	96.32	64.66	67.1	34380	532
渔业	12.65	10.46	82.7	3781	361
农、林、牧、渔服务业	23.68	16.47	69.5	17027	1034
(二)采掘业	**93.86**	**76.50**	**81.5**	**92447**	**1208**
煤炭采选业	38.94	34.92	89.7	53297	1526
石油和天然气开采业	22.53	17.32	76.8	20383	1177
黑色金属矿采选业	6.59	4.67	70.8	3595	770
有色金属矿采选业	13.61	8.97	65.9	6095	680
非金属矿采选业	10.68	9.58	89.7	7997	834
其他矿采选业	0.57	0.12	21.4	400	3271
木材及竹材采运业	0.93	0.93	100.0	680	734
(三)制造业	**6104.82**	**3018.02**	**49.4**	**2654760**	**880**
食品加工业	296.24	166.47	56.2	131442	790
食品制造业	229.69	111.59	48.6	103490	927
饮料制造业	262.29	88.46	33.7	77794	879
烟草加工业	7.77	7.43	95.6	6152	828
纺织业	309.45	170.30	55.0	124401	730
服装及其他纤维品制造业	196.98	106.51	54.1	86758	815
皮革、毛皮、羽绒及其制品业	123.66	37.86	30.6	27292	721
木材加工及竹、藤、棕、草制品业	70.00	45.62	65.2	31713	695
家具制造业	67.78	42.13	62.2	34948	829
造纸及纸制品业	107.75	61.82	57.4	47665	771
印刷业、记录媒介的复制	89.09	45.40	51.0	48208	1062
文教体育用品制造业	16.70	8.70	52.1	7884	906
石油加工及炼焦业	62.65	27.08	43.2	30836	1139
化学原料及化学制品制造业	428.61	217.99	50.9	180866	830
医药制造业	848.30	354.85	41.8	369844	1042
化学纤维制造业	42.43	28.44	67.0	43415	1526
橡胶制品业	47.53	28.67	60.3	24337	849
塑料制品业	168.33	86.65	51.5	75364	870
非金属矿物制品业	386.77	231.12	59.8	175036	757
黑色金属冶炼及压延加工业	232.53	129.22	55.6	110437	855
有色金属冶炼及压延加工业	146.67	48.02	32.7	55858	1163
金属制品业	224.74	140.17	62.4	116994	835
普通机械制造业	206.22	103.35	50.1	94119	911

5－25 续表 1

地　区	施工房屋面　积(万平方米)	竣工房屋面　积(万平方米)	房屋建筑面积竣工率(%)	竣工房屋价　值(万元)	竣工房屋造　价(元/平方米)
专用设备制造业	293.55	113.64	38.7	95124	837
交通运输设备制造业	298.11	138.36	46.4	151141	1092
电气机械及器材制造业	388.91	230.34	59.2	152359	661
电子及通信设备制造业	348.19	131.70	37.8	158707	1205
仪器仪表及文化办公用机械制造业	72.20	29.75	41.2	32182	1082
其他制造业	131.67	86.39	65.6	60394	699
(四)电力、煤气及水的生产和供应业	**270.19**	**97.05**	**35.9**	**104383**	**1076**
电力、蒸汽、热水的生产和供应业	252.75	82.21	32.5	83808	1019
煤气的生产和供应业	14.96	13.10	87.6	19312	1474
自来水的生产和供应业	2.48	1.74	70.0	1263	727
(五)建筑业	**508.82**	**265.32**	**52.1**	**211344**	**797**
土木工程建筑业	486.78	252.08	51.8	195593	776
线路、管道和设备安装业	8.39	5.82	69.3	9507	1634
建筑物的装修装饰业	13.66	7.42	54.3	6244	842
(六)地质勘查业、水利管理业	**18.52**	**14.15**	**76.4**	**8669**	**613**
地质勘查业	2.00				
水利管理业	16.52	14.15	85.6	8669	613
(七)交通运输、仓储及邮电通信业	**361.21**	**103.78**	**28.7**	**95293**	**918**
铁路运输业	27.39	8.17	29.8	8684	1063
公路运输业	95.34	37.46	39.3	30081	803
管道运输业					
水上运输业	8.65	0.47	5.4	276	589
航空运输业	40.14	4.90	12.2	9739	1988
交通运输辅助业	60.47	14.80	24.5	9941	672
其他交通运输业	3.47	0.47	13.4	430	924
仓储业	59.29	25.46	42.9	21558	847
邮电通信业	66.47	12.06	18.1	14584	1209
(八)批发和零售贸易、餐饮业	**1559.39**	**790.80**	**50.7**	**794848**	**1005**
食品、饮料、烟草和家庭用品批发商业	407.55	238.80	58.6	229789	962
能源、材料和机械电子设备批发业	265.48	131.14	49.4	112321	856
其他批发业	77.38	23.20	30.0	17414	751
零售业	679.13	319.82	47.1	365560	1143
商业经纪与代理业	21.34	11.40	53.4	9415	826

5－25 续表 2

地　区	施工房屋面　积（万平方米）	竣工房屋面　积（万平方米）	房屋建筑面积竣工率（%）	竣工房屋价　值（万元）	竣工房屋造　价（元/平方米）
餐饮业	108.52	66.44	61.2	60349	908
(九)金融、保险业	**44.09**	**9.20**	**20.9**	**9790**	**1064**
金融业	33.74	9.20	27.3	9790	1064
保险业	10.35				
(十)房地产业	**35728.49**	**13404.34**	**37.5**	**16110272**	**1202**
房地产开发与经营业	35652.49	13361.04	37.5	16074748	1203
房地产管理业	74.85	42.85	57.2	35107	819
房地产代理与经纪业	1.15	0.45	39.1	417	927
(十一)社会服务业	**1002.13**	**405.30**	**40.4**	**476846**	**1177**
公共服务业	238.78	88.57	37.1	86918	981
居民服务业	22.08	14.35	65.0	23526	1639
旅馆业	253.57	102.77	40.5	151605	1475
租赁服务业	35.48	0.18	0.5	300	1667
旅行社	76.68	20.54	26.8	33173	1615
娱乐服务业	35.91	15.37	42.8	18935	1232
信息、咨询服务业	7.60	3.71	48.8	3492	941
计算机应用服务业	109.58	59.40	54.2	63792	1074
其他社会服务业	222.44	100.41	45.1	95105	947
(十二)卫生、体育和社会福利业	**67.22**	**13.89**	**20.7**	**16759**	**1206**
卫生	48.29	12.97	26.9	15900	1226
体育	13.18	0.50	3.8	459	922
社会福利保障业	5.75	0.43	7.4	400	935
(十三)教育、文化艺术及广播电影电视业	**375.21**	**157.59**	**42.0**	**179873**	**1141**
教育	320.72	139.60	43.5	154247	1105
文化艺术业	29.12	8.96	30.8	15439	1724
广播电影电视业	25.36	9.03	35.6	10187	1128
(十四)科学研究和综合技术服务业	**76.21**	**37.91**	**49.7**	**47822**	**1262**
科学研究业	23.20	16.31	70.3	20410	1251
综合技术服务业	53.01	21.60	40.7	27412	1269
(十五)国家机关、政党机关和社会团体	**117.41**	**23.49**	**20.0**	**19569**	**833**
国家机关	102.23	10.14	9.9	6340	625
政党机关	0.38	0.38	100.0	226	595
社会团体					
基层群众自治组织	14.80	12.97	87.6	13003	1003
(十六)其他行业	**258.03**	**80.41**	**31.2**	**98459**	**1225**
其他行业	258.03	80.41	31.2	98459	1225

5－26 股份制经济分行业住宅建筑面积和造价

地　区	施工住宅面　积（万平方米）	竣工住宅面　积（万平方米）	住宅建筑面积竣工率（％）	竣工住宅价　值（万元）	竣工住宅造　价（元/平方米）
全国总计	**29508.48**	**11683.18**	**39.6**	**13127637**	**1124**
（一）农、林、牧、渔业	**26.20**	**21.41**	**81.7**	**15330**	**716**
农业	6.45	3.81	59.0	2014	529
林业	1.19	0.68	57.1	396	582
畜牧业	4.54	3.50	77.2	2790	797
渔业	4.30	3.73	86.7	1247	335
农、林、牧、渔服务业	9.73	9.69	99.7	8883	917
（二）采掘业	**38.29**	**34.49**	**90.1**	**43427**	**1259**
煤炭采选业	24.79	23.97	96.7	36321	1515
石油和天然气开采业	1.72	1.72	100.0	1713	998
黑色金属矿采选业	4.38	3.04	69.4	2358	775
有色金属矿采选业	4.22	2.61	61.9	1394	533
非金属矿采选业	2.36	2.33	98.7	1151	495
其他矿采选业	0.02	0.02	100.0	10	595
木材及竹材采运业	0.80	0.80	100.0	480	600
（三）制造业	**547.24**	**332.38**	**60.7**	**239311**	**720**
食品加工业	38.27	23.68	61.9	13457	568
食品制造业	12.05	7.19	59.6	4687	652
饮料制造业	24.94	13.38	53.6	9298	695
烟草加工业					
纺织业	47.50	32.17	67.7	20524	638
服装及其他纤维品制造业	11.43	8.67	75.8	6556	756
皮革、毛皮、羽绒及其制品业	20.33	5.33	26.2	4098	769
木材加工及竹、藤、棕、草制品业	3.31	1.60	48.4	954	595
家具制造业	6.39	4.85	75.8	2978	615
造纸及纸制品业	11.81	7.57	64.1	5071	670
印刷业、记录媒介的复制	6.21	4.88	78.6	3130	642
文教体育用品制造业	1.21	0.06	5.0	38	633
石油加工及炼焦业	8.40	8.01	95.4	8132	1016
化学原料及化学制品制造业	57.45	37.71	65.6	26481	702
医药制造业	35.99	7.20	20.0	4282	595
化学纤维制造业	1.41	1.11	78.8	495	445
橡胶制品业	2.18	1.52	69.7	755	496
塑料制品业	10.89	3.76	34.5	3138	834
非金属矿物制品业	36.06	24.98	69.3	18092	724
黑色金属冶炼及压延加工业	49.01	41.97	85.6	32436	773
有色金属冶炼及压延加工业	8.22	3.22	39.2	2161	671
金属制品业	11.44	9.57	83.7	6621	692
普通机械制造业	17.23	11.30	65.6	8334	738

5－26续表1

地　区	施工住宅面积(万平方米)	竣工住宅面积(万平方米)	住宅建筑面积竣工率(%)	竣工住宅价值(万元)	竣工住宅造价(元/平方米)
专用设备制造业	35.28	15.91	45.1	10462	658
交通运输设备制造业	24.62	20.10	81.7	13796	686
电气机械及器材制造业	22.40	14.19	63.4	10917	769
电子及通信设备制造业	30.64	13.55	44.2	15814	1167
仪器仪表及文化办公用机械制造业	6.45	3.61	56.0	2533	701
其他制造业	6.12	5.30	86.6	4071	769
(四)电力、煤气及水的生产和供应业	**60.77**	**17.31**	**28.5**	**11836**	**684**
电力、蒸汽、热水的生产和供应业	60.65	17.20	28.4	11768	684
煤气的生产和供应业	0.01	0.01	100.0	8	727
自来水的生产和供应业	0.10	0.10	99.0	60	600
(五)建筑业	**311.48**	**164.97**	**53.0**	**109560**	**664**
土木工程建筑业	304.35	160.85	52.9	106547	662
线路、管道和设备安装业	1.79	0.81	45.2	595	735
建筑物的装修装饰业	5.33	3.30	62.0	2418	732
(六)地质勘查业、水利管理业	**13.86**	**13.46**	**97.1**	**7487**	**556**
地质勘查业					
水利管理业	13.86	13.46	97.1	7487	556
(七)交通运输、仓储及邮电通信业	**64.41**	**20.09**	**31.2**	**11581**	**576**
铁路运输业	5.61	4.31	76.8	2038	473
公路运输业	21.81	7.70	35.3	4597	597
管道运输业					
水上运输业	7.86	0.47	6.0	276	589
航空运输业	1.90				
交通运输辅助业	15.12	3.12	20.6	1515	486
其他交通运输业					
仓储业	2.05	0.69	33.5	570	829
邮电通信业	10.05	3.81	37.9	2585	679
(八)批发和零售贸易、餐饮业	**217.53**	**126.85**	**58.3**	**86866**	**685**
食品、饮料、烟草和家庭用品批发商业	55.58	36.10	65.0	24900	690
能源、材料和机械电子设备批发业	38.42	24.66	64.2	17248	699
其他批发业	16.17	8.99	55.6	4946	550
零售业	90.39	47.07	52.1	33272	707
商业经纪与代理业	2.16	0.95	43.9	650	684

5-26 续表 2

地　区	施工住宅面　积(万平方米)	竣工住宅面　积(万平方米)	住宅建筑面积竣工率(%)	竣工住宅价　值(万元)	竣工住宅造　价(元/平方米)
餐饮业	14.81	9.09	61.4	5850	643
(九)金融、保险业	**17.09**	**2.46**	**14.4**	**2377**	**966**
金融业	9.24	2.46	26.6	2377	966
保险业	7.85				
(十)房地产业	**27924.44**	**10838.73**	**38.8**	**12481568**	**1152**
房地产开发与经营业	27873.74	10807.39	38.8	12461827	1153
房地产管理业	50.44	31.09	61.6	19621	631
房地产代理与经纪业	0.26	0.26	100.0	120	462
(十一)社会服务业	**114.60**	**58.63**	**51.2**	**70038**	**1194**
公共服务业	63.05	35.44	56.2	38532	1087
居民服务业	1.01	0.18	18.2	72	392
旅馆业	26.29	7.90	30.1	15146	1916
租赁服务业	0.18	0.18	100.0	300	1667
旅行社	6.17	4.24	68.7	5338	1258
娱乐服务业	3.15	1.45	46.1	3022	2081
信息、咨询服务业	1.41	1.02	72.1	617	606
计算机应用服务业	0.96	0.76	79.3	1453	1900
其他社会服务业	12.36	7.45	60.3	5558	746
(十二)卫生、体育和社会福利业	**5.02**	**1.30**	**25.8**	**1275**	**984**
卫生	1.30	1.30	100.0	1275	984
体育	3.73				
社会福利保障业					
(十三)教育、文化艺术及广播电影电视业	**40.50**	**13.60**	**33.6**	**10856**	**798**
教育	38.83	13.01	33.5	10273	790
文化艺术业	0.59	0.59	100.0	583	992
广播电影电视业	1.08				
(十四)科学研究和综合技术服务业	**7.34**	**7.34**	**100.0**	**4335**	**590**
科学研究业					
综合技术服务业	7.34	7.34	100.0	4335	590
(十五)国家机关、政党机关和社会团体	**23.14**	**9.52**	**41.2**	**4465**	**469**
国家机关	18.06	6.27	34.7	2190	349
政党机关					
社会团体					
基层群众自治组织	5.08	3.25	64.0	2275	700
(十六)其他行业	**96.59**	**20.63**	**21.4**	**27325**	**1325**
其他行业	96.59	20.63	21.4	27325	1325

上　篇

六、外商投资经济固定资产投资

6-1 外商投资经济按登记注册类型分的投资

单位:万元

地区	外商投资经济	合资经营	合作经营	独资	股份有限
全国总计	**16854217**	**7755273**	**1238830**	**7313290**	**546824**
北京	647584	222245	322572	101967	800
天津	710599	337190	10950	360355	2104
河北	302457	219131	1718	61073	20535
山西	370839	40897	138879	190513	550
内蒙古	28138	17702	8891	1545	
辽宁	891901	617705	55036	195958	23202
吉林	286976	257945	10500	18531	
黑龙江	127785	67032	34449	10722	15582
上海	2323357	1343606	33371	863549	82831
江苏	2606768	1089361	39370	1464229	13808
浙江	904648	518521	35689	340797	9641
安徽	247300	71329	15822	134415	25734
福建	1504097	259077	13111	1202862	29047
江西	230937	67207	10865	133764	19101
山东	1251764	516456	45477	576672	113159
河南	289120	179604	3721	99755	6040
湖北	409655	217061	66799	114435	11360
湖南	259849	205809	12240	32436	9364
广东	2443065	952651	326620	1088516	75278
广西	139727	57253	17843	12188	52443
海南	88346	44224	7078	32971	4073
重庆	360733	182668	4252	156217	17596
四川	166155	130237	9750	24640	1528
贵州	28382	11720	417	13429	2816
云南	58614	47826	800	9834	154
西藏	200	200			
陕西	88324	44658	8143	32413	3110
甘肃	18695	11849		4746	2100
青海	27507	6696	440	18841	1530
宁夏	22899	10011	3050	6500	3338
新疆	17796	7402	977	9417	
不分地区					

6-2 各地区外商投资经济投资总规模与完成情况

单位:万元

地区	计划总投资	实际需要总投资	自开始建设至本年底累计完成投资	本年完成投资
全国总计	**71019854**	**71947197**	**39259809**	**16854217**
北京	5163586	5326638	2701857	647584
天津	2461205	2062967	1710068	710599
河北	635933	679862	499465	302457
山西	1693914	1695297	1547312	370839
内蒙古	64206	64566	38058	28138
辽宁	2814754	2926852	1775991	891901
吉林	640210	642013	455594	286976
黑龙江	254158	263798	168829	127785
上海	13764948	13905609	8240029	2323357
江苏	8176164	8314693	4112933	2606768
浙江	2843103	2701945	1788851	904648
安徽	1622358	1614287	614429	247300
福建	5310196	5317133	3256242	1504097
江西	679852	678966	286042	230937
山东	3616663	3686200	2099252	1251764
河南	811578	829928	554970	289120
湖北	1408527	1893836	1212275	409655
湖南	779487	782549	420054	259849
广东	11965301	12146079	5125171	2443065
广西	561158	569721	292578	139727
海南	2441952	2451074	455907	88346
重庆	1275481	1303004	693440	360733
四川	1010149	1027702	687448	166155
贵州	111715	124103	72215	28382
云南	180650	183413	104829	58614
西藏	200	200	200	200
陕西	285773	299577	185215	88324
甘肃	116958	123810	31157	18695
青海	204692	204692	60325	27507
宁夏	58434	58434	25253	22899
新疆	66549	68249	43820	17796
不分地区				

6－2 续表

单位:万元

地　　区	累计新增固定资产	未完工程累计投资	全部建成尚需投资	未完工程占用率(%)
全国总计	**20217063**	**13255876**	**32687388**	**78.7**
北　京	1148275	1131671	2624781	174.8
天　津	519857	193737	352899	27.3
河　北	351198	112151	180397	37.1
山　西	1481213	42695	147985	11.5
内蒙古	28927	7720	26508	27.4
辽　宁	830223	711422	1150861	79.8
吉　林	277699	96066	186419	33.5
黑龙江	77473	86656	94969	67.8
上　海	3143249	3155727	5665580	135.8
江　苏	2219077	1803161	4201760	69.2
浙　江	1119944	605185	913094	66.9
安　徽	245392	361693	999858	146.3
福　建	2171475	810377	2060891	53.9
江　西	118365	113794	392924	49.3
山　东	1014478	539141	1586948	43.1
河　南	207820	334948	274958	115.9
湖　北	473583	554435	681561	135.3
湖　南	210901	200955	362495	77.3
广　东	3369802	1161150	7020908	47.5
广　西	169408	111411	277143	79.7
海　南	92238	339648	1995167	384.5
重　庆	325975	268324	609564	74.4
四　川	363563	260534	340254	156.8
贵　州	25953	46262	51888	163.0
云　南	55479	49350	78584	84.2
西　藏	200			
陕　西	90103	91729	114362	103.9
甘　肃	15993	7210	92653	38.6
青　海	25070	35255	144367	128.2
宁　夏	9503	14750	33181	64.4
新　疆	34627	8719	24429	49.0
不分地区				

6－3 外商投资经济分行业投资总规模与完成情况

单位：万元

行业	计划总投资	实际需要总投资	自开始建设至本年底累计完成投资	本年完成投资
全国总计	**71019854**	**71947197**	**39259809**	**16854217**
(一)农、林、牧、渔业	**295743**	**296539**	**123813**	**71619**
农业	137846	138632	50219	31783
林业	60274	60274	21253	10496
畜牧业	37870	37880	22629	17677
渔业	46886	46886	21913	4712
农、林、牧、渔服务业	12867	12867	7799	6951
(二)采掘业	**40662**	**40896**	**22033**	**18520**
煤炭采选业	11385	11385	3508	3508
石油和天然气开采业				
黑色金属矿采选业	200	200	150	150
有色金属矿采选业	7263	7263	4616	2418
非金属矿采选业	15519	15753	10929	9614
其他矿采选业	6295	6295	2830	2830
木材及竹材采运业				
(三)制造业	**39529753**	**39401779**	**20041882**	**10971016**
食品加工业	447692	453443	309131	245790
食品制造业	307834	310622	241086	185611
饮料制造业	358777	354594	258813	185271
烟草加工业	380	380	370	370
纺织业	714043	713288	414211	284814
服装及其他纤维品制造业	453328	423851	299610	253054
皮革、毛皮、羽绒及其制品业	201352	204161	143822	133488
木材加工及竹、藤、棕、草制品业	164070	176176	153675	126052
家具制造业	161471	163536	91107	88721
造纸及纸制品业	1405335	1393484	506975	269977
印刷业、记录媒介的复制	52193	53416	32797	27805
文教体育用品制造业	91082	125850	53622	52055
石油加工及炼焦业	2051056	2051274	714349	340111
化学原料及化学制品制造业	8164130	8180503	1975329	1347876
医药制造业	513600	522067	324118	243974
化学纤维制造业	378243	376353	166504	141817
橡胶制品业	1063998	1065679	346112	127964
塑料制品业	675142	656233	372242	311992
非金属矿物制品业	1121186	1136985	617127	372610
黑色金属冶炼及压延加工业	561829	807829	237490	197014
有色金属冶炼及压延加工业	285069	280306	224399	135968
金属制品业	682091	685826	341110	239504
普通机械制造业	730881	719902	419468	280046

6-3续表1 单位:万元

行业	计划总投资	实际需要总投资	自开始建设至本年底累计完成投资	本年完成投资
专用设备制造业	529384	530617	435184	280779
交通运输设备制造业	5102008	5115547	3408152	1211271
电气机械及器材制造业	1283704	1291642	741567	543659
电子及通信设备制造业	11456138	11025493	6837421	3013336
仪器仪表及文化办公用机械制造业	365576	372838	254394	222736
其他制造业	208161	209884	121697	107351
(四)电力、煤气及水的生产和供应业	**4395427**	**4384708**	**2923097**	**468634**
电力、蒸汽、热水的生产和供应业	4078833	4066832	2712800	421021
煤气的生产和供应业	238859	238869	139565	26183
自来水的生产和供应业	77735	79007	70732	21430
(五)建筑业	**134012**	**140922**	**101269**	**38232**
土木工程建筑业	131240	138150	98857	35820
线路、管道和设备安装业	1083	1083	723	723
建筑物的装修装饰业	1689	1689	1689	1689
(六)地质勘查业、水利管理业				
地质勘查业				
水利管理业				
(七)交通运输、仓储及邮电通信业	**2975505**	**2619176**	**1911482**	**1423135**
铁路运输业	8900	8900	8900	8900
公路运输业	114765	111641	85609	14651
管道运输业				
水上运输业	4519	4519	1144	1144
航空运输业	72933	72933	29093	16993
交通运输辅助业	261806	252943	63395	40489
其他交通运输业	51229	51229	23381	23017
仓储业	90804	90698	65454	27555
邮电通信业	2370549	2026313	1634506	1290386
(八)批发和零售贸易、餐饮业	**761529**	**772633**	**290812**	**192559**
食品、饮料、烟草和家庭用品批发商业	34333	34683	31028	8376
能源、材料和机械电子设备批发业	24958	24958	17074	14479
其他批发业	5692	5692	5092	5092
零售业	485765	490353	127298	102989
商业经纪与代理业	134800	134800	34956	7088

6－3续表2

单位：万元

行业	计划 总投资	实际需要 总投资	自开始建设至本年底 累计完成投资	
				本年完成投资
餐饮业	75981	82147	75364	54535
(九)金融、保险业	**40000**	**40000**	**35655**	**3655**
金融业				
保险业	40000	40000	35655	3655
(十)房地产业	**20579765**	**21891241**	**12475267**	**3108797**
房地产开发与经营业	20574999	21886175	12472215	3106615
房地产管理业	4766	5066	3052	2182
房地产代理与经纪业				
(十一)社会服务业	**1783998**	**1856367**	**1013422**	**347081**
公共服务业	232246	236585	168037	79145
居民服务业	10358	10204	7396	7396
旅馆业	784898	843837	505138	155333
租赁服务业	4000	4000	3319	1256
旅行社	195406	195940	129769	40585
娱乐服务业	269815	278115	147870	33800
信息、咨询服务业	12683	13083	8119	6599
计算机应用服务业	225807	225818	25009	9212
其他社会服务业	48785	48785	18765	13755
(十二)卫生、体育和社会福利业	**125664**	**125664**	**58332**	**50138**
卫生	7023	7023	2668	1523
体育	118391	118391	55414	48365
社会福利保障业	250	250	250	250
(十三)教育、文化艺术及广播电影电视业	**218083**	**235854**	**195491**	**100072**
教育	123133	133904	100677	65350
文化艺术业	94950	101950	94814	34722
广播电影电视业				
(十四)科学研究和综合技术服务业	**70743**	**72448**	**16725**	**15030**
科学研究业	45108	46813	15216	13521
综合技术服务业	25635	25635	1509	1509
(十五)国家机关、政党机关和社会团体	**36992**	**36992**	**35992**	**31192**
国家机关	36400	36400	35500	30700
政党机关				
社会团体	92	92	92	92
基层群众自治组织	500	500	400	400
(十六)其他行业	**31978**	**31978**	**14537**	**14537**
其他行业	31978	31978	14537	14537

6－3 续表 3

单位:万元

行　　业	累计新增固定资产	未完工程累计投资	全部建成尚需投资	未完工程占用率(%)
全国总计	**20217063**	**13255876**	**32687388**	**78.7**
(一)农、林、牧、渔业	**61753**	**56355**	**172726**	**78.7**
农业	27619	17515	88413	55.1
林业	12838	8415	39021	80.2
畜牧业	10697	11512	15251	65.1
渔业	6230	15573	24973	330.5
农、林、牧、渔服务业	4369	3340	5068	48.1
(二)采掘业	**9168**	**11333**	**18863**	**61.2**
煤炭采选业	580	1656	7877	47.2
石油和天然气开采业				
黑色金属矿采选业	150		50	
有色金属矿采选业	2357	2159	2647	89.3
非金属矿采选业	4451	6318	4824	65.7
其他矿采选业	1630	1200	3465	42.4
木材及竹材采运业				
(三)制造业	**11143063**	**5875212**	**19359897**	**53.6**
食品加工业	231785	67667	144312	27.5
食品制造业	183810	43340	69536	23.3
饮料制造业	184486	53273	95781	28.8
烟草加工业		370	10	100.0
纺织业	293841	107410	299077	37.7
服装及其他纤维品制造业	223598	68116	124241	26.9
皮革、毛皮、羽绒及其制品业	94195	33374	60339	25.0
木材加工及竹、藤、棕、草制品业	138866	14124	22501	11.2
家具制造业	37676	48863	72429	55.1
造纸及纸制品业	420262	54796	886509	20.3
印刷业、记录媒介的复制	29665	1664	20619	6.0
文教体育用品制造业	35227	13151	72228	25.3
石油加工及炼焦业	470831	242796	1336925	71.4
化学原料及化学制品制造业	765103	1083025	6205174	80.4
医药制造业	131897	145321	197949	59.6
化学纤维制造业	56327	89473	209849	63.1
橡胶制品业	86836	255750	719567	199.9
塑料制品业	268572	77303	283991	24.8
非金属矿物制品业	330494	249848	519858	67.1
黑色金属冶炼及压延加工业	53674	180266	570339	91.5
有色金属冶炼及压延加工业	145695	42540	55907	31.3
金属制品业	210768	95127	344716	39.7
普通机械制造业	219307	161135	300434	57.5

6-3续表4

单位:万元

行　　业	累计新增固定资产	未完工程累计投资	全部建成尚需投资	未完工程占用率(%)
专用设备制造业	206368	225376	95433	80.3
交通运输设备制造业	1936691	395529	1707395	32.7
电气机械及器材制造业	524421	138602	550075	25.5
电子及通信设备制造业	3621955	1901472	4188072	63.1
仪器仪表及文化办公用机械制造业	163417	54235	118444	24.3
其他制造业	77296	31266	88187	29.1
(四)电力、煤气及水的生产和供应业	**2083154**	**313135**	**1461611**	**66.8**
电力、蒸汽、热水的生产和供应业	1919048	268588	1354032	63.8
煤气的生产和供应业	109982	27939	99304	106.7
自来水的生产和供应业	54124	16608	8275	77.5
(五)建筑业	**37796**	**4560**	**39653**	**11.9**
土木工程建筑业	36024	3920	39293	10.9
线路、管道和设备安装业	83	640	360	88.5
建筑物的装修装饰业	1689			
(六)地质勘查业、水利管理业				
地质勘查业				
水利管理业				
(七)交通运输、仓储及邮电通信业	**1039366**	**387825**	**707694**	**27.3**
铁路运输业	8900			
公路运输业	72246	13363	26032	91.2
管道运输业				
水上运输业	1144		3375	
航空运输业	2984	26109	43840	153.6
交通运输辅助业	30679	32716	189548	80.8
其他交通运输业	2088		27848	
仓储业	40706	17800	25244	64.6
邮电通信业	880619	297837	391807	23.1
(八)批发和零售贸易、餐饮业	**184062**	**70234**	**481821**	**36.5**
食品、饮料、烟草和家庭用品批发商业	1440	25538	3655	304.9
能源、材料和机械电子设备批发业	12967	4107	7884	28.4
其他批发业	4892	200	600	3.9
零售业	95001	32039	363055	31.1
商业经纪与代理业	1700	1418	99844	20.0

6－3 续表 5　　　　单位:万元

行　　业	累计新增固定资产	未完工程累计投资	全部建成尚需投资	未完工程占用率(%)
餐饮业	68062	6932	6783	12.7
(九)金融、保险业		**32000**	**4345**	**875.5**
金融业				
保险业		32000	4345	875.5
(十)房地产业	**5130791**	**5800278**	**9415974**	**186.6**
房地产开发与经营业	5129391	5798626	9413960	186.7
房地产管理业	1400	1652	2014	75.7
房地产代理与经纪业				
(十一)社会服务业	**378218**	**559188**	**842945**	**161.1**
公共服务业	86243	33571	68548	42.4
居民服务业	2606	4790	2808	64.8
旅馆业	129358	353021	338699	227.3
租赁服务业		3319	681	264.3
旅行社	57924	71335	66171	175.8
娱乐服务业	77519	68331	130245	202.2
信息、咨询服务业	2507	4720	4964	71.5
计算机应用服务业	14011	10256	200809	111.3
其他社会服务业	8050	9845	30020	71.6
(十二)卫生、体育和社会福利业	**17516**	**40816**	**67332**	**81.4**
卫生	743	1925	4355	126.4
体育	16523	38891	62977	80.4
社会福利保障业	250			
(十三)教育、文化艺术及广播电影电视业	**81516**	**89046**	**40363**	**89.0**
教育	43563	32185	33227	49.3
文化艺术业	37953	56861	7136	163.8
广播电影电视业				
(十四)科学研究和综合技术服务业	**4122**	**12603**	**55723**	**83.9**
科学研究业	4072	11144	31597	82.4
综合技术服务业	50	1459	24126	96.7
(十五)国家机关、政党机关和社会团体	**35292**		**1000**	
国家机关	34800		900	
政党机关				
社会团体	92			
基层群众自治组织	400		100	
(十六)其他行业	**11246**	**3291**	**17441**	**22.6**
其他行业	11246	3291	17441	22.6

6-4 分地区外商投资经济投资和新增固定资产

单位:万元

地　区	投资额	新增固定资产	固定资产交付使用率(%)
全国总计	**16854217**	**13619197**	**80.8**
北　京	647584	719312	111.1
天　津	710599	367007	51.6
河　北	302457	221793	73.3
山　西	370839	1473916	397.5
内蒙古	28138	21001	74.6
辽　宁	891901	591579	66.3
吉　林	286976	186421	65.0
黑龙江	127785	68042	53.2
上　海	2323357	1087230	46.8
江　苏	2606768	1749534	67.1
浙　江	904648	1017829	112.5
安　徽	247300	178787	72.3
福　建	1504097	1450316	96.4
江　西	230937	111299	48.2
山　东	1251764	740353	59.1
河　南	289120	173355	60.0
湖　北	409655	410010	100.1
湖　南	259849	124360	47.9
广　东	2443065	2248549	92.0
广　西	139727	72875	52.2
海　南	88346	39422	44.6
重　庆	360733	246741	68.4
四　川	166155	148723	89.5
贵　州	28382	19246	67.8
云　南	58614	46573	79.5
西　藏	200	200	100.0
陕　西	88324	57628	65.2
甘　肃	18695	15993	85.5
青　海	27507	3735	13.6
宁　夏	22899	7113	31.1
新　疆	17796	20255	113.8
不分地区			

6－5　外商投资经济分行业投资和新增固定资产

单位:万元

行　　业	投资额	新增固定资　　产	固定资产交付使用率(%)
全国总计	**16854217**	**13619197**	**80.8**
(一)农、林、牧、渔业	**71619**	**33447**	**46.7**
农业	31783	12977	40.8
林业	10496	4601	43.8
畜牧业	17677	9636	54.5
渔业	4712	2240	47.5
农、林、牧、渔服务业	6951	3993	57.4
(二)采掘业	**18520**	**9168**	**49.5**
煤炭采选业	3508	580	16.5
石油和天然气开采业			
黑色金属矿采选业	150	150	100.0
有色金属矿采选业	2418	2357	97.5
非金属矿采选业	9614	4451	46.3
其他矿采选业	2830	1630	57.6
木材及竹材采运业			
(三)制造业	**10971016**	**7469531**	**68.1**
食品加工业	245790	182572	74.3
食品制造业	185611	158571	85.4
饮料制造业	185271	134769	72.7
烟草加工业	370		
纺织业	284814	172189	60.5
服装及其他纤维品制造业	253054	180028	71.1
皮革、毛皮、羽绒及其制品业	133488	87008	65.2
木材加工及竹、藤、棕、草制品业	126052	122260	97.0
家具制造业	88721	37276	42.0
造纸及纸制品业	269977	229435	85.0
印刷业、记录媒介的复制	27805	26934	96.9
文教体育用品制造业	52055	33557	64.5
石油加工及炼焦业	340111	462395	136.0
化学原料及化学制品制造业	1347876	574890	42.7
医药制造业	243974	123386	50.6
化学纤维制造业	141817	43540	30.7
橡胶制品业	127964	53019	41.4
塑料制品业	311992	217916	69.8
非金属矿物制品业	372610	273010	73.3
黑色金属冶炼及压延加工业	197014	44927	22.8
有色金属冶炼及压延加工业	135968	101720	74.8
金属制品业	239504	185932	77.6
普通机械制造业	280046	194592	69.5

6－5续表1

单位:万元

行　　业	投资额	新增固定资　　产	固定资产交付使用率(%)
专用设备制造业	280779	162982	58.0
交通运输设备制造业	1211271	597449	49.3
电气机械及器材制造业	543659	443743	81.6
电子及通信设备制造业	3013336	2411562	80.0
仪器仪表及文化办公用机械制造业	222736	147817	66.4
其他制造业	107351	66052	61.5
(四)电力、煤气及水的生产和供应业	**468634**	**1700574**	**362.9**
电力、蒸汽、热水的生产和供应业	421021	1649077	391.7
煤气的生产和供应业	26183	8333	31.8
自来水的生产和供应业	21430	43164	201.4
(五)建筑业	**38232**	**30751**	**80.4**
土木工程建筑业	35820	28979	80.9
线路、管道和设备安装业	723	83	11.5
建筑物的装修装饰业	1689	1689	100.0
(六)地质勘查业、水利管理业			
地质勘查业			
水利管理业			
(七)交通运输、仓储及邮电通信业	**1423135**	**951580**	**66.9**
铁路运输业	8900	8900	100.0
公路运输业	14651	70546	481.5
管道运输业			
水上运输业	1144	1144	100.0
航空运输业	16993	2984	17.6
交通运输辅助业	40489	21405	52.9
其他交通运输业	23017	2088	9.1
仓储业	27555	39573	143.6
邮电通信业	1290386	804940	62.4
(八)批发和零售贸易、餐饮业	**192559**	**174410**	**90.6**
食品、饮料、烟草和家庭用品批发商业	8376	1440	17.2
能源、材料和机械电子设备批发业	14479	10548	72.9
其他批发业	5092	4892	96.1
零售业	102989	87996	85.4
商业经纪与代理业	7088	1700	24.0

6－5 续表 2

单位:万元

行　　业	投资额	新增固定资　产	固定资产交付使用率(%)
餐饮业	54535	67834	124.4
(九)金融、保险业	**3655**		
金融业			
保险业	3655		
(十)房地产业	**3108797**	**2920263**	**93.9**
房地产开发与经营业	3106615	2918863	94.0
房地产管理业	2182	1400	64.2
房地产代理与经纪业			
(十一)社会服务业	**347081**	**224037**	**64.5**
公共服务业	79145	65271	82.5
居民服务业	7396	2606	35.2
旅馆业	155333	82631	53.2
租赁服务业	1256		
旅行社	40585	21436	52.8
娱乐服务业	33800	38296	113.3
信息、咨询服务业	6599	2337	35.4
计算机应用服务业	9212	4010	43.5
其他社会服务业	13755	7450	54.2
(十二)卫生、体育和社会福利业	**50138**	**17516**	**34.9**
卫生	1523	743	48.8
体育	48365	16523	34.2
社会福利保障业	250	250	100.0
(十三)教育、文化艺术及广播电影电视业	**100072**	**38276**	**38.2**
教育	65350	35560	54.4
文化艺术业	34722	2716	7.8
广播电影电视业			
(十四)科学研究和综合技术服务业	**15030**	**3106**	**20.7**
科学研究业	13521	3056	22.6
综合技术服务业	1509	50	3.3
(十五)国家机关、政党机关			
和社会团体	31192	35292	113.1
国家机关	30700	34800	113.4
政党机关			
社会团体	92	92	100.0
基层群众自治组织	400	400	100.0
(十六)其他行业	**14537**	**11246**	**77.4**
其他行业	14537	11246	77.4

6-6 各地区按构成分的外商投资经济投资

单位:万元

地 区	投资额	建筑安装工程	设备工器具购置	其他费用
全国总计	**16854217**	**6752657**	**7768388**	**2333172**
北 京	647584	363652	102812	181120
天 津	710599	229956	468531	12112
河 北	302457	122213	133002	47242
山 西	370839	106411	157513	106915
内 蒙 古	28138	7878	16779	3481
辽 宁	891901	437693	288875	165333
吉 林	286976	122936	146905	17135
黑 龙 江	127785	66155	46187	15443
上 海	2323357	672609	1273135	377613
江 苏	2606768	869434	1406041	331293
浙 江	904648	362850	370188	171610
安 徽	247300	105401	125127	16772
福 建	1504097	584234	756388	163475
江 西	230937	92209	98967	39761
山 东	1251764	530632	594007	127125
河 南	289120	112183	140772	36165
湖 北	409655	180788	145378	83489
湖 南	259849	93393	146049	20407
广 东	2443065	1205772	972611	264682
广 西	139727	57177	51564	30986
海 南	88346	63481	13495	11370
重 庆	360733	150096	184460	26177
四 川	166155	64424	58297	43434
贵 州	28382	13000	7445	7937
云 南	58614	31924	21962	4728
西 藏	200			200
陕 西	88324	55037	25131	8156
甘 肃	18695	5963	3872	8860
青 海	27507	15669	5676	6162
宁 夏	22899	17134	2920	2845
新 疆	17796	12353	4299	1144
不分地区				

6-7 各地区按建设性质分的外商投资经济投资

单位:万元

地区	新建	扩建	改建	单纯建造生活设施	迁建	恢复	单纯购置
全国总计	**7442730**	**4558431**	**1030668**	**16831**	**69863**	**2250**	**660372**
北京	129416	41388	37637		2136		2859
天津	278494	281672	26903		3800		91501
河北	127032	75607	49100	3055	1093		6574
山西	198744	158498	9221	220			
内蒙古	9351	16832	1245				60
辽宁	244031	213261	40705		4864		66911
吉林	173645	80632	598				247
黑龙江	67908	24313	850			1000	85
上海	1013528	499554	250260		12078		59130
江苏	1627457	600771	131511	6280	750		13902
浙江	358029	305537	62658		10109		38411
安徽	104643	95958	5647		3425		4941
福建	581309	426298	40970		4887	314	97720
江西	161338	15547	11748		200		
山东	611480	429557	38676	2028	1033		65536
河南	157062	16259	2552	90			44537
湖北	79871	129370	83861				412
湖南	42426	125459	51586	14			6514
广东	1145795	684971	108437	2134	19544	936	149789
广西	35553	40369	15034	526			3375
海南	61267	4721	328		490		1279
重庆	89724	179111	23811		2019		2428
四川	49775	63227	4777				453
贵州	7663	863	6455	1270			1246
云南	17278	21166	2296	152			60
西藏	200						
陕西	31717	11829	22173	1062			1795
甘肃	5741		230				
青海	15570	2218	457		3435		380
宁夏	10223	4863					
新疆	6460	8580	942				227
不分地区							

6－8 各地区按主要行业分的外商投资经济投资

单位：万元

地 区	合 计	农、林、牧、渔业	采掘业	制造业	电力、煤气及水的生产和供应业
全国总计	**16854217**	**71619**	**18520**	**10971016**	**468634**
北 京	647584			178825	786
天 津	710599		1200	581735	
河 北	302457			213981	16509
山 西	370839			80190	133795
内蒙古	28138	1921	986	24581	
辽 宁	891901	1508	2750	494469	7063
吉 林	286976			241175	
黑龙江	127785	4531	400	82099	
上 海	2323357	1163		1516995	7808
江 苏	2606768	622		2226364	52597
浙 江	904648			537750	25247
安 徽	247300		368	129364	4831
福 建	1504097	7579	130	897105	6203
江 西	230937	2558	2723	145597	8200
山 东	1251764	21540	4337	935010	87303
河 南	289120	221		149226	50
湖 北	409655	463		156425	52011
湖 南	259849	380		196372	3610
广 东	2443065	10927	2737	1742750	36456
广 西	139727	2566	604	79255	2160
海 南	88346	4392		17726	96
重 庆	360733	6496		133727	3653
四 川	166155	3430	289	92679	3248
贵 州	28382		1566	13172	
云 南	58614	60		37750	152
西 藏	200				
陕 西	88324	260	340	40478	3936
甘 肃	18695	600	90	5160	
青 海	27507			6113	12920
宁 夏	22899			10161	
新 疆	17796	402		4782	
不分地区					

6－8 续表 1

单位:万元

地区	建筑业	地质勘查业水利管理业	交通运输、仓储和邮电通信业	批发零售贸易和餐饮业	金融、保险业	房地产业
全国总计	**38232**		**1423135**	**192559**	**3655**	**3108797**
北京			785			434148
天津	16703		74924	980		31621
河北			6532	5200		40622
山西			152698			4156
内蒙古						650
辽宁	942		5340	26990		323984
吉林			8900	4955		31854
黑龙江	1000			526		33629
上海			260201	1350		488807
江苏	530		70099	17160		226097
浙江			140530	40303		129904
安徽	276		61331	4239		34936
福建			213783	7147		354831
江西			800	400		51942
山东	3313		33339	22761		103454
河南	1310		62542	440		69260
湖北	308		54017	16360		116741
湖南	1500		2394	520		33850
广东	12350		103235	28366		343869
广西			2781	2555		45332
海南			2800	620		20411
重庆			141936	575		63640
四川			4586	5398	3655	47923
贵州				482		12155
云南				440		17662
西藏						
陕西			18952	500		19748
甘肃						12724
青海			630	457		5447
宁夏						7813
新疆				3835		1587
不分地区						

6－8 续表 2

单位:万元

地　区	社　会服务业	卫生体育和社会福利业	教育、文化艺术和广播电影电视业	科学研究和综合技术服务业	国家机关、政党机关和社会团体	其　他行　业
全国总计	**347081**	**50138**	**100072**	**15030**	**31192**	**14537**
北　京	4649		28391			
天　津	2800		512			124
河　北	19504		59	50		
山　西						
内蒙古						
辽　宁	27522	350	583	400		
吉　林					92	
黑龙江	480		4720			400
上　海	28489	16523	450			1571
江　苏	10895	550	410	199		1245
浙　江	27039	540	2985			350
安　徽	11485			470		
福　建	10891	540	4380	1508		
江　西	8612		3207		6200	698
山　东	30377		5995	3405	400	530
河　南	1138		4933			
湖　北	13330					
湖　南	20483		440			300
广　东	57355	31152	32041	8208	24500	9119
广　西	4474					
海　南	36606		5695			
重　庆	10250	456				
四　川	4947					
贵　州	870	27	110			
云　南	1450		1100			
西　藏						200
陕　西	1320		2000	790		
甘　肃			121			
青　海			1940			
宁　夏	4925					
新　疆	7190					
不分地区						

6-9 各地区按主要工业行业分的外商投资经济投资

单位:万元

地　　区	工业合计	煤　炭采选业	石油和天然气开采业	黑色金属矿采选业	有色金属矿采选业	非金属矿采选业	其他矿采选业
全国总计	**11458170**	**3508**		**150**	**2418**	**9614**	**2830**
北　京	179611						
天　津	582935						1200
河　北	230490						
山　西	213985						
内蒙古	25567				986		
辽　宁	504282					2750	
吉　林	241175						
黑龙江	82499					400	
上　海	1524803						
江　苏	2278961						
浙　江	562997						
安　徽	134563					368	
福　建	903438					130	
江　西	156520				900	1823	
山　东	1026650	1272				2950	115
河　南	149276						
湖　北	208436						
湖　南	199982						
广　东	1781943	580		150	192	300	1515
广　西	82019					604	
海　南	17822						
重　庆	137380						
四　川	96216					289	
贵　州	14738	1566					
云　南	37902						
西　藏							
陕　西	44754				340		
甘　肃	5250	90					
青　海	19033						
宁　夏	10161						
新　疆	4782						
不分地区							

6-9 续表 1

单位:万元

地　　区	木材及竹材采运业	食　品加工业	食　品制造业	饮　料制造业	烟　草加工业	纺织业	服装及其他纤维制品制造业
全国总计		**245790**	**185611**	**185271**	**370**	**284814**	**253054**
北　　京			15602	14602		2038	1275
天　　津		2339	2831	3326		3732	1821
河　　北		6049	4483	18862		7322	9125
山　　西		1705		7600			
内 蒙 古		1471	220			13602	
辽　　宁		11567	17109	1911		3583	7177
吉　　林		34870		2274	370	510	
黑 龙 江		85	15877	8035			
上　　海		7723	18661	12847		4659	27333
江　　苏		49215	11476	5864		52955	29914
浙　　江		2356	7439	11139		29737	48032
安　　徽		357	1822			17803	1061
福　　建		12880	20271	6475		57121	33643
江　　西		4670	3130	7330		12220	1418
山　　东		76832	50711	17446		58972	57389
河　　南		4309		681		400	
湖　　北		355	3709	11872		556	2675
湖　　南			730	12884		2690	550
广　　东		9648	6597	8982		16314	30181
广　　西		12622	1528	1020			
海　　南		510					570
重　　庆							890
四　　川		4870	1580	2791			
贵　　州		70					
云　　南		210	10				
西　　藏							
陕　　西			39	16200		600	
甘　　肃		100	1500	3430			
青　　海							
宁　　夏			286	6500			
新　　疆		977		3200			
不分地区							

6－9 续表 2 单位：万元

地 区	皮革、毛皮、羽绒及其制品业	木材加工及竹、藤、棕、草制品业	家 具制造业	造纸及纸制品业	印刷业、记录媒介的复制	文教体育用品制造业	石油加工及炼焦业
全国总计	**133488**	**126052**	**88721**	**269977**	**27805**	**52055**	**340111**
北 京							
天 津	67	703		4453	100	1561	2219
河 北	5564	1550	235	13071	3613	4355	2600
山 西							1000
内 蒙 古		5200	400				
辽 宁	882	61756	22188	16690	800		7008
吉 林		7000			8500	100	
黑 龙 江		1950					
上 海	200	205	1027	4965	5595	3350	
江 苏	10130	4800	15164	30280		880	100
浙 江	12700		4495	16550		3111	15119
安 徽		8727	700			160	347
福 建	37784	5484	4500	16565	1147	6870	306530
江 西		756	800	4598	140		
山 东	30931	18107	25729	110778	4014	13286	497
河 南		1643		3600			
湖 北	290	2515	317		1233		1000
湖 南		1650		18791		300	
广 东	32950	3229	12776	22131	976	18082	598
广 西	290	197		1333			
海 南			250	5822			193
重 庆							
四 川	1700				453		
贵 州							
云 南		580	140		1234		
西 藏							
陕 西							2900
甘 肃							
青 海							
宁 夏				350			
新 疆							
不分地区							

6－9 续表 3　　　　单位：万元

地　区	化学原料及化学制品制造业	医　药制造业	化学纤维制造业	橡　胶制品业	塑　料制品业	非金属矿物制品业	黑色金属冶炼及压延加工业
全国总计	**1347876**	**243974**	**141817**	**127964**	**311992**	**372610**	**197014**
北　京	7021			1370	260	5286	
天　津	26922	28457	516	4338	10475	16870	708
河　北	17776	3569			26685	15504	7550
山　西		45364		5271		7944	
内蒙古	291	1140					
辽　宁	19213	1688		28962	18880	34956	44162
吉　林	1078	1000				18365	
黑龙江	16099	23600	12800		600		
上　海	129308	23553	556	800	30984	5621	5627
江　苏	741189	15564	36400	19686	31654	65584	1462
浙　江	76407	5734	13652	839	13165	5955	79492
安　徽	13976	3440		18706	4300	13405	
福　建	6798	12502	3974	21298	21807	18094	28507
江　西	7066	5212	59484	640	2220	8242	800
山　东	61521	15144	5067	2589	19986	23276	2251
河　南	3250	2595				2393	
湖　北	8790	6411		1516	13310		4187
湖　南	2915	6149			53424	12041	850
广　东	135051	6372	353	21089	52690	49741	13233
广　西	253	3104	736		2500	491	1250
海　南	476	8046				500	
重　庆	21614		8279		108	41217	
四　川	23824	7423				24199	
贵　州	5341	3443		60		2120	
云　南	20005	6627			8944		
西　藏							
陕　西		6937		800		201	6935
甘　肃	130						
青　海		900					
宁　夏	1562						
新　疆						605	
不分地区							

6－9 续表 4　　　　单位:万元

地　　区	有色金属冶炼及压延加工业	金　属制品业	普通机械制造业	专用设备制造业	交通运输设备制造业	电气机械及器材制造业
全国总计	**135968**	**239504**	**280046**	**280779**	**1211271**	**543659**
北　　京		6915	9050	13337	29741	7716
天　　津	6547	8083	16543	3175	119190	74410
河　　北	6711	3680	3323	24565	4400	1809
山　　西			5033	1800	1383	3090
内 蒙 古	1557			200		500
辽　　宁	2601	18562	18536	19563	24631	52191
吉　　林		359			131659	7600
黑 龙 江		200		1366	1487	
上　　海	45836	6023	78682	10768	227816	57256
江　　苏	830	40170	59119	35529	108668	73030
浙　　江	5900	9707	18938	2807	17275	25665
安　　徽		1239	8416	8797	150	22989
福　　建	7691	9512	4252	15178	38648	14493
江　　西	4500	7978	2021	5945	2050	254
山　　东	4968	37456	19862	25286	24361	50343
河　　南	4351		555	94676	460	4829
湖　　北	2200	2020	10007	880	73015	1562
湖　　南	800		1000	1075	1249	
广　　东	38876	83989	13447	14306	304258	141059
广　　西	1700	1852	6821		39311	1527
海　　南						709
重　　庆		281	1828		57471	877
四　　川		1478	150	274	1970	600
贵　　州	900			752	300	
云　　南						
西　　藏						
陕　　西			1000	500		1150
甘　　肃						
青　　海					1778	
宁　　夏			1463			
新　　疆						
不分地区						

6－9 续表 5 单位:万元

地　　区	电子及通信设备制造业	仪器仪表及文化办公用机械制造业	其　他制造业	电力、蒸汽、热水的生产和供应业	煤气的生产和供应业	自来水的生产和供应业
全国总计	**3013336**	**222736**	**107351**	**421021**	**26183**	**21430**
北　　京	52240	11150	1222		786	
天　　津	231613	6326	4410			
河　　北	14111	5319	2150	15075	1000	434
山　　西				133795		
内 蒙 古						
辽　　宁	47037	6946	5870	6906		157
吉　　林	27490					
黑 龙 江						
上　　海	777272	13855	16473	320		7488
江　　苏	678321	85213	23167	37162	8856	6579
浙　　江	95014	11339	5183	25247		
安　　徽		2969		336	4495	
福　　建	175700	2339	7042	6040		163
江　　西	1433	350	2340	8200		
山　　东	142325	17889	17994	81106	6197	
河　　南	24768		716			50
湖　　北	5855	1450	700	50000		2011
湖　　南	79074		200	1030	2580	
广　　东	633514	53944	18364	33876	2269	311
广　　西	1200		1520	2160		
海　　南	650					96
重　　庆	950	212		3653		
四　　川	21367			3043		205
贵　　州	186					
云　　南				152		
西　　藏						
陕　　西	3216					3936
甘　　肃						
青　　海		3435		12920		
宁　　夏						
新　　疆						
不分地区						

6－10 各地区外商投资经济中三次产业投资

单位:万元

地　区	投资额	第一产业	第二产业	第三产业
全国总计	**16854217**	**64668**	**11496402**	**5293147**
北　京	647584		179611	467973
天　津	710599		599638	110961
河　北	302457		230490	71967
山　西	370839		213985	156854
内蒙古	28138	1921	25567	650
辽　宁	891901	1508	505224	385169
吉　林	286976		241175	45801
黑龙江	127785	4531	83499	39755
上　海	2323357	1163	1524803	797391
江　苏	2606768	622	2279491	326655
浙　江	904648		562997	341651
安　徽	247300		134839	112461
福　建	1504097	5439	903438	595220
江　西	230937	2558	156520	71859
山　东	1251764	21540	1029963	200261
河　南	289120	221	150586	138313
湖　北	409655	463	208744	200448
湖　南	259849		201482	58367
广　东	2443065	7098	1794293	641674
广　西	139727	2566	82019	55142
海　南	88346	4392	17822	66132
重　庆	360733	6496	137380	216857
四　川	166155	3430	96216	66509
贵　州	28382		14738	13644
云　南	58614	60	37902	20652
西　藏	200			200
陕　西	88324		44754	43570
甘　肃	18695	600	5250	12845
青　海	27507		19033	8474
宁　夏	22899		10161	12738
新　疆	17796	60	4782	12954
不分地区				

6－11 各地区能源工业外商投资经济投资

单位:万元

地 区	能源工业合计	煤 炭采选业	石油和天然气开采业	电力、蒸汽、热水的生产和供应业	石油加工及炼焦业	煤气的生产和供应业
全国总计	**790823**	**3508**		**421021**	**340111**	**26183**
北 京	786					786
天 津	2219				2219	
河 北	18675			15075	2600	1000
山 西	134795			133795	1000	
内 蒙 古						
辽 宁	13914			6906	7008	
吉 林						
黑 龙 江						
上 海	320			320		
江 苏	46118			37162	100	8856
浙 江	40366			25247	15119	
安 徽	5178			336	347	4495
福 建	312570			6040	306530	
江 西	8200			8200		
山 东	89072	1272		81106	497	6197
河 南						
湖 北	51000			50000	1000	
湖 南	3610			1030		2580
广 东	37323	580		33876	598	2269
广 西	2160			2160		
海 南	193				193	
重 庆	3653			3653		
四 川	3043			3043		
贵 州	1566	1566				
云 南	152			152		
西 藏						
陕 西	2900				2900	
甘 肃	90	90				
青 海	12920			12920		
宁 夏						
新 疆						
不分地区						

6-12 各地区交通运输业外商投资经济投资

单位:万元

地区	合计	铁路运输业	公路运输业	管道运输业	水上运输业	航空运输业	交通运输辅助业	其他交通运输业
全国总计	**105194**	**8900**	**14651**		**1144**	**16993**	**40489**	**23017**
北京								
天津								
河北	1067						405	662
山西	4850		4850					
内蒙古								
辽宁								
吉林	8900	8900						
黑龙江								
上海	21612		319					21293
江苏	8526						8526	
浙江	27690						27690	
安徽								
福建	948		237				711	
江西	800		800					
山东	890		490		400			
河南								
湖北								
湖南								
广东	28094		7700		744	16993	2657	
广西	255		255					
海南								
重庆	500						500	
四川								
贵州								
云南								
西藏								
陕西	1062							1062
甘肃								
青海								
宁夏								
新疆								
不分地区								

6－13 国民经济行业按构成分的外商投资经济投资

单位：万元

行业	投资额	建筑安装工程	设备工器具购置	其他费用
全国总计	**16854217**	**6752657**	**7768388**	**2333172**
（一）农、林、牧、渔业	**71619**	**42583**	**11246**	**17790**
农业	31783	19941	7594	4248
林业	10496	2939	180	7377
畜牧业	17677	11584	1552	4541
渔业	4712	2950	1210	552
农、林、牧、渔服务业	6951	5169	710	1072
（二）采掘业	**18520**	**10180**	**5267**	**3073**
煤炭采选业	3508	2151	577	780
石油和天然气开采业				
黑色金属矿采选业	150	95	30	25
有色金属矿采选业	2418	1036	1043	339
非金属矿采选业	9614	5370	3358	886
其他矿采选业	2830	1528	259	1043
木材及竹材采运业				
（三）制造业	**10971016**	**3466737**	**6538370**	**965909**
食品加工业	245790	116339	110901	18550
食品制造业	185611	64580	107348	13683
饮料制造业	185271	70078	104885	10308
烟草加工业	370	370		
纺织业	284814	95333	169243	20238
服装及其他纤维品制造业	253054	119324	106211	27519
皮革、毛皮、羽绒及其制品业	133488	48692	73225	11571
木材加工及竹、藤、棕、草制品业	126052	43108	75280	7664
家具制造业	88721	44855	28435	15431
造纸及纸制品业	269977	82185	155821	31971
印刷业、记录媒介的复制	27805	12628	13907	1270
文教体育用品制造业	52055	24898	23589	3568
石油加工及炼焦业	340111	59799	242667	37645
化学原料及化学制品制造业	1347876	352694	677824	317358
医药制造业	243974	124235	90471	29268
化学纤维制造业	141817	30506	93232	18079
橡胶制品业	127964	29428	89563	8973
塑料制品业	311992	107401	174950	29641
非金属矿物制品业	372610	139917	195292	37401
黑色金属冶炼及压延加工业	197014	77682	91418	27914
有色金属冶炼及压延加工业	135968	41131	89838	4999
金属制品业	239504	108199	113698	17607
普通机械制造业	280046	93979	164932	21135

6－13 续表 1

单位:万元

行　业	投资额	建筑安装工程	设备工器具购置	其他费用
专用设备制造业	280779	101812	154574	24393
交通运输设备制造业	1211271	431715	712577	66979
电气机械及器材制造业	543659	136711	377114	29834
电子及通信设备制造业	3013336	741861	2156300	115175
仪器仪表及文化办公用机械制造业	222736	107845	107239	7652
其他制造业	107351	59432	37836	10083
(四)电力、煤气及水的生产和供应业	**468634**	**175183**	**137854**	**155597**
电力、蒸汽、热水的生产和供应业	421021	147036	121800	152185
煤气的生产和供应业	26183	15408	8548	2227
自来水的生产和供应业	21430	12739	7506	1185
(五)建筑业	**38232**	**24778**	**10410**	**3044**
土木工程建筑业	35820	23842	9919	2059
线路、管道和设备安装业	723	690	20	13
建筑物的装修装饰业	1689	246	471	972
(六)地质勘查业、水利管理业				
地质勘查业				
水利管理业				
(七)交通运输、仓储及邮电通信业	**1423135**	**436968**	**876620**	**109547**
铁路运输业	8900	5800	1100	2000
公路运输业	14651	9545	1606	3500
管道运输业				
水上运输业	1144		1144	
航空运输业	16993	9024	3710	4259
交通运输辅助业	40489	16418	2746	21325
其他交通运输业	23017	12971	2802	7244
仓储业	27555	20168	2952	4435
邮电通信业	1290386	363042	860560	66784
(八)批发和零售贸易、餐饮业	**192559**	**132799**	**42892**	**16868**
食品、饮料、烟草和家庭用品批发商业	8376	2761	1195	4420
能源、材料和机械电子设备批发业	14479	9688	3739	1052
其他批发业	5092	4282	725	85
零售业	102989	71110	22115	9764
商业经纪与代理业	7088	6615		473

6-13 续表 2

单位:万元

行　业	投资额	建筑安装工程	设备工器具购置	其他费用
餐饮业	54535	38343	15118	1074
(九)金融、保险业	**3655**	**3655**		
金融业				
保险业	3655	3655		
(十)房地产业	**3108797**	**2068591**	**80759**	**959447**
房地产开发与经营业	3106615	2066743	80605	959267
房地产管理业	2182	1848	154	180
房地产代理与经纪业				
(十一)社会服务业	**347081**	**231436**	**47994**	**67651**
公共服务业	79145	55481	8787	14877
居民服务业	7396	5143	1026	1227
旅馆业	155333	106598	20735	28000
租赁服务业	1256	656		600
旅行社	40585	21107	10500	8978
娱乐服务业	33800	20943	2460	10397
信息、咨询服务业	6599	4640	459	1500
计算机应用服务业	9212	7973	477	762
其他社会服务业	13755	8895	3550	1310
(十二)卫生、体育和社会福利业	**50138**	**31529**	**7304**	**11305**
卫生	1523	1366	20	137
体育	48365	29997	7240	11128
社会福利保障业	250	166	44	40
(十三)教育、文化艺术及广播电影电视业	**100072**	**86675**	**4579**	**8818**
教育	65350	58135	2249	4966
文化艺术业	34722	28540	2330	3852
广播电影电视业				
(十四)科学研究和综合技术服务业	**15030**	**10233**	**3806**	**991**
科学研究业	13521	9174	3756	591
综合技术服务业	1509	1059	50	400
(十五)国家机关、政党机关和社会团体	**31192**	**28422**		**2770**
国家机关	30700	27930		2770
政党机关				
社会团体	92	92		
基层群众自治组织	400	400		
(十六)其他行业	**14537**	**2888**	**1287**	**10362**
其他行业	14537	2888	1287	10362

6-14 各地区外商投资经济财务拨款

单位:万元

地区	本年资金来源合计	上年末结余资金	本年资金来源小计	本年各项应付款合计
全国总计	**21425912**	**2598176**	**18827736**	**1702879**
北京	1418692	303251	1115441	72386
天津	818731	34724	784007	68200
河北	354683	42982	311701	32168
山西	398776	5542	393234	123779
内蒙古	24806		24806	4201
辽宁	997644	116202	881442	157706
吉林	303378	240	303138	13909
黑龙江	131279	5544	125735	1636
上海	3306470	526990	2779480	244100
江苏	2929592	253200	2676392	157570
浙江	1122431	133635	988796	64465
安徽	299410	46723	252687	29743
福建	2384433	601531	1782902	109436
江西	253619	8432	245187	19499
山东	1401662	72726	1328936	138235
河南	367429	37173	330256	8526
湖北	487058	44705	442353	55407
湖南	319308	29903	289405	7066
广东	2769324	146812	2622512	265650
广西	207349	9984	197365	6991
海南	101209	5102	96107	7776
重庆	438512	108896	329616	47804
四川	260302	33128	227174	27626
贵州	55809	7229	48580	9548
云南	57415	3745	53670	10862
西藏	200		200	
陕西	97414	10780	86634	8675
甘肃	22475	1029	21446	1108
青海	36263	542	35721	565
宁夏	29213	7022	22191	1992
新疆	31026	404	30622	6250
不分地区				

6-15 各地区外商投资经济财务拨款资金来源

单位:万元

地区	本年资金来源小计	国家预算内资金	国内贷款	债券
全国总计	**18827736**	**43329**	**3199140**	**7227**
北京	1115441		158171	
天津	784007		40580	
河北	311701	2000	39970	
山西	393234	2000	124693	
内蒙古	24806		810	
辽宁	881442	821	93908	
吉林	303138	3000	3089	
黑龙江	125735		19863	
上海	2779480	420	708764	
江苏	2676392	6698	284162	
浙江	988796	415	220060	
安徽	252687	17156	42218	3320
福建	1782902	700	397019	
江西	245187	36	9891	
山东	1328936	262	93809	
河南	330256		164315	
湖北	442353		110899	
湖南	289405	30	7243	
广东	2622512	6000	466431	3907
广西	197365		28956	
海南	96107	96	15669	
重庆	329616	787	73893	
四川	227174		57722	
贵州	48580		7225	
云南	53670	210	2838	
西藏	200			
陕西	86634	600	12479	
甘肃	21446	560	7940	
青海	35721		2620	
宁夏	22191	1050	3200	
新疆	30622	488	703	
不分地区				

6－15 续表 1

单位：万元

地区	利用外资	外商直接投资	自筹资金	其他资金来源
全国总计	**7063208**	**6197544**	**6182379**	**2332453**
北京	263475	241794	215602	478193
天津	398892	397512	324179	20356
河北	44032	32170	214750	10949
山西	87862	45705	175729	2950
内蒙古	5329	5029	18562	105
辽宁	324535	290339	321521	140657
吉林	22255	15495	260546	14248
黑龙江	27060	26060	69150	9662
上海	1096238	739118	727998	246060
江苏	1504988	1347306	599505	281039
浙江	277784	265781	369602	120935
安徽	46461	41238	101788	41744
福建	605728	554113	459513	319942
江西	125187	123437	74737	35336
山东	621692	554229	479228	133945
河南	13143	13143	103904	48894
湖北	97588	96772	193831	40035
湖南	119247	108797	138152	24733
广东	1129503	1087301	837731	178940
广西	66517	63862	85259	16633
海南	17576	17576	54587	8179
重庆	31490	30788	182675	40771
四川	65493	30748	56506	47453
贵州	9429	9429	13102	18824
云南	9994	9994	33629	6999
西藏	200	200		
陕西	20748	20496	43039	9768
甘肃	3126	3036	3541	6279
青海	22492	20932	9065	1544
宁夏	4042	4042	9620	4279
新疆	1102	1102	5328	23001
不分地区				

6－16　各地区外商投资经济财务拨款中的自筹资金

单位:万元

地　　区	自筹资金合计	中央各部门自筹	省自筹	地市自筹	县自筹	企事业单位自有资金	发行股票
全国总计	**6182379**	**4875**	**320694**	**44458**	**27764**	**5383863**	**1994**
北　　京	215602					172790	
天　　津	324179		763			319352	
河　　北	214750		2906	3326		165539	
山　　西	175729	1332	146769	5126	3400	18192	
内 蒙 古	18562					18562	
辽　　宁	321521		2000	272	25	274412	
吉　　林	260546					235966	
黑 龙 江	69150					52300	
上　　海	727998			41		695490	
江　　苏	599505		59359	43	12824	516628	
浙　　江	369602		6639		150	346852	
安　　徽	101788	2863	16215	1830		78644	1300
福　　建	459513				1424	424218	
江　　西	74737		118	77	480	69776	
山　　东	479228			2149	2795	462441	694
河　　南	103904		52102	272	395	37161	
湖　　北	193831					157482	
湖　　南	138152			2200		127931	
广　　东	837731	50	12617	19007	3430	774215	
广　　西	85259		50	100	1316	80744	
海　　南	54587				60	52427	
重　　庆	182675			9015	765	168993	
四　　川	56506					53402	
贵　　州	13102					9584	
云　　南	33629					33329	
西　　藏							
陕　　西	43039		21156	1000	600	17380	
甘　　肃	3541				100	310	
青　　海	9065	630				4795	
宁　　夏	9620					9620	
新　　疆	5328					5328	
不分地区							

6-17 外商投资经济分行业财务拨款

单位:万元

行　业	本年资金来源合计	上年末结余资金	本年资金来源小计	本年各项应付款合计
全国总计	**21425912**	**2598176**	**18827736**	**1702879**
(一)农、林、牧、渔业	**75394**	**2553**	**72841**	**5912**
农业	32220	2053	30167	2373
林业	12042		12042	1921
畜牧业	17737	500	17237	1250
渔业	5112		5112	20
农、林、牧、渔服务业	8283		8283	348
(二)采掘业	**18294**		**18294**	**1320**
煤炭采选业	3856		3856	
石油和天然气开采业				
黑色金属矿采选业	150		150	
有色金属矿采选业	2637		2637	
非金属矿采选业	8921		8921	1220
其他矿采选业	2730		2730	100
木材及竹材采运业				
(三)制造业	**12782449**	**1349772**	**11432677**	**680161**
食品加工业	264141	11786	252355	13322
食品制造业	195970	1791	194179	6419
饮料制造业	195314	23945	171369	13002
烟草加工业	380		380	
纺织业	293263	14666	278597	19773
服装及其他纤维品制造业	254976	6880	248096	27286
皮革、毛皮、羽绒及其制品业	137313	248	137065	1974
木材加工及竹、藤、棕、草制品业	127745	15241	112504	15769
家具制造业	97553	6453	91100	2124
造纸及纸制品业	308535	32250	276285	70774
印刷业、记录媒介的复制	28576	420	28156	1044
文教体育用品制造业	52740	696	52044	502
石油加工及炼焦业	475947	178810	297137	6022
化学原料及化学制品制造业	1513926	148404	1365522	46137
医药制造业	264661	19064	245597	12137
化学纤维制造业	143858	14143	129715	236
橡胶制品业	203392	28919	174473	2562
塑料制品业	341564	3857	337707	8596
非金属矿物制品业	476972	47868	429104	42408
黑色金属冶炼及压延加工业	198970	39321	159649	758
有色金属冶炼及压延加工业	136609	3483	133126	3700
金属制品业	233252	3718	229534	29795
普通机械制造业	331225	13601	317624	7878

单位:万元

行业	本年资金来源合计	上年末结余资金	本年资金来源小计	本年各项应付款合计
专用设备制造业	305223	11497	293726	21679
交通运输设备制造业	1497800	133075	1364725	55359
电气机械及器材制造业	594988	48415	546573	37759
电子及通信设备制造业	3756987	530973	3226014	211079
仪器仪表及文化办公用机械制造业	239664	9056	230608	14028
其他制造业	110905	1192	109713	8039
(四)电力、煤气及水的生产和供应业	**548153**	**8361**	**539792**	**132332**
电力、蒸汽、热水的生产和供应业	487460	4233	483227	130999
煤气的生产和供应业	33481	3335	30146	877
自来水的生产和供应业	27212	793	26419	456
(五)建筑业	**39179**	**18271**	**20908**	**4694**
土木工程建筑业	36767	18271	18496	4659
线路、管道和设备安装业	723		723	
建筑物的装修装饰业	1689		1689	35
(六)地质勘查业、水利管理业				
地质勘查业				
水利管理业				
(七)交通运输、仓储及邮电通信业	**1497152**	**33013**	**1464139**	**86460**
铁路运输业	8900		8900	
公路运输业	15544		15544	
管道运输业				
水上运输业	944		944	200
航空运输业	27429	10973	16456	
交通运输辅助业	88043	4516	83527	
其他交通运输业	50864		50864	
仓储业	47316	10903	36413	5
邮电通信业	1258112	6621	1251491	86255
(八)批发和零售贸易、餐饮业	**200753**	**14880**	**185873**	**14680**
食品、饮料、烟草和家庭用品批发商业	7774	350	7424	1150
能源、材料和机械电子设备批发业	10618		10618	5961
其他批发业	5092		5092	
零售业	113892	8568	105324	6613
商业经纪与代理业	7229	33	7196	300

单位:万元

行　业	本年资金来源合计	上年末结余资金	本年资金来源小计	本年各项应付款合计
餐饮业	56148	5929	50219	656
(九)金融、保险业	**3835**	**55**	**3780**	
金融业				
保险业	3835	55	3780	
(十)房地产业	**5669430**	**1133230**	**4536200**	**693887**
房地产开发与经营业	5667042	1133096	4533946	693887
房地产管理业	2388	134	2254	
房地产代理与经纪业				
(十一)社会服务业	**373843**	**29900**	**343943**	**62697**
公共服务业	95189	11727	83462	11785
居民服务业	7610	1472	6138	36
旅馆业	163455	12197	151258	32283
租赁服务业	666	48	618	590
旅行社	33941	2056	31885	12605
娱乐服务业	36805	1476	35329	933
信息、咨询服务业	5611		5611	1120
计算机应用服务业	14198	160	14038	2745
其他社会服务业	16368	764	15604	600
(十二)卫生、体育和社会福利业	**53014**	**275**	**52739**	**9119**
卫生	1283		1283	240
体育	51448	275	51173	8879
社会福利保障业	283		283	
(十三)教育、文化艺术及广播电影电视业	**97675**	**7865**	**89810**	**11037**
教育	71830	365	71465	1960
文化艺术业	25845	7500	18345	9077
广播电影电视业				
(十四)科学研究和综合技术服务业	**17792**	**1**	**17791**	
科学研究业	16283	1	16282	
综合技术服务业	1509		1509	
(十五)国家机关、政党机关和社会团体	**30712**		**30712**	**490**
国家机关	30212		30212	490
政党机关				
社会团体	100		100	
基层群众自治组织	400		400	
(十六)其他行业	**18237**		**18237**	**90**
其他行业	18237		18237	90

6-18 外商投资经济分行业财务拨款资金来源

单位:万元

行业	本年资金来源小计	国家预算内资金	国内贷款	债券
全国总计	**18827736**	**43329**	**3199140**	**7227**
(一)农、林、牧、渔业	**72841**	**736**	**2036**	
农业	30167	700	1216	
林业	12042	36		
畜牧业	17237			
渔业	5112		420	
农、林、牧、渔服务业	8283		400	
(二)采掘业	**18294**		**1250**	
煤炭采选业	3856			
石油和天然气开采业				
黑色金属矿采选业	150			
有色金属矿采选业	2637		650	
非金属矿采选业	8921			
其他矿采选业	2730		600	
木材及竹材采运业				
(三)制造业	**11432677**	**15474**	**1572601**	**7227**
食品加工业	252355	698	9480	
食品制造业	194179	200	5891	
饮料制造业	171369	2560	22431	
烟草加工业	380			
纺织业	278597		13750	
服装及其他纤维品制造业	248096		30125	
皮革、毛皮、羽绒及其制品业	137065		5625	
木材加工及竹、藤、棕、草制品业	112504		7150	
家具制造业	91100		5000	
造纸及纸制品业	276285		40659	
印刷业、记录媒介的复制	28156		732	
文教体育用品制造业	52044			
石油加工及炼焦业	297137		180073	
化学原料及化学制品制造业	1365522	266	166758	
医药制造业	245597	955	31126	
化学纤维制造业	129715	1698	17287	
橡胶制品业	174473		35630	
塑料制品业	337707		8868	
非金属矿物制品业	429104		56928	
黑色金属冶炼及压延加工业	159649		16407	
有色金属冶炼及压延加工业	133126		16395	
金属制品业	229534		11182	
普通机械制造业	317624	270	67037	3907

6-18 续表 1

单位:万元

行　　业	本年资金来源小计	国家预算内资金	国内贷款	债　券
专用设备制造业	293726	262	128375	
交通运输设备制造业	1364725	150	109557	
电气机械及器材制造业	546573	415	97791	3320
电子及通信设备制造业	3226014	3000	452200	
仪器仪表及文化办公用机械制造业	230608		30082	
其他制造业	109713	5000	6062	
(四)电力、煤气及水的生产和供应业	**539792**	**96**	**209373**	
电力、蒸汽、热水的生产和供应业	483227		193016	
煤气的生产和供应业	30146		100	
自来水的生产和供应业	26419	96	16257	
(五)建筑业	**20908**	**6000**		
土木工程建筑业	18496	6000		
线路、管道和设备安装业	723			
建筑物的装修装饰业	1689			
(六)地质勘查业、水利管理业				
地质勘查业				
水利管理业				
(七)交通运输、仓储及邮电通信业	**1464139**	**17156**	**100153**	
铁路运输业	8900			
公路运输业	15544		100	
管道运输业				
水上运输业	944			
航空运输业	16456			
交通运输辅助业	83527		46633	
其他交通运输业	50864			
仓储业	36413		2102	
邮电通信业	1251491	17156	51318	
(八)批发和零售贸易、餐饮业	**185873**	**700**	**10799**	
食品、饮料、烟草和家庭用品批发商业	7424	700	1860	
能源、材料和机械电子设备批发业	10618		1639	
其他批发业	5092			
零售业	105324		500	
商业经纪与代理业	7196			

6－18 续表 2 单位:万元

行　　业	本年资金来源小计	国家预算内资金	国　内贷　款	债　券
餐饮业	50219		6800	
(九)金融、保险业	**3780**		**1300**	
金融业				
保险业	3780		1300	
(十)房地产业	**4536200**		**1225178**	
房地产开发与经营业	4533946		1225178	
房地产管理业	2254			
房地产代理与经纪业				
(十一)社会服务业	**343943**	**3050**	**57275**	
公共服务业	83462	2000	16006	
居民服务业	6138			
旅馆业	151258		26799	
租赁服务业	618			
旅行社	31885	1050	2500	
娱乐服务业	35329		8370	
信息、咨询服务业	5611			
计算机应用服务业	14038		3400	
其他社会服务业	15604		200	
(十二)卫生、体育和社会福利业	**52739**	**87**	**10700**	
卫生	1283	87		
体育	51173		10700	
社会福利保障业	283			
(十三)教育、文化艺术及广播电影电视业	**89810**	**30**	**8325**	
教育	71465	30	5825	
文化艺术业	18345		2500	
广播电影电视业				
(十四)科学研究和综合技术服务业	**17791**			
科学研究业	16282			
综合技术服务业	1509			
(十五)国家机关、政党机关和社会团体	**30712**			
国家机关	30212			
政党机关				
社会团体	100			
基层群众自治组织	400			
(十六)其他行业	**18237**		**150**	
其他行业	18237		150	

6－18 续表 3

单位:万元

行业	利用外资	外商直接投资	自筹资金	其他资金来源
全国总计	**7063208**	**6197544**	**6182379**	**2332453**
(一)农、林、牧、渔业	**47963**	**46551**	**17400**	**4706**
农业	20660	19958	6032	1559
林业	8473	8013	3466	67
畜牧业	9837	9837	7150	250
渔业	4240	4240	352	100
农、林、牧、渔服务业	4753	4503	400	2730
(二)采掘业	**10142**	**10052**	**5720**	**1182**
煤炭采选业	670	580	3186	
石油和天然气开采业				
黑色金属矿采选业	150	150		
有色金属矿采选业	1471	1471	311	205
非金属矿采选业	6071	6071	2223	627
其他矿采选业	1780	1780		350
木材及竹材采运业				
(三)制造业	**5798027**	**5151988**	**3751105**	**288243**
食品加工业	83806	78372	149019	9352
食品制造业	106629	103455	75140	6319
饮料制造业	61937	52495	78501	5940
烟草加工业	380	380		
纺织业	148916	143418	99232	16699
服装及其他纤维品制造业	131819	129018	84828	1324
皮革、毛皮、羽绒及其制品业	90244	90244	38316	2880
木材加工及竹、藤、棕、草制品业	76848	76848	27666	840
家具制造业	41822	39684	42989	1289
造纸及纸制品业	66042	60462	166234	3350
印刷业、记录媒介的复制	8593	8215	18299	532
文教体育用品制造业	35842	31442	15857	345
石油加工及炼焦业	97381	97381	17444	2239
化学原料及化学制品制造业	629629	462942	416947	151922
医药制造业	99118	97781	107405	6993
化学纤维制造业	94856	92021	15871	
橡胶制品业	90024	90024	37685	11134
塑料制品业	151082	146382	173793	3964
非金属矿物制品业	209044	166858	151483	11649
黑色金属冶炼及压延加工业	25178	24728	107319	10745
有色金属冶炼及压延加工业	47373	45473	64007	5351
金属制品业	128967	125346	84244	5141
普通机械制造业	144040	142629	99384	2986

6-18 续表 4

单位:万元

行　　业	利用外资	外商直接投资	自筹资金	其他资金来源
专用设备制造业	81025	76527	79055	5009
交通运输设备制造业	476052	474631	772079	6887
电气机械及器材制造业	251121	242849	187683	6243
电子及通信设备制造业	2181636	1815745	583965	5213
仪器仪表及文化办公用机械制造业	177559	177059	21626	1341
其他制造业	61064	59579	35031	2556
(四)电力、煤气及水的生产和供应业	**179961**	**99257**	**98457**	**51905**
电力、蒸汽、热水的生产和供应业	162786	82387	79050	48375
煤气的生产和供应业	15789	15689	14101	156
自来水的生产和供应业	1386	1181	5306	3374
(五)建筑业	**10443**	**8520**	**4254**	**211**
土木工程建筑业	8623	6850	3662	211
线路、管道和设备安装业	723	573		
建筑物的装修装饰业	1097	1097	592	
(六)地质勘查业、水利管理业				
地质勘查业				
水利管理业				
(七)交通运输、仓储及邮电通信业	**104779**	**87134**	**1212526**	**29525**
铁路运输业	1000	1000		7900
公路运输业	3570	2580	11074	800
管道运输业				
水上运输业			944	
航空运输业	1295	1295	15161	
交通运输辅助业	34460	34460	2433	1
其他交通运输业	25232	25070	24570	1062
仓储业	2759	2759	31352	200
邮电通信业	36463	19970	1126992	19562
(八)批发和零售贸易、餐饮业	**108733**	**105472**	**59899**	**5742**
食品、饮料、烟草和家庭用品批发商业	2814	2814	2050	
能源、材料和机械电子设备批发业	5513	3853	1810	1656
其他批发业	4317	4317	775	
零售业	85849	84470	17105	1870
商业经纪与代理业	3900	3900	1160	2136

6－18 续表 5

单位:万元

行　业	利　用外　资	外商直接投资	自　筹资　金	其他资金来源
餐饮业	6340	6118	36999	80
(九)金融、保险业			**2480**	
金融业				
保险业			2480	
(十)房地产业	**565748**	**460761**	**837274**	**1908000**
房地产开发与经营业	564233	459246	836542	1907993
房地产管理业	1515	1515	732	7
房地产代理与经纪业				
(十一)社会服务业	**120745**	**112142**	**129181**	**33692**
公共服务业	35161	31652	23319	6976
居民服务业	5288	2500	400	450
旅馆业	39412	39412	61303	23744
租赁服务业	107	107		511
旅行社	14113	13913	14222	
娱乐服务业	14343	12343	12236	380
信息、咨询服务业	3999	3893	1612	
计算机应用服务业	5717	5717	4921	
其他社会服务业	2605	2605	11168	1631
(十二)卫生、体育和社会福利业	**22810**	**22810**	**18765**	**377**
卫生	569	569	600	27
体育	21958	21958	18165	350
社会福利保障业	283	283		
(十三)教育、文化艺术及广播电影电视业	**38574**	**37574**	**36395**	**6486**
教育	26374	26374	33200	6036
文化艺术业	12200	11200	3195	450
广播电影电视业				
(十四)科学研究和综合技术服务业	**15363**	**15363**	**2028**	**400**
科学研究业	14374	14374	1508	400
综合技术服务业	989	989	520	
(十五)国家机关、政党机关和社会团体	**24600**	**24600**	**5026**	**1086**
国家机关	24500	24500	4626	1086
政党机关				
社会团体	100	100		
基层群众自治组织			400	
(十六)其他行业	**15320**	**15320**	**1869**	**898**
其他行业	15320	15320	1869	898

6－19　外商投资经济分行业财务拨款中的自筹资金

单位:万元

行　　业	自筹资金合　计	中央各部门自筹	省自筹	地市自筹	县自筹	企事业单位自有资金	发行股票
全国总计	**6182379**	**4875**	**320694**	**44458**	**27764**	**5383863**	**1994**
(一)农、林、牧、渔业	**17400**		**268**	**102**	**975**	**16055**	
农业	6032			25	25	5982	
林业	3466		268	77	950	2171	
畜牧业	7150					7150	
渔业	352					352	
农、林、牧、渔服务业	400					400	
(二)采掘业	**5720**					**5720**	
煤炭采选业	3186					3186	
石油和天然气开采业							
黑色金属矿采选业							
有色金属矿采选业	311					311	
非金属矿采选业	2223					2223	
其他矿采选业							
木材及竹材采运业							
(三)制造业	**3751105**	**50**	**4313**	**22319**	**15817**	**3708606**	**694**
食品加工业	149019				53	148966	
食品制造业	75140					75140	
饮料制造业	78501			518	850	77133	
烟草加工业							
纺织业	99232					99232	
服装及其他纤维品制造业	84828					84828	
皮革、毛皮、羽绒及其制品业	38316					38316	
木材加工及竹、藤、棕、草制品业	27666				145	27521	
家具制造业	42989					42989	
造纸及纸制品业	166234			9		166225	
印刷业、记录媒介的复制	18299					18299	
文教体育用品制造业	15857					15857	
石油加工及炼焦业	17444					17444	
化学原料及化学制品制造业	416947				4219	412728	694
医药制造业	107405		3000	247	1200	102958	
化学纤维制造业	15874			1674		14200	
橡胶制品业	37685					37685	
塑料制品业	173793					173793	
非金属矿物制品业	151483			9832		141651	
黑色金属冶炼及压延加工业	107319			1000		106319	
有色金属冶炼及压延加工业	64007					64007	
金属制品业	84244	50				84194	
普通机械制造业	99384		550		1650	97184	

6－19 续表 1

单位:万元

行　　业	自筹资金合　计	中央各部门自筹	省自筹	地市自筹	县自筹	企事业单位自有资金	
							发行股票
专用设备制造业	79055					79055	
交通运输设备制造业	772079					772079	
电气机械及器材制造业	187683					187683	
电子及通信设备制造业	583965		763	9039		574163	
仪器仪表及文化办公用机械制造业	21626					21626	
其他制造业	35031				7700	27331	
(四)电力、煤气及水的生产和供应业	**98457**		**5000**	**5000**		**88457**	
电力、蒸汽、热水的生产和供应业	79050		5000	5000		69050	
煤气的生产和供应业	14101					14101	
自来水的生产和供应业	5306					5306	
(五)建筑业	**4254**				**200**	**4054**	
土木工程建筑业	3662				200	3462	
线路、管道和设备安装业							
建筑物的装修装饰业	592					592	
(六)地质勘查业、水利管理业							
地质勘查业							
水利管理业							
(七)交通运输、仓储及邮电通信业	**1212526**	**4825**	**311113**	**5867**	**3478**	**887243**	**1300**
铁路运输业							
公路运输业	11074				3400	7674	
管道运输业							
水上运输业	944					944	
航空运输业	15161					15161	
交通运输辅助业	2433				15	2418	
其他交通运输业	24570					24570	
仓储业	31352		510			30842	
邮电通信业	1126992	4825	310603	5867	63	805634	1300
(八)批发和零售贸易、餐饮业	**59899**				**450**	**59449**	
食品、饮料、烟草和家庭用品批发商业	2050					2050	
能源、材料和机械电子设备批发业	1810				30	1780	
其他批发业	775					775	
零售业	17105				60	17045	
商业经纪与代理业	1160				360	800	

6－19 续表 2　　　　单位：万元

行　业	自筹资金合计	中央各部门自筹	省自筹	地市自筹	县自筹	企事业单位自有资金	
							发行股票
餐饮业	36999					36999	
(九)金融、保险业	**2480**					**2480**	
金融业							
保险业	2480					2480	
(十)房地产业	**837274**				**750**	**435799**	
房地产开发与经营业	836542				750	435067	
房地产管理业	732					732	
房地产代理与经纪业							
(十一)社会服务业	**129181**			**700**	**6094**	**122387**	
公共服务业	23319				5344	17975	
居民服务业	400					400	
旅馆业	61303				150	61153	
租赁服务业							
旅行社	14222					14222	
娱乐服务业	12236					12236	
信息、咨询服务业	1612					1612	
计算机应用服务业	4921					4921	
其他社会服务业	11168			700	600	9868	
(十二)卫生、体育和社会福利业	**18765**			**10000**		**8765**	
卫生	600					600	
体育	18165			10000		8165	
社会福利保障业							
(十三)教育、文化艺术及广播电影电视业	**36395**					**36395**	
教育	33200					33200	
文化艺术业	3195					3195	
广播电影电视业							
(十四)科学研究和综合技术服务业	**2028**			**470**		**1558**	
科学研究业	1508					1508	
综合技术服务业	520			470		50	
(十五)国家机关、政党机关和社会团体	**5026**					**5026**	
国家机关	4626					4626	
政党机关							
社会团体							
基层群众自治组织	400					400	
(十六)其他行业	**1869**					**1869**	
其他行业	1869					1869	

6－20 各地区外商投资经济项目个数

单位:个

地区	施工项目个数	新开工项目个数	全部建成投产项目个数	项目建成投产率(%)
全国总计	**4538**	**3088**	**2078**	**45.8**
北京	80	46	48	60.0
天津	149	123	42	28.2
河北	136	94	82	60.3
山西	82	46	40	48.8
内蒙古	22	19	11	50.0
辽宁	221	165	107	48.4
吉林	61	38	25	41.0
黑龙江	29	20	13	44.8
上海	238	86	35	14.7
江苏	632	478	410	64.9
浙江	283	190	116	41.0
安徽	80	53	39	48.8
福建	326	204	131	40.2
江西	135	115	59	43.7
山东	721	541	298	41.3
河南	58	41	30	51.7
湖北	102	67	53	52.0
湖南	78	61	31	39.7
广东	666	418	283	42.5
广西	138	115	90	65.2
海南	37	22	14	37.8
重庆	93	34	55	59.1
四川	54	31	16	29.6
贵州	21	14	7	33.3
云南	19	12	9	47.4
西藏	1	1	1	100.0
陕西	34	20	17	50.0
甘肃	7	7	4	57.1
青海	8	5	3	37.5
宁夏	16	12	5	31.3
新疆	11	10	4	36.4
不分地区				

6－21　外商投资经济分行业项目个数

单位:个

行　　业	施工项目个数	新开工项目个数	全部建成投产项目个数	项目建成投产率(%)
全国总计	**4538**	**3088**	**2078**	**45.8**
(一)农、林、牧、渔业	**91**	**69**	**41**	**45.1**
农业	41	33	21	51.2
林业	12	7	5	41.7
畜牧业	21	17	10	47.6
渔业	8	6		
农、林、牧、渔服务业	9	6	5	55.6
(二)采掘业	**39**	**35**	**15**	**38.5**
煤炭采选业	9	9	3	33.3
石油和天然气开采业				
黑色金属矿采选业	1	1		
有色金属矿采选业	5	3	1	20.0
非金属矿采选业	19	17	10	52.6
其他矿采选业	5	5	1	20.0
木材及竹材采运业				
(三)制造业	**3579**	**2467**	**1649**	**46.1**
食品加工业	248	193	161	64.9
食品制造业	135	100	84	62.2
饮料制造业	122	95	63	51.6
烟草加工业	1	1		
纺织业	154	118	64	41.6
服装及其他纤维品制造业	204	145	103	50.5
皮革、毛皮、羽绒及其制品业	96	69	28	29.2
木材加工及竹、藤、棕、草制品业	63	41	29	46.0
家具制造业	52	37	20	38.5
造纸及纸制品业	95	62	49	51.6
印刷业、记录媒介的复制	19	14	11	57.9
文教体育用品制造业	40	37	15	37.5
石油加工及炼焦业	21	13	3	14.3
化学原料及化学制品制造业	284	185	133	46.8
医药制造业	132	82	44	33.3
化学纤维制造业	27	16	14	51.9
橡胶制品业	44	32	12	27.3
塑料制品业	137	105	61	44.5
非金属矿物制品业	187	130	86	46.0
黑色金属冶炼及压延加工业	32	25	10	31.3
有色金属冶炼及压延加工业	37	23	17	45.9
金属制品业	191	145	93	48.7
普通机械制造业	145	107	73	50.3

6－21 续表 1　　单位：个

行　　业	施工项目个数		全部建成投产项目个数	项目建成投产率（%）
		新开工项目个数		
专用设备制造业	109	70	47	43.1
交通运输设备制造业	219	111	78	35.6
电气机械及器材制造业	167	98	76	45.5
电子及通信设备制造业	467	301	215	46.0
仪器仪表及文化办公用机械制造业	66	43	27	40.9
其他制造业	85	69	33	38.8
（四）电力、煤气及水的生产和供应业	**138**	**85**	**53**	**38.4**
电力、蒸汽、热水的生产和供应业	109	69	44	40.4
煤气的生产和供应业	17	10	4	23.5
自来水的生产和供应业	12	6	5	41.7
（五）建筑业	**22**	**17**	**8**	**36.4**
土木工程建筑业	17	13	4	23.5
线路、管道和设备安装业	2	1	1	50.0
建筑物的装修装饰业	3	3	3	100.0
（六）地质勘查业、水利管理业				
地质勘查业				
水利管理业				
（七）交通运输、仓储及邮电通信业	**306**	**182**	**160**	**52.3**
铁路运输业	1	1	1	100.0
公路运输业	9	6	4	44.4
管道运输业				
水上运输业	12	11	7	58.3
航空运输业	2		1	50.0
交通运输辅助业	12	5	2	16.7
其他交通运输业	3	2	1	33.3
仓储业	20	11	6	30.0
邮电通信业	247	146	138	55.9
（八）批发和零售贸易、餐饮业	**95**	**70**	**55**	**57.9**
食品、饮料、烟草和家庭用品批发商业	9	6	3	33.3
能源、材料和机械电子设备批发业	11	7	7	63.6
其他批发业	3	3	1	33.3
零售业	35	25	20	57.1
商业经纪与代理业	5	3		

6－21 续表 2

单位：个

行　　业	施工项目个数	新开工项目个数	全部建成投产项目个数	项目建成投产率（%）
餐饮业	32	26	24	75.0
(九)金融、保险业	**1**			
金融业				
保险业	1			
(十)房地产业	**22**	**10**	**7**	**31.8**
房地产开发与经营业	19	9	6	31.6
房地产管理业	3	1	1	33.3
房地产代理与经纪业				
(十一)社会服务业	**174**	**102**	**62**	**35.6**
公共服务业	32	15	9	28.1
居民服务业	8	7	4	50.0
旅馆业	55	33	19	34.5
租赁服务业	1			
旅行社	24	14	4	16.7
娱乐服务业	27	15	15	55.6
信息、咨询服务业	7	4	3	42.9
计算机应用服务业	10	8	5	50.0
其他社会服务业	10	6	3	30.0
(十二)卫生、体育和社会福利业	**12**	**5**	**4**	**33.3**
卫生	5	2	2	40.0
体育	5	1	1	20.0
社会福利保障业	2	2	1	50.0
(十三)教育、文化艺术及广播电影电视业	**35**	**25**	**16**	**45.7**
教育	30	23	14	46.7
文化艺术业	5	2	2	40.0
广播电影电视业				
(十四)科学研究和综合技术服务业	**6**	**6**		
科学研究业	3	3		
综合技术服务业	3	3		
(十五)国家机关、政党机关和社会团体	**7**	**6**	**3**	**42.9**
国家机关	5	4	2	40.0
政党机关				
社会团体	1	1	1	100.0
基层群众自治组织	1	1		
(十六)其他行业	**11**	**9**	**5**	**45.5**
其他行业	11	9	5	45.5

6-22 各地区外商投资经济房屋建筑面积和造价

地　　区	施工房屋面　积(万平方米)	竣工房屋面　积(万平方米)	房屋建筑面积竣工率(%)	竣工房屋价　值(万元)	竣工房屋造　价(元/平方米)
全国总计	**6752.84**	**2452.80**	**36.3**	**3278414**	**1337**
北　京	462.14	141.81	30.7	323180	2279
天　津	113.44	57.67	50.8	87345	1515
河　北	79.67	36.66	46.0	45930	1253
山　西	23.52	10.68	45.4	11877	1112
内蒙古	10.73	2.31	21.5	1661	719
辽　宁	478.56	155.31	32.5	202628	1305
吉　林	127.44	100.50	78.9	66650	663
黑龙江	60.48	31.10	51.4	27596	887
上　海	588.80	149.35	25.4	413287	2767
江　苏	600.09	297.02	49.5	378341	1274
浙　江	386.75	135.02	34.9	187838	1391
安　徽	427.35	39.20	9.2	30631	782
福　建	835.96	296.83	35.5	298481	1006
江　西	142.06	52.01	36.6	41258	793
山　东	434.18	191.38	44.1	179199	936
河　南	158.83	35.80	22.5	44560	1245
湖　北	206.12	81.25	39.4	82979	1021
湖　南	99.47	44.24	44.5	36114	816
广　东	918.94	387.69	42.2	552830	1426
广　西	78.54	33.66	42.9	25778	766
海　南	59.20	12.06	20.4	27078	2245
重　庆	174.21	62.00	35.6	77766	1254
四　川	72.25	37.86	52.4	67480	1782
贵　州	37.92	8.55	22.5	8155	954
云　南	31.43	9.11	29.0	10466	1149
西　藏					
陕　西	64.06	22.56	35.2	19663	872
甘　肃	34.80	4.34	12.5	8721	2009
青　海	13.70	1.96	14.3	1505	770
宁　夏	15.03	3.74	24.9	3532	944
新　疆	17.16	11.14	64.9	15885	1426
不分地区					

6-23 各地区外商投资经济住宅建筑面积和造价

地　　区	施工住宅面　　积(万平方米)	竣工住宅面　　积(万平方米)	住宅建筑面积竣工率(%)	竣工住宅价　　值(万元)	竣工住宅造　　价(元/平方米)
全国总计	**2718.13**	**934.59**	**34.4**	**1395056**	**1493**
北　　京	201.22	82.36	40.9	172681	2097
天　　津	20.37	8.46	41.5	19855	2346
河　　北	24.56	8.83	36.0	16390	1855
山　　西	10.19	5.14	50.5	5702	1109
内 蒙 古	0.52				
辽　　宁	276.21	98.48	35.7	122427	1243
吉　　林	27.35	12.15	44.4	12084	995
黑 龙 江	19.72	13.97	70.9	11617	832
上　　海	316.45	81.57	25.8	250434	3070
江　　苏	173.31	80.67	46.5	102067	1265
浙　　江	112.42	44.35	39.5	71869	1620
安　　徽	64.63	21.64	33.5	15245	704
福　　建	463.98	135.98	29.3	134886	992
江　　西	57.38	26.25	45.8	21149	806
山　　东	113.20	42.13	37.2	45589	1082
河　　南	99.28	17.93	18.1	16892	942
湖　　北	144.44	44.40	30.7	44400	1000
湖　　南	33.37	12.52	37.5	8573	685
广　　东	250.27	87.28	34.9	190558	2183
广　　西	49.45	26.29	53.2	19517	742
海　　南	24.56	9.96	40.6	23732	2383
重　　庆	90.88	31.00	34.1	35909	1158
四　　川	29.64	15.71	53.0	26860	1710
贵　　州	19.01	3.88	20.4	3501	903
云　　南	17.43	2.94	16.9	2821	958
西　　藏					
陕　　西	25.20	8.49	33.7	5212	614
甘　　肃	26.22	2.08	7.9	4633	2232
青　　海	8.07	1.34	16.6	849	632
宁　　夏	8.74	2.87	32.8	2591	904
新　　疆	10.07	5.89	58.5	7013	1190
不分地区					

6－24 外商投资经济分行业房屋建筑面积和造价

行　业	施工房屋面积（万平方米）	竣工房屋面积（万平方米）	房屋建筑面积竣工率（%）	竣工房屋价值（万元）	竣工房屋造价（元/平方米）
全国总计	**6752.84**	**2452.80**	**36.3**	**3278414**	**1337**
(一)农、林、牧、渔业	29.33	8.48	28.9	6642	783
农业	8.41	2.40	28.5	1833	764
林业	0.12	0.01	10.0	10	833
畜牧业	18.56	5.01	27.0	3389	677
渔业	0.65				
农、林、牧、渔服务业	1.59	1.06	66.8	1410	1330
(二)采掘业	**5.96**	**1.30**	**21.8**	**820**	**630**
煤炭采选业	1.58				
石油和天然气开采业					
黑色金属矿采选业					
有色金属矿采选业	0.81	0.25	31.0	115	456
非金属矿采选业	2.82	0.80	28.4	530	663
其他矿采选业	0.75	0.25	33.3	175	700
木材及竹材采运业					
(三)制造业	**2173.49**	**1112.97**	**51.2**	**1211812**	**1089**
食品加工业	115.15	89.98	78.1	53371	593
食品制造业	48.85	33.27	68.1	35741	1074
饮料制造业	46.70	27.72	59.4	25382	916
烟草加工业					
纺织业	79.54	39.37	49.5	32457	824
服装及其他纤维品制造业	101.44	64.68	63.8	55451	857
皮革、毛皮、羽绒及其制品业	56.73	24.64	43.4	22913	930
木材加工及竹、藤、棕、草制品业	33.37	19.97	59.8	13741	688
家具制造业	85.59	16.19	18.9	10061	622
造纸及纸制品业	44.63	24.88	55.7	25210	1013
印刷业、记录媒介的复制	13.74	11.63	84.7	12402	1067
文教体育用品制造业	25.72	11.65	45.3	7265	624
石油加工及炼焦业	4.20	2.48	59.2	2882	1160
化学原料及化学制品制造业	155.51	100.89	64.9	139016	1378
医药制造业	57.70	17.02	29.5	25906	1522
化学纤维制造业	14.52	7.54	52.0	5310	704
橡胶制品业	27.64	5.80	21.0	4117	710
塑料制品业	74.09	45.77	61.8	46364	1013
非金属矿物制品业	92.23	47.01	51.0	48887	1040
黑色金属冶炼及压延加工业	16.44	8.10	49.2	3914	484
有色金属冶炼及压延加工业	20.63	17.28	83.8	22149	1282
金属制品业	117.38	64.31	54.8	50953	792
普通机械制造业	66.03	33.93	51.4	31512	929

行业	施工房屋面积(万平方米)	竣工房屋面积(万平方米)	房屋建筑面积竣工率(%)	竣工房屋价值(万元)	竣工房屋造价(元/平方米)
专用设备制造业	56.21	34.75	61.8	33324	959
交通运输设备制造业	124.68	55.18	44.3	66145	1199
电气机械及器材制造业	96.17	51.00	53.0	62650	1228
电子及通信设备制造业	474.88	212.45	44.7	311823	1468
仪器仪表及文化办公用机械制造业	48.46	27.73	57.2	48076	1733
其他制造业	75.29	17.77	23.6	14790	832
(四)电力、煤气及水的生产和供应业	**12.83**	**6.63**	**51.7**	**6308**	**952**
电力、蒸汽、热水的生产和供应业	6.64	4.13	62.1	4513	1093
煤气的生产和供应业	2.38	0.65	27.2	326	503
自来水的生产和供应业	3.80	1.85	48.7	1469	793
(五)建筑业	**16.22**	**7.56**	**46.6**	**17048**	**2255**
土木工程建筑业	15.65	6.98	44.6	16778	2402
线路、管道和设备安装业					
建筑物的装修装饰业	0.58	0.58	100.0	270	469
(六)地质勘查业、水利管理业					
地质勘查业					
水利管理业					
(七)交通运输、仓储及邮电通信业	**98.96**	**52.76**	**53.3**	**64369**	**1220**
铁路运输业					
公路运输业	2.45	0.94	38.4	730	776
管道运输业					
水上运输业					
航空运输业	0.79	0.79	100.0	1984	2518
交通运输辅助业	0.07	0.07	100.0	65	874
其他交通运输业	2.81	2.81	100.0	1426	507
仓储业	16.42	3.89	23.7	5486	1409
邮电通信业	76.40	44.26	57.9	54678	1236
(八)批发和零售贸易、餐饮业	**412.67**	**33.18**	**8.0**	**57353**	**1729**
食品、饮料、烟草和家庭用品批发商业	10.27	0.04	0.4	20	455
能源、材料和机械电子设备批发业	8.40	3.26	38.8	3707	1138
其他批发业	3.00	2.00	66.7	4000	2000
零售业	315.02	13.24	4.2	21873	1653
商业经纪与代理业	58.07				

6－24 续表 2

行　　业	施工房屋面　　积(万平方米)	竣工房屋面　　积(万平方米)	房屋建筑面积竣工率(%)	竣工房屋价　　值(万元)	竣工房屋造　　价(元/平方米)
餐饮业	17.91	14.64	81.7	27753	1895
(九)金融、保险业	**5.50**				
金融业					
保险业	5.50				
(十)房地产业	**3730.58**	**1133.90**	**30.4**	**1804035**	**1591**
房地产开发与经营业	3727.53	1133.06	30.4	1802635	1591
房地产管理业	3.04	0.84	27.7	1400	1658
房地产代理与经纪业					
(十一)社会服务业	**151.55**	**40.30**	**26.6**	**56375**	**1399**
公共服务业	6.27	3.95	63.1	4620	1169
居民服务业	0.17	0.17	100.0	120	706
旅馆业	72.03	18.10	25.1	28526	1576
租赁服务业	2.50				
旅行社	22.12	4.46	20.2	10248	2299
娱乐服务业	18.42	8.05	43.7	8328	1035
信息、咨询服务业	8.13	1.13	13.9	1090	964
计算机应用服务业	7.76	0.49	6.3	800	1646
其他社会服务业	14.15	3.95	27.9	2643	670
(十二)卫生、体育和社会福利业	**13.40**	**1.86**	**13.9**	**5035**	**2701**
卫生	1.04	0.20	19.3	500	2500
体育	12.27	1.57	12.8	4385	2800
社会福利保障业	0.10	0.10	100.0	150	1531
(十三)教育、文化艺术及广播电影电视业	**71.22**	**35.56**	**49.9**	**33037**	**929**
教育	56.94	34.17	60.0	31817	931
文化艺术业	14.28	1.39	9.7	1220	879
广播电影电视业					
(十四)科学研究和综合技术服务业	**10.15**				
科学研究业	5.89				
综合技术服务业	4.26				
(十五)国家机关、政党机关和社会团体	**18.24**	**16.61**	**91.1**	**14382**	**866**
国家机关	17.76	16.51	93.0	14290	865
政党机关					
社会团体	0.10	0.10	100.0	92	920
基层群众自治组织	0.38				
(十六)其他行业	**2.75**	**1.68**	**61.1**	**1198**	**713**
其他行业	2.75	1.68	61.1	1198	713

6－25 外商投资经济分行业住宅建筑面积和造价

行业	施工住宅面积（万平方米）	竣工住宅面积（万平方米）	住宅建筑面积竣工率（%）	竣工住宅价值（万元）	竣工住宅造价（元/平方米）
全国总计	**2718.13**	**934.59**	**34.4**	**1395056**	**1493**
（一）农、林、牧、渔业	**1.85**	**1.48**	**80.3**	**1580**	**1065**
农业	0.41	0.38	92.0	405	1070
林业	0.02	0.01	50.0	10	1000
畜牧业	0.25	0.23	95.6	205	875
渔业	0.03				
农、林、牧、渔服务业	1.14	0.86	75.4	960	1116
（二）采掘业	**0.66**	**0.21**	**31.9**	**159**	**757**
煤炭采选业	0.17				
石油和天然气开采业					
黑色金属矿采选业					
有色金属矿采选业	0.01	0.01	100.0	4	400
非金属矿采选业	0.28				
其他矿采选业	0.20	0.20	100.0	155	775
木材及竹材采运业					
（三）制造业	**73.47**	**46.98**	**63.9**	**37304**	**794**
食品加工业	3.27	2.66	81.3	3012	1134
食品制造业	1.23	1.23	100.0	691	563
饮料制造业	1.85	1.85	100.0	1010	547
烟草加工业					
纺织业	2.64	1.39	52.7	621	447
服装及其他纤维品制造业	5.89	4.62	78.3	3498	758
皮革、毛皮、羽绒及其制品业	2.65	0.51	19.3	353	692
木材加工及竹、藤、棕、草制品业					
家具制造业	5.11	1.18	23.1	700	593
造纸及纸制品业	0.78	0.78	100.0	1069	1371
印刷业、记录媒介的复制	0.85	0.85	100.0	587	688
文教体育用品制造业	0.95	0.95	100.0	760	800
石油加工及炼焦业					
化学原料及化学制品制造业	4.24	3.35	79.0	3551	1061
医药制造业	2.52	0.25	10.0	224	889
化学纤维制造业	0.11				
橡胶制品业					
塑料制品业	1.90	1.54	80.7	1430	931
非金属矿物制品业	3.66	3.03	82.9	2045	674
黑色金属冶炼及压延加工业					
有色金属冶炼及压延加工业	0.70	0.65	92.6	545	840
金属制品业	3.26	3.01	92.3	2439	811
普通机械制造业	1.46	1.22	83.0	663	545

6－25 续表 1

行　　业	施工住宅面积（万平方米）	竣工住宅面积（万平方米）	住宅建筑面积竣工率（%）	竣工住宅价值（万元）	竣工住宅造价（元/平方米）
专用设备制造业	2.50	2.50	100.0	1152	461
交通运输设备制造业	0.74	0.74	100.0	566	761
电气机械及器材制造业	2.46				
电子及通信设备制造业	22.03	12.86	58.4	10622	826
仪器仪表及文化办公用机械制造业	1.03	1.03	100.0	1073	1042
其他制造业	1.65	0.80	48.3	693	871
（四）电力、煤气及水的生产和供应业	**4.78**	**3.50**	**73.2**	**3363**	**961**
电力、蒸汽、热水的生产和供应业	3.86	2.57	66.7	2563	995
煤气的生产和供应业					
自来水的生产和供应业	0.92	0.92	100.0	800	865
（五）建筑业	**8.49**	**6.43**	**75.8**	**15892**	**2470**
土木工程建筑业	8.49	6.43	75.8	15892	2470
线路、管道和设备安装业					
建筑物的装修装饰业					
（六）地质勘查业、水利管理业					
地质勘查业					
水利管理业					
（七）交通运输、仓储及邮电通信业	**3.99**	**3.64**	**91.1**	**2001**	**550**
铁路运输业					
公路运输业	0.40	0.25	61.5	160	650
管道运输业					
水上运输业					
航空运输业					
交通运输辅助业					
其他交通运输业	2.81	2.81	100.0	1426	507
仓储业	0.03	0.03	100.0	15	536
邮电通信业	0.75	0.55	73.3	400	725
（八）批发和零售贸易、餐饮业	**1.13**	**0.13**	**11.5**	**68**	**523**
食品、饮料、烟草和家庭用品批发商业	0.04	0.04	100.0	20	455
能源、材料和机械电子设备批发业					
其他批发业	1.00				
零售业	0.09	0.09	100.0	48	558
商业经纪与代理业					

6－25 续表 2

行　　业	施工住宅面　　积（万平方米）	竣工住宅面　　积（万平方米）	住宅建筑面积竣工率（%）	竣工住宅价　　值（万元）	竣工住宅造　　价（元/平方米）
餐饮业					
（九）金融、保险业					
金融业					
保险业					
（十）房地产业	**2599.74**	**856.54**	**32.9**	**1322197**	**1544**
房地产开发与经营业	2599.74	856.54	32.9	1322197	1544
房地产管理业					
房地产代理与经纪业					
（十一）社会服务业	**10.88**	**7.71**	**70.8**	**8166**	**1060**
公共服务业	0.50	0.40	79.8	284	719
居民服务业					
旅馆业	2.80	1.50	53.6	2300	1533
租赁服务业					
旅行社	0.68	0.47	69.1	1245	2649
娱乐服务业	4.09	3.70	90.4	3210	868
信息、咨询服务业					
计算机应用服务业					
其他社会服务业	2.82	1.64	58.3	1127	685
（十二）卫生、体育和社会福利业					
卫生					
体育					
社会福利保障业					
（十三）教育、文化艺术及广播电影电视业	**6.93**	**1.76**	**25.4**	**986**	**561**
教育	6.93	1.76	25.4	986	561
文化艺术业					
广播电影电视业					
（十四）科学研究和综合技术服务业					
科学研究业					
综合技术服务业					
（十五）国家机关、政党机关和社会团体	**6.20**	**6.20**	**100.0**	**3340**	**538**
国家机关	6.20	6.20	100.0	3340	538
政党机关					
社会团体					
基层群众自治组织					
（十六）其他行业					
其他行业					

上　篇

七、港澳台投资经济固定资产投资

7－1 港澳台投资经济按登记注册类型分的投资

单位:万元

地区	港澳台投资经济	合资经营	合作经营	独资	股份有限
全国总计	**17653295**	**6975329**	**2867438**	**6913677**	**896851**
北京	1472539	265620	682944	144679	379296
天津	621675	157492	16316	444614	3253
河北	237759	172383	7170	42551	15655
山西	110243	85621		18499	6123
内蒙古	59068	52484		4099	2485
辽宁	542941	355211	39147	126248	22335
吉林	98454	74179	11325	10950	2000
黑龙江	76688	46715	615	28649	709
上海	1117490	310679	26602	762006	18203
江苏	1216827	554841	103935	543658	14393
浙江	622633	306087	30575	245836	40135
安徽	142804	63074	3836	47534	28360
福建	1522633	349201	83632	1073429	16371
江西	305345	153306	4474	133071	14494
山东	910622	486328	48378	329341	46575
河南	443942	168086	144497	76465	54894
湖北	423235	148257	42795	208972	23211
湖南	266418	152790	16342	80760	16526
广东	5983245	2117659	1460493	2290969	114124
广西	181090	91320	40620	28389	20761
海南	55252	28874	4190	14823	7365
重庆	371034	223607	62317	73563	11547
四川	314172	184342	16220	103208	10402
贵州	76131	46155	444	13409	16123
云南	114379	75692	15225	23462	
西藏					
陕西	91046	73983	5316	6029	5718
甘肃	60095	34309	30	24473	1283
青海	12146	12146			
宁夏	14340	10210		330	3800
新疆	26491	20868	103	5070	450
不分地区					

7－2　各地区港澳台投资经济投资总规模与完成情况

单位：万元

地　　区	计划总投资	实际需要总投资	自开始建设至本年底累计完成投资	本年完成投资
全国总计	**83621561**	**89376753**	**52479758**	**17653295**
北　　京	10716415	11748795	6473622	1472539
天　　津	1934026	2029537	1694808	621675
河　　北	816649	827844	458931	237759
山　　西	428979	473101	330121	110243
内 蒙 古	245802	232953	195974	59068
辽　　宁	2909554	3158124	2030824	542941
吉　　林	321278	321498	137570	98454
黑 龙 江	252434	268206	129079	76688
上　　海	8250022	8534487	4968584	1117490
江　　苏	3681996	3747182	1970590	1216827
浙　　江	2907382	2833369	1323433	622633
安　　徽	607752	606434	292159	142804
福　　建	6611042	8168862	4633751	1522633
江　　西	1503389	1513729	395067	305345
山　　东	2526764	2595149	1610957	910622
河　　南	1712499	1780199	1207918	443942
湖　　北	2341825	2451270	1087362	423235
湖　　南	964388	979409	563398	266418
广　　东	28604922	30512478	19046453	5983245
广　　西	1301279	1351947	828403	181090
海　　南	202882	210014	135288	55252
重　　庆	1878698	1998191	969701	371034
四　　川	1008644	1106471	819510	314172
贵　　州	216031	231592	140265	76131
云　　南	453113	456309	340881	114379
西　　藏				
陕　　西	442159	449610	285417	91046
甘　　肃	316215	320264	138658	60095
青　　海	17300	17300	13200	12146
宁　　夏	22387	22804	14862	14340
新　　疆	425735	429625	242972	189049
不分地区				

7－2 续表 单位:万元

地　　区	累计新增固定资产	未完工程累计投资	全部建成尚需投资	未完工程占用率(%)
全国总计	**24688599**	**24103369**	**36896995**	**136.5**
北　　京	2186318	4029540	5275173	273.6
天　　津	1380374	277820	334729	44.7
河　　北	295946	139993	368913	58.9
山　　西	228853	78390	142980	71.1
内 蒙 古	176555	19419	36979	32.9
辽　　宁	852573	1071122	1127300	197.3
吉　　林	82717	44976	183928	45.7
黑 龙 江	56725	56986	139127	74.3
上　　海	1425776	2527951	3565903	226.2
江　　苏	879354	1002146	1776592	82.4
浙　　江	725707	553147	1509936	88.8
安　　徽	123490	159078	314275	111.4
福　　建	2489004	1409367	3535111	92.6
江　　西	162977	169708	1118662	55.6
山　　东	808981	693784	984192	76.2
河　　南	583091	583802	572281	131.5
湖　　北	470391	385521	1363908	91.1
湖　　南	266143	264725	416011	99.4
广　　东	9927305	8508862	11466025	142.2
广　　西	392682	418195	523544	230.9
海　　南	32081	61806	74726	111.9
重　　庆	268240	662569	1028490	178.6
四　　川	339666	385169	286961	122.6
贵　　州	49522	90585	91327	119.0
云　　南	128206	205503	115428	179.7
西　　藏				
陕　　西	150150	133985	164193	147.2
甘　　肃	38816	74770	181606	124.4
青　　海	747	12000	4100	98.8
宁　　夏	8050	6812	7942	47.5
新　　疆	158159	75638	186653	40.0
不分地区				

7－3　港澳台投资经济分行业投资总规模与完成情况

单位：万元

行　　业	计　划 总投资	实际需要 总投资	自开始建设至本年底 累计完成投资	本年完成投资
全国总计	**83621561**	**89376753**	**52479758**	**17653295**
(一)农、林、牧、渔业	**193674**	**192270**	**75298**	**55682**
农业	150522	150475	47983	31043
林业	5557	4651	3731	2031
畜牧业	21255	20562	11115	10337
渔业	15598	15905	11792	11791
农、林、牧、渔服务业	742	677	677	480
(二)采掘业	**1381338**	**1381418**	**1304443**	**508147**
煤炭采选业	25802	25802	4792	4692
石油和天然气开采业	1310659	1310659	1275894	483245
黑色金属矿采选业	6195	6195	6195	3300
有色金属矿采选业	5361	5361	442	441
非金属矿采选业	32821	32901	16620	15969
其他矿采选业				
木材及竹材采运业	500	500	500	500
(三)制造业	**16786647**	**17062993**	**9040289**	**5897174**
食品加工业	365989	371772	228361	149758
食品制造业	360206	362459	203436	172173
饮料制造业	239579	233464	136937	111202
烟草加工业	14600	14600	9043	5677
纺织业	930254	954290	612981	422930
服装及其他纤维品制造业	525469	524332	347256	265128
皮革、毛皮、羽绒及其制品业	285661	288834	148452	115325
木材加工及竹、藤、棕、草制品业	157264	156999	91023	81959
家具制造业	170723	170898	94431	73032
造纸及纸制品业	395752	395897	192646	119553
印刷业、记录媒介的复制	209604	213314	178237	129455
文教体育用品制造业	181285	162075	100364	79186
石油加工及炼焦业	896700	896700	192851	19320
化学原料及化学制品制造业	1062071	1124022	568492	300117
医药制造业	530836	533238	279056	226653
化学纤维制造业	132394	132397	28046	27009
橡胶制品业	131048	129806	79890	49347
塑料制品业	1018614	1026081	555256	395399
非金属矿物制品业	974801	993076	577399	440445
黑色金属冶炼及压延加工业	849335	849682	667172	173339
有色金属冶炼及压延加工业	561781	560251	312728	212799
金属制品业	400026	401445	258349	184667
普通机械制造业	258153	262522	170906	103296

7-3续表1

单位:万元

行业	计划总投资	实际需要总投资	自开始建设至本年底累计完成投资	本年完成投资
专用设备制造业	267654	253134	128068	95836
交通运输设备制造业	685547	880804	595420	219822
电气机械及器材制造业	923623	909245	420060	296305
电子及通信设备制造业	3952217	3957495	1626120	1263517
仪器仪表及文化办公用机械制造业	78698	77129	57239	38499
其他制造业	226763	227032	180070	125426
(四)电力、煤气及水的生产和供应业	**1618355**	**2803205**	**1990316**	**495986**
电力、蒸汽、热水的生产和供应业	1456924	2641124	1889887	438440
煤气的生产和供应业	79067	79717	50082	28120
自来水的生产和供应业	82364	82364	50347	29426
(五)建筑业	**260755**	**260755**	**167231**	**24253**
土木工程建筑业	192599	192599	162661	20058
线路、管道和设备安装业				
建筑物的装修装饰业	68156	68156	4570	4195
(六)地质勘查业、水利管理业	**9150**	**9150**	**7760**	**2188**
地质勘查业				
水利管理业	9150	9150	7760	2188
(七)交通运输、仓储及邮电通信业	5071184	5146570	4031225	2011418
铁路运输业				
公路运输业	220588	220688	183811	30984
管道运输业	10375	10474	10474	10474
水上运输业	690015	690015	574570	33062
航空运输业	1056	1056	819	819
交通运输辅助业	154627	156744	94264	29848
其他交通运输业				
仓储业	218112	215287	49854	36689
邮电通信业	3776411	3852306	3117433	1869542
(八)批发和零售贸易、餐饮业	**451176**	**473659**	**267490**	**167680**
食品、饮料、烟草和家庭用品批发商业	80815	93445	57159	24541
能源、材料和机械电子设备批发业	21408	21408	18099	18098
其他批发业	28220	28220	11301	8380
零售业	248192	248000	139516	89936
商业经纪与代理业	10180	10180	5266	4521

7－3续表2

单位：万元

行　　业	计　划 总投资	实际需要 总投资	自开始建设至本年底 累计完成投资	本年完成投资
餐饮业	62361	72406	36149	22204
(九)金融、保险业	**300245**	**300245**	**255687**	**1393**
金融业	300245	300245	255687	1393
保险业				
(十)房地产业	**54074857**	**58201064**	**33330439**	**7932443**
房地产开发与经营业	54042088	58168295	33301030	7927014
房地产管理业	32769	32769	29409	5429
房地产代理与经纪业				
(十一)社会服务业	**2876428**	**2939077**	**1718654**	**426330**
公共服务业	790363	816310	572155	128270
居民服务业	25666	25666	11738	7090
旅馆业	877730	885087	532533	113436
租赁服务业	41338	41288	36888	1113
旅行社	78479	78357	58662	11669
娱乐服务业	884629	914136	453081	115503
信息、咨询服务业	30482	30492	7730	3442
计算机应用服务业	107053	107053	44627	44627
其他社会服务业	40688	40688	1240	1180
(十二)卫生、体育和社会福利业	**311078**	**321078**	**144821**	**43405**
卫生	21578	21578	19339	16079
体育	289500	299500	125482	27326
社会福利保障业				
(十三)教育、文化艺术及广播				
电影电视业	133401	129874	76054	26869
教育	90432	86905	33085	24966
文化艺术业				
广播电影电视业	42969	42969	42969	1903
(十四)科学研究和综合技术				
服务业	6479	6035	5764	3034
科学研究业	500	500	356	126
综合技术服务业	5979	5535	5408	2908
(十五)国家机关、政党机关和社会团体				
	72951	73051	16073	13139
国家机关	67051	67051	11662	8928
政党机关				
社会团体	700	700	700	700
基层群众自治组织	5200	5300	3711	3511
(十六)其他行业	**73843**	**76309**	**48214**	**44154**
其他行业	73843	76309	48214	44154

7－3 续表 3

单位:万元

行　　业	累计新增固定资产	未完工程累计投资	全部建成尚需投资	未完工程占用率(％)
全国总计	**24688599**	**24103369**	**36896995**	**136.5**
(一)农、林、牧、渔业	**49188**	**9752**	**116972**	**17.5**
农业	27377	7563	102492	24.4
林业	3431		920	
畜牧业	7802	398	9447	3.9
渔业	9901	1791	4113	15.2
农、林、牧、渔服务业	677			
(二)采掘业	**1078100**	**225890**	**76975**	**44.5**
煤炭采选业	2652	2140	21010	45.6
石油和天然气开采业	1055975	219919	34765	45.5
黑色金属矿采选业	5742			
有色金属矿采选业	431	11	4919	2.5
非金属矿采选业	12800	3820	16281	23.9
其他矿采选业				
木材及竹材采运业	500			
(三)制造业	**5730904**	**2533194**	**8022704**	**43.0**
食品加工业	131318	93508	143411	62.4
食品制造业	129059	54454	159023	31.6
饮料制造业	76555	50605	96527	45.5
烟草加工业		9043	5557	159.3
纺织业	504989	72655	341309	17.2
服装及其他纤维品制造业	278758	45438	177076	17.1
皮革、毛皮、羽绒及其制品业	99092	40044	140382	34.7
木材加工及竹、藤、棕、草制品业	24086	27227	65976	33.2
家具制造业	69735	17789	76467	24.4
造纸及纸制品业	68081	68326	203251	57.2
印刷业、记录媒介的复制	153759	21635	35077	16.7
文教体育用品制造业	80225	13842	61711	17.5
石油加工及炼焦业	34868	157983	703849	817.7
化学原料及化学制品制造业	225749	170937	555530	57.0
医药制造业	159449	101330	254182	44.7
化学纤维制造业	13658	12102	104351	44.8
橡胶制品业	42194	30579	49916	62.0
塑料制品业	316231	138041	470825	34.9
非金属矿物制品业	316980	207938	415677	47.2
黑色金属冶炼及压延加工业	584305	82721	182510	47.7
有色金属冶炼及压延加工业	234323	76275	247523	35.8
金属制品业	190890	52110	143096	28.2
普通机械制造业	122245	28298	91616	27.4

7－3续表4

单位：万元

行业	累计新增固定资产	未完工程累计投资	全部建成尚需投资	未完工程占用率(%)
专用设备制造业	89021	29798	125066	31.1
交通运输设备制造业	506063	73509	285384	33.4
电气机械及器材制造业	250136	143341	489185	48.4
电子及通信设备制造业	856321	689160	2331375	54.5
仪器仪表及文化办公用机械制造业	42279	9622	19890	25.0
其他制造业	130535	14884	46962	11.9
(四)电力、煤气及水的生产和供应业	1361801	216391	812889	43.6
电力、蒸汽、热水的生产和供应业	1331755	146023	751237	33.3
煤气的生产和供应业	8303	41764	29635	148.5
自来水的生产和供应业	21743	28604	32017	97.2
(五)建筑业	**15884**	**149158**	**93524**	**615.0**
土木工程建筑业	11928	148544	29938	740.6
线路、管道和设备安装业				
建筑物的装修装饰业	3956	614	63586	14.6
(六)地质勘查业、水利管理业	**1068**	**6692**	**1390**	**305.9**
地质勘查业				
水利管理业	1068	6692	1390	305.9
(七)交通运输、仓储及邮电通信业	2163553	1652244	1115345	82.1
铁路运输业				
公路运输业	6730	176719	36877	570.4
管道运输业		10474		100.0
水上运输业	494853	29333	115445	88.7
航空运输业	106	713	237	87.1
交通运输辅助业	26302	67962	62480	227.7
其他交通运输业				
仓储业	32089	6148	165433	16.8
邮电通信业	1603473	1360895	734873	72.8
(八)批发和零售贸易、餐饮业	**86521**	**163648**	**206169**	**97.6**
食品、饮料、烟草和家庭用品批发商业	1475	54031	36286	220.2
能源、材料和机械电子设备批发业	8808	6791	3309	37.5
其他批发业	7946	3055	16919	36.5
零售业	43728	89376	108484	99.4
商业经纪与代理业	1680		4914	

7－3 续表 5

单位:万元

行　　业	累计新增固定资产	未完工程累计投资	全部建成尚需投资	未完工程占用率(%)
餐饮业	22884	10395	36257	46.8
(九)金融、保险业	**245**	**255442**	**44558**	**18337.5**
金融业	245	255442	44558	18337.5
保险业				
(十)房地产业	**13137341**	**18190669**	**24870625**	**229.3**
房地产开发与经营业	13132572	18166029	24867265	229.2
房地产管理业	4769	24640	3360	453.9
房地产代理与经纪业				
(十一)社会服务业	**937076**	**555952**	**1220423**	**130.4**
公共服务业	347582	72502	244155	56.5
居民服务业	7988	800	13928	11.3
旅馆业	237489	239263	352554	210.9
租赁服务业	288	36600	4400	3288.4
旅行社	48311	10321	19695	88.4
娱乐服务业	266070	186135	461055	161.2
信息、咨询服务业	6148	331	22762	9.6
计算机应用服务业	22512	10000	62426	22.4
其他社会服务业	688		39448	
(十二)卫生、体育和社会福利业	**53076**	**86576**	**176257**	**199.5**
卫生	14170		2239	
体育	38906	86576	174018	316.8
社会福利保障业				
(十三)教育、文化艺术及广播				
电影电视业	53766	15977	53820	59.5
教育	10797	15977	53820	64.0
文化艺术业				
广播电影电视业	42969			
(十四)科学研究和综合技术				
服务业	4828	126	271	4.2
科学研究业	230	126	144	100.0
综合技术服务业	4598		127	
(十五)国家机关、政党机关				
和社会团体	8514	7359	56978	56.0
国家机关	6003	5459	55389	61.1
政党机关				
社会团体	700			
基层群众自治组织	1811	1900	1589	54.1
(十六)其他行业	**6734**	**34299**	**28095**	**77.7**
其他行业	6734	34299	28095	77.7

7-4 各地区港澳台投资经济投资和新增固定资产

单位:万元

地　区	投资额	新增固定资产	固定资产交付使用率(%)
全国总计	**17653295**	**12306313**	**69.7**
北　京	1472539	1127036	76.5
天　津	621675	560093	90.1
河　北	237759	144561	60.8
山　西	110243	178787	162.2
内蒙古	59068	176555	298.9
辽　宁	542941	345991	63.7
吉　林	98454	66118	67.2
黑龙江	76688	41073	53.6
上　海	1117490	674805	60.4
江　苏	1216827	662964	54.5
浙　江	622633	550225	88.4
安　徽	142804	73576	51.5
福　建	1522633	1216157	79.9
江　西	305345	139498	45.7
山　东	910622	489175	53.7
河　南	443942	387177	87.2
湖　北	423235	206203	48.7
湖　南	266418	205793	77.2
广　东	5983245	4188036	70.0
广　西	181090	73884	40.8
海　南	55252	12986	23.5
重　庆	371034	188879	50.9
四　川	314172	218030	69.4
贵　州	76131	43409	57.0
云　南	114379	59813	52.3
西　藏			
陕　西	91046	83904	92.2
甘　肃	60095	29278	48.7
青　海	12146	747	6.2
宁　夏	14340	8050	56.1
新　疆	189049	153510	81.2
不分地区			

7-5 港澳台投资经济分行业投资和新增固定资产

单位:万元

行业	投资额	新增固定资产	固定资产交付使用率(%)
全国总计	**17653295**	**12306313**	**69.7**
(一)农、林、牧、渔业	**55682**	**39548**	**71.0**
农业	31043	19308	62.2
林业	2031	2031	100.0
畜牧业	10337	7637	73.9
渔业	11791	9895	83.9
农、林、牧、渔服务业	480	677	141.0
(二)采掘业	**508147**	**382751**	**75.3**
煤炭采选业	4692	2552	54.4
石油和天然气开采业	483245	362876	75.1
黑色金属矿采选业	3300	5742	174.0
有色金属矿采选业	441	431	97.7
非金属矿采选业	15969	10650	66.7
其他矿采选业			
木材及竹材采运业	500	500	100.0
(三)制造业	**5897174**	**4232822**	**71.8**
食品加工业	149758	100502	67.1
食品制造业	172173	105305	61.2
饮料制造业	111202	60264	54.2
烟草加工业	5677		
纺织业	422930	366632	86.7
服装及其他纤维品制造业	265128	216470	81.6
皮革、毛皮、羽绒及其制品业	115325	84731	73.5
木材加工及竹、藤、棕、草制品业	81959	18010	22.0
家具制造业	73032	60389	82.7
造纸及纸制品业	119553	60962	51.0
印刷业、记录媒介的复制	129455	120783	93.3
文教体育用品制造业	79186	65064	82.2
石油加工及炼焦业	19320	11250	58.2
化学原料及化学制品制造业	300117	150892	50.3
医药制造业	226653	139515	61.6
化学纤维制造业	27009	10773	39.9
橡胶制品业	49347	33156	67.2
塑料制品业	395399	235880	59.7
非金属矿物制品业	440445	272302	61.8
黑色金属冶炼及压延加工业	173339	535358	308.9
有色金属冶炼及压延加工业	212799	206383	97.0
金属制品业	184667	137435	74.4
普通机械制造业	103296	84538	81.8

7－5 续表 1

单位:万元

行　业	投资额	新增固定资产	固定资产交付使用率(%)
专用设备制造业	95836	69777	72.8
交通运输设备制造业	219822	92752	42.2
电气机械及器材制造业	296305	206248	69.6
电子及通信设备制造业	1263517	630571	49.9
仪器仪表及文化办公用机械制造业	38499	32752	85.1
其他制造业	125426	124128	99.0
(四)电力、煤气及水的生产和供应业	495986	428361	86.4
电力、蒸汽、热水的生产和供应业	438440	416521	95.0
煤气的生产和供应业	28120	7818	27.8
自来水的生产和供应业	29426	4022	13.7
(五)建筑业	**24253**	**7836**	**32.3**
土木工程建筑业	20058	3880	19.3
线路、管道和设备安装业			
建筑物的装修装饰业	4195	3956	94.3
(六)地质勘查业、水利管理业	**2188**	**1068**	**48.8**
地质勘查业			
水利管理业	2188	1068	48.8
(七)交通运输、仓储及邮电通信业	2011418	1093830	54.4
铁路运输业			
公路运输业	30984	6730	21.7
管道运输业	10474		
水上运输业	33062	108664	328.7
航空运输业	819	106	12.9
交通运输辅助业	29848	18675	62.6
其他交通运输业			
仓储业	36689	28433	77.5
邮电通信业	1869542	931222	49.8
(八)批发和零售贸易、餐饮业	**167680**	**78710**	**46.9**
食品、饮料、烟草和家庭用品批发商业	24541	1475	6.0
能源、材料和机械电子设备批发业	18098	8807	48.7
其他批发业	8380	5025	60.0
零售业	89936	40103	44.6
商业经纪与代理业	4521	1056	23.4

7－5 续表 2

单位:万元

行　　业	投资额	新增固定资产	固定资产交付使用率(%)
餐饮业	22204	22244	100.2
(九)金融、保险业	**1393**	**245**	**17.6**
金融业	1393	245	17.6
保险业			
(十)房地产业	**7932443**	**5645574**	**71.2**
房地产开发与经营业	7927014	5641044	71.2
房地产管理业	5429	4530	83.4
房地产代理与经纪业			
(十一)社会服务业	**426330**	**311186**	**73.0**
公共服务业	128270	128322	100.0
居民服务业	7090	3340	47.1
旅馆业	113436	85679	75.5
租赁服务业	1113	198	17.8
旅行社	11669	14339	122.9
娱乐服务业	115503	53221	46.1
信息、咨询服务业	3442	2947	85.6
计算机应用服务业	44627	22512	50.4
其他社会服务业	1180	628	53.2
(十二)卫生、体育和社会福利业	**43405**	**14323**	**33.0**
卫生	16079	14170	88.1
体育	27326	153	0.6
社会福利保障业			
(十三)教育、文化艺术及广播电影电视业	26869	52266	194.5
教育	24966	9297	37.2
文化艺术业			
广播电影电视业	1903	42969	2258.0
(十四)科学研究和综合技术服务业	3034	4598	151.5
科学研究业	126		
综合技术服务业	2908	4598	158.1
(十五)国家机关、政党机关和社会团体	13139	6661	50.7
国家机关	8928	4300	48.2
政党机关			
社会团体	700	550	78.6
基层群众自治组织	3511	1811	51.6
(十六)其他行业	**44154**	**6534**	**14.8**
其他行业	44154	6534	14.8

7-6 各地区按构成分的港澳台投资经济投资

单位:万元

地　区	投资额	建筑安装工程	设备工器具购置	其他费用
全国总计	**17653295**	**9537212**	**5211259**	**2904824**
北　京	1472539	660792	347503	464244
天　津	621675	476737	130020	14918
河　北	237759	123868	88383	25508
山　西	110243	74722	26649	8872
内蒙古	59068	31719	19391	7958
辽　宁	542941	262385	183270	97286
吉　林	98454	62255	25818	10381
黑龙江	76688	48116	21524	7048
上　海	1117490	590806	294539	232145
江　苏	1216827	578507	442575	195745
浙　江	622633	317006	224573	81054
安　徽	142804	68755	42468	31581
福　建	1522633	725786	602746	194101
江　西	305345	196637	40226	68482
山　东	910622	424353	356149	130120
河　南	443942	269073	135111	39758
湖　北	423235	253286	105802	64147
湖　南	266418	171028	37292	58098
广　东	5983245	3253770	1865907	863568
广　西	181090	120740	31864	28486
海　南	55252	35859	5325	14068
重　庆	371034	184563	51689	134782
四　川	314172	201971	50314	61887
贵　州	76131	46147	13661	16323
云　南	114379	85281	17347	11751
西　藏				
陕　西	91046	58674	11171	21201
甘　肃	60095	48304	4372	7419
青　海	12146	6613	4987	546
宁　夏	14340	5896	7243	1201
新　疆	189049	153563	23340	12146
不分地区				

7－7 各地区按隶属关系分的港澳台投资经济投资

单位：万元

地 区	合 计	中央项目	地方项目	省 属	地市属	县 属	其 他
全国总计	**17653295**	**893404**	**16759891**	**2173230**	**3969623**	**2503572**	**8113466**
北 京	1472539	19734	1452805	228652	111224	27936	1084993
天 津	621675	334494	287181	24191	65264	2309	195417
河 北	237759	9197	228562	13844	27186	107041	80491
山 西	110243		110243	29237	17039	6415	57552
内蒙古	59068		59068	25474	9280	600	23714
辽 宁	542941	99181	443760	11714	136930	92441	202675
吉 林	98454		98454	2954	6749	3752	84999
黑龙江	76688		76688	7101	24589	16103	28895
上 海	1117490	6458	1111032	118098	448352	128736	415846
江 苏	1216827	12104	1204723	64190	401045	428042	311446
浙 江	622633	57135	565498	41660	158258	127831	237749
安 徽	142804	9436	133368	7707	42275	5193	78193
福 建	1522633	10364	1512269	88249	391334	271740	760946
江 西	305345		305345	39752	29396	34454	201743
山 东	910622	88821	821801	96203	214330	144256	367012
河 南	443942		443942	72802	50507	169047	151586
湖 北	423235	23652	399583	15572	51842	40107	292062
湖 南	266418	1100	265318	56417	53823	30683	124395
广 东	5983245	190121	5793124	1023762	1506110	731613	2531639
广 西	181090	15005	166085	8080	72178	10579	75248
海 南	55252		55252	3517	20176	70	31489
重 庆	371034	6301	364733	92288	1250	61665	209530
四 川	314172	2880	311292	35548	67435	20886	187423
贵 州	76131	613	75518	419	2511	18882	53706
云 南	114379	535	113844	40466	26977	2358	44043
西 藏							
陕 西	91046	2418	88628	5549	12848	11037	59194
甘 肃	60095	3000	57095	1800	18530	246	36519
青 海	12146		12146	8761	2185	1200	
宁 夏	14340		14340	9023		3345	1972
新 疆	189049	855	188194	200		5005	182989
不分地区							

7-8 各地区按建设性质分的港澳台投资经济投资

单位:万元

地　区	新　建	扩　建	改　建	单纯建造生活设施	迁　建	恢　复	单纯购置
全国总计	**4769968**	**3710592**	**623696**	**17750**	**31356**	**1420**	**619265**
北　京	23785	321687	6081	3404			221
天　津	127021	360018	22675		1438		28256
河　北	106283	43081	28319	2361			7074
山　西	16514	21539	2321				
内蒙古	6914	29482	20700		1500		142
辽　宁	86586	61417	143524	1141			18579
吉　林	36865	22909	3020	200			
黑龙江	15039	17431	7525	700			
上　海	543265	12021	7425		1517		13809
江　苏	542083	179789	38683	1850	4285		37494
浙　江	289918	120813	26201	2250	10616		36506
安　徽	45337	25998	7031				2870
福　建	500148	266030	35781	600	1523		136728
江　西	132765	13017	6724				1079
山　东	266475	251089	45423	500			61600
河　南	210030	53023	30050	290			4202
湖　北	197502	41045	35685	800			7285
湖　南	61899	37456	15567				2064
广　东	1282496	1690510	113918	1014	10330	1390	247104
广　西	42683	23277	3225				804
海　南	16111	400		222	13		512
重　庆	23450	13397					9259
四　川	63335	37936	11098		30		
贵　州	16829	15651	1130		70		2515
云　南	30460	10202	1772				850
西　藏							
陕　西	25598	6918	5334	2418	34		167
甘　肃	3505	2039	1000			30	
青　海	2185	9961					
宁　夏	7614	4855	1173				
新　疆	47273	17601	2311				145
不分地区							

7-9 各地区按主要行业分的港澳台投资经济投资

单位:万元

地区	合计	农、林、牧、渔业	采掘业	制造业	电力、煤气及水的生产和供应业
全国总计	**17653295**	**55682**	**508147**	**5897174**	**495986**
北京	1472539			34836	
天津	621675		334577	181487	322
河北	237759	921	332	138374	3979
山西	110243		2000	38342	
内蒙古	59068			16264	25474
辽宁	542941		1889	218856	2786
吉林	98454		3515	49169	
黑龙江	76688	180		34669	3903
上海	1117490			561904	
江苏	1216827			598608	85164
浙江	622633	100		320168	10217
安徽	142804		830	47153	5052
福建	1522633	20533	4210	598710	211859
江西	305345	800	1167	112213	1263
山东	910622	4216	6990	440222	10630
河南	443942	700		255443	
湖北	423235	800	1390	130018	41120
湖南	266418	3897		58418	1964
广东	5983245	11154	146086	1796646	86340
广西	181090	1793	660	31164	630
海南	55252	3000		2476	
重庆	371034	2800		21711	
四川	314172	2500	930	90742	
贵州	76131			35209	
云南	114379	258	231	28148	
西藏					
陕西	91046	2000		15799	2418
甘肃	60095	30		2914	
青海	12146		1200	10946	
宁夏	14340			9842	
新疆	189049		2140	16723	2865
不分地区					

单位:万元

地区	建筑业	地质勘查业水利管理业	交通运输、仓储和邮电通信业	批发零售贸易和餐饮业	金融、保险业	房地产业
全国总计	**24253**	**2188**	**2011418**	**167680**	**1393**	**7932443**
北京			307749		1148	1117361
天津			5192	1927		90567
河北	1484		12107			50641
山西						69869
内蒙古						330
辽宁			34617	14745		237285
吉林				8310		35460
黑龙江	709					37227
上海			3650	4291		545994
江苏			102521	16423		412643
浙江	3726		120749	1619		136629
安徽			13029	4441		61908
福建		2188	71080	8517	245	585047
江西	110		1280	6396		153585
山东	700		113872	11839		286435
河南			25680	8639		150247
湖北			37592	12485		141718
湖南	2000		7040	18205		149432
广东	14595		1129293	21921		2652714
广西	129		19485	1434		111231
海南				802		40813
重庆	800			800		324928
四川			620			201773
贵州				845		39936
云南			362			71095
西藏						
陕西			1790	1500		51237
甘肃			3000	230		53921
青海						
宁夏						698
新疆			710	22311		121719
不分地区						

7－9 续表 2 单位：万元

地　区	社　会 服务业	卫生体育和 社会福利业	教育、文化 艺术和广播 电影电视业	科学研究 和综合技术 服务业	国家机关、 政党机关和 社会团体	其　他 行　业
全国总计	**426330**	**43405**	**26869**	**3034**	**13139**	**44154**
北　京	7776		2089	1580		
天　津	5265					2338
河　北	29851	70				
山　西	32					
内蒙古	17000					
辽　宁	23096	2449	7218			
吉　林	2000					
黑龙江						
上　海	1038		501	112		
江　苏	1468					
浙　江	25948		551			2926
安　徽	5739		1200		3452	
福　建	18167		135	126	1816	
江　西	15617	9450	1714			1750
山　东	32739	30	660		2289	
河　南	3233					
湖　北	29678	1600	230			26604
湖　南	12611	9250	1821		960	820
广　东	104815	7616	5364	1216	4522	963
广　西	14454		110			
海　南	7961		200			
重　庆	19995					
四　川	5460		3394			8753
贵　州		59	82			
云　南	12685		1600			
西　藏						
陕　西	16202				100	
甘　肃						
青　海						
宁　夏	3800					
新　疆	9700	12881				
不分地区						

7-10 各地区按主要工业行业分的港澳台投资经济投资

单位:万元

地　　区	工业合计	煤　炭采选业	石油和天然气开采业	黑色金属矿采选业	有色金属矿采选业	非金属矿采选业	其他矿采选业
全国总计	**6901307**	**4692**	**483245**	**3300**	**441**	**15969**	
北　京	34836						
天　津	516386	83	334494				
河　北	142685					332	
山　西	40342					2000	
内 蒙 古	41738						
辽　宁	223531	1889					
吉　林	52684		3015				
黑 龙 江	38572						
上　海	561904						
江　苏	683772						
浙　江	330385						
安　徽	53035					830	
福　建	814779			2100		2110	
江　西	114643	580				587	
山　东	457842					6990	
河　南	255443						
湖　北	172528					1390	
湖　南	60382						
广　东	2029072		145736			350	
广　西	32454				10	650	
海　南	2476						
重　庆	21711						
四　川	91672				200	730	
贵　州	35209						
云　南	28379				231		
西　藏							
陕　西	18217						
甘　肃	2914						
青　海	12146			1200			
宁　夏	9842						
新　疆	21728	2140					
不分地区							

7－10 续表 1

单位:万元

地　　区	木材及竹材采运业	食　品加工业	食　品制造业	饮　料制造业	烟　草加工业	纺织业	服装及其他纤维制品制造业
全国总计	**500**	**149758**	**172173**	**111202**	**5677**	**422930**	**265128**
北　京		4924	777	2280		45	1462
天　津		2237	13980	14724		7291	2124
河　北		3536	3765	5538		17156	1810
山　西			1800	2866			
内蒙古		5550	600			120	
辽　宁		3500	13886	8579		5576	780
吉　林	500	1635	16750	14200			
黑龙江		7391	9785	4604		1000	
上　海			2450				1800
江　苏		2041	412	938		48581	22182
浙　江		4407	14330	6128		34064	12847
安　徽		182	405	7617		1100	280
福　建		28484	21995	12663		59243	77673
江　西		2464	11190	2220		15872	9589
山　东		51872	19541	5101		37260	6247
河　南		1578	4819	530	5677	6146	
湖　北		4255	580	3798		13790	3132
湖　南		700	970	6900		98	450
广　东		23492	14092	5019		174054	124352
广　西		800	536	2257		350	200
海　南				183			
重　庆							
四　川		220	7332	2065		1000	200
贵　州							
云　南		160	1782	1350			
西　藏							
陕　西							
甘　肃				1000		39	
青　海							
宁　夏		330		642			
新　疆			10396			145	
不分地区							

7－10 续表 2　　　　　　　　　　　　　　　　　　　　　　　　　　单位：万元

地　　区	皮革、毛皮、羽绒及其制品业	木材加工及竹、藤、棕、草制品业	家　具制造业	造纸及纸制品业	印刷业、记录媒介的复制	文教体育用品制造业	石油加工及炼焦业
全国总计	**115325**	**81959**	**73032**	**119553**	**129455**	**79186**	**19320**
北　　京			561	770	4353		
天　　津	150	550	20513	6433	4156		
河　　北	400	4000	2649	6336	435	50	400
山　　西							10432
内 蒙 古		599					
辽　　宁		2717	3100	610			300
吉　　林		200	152				
黑 龙 江			2717	7101			
上　　海					6634	1055	
江　　苏	1050	3		11098	23595	2313	
浙　　江	13643	139	4793	1696		2797	433
安　　徽	1000	316		600	4010	700	
福　　建	24868	6423	8416	9680	8531	13924	87
江　　西	3718	244	1345	140	1000	850	
山　　东	7533	6054	9637	15537	2220	3763	4568
河　　南	1500	300		644	1063		
湖　　北		380	1500	10716	9104	490	
湖　　南	5316	933	500	1218	5528		
广　　东	52388	57243	12229	22887	49320	53244	
广　　西	414	510	50	1250			3100
海　　南							
重　　庆					218		
四　　川			1050	19174			
贵　　州					115		
云　　南		1073		1658	5973		
西　　藏							
陕　　西				1834	3200		
甘　　肃		275					
青　　海							
宁　　夏	3345						
新　　疆			3820	171			
不分地区							

7－10 续表 3

单位：万元

地　区	化学原料及化学制品制造业	医　药制造业	化学纤维制造业	橡　胶制品业	塑　料制品业	非金属矿物制品业	黑色金属冶炼及压延加工业
全国总计	**300117**	**226653**	**27009**	**49347**	**395399**	**440445**	**173339**
北　京	2100	919			1000		97
天　津	4674	14541		13630	31681	2965	
河　北	4125	16318			13578	15913	10022
山　西		7544					13700
内蒙古							
辽　宁	14121	550		500	32630	7314	1221
吉　林	120	2123				6830	
黑龙江		2066			5		
上　海	26324	9725		1300	5535	2460	
江　苏	74472	19781		3391	10018	21020	60866
浙　江	13034	19789	2760	5664	27014	29068	400
安　徽	8866	3568		850	8277	62	
福　建	16686	6772	3400	3241	31788	36797	3780
江　西	5109	2000	1100		3890	32759	
山　东	27648	24540	10953	2536	24459	26943	
河　南	457	17741			28072	35931	315
湖　北	8436	14219	320		12612	900	59
湖　南	3098	7050			5000	510	6000
广　东	72109	15948	8286	13710	154640	154779	74757
广　西	2991	1933			971	11197	1700
海　南		445			70		
重　庆	6758				2168	8200	
四　川	3505	21253	190			10767	
贵　州	1559	960				29290	422
云　南	740	15268					
西　藏							
陕　西						6740	
甘　肃		1600					
青　海	2185						
宁　夏	1000			4525			
新　疆					1991		
不分地区							

7－10 续表 4　　　　　　　　　　　　　　　　　　　　　　　　单位：万元

地　区	有色金属冶炼及压延加工业	金　属制品业	普通机械制造业	专用设备制造业	交通运输设备制造业	电气机械及器材制造业
全国总计	**212799**	**184667**	**103296**	**95836**	**219822**	296305
北　京		1848		6734	1265	1286
天　津	350	7175	413		2360	3406
河　北	1500	9199	1173	5870	12157	1499
山　西			400			1300
内蒙古	1650	3600		2000		
辽　宁	11384	5242	2603	848	94855	1141
吉　林		159			5000	
黑龙江						
上　海		10304	352		7551	
江　苏	4000	17543	5062	9979	17818	26991
浙　江		11991	20687	18748	11221	4063
安　徽	70	190		36	3444	5360
福　建	33094	13806	20633	7928	16768	42348
江　西	1838	3542	903	2101		6889
山　东	10519	5918	19601	8292	7501	49040
河　南	114543			2468	3586	53
湖　北	6135	1680	580	3590	4729	4152
湖　南	10342	1340	320		500	1145
广　东	6763	87925	13094	24550	27432	144064
广　西		508	560	290	297	200
海　南					1741	
重　庆			3029		797	403
四　川		769	13886	2400	337	565
贵　州					463	2400
云　南		10		2		
西　藏						
陕　西	1850	1718				
甘　肃						
青　海	8761					
宁　夏						
新　疆		200				
不分地区						

7－10 续表 5 单位:万元

地　　区	电子及通信设备制造业	仪器仪表及文化办公用机械制造业	其　　他制造业	电力、蒸汽、热水的生产和供应业	煤气的生产和供应业	自来水的生产和供应业
全国总计	**1263517**	**38499**	**125426**	**438440**	**28120**	**29426**
北　　京	3404	1011				
天　　津	27384		750	322		
河　　北	530	415		1679	1800	500
山　　西		300				
内 蒙 古	2145			25474		
辽　　宁	4143	2606	650	2036	750	
吉　　林		2000				
黑 龙 江				3848		55
上　　海	455742	8270	22402			
江　　苏	184389	1562	29503	63378	6786	15000
浙　　江	51250	4014	5188	4099	273	5845
安　　徽	20	200		4585	467	
福　　建	68121	1867	19694	207648		4211
江　　西	1300		2150	1203	60	
山　　东	49575	934	2430	6736	3894	
河　　南	30020					
湖　　北	23911	500	450	41120		
湖　　南			500	1804	160	
广　　东	355190	14454	40625	72090	10515	3735
广　　西			1050		550	80
海　　南	37					
重　　庆	138					
四　　川	6029					
贵　　州						
云　　南		132				
西　　藏						
陕　　西	189	234	34	2418		
甘　　肃						
青　　海						
宁　　夏						
新　　疆					2865	
不分地区						

7－11　各地区港澳台投资经济中三次产业投资

单位:万元

地　区	投资额	第一产业	第二产业	第三产业
全国总计	**17653295**	**55202**	**6925560**	**10672533**
北　京	1472539		34836	1437703
天　津	621675		516386	105289
河　北	237759	921	144169	92669
山　西	110243		40342	69901
内蒙古	59068		41738	17330
辽　宁	542941		223531	319410
吉　林	98454		52684	45770
黑龙江	76688	180	39281	37227
上　海	1117490		561904	555586
江　苏	1216827		683772	533055
浙　江	622633		334111	288522
安　徽	142804		53035	89769
福　建	1522633	20533	814779	687321
江　西	305345	450	114753	190142
山　东	910622	4216	458542	447864
河　南	443942	700	255443	187799
湖　北	423235	800	172528	249907
湖　南	266418	3897	62382	200139
广　东	5983245	11154	2043667	3928424
广　西	181090	1793	32583	146714
海　南	55252	3000	2476	49776
重　庆	371034	2800	22511	345723
四　川	314172	2500	91672	220000
贵　州	76131		35209	40922
云　南	114379	258	28379	85742
西　藏				
陕　西	91046	2000	18217	70829
甘　肃	60095		2914	57181
青　海	12146		12146	
宁　夏	14340		9842	4498
新　疆	189049		21728	167321
不分地区				

7-12 各地区能源工业港澳台投资经济投资

单位：万元

地区	能源工业合计	煤炭采选业	石油和天然气开采业	电力、蒸汽、热水的生产和供应业	石油加工及炼焦业	煤气的生产和供应业
全国总计	**973817**	**4692**	**483245**	**438440**	**19320**	**28120**
北京						
天津	334899	83	334494	322		
河北	3879			1679	400	1800
山西	10432				10432	
内蒙古	25474			25474		
辽宁	4975	1889		2036	300	750
吉林	3015		3015			
黑龙江	3848			3848		
上海						
江苏	70164			63378		6786
浙江	4805			4099	433	273
安徽	5052			4585		467
福建	207735			207648	87	
江西	1843	580		1203		60
山东	15198			6736	4568	3894
河南						
湖北	41120			41120		
湖南	1964			1804		160
广东	228341		145736	72090		10515
广西	3650				3100	550
海南						
重庆						
四川						
贵州						
云南						
西藏						
陕西	2418			2418		
甘肃						
青海						
宁夏						
新疆	5005	2140				2865
不分地区						

7-13 各地区交通运输业港澳台投资经济投资

单位：万元

地区	合计	铁路运输业	公路运输业	管道运输业	水上运输业	航空运输业	交通运输辅助业	其他交通运输业
全国总计	**105187**		**30984**	**10474**	**33062**	**819**	**29848**	
北京								
天津	1346					713	633	
河北	512		512					
山西								
内蒙古								
辽宁								
吉林								
黑龙江								
上海								
江苏	172						172	
浙江	33347		17558				15789	
安徽								
福建	6187						6187	
江西								
山东	680		680					
河南	970						970	
湖北								
湖南	4040		4040					
广东	53491		7352	10474	29462	106	6097	
广西	4080		480		3600			
海南								
重庆								
四川								
贵州								
云南	362		362					
西藏								
陕西								
甘肃								
青海								
宁夏								
新疆								
不分地区								

7-14 国民经济行业按构成分的港澳台投资经济投资

单位:万元

行　业	投资额	建筑安装工程	设备工器具购置	其他费用
全国总计	**17653295**	**9537212**	**5211259**	**2904824**
(一)农、林、牧、渔业	**55682**	**25923**	**11777**	**17982**
农业	31043	13699	6174	11170
林业	2031	883	238	910
畜牧业	10337	4937	1964	3436
渔业	11791	5984	3371	2436
农、林、牧、渔服务业	480	420	30	30
(二)采掘业	**508147**	**471224**	**33702**	**3221**
煤炭采选业	4692	4004	663	25
石油和天然气开采业	483245	462515	20080	650
黑色金属矿采选业	3300	1653	1642	5
有色金属矿采选业	441	242	199	
非金属矿采选业	15969	2810	10618	2541
其他矿采选业				
木材及竹材采运业	500		500	
(三)制造业	**5897174**	**2227028**	**3210682**	**459464**
食品加工业	149758	66101	73489	10168
食品制造业	172173	57823	103110	11240
饮料制造业	111202	41688	59191	10323
烟草加工业	5677	1878	3525	274
纺织业	422930	130970	262281	29679
服装及其他纤维品制造业	265128	121044	123652	20432
皮革、毛皮、羽绒及其制品业	115325	48542	58246	8537
木材加工及竹、藤、棕、草制品业	81959	32149	47686	2124
家具制造业	73032	37909	27489	7634
造纸及纸制品业	119553	37678	65138	16737
印刷业、记录媒介的复制	129455	34579	89509	5367
文教体育用品制造业	79186	36043	37717	5426
石油加工及炼焦业	19320	8740	9279	1301
化学原料及化学制品制造业	300117	107846	157279	34992
医药制造业	226653	107539	91158	27956
化学纤维制造业	27009	10630	10521	5858
橡胶制品业	49347	18403	29844	1100
塑料制品业	395399	110109	268004	17286
非金属矿物制品业	440445	204131	204779	31535
黑色金属冶炼及压延加工业	173339	64542	95237	13560
有色金属冶炼及压延加工业	212799	104353	96949	11497
金属制品业	184667	59789	111208	13670
普通机械制造业	103296	49472	46815	7009

7-14 续表 1

行　业	投资额	建筑安装工程	设备工器具购置	其他费用
专用设备制造业	95836	54496	34894	6446
交通运输设备制造业	219822	54571	108711	56540
电气机械及器材制造业	296305	106524	165398	24383
电子及通信设备制造业	1263517	452991	740047	70479
仪器仪表及文化办公用机械制造业	38499	18011	18104	2384
其他制造业	125426	48477	71422	5527
(四)电力、煤气及水的生产和供应业	**495986**	**190941**	**290016**	**15029**
电力、蒸汽、热水的生产和供应业	438440	154366	271142	12932
煤气的生产和供应业	28120	16223	10659	1238
自来水的生产和供应业	29426	20352	8215	859
(五)建筑业	**24253**	**15706**	**6743**	**1804**
土木工程建筑业	20058	15242	3359	1457
线路、管道和设备安装业				
建筑物的装修装饰业	4195	464	3384	347
(六)地质勘查业、水利管理业	**2188**	**2028**		**160**
地质勘查业				
水利管理业	2188	2028		160
(七)交通运输、仓储及邮电通信业	2011418	683795	1246408	81215
铁路运输业				
公路运输业	30984	23416	951	6617
管道运输业	10474	10474		
水上运输业	33062	14985	16567	1510
航空运输业	819	713	106	
交通运输辅助业	29848	13245	11906	4697
其他交通运输业				
仓储业	36689	28300	3016	5373
邮电通信业	1869542	592662	1213862	63018
(八)批发和零售贸易、餐饮业	**167680**	**106686**	**27945**	**33049**
食品、饮料、烟草和家庭用品批发商业	24541	17063	1260	6218
能源、材料和机械电子设备批发业	18098	14197	2174	1727
其他批发业	8380	4360	1000	3020
零售业	89936	51329	17193	21414
商业经纪与代理业	4521	2015	2506	

7－14 续表 2

行　业	投资额	建筑安装工程	设备工器具购置	其他费用
餐饮业	22204	17722	3812	670
(九)金融、保险业	**1393**	**571**	**269**	**553**
金融业	1393	571	269	553
保险业				
(十)房地产业	**7932443**	**5457253**	**281587**	**2193603**
房地产开发与经营业	7927014	5452658	281348	2193008
房地产管理业	5429	4595	239	595
房地产代理与经纪业				
(十一)社会服务业	**426330**	**271185**	**83013**	**72132**
公共服务业	128270	66605	18571	43094
居民服务业	7090	4696	1944	450
旅馆业	113436	75897	23992	13547
租赁服务业	1113	1063		50
旅行社	11669	7440	1983	2246
娱乐服务业	115503	96802	11472	7229
信息、咨询服务业	3442	2592	800	50
计算机应用服务业	44627	15538	23623	5466
其他社会服务业	1180	552	628	
(十二)卫生、体育和社会福利业	**43405**	**24654**	**9538**	**9213**
卫生	16079	6985	8734	360
体育	27326	17669	804	8853
社会福利保障业				
(十三)教育、文化艺术及广播电影电视业	**26869**	**19613**	**596**	**6660**
教育	24966	17825	481	6660
文化艺术业广播电影电视业	1903	1788	115	
(十四)科学研究和综合技术服务业	**3034**	**2449**	**585**	
科学研究业	126	126		
综合技术服务业	2908	2323	585	
(十五)国家机关、政党机关和社会团体	**13139**	**5782**	**3540**	**3817**
国家机关	8928	3822	1691	3415
政党机关				
社会团体	700	270	180	250
基层群众自治组织	3511	1690	1669	152
(十六)其他行业	**44154**	**32374**	**4858**	**6922**
其他行业	44154	32374	4858	6922

7-15 各地区港澳台投资经济财务拨款

单位:万元

地　　区	本年资金来源合计	上年末结余资金	本年资金来源小计	本年各项应付款合计
全国总计	**25132950**	**3373473**	**21759477**	**2318119**
北　　京	2547035	439729	2107306	55170
天　　津	747573	70184	677389	56450
河　　北	297639	26999	270640	12300
山　　西	182934	3108	179826	8326
内 蒙 古	69371	16245	53126	663
辽　　宁	763714	177255	586459	60977
吉　　林	110436	757	109679	5068
黑 龙 江	75319	1125	74194	4050
上　　海	1932237	351453	1580784	312820
江　　苏	1521953	175883	1346070	129329
浙　　江	820116	79266	740850	82268
安　　徽	194344	18383	175961	15492
福　　建	2089486	288923	1800563	192767
江　　西	375004	43739	331265	63136
山　　东	1127523	96315	1031208	125808
河　　南	540075	46875	493200	68172
湖　　北	584775	109643	475132	60149
湖　　南	310481	19866	290615	51690
广　　东	8681273	1106539	7574734	745286
广　　西	288460	46285	242175	23740
海　　南	60691	2477	58214	5097
重　　庆	513209	44285	468924	47054
四　　川	428067	56112	371955	76414
贵　　州	113531	34010	79521	23915
云　　南	188059	21129	166930	26252
西　　藏				
陕　　西	139774	39646	100128	16663
甘　　肃	75567	9222	66345	18345
青　　海	12323	1958	10365	1262
宁　　夏	15802	150	15652	2693
新　　疆	326179	45912	280267	26763
不分地区				

7-16 各地区港澳台投资经济财务拨款资金来源

单位:万元

地区	本年资金来源小计	国家预算内资金	国内贷款	债券
全国总计	**21759477**	**25473**	**4608659**	**50**
北京	2107306		827169	
天津	677389		32384	
河北	270640		18786	
山西	179826		78974	
内蒙古	53126		22402	
辽宁	586459		112902	
吉林	109679	400	9285	
黑龙江	74194	1509	13666	
上海	1580784		533795	
江苏	1346070	2880	190632	
浙江	740850	262	105617	
安徽	175961		48323	
福建	1800563	40	261486	
江西	331265		33276	
山东	1031208	700	192062	
河南	493200	970	71661	
湖北	475132	10750	69304	
湖南	290615	1400	38107	
广东	7574734	4128	1529467	50
广西	242175	108	37098	
海南	58214		6800	
重庆	468924		183963	
四川	371955	1080	74930	
贵州	79521	140	15777	
云南	166930	1106	37675	
西藏				
陕西	100128		28764	
甘肃	66345		14666	
青海	10365		3000	
宁夏	15652		3400	
新疆	280267		13288	
不分地区				

地　区	利用外资	外商直接投资	自筹资金	其他资金来源
全国总计	**4797883**	**4473093**	**6534117**	**5793295**
北　京	93404	83309	505921	680812
天　津	180029	180029	399040	65936
河　北	51652	46535	155172	45030
山　西	5698	3898	49562	45592
内蒙古	5999	5999	24475	250
辽　宁	75079	70852	313700	84778
吉　林	15939	11160	58942	25113
黑龙江	15369	7000	29617	14033
上　海	435548	376846	204939	406502
江　苏	543534	525706	367257	241767
浙　江	267558	265417	214227	153186
安　徽	41087	40109	55223	31328
福　建	592236	578383	460129	486672
江　西	148437	144701	61702	87850
山　东	206599	203843	383034	248813
河　南	36437	36437	263987	120145
湖　北	128873	118473	160878	105327
湖　南	48285	48185	104847	97976
广　东	1712905	1541892	2114174	2214010
广　西	44982	44282	73422	86565
海　南	9689	9689	29817	11908
重　庆	43774	35838	92729	148458
四　川	28640	28640	122612	144693
贵　州	16812	16812	15715	31077
云　南	24419	24419	19632	84098
西　藏				
陕　西	13660	13660	27277	30427
甘　肃	765	505	18005	32909
青　海	165	165	7200	
宁　夏	5730	5730	5754	768
新　疆	4579	4579	195128	67272
不分地区				

7－17 各地区港澳台投资经济财务拨款中的自筹资金

单位:万元

地区	自筹资金合计	中央各部门自筹	省自筹	地市自筹	县自筹	企事业单位自有资金	发行股票
全国总计	**6534117**	**2360**	**148225**	**17875**	**28571**	**5541433**	**10444**
北京	505921					414067	
天津	399040				969	374024	
河北	155172			2939	621	141734	
山西	49562					33626	
内蒙古	24475					24475	
辽宁	313700					237298	
吉林	58942					57131	2710
黑龙江	29617				3000	26107	1029
上海	204939		12995	250		169550	
江苏	367257		14039	5300		296745	270
浙江	214227		36167		6300	163500	
安徽	55223		1283		1850	39858	
福建	460129	650	10467		9379	394699	
江西	61702				1854	47572	
山东	383034		878	150	100	361249	1427
河南	263987		13161			222071	
湖北	160878		200		323	133433	8
湖南	104847		900	1122	10	78510	5000
广东	2114174	850	48771	5841	3346	1840366	
广西	73422		7015	52	662	58592	
海南	29817					15729	
重庆	92729					63990	
四川	122612		620			88601	
贵州	15715	150		2060		6806	
云南	19632		107	161	134	16680	
西藏							
陕西	27277		622			18642	
甘肃	18005		1000		23	9006	
青海	7200					7200	
宁夏	5754					5754	
新疆	195128	710				194418	
不分地区							

7-18 港澳台投资经济分行业财务拨款

单位:万元

行　　业	本年资金来源合计	上年末结余资金	本年资金来源小计	本年各项应付款合计
全国总计	**25132950**	**3373473**	**21759477**	**2318119**
(一)农、林、牧、渔业	**52912**	**2160**	**50752**	**3985**
农业	28054	2160	25894	3160
林业	2031		2031	
畜牧业	10396		10396	
渔业	11951		11951	825
农、林、牧、渔服务业	480		480	
(二)采掘业	**508043**	**933**	**507110**	**2069**
煤炭采选业	5552		5552	
石油和天然气开采业	481293		481293	1952
黑色金属矿采选业	3233	933	2300	67
有色金属矿采选业	441		441	
非金属矿采选业	17024		17024	50
其他矿采选业				
木材及竹材采运业	500		500	
(三)制造业	**6547599**	**304947**	**6242652**	**530708**
食品加工业	160468	3409	157059	3688
食品制造业	186696	5637	181059	12989
饮料制造业	134718	22666	112052	5681
烟草加工业	8330	4370	3960	
纺织业	469139	10361	458778	40685
服装及其他纤维品制造业	275419	3173	272246	9464
皮革、毛皮、羽绒及其制品业	121802	2580	119222	550
木材加工及竹、藤、棕、草制品业	93911	2784	91127	1530
家具制造业	77710	5234	72476	3828
造纸及纸制品业	128371	2169	126202	3926
印刷业、记录媒介的复制	134463	2872	131591	7856
文教体育用品制造业	89668	4510	85158	939
石油加工及炼焦业	22913		22913	358
化学原料及化学制品制造业	349020	20475	328545	45092
医药制造业	241214	8443	232771	15990
化学纤维制造业	26289		26289	1204
橡胶制品业	71269	4891	66378	4134
塑料制品业	437679	42008	395671	42833
非金属矿物制品业	436280	17738	418542	59606
黑色金属冶炼及压延加工业	212748	1580	211168	10892
有色金属冶炼及压延加工业	228020	15472	212548	893
金属制品业	196584	6186	190398	8676
普通机械制造业	106853	5970	100883	8057

7-18 续表 1

单位:万元

行　　业	本年资金来源合计	上年末结余资金	本年资金来源小计	本年各项应付款合计
专用设备制造业	100639	3793	96846	5075
交通运输设备制造业	263939	10302	253637	5176
电气机械及器材制造业	334736	4909	329827	31393
电子及通信设备制造业	1460797	89249	1371548	189791
仪器仪表及文化办公用机械制造业	47463	493	46970	4901
其他制造业	130461	3673	126788	5501
(四)电力、煤气及水的生产和供应业	**520776**	**28336**	**492440**	**45077**
电力、蒸汽、热水的生产和供应业	458450	18575	439875	37364
煤气的生产和供应业	35815	2920	32895	1413
自来水的生产和供应业	26511	6841	19670	6300
(五)建筑业	**28067**		**28067**	**626**
土木工程建筑业	19682		19682	626
线路、管道和设备安装业				
建筑物的装修装饰业	8385		8385	
(六)地质勘查业、水利管理业	**3150**		**3150**	
地质勘查业				
水利管理业	3150		3150	
(七)交通运输、仓储及邮电通信业	**2115776**	**27344**	**2088432**	**107769**
铁路运输业				
公路运输业	38407	6702	31705	3224
管道运输业	10474		10474	
水上运输业	44477	261	44216	8654
航空运输业	397		397	422
交通运输辅助业	39278	10877	28401	1093
其他交通运输业				
仓储业	41559	6126	35433	645
邮电通信业	1941184	3378	1937806	93731
(八)批发和零售贸易、餐饮业	**175415**	**4363**	**171052**	**23846**
食品、饮料、烟草和家庭用品批发商业	29650	144	29506	2439
能源、材料和机械电子设备批发业	16163		16163	2039
其他批发业	9580		9580	4800
零售业	90995	1928	89067	13195
商业经纪与代理业	6123	1167	4956	236

单位：万元

行　　业	本年资金来源合计	上年末结余资金	本年资金来源小计	本年各项应付款合计
餐饮业	22904	1124	21780	1137
(九)金融、保险业	**25417**	**25172**	**245**	
金融业	25417	25172	245	
保险业				
(十)房地产业	**14470123**	**2901763**	**11568360**	**1530352**
房地产开发与经营业	14460138	2901547	11558591	1530352
房地产管理业	9985	216	9769	
房地产代理与经纪业				
(十一)社会服务业	**556118**	**71129**	**484989**	**45942**
公共服务业	154530	21297	133233	14065
居民服务业	7290		7290	
旅馆业	152123	16120	136003	16297
租赁服务业	4028	440	3588	132
旅行社	26068	697	25371	506
娱乐服务业	137715	23255	114460	13442
信息、咨询服务业	3442	430	3012	
计算机应用服务业	69742	8722	61020	1500
其他社会服务业	1180	168	1012	
(十二)卫生、体育和社会福利业	**33808**	**169**	**33639**	**16489**
卫生	16198		16198	
体育	17610	169	17441	16489
社会福利保障业				
(十三)教育、文化艺术及广播电影电视业	**25145**	**4000**	**21145**	**6789**
教育	22841	3775	19066	4367
文化艺术业				
广播电影电视业	2304	225	2079	2422
(十四)科学研究和综合技术服务业	**3188**	**1630**	**1558**	
科学研究业	280	280		
综合技术服务业	2908	1350	1558	
(十五)国家机关、政党机关和社会团体	**24726**	**1370**	**23356**	**967**
国家机关	20415	1000	19415	967
政党机关				
社会团体	800	100	700	
基层群众自治组织	3511	270	3241	
(十六)其他行业	**42687**	**157**	**42530**	**3500**
其他行业	42687	157	42530	3500

7-19 港澳台投资经济分行业财务拨款资金来源

单位：万元

行　业	本年资金来源小计	国家预算内资金	国内贷款	债券
全国总计	**21759477**	**25473**	**4608659**	**50**
(一)农、林、牧、渔业	**50752**	**800**	**1000**	
农业	25894			
林业	2031			
畜牧业	10396	800	1000	
渔业	11951			
农、林、牧、渔服务业	480			
(二)采掘业	**507110**		**60**	
煤炭采选业	5552			
石油和天然气开采业	481293			
黑色金属矿采选业	2300			
有色金属矿采选业	441		10	
非金属矿采选业	17024		50	
其他矿采选业				
木材及竹材采运业	500			
(三)制造业	**6242652**	**6753**	**976270**	
食品加工业	157059	600	8383	
食品制造业	181059	50	14164	
饮料制造业	112052	1509	13112	
烟草加工业	3960			
纺织业	458778		40417	
服装及其他纤维品制造业	272246		18246	
皮革、毛皮、羽绒及其制品业	119222		4340	
木材加工及竹、藤、棕、草制品业	91127		28120	
家具制造业	72476		9683	
造纸及纸制品业	126202		11186	
印刷业、记录媒介的复制	131591		11540	
文教体育用品制造业	85158		300	
石油加工及炼焦业	22913		2100	
化学原料及化学制品制造业	328545	140	59171	
医药制造业	232771	2186	31946	
化学纤维制造业	26289			
橡胶制品业	66378		26789	
塑料制品业	395671	2128	44665	
非金属矿物制品业	418542		48000	
黑色金属冶炼及压延加工业	211168		118200	
有色金属冶炼及压延加工业	212548		7225	
金属制品业	190398		9290	
普通机械制造业	100883		8622	

7－19 续表1 单位:万元

行　　业	本年资金来源小计	国家预算内资金	国　内贷　款	债　券
专用设备制造业	96846		4904	
交通运输设备制造业	253637		13379	
电气机械及器材制造业	329827	40	39830	
电子及通信设备制造业	1371548	100	385824	
仪器仪表及文化办公用机械制造业	46970		6060	
其他制造业	126788		10774	
(四)电力、煤气及水的生产和供应业	**492440**	**2880**	**84685**	
电力、蒸汽、热水的生产和供应业	439875		80924	
煤气的生产和供应业	32895	2880	3761	
自来水的生产和供应业	19670			
(五)建筑业	**28067**		**3024**	
土木工程建筑业	19682		324	
线路、管道和设备安装业				
建筑物的装修装饰业	8385		2700	
(六)地质勘查业、水利管理业	**3150**			
地质勘查业				
水利管理业	3150			
(七)交通运输、仓储及邮电通信业	**2088432**	**970**	**241016**	
铁路运输业				
公路运输业	31705		18995	
管道运输业	10474			
水上运输业	44216			
航空运输业	397			
交通运输辅助业	28401	970	4695	
其他交通运输业				
仓储业	35433		5089	
邮电通信业	1937806		212237	
(八)批发和零售贸易、餐饮业	**171052**	**862**	**28354**	
食品、饮料、烟草和家庭用品批发商业	29506		11678	
能源、材料和机械电子设备批发业	16163			
其他批发业	9580		1000	
零售业	89067	700	15276	
商业经纪与代理业	4956			

7－19 续表 2

单位：万元

行　　业	本年资金来源小计	国家预算内资金	国　内贷　款	债　券
餐饮业	21780	162	400	
(九)金融、保险业	**245**			
金融业	245			
保险业				
(十)房地产业	**11568360**	**10750**	**3130905**	**50**
房地产开发与经营业	11558591	10750	3130905	50
房地产管理业	9769			
房地产代理与经纪业				
(十一)社会服务业	**484989**	**2400**	**123274**	
公共服务业	133233		49024	
居民服务业	7290			
旅馆业	136003	400	24619	
租赁服务业	3588			
旅行社	25371		3137	
娱乐服务业	114460		29290	
信息、咨询服务业	3012			
计算机应用服务业	61020	2000	17000	
其他社会服务业	1012		204	
(十二)卫生、体育和社会福利业	**33639**		**3000**	
卫生	16198		3000	
体育	17441			
社会福利保障业				
(十三)教育、文化艺术及广播电影电视业	**21145**	**58**	**8550**	
教育	19066	58	8300	
文化艺术业				
广播电影电视业	2079		250	
(十四)科学研究和综合技术服务业	**1558**			
科学研究业				
综合技术服务业	1558			
(十五)国家机关、政党机关和社会团体	**23356**		**8000**	
国家机关	19415		8000	
政党机关				
社会团体	700			
基层群众自治组织	3241			
(十六)其他行业	**42530**		**521**	
其他行业	42530		521	

行　业	利用外资	外商直接投资	自筹资金	其他资金来源
全国总计	**4797883**	**4473093**	**6534117**	**5793295**
(一)农、林、牧、渔业	**28909**	**27194**	**18808**	**1235**
农业	17686	17686	8208	
林业	400	400	1631	
畜牧业	2430	2430	6166	
渔业	8363	6648	2703	885
农、林、牧、渔服务业	30	30	100	350
(二)采掘业	**144188**	**119612**	**361939**	**923**
煤炭采选业	1080	1080	4472	
石油和天然气开采业	132117	107541	348842	334
黑色金属矿采选业	1100	1100	1200	
有色金属矿采选业	200	200	231	
非金属矿采选业	9191	9191	7194	589
其他矿采选业				
木材及竹材采运业	500	500		
(三)制造业	**3089525**	**2981516**	**2035010**	**135094**
食品加工业	48395	46469	95100	4581
食品制造业	76772	65403	87484	2589
饮料制造业	36793	36793	58454	2184
烟草加工业			3960	
纺织业	274726	253604	123406	20229
服装及其他纤维品制造业	180507	174650	67704	5789
皮革、毛皮、羽绒及其制品业	90844	83647	23728	310
木材加工及竹、藤、棕、草制品业	38039	36030	24237	731
家具制造业	32566	28822	29487	740
造纸及纸制品业	57975	57388	55799	1242
印刷业、记录媒介的复制	58687	58249	56765	4599
文教体育用品制造业	63992	62112	15915	4951
石油加工及炼焦业	2033	2033	11780	7000
化学原料及化学制品制造业	159739	159355	101751	7744
医药制造业	57797	57657	134237	6605
化学纤维制造业	21508	21508	4691	90
橡胶制品业	22297	22272	17292	
塑料制品业	189376	181852	150652	8850
非金属矿物制品业	225491	207091	135235	9816
黑色金属冶炼及压延加工业	42818	42797	50050	100
有色金属冶炼及压延加工业	55817	55817	147531	1975
金属制品业	124962	120887	53001	3145
普通机械制造业	43410	43410	43503	5348

7－19 续表 4

单位：万元

行业	利用外资	外商直接投资	自筹资金	其他资金来源
专用设备制造业	61675	54298	26697	3570
交通运输设备制造业	97105	96355	136521	6632
电气机械及器材制造业	177471	169306	106318	6168
电子及通信设备制造业	784941	781484	189082	11601
仪器仪表及文化办公用机械制造业	22534	22237	14200	4176
其他制造业	41255	39990	70430	4329
(四)电力、煤气及水的生产和供应业	**158027**	**157446**	**244097**	**2751**
电力、蒸汽、热水的生产和供应业	136225	135644	220308	2418
煤气的生产和供应业	17954	17954	8300	
自来水的生产和供应业	3848	3848	15489	333
(五)建筑业	**14519**	**14169**	**9624**	**900**
土木工程建筑业	10219	9869	8239	900
线路、管道和设备安装业				
建筑物的装修装饰业	4300	4300	1385	
(六)地质勘查业、水利管理业	**2132**	**2132**	**1018**	
地质勘查业				
水利管理业	2132	2132	1018	
(七)交通运输、仓储及邮电通信业	**213556**	**195790**	**1556088**	**76802**
铁路运输业				
公路运输业	1867	1667	5108	5735
管道运输业			10474	
水上运输业	2633	2633	41583	
航空运输业	106	106	291	
交通运输辅助业	12351	12351	10121	264
其他交通运输业				
仓储业	17003	17003	13341	
邮电通信业	179596	162030	1475170	70803
(八)批发和零售贸易、餐饮业	**52230**	**47169**	**74949**	**14657**
食品、饮料、烟草和家庭用品批发商业	1430	1430	13988	2410
能源、材料和机械电子设备批发业	7774	7774	8389	
其他批发业	1000	1000	6525	1055
零售业	28714	23653	33935	10442
商业经纪与代理业	4851	4851	105	

7－19 续表 5

单位：万元

行业	利用外资	外商直接投资	自筹资金	其他资金来源
餐饮业	8461	8461	12007	750
(九)金融、保险业			**245**	
金融业			245	
保险业				
(十)房地产业	**875556**	**712035**	**2030189**	**5520910**
房地产开发与经营业	871977	708456	2023999	5520910
房地产管理业	3579	3579	6190	
房地产代理与经纪业				
(十一)社会服务业	**154985**	**152574**	**171835**	**32495**
公共服务业	33405	31905	33395	17409
居民服务业	7006	7006	284	
旅馆业	47558	46647	53510	9916
租赁服务业	310	310	138	3140
旅行社	19134	19134	3000	100
娱乐服务业	24764	24764	58656	1750
信息、咨询服务业	737	737	2275	
计算机应用服务业	22031	22031	19989	
其他社会服务业	40	40	588	180
(十二)卫生、体育和社会福利业	**15468**	**15468**	**9814**	**5357**
卫生	968	968	7230	5000
体育	14500	14500	2584	357
社会福利保障业				
(十三)教育、文化艺术及广播电影电视业	**7776**	**6976**	**2690**	**2071**
教育	7275	6475	1562	1871
文化艺术业				
广播电影电视业	501	501	1128	200
(十四)科学研究和综合技术服务业	**1216**	**1216**	**342**	
科学研究业				
综合技术服务业	1216	1216	342	
(十五)国家机关、政党机关和社会团体	**12582**	**12582**	**2674**	**100**
国家机关	9430	9430	1885	100
政党机关				
社会团体	500	500	200	
基层群众自治组织	2652	2652	589	
(十六)其他行业	**27214**	**27214**	**14795**	
其他行业	27214	27214	14795	

7－20　港澳台投资经济分行业财务拨款中的自筹资金

单位：万元

行业	自筹资金合计	中央各部门自筹	省自筹	地市自筹	县自筹	企事业单位自有资金	
							发行股票
全国总计	**6534117**	**2360**	**148225**	**17875**	**28571**	**5541433**	**10444**
(一)农、林、牧、渔业	**18808**				**721**	**18087**	
农业	8208					8208	
林业	1631				621	1010	
畜牧业	6166					6166	
渔业	2703					2703	
农、林、牧、渔服务业	100				100		
(二)采掘业	**361939**				**387**	**361552**	
煤炭采选业	4472					4472	
石油和天然气开采业	348842					348842	
黑色金属矿采选业	1200					1200	
有色金属矿采选业	231					231	
非金属矿采选业	7194				387	6807	
其他矿采选业							
木材及竹材采运业							
(三)制造业	**2035010**	**1500**	**13995**	**7909**	**12854**	**1998752**	**7734**
食品加工业	95100			2249	1000	91851	
食品制造业	87484				252	87232	
饮料制造业	58454		1000		1950	55504	
烟草加工业	3960					3960	
纺织业	123406				808	122598	
服装及其他纤维品制造业	67704				323	67381	
皮革、毛皮、羽绒及其制品业	23728			2400		21328	
木材加工及竹、藤、棕、草制品业	24237					24237	
家具制造业	29487					29487	
造纸及纸制品业	55799					55799	1029
印刷业、记录媒介的复制	56765					56765	
文教体育用品制造业	15915					15915	
石油加工及炼焦业	11780	650				11130	
化学原料及化学制品制造业	101751		12995		1324	87432	270
医药制造业	134237			150	251	133836	
化学纤维制造业	4691					4691	
橡胶制品业	17292				850	16442	
塑料制品业	150652	850		300	1000	148502	
非金属矿物制品业	135235			2060	3363	129812	
黑色金属冶炼及压延加工业	50050					50050	
有色金属冶炼及压延加工业	147531				165	147366	5008
金属制品业	53001			500	420	52081	
普通机械制造业	43503			250	200	43053	

行　　业	自筹资金合　计	中央各部门自筹	省自筹	地市自筹	县自筹	企事业单位自有资金	
							发行股票
专用设备制造业	26697					26697	1427
交通运输设备制造业	136521					136521	
电气机械及器材制造业	106318				728	105590	
电子及通信设备制造业	189082				100	188982	
仪器仪表及文化办公用机械制造业	14200					14200	
其他制造业	70430				120	70310	
(四)电力、煤气及水的生产和供应业	**244097**				**11300**	**232797**	
电力、蒸汽、热水的生产和供应业	220308				5300	215008	
煤气的生产和供应业	8300					8300	
自来水的生产和供应业	15489				6000	9489	
(五)建筑业	**9624**				**2970**	**6654**	
土木工程建筑业	8239				2970	5269	
线路、管道和设备安装业							
建筑物的装修装饰业	1385					1385	
(六)地质勘查业、水利管理业	**1018**				**160**	**858**	
地质勘查业							
水利管理业	1018				160	858	
(七)交通运输、仓储及邮电通信业	**1556088**	**710**	**133352**	**9914**	**134**	**1411978**	
铁路运输业							
公路运输业	5108		2157	1675	134	1142	
管道运输业	10474					10474	
水上运输业	41583					41583	
航空运输业	291					291	
交通运输辅助业	10121					10121	
其他交通运输业							
仓储业	13341					13341	
邮电通信业	1475170	710	131195	8239		1335026	
(八)批发和零售贸易、餐饮业	**74949**	**150**				**74799**	**2710**
食品、饮料、烟草和家庭用品批发商业	13988					13988	
能源、材料和机械电子设备批发业	8389	150				8239	
其他批发业	6525					6525	
零售业	33935					33935	2710
商业经纪与代理业	105					105	

7－20 续表 2　　　　单位：万元

行　　业	自筹资金合　计	中央各部门自筹	省自筹	地市自筹	县自筹	企事业单位自有资金	发行股票
餐饮业	12007					12007	
(九)金融、保险业	**245**					**245**	
金融业	245					245	
保险业							
(十)房地产业	**2030189**					**1234536**	
房地产开发与经营业	2023999					1228346	
房地产管理业	6190					6190	
房地产代理与经纪业							
(十一)社会服务业	**171835**		**878**			**170957**	
公共服务业	33395					33395	
居民服务业	284					284	
旅馆业	53510					53510	
租赁服务业	138					138	
旅行社	3000					3000	
娱乐服务业	58656		878			57778	
信息、咨询服务业	2275					2275	
计算机应用服务业	19989					19989	
其他社会服务业	588					588	
(十二)卫生、体育和社会福利业	**9814**					**9814**	
卫生	7230					7230	
体育	2584					2584	
社会福利保障业							
(十三)教育、文化艺术及广播电影电视业	**2690**			**52**		**2638**	
教育	1562			52		1510	
文化艺术业							
广播电影电视业	1128					1128	
(十四)科学研究和综合技术服务业	**342**					**342**	
科学研究业							
综合技术服务业	342					342	
(十五)国家机关、政党机关和社会团体	**2674**				**45**	**2629**	
国家机关	1885				45	1840	
政党机关							
社会团体	200					200	
基层群众自治组织	589					589	
(十六)其他行业	**14795**					**14795**	
其他行业	14795					14795	

7－21 各地区港澳台投资经济项目个数

单位：个

地 区	施工项目个数	新开工项目个数	全部建成投产项目个数	项目建成投产率(%)
全国总计	**3847**	**2524**	**1734**	**45.1**
北 京	41	20	27	65.9
天 津	79	65	42	53.2
河 北	126	106	70	55.6
山 西	17	9	7	41.2
内蒙古	16	15	9	56.3
辽 宁	156	113	84	53.8
吉 林	30	27	9	30.0
黑龙江	25	12	7	28.0
上 海	56	17	11	19.6
江 苏	298	227	145	48.7
浙 江	280	178	127	45.4
安 徽	75	50	33	44.0
福 建	537	308	276	51.4
江 西	136	119	63	46.3
山 东	371	283	172	46.4
河 南	82	56	34	41.5
湖 北	116	85	63	54.3
湖 南	111	70	38	34.2
广 东	1039	612	406	39.1
广 西	80	46	31	38.8
海 南	15	7	6	40.0
重 庆	10	7	3	30.0
四 川	48	25	17	35.4
贵 州	14	13	7	50.0
云 南	34	27	18	52.9
西 藏				
陕 西	21	9	14	66.7
甘 肃	9	4	4	44.4
青 海	3	1	1	33.3
宁 夏	8	6	6	75.0
新 疆	14	7	4	28.6
不分地区				

7-22 港澳台投资经济分行业项目个数

单位:个

行业	施工项目个数	新开工项目个数	全部建成投产项目个数	项目建成投产率(%)
全国总计	**3847**	**2524**	**1734**	**45.1**
(一)农、林、牧、渔业	**66**	**42**	**35**	**53.0**
农业	31	20	16	51.6
林业	4	3	2	50.0
畜牧业	15	7	8	53.3
渔业	13	11	6	46.2
农、林、牧、渔服务业	3	1	3	100.0
(二)采掘业	**30**	**18**	**15**	**50.0**
煤炭采选业	2	2	1	50.0
石油和天然气开采业	5			
黑色金属矿采选业	2	1	2	100.0
有色金属矿采选业	3	1	1	33.3
非金属矿采选业	17	13	10	58.8
其他矿采选业				
木材及竹材采运业	1	1	1	100.0
(三)制造业	**2998**	**2039**	**1421**	**47.4**
食品加工业	124	96	70	56.5
食品制造业	108	89	40	37.0
饮料制造业	69	50	37	53.6
烟草加工业	1			
纺织业	276	188	148	53.6
服装及其他纤维品制造业	223	163	115	51.6
皮革、毛皮、羽绒及其制品业	86	67	48	55.8
木材加工及竹、藤、棕、草制品业	48	33	23	47.9
家具制造业	66	47	24	36.4
造纸及纸制品业	77	58	29	37.7
印刷业、记录媒介的复制	60	43	38	63.3
文教体育用品制造业	64	38	33	51.6
石油加工及炼焦业	11	6	5	45.5
化学原料及化学制品制造业	154	105	61	39.6
医药制造业	147	101	52	35.4
化学纤维制造业	13	10	5	38.5
橡胶制品业	37	21	19	51.4
塑料制品业	187	122	81	43.3
非金属矿物制品业	187	124	107	57.2
黑色金属冶炼及压延加工业	31	19	15	48.4
有色金属冶炼及压延加工业	40	24	20	50.0
金属制品业	168	113	80	47.6
普通机械制造业	103	74	49	47.6

7-22续表1

单位:个

行业	施工项目个数	新开工项目个数	全部建成投产项目个数	项目建成投产率(%)
专用设备制造业	86	52	40	46.5
交通运输设备制造业	101	56	39	38.6
电气机械及器材制造业	167	98	82	49.1
电子及通信设备制造业	243	165	103	42.4
仪器仪表及文化办公用机械制造业	37	26	18	48.6
其他制造业	84	51	40	47.6
(四)电力、煤气及水的生产和供应业	**107**	**80**	**49**	**45.8**
电力、蒸汽、热水的生产和供应业	79	64	41	51.9
煤气的生产和供应业	21	15	5	23.8
自来水的生产和供应业	7	1	3	42.9
(五)建筑业	**12**	**6**	**3**	**25.0**
土木工程建筑业	10	5	2	20.0
线路、管道和设备安装业				
建筑物的装修装饰业	2	1	1	50.0
(六)地质勘查业、水利管理业	**2**		**1**	**50.0**
地质勘查业				
水利管理业	2		1	50.0
(七)交通运输、仓储及邮电通信业	**256**	**142**	**95**	**37.1**
铁路运输业				
公路运输业	9	4	1	11.1
管道运输业	1	1		
水上运输业	7	3	2	28.6
航空运输业	1	1		
交通运输辅助业	16	10	7	43.8
其他交通运输业				
仓储业	22	11	6	27.3
邮电通信业	200	112	79	39.5
(八)批发和零售贸易、餐饮业	**103**	**72**	**33**	**32.0**
食品、饮料、烟草和家庭用品批发商业	14	10	2	14.3
能源、材料和机械电子设备批发业	12	8	4	33.3
其他批发业	5	3	1	20.0
零售业	48	35	18	37.5
商业经纪与代理业	4	3	1	25.0

7-22 续表 2 单位:个

行　　业	施工项目个数	新开工项目个数	全部建成投产项目个数	项目建成投产率(%)
餐饮业	20	13	7	35.0
(九)金融、保险业	**1**			
金融业	1			
保险业				
(十)房地产业	**39**	**19**	**9**	**23.1**
房地产开发与经营业	35	16	6	17.1
房地产管理业	4	3	3	75.0
房地产代理与经纪业				
(十一)社会服务业	**162**	**69**	**49**	**30.2**
公共服务业	38	16	13	34.2
居民服务业	3	2	1	33.3
旅馆业	56	24	20	35.7
租赁服务业	4	2	2	50.0
旅行社	16	8	3	18.8
娱乐服务业	30	8	6	20.0
信息、咨询服务业	6	4	2	33.3
计算机应用服务业	7	5	1	14.3
其他社会服务业	2		1	50.0
(十二)卫生、体育和社会福利业	**13**	**5**	**6**	**46.2**
卫生	6	4	6	100.0
体育	7	1		
社会福利保障业				
(十三)教育、文化艺术及广播电影电视业	**29**	**15**	**13**	**44.8**
教育	23	15	11	47.8
文化艺术业				
广播电影电视业	6		2	33.3
(十四)科学研究和综合技术服务业	**3**		**1**	**33.3**
科学研究业	1			
综合技术服务业	2		1	50.0
(十五)国家机关、政党机关和社会团体	**12**	**8**	**4**	**33.3**
国家机关	7	4	2	28.6
政党机关				
社会团体	2	2	2	100.0
基层群众自治组织	3	2		
(十六)其他行业	**14**	**9**		
其他行业	14	9		

7-23 各地区港澳台投资经济房屋建筑面积和造价

地区	施工房屋面积(万平方米)	竣工房屋面积(万平方米)	房屋建筑面积竣工率(%)	竣工房屋价值(万元)	竣工房屋造价(元/平方米)
全国总计	**11717.07**	**3493.97**	**29.8**	**5140235**	**1471**
北京	909.76	139.81	15.4	374349	2678
天津	146.46	33.01	22.5	29699	900
河北	111.54	46.76	41.9	58947	1261
山西	108.57	66.80	61.5	135498	2028
内蒙古	22.79	6.96	30.5	4910	706
辽宁	416.18	120.04	28.8	211219	1760
吉林	52.62	24.60	46.7	30839	1254
黑龙江	85.50	27.78	32.5	28566	1028
上海	550.66	154.11	28.0	475486	3085
江苏	648.11	212.37	32.8	232379	1094
浙江	396.81	144.97	36.5	218722	1509
安徽	95.72	32.43	33.9	29198	900
福建	1364.28	413.28	30.3	403212	976
江西	232.52	87.22	37.5	82993	952
山东	540.68	180.50	33.4	194383	1077
河南	332.43	103.51	31.1	130633	1262
湖北	299.91	79.93	26.7	73448	919
湖南	277.27	82.38	29.7	138469	1681
广东	3497.17	1063.27	30.4	1697341	1596
广西	215.38	42.61	19.8	38218	897
海南	45.96	4.20	9.1	5985	1424
重庆	460.29	97.93	21.3	115114	1176
四川	327.07	103.57	31.7	167523	1617
贵州	91.89	17.89	19.5	14344	802
云南	117.67	31.01	26.3	36115	1165
西藏					
陕西	108.52	31.23	28.8	43809	1403
甘肃	77.82	26.04	33.5	26902	1033
青海	0.04	0.04	100.0	30	750
宁夏	7.60	2.60	34.2	1768	680
新疆	175.87	117.15	66.6	140136	1196
不分地区					

7-24 各地区港澳台投资经济住宅建筑面积和造价

地　区	施工住宅面积(万平方米)	竣工住宅面积(万平方米)	住宅建筑面积竣工率(%)	竣工住宅价值(万元)	竣工住宅造价(元/平方米)
全国总计	**6099.98**	**1944.27**	**31.9**	**2989179**	**1537**
北　京	395.39	77.27	19.5	202235	2617
天　津	79.53	16.70	21.0	12264	734
河　北	46.32	14.33	30.9	13400	935
山　西	55.49	34.29	61.8	62731	1830
内蒙古	7.80				
辽　宁	171.59	68.41	39.9	83365	1219
吉　林	30.16	17.61	58.4	21204	1204
黑龙江	45.34	21.49	47.4	18214	848
上　海	315.41	94.27	29.9	285150	3025
江　苏	358.38	118.29	33.0	127794	1080
浙　江	147.77	49.64	33.6	85564	1724
安　徽	61.31	17.10	27.9	12403	725
福　建	697.36	213.21	30.6	221710	1040
江　西	122.86	42.69	34.7	41733	977
山　东	225.25	76.13	33.8	86338	1134
河　南	171.50	53.54	31.2	62699	1171
湖　北	182.34	47.91	26.3	44638	932
湖　南	160.94	53.71	33.4	80950	1507
广　东	1878.95	589.86	31.4	1136475	1927
广　西	128.44	28.04	21.8	22302	795
海　南	22.32				
重　庆	269.94	57.83	21.4	59399	1027
四　川	197.08	91.14	46.2	148384	1628
贵　州	48.65	13.91	28.6	11240	808
云　南	65.59	21.05	32.1	24183	1149
西　藏					
陕　西	61.67	11.35	18.4	8151	718
甘　肃	46.03	23.69	51.5	24117	1018
青　海					
宁　夏	1.39	1.39	100.0	788	568
新　疆	105.19	89.43	85.0	91748	1026
不分地区					

7-25 港澳台投资经济分行业房屋建筑面积和造价

行业	施工房屋面积(万平方米)	竣工房屋面积(万平方米)	房屋建筑面积竣工率(%)	竣工房屋价值(万元)	竣工房屋造价(元/平方米)
全国总计	**11717.07**	**3493.97**	**29.8**	**5140235**	**1471**
(一)农、林、牧、渔业	**8.67**	**7.06**	**81.4**	**3826**	**542**
农业	1.43	1.05	73.5	1220	1158
林业	0.05	0.05	100.0	64	1422
畜牧业	5.71	5.21	91.2	2027	389
渔业	0.86	0.12	14.2	95	779
农、林、牧、渔服务业	0.63	0.63	100.0	420	667
(二)采掘业	**3.38**	**2.32**	**68.6**	**1245**	**538**
煤炭采选业					
石油和天然气开采业					
黑色金属矿采选业	0.04	0.04	100.0	30	750
有色金属矿采选业	0.03	0.03	100.0	21	700
非金属矿采选业	3.31	2.25	67.9	1194	532
其他矿采选业					
木材及竹材采运业					
(三)制造业	**1881.88**	**859.36**	**45.7**	**734845**	**855**
食品加工业	51.63	25.59	49.6	18972	741
食品制造业	40.11	14.30	35.6	13900	972
饮料制造业	34.89	10.62	30.4	6544	616
烟草加工业	2.00				
纺织业	157.54	93.98	59.7	71277	758
服装及其他纤维品制造业	170.50	97.60	57.2	69459	712
皮革、毛皮、羽绒及其制品业	56.58	31.82	56.2	25152	790
木材加工及竹、藤、棕、草制品业	14.52	3.50	24.1	1941	555
家具制造业	46.64	24.06	51.6	16588	689
造纸及纸制品业	35.61	14.31	40.2	8473	592
印刷业、记录媒介的复制	25.15	13.94	55.4	15370	1103
文教体育用品制造业	38.00	18.61	49.0	11960	643
石油加工及炼焦业	1.95	1.92	98.7	1760	917
化学原料及化学制品制造业	55.39	26.79	48.4	23153	864
医药制造业	70.69	22.55	31.9	26749	1186
化学纤维制造业	0.26	0.26	100.0	273	1066
橡胶制品业	19.86	5.47	27.6	5344	976
塑料制品业	124.55	62.11	49.9	60101	968
非金属矿物制品业	138.24	62.84	45.5	48443	771
黑色金属冶炼及压延加工业	24.28	4.39	18.1	2294	522
有色金属冶炼及压延加工业	44.02	30.06	68.3	27348	910
金属制品业	79.82	36.72	46.0	25617	698
普通机械制造业	66.80	25.09	37.6	22684	904

7-25 续表 1

行　　业	施工房屋面　　积(万平方米)	竣工房屋面　　积(万平方米)	房屋建筑面积竣工率(%)	竣工房屋价　　值(万元)	竣工房屋造　　价(元/平方米)
专用设备制造业	49.90	28.73	57.6	23530	819
交通运输设备制造业	71.49	22.35	31.3	17382	778
电气机械及器材制造业	116.10	47.97	41.3	41126	857
电子及通信设备制造业	264.80	85.39	32.2	87692	1027
仪器仪表及文化办公用机械制造业	20.71	10.04	48.5	11230	1118
其他制造业	59.85	38.38	64.1	50483	1315
(四)电力、煤气及水的生产和供应业	**17.92**	**11.94**	**66.6**	**9828**	**823**
电力、蒸汽、热水的生产和供应业	15.27	11.35	74.3	9426	831
煤气的生产和供应业	1.10	0.52	46.8	320	619
自来水的生产和供应业	1.54	0.07	4.5	82	1175
(五)建筑业	**10.41**	**2.98**	**28.6**	**1931**	**648**
土木工程建筑业	9.86	2.44	24.7	1611	661
线路、管道和设备安装业					
建筑物的装修装饰业	0.54	0.54	100.0	320	591
(六)地质勘查业、水利管理业					
地质勘查业					
水利管理业					
(七)交通运输、仓储及邮电通信业	**154.80**	**30.12**	**19.5**	**57986**	**1925**
铁路运输业					
公路运输业	0.38				
管道运输业					
水上运输业	5.00	5.00	100.0	10000	2000
航空运输业	0.39				
交通运输辅助业	5.91	2.30	39.0	2619	1138
其他交通运输业					
仓储业	23.32	6.66	28.6	10961	1645
邮电通信业	119.80	16.15	13.5	34406	2130
(八)批发和零售贸易、餐饮业	**157.15**	**29.15**	**18.5**	**42324**	**1452**
食品、饮料、烟草和家庭用品批发商业	53.49	0.72	1.3	680	949
能源、材料和机械电子设备批发业	16.02	4.35	27.2	6166	1416
其他批发业	4.65	2.35	50.5	2225	947
零售业	61.81	13.41	21.7	21363	1593
商业经纪与代理业	0.98	0.66	67.3	799	1218

7－25 续表 2

行　业	施工房屋面　积(万平方米)	竣工房屋面　积(万平方米)	房屋建筑面积竣工率(%)	竣工房屋价　值(万元)	竣工房屋造　价(元/平方米)
餐饮业	20.20	7.66	37.9	11091	1448
(九)金融、保险业	**17.49**				
金融业	17.49				
保险业					
(十)房地产业	**9137.81**	**2460.93**	**26.9**	**4129668**	**1678**
房地产开发与经营业	9121.67	2458.19	26.9	4125968	1678
房地产管理业	16.14	2.74	17.0	3700	1349
房地产代理与经纪业					
(十一)社会服务业	**238.82**	**63.15**	**26.4**	**102978**	**1631**
公共服务业	22.92	13.43	58.6	15631	1164
居民服务业	2.00				
旅馆业	113.35	19.52	17.2	41362	2119
租赁服务业	10.77	0.30	2.8	198	657
旅行社	7.01	1.98	28.2	1090	551
娱乐服务业	30.07	24.28	80.7	42685	1758
信息、咨询服务业	25.26	3.00	11.9	1500	500
计算机应用服务业	21.04	0.64	3.0	512	800
其他社会服务业	6.40				
(十二)卫生、体育和社会福利业	**5.30**	**5.30**	**100.0**	**10517**	**1984**
卫生	5.30	5.30	100.0	10517	1984
体育					
社会福利保障业					
(十三)教育、文化艺术及广播电影电视业	**50.58**	**15.61**	**30.9**	**39159**	**2509**
教育	44.45	9.65	21.7	6815	706
文化艺术业					
广播电影电视业	6.13	5.96	97.2	32344	5427
(十四)科学研究和综合技术服务业	**3.94**	**1.94**	**49.2**	**3463**	**1785**
科学研究业	2.00				
综合技术服务业	1.94	1.94	100.0	3463	1785
(十五)国家机关、政党机关和社会团体	**9.48**	**3.74**	**39.5**	**2347**	**627**
国家机关	6.93	1.79	25.8	1267	708
政党机关					
社会团体	0.18	0.18	100.0	150	833
基层群众自治组织	2.37	1.77	74.7	930	525
(十六)其他行业	**19.45**	**0.39**	**2.0**	**118**	**303**
其他行业	19.45	0.39	2.0	118	303

7－26　港澳台投资经济分行业住宅建筑面积和造价

行　　业	施工住宅面　　积（万平方米）	竣工住宅面　　积（万平方米）	住宅建筑面积竣工率（%）	竣工住宅价　　值（万元）	竣工住宅造　　价（元/平方米）
全国总计	**6099.98**	**1944.27**	**31.9**	**2989179**	**1537**
(一)农、林、牧、渔业	**0.97**	**0.72**	**74.2**	**971**	**1354**
农业	0.51	0.51	100.0	819	1596
林业					
畜牧业	0.30	0.20	67.1	152	744
渔业	0.15				
农、林、牧、渔服务业					
(二)采掘业	**0.67**	**0.67**	**100.0**	**520**	**782**
煤炭采选业					
石油和天然气开采业					
黑色金属矿采选业					
有色金属矿采选业					
非金属矿采选业	0.67	0.67	100.0	520	782
其他矿采选业					
木材及竹材采运业					
(三)制造业	**105.93**	**69.27**	**65.4**	**51486**	**743**
食品加工业	1.44	1.20	83.4	1370	1139
食品制造业	1.66	0.72	43.2	1009	1403
饮料制造业	0.65	0.38	58.2	219	576
烟草加工业					
纺织业	10.63	8.97	84.4	7250	808
服装及其他纤维品制造业	9.46	5.35	56.5	3272	612
皮革、毛皮、羽绒及其制品业	4.11	2.15	52.4	1094	508
木材加工及竹、藤、棕、草制品业	1.63				
家具制造业	0.48	0.48	100.0	236	492
造纸及纸制品业	0.80	0.21	26.7	403	1901
印刷业、记录媒介的复制	1.49	1.20	80.4	1335	1113
文教体育用品制造业	5.83	1.00	17.1	541	542
石油加工及炼焦业					
化学原料及化学制品制造业	1.25	1.11	89.5	618	554
医药制造业	1.46	0.62	42.6	760	1226
化学纤维制造业					
橡胶制品业					
塑料制品业	9.56	8.96	93.7	6027	673
非金属矿物制品业	12.41	6.34	51.1	3269	516
黑色金属冶炼及压延加工业					
有色金属冶炼及压延加工业	3.01	2.37	78.9	1228	518
金属制品业	1.59	1.07	67.0	580	544
普通机械制造业	1.40	1.16	82.8	686	594

7-26 续表 1

行　　业	施工住宅面　　积（万平方米）	竣工住宅面　　积（万平方米）	住宅建筑面积竣工率（%）	竣工住宅价　　值（万元）	竣工住宅造　　价（元/平方米）
专用设备制造业	3.68	3.38	92.0	2285	676
交通运输设备制造业	2.98	2.97	99.6	1656	557
电气机械及器材制造业	5.59	2.90	51.9	2282	786
电子及通信设备制造业	20.82	14.29	68.6	14130	989
仪器仪表及文化办公用机械制造业	1.18	0.50	42.2	230	460
其他制造业	2.83	1.94	68.5	1006	519
（四）电力、煤气及水的生产和供应业	**3.84**	**3.84**	**100.0**	**2744**	**714**
电力、蒸汽、热水的生产和供应业	3.84	3.84	100.0	2744	714
煤气的生产和供应业					
自来水的生产和供应业					
（五）建筑业	**4.75**	**0.67**	**14.0**	**400**	**600**
土木工程建筑业	4.75	0.67	14.0	400	600
线路、管道和设备安装业					
建筑物的装修装饰业					
（六）地质勘查业、水利管理业					
地质勘查业					
水利管理业					
（七）交通运输、仓储及邮电通信业	**0.59**	**0.13**	**22.0**	**130**	**1000**
铁路运输业					
公路运输业	0.19				
管道运输业					
水上运输业					
航空运输业					
交通运输辅助业					
其他交通运输业					
仓储业					
邮电通信业	0.40	0.13	32.5	130	1000
（八）批发和零售贸易、餐饮业	**12.57**	**0.71**	**5.6**	**460**	**648**
食品、饮料、烟草和家庭用品批发商业	6.93	0.03	0.4	20	667
能源、材料和机械电子设备批发业	4.49	0.12	2.7	40	333
其他批发业					
零售业	1.03	0.56	54.6	400	714
商业经纪与代理业					

7－26 续表 2

行　业	施工住宅面　积(万平方米)	竣工住宅面　积(万平方米)	住宅建筑面积竣工率(%)	竣工住宅价　值(万元)	竣工住宅造　价(元/平方米)
餐饮业	0.12				
(九)金融、保险业					
金融业					
保险业					
(十)房地产业	**5936.45**	**1858.21**	**31.3**	**2923578**	**1573**
房地产开发与经营业	5934.40	1856.16	31.3	2920278	1573
房地产管理业	2.05	2.05	100.0	3300	1610
房地产代理与经纪业					
(十一)社会服务业	**28.29**	**9.08**	**32.1**	**8140**	**897**
公共服务业	7.14	3.93	55.0	4616	1176
居民服务业					
旅馆业	14.19	0.31	2.2	144	460
租赁服务业	0.16	0.16	100.0	60	381
旅行社	0.52	0.40	76.9	500	1250
娱乐服务业	6.28	4.28	68.1	2820	659
信息、咨询服务业					
计算机应用服务业					
其他社会服务业					
(十二)卫生、体育和社会福利业	**0.10**	**0.10**	**100.0**	**50**	**488**
卫生	0.10	0.10	100.0	50	488
体育					
社会福利保障业					
(十三)教育、文化艺术及广播电影电视业	**4.09**	**0.88**	**21.5**	**700**	**795**
教育	4.09	0.88	21.5	700	795
文化艺术业					
广播电影电视业					
(十四)科学研究和综合技术服务业					
科学研究业					
综合技术服务业					
(十五)国家机关、政党机关和社会团体					
国家机关					
政党机关					
社会团体					
基层群众自治组织					
(十六)其他行业	**1.73**				
其他行业	1.73				

上　篇

八、私营个体经济固定资产投资

8－1　各地区私营个体经济固定资产投资增长情况

单位：亿元

地　区	2001 年	2002 年	2002 年比 2001 年增减	
			绝对数	%
全国总计	**5429.57**	**6519.19**	**1089.62**	**20.1**
北　京	102.19	139.51	37.32	36.5
天　津	79.78	89.43	9.65	12.1
河　北	306.58	332.25	25.67	8.4
山　西	73.55	94.30	20.75	28.2
内蒙古	93.48	106.00	12.52	13.4
辽　宁	179.08	240.19	61.11	34.1
吉　林	127.44	145.13	17.69	13.9
黑龙江	110.91	136.74	25.83	23.3
上　海	95.66	284.66	188.99	197.6
江　苏	376.50	464.43	87.93	23.4
浙　江	352.53	427.30	74.77	21.2
安　徽	197.15	245.70	48.56	24.6
福　建	180.62	172.60	－8.02	－4.4
江　西	167.43	207.66	40.23	24.0
山　东	384.07	487.32	103.25	26.9
河　南	365.48	384.71	19.23	5.3
湖　北	212.47	224.97	12.50	5.9
湖　南	291.55	304.63	13.07	4.5
广　东	552.70	654.33	101.63	18.4
广　西	180.86	193.53	12.66	7.0
海　南	35.08	32.01	－3.08	－8.8
重　庆	151.64	195.94	44.30	29.2
四　川	270.49	317.93	47.44	17.5
贵　州	102.68	126.92	24.24	23.6
云　南	136.72	146.14	9.42	6.9
西　藏	2.41	3.05	0.65	26.9
陕　西	126.20	151.79	25.59	20.3
甘　肃	49.98	57.79	7.81	15.6
青　海	16.45	19.75	3.29	20.0
宁　夏	26.08	36.38	10.31	39.5
新　疆	81.80	96.10	14.31	17.5

8-2 各地区农村个体经济按构成分的投资

单位:亿元

地　　区	投资额	建筑安装工程	设备工器具购置	其他费用
全国总计	**3123.23**	**2117.21**	**616.75**	**389.27**
北　京	30.00	28.73	0.58	0.69
天　津	18.01	12.63	3.35	2.02
河　北	187.27	127.02	45.66	14.59
山　西	46.26	31.75	9.15	5.37
内蒙古	52.16	24.82	16.86	10.48
辽　宁	92.72	57.84	13.39	21.48
吉　林	62.34	23.31	13.94	25.09
黑龙江	71.34	23.38	27.88	20.08
上　海	6.87	6.66	0.21	
江　苏	222.50	117.49	52.62	52.39
浙　江	201.49	156.23	39.12	6.14
安　徽	152.00	114.57	24.04	13.39
福　建	82.00	66.83	7.35	7.83
江　西	98.21	70.33	14.58	13.30
山　东	285.64	184.93	83.53	17.19
河　南	303.07	212.04	72.33	18.69
湖　北	88.16	67.54	14.80	5.81
湖　南	207.79	159.24	33.39	15.16
广　东	251.87	192.57	27.71	31.59
广　西	99.30	72.39	20.03	6.88
海　南	15.71	4.21	3.34	8.16
重　庆	47.89	43.50	2.25	2.14
四　川	151.55	108.46	15.21	27.88
贵　州	64.60	36.56	15.64	12.39
云　南	91.33	62.40	10.23	18.70
西　藏				
陕　西	86.43	65.36	11.23	9.85
甘　肃	34.05	18.19	11.62	4.24
青　海	9.86	2.56	6.50	0.79
宁　夏	22.46	12.97	4.55	4.94
新　疆	40.33	12.67	15.64	12.01

8-3 各地区农村个体经济按主要行业分的投资

单位:亿元

地区	合计	其中:农业	制造业	建筑业	交运仓通信
全国总计	**3123.23**	**613.77**	**73.11**	**140.34**	**225.13**
北京	30.00	0.58			0.07
天津	18.01	3.63	0.05	7.42	2.20
河北	187.27	29.55	15.96		9.91
山西	46.26	7.48	0.01	1.70	7.44
内蒙古	52.16	23.71	0.21	3.67	
辽宁	92.72	27.08	1.86	16.03	4.42
吉林	62.34	30.86	0.01	0.59	4.17
黑龙江	71.34	46.06	0.02	10.26	3.96
上海	6.87		0.21		
江苏	222.50	42.74	25.71	1.40	25.92
浙江	201.49	13.63	8.47	0.09	26.52
安徽	152.00	30.14	1.26		11.66
福建	82.00	4.14	1.48		4.16
江西	98.21	15.70	0.32	10.08	12.61
山东	285.64	71.89	2.08		28.22
河南	303.07	70.34	3.61		19.77
湖北	88.16	19.11	0.72	0.01	4.42
湖南	207.79	27.04	3.39	0.51	12.51
广东	251.87	25.47	2.28	0.12	11.58
广西	99.30	16.22	1.46	0.96	4.74
海南	15.71	7.95		0.23	2.22
重庆	47.89	4.79	0.39		0.57
四川	151.55	15.99	1.10	66.94	2.91
贵州	64.60	13.95	0.29		3.93
云南	91.33	10.13	0.85	0.59	4.75
西藏					
陕西	86.43	15.88	0.48	17.53	5.35
甘肃	34.05	7.47	0.05	0.27	2.47
青海	9.86	1.93	0.04		5.63
宁夏	22.46	7.94	0.61		1.16
新疆	40.33	22.37	0.20	1.94	1.88

8-4 各地区农村个体经济房屋建筑面积

单位:万平方米

地　　区	施工房屋面积	住宅	竣工房屋面积	住　宅
全国总计	**80344.99**	**74330.07**	**75125.72**	**69840.97**
北　　京	609.32	566.72	579.21	553.72
天　　津	274.40	138.68	211.90	132.71
河　　北	3956.51	3633.65	3692.54	3401.57
山　　西	999.52	959.39	954.23	931.63
内 蒙 古	1117.00	913.00	1047.00	869.00
辽　　宁	2292.03	2024.34	2273.53	2013.21
吉　　林	523.54	413.25	522.14	411.85
黑 龙 江	661.96	578.74	625.12	543.49
上　　海	125.01	122.02	119.86	116.86
江　　苏	3142.03	2969.57	3121.78	2952.50
浙　　江	3408.00	3266.00	3240.00	3104.00
安　　徽	5521.84	5309.10	5339.76	5127.00
福　　建	2055.00	1930.00	1607.00	1495.00
江　　西	3890.05	3689.81	3203.07	3146.01
山　　东	6971.85	6210.73	6867.19	6094.15
河　　南	8465.48	8086.95	7813.24	7476.50
湖　　北	2806.05	2689.84	2660.43	2568.21
湖　　南	6886.00	6533.00	6503.00	6190.00
广　　东	4851.00	4785.00	4430.00	4376.00
广　　西	3296.04	3109.21	2993.63	2944.71
海　　南	133.95	127.05	114.77	101.33
重　　庆	2345.00	2119.00	2115.00	1973.00
四　　川	6121.05	5200.62	5803.68	4942.76
贵　　州	2066.94	1976.54	1834.42	1748.50
云　　南	3032.24	2552.72	2857.89	2376.22
西　　藏				
陕　　西	2890.24	2761.17	2767.46	2649.75
甘　　肃	722.51	642.82	708.24	641.25
青　　海	141.45	127.22	141.28	127.05
宁　　夏	367.90	326.61	364.07	322.78
新　　疆	671.08	567.32	614.28	510.21

8-5 各地区城镇私营个体经济投资和新增固定资产

单位:万元

地 区	投资额	新增固定资产	固定资产交付使用率(%)
全国总计	**23968327**	**16316839**	**68.1**
北 京	1094366	791438	72.3
天 津	671844	364832	54.3
河 北	567709	355762	62.7
山 西	354593	273631	77.2
内蒙古	404614	310720	76.8
辽 宁	1407471	899408	63.9
吉 林	397452	318915	80.2
黑龙江	348397	274309	78.7
上 海	2766551	1901993	68.7
江 苏	1753365	1331940	76.0
浙 江	1477452	802928	54.3
安 徽	552941	390786	70.7
福 建	428140	288748	67.4
江 西	751430	451647	60.1
山 东	1570163	1101759	70.2
河 南	309748	196628	63.5
湖 北	815904	615346	75.4
湖 南	371522	217547	58.6
广 东	3271699	2359061	72.1
广 西	280347	158856	56.7
海 南	35714	32923	92.2
重 庆	1209599	740263	61.2
四 川	1166351	703719	60.3
贵 州	430158	248442	57.8
云 南	291352	254143	87.2
西 藏	6527	2300	35.2
陕 西	398684	303499	76.1
甘 肃	180948	118889	65.7
青 海	65807	21858	33.2
宁 夏	128737	95141	73.9
新 疆	458742	389408	84.9

8-6 各地区按构成分的城镇私营个体经济投资

单位:万元

地　　区	投资额	建筑安装工程	设备工器具购置	其他费用
全国总计	**23968327**	**15178603**	**2445197**	**6344527**
北　京	1094366	650700	27908	415758
天　津	671844	406566	41328	223950
河　北	567709	362630	67866	137213
山　西	354593	199133	60365	95095
内蒙古	404614	287985	54584	62045
辽　宁	1407471	972190	100780	334501
吉　林	397452	303631	17061	76760
黑龙江	348397	257789	31190	59418
上　海	2766551	1752424	33599	980528
江　苏	1753365	1018474	321442	413449
浙　江	1477452	792394	128564	556494
安　徽	552941	355520	50779	146642
福　建	428140	269382	34763	123995
江　西	751430	389938	192519	168973
山　东	1570163	949284	332658	288221
河　南	309748	216231	20650	72867
湖　北	815904	456065	198266	161573
湖　南	371522	232942	42775	95805
广　东	3271699	2137782	231588	902329
广　西	280347	175767	43691	60889
海　南	35714	18203	15026	2485
重　庆	1209599	848175	89800	271624
四　川	1166351	817082	53075	296194
贵　州	430158	296855	29495	103808
云　南	291352	190920	43280	57152
西　藏	6527	6127		400
陕　西	398684	267499	36863	94322
甘　肃	180948	124603	24006	32339
青　海	65807	44447	7761	13599
宁　夏	128737	82958	26240	19539
新　疆	458742	294907	87275	76560

8-7 各地区城镇私营个体经济房屋建筑面积

单位：万平方米

地区	施工房屋面积	住宅	竣工房屋面积	住宅
全国总计	**25503.87**	**17743.91**	**10212.89**	**6887.63**
北京	853.10	725.95	332.66	292.54
天津	702.96	523.02	242.78	177.81
河北	533.04	381.12	199.66	128.02
山西	309.69	168.56	161.73	89.36
内蒙古	459.81	276.93	234.84	141.12
辽宁	1537.73	1096.08	664.69	486.50
吉林	493.48	354.68	233.64	180.14
黑龙江	277.39	138.31	162.17	81.62
上海	2241.01	1920.96	716.29	623.27
江苏	1474.29	990.41	723.14	453.56
浙江	1486.45	955.02	566.02	337.33
安徽	703.43	485.99	345.36	240.43
福建	592.98	442.48	187.46	138.17
江西	631.04	368.80	253.08	137.76
山东	1388.92	732.50	633.65	268.24
河南	562.67	452.15	202.23	157.89
湖北	624.99	458.99	317.18	212.20
湖南	473.60	269.26	162.40	93.54
广东	3354.69	2257.88	1289.68	781.35
广西	322.40	238.06	102.96	72.58
海南	19.69	6.95	12.46	4.36
重庆	2126.66	1474.25	693.10	496.49
四川	1875.03	1451.88	773.17	612.31
贵州	788.19	574.29	236.67	179.88
云南	290.62	193.43	152.98	99.12
西藏	5.14	1.04	2.17	
陕西	405.31	248.07	179.65	123.52
甘肃	226.81	141.70	85.42	53.04
青海	55.71	25.51	10.24	6.96
宁夏	121.75	57.31	67.50	30.92
新疆	565.29	332.37	267.93	187.62

8－8 城镇和工矿区私人建房情况

地　区	城镇工矿区个数(个)	竣工面积(万平方米)	其中:住宅(万平方米)	竣工价值(万元)	其中:住宅(万元)	建房户数(户)
全国总计	**14596**	**22282.58**	**19442.79**	**9991320**	**8467054**	**1393897**
北　京	15	1.20	1.10	742	578	468
天　津	50	57.55	57.45	42415	42265	6389
河　北	524	1423.47	1181.36	882107	644518	101828
山　西	515	265.40	236.79	125829	109058	26066
内蒙古	437	281.65	223.79	133826	102877	26387
辽　宁	141	115.23	104.40	67194	60370	25561
吉　林	495	709.32	574.25	430425	318340	70531
黑龙江	381	619.51	540.02	305600	265561	58330
上　海		23.15	23.15	11307	11307	1926
江　苏	792	1169.74	1041.95	665952	590425	88447
浙　江	533	1557.66	1406.12	780637	696453	59216
安　徽	950	946.05	789.84	384097	314022	79499
福　建	478	896.63	842.04	477817	442936	47035
江　西	682	985.65	887.26	343003	311238	46452
山　东	135	880.15	621.21	446590	302109	64000
河　南	188	1175.15	1000.65	506714	426972	56938
湖　北	754	1424.34	1276.69	552249	479944	91303
湖　南	1011	1538.54	1391.59	596808	527191	66386
广　东	368	1388.37	1223.84	752906	671544	46233
广　西	788	1992.18	1892.28	661864	630935	115971
海　南	132	202.98	159.83	127206	91767	7791
重　庆	596	869.39	742.80	270958	228893	58640
四　川	1763	1378.11	1159.23	497397	417231	81055
贵　州	717	668.03	576.72	193051	161939	44571
云　南	360	555.67	495.83	256715	224530	31686
西　藏	435	130.24	121.76	24007	17452	2430
陕　西	850	578.00	503.38	254897	219976	48958
甘　肃	237	159.07	139.44	56464	49087	17424
青　海	91	68.39	62.43	33024	26328	7074
宁　夏	22	22.14	18.60	10527	8899	1116
新　疆	156	199.62	146.97	98992	72309	14186

下　篇

九、基本建设固定资产投资

9-1 基本建设投资主要指标

指　　标	2001年	2002年	2002年比2001年增减	
			绝对数	%
一、投资总额(亿元)	**14820.10**	**17666.62**	**2846.52**	**19.2**
1. 按构成分				
建筑安装工程	10154.63	11865.82	1711.19	16.9
设备、工具、器具投资	2473.29	2780.18	306.89	12.4
其他费用	2192.18	3020.62	828.44	37.8
2. 按建设性质分				
新　建	8168.22	10361.51	2193.29	26.9
扩　建	3939.30	4217.45	278.15	7.1
改　建	1646.89	2018.33	371.44	22.6
单纯建造生活设施	441.21	360.60	-80.61	-18.3
迁　建	165.67	239.39	73.72	44.5
恢　复	17.73	26.29	8.56	48.3
单纯购置	441.08	443.05	1.97	0.4
3. 按隶属关系分				
中央项目	4399.47	4528.49	129.02	2.9
地方项目	10420.63	13138.13	2717.50	26.1
省　属	2897.86	3269.18	371.32	12.8
地市属	3458.58	4044.05	585.47	16.9
县　属	3270.79	4413.15	1142.36	34.9
其　他	793.41	1411.75	618.34	77.9
4. 按大中小型分				
大中型	3707.08	4497.93	790.85	21.3
小　型	10671.94	12725.65	2053.71	19.2
5. 按投资总规模分				
500万元以下	770.08	770.24	0.16	0.0
500万元～1000万元	619.13	698.85	79.72	12.9
1000万元～3000万元	1455.83	1810.90	355.07	24.4
3000万元～5000万元	861.06	1138.74	277.68	32.2
5000万元～1亿元	1409.94	1767.93	357.99	25.4
1亿元～5亿元	3312.91	4027.32	714.41	21.6
5亿元～10亿元	1176.27	1425.74	249.47	21.2
10亿元以上	5214.88	6026.90	812.02	15.6
6. 其中：住宅	1059.86	1023.43	-36.43	-3.4
二、新增固定资产(亿元)	**10112.67**	**11989.69**	**1877.02**	**18.6**
三、建设项目(个)				
施工项目	91316	97488	6172	6.8
其中：大中型	1257	1381	124	9.9
全部建成投产项目	51042	52465	1423	2.8
其中：大中型	248	253	5	2.0
四、房屋建筑面积(万平方米)				
施工面积	51787.04	58144.95	6357.91	12.3
其中：住宅	19824.75	18650.80	-1173.95	-5.9
竣工面积	25471.80	27395.33	1923.53	7.6
其中：住宅	11653.52	10417.13	-1236.39	-10.6

9-2 各地区基本建设投资效果主要指标

地区	项目建成投产率(%)	建设周期(年)	固定资产交付使用率(%)	未完项目占用率(%)	房屋建筑面积竣工率(%)
全国总计	**53.8**	**4.0**	**67.9**	**82.4**	**47.1**
北京	40.7	4.4	89.7	126.8	34.3
天津	49.7	3.1	61.3	48.8	40.7
河北	58.8	2.6	68.2	55.8	54.7
山西	56.9	4.0	122.6	80.8	48.1
内蒙古	71.9	2.5	77.1	69.0	64.8
辽宁	56.0	3.1	81.5	69.4	43.9
吉林	58.5	2.9	73.5	55.2	58.2
黑龙江	71.1	2.6	83.8	51.4	56.7
上海	26.9	5.2	32.8	158.8	27.5
江苏	65.4	3.0	67.8	79.2	55.9
浙江	44.1	3.9	74.6	110.5	37.9
安徽	52.0	3.6	70.1	69.0	43.6
福建	39.6	3.6	69.1	58.0	38.4
江西	51.1	3.4	57.9	77.5	56.5
山东	46.6	2.7	57.1	46.9	47.4
河南	57.4	3.4	81.6	69.9	41.1
湖北	63.6	3.9	60.4	40.7	61.7
湖南	50.8	3.7	76.8	122.7	41.5
广东	39.6	4.6	67.2	105.8	38.4
广西	52.9	4.6	51.7	108.4	44.2
海南	54.1	4.6	70.7	101.7	47.4
重庆	48.2	3.5	71.9	89.6	56.9
四川	48.6	3.3	62.3	60.3	45.3
贵州	59.2	4.4	51.2	99.9	43.1
云南	54.7	4.4	77.9	108.2	48.1
西藏	65.2	2.0	56.1	49.4	67.3
陕西	55.4	4.1	76.0	115.7	44.2
甘肃	45.3	3.9	54.5	121.3	40.6
青海	62.3	3.4	44.5	94.5	43.8
宁夏	61.8	3.3	54.4	46.0	55.8
新疆	67.2	2.7	72.5	67.7	61.1
不分地区	21.7	8.5	62.0	69.2	74.3

9-3 基本建设分行业投资效果主要指标

行　　业	项目建成投产率(%)	建设周期(年)	固定资产交付使用率(%)	未完项目占用率(%)	房屋建筑面积竣工率(%)
全国总计	**53.8**	**4.0**	**67.9**	**82.4**	**47.1**
(一)农、林、牧、渔业	**62.5**	**14.5**	**40.7**	**24.3**	**68.6**
农业	62.9	2.4	75.9	34.7	77.9
林业	62.6	21.9	20.5	10.8	67.0
畜牧业	60.6	1.9	68.5	37.7	64.0
渔业	53.5	3.6	57.9	53.5	61.9
农、林、牧、渔服务业	63.7	3.0	75.0	67.7	59.2
(二)采掘业	**48.7**	**2.7**	**71.1**	**50.4**	**59.0**
煤炭采选业	35.0	6.9	64.7	143.4	58.7
石油和天然气开采业	50.6	1.7	74.1	28.0	66.5
黑色金属矿采选业	55.2	7.4	64.5	83.6	54.2
有色金属矿采选业	54.0	3.5	56.0	118.2	40.3
非金属矿采选业	64.2	3.1	55.8	108.0	63.5
其他矿采选业	55.6	1.7	49.2		56.7
木材及竹材采运业	68.4	3.5	41.2	17.6	76.0
(三)制造业	**46.1**	**3.8**	**67.6**	**65.1**	**47.3**
食品加工业	53.5	2.4	63.0	39.0	54.7
食品制造业	47.0	2.3	60.9	38.6	51.2
饮料制造业	54.6	3.0	60.4	40.5	46.2
烟草加工业	48.1	3.2	69.6	86.0	51.5
纺织业	49.4	2.8	72.4	32.8	54.4
服装及其他纤维品制造业	48.4	2.3	69.6	37.6	52.3
皮革、毛皮、羽绒及其制品业	37.9	2.0	54.3	51.8	37.4
木材加工及竹、藤、棕、草制品业	59.1	1.4	67.6	20.0	70.8
家具制造业	42.5	2.5	70.9	26.5	45.6
造纸及纸制品业	48.3	5.5	54.5	103.8	50.0
印刷业、记录媒介的复制	51.9	2.5	76.2	36.9	50.1
文教体育用品制造业	47.0	2.0	71.1	30.1	54.9
石油加工及炼焦业	40.5	6.2	96.7	108.1	57.7
化学原料及化学制品制造业	44.2	6.1	72.3	90.2	49.5
医药制造业	34.7	2.5	57.8	54.8	28.9
化学纤维制造业	52.5	2.5	34.5	104.1	44.0
橡胶制品业	48.9	8.1	51.7	242.5	41.4
塑料制品业	42.8	2.7	62.1	39.4	53.7
非金属矿物制品业	54.2	3.0	65.7	53.9	46.7
黑色金属冶炼及压延加工业	49.8	4.8	109.7	74.1	47.4
有色金属冶炼及压延加工业	48.8	3.2	79.8	44.9	56.6
金属制品业	50.3	2.4	68.6	42.2	52.5
普通机械制造业	45.0	2.6	69.0	70.2	47.1

行　　业	项目建成投产率(%)	建设周期(年)	固定资产交付使用率(%)	未完项目占用率(%)	房屋建筑面积竣工率(%)
专用设备制造业	46.3	2.3	51.6	80.6	50.1
交通运输设备制造业	41.8	5.1	61.5	65.9	44.0
电气机械及器材制造业	43.6	2.9	68.7	43.6	54.3
电子及通信设备制造业	35.1	4.3	67.4	80.5	39.1
仪器仪表及文化办公用机械制造业	38.0	2.8	38.2	23.7	42.0
其他制造业	39.4	3.1	43.4	61.4	51.1
(四)电力、煤气及水的生产和供应业	**42.8**	**5.1**	**73.3**	**105.4**	**41.6**
电力、蒸汽、热水的生产和供应业	45.2	5.0	74.7	98.6	41.4
煤气的生产和供应业	24.2	7.0	60.8	178.7	37.0
自来水的生产和供应业	39.4	5.1	60.2	167.6	46.2
(五)建筑业	**54.4**	**2.5**	**66.2**	**42.0**	**52.7**
土木工程建筑业	54.0	2.5	66.0	41.9	52.9
线路、管道和设备安装业	57.0	2.6	68.1	43.3	50.5
建筑物的装修装饰业	62.8	4.2	72.6	39.7	53.9
(六)地质勘查业、水利管理业	**52.1**	**5.2**	**57.1**	**116.4**	**46.8**
地质勘查业	53.3	1.4	80.3	25.2	52.3
水利管理业	52.1	5.3	56.5	118.6	44.7
(七)交通运输、仓储及邮电通信业	**54.1**	**3.7**	**77.2**	**93.0**	**40.9**
铁路运输业	42.9	4.3	96.3	135.9	54.5
公路运输业	52.6	4.1	82.1	92.1	50.6
管道运输业	33.3	4.1	98.8	1.6	49.0
水上运输业	36.1	5.6	33.7	189.2	26.1
航空运输业	31.2	2.1	85.9	43.1	13.7
交通运输辅助业	53.2	3.6	56.1	102.6	21.4
其他交通运输业	47.1	3.2	24.1	93.4	44.5
仓储业	64.5	3.3	90.0	40.4	65.0
邮电通信业	55.8	2.3	74.2	57.6	37.5
(八)批发和零售贸易、餐饮业	**59.9**	**2.3**	**69.3**	**56.5**	**45.3**
食品、饮料、烟草和家庭用品批发商业	57.0	2.2	71.5	61.4	49.7
能源、材料和机械电子设备批发业	62.0	2.2	69.1	41.0	54.9
其他批发业	58.5	3.1	59.3	87.4	43.4
零售业	61.3	2.4	67.2	57.4	39.7
商业经纪与代理业	53.1	4.2	65.6	47.2	19.7

9－3续表2

行　　业	项目建成投产率(%)	建设周期(年)	固定资产交付使用率(%)	未完项目占用率(%)	房屋建筑面积竣工率(%)
餐饮业	62.5	2.1	82.4	41.0	60.8
(九)金融、保险业	**60.7**	**3.0**	**71.3**	**117.2**	**46.0**
金融业	59.7	2.9	70.3	115.9	45.4
保险业	66.7	3.5	81.2	131.3	51.6
(十)房地产业	**47.6**	**3.4**	**60.2**	**94.8**	**43.2**
房地产开发与经营业	43.0	3.7	58.7	104.0	41.0
房地产管理业	57.4	2.2	66.5	62.1	50.8
房地产代理与经纪业	50.0	5.8	44.5	66.9	26.4
(十一)社会服务业	**49.2**	**3.5**	**55.5**	**102.6**	**35.8**
公共服务业	49.5	3.5	55.5	104.3	32.8
居民服务业	51.7	2.4	72.4	53.9	54.1
旅馆业	49.2	4.2	65.7	118.1	38.0
租赁服务业	42.9	1.9	1.3	134.6	4.2
旅行社	42.2	3.6	66.9	78.0	39.6
娱乐服务业	48.3	5.4	57.4	150.5	55.2
信息、咨询服务业	38.8	3.3	25.8	87.4	15.1
计算机应用服务业	29.1	2.2	56.8	46.6	40.1
其他社会服务业	55.3	2.8	47.3	73.3	42.0
(十二)卫生、体育和社会福利业	**51.9**	**2.9**	**67.7**	**78.3**	**37.5**
卫生	53.6	2.6	66.9	76.9	37.6
体育	36.1	4.0	63.7	88.9	31.8
社会福利保障业	53.7	2.0	96.0	44.8	45.5
(十三)教育、文化艺术及广播电影电视业	**61.7**	**2.6**	**69.8**	**61.6**	**51.3**
教育	63.5	2.4	72.0	50.8	53.1
文化艺术业	45.8	3.6	50.5	120.6	33.0
广播电影电视业	43.8	5.4	68.2	131.2	25.4
(十四)科学研究和综合技术服务业	**41.9**	**4.0**	**67.1**	**127.0**	**37.4**
科学研究业	39.4	3.6	83.2	87.0	43.0
综合技术服务业	43.8	4.4	54.4	158.8	30.4
(十五)国家机关、政党机关和社会团体	**56.2**	**2.3**	**68.3**	**47.6**	**52.2**
国家机关	56.2	2.3	68.4	46.2	52.4
政党机关	51.7	2.5	70.0	83.0	44.1
社会团体	54.0	2.6	53.5	103.2	24.6
基层群众自治组织	60.0	1.8	69.9	38.0	66.4
(十六)其他行业	**47.0**	**2.7**	**58.7**	**63.7**	**37.3**
其他行业	47.0	2.7	58.7	63.7	37.3

9-4 各地区按投资规模分的基本建设投资总规模

单位:万元

地　区	500万元以下	500~1000万元	1000~3000万元	3000~5000万元
全国总计	**9887964**	**10136121**	**30459765**	**22680986**
北　京	36352	89914	481537	457583
天　津	56431	86205	299506	300362
河　北	483081	621957	1613215	1048213
山　西	269180	262319	692345	500430
内蒙古	389187	328547	852398	630517
辽　宁	195765	252395	813773	564083
吉　林	176430	201274	541963	385121
黑龙江	323320	395245	935845	531335
上　海	46157	101474	518779	522445
江　苏	280949	384035	1365208	1238836
浙　江	373341	605852	2269947	1886792
安　徽	341551	314926	968458	631778
福　建	196983	266707	877916	683774
江　西	285181	291992	1037432	678042
山　东	667083	820322	2323307	1591008
河　南	474848	501050	1541479	1338428
湖　北	491840	420037	1280721	846624
湖　南	426807	418423	1227020	1008412
广　东	377488	476341	2216109	1641090
广　西	570058	393203	964819	801628
海　南	118307	109551	266773	199738
重　庆	253630	315627	1033410	651078
四　川	520991	516143	1765106	1410757
贵　州	365525	230305	455134	434057
云　南	469283	368135	943167	572371
西　藏	187933	117522	201423	181031
陕　西	372677	391013	993551	744972
甘　肃	404989	271905	646868	395064
青　海	207912	145883	333025	156767
宁　夏	120649	105661	219503	159102
新　疆	404036	331408	774238	483548
不分地区		750	5790	6000

单位:万元

地　　区	5000 万元 ～1 亿元	1～5 亿元	5～10 亿元	10 亿元 及以上
全国总计	**41143563**	**127254434**	**58585396**	**406229232**
北　　京	1154327	5525435	2368163	8275155
天　　津	593236	1787433	1116215	7055630
河　　北	1722303	3594214	1243986	5365236
山　　西	816321	2119347	1545905	8846083
内 蒙 古	843289	2241394	907604	4200462
辽　　宁	1220050	4288583	1926470	7143290
吉　　林	888354	2893808	788666	4852929
黑 龙 江	913012	2891059	1101622	5588572
上　　海	1075689	4763632	2895640	30990337
江　　苏	2182074	7345602	2896724	18620747
浙　　江	3323831	13268420	5102116	18944023
安　　徽	1281103	3629678	1728116	6268274
福　　建	1361205	3982209	1284247	5818519
江　　西	1299808	3011226	1156083	4190157
山　　东	3014957	8757250	3276969	10686517
河　　南	2169048	4895652	1461003	11575715
湖　　北	1731938	4747635	1901188	17784274
湖　　南	1784672	4994472	1869564	6924837
广　　东	2966226	11721569	7208088	34105751
广　　西	1234177	2951225	1423970	8113673
海　　南	380362	1412661	531028	3927774
重　　庆	1304891	4315555	1526836	4377664
四　　川	2599493	7224003	3636863	8337809
贵　　州	689433	1690555	801376	8717598
云　　南	967780	2757465	1022956	10112294
西　　藏	216046	503396	299375	
陕　　西	1291818	3693228	1975881	9432101
甘　　肃	672446	2147856	1917812	3923136
青　　海	308348	792974	880906	2683311
宁　　夏	309975	607352	259791	2198132
新　　疆	811835	2347423	1640841	6538214
不分地区	15516	352123	889392	120631018

9－5 各地区按隶属关系分的基本建设投资总规模

单位:万元

地 区	合 计	中央项目	地方项目				
				省属	地市属	县属	其他
全国总计	**706377461**	**253627535**	**452749926**	**150012130**	**147462015**	**107227365**	**48048416**
北 京	18388466	6759055	11629411	8921390	1520356	135645	1052020
天 津	11295018	3098664	8196354	5888930	825284	53367	1428773
河 北	15692205	3799001	11893204	1737969	3723891	4981390	1449954
山 西	15051930	5070991	9980939	4166001	1935872	1936364	1942702
内蒙古	10393398	2185315	8208083	1813050	3038914	2612679	743440
辽 宁	16404409	2506077	13898332	4914465	5620142	1938443	1425282
吉 林	10728545	3408259	7320286	1492959	3472461	1736576	618290
黑龙江	12680010	2414082	10265928	4062000	3718286	1564512	921130
上 海	40914153	7799793	33114360	22438376	9137342	47276	1491366
江 苏	34314175	8151269	26162906	5440147	13296572	7057948	368239
浙 江	45774322	10731181	35043141	3156345	13121374	15498616	3266806
安 徽	15163884	1472618	13691266	4096046	6005257	1877665	1712298
福 建	14471560	1414061	13057499	4635502	4106728	3506050	809219
江 西	11949921	1308628	10641293	4011791	2507390	2689764	1432348
山 东	31137413	5048794	26088619	6344520	8047385	8364092	3332622
河 南	23957223	7924515	16032708	4336511	5817638	4427423	1451136
湖 北	29204257	12566905	16637352	5361155	5509295	4103011	1663891
湖 南	18654207	3220421	15433786	4366959	4774727	5215247	1076853
广 东	60712662	7227607	53485055	10118265	25748478	9453621	8164691
广 西	16452753	5349756	11102997	3437514	4793096	1955820	916567
海 南	6946194	999367	5946827	2398995	847375	529972	2170485
重 庆	13778691	1294535	12484156	3784428	157446	7395561	1146721
四 川	26011165	2314165	23697000	6247618	7612830	7536865	2299687
贵 州	13383983	5136501	8247482	4146728	1880129	2044207	176418
云 南	17213451	3263967	13949484	4967967	2425889	3335684	3219944
西 藏	1706726	1482937	223789	76421	78233	30498	38637
陕 西	18895241	4840844	14054397	6404414	3604182	2536462	1509339
甘 肃	10380076	2955751	7424325	3383746	1709487	1892987	438105
青 海	5509126	1919042	3590084	1942016	755115	813181	79772
宁 夏	3980165	807415	3172750	2290800	370735	419220	91995
新 疆	13331543	5852437	7479106	3629102	1300106	1537219	1012679
不分地区	121900589	121303582	597007				597007

9-6 各地区按建设性质分的基本建设投资总规模

单位:万元

地区	新建	扩建	改建	单纯建造生活设施	迁建	恢复	单纯购置
全国总计	**503580506**	**129127229**	**53100698**	**7044574**	**7063764**	**1238703**	**5221987**
北京	7958287	8706222	1195127	396648	124469		7713
天津	7254560	3049372	165083	35855	27038	647574	115536
河北	10126512	3541895	1401138	285881	221863	84475	30441
山西	9579950	3942239	1004654	451272	36549	31250	6016
内蒙古	5412110	3562098	1185209	204838	9862	11881	7400
辽宁	10011476	4012739	1517049	362620	333721	27101	139703
吉林	4987039	3221634	2204932	214520	26140	737	73543
黑龙江	8971652	2683239	666902	205895	100011	1830	50481
上海	36021212	3423173	1019226	9412	295980	3550	141600
江苏	21647281	8996431	3461555	90567	107359		10982
浙江	31857923	9271015	3328997	178538	1083164	9700	44985
安徽	10956492	3025594	769163	114357	128580	18830	150868
福建	11692195	1948821	670425	74680	74219	330	10890
江西	8239295	2273089	1237326	20623	107043	14877	57668
山东	18402932	9867757	1549483	631211	338382	8033	339615
河南	17495738	3248381	2387773	512775	181627	21947	108982
湖北	20777455	3968488	3597538	191042	594112	52477	23145
湖南	12128071	3826201	2114626	232360	329162	21753	2034
广东	49804033	8058891	1837144	90137	672103	18329	232025
广西	12289156	2441282	1462332	214655	18385	12495	14448
海南	5853712	622373	37277	85954	8553	15000	323325
重庆	8668621	2521093	1216484	174269	1087435	42114	68675
四川	14825692	5643460	4294189	254830	616152	98480	278362
贵州	9685536	2651889	788720	76796	161169	530	19343
云南	12493465	2234293	2159497	160535	148115	14685	2861
西藏	1222618	135252	296131	36796	1816	13796	317
陕西	13289866	3538541	1215664	728119	84634	33169	5248
甘肃	7330013	1715832	631097	632918	51015	5945	13256
青海	3951841	675881	805736	45291	9200	11977	9200
宁夏	2104778	1248014	552413	47589	27371		
新疆	4654931	4726481	3579179	283591	58535	15838	12988
不分地区	103886064	10345559	4748629				2920337

9-7 各地区基本建设投资和新增固定资产

单位:万元

地　　区	投 资 额	新增固定资产	固定资产交付使用率(%)
全国总计	**176666195**	**119896905**	**67.9**
北　　京	4146951	3719622	89.7
天　　津	3618457	2219138	61.3
河　　北	5972395	4072781	68.2
山　　西	3771778	4623259	122.6
内 蒙 古	4091386	3152751	77.1
辽　　宁	5289950	4310489	81.5
吉　　林	3715660	2729353	73.5
黑 龙 江	4955580	4152857	83.8
上　　海	7841319	2571518	32.8
江　　苏	11453573	7766146	67.8
浙　　江	11673332	8703198	74.6
安　　徽	4244416	2975777	70.1
福　　建	3978305	2748412	69.1
江　　西	3478881	2014991	57.9
山　　东	11699824	6679089	57.1
河　　南	6944251	5664457	81.6
湖　　北	7459628	4508946	60.4
湖　　南	5052525	3879354	76.8
广　　东	13112299	8816109	67.2
广　　西	3582002	1852482	51.7
海　　南	1497314	1058185	70.7
重　　庆	3929964	2826276	71.9
四　　川	7934186	4943738	62.3
贵　　州	3065541	1569281	51.2
云　　南	3921640	3053432	77.9
西　　藏	859137	482241	56.1
陕　　西	4596916	3495490	76.0
甘　　肃	2630565	1433138	54.5
青　　海	1619174	719846	44.5
宁　　夏	1217167	661903	54.4
新　　疆	4908906	3559136	72.5
不分地区	14403173	8933510	62.0

9-8 基本建设分行业投资和新增固定资产

单位:万元

行业	投资额	新增固定资产	固定资产交付使用率(%)
全国总计	**176666195**	**119896905**	**67.9**
(一)农、林、牧、渔业	**5877993**	**2389892**	**40.7**
农业	1037429	787153	75.9
林业	3631066	744140	20.5
畜牧业	419237	287251	68.5
渔业	124180	71918	57.9
农、林、牧、渔服务业	666081	499430	75.0
(二)采掘业	**6799304**	**4834017**	**71.1**
煤炭采选业	1119115	724346	64.7
石油和天然气开采业	5211513	3864168	74.1
黑色金属矿采选业	75924	48948	64.5
有色金属矿采选业	165063	92405	56.0
非金属矿采选业	68159	38050	55.8
其他矿采选业	4170	2050	49.2
木材及竹材采运业	155360	64050	41.2
(三)制造业	**20978257**	**14181143**	**67.6**
食品加工业	737935	464578	63.0
食品制造业	545253	331947	60.9
饮料制造业	487890	294561	60.4
烟草加工业	134370	93518	69.6
纺织业	745157	539816	72.4
服装及其他纤维品制造业	399565	277914	69.6
皮革、毛皮、羽绒及其制品业	235865	128169	54.3
木材加工及竹、藤、棕、草制品业	254713	172295	67.6
家具制造业	155686	110398	70.9
造纸及纸制品业	345710	188389	54.5
印刷业、记录媒介的复制	263537	200776	76.2
文教体育用品制造业	94936	67506	71.1
石油加工及炼焦业	898640	868838	96.7
化学原料及化学制品制造业	2124686	1535996	72.3
医药制造业	1005693	581295	57.8
化学纤维制造业	323538	111637	34.5
橡胶制品业	103062	53330	51.7
塑料制品业	556708	345904	62.1
非金属矿物制品业	1150102	755505	65.7
黑色金属冶炼及压延加工业	1112835	1220670	109.7
有色金属冶炼及压延加工业	692620	552743	79.8
金属制品业	616679	423123	68.6
普通机械制造业	558037	385034	69.0

9－8 续表 1　　　　　　　　　　　　　　　　　　　　　　　　　　　　单位：万元

行　　业	投资额	新增固定资产	固定资产交付使用率（%）
专用设备制造业	696038	359396	51.6
交通运输设备制造业	1554159	956316	61.5
电气机械及器材制造业	640919	440327	68.7
电子及通信设备制造业	3224056	2172106	67.4
仪器仪表及文化办公用机械制造业	457098	174784	38.2
其他制造业	862770	374272	43.4
（四）电力、煤气及水的生产和供应业	**24586112**	**18027748**	**73.3**
电力、蒸汽、热水的生产和供应业	22258415	16622032	74.7
煤气的生产和供应业	683326	415693	60.8
自来水的生产和供应业	1644371	990023	60.2
（五）建筑业	**2689655**	**1779469**	**66.2**
土木工程建筑业	2483526	1638096	66.0
线路、管道和设备安装业	183439	124901	68.1
建筑物的装修装饰业	22690	16472	72.6
（六）地质勘查业、水利管理业	**7204122**	**4111437**	**57.1**
地质勘查业	166582	133811	80.3
水利管理业	7037540	3977626	56.5
（七）交通运输、仓储及邮电通信业	**43939766**	**33938023**	**77.2**
铁路运输业	7177942	6911035	96.3
公路运输业	16588560	13625377	82.1
管道运输业	1074248	1061282	98.8
水上运输业	522588	175961	33.7
航空运输业	1960003	1683465	85.9
交通运输辅助业	9836895	5515275	56.1
其他交通运输业	469248	113046	24.1
仓储业	1071109	964375	90.0
邮电通信业	5239173	3888207	74.2
（八）批发和零售贸易、餐饮业	**3974545**	**2754999**	**69.3**
食品、饮料、烟草和家庭用品批发商业	1144953	818459	71.5
能源、材料和机械电子设备批发业	565857	390728	69.1
其他批发业	196220	116389	59.3
零售业	1762420	1185196	67.2
商业经纪与代理业	42658	27995	65.6

9－8 续表 2　　单位:万元

行　　业	投资额	新增固定资产	固定资产交付使用率(%)
餐饮业	262437	216232	82.4
(九)金融、保险业	**654719**	**466526**	**71.3**
金融业	598238	420690	70.3
保险业	56481	45836	81.2
(十)房地产业	**2016216**	**1213215**	**60.2**
房地产开发与经营业	1568610	921129	58.7
房地产管理业	423164	281200	66.5
房地产代理与经纪业	24442	10886	44.5
(十一)社会服务业	**25880573**	**14368712**	**55.5**
公共服务业	22271869	12365376	55.5
居民服务业	168377	121898	72.4
旅馆业	1059015	695434	65.7
租赁服务业	218332	2911	1.3
旅行社	507279	339529	66.9
娱乐服务业	282886	162440	57.4
信息、咨询服务业	97698	25175	25.8
计算机应用服务业	555532	315468	56.8
其他社会服务业	719585	340481	47.3
(十二)卫生、体育和社会福利业	**3394280**	**2298323**	**67.7**
卫生	2315031	1549434	66.9
体育	889580	566888	63.7
社会福利保障业	189669	182001	96.0
(十三)教育、文化艺术及广播电影电视业	**11645563**	**8129687**	**69.8**
教育	9937853	7158978	72.0
文化艺术业	1094907	552582	50.5
广播电影电视业	612803	418127	68.2
(十四)科学研究和综合技术服务业	**1391308**	**933919**	**67.1**
科学研究业	615642	512048	83.2
综合技术服务业	775666	421871	54.4
(十五)国家机关、政党机关和社会团体	**13534245**	**9237419**	**68.3**
国家机关	12735788	8711676	68.4
政党机关	284682	199369	70.0
社会团体	200249	107145	53.5
基层群众自治组织	313526	219229	69.9
(十六)其他行业	**2099537**	**1232376**	**58.7**
其他行业	2099537	1232376	58.7

9-9 各地区按投资规模分的基本建设投资

单位:万元

地区	500万元以下	500～1000万元	1000～3000万元	3000～5000万元
全国总计	**7702440**	**6988462**	**18108964**	**11387405**
北京	26550	58083	248859	230711
天津	46593	67457	191896	191014
河北	412976	492165	1174821	647735
山西	199945	172027	383848	232736
内蒙古	332977	265329	612906	400021
辽宁	167869	196988	563521	311410
吉林	157409	171707	405180	256212
黑龙江	284151	316834	641158	260478
上海	34388	65018	288027	238423
江苏	238875	281389	958898	766663
浙江	261831	364295	1197054	880439
安徽	267042	205805	550790	271788
福建	140713	147571	440696	272069
江西	220774	191586	516135	268174
山东	545188	608213	1546382	895669
河南	381255	354644	1007702	748664
湖北	407352	310393	774951	406172
湖南	302035	241378	619976	438624
广东	288380	316780	1212057	780969
广西	395341	221777	417832	293627
海南	91656	86280	166483	110189
重庆	199596	211854	574057	284458
四川	389059	337161	1040597	703785
贵州	282288	144497	236911	166493
云南	320012	214176	457978	261119
西藏	151659	87690	133054	105927
陕西	281695	266479	584271	354185
甘肃	285025	169670	320761	146496
青海	163859	94473	199424	70610
宁夏	96394	76265	136880	87542
新疆	329553	249728	504812	303337
不分地区		750	1047	1666

单位:万元

地区	5000万元~1亿元	1~5亿元	5~10亿元	10亿元及以上
全国总计	**17679259**	**40273182**	**14257435**	**60269048**
北京	466541	1686870	458540	970797
天津	339146	816699	414211	1551441
河北	830321	1184071	429724	800582
山西	332625	716480	329283	1404834
内蒙古	396026	827346	238888	1017893
辽宁	624047	1448670	673544	1303901
吉林	525064	1140752	391754	667582
黑龙江	433155	1009652	336152	1674000
上海	511175	1613499	546963	4543826
江苏	1230375	3265397	750671	3961305
浙江	1256733	3982559	1230712	2499709
安徽	545269	1155977	343134	904611
福建	443009	890035	202718	1441494
江西	420102	713940	167234	980936
山东	1508686	3400202	1000866	2194618
河南	994115	1615613	383719	1458539
湖北	812997	1379464	383181	2985118
湖南	559278	1272706	404270	1214258
广东	1212449	3400689	1356598	4544377
广西	390709	674389	325761	862566
海南	139133	273071	94395	536107
重庆	495247	1163630	242118	759004
四川	1165915	2191138	971070	1135461
贵州	246131	460965	209111	1319145
云南	322646	638513	178869	1528327
西藏	84221	207560	89026	
陕西	510505	981063	526813	1091905
甘肃	225362	552806	394348	536097
青海	90370	323845	294768	381825
宁夏	130811	193605	120700	374970
新疆	436247	939773	537492	1607964
不分地区	849	152203	230802	14015856

9-10 各地区按构成分的基本建设投资

单位:万元

地　　区	投资额	建筑安装工程	设备工器具购置	其他费用
全国总计	**176666195**	**118658161**	**27801800**	**30206234**
北　京	4146951	2795576	428526	922849
天　津	3618457	2672501	551110	394846
河　北	5972395	4281078	837113	854204
山　西	3771778	2665741	585914	520123
内蒙古	4091386	2991650	543021	556715
辽　宁	5289950	3498381	841539	950030
吉　林	3715660	2965414	420019	330227
黑龙江	4955580	3875926	508008	571646
上　海	7841319	3686708	1989572	2165039
江　苏	11453573	7723470	1678065	2052038
浙　江	11673332	7704577	1024132	2944623
安　徽	4244416	3118278	550589	575549
福　建	3978305	2634044	637888	706373
江　西	3478881	2539340	452728	486813
山　东	11699824	8135537	2367591	1196696
河　南	6944251	4993734	993390	957127
湖　北	7459628	4537006	956893	1965729
湖　南	5052525	3841793	421626	789106
广　东	13112299	8768099	2471646	1872554
广　西	3582002	2468086	484545	629371
海　南	1497314	821948	512798	162568
重　庆	3929964	2959762	430129	540073
四　川	7934186	5582184	1079169	1272833
贵　州	3065541	2172243	387705	505593
云　南	3921640	3000281	383313	538046
西　藏	859137	808925	41459	8753
陕　西	4596916	3340990	530274	725652
甘　肃	2630565	2114556	227897	288112
青　海	1619174	1345977	162897	110300
宁　夏	1217167	951898	142257	123012
新　疆	4908906	3645431	722664	540811
不分地区	14403173	6017027	4437323	3948823

9－11　各地区按隶属关系分的基本建设投资

单位：万元

地　区	合　计	中央项目	地方项目	省属	地市属	县属	其他
全国总计	**176666195**	**45284914**	**131381281**	**32691841**	**40440479**	**44131485**	**14117476**
北　京	4146951	1539874	2607077	1467757	661601	99573	378146
天　津	3618457	1061744	2556713	1553065	464077	33361	506210
河　北	5972395	894393	5078002	569992	1125408	2804434	578168
山　西	3771778	782654	2989124	1128299	533052	804836	522937
内蒙古	4091386	663402	3427984	671844	1025919	1477750	252471
辽　宁	5289950	984328	4305622	896058	1933051	971144	505369
吉　林	3715660	768100	2947560	384044	1256451	952935	354130
黑龙江	4955580	1400471	3555109	1235379	1083342	793122	443266
上　海	7841319	1350541	6490778	3489473	2599385	31071	370849
江　苏	11453573	2152522	9301051	1193258	4225460	3712950	169383
浙　江	11673332	1583599	10089733	705186	3578664	4935304	870579
安　徽	4244416	495478	3748938	940274	1493102	927079	388483
福　建	3978305	333319	3644986	1227109	1143304	1035763	238810
江　西	3478881	349285	3129596	1123234	644406	1049063	312893
山　东	11699824	1621104	10078720	1736098	2808983	3984962	1548677
河　南	6944251	1148853	5795398	898690	1921671	2511948	463089
湖　北	7459628	2727422	4732206	916197	1640680	1663276	512053
湖　南	5052525	682675	4369850	1060074	1180292	1813469	316015
广　东	13112299	1462982	11649317	2490958	3860072	3035336	2262951
广　西	3582002	795349	2786653	749511	1005841	842980	188321
海　南	1497314	295801	1201513	581651	169658	227518	222686
重　庆	3929964	434076	3495888	765711	56992	2316087	357098
四　川	7934186	720244	7213942	1258380	2173050	3028333	754179
贵　州	3065541	991404	2074137	701822	532045	729959	110311
云　南	3921640	781117	3140523	935471	785081	1138966	281005
西　藏	859137	702302	156835	64457	43799	19674	28905
陕　西	4596916	786655	3810261	1210815	1076451	1103214	419781
甘　肃	2630565	613230	2017335	661784	538038	711674	105839
青　海	1619174	354956	1264218	600246	201360	423364	39248
宁　夏	1217167	352617	864550	455238	144979	231846	32487
新　疆	4908906	2314059	2594847	1019766	534265	720494	320322
不分地区	14403173	14140358	262815				262815

9-12 各地区按建设性质分的基本建设投资

单位:万元

地区	新建	扩建	改建	单纯建造生活设施	迁建	恢复	单纯购置
全国总计	**103615112**	**42174525**	**20183268**	**3606046**	**2393892**	**262901**	**4430451**
北京	1470922	2088097	410334	134129	38150		5319
天津	2461510	930623	90486	13446	3530	43016	75846
河北	3785444	1255938	620582	187251	80187	16347	26646
山西	2244385	909983	348203	243076	15122	4993	6016
内蒙古	1817351	1528856	564987	161484	7869	3519	7320
辽宁	2540023	1530607	830397	165257	136945	6505	80216
吉林	1489497	933397	1055291	154990	9462	737	72286
黑龙江	3277677	1181200	269475	142200	35815	1150	48063
上海	6667902	605678	460727	5825	74409	700	26078
江苏	6141550	3786347	1400589	62306	51799		10982
浙江	7973678	2138454	1025800	66141	426836	2187	40236
安徽	2904329	795899	332926	60068	35182	7465	108547
福建	3107339	539347	269669	24400	27598	240	9712
江西	2281938	713457	395660	11827	13924	6889	55186
山东	5892709	4353250	810901	329680	148731	2248	162305
河南	4021657	1546241	936385	274532	57889	8878	98669
湖北	4372485	1479821	1287117	103421	175492	18223	23069
湖南	2825181	1349613	641123	139378	86591	8616	2023
广东	10008818	2257275	521877	26102	136609	10922	150696
广西	2140065	831380	496515	86603	8414	5382	13643
海南	828675	280104	24199	35901	3120	2959	322356
重庆	2085413	755984	530190	87018	402334	19985	49040
四川	3836062	1742364	1881722	125735	242389	49965	55949
贵州	1707888	849400	398355	45690	45551	45	18612
云南	2182432	744603	832454	95424	56142	7759	2826
西藏	568197	78877	179886	26901	1594	3365	317
陕西	2487842	1231731	524835	308269	28017	13331	2891
甘肃	1657349	475280	259625	216418	6061	2576	13256
青海	934381	310235	335552	25820	716	3347	9123
宁夏	560650	275854	328419	34378	17866		
新疆	1103274	2115299	1433971	212376	19548	11552	12886
不分地区	8238489	2559331	685016				2920337

9－13 各地区按建设阶段分的基本建设投资

单位：万元

地　　区	合计	筹建	本年正式施工	本年收尾	全部停缓建	单纯购置
全国总计	**176666195**	**982115**	**169167779**	**1943001**	**142849**	**4430451**
北　京	4146951	18524	4061362	61746		5319
天　津	3618457	35756	3494055	11400	1400	75846
河　北	5972395	16258	5903903	24488	1100	26646
山　西	3771778	7351	3753366	5045		6016
内蒙古	4091386	520	4075565	7981		7320
辽　宁	5289950	3769	5136823	68852	290	80216
吉　林	3715660		3635353	7977	44	72286
黑龙江	4955580	35473	4830692	41352		48063
上　海	7841319	206899	7443214	162532	2596	26078
江　苏	11453573	20146	11411984	10180	281	10982
浙　江	11673332	95763	11456918	75737	4678	40236
安　徽	4244416	17363	4077623	37946	2937	108547
福　建	3978305	18966	3895519	51819	2289	9712
江　西	3478881	13768	3401130	8697	100	55186
山　东	11699824	20208	11306108	192700	18503	162305
河　南	6944251	15288	6734717	67039	28538	98669
湖　北	7459628	60900	7208641	165878	1140	23069
湖　南	5052525	14656	4989659	43184	3003	2023
广　东	13112299	69078	12798175	51853	42497	150696
广　西	3582002	71131	3484605	11932	691	13643
海　南	1497314	2500	1144471	27987		322356
重　庆	3929964	3615	3849669	21855	5785	49040
四　川	7934186	44987	7614954	218296		55949
贵　州	3065541	104019	2917777	25098	35	18612
云　南	3921640	7067	3859753	48419	3575	2826
西　藏	859137	10	794682	42575	21553	317
陕　西	4596916	57375	4486705	49645	300	2891
甘　肃	2630565	7692	2586678	21425	1514	13256
青　海	1619174	1973	1586347	21731		9123
宁　夏	1217167		1217167			
新　疆	4908906	60	4883571	12389		12886
不分地区	14403173	11000	11126593	345243		2920337

9-14 各地区按主要行业分的基本建设投资

单位:万元

地区	合计	农、林、牧、渔业	采掘业	制造业	电力、煤气及水的生产和供应业
全国总计	**176666195**	**5877993**	**6799304**	**20978257**	**24586112**
北京	4146951	21969	1363	385575	448159
天津	3618457	7224	574630	344839	322986
河北	5972395	218774	119446	862311	725463
山西	3771778	78925	290821	590547	798970
内蒙古	4091386	470381	67065	269104	862312
辽宁	5289950	76926	357692	680328	584188
吉林	3715660	22662	196658	451441	433720
黑龙江	4955580	201085	905160	414987	407279
上海	7841319	28128	2836	2444215	569105
江苏	11453573	49172	44073	1502578	1616394
浙江	11673332	57541	407	1296762	1387037
安徽	4244416	35578	101815	464915	312453
福建	3978305	87347	11724	686725	504936
江西	3478881	49310	30770	387679	347587
山东	11699824	93323	780036	2609431	1451703
河南	6944251	139429	237214	825563	947303
湖北	7459628	200392	76385	635127	2411706
湖南	5052525	75886	2914	236923	806048
广东	13112299	49293	206182	3142012	1860110
广西	3582002	69931	20466	244616	814857
海南	1497314	133778	19477	157615	70954
重庆	3929964	96093	7184	381013	365407
四川	7934186	144172	42167	616701	1246910
贵州	3065541	53413	9636	74530	935289
云南	3921640	70099	41534	161085	989030
西藏	859137	37305	1077	8579	103390
陕西	4596916	182184	199705	547875	468302
甘肃	2630565	169471	98178	141411	346984
青海	1619174	123259	129619	116691	303069
宁夏	1217167	47945	1796	23856	326549
新疆	4908906	229303	1220560	273223	603582
不分地区	14403173	2557695	1000714		1214330

单位：万元

地　　区	建筑业	地质勘查业水利管理业	交通运输、仓储和邮电通信业	批发零售贸易和餐饮业	金融、保险业	房地产业
全国总计	**2689655**	**7204122**	**43939766**	**3974545**	**654719**	**2016216**
北　　京	50777	101630	179532	82184	10466	29969
天　　津	52182	180658	672281	79334	3532	42696
河　　北	144593	227555	979909	365282	24385	222330
山　　西	20334	95174	1000641	84672	27434	3760
内 蒙 古	21400	275743	1061078	88438	17026	37242
辽　　宁	84407	61582	1030049	210211	43069	274659
吉　　林	109135	91048	598639	224749	24331	5909
黑 龙 江	70738	124626	1046928	110247	19487	27216
上　　海	14847	264973	759676	70029	19675	253467
江　　苏	164031	519414	2700385	237886	65724	32480
浙　　江	90805	443164	2334230	181557	29626	96993
安　　徽	253830	452035	1028376	70068	28109	61204
福　　建	69341	65923	1352304	53529	5816	20150
江　　西	29064	134082	1177239	63426	9943	31705
山　　东	296498	245228	1614091	488741	39893	141260
河　　南	32024	395516	2254394	118003	29483	33952
湖　　北	197809	638041	1324416	142617	19644	40072
湖　　南	76814	388637	1086653	233149	18108	9784
广　　东	270785	250950	2628275	232843	37031	229589
广　　西	9197	261959	954804	74948	13141	14554
海　　南	14574	35901	584365	16210	9934	19561
重　　庆	81209	157098	866467	75956	26130	118813
四　　川	178305	307691	2206644	93945	23913	101960
贵　　州	8884	66328	975799	46042	6912	19811
云　　南	3149	219805	1199028	73656	17546	15072
西　　藏	35162	78810	367325	4540	2240	
陕　　西	63351	131089	1311185	155854	30875	30876
甘　　肃	95832	153530	769399	51354	9138	49345
青　　海	66262	36307	494567	23770	4009	3783
宁　　夏	6204	101341	358268	27070	7726	8590
新　　疆	78112	399641	903293	194235	30373	39414
不分地区		298643	8119526			

9－14 续表 2

单位:万元

地　区	社　会服务业	卫生体育和社会福利业	教育、文化艺术和广播电影电视业	科学研究和综合技术服务业	国家机关、政党机关和社会团体	其　他行　业
全国总计	**25880573**	**3394280**	**11645563**	**1391308**	**13534245**	**2099537**
北　京	1084151	176054	606041	269820	585965	113296
天　津	707831	70336	301124	19537	160588	78679
河　北	673838	138757	549843	37522	510422	171965
山　西	345190	40810	259106	9041	120198	6155
内蒙古	440226	34172	166049	5552	237412	38186
辽　宁	764920	67435	391075	55052	505221	103136
吉　林	622345	54280	334611	20559	487740	37833
黑龙江	605601	66761	341607	26059	527118	60681
上　海	2543705	169801	354049	153671	152019	41123
江　苏	2428605	261274	965438	76452	582897	206770
浙　江	3329276	345074	1284355	34487	594478	167540
安　徽	451137	107569	278996	14893	558021	25417
福　建	461899	68734	275950	25778	218620	69529
江　西	461958	42809	235237	19981	391972	66119
山　东	1168325	235163	821231	73680	1466644	174577
河　南	665480	161919	433402	46554	569478	54537
湖　北	559194	132104	383979	88237	528918	80987
湖　南	960177	200937	380201	24845	493361	58088
广　东	2185374	354698	847245	42548	647615	127749
广　西	620621	81344	194473	11736	172390	22965
海　南	279100	20817	52972	2157	77044	2855
重　庆	726487	79716	302288	77792	491044	77267
四　川	1664132	118499	589168	50562	485472	63945
贵　州	486369	49275	151720	5770	169059	6704
云　南	498995	61945	217607	28381	323564	1144
西　藏	18649	10836	41725	4802	142257	2440
陕　西	295398	75033	431584	97271	380044	196290
甘　肃	199723	24152	147933	13562	339146	21407
青　海	117641	13500	40550	2601	143286	260
宁　夏	134527	29478	57606	3454	71854	10903
新　疆	379699	100998	208398	11110	225975	10990
不分地区				37842	1174423	

9－15 各地区按主要工业行业分的基本建设投资

单位：万元

地　　区	工业合计	煤炭采选业	石油和天然气开采业	黑色金属矿采选业	有色金属矿采选业	非金属矿采选业	其他矿采选业
全国总计	**52363673**	**1119115**	**5211513**	**75924**	**165063**	**68159**	**4170**
北　　京	835097			1363			
天　　津	1242455		573247			1383	
河　　北	1707220	57640	41897	14977	1660	3272	
山　　西	1680338	277304		3585	9932		
内 蒙 古	1198481	34571	5510	7133	19184	667	
辽　　宁	1622208	52306	302226	2892	268		
吉　　林	1081819	13036	155267	2135	1755		
黑 龙 江	1727426	13679	766692		400		
上　　海	3016156		2836				
江　　苏	3163045	17039	24097	150	787	2000	
浙　　江	2684206				150	257	
安　　徽	879183	48840	75	24169	21577	7154	
福　　建	1203385	1435		735	3464	960	2130
江　　西	766036	20218			4697	5737	
山　　东	4841170	304495	434857	6913	20132	13524	115
河　　南	2010080	66874	161932		8408		
湖　　北	3123218	2527	63589	940	3032	6112	
湖　　南	1045885	947		70	1797		
广　　东	5208304		199843	150	192	4482	1515
广　　西	1079939	4740		642	3336	11476	160
海　　南	248046		18885			592	
重　　庆	753604	573	4232		1095	1224	60
四　　川	1905778	5590	30558	2000	2900	1119	
贵　　州	1019455	4084	3047	121	2293	80	
云　　南	1191649	14793		67	25687	933	
西　　藏	113046			127	950		
陕　　西	1215882	27941	152783	3480	13838	700	
甘　　肃	586573	8840	84997	1963	1295	900	
青　　海	549379	1787	115294		11051	1297	190
宁　　夏	352201	1796					
新　　疆	2097365	15228	1191767	2312	5183	4290	
不分地区	2215044	122832	877882				

单位：万元

地　区	木材及竹材采运业	食品加工业	食品制造业	饮料制造业	烟草加工业	纺织业	服装及其他纤维制品制造业
全国总计	**155360**	**737935**	**545253**	**487890**	**134370**	**745157**	**399565**
北　京		7434	20194	13987		1149	3341
天　津		8535	5023	1925	1500	17692	3419
河　北		39283	38424	30787	275	38870	33876
山　西		26647	10001	11510	880	5219	619
内蒙古		25632	23532	6738		8782	
辽　宁		34373	20013	10642		9339	2700
吉　林	24465	29158	24264	80038		200	200
黑龙江	124389	42470	40458	5683	1835	1395	
上　海		1071	3985	11250	17619	1244	4833
江　苏		32896	11042	24053		28033	28157
浙　江		13197	23368	13397	10743	45519	107534
安　徽		10091	34533	11229	5418	30882	2312
福　建	3000	16683	25546	4838	555	7927	19593
江　西	118	13207	13080	7119	1601	16467	9171
山　东		192946	93464	86681	17024	261346	85449
河　南		45845	30158	24050	18147	29198	65
湖　北	185	39132	20802	15077	12812	36549	7295
湖　南	100	27509	10740	9502	200	5188	577
广　东		26404	23728	30127	2000	122767	82586
广　西	112	27289	1648	9822	294	4367	1236
海　南		8391	4569	376	357	1554	150
重　庆		9130	5455	6152	5153	7149	5990
四　川		19996	15443	17791	891	6554	
贵　州	11	80	2045	3060	11618		
云　南	54	7349	1984	9755	21431	2945	132
西　藏		2147	300				
陕　西	963	9959	20453	26300	1312	12480	330
甘　肃	183	9731	5342	3362	2535	1826	
青　海		3897	1535	150			
宁　夏		1530	686	7629		130	
新　疆	1780	5923	13438	4860	170	40386	
不分地区							

9－15 续表 2

单位：万元

地　　区	皮革、毛皮、羽绒及其制品业	木材加工及竹、藤、棕、草制品业	家　具制造业	造纸及纸制品业	印刷业、记录媒介的复制	文教体育用品制造业	石油加工及炼焦业
全国总计	**235865**	**254713**	**155686**	**345710**	**263537**	**94936**	**898640**
北　　京	300		561	970	17429		3181
天　　津	150		2600	11309	968		2085
河　　北	22066	1980	14780	17093	22825	8210	14300
山　　西			420		720		104000
内 蒙 古	262	1900	670	7460	665		1210
辽　　宁	916	49152	940	12765	7788	1000	6123
吉　　林	300	16030	14420		9225	500	3507
黑 龙 江	5570	5700	3978	3017	340	300	25961
上　　海		500	3180	1150	21576	3350	2560
江　　苏	5810	15276		5653	10864	840	100
浙　　江	66395	16315	8370	21825	12436	13161	158972
安　　徽	2782	17363	3099	4840	9004	170	1322
福　　建	6110	16855	2954	14906	3650	2029	306617
江　　西	4687	7239	5538	12918	11715	2023	2790
山　　东	26074	21663	54754	116768	31624	26012	14263
河　　南	1150	620	285	24167	10698	2026	1550
湖　　北	100	2311	2297	5800	7252		20528
湖　　南		1660	900	19961	5779		5917
广　　东	78678	56769	22602	18139	35483	31733	27073
广　　西	416	2991	1304	17871	2599		5712
海　　南		5798	428	5878			793
重　　庆	3710	4798	2050	5800	2303		
四　　川	5000	4500	3578	7478	19352	3582	12879
贵　　州				130	301		120
云　　南		2602		3173	1962		10141
西　　藏							
陕　　西		266	510	4410	12555		5778
甘　　肃	806	1225	1550	660	845		6188
青　　海	767		470				
宁　　夏	3716		660		448		
新　　疆	100	1200	2788	1569	3131		154970
不分地区							

9－15 续表 3

单位:万元

地　　区	化学原料及化学制品制造业	医药制造业	化学纤维制造业	橡胶制品业	塑料制品业	非金属矿物制品业	黑色金属冶炼及压延加工业
全国总计	**2124686**	**1005693**	**323538**	**103062**	**556708**	**1150102**	**1112835**
北　京	24033	30531		590	11874	4024	10590
天　津	3352	63432	516	6638	7230	12475	
河　北	63170	83486	1150	2785	39990	81641	112555
山　西	42983	49787		980	10953	39026	211477
内蒙古	26784	12030			1188	46835	24332
辽　宁	68445	17330	300	500	11801	22316	81376
吉　林	50811	48459		1000	7150	25352	6890
黑龙江	50711	31070		3917	3141	24584	10884
上　海	195351	40491		920	24614	13760	124229
江　苏	623389	31733	134365	1620	8699	17217	99950
浙　江	54841	54272	15587	2855	58794	43710	7900
安　徽	25635	23812		26870	19933	74259	8983
福　建	13968	18297	5601	1785	22266	22247	18138
江　西	18994	12148	60084		12227	56285	1158
山　东	173196	84541	32166	17315	87355	165573	70808
河　南	72363	31533	14875		16202	72626	2900
湖　北	19842	38618	35	1100	6925	30064	141756
湖　南	18892	12354	1467	1150	20180	15268	5142
广　东	197488	114423	701	22682	150031	195870	68136
广　西	11200	6522	510	414	1751	19668	7535
海　南	91860	14424		618	3056	2043	
重　庆	39628	13161	56181	2155	297	13464	12055
四　川	93225	48001		1000	15285	45612	17904
贵　州	9641	1386			8223	3449	4298
云　南	21324	23883			110	5320	9227
西　藏		1830			69	2733	
陕　西	24032	94194		5978	2840	47175	13981
甘　肃	6435	1279		190	2209	3165	21035
青　海	79016	1000			120	22536	900
宁　夏	1094	803				3440	3000
新　疆	2983	863			2195	18365	15696
不分地区							

9－15 续表 4

单位:万元

地　　区	有色金属冶炼及压延加工业	金属制品业	普通机械制造业	专用设备制造业	交通运输设备制造业	电气机械及器材制造业
全国总计	**692620**	**616679**	**558037**	**696038**	**1554159**	**640919**
北　　京	2159	17156	21345	29036	47651	15829
天　　津	550	11728	8428	7922	17947	25039
河　　北	2510	54313	23311	33352	14634	19094
山　　西	18491	3036	12190	9161	5761	5884
内 蒙 古	60200	180	6928	2821	1065	2172
辽　　宁	9352	23672	44714	63388	80744	29339
吉　　林	2400	3705	3967	2500	32325	14693
黑 龙 江	750	11583	11365	21882	59815	35237
上　　海	42915	6424	38528	33926	266081	27153
江　　苏	1116	54134	14554	22238	45541	24717
浙　　江	7003	37286	70482	38323	87536	35658
安　　徽	164	9355	13988	9429	53721	30348
福　　建	1510	6387	18702	9516	42204	8474
江　　西	7757	14875	11783	17921	23548	11584
山　　东	73719	91990	131559	126607	246038	95933
河　　南	212649	9575	21326	103001	20417	12429
湖　　北	6076	16470	17721	9174	75795	12881
湖　　南	11329	1882	4476	30015	12578	5381
广　　东	4780	158953	17961	37870	168012	156307
广　　西	85193	10865	3993	4244	4273	4720
海　　南		1624	210	1179	3249	552
重　　庆	20700	35621	16958	3523	68192	10512
四　　川	58776	14273	10053	35122	46541	23765
贵　　州	5658	1641	274	37	15092	3790
云　　南	16074	538	470	14998	3053	1960
西　　藏		200			1300	
陕　　西	7825	12152	23667	23059	105731	20332
甘　　肃	29751	5978	6803	4777	3268	5721
青　　海	3173	282	1368	612	370	415
宁　　夏		200		310		
新　　疆	40	601	913	95	1677	1000
不分地区						

单位:万元

地区	电子及通信设备制造业	仪器仪表及文化办公用机械制造业	其他制造业	电力、蒸汽、热水的生产和供应业	煤气的生产和供应业	自来水的生产和供应业
全国总计	**3224056**	**457098**	**862770**	**22258415**	**683326**	**1644371**
北京	84144	16534	1533	304829	127365	15965
天津	117424	2627	4325	298893	17354	6739
河北	30291	12270	4990	663147	36769	25547
山西	2074	394	18334	728699	17159	53112
内蒙古	50		7668	790788	24467	47057
辽宁	44982	16345	9973	504688	13052	66448
吉林	45317	28530	500	391617	800	41303
黑龙江	324	6307	6710	338386	23877	45016
上海	1105165	15554	436786	469269	41607	58229
江苏	158676	19805	82100	1374716	55177	186501
浙江	207855	20879	42549	1266527	24563	95947
安徽	20562	4542	10269	266585	11540	34328
福建	60553	2164	6650	444024	11838	49074
江西	17453	700	13607	303990	3894	39703
山东	119580	31847	33136	1349634	34898	67171
河南	35724	8812	3172	831642	53357	62304
湖北	52490	13898	22327	2357937	13845	39924
湖南	4894	1300	2682	743096	22262	40690
广东	981264	237566	71879	1761966	11668	86476
广西	577	770	6832	774914	7087	32856
海南	6886	1330	2290	43741	5957	21256
重庆	1657	1638	27581	318567	11021	35819
四川	80268	5332	4500	1115113	30838	100959
贵州	3687			875337	3866	56086
云南			2654	826862	2312	159856
西藏				98182		5208
陕西	30676	6547	35333	385046	26357	56899
甘肃	11473	1157	4100	305345	5205	36434
青海			80	291723	2620	8726
宁夏			210	303219	3893	19437
新疆	10	250		515603	38678	49301
不分地区				1214330		

9－16 基本建设中三次产业投资

单位：万元

地　区	投资额	第一产业	第二产业	第三产业
全国总计	**176666195**	**5211912**	**55053328**	**116400955**
北　京	4146951	19581	885874	3241496
天　津	3618457	5258	1294637	2318562
河　北	5972395	194675	1851813	3925907
山　西	3771778	72744	1700672	1998362
内蒙古	4091386	360880	1219881	2510625
辽　宁	5289950	51054	1706615	3532281
吉　林	3715660	19966	1190954	2504740
黑龙江	4955580	185433	1798164	2971983
上　海	7841319	26131	3031003	4784185
江　苏	11453573	21685	3327076	8104812
浙　江	11673332	28722	2775011	8869599
安　徽	4244416	26139	1133013	3085264
福　建	3978305	74069	1272726	2631510
江　西	3478881	35809	795100	2647972
山　东	11699824	69120	5137668	6493036
河　南	6944251	100830	2042104	4801317
湖　北	7459628	152658	3321027	3985943
湖　南	5052525	69285	1122699	3860541
广　东	13112299	42060	5479089	7591150
广　西	3582002	58063	1089136	2434803
海　南	1497314	123423	262620	1111271
重　庆	3929964	87346	834813	3007805
四　川	7934186	118657	2084083	5731446
贵　州	3065541	47680	1028339	1989522
云　南	3921640	43772	1194798	2683070
西　藏	859137	26714	148208	684215
陕　西	4596916	139753	1279233	3177930
甘　肃	2630565	132887	682405	1815273
青　海	1619174	64059	615641	939474
宁　夏	1217167	36730	358405	822032
新　疆	4908906	219034	2175477	2514395
不分地区	14403173	2557695	2215044	9630434

9-17 各地区能源工业基本建设投资

单位：万元

地区	能源工业合计	煤炭采选业	石油和天然气开采业	电力、蒸汽、热水的生产和供应业	石油加工及炼焦业	煤气的生产和供应业
全国总计	**30171009**	**1119115**	**5211513**	**22258415**	**898640**	**683326**
北京	435375			304829	3181	127365
天津	891579		573247	298893	2085	17354
河北	813753	57640	41897	663147	14300	36769
山西	1127162	277304		728699	104000	17159
内蒙古	856546	34571	5510	790788	1210	24467
辽宁	878395	52306	302226	504688	6123	13052
吉林	564227	13036	155267	391617	3507	800
黑龙江	1168595	13679	766692	338386	25961	23877
上海	516272		2836	469269	2560	41607
江苏	1471129	17039	24097	1374716	100	55177
浙江	1450062			1266527	158972	24563
安徽	328362	48840	75	266585	1322	11540
福建	763914	1435		444024	306617	11838
江西	330892	20218		303990	2790	3894
山东	2138147	304495	434857	1349634	14263	34898
河南	1115355	66874	161932	831642	1550	53357
湖北	2458426	2527	63589	2357937	20528	13845
湖南	772222	947		743096	5917	22262
广东	2000550		199843	1761966	27073	11668
广西	792453	4740		774914	5712	7087
海南	69376		18885	43741	793	5957
重庆	334393	573	4232	318567		11021
四川	1194978	5590	30558	1115113	12879	30838
贵州	886454	4084	3047	875337	120	3866
云南	854108	14793		826862	10141	2312
西藏	98182			98182		
陕西	597905	27941	152783	385046	5778	26357
甘肃	410575	8840	84997	305345	6188	5205
青海	411424	1787	115294	291723		2620
宁夏	308908	1796		303219		3893
新疆	1916246	15228	1191767	515603	154970	38678
不分地区	2215044	122832	877882	1214330		

9-18 各地区交通运输业基本建设投资

单位:万元

地　　区	合计	铁路运输业	公路运输业	管道运输业	水上运输业	航空运输业	交通运输辅助业	其他交通运输业
全国总计	**37629484**	**7177942**	**16588560**	**1074248**	**522588**	**1960003**	**9836895**	**469248**
北　　京	27032	60				7717	19255	
天　　津	509961	8370	7048			3569	490974	
河　　北	786147	9000	339430		80190	500	356365	662
山　　西	892811	90318	794397			3188	4908	
内 蒙 古	958836	34376	90187			14660	819613	
辽　　宁	933997	37973	480129		57284	128713	157793	72105
吉　　林	465953	20506	345881			53403	29340	16823
黑 龙 江	745074	53179	468574		3256	14700	198344	7021
上　　海	312307		378		7925	24172	278636	1196
江　　苏	2380096	28175	1160291	110	53829		912795	224896
浙　　江	2001810	3958	952990		30274	2576	955217	56795
安　　徽	886986	53250	621206		1001	13850	191467	6212
福　　建	1238802	5030	1028914		4998	11091	184415	4354
江　　西	999119	2075	875613		9397		111959	75
山　　东	1222954	237256	298721		29637	18791	638549	
河　　南	1844281	73518	892967	1242	301		876103	150
湖　　北	1102145	110616	473053		4349		513747	380
湖　　南	958077	800	753266		23774	473	172026	7738
广　　东	2048113	154427	1039080	12674	61393	95381	669998	15160
广　　西	736779	39607	654544		32126	7980	2289	233
海　　南	530875	103000	35047		6004	324957	49138	12729
重　　庆	758603	3420	93280	2730	12886	57424	588788	75
四　　川	1592885	80827	1191951	1200	2689	116405	188961	10852
贵　　州	896097	25910	817629		3435	41718	7405	
云　　南	1143027	3585	1127365		2257	9820		
西　　藏	317732		317657				75	
陕　　西	1082435	57661	135415	4151		32247	851561	1400
甘　　肃	675969	40211	97474		942	9274	504949	23119
青　　海	461585	76073	341988	800			35451	7273
宁　　夏	311420		310483			425	512	
新　　疆	688050	59013	580787			21988	26262	0
不分地区	8119526	5765748	262815	1051341	94641	944981	0	0

9－19 各地区邮电通信业基本建设投资

单位:万元

地　区	投资额	邮政业	电信业	邮电业
全国总计	**5239173**	**301421**	**4835474**	**102278**
北　京	138789	6606	132183	
天　津	141259	4033	137226	
河　北	124782	18214	105180	1388
山　西	91401	5709	81398	4294
内蒙古	57878	2066	55812	
辽　宁	31659	6041	25618	
吉　林	98724	13079	82585	3060
黑龙江	178073	12010	152160	13903
上　海	440745	3541	437204	
江　苏	278832	13917	260415	4500
浙　江	173446	6431	164720	2295
安　徽	99165	7381	90380	1404
福　建	89996	28912	54112	6972
江　西	151309	5972	144753	584
山　东	329628	15497	287202	26929
河　南	340098	25063	303162	11873
湖　北	197526	5133	191243	1150
湖　南	101332	17470	83531	331
广　东	539290	12083	519882	7325
广　西	195437	12895	182462	80
海　南	49813	1548	48265	
重　庆	95816	6286	89530	
四　川	584980	25040	559540	400
贵　州	69901	3160	66701	40
云　南	44239	3338	40689	212
西　藏	39917	853	38957	107
陕　西	205157	23045	175852	6260
甘　肃	82096	4478	70550	7068
青　海	30104	1406	28698	
宁　夏	42931	72	42859	
新　疆	194850	10142	182605	2103
不分地区				

9－20 国民经济行业按构成分的基本建设投资

单位:万元

行　　业	投资额	建筑安装工程	设备工器具购置	其　他费　用
全国总计	**176666195**	**118658161**	**27801800**	**30206234**
(一)农、林、牧、渔业	**5877993**	**2052027**	**205348**	**3620618**
农业	1037429	758251	73999	205179
林业	3631066	466477	21180	3143409
畜牧业	419237	266680	46795	105762
渔业	124180	66443	31832	25905
农、林、牧、渔服务业	666081	494176	31542	140363
(二)采掘业	**6799304**	**5066854**	**973712**	**758738**
煤炭采选业	1119115	611509	306867	200739
石油和天然气开采业	5211513	4225767	583213	402533
黑色金属矿采选业	75924	47488	14904	13532
有色金属矿采选业	165063	103290	39930	21843
非金属矿采选业	68159	32724	18845	16590
其他矿采选业	4170	2574	1313	283
木材及竹材采运业	155360	43502	8640	103218
(三)制造业	**20978257**	**10571924**	**7700136**	**2706197**
食品加工业	737935	426510	235600	75825
食品制造业	545253	287208	209755	48290
饮料制造业	487890	273398	171007	43485
烟草加工业	134370	76923	26511	30936
纺织业	745157	388531	308229	48397
服装及其他纤维品制造业	399565	266527	76141	56897
皮革、毛皮、羽绒及其制品业	235865	145737	58922	31206
木材加工及竹、藤、棕、草制品业	254713	130810	106643	17260
家具制造业	155686	104184	24911	26591
造纸及纸制品业	345710	149724	128410	67576
印刷业、记录媒介的复制	263537	160393	76312	26832
文教体育用品制造业	94936	59821	27131	7984
石油加工及炼焦业	898640	342997	465696	89947
化学原料及化学制品制造业	2124686	820414	780943	523329
医药制造业	1005693	588535	276480	140678
化学纤维制造业	323538	92029	189354	42155
橡胶制品业	103062	53890	41330	7842
塑料制品业	556708	266809	226035	63864
非金属矿物制品业	1150102	553189	474932	121981
黑色金属冶炼及压延加工业	1112835	511274	498932	102629
有色金属冶炼及压延加工业	692620	355941	267786	68893
金属制品业	616679	389962	162535	64182
普通机械制造业	558037	338108	159265	60664

9－20 续表 1

行　　业	投资额	建筑安装工程	设备工器具购置	其　他费　用
专用设备制造业	696038	392820	218155	85063
交通运输设备制造业	1554159	945923	427002	181234
电气机械及器材制造业	640919	367286	189493	84140
电子及通信设备制造业	3224056	1339204	1684248	200604
仪器仪表及文化办公用机械制造业	457098	315688	80922	60488
其他制造业	862770	428089	107456	327225
(四)电力、煤气及水的生产和供应业	**24586112**	**12780458**	**7060123**	**4745531**
电力、蒸汽、热水的生产和供应业	22258415	11101889	6693736	4462790
煤气的生产和供应业	683326	508689	83655	90982
自来水的生产和供应业	1644371	1169880	282732	191759
(五)建筑业	**2689655**	**2300121**	**108265**	**281269**
土木工程建筑业	2483526	2132462	76381	274683
线路、管道和设备安装业	183439	147442	30905	5092
建筑物的装修装饰业	22690	20217	979	1494
(六)地质勘查业、水利管理业	**7204122**	**5631703**	**263480**	**1308939**
地质勘查业	166582	80736	74044	11802
水利管理业	7037540	5550967	189436	1297137
(七)交通运输、仓储及邮电通信业	**43939766**	**31766453**	**7226342**	**4946971**
铁路运输业	7177942	3904719	2091968	1181255
公路运输业	16588560	14288073	421198	1879289
管道运输业	1074248	370544	594464	109240
水上运输业	522588	331765	102661	88162
航空运输业	1960003	426696	1478972	54335
交通运输辅助业	9836895	8460309	219513	1157073
其他交通运输业	469248	427563	15955	25730
仓储业	1071109	850955	100821	119333
邮电通信业	5239173	2705829	2200790	332554
(八)批发和零售贸易、餐饮业	**3974545**	**3191773**	**234655**	**548117**
食品、饮料、烟草和家庭用品批发商业	1144953	977360	48050	119543
能源、材料和机械电子设备批发业	565857	442605	39869	83383
其他批发业	196220	145132	5240	45848
零售业	1762420	1369168	115281	277971
商业经纪与代理业	42658	36280	4207	2171

9－20 续表 2

行　　业	投资额	建筑安装工程	设备工器具购置	其　他费　用
餐饮业	262437	221228	22008	19201
(九)金融、保险业	**654719**	**493977**	**89615**	**71127**
金融业	598238	449928	86980	61330
保险业	56481	44049	2635	9797
(十)房地产业	**2016216**	**1587529**	**39249**	**389438**
房地产开发与经营业	1568610	1182301	34702	351607
房地产管理业	423164	382771	4147	36246
房地产代理与经纪业	24442	22457	400	1585
(十一)社会服务业	**25880573**	**17127404**	**1799350**	**6953819**
公共服务业	22271869	14475058	1237251	6559560
居民服务业	168377	127565	13970	26842
旅馆业	1059015	817060	123225	118730
租赁服务业	218332	203764	833	13735
旅行社	507279	395394	50783	61102
娱乐服务业	282886	216846	31536	34504
信息、咨询服务业	97698	38869	55555	3274
计算机应用服务业	555532	299303	222114	34115
其他社会服务业	719585	553545	64083	101957
(十二)卫生、体育和社会福利业	**3394280**	**2659931**	**391668**	**342681**
卫生	2315031	1781349	328908	204774
体育	889580	715311	50007	124262
社会福利保障业	189669	163271	12753	13645
(十三)教育、文化艺术及广播电影电视业	**11645563**	**9661015**	**555062**	**1429486**
教育	9937853	8440206	354679	1142968
文化艺术业	1094907	818203	88318	188386
广播电影电视业	612803	402606	112065	98132
(十四)科学研究和综合技术服务业	**1391308**	**889372**	**266359**	**235577**
科学研究业	615642	383251	174269	58122
综合技术服务业	775666	506121	92090	177455
(十五)国家机关、政党机关和社会团体	**13534245**	**11229242**	**786226**	**1518777**
国家机关	12735788	10579516	722519	1433753
政党机关	284682	211938	42123	30621
社会团体	200249	150273	8862	41114
基层群众自治组织	313526	287515	12722	13289
(十六)其他行业	**2099537**	**1648378**	**102210**	**348949**
其他行业	2099537	1648378	102210	348949

9－21 国民经济行业按隶属关系分的基本建设投资

单位：万元

行业	合计	中央项目	地方项目	省属	地市属	县属	其他
全国总计	**176666195**	**45284914**	**131381281**	**32691841**	**40440479**	**44131485**	**14117476**
(一)农、林、牧、渔业	**5877993**	**2772223**	**3105770**	**498359**	**317726**	**2012804**	**276881**
农业	1037429	137833	899596	198367	77778	544585	78866
林业	3631066	2590339	1040727	186120	147501	673864	33242
畜牧业	419237	10707	408530	27827	33453	244958	102292
渔业	124180	12839	111341	7703	11598	53040	39000
农、林、牧、渔服务业	666081	20505	645576	78342	47396	496357	23481
(二)采掘业	**6799304**	**5122419**	**1676885**	**724785**	**300485**	**300979**	**350636**
煤炭采选业	1119115	192843	926272	578140	76613	143932	127587
石油和天然气开采业	5211513	4812004	399509	22923	163602	40730	172254
黑色金属矿采选业	75924	16322	59602	3680	16245	21518	18159
有色金属矿采选业	165063	3556	161507	73243	17886	52660	17718
非金属矿采选业	68159	127	68032	11147	8308	36009	12568
其他矿采选业	4170		4170	115		1705	2350
木材及竹材采运业	155360	97567	57793	35537	17831	4425	
(三)制造业	**20978257**	**2674755**	**18303502**	**1702479**	**5192141**	**4447266**	**6961616**
食品加工业	737935	5411	732524	25668	110941	303113	292802
食品制造业	545253	796	544457	22130	100475	216809	205043
饮料制造业	487890	52400	435490	22170	62602	178627	172091
烟草加工业	134370	99519	34851	21405	12695	751	
纺织业	745157	35076	710081	14869	191993	221147	282072
服装及其他纤维品制造业	399565	2070	397495	8002	40855	132171	216467
皮革、毛皮、羽绒及其制品业	235865	942	234923	4390	3710	86007	140816
木材加工及竹、藤、棕、草制品业	254713	178	254535	240	5715	53376	195204
家具制造业	155686		155686	518	31530	31750	91888
造纸及纸制品业	345710	1064	344646	5237	126355	114977	98077
印刷业、记录媒介的复制	263537	21022	242515	53460	24583	35768	128704
文教体育用品制造业	94936	128	94808	3582	4312	38382	48532
石油加工及炼焦业	898640	306781	591859	9237	358097	56681	167844
化学原料及化学制品制造业	2124686	602592	1522094	300720	483219	342651	395504
医药制造业	1005693	25865	979828	109375	196358	230034	444061
化学纤维制造业	323538	189706	133832	2551	51681	3510	76090
橡胶制品业	103062	585	102477	2716	32715	30251	36795
塑料制品业	556708	12397	544311	18816	102025	196570	226900
非金属矿物制品业	1150102	14999	1135103	161107	171610	348063	454323
黑色金属冶炼及压延加工业	1112835	202891	909944	202875	330721	161858	214490
有色金属冶炼及压延加工业	692620	120805	571815	102385	103865	249516	116049
金属制品业	616679	8510	608169	18572	52298	178887	358412
普通机械制造业	558037	45931	512106	51766	103142	122518	234680

Note: 省属, 地市属, 县属 and 其他 are printed as sub-columns under 地方项目.

9－21 续表 1

单位:万元

行　　业	合　　计	中央项目	地方项目				
				省属	地市属	县属	其他
专用设备制造业	696038	34734	661304	72968	88204	213567	286565
交通运输设备制造业	1554159	686276	867883	101170	287392	240986	238335
电气机械及器材制造业	640919	29533	611386	48494	118684	152169	292039
电子及通信设备制造业	3224056	67507	3156549	181746	1357003	305561	1312239
仪器仪表及文化办公用机械制造业	457098	30625	426473	3581	254373	47761	120758
其他制造业	862770	76412	786358	132729	384988	153805	114836
(四)电力、煤气及水的生产和供应业	**24586112**	**13511209**	**11074903**	**3851127**	**3037089**	**3270644**	**916043**
电力、蒸汽、热水的生产和供应业	22258415	13490989	8767426	3562436	1850849	2527795	826346
煤气的生产和供应业	683326	5777	677549	186823	332788	107338	50600
自来水的生产和供应业	1644371	14443	1629928	101868	853452	635511	39097
(五)建筑业	**2689655**	**331127**	**2358528**	**212263**	**693841**	**1226373**	**226051**
土木工程建筑业	2483526	270462	2213064	190013	648724	1162782	211545
线路、管道和设备安装业	183439	60665	122774	21799	44627	51460	4888
建筑物的装修装饰业	22690		22690	451	490	12131	9618
(六)地质勘查业、水利管理业	**7204122**	**1366975**	**5837147**	**1239888**	**1727169**	**2832101**	**37989**
地质勘查业	166582	113436	53146	39250	3981	2420	7495
水利管理业	7037540	1253539	5784001	1200638	1723188	2829681	30494
(七)交通运输、仓储及邮电通信业	**43939766**	**14165927**	**29773839**	**14693497**	**7720183**	**6517072**	**843087**
铁路运输业	7177942	6504588	673354	415253	142973	57318	57810
公路运输业	16588560	567439	16021121	9208806	3305316	3144021	362978
管道运输业	1074248	1051406	22842	5328	2500	13814	1200
水上运输业	522588	299936	222652	59047	110793	28249	24563
航空运输业	1960003	1340908	619095	422198	180051	16133	713
交通运输辅助业	9836895	961555	8875340	2823385	3248728	2688406	114821
其他交通运输业	469248	1429	467819	190576	169943	101216	6084
仓储业	1071109	360605	710504	122782	141535	402136	44051
邮电通信业	5239173	3078061	2161112	1446122	418344	65779	230867
(八)批发和零售贸易、餐饮业	**3974545**	**175445**	**3799100**	**247173**	**978757**	**1483115**	**1090055**
食品、饮料、烟草和家庭用品批发商业	1144953	78609	1066344	81199	350102	420595	214448
能源、材料和机械电子设备批发业	565857	69019	496838	27063	110570	173338	185867
其他批发业	196220	2602	193618	23445	32932	84452	52789
零售业	1762420	25195	1737225	102939	448553	666530	519203
商业经纪与代理业	42658	20	42638		4103	19874	18661

9－21 续表 2

单位：万元

行业	合计	中央项目	地方项目	省属	地市属	县属	其他
餐饮业	262437		262437	12527	32497	118326	99087
(九)金融、保险业	**654719**	**404431**	**250288**	**70838**	**119199**	**39193**	**21058**
金融业	598238	368633	229605	64499	112923	35778	16405
保险业	56481	35798	20683	6339	6276	3415	4653
(十)房地产业	**2016216**	**12708**	**2003508**	**107997**	**674844**	**851223**	**369444**
房地产开发与经营业	1568610	12008	1556602	80531	570168	579053	326850
房地产管理业	423164	700	422464	27466	101759	256242	36997
房地产代理与经纪业	24442		24442		2917	15928	5597
(十一)社会服务业	**25880573**	**316321**	**25564252**	**3476170**	**11963195**	**8523490**	**1601397**
公共服务业	22271869	95306	22176563	3173853	10967090	7519710	515910
居民服务业	168377	3419	164958	4509	65865	64745	29839
旅馆业	1059015	51547	1007468	127735	304480	257096	318157
租赁服务业	218332		218332	400	998	6041	210893
旅行社	507279	3740	503539	16433	96297	271219	119590
娱乐服务业	282886	1778	281108	12928	80590	95448	92142
信息、咨询服务业	97698	3526	94172	64528	11993	10106	7545
计算机应用服务业	555532	145899	409633	28987	174266	51038	155342
其他社会服务业	719585	11106	708479	46797	261616	248087	151979
(十二)卫生、体育和社会福利业	**3394280**	**184060**	**3210220**	**747431**	**1175352**	**1064711**	**222726**
卫生	2315031	158932	2156099	486576	738807	799237	131479
体育	889580	22242	867338	217882	375390	198273	75793
社会福利保障业	189669	2886	186783	42973	61155	67201	15454
(十三)教育、文化艺术及广播电影电视业	**11645563**	**1602978**	**10042585**	**3355764**	**2476902**	**3765492**	**444427**
教育	9937853	1455627	8482226	2889908	1809970	3370111	412237
文化艺术业	1094907	114957	979950	306183	471799	170416	31552
广播电影电视业	612803	32394	580409	159673	195133	224965	638
(十四)科学研究和综合技术服务业	**1391308**	**618560**	**772748**	**275056**	**255523**	**180533**	**61636**
科学研究业	615642	445469	170173	69641	55144	12804	32584
综合技术服务业	775666	173091	602575	205415	200379	167729	29052
(十五)国家机关、政党机关和社会团体	**13534245**	**1946993**	**11587252**	**1347101**	**3072758**	**6781652**	**385741**
国家机关	12735788	1845801	10889987	1196899	2985371	6549173	158544
政党机关	284682	88158	196524	50138	47095	98573	718
社会团体	200249	13034	187215	99664	37275	42711	7565
基层群众自治组织	313526		313526	400	3017	91195	218914
(十六)其他行业	**2099537**	**78783**	**2020754**	**141913**	**735315**	**834837**	**308689**
其他行业	2099537	78783	2020754	141913	735315	834837	308689

9－22 各地区按隶属关系分的基本建设新增固定资产

单位：万元

地区	合计	中央项目	地方项目	省属	地市属	县属	其他
全国总计	**119896905**	**31829794**	**88067111**	**23365476**	**24490441**	**30324180**	**9887014**
北京	3719622	1195865	2523757	1639732	463687	99984	320354
天津	2219138	914506	1304632	812409	289647	29250	173326
河北	4072781	547192	3525589	230148	867856	2048369	379216
山西	4623259	1867483	2755776	1257245	408468	644715	445348
内蒙古	3152751	405331	2747420	772376	569289	1271430	134325
辽宁	4310489	685691	3624798	1496765	1170052	633743	324238
吉林	2729353	622941	2106412	274153	903415	719122	209722
黑龙江	4152857	1023373	3129484	1517429	774015	676826	161214
上海	2571518	179407	2392111	827060	1319735	7540	237776
江苏	7766146	849164	6916982	1144409	2510968	3161083	100522
浙江	8703198	2012615	6690583	450500	2459413	2850736	929934
安徽	2975777	340703	2635074	1087745	712026	623078	212225
福建	2748412	316552	2431860	700977	872339	649529	209015
江西	2014991	236215	1778776	760611	302717	575542	139906
山东	6679089	987327	5691762	850673	1609381	2322817	908891
河南	5664457	1138801	4525656	690252	1685706	1984125	165573
湖北	4508946	1103121	3405825	407280	1281176	1347778	369591
湖南	3879354	426381	3452973	1309069	884074	1104793	155037
广东	8816109	1868053	6948056	1225949	1809262	1981832	1931013
广西	1852482	550599	1301883	237618	437798	528789	97678
海南	1058185	195625	862560	508739	87616	169192	97013
重庆	2826276	293845	2532431	843300	19568	1444363	225200
四川	4943738	528715	4415023	1302156	1072400	1642398	398069
贵州	1569281	309762	1259519	450467	152832	556154	100066
云南	3053432	967265	2086167	901096	297193	843432	44446
西藏	482241	356848	125393	47041	36217	15954	26181
陕西	3495490	431069	3064421	595553	729304	864968	874596
甘肃	1433138	516077	917061	155351	280729	427128	53853
青海	719846	163794	556052	168808	40516	317032	29696
宁夏	661903	263387	398516	118668	81744	183154	14950
新疆	3559136	1818684	1740452	581897	361298	599324	197933
不分地区	8933510	8713403	220107				220107

9-23 各地区按主要行业分的基本建设新增固定资产

单位：万元

地　区	合　计	农、林、牧、渔业	采掘业	制造业	电力、煤气及水的生产和供应业
全国总计	**119896905**	**2389892**	**4834017**	**14181143**	**18027748**
北　京	3719622	9932	2800	460915	293682
天　津	2219138	2515	511968	131515	262146
河　北	4072781	158829	40419	549901	457115
山　西	4623259	65389	296040	492323	1849294
内蒙古	3152751	282613	47997	381004	615266
辽　宁	4310489	69975	241844	468904	340438
吉　林	2729353	12319	178771	377883	301760
黑龙江	4152857	164434	514084	249305	795897
上　海	2571518	6726		704471	94235
江　苏	7766146	41103	59672	673987	952356
浙　江	8703198	36656	257	846022	2096942
安　徽	2975777	25640	30048	230268	139444
福　建	2748412	50277	6485	596923	518815
江　西	2014991	26789	8992	191317	203615
山　东	6679089	52339	603025	1552178	480760
河　南	5664457	127429	200194	1208185	718283
湖　北	4508946	150789	73363	391019	713091
湖　南	3879354	44219	2024	114233	318714
广　东	8816109	35818	33663	2927427	2175263
广　西	1852482	42653	5759	106458	298366
海　南	1058185	112956	142	35826	38288
重　庆	2826276	64838	8624	253337	445505
四　川	4943738	76225	33506	347436	781128
贵　州	1569281	46741	5025	46139	298402
云　南	3053432	48309	13522	106496	876536
西　藏	482241	18511	295	6882	50225
陕　西	3495490	148411	186079	464772	255794
甘　肃	1433138	133704	89976	74539	262158
青　海	719846	96683	124473	25190	79118
宁　夏	661903	34168	1796	34940	218568
新　疆	3559136	202902	754356	131348	387819
不分地区	8933510		758818		708725

9－23 续表 1　　单位:万元

地　　区	建筑业	地质勘查业水利管理业	交通运输、仓储和邮电通信业	批发零售贸易和餐饮业	金融、保险业	房地产业
全国总计	**1779469**	**4111437**	**33938023**	**2754999**	**466526**	**1213215**
北　　京	74604	117176	78248	43484		16288
天　　津	29723	97943	491060	34224	1908	22790
河　　北	121709	176259	736475	204622	21823	126803
山　　西	13434	70414	1155204	85117	17199	3463
内 蒙 古	19484	145526	881320	76341	11887	37253
辽　　宁	51438	46803	1671822	115554	16276	82995
吉　　林	74133	74618	352919	180186	42042	5639
黑 龙 江	54255	101648	998978	69091	18405	17040
上　　海	6695	59853	70235	29095	20280	167208
江　　苏	148625	351869	1900378	247550	16391	17771
浙　　江	47322	183040	2348270	145684	20097	39846
安　　徽	181710	185441	1177801	63904	20110	32003
福　　建	26581	44750	722230	35662	6597	8285
江　　西	16191	61477	713397	35027	6648	21230
山　　东	224189	139772	996505	301311	30544	73372
河　　南	17194	147865	1673841	90787	22131	40708
湖　　北	163629	582241	681978	105724	19185	29109
湖　　南	22438	328720	1481678	148402	14276	3691
广　　东	66991	104206	1229022	134264	26358	184505
广　　西	14812	104744	640823	56004	7907	6909
海　　南	11677	21452	559689	17826	6033	17425
重　　庆	34732	65296	463064	65862	30040	53146
四　　川	73412	133435	1823194	92465	10395	86433
贵　　州	250	22830	638641	34675	4741	11481
云　　南	2520	106181	1022534	55375	16787	29447
西　　藏	22417	41340	174255	4110	1270	
陕　　西	72589	90958	1162771	92745	11958	20604
甘　　肃	61274	64424	272373	36449	10429	28524
青　　海	49810	20400	139706	17459	4275	2029
宁　　夏	5810	43162	54062	11416	1952	490
新　　疆	69821	220100	869200	124584	28582	26728
不分地区		157494	6756350			

地　　区	社　会 服务业	卫生体育和 社会福利业	教育、文化 艺术和广播 电影电视业	科学研究 和综合技术 服务业	国家机关、 政党机关和 社会团体	其　他 行　业
全国总计	**14368712**	**2298323**	**8129687**	**933919**	**9237419**	**1232376**
北　京	1199550	89130	507930	246834	357468	221581
天　津	257431	13231	200098	10160	95929	56497
河　北	521519	86066	425330	34157	359243	52511
山　西	236750	22829	183112	5876	121153	5662
内蒙古	298018	22142	139911	3262	184449	6278
辽　宁	442280	28362	318165	29323	343022	43288
吉　林	437005	35632	223333	6153	392640	34320
黑龙江	403494	50789	270976	8063	364431	71967
上　海	1081331	82537	160149	4751	75604	8348
江　苏	1540174	285642	756187	70942	520460	183039
浙　江	1570186	142622	782251	28404	339275	76324
安　徽	236513	84565	203100	9522	337536	18172
福　建	322888	51538	223552	7010	106588	20231
江　西	233385	27905	165349	26755	255569	21345
山　东	532985	178359	474019	17443	945020	77268
河　南	472191	177692	264457	46662	427607	29231
湖　北	453382	143041	322573	163735	460854	55233
湖　南	642517	90960	294981	31468	321856	19177
广　东	587846	235704	505087	41596	470723	57636
广　西	241994	37790	156461	5063	109205	17534
海　南	125322	9427	33325	1912	65693	1192
重　庆	573486	55339	250237	17701	401499	43570
四　川	685188	78954	323953	22126	356276	19612
贵　州	208141	39048	96529	4377	110636	1625
云　南	315703	56488	152675	11734	238339	786
西　藏	8836	8934	34163	1161	108052	1790
陕　西	264201	66971	318747	63066	218391	57433
甘　肃	67978	13518	83976	2770	217680	13366
青　海	28525	9493	32777	1360	87838	710
宁　夏	73127	12792	66267	3107	85945	14301
新　疆	306766	60823	160017	7426	206315	2349
不分地区					552123	

9－24 各地区按主要工业行业分的基本建设新增固定资产

单位：万元

地区	工业合计	煤炭采选业	石油和天然气开采业	黑色金属矿采选业	有色金属矿采选业	非金属矿采选业	其他矿采选业
全国总计	**37042908**	**724346**	**3864168**	**48948**	**92405**	**38050**	**2050**
北京	757397			2800			
天津	905629		510585			1383	
河北	1047435	6826	27951	2910	1660	1072	
山西	2637657	282819		3289	9932		
内蒙古	1044267	13618		6433	26539	1407	
辽宁	1051186	14530	217110	9936	268		
吉林	858414	1909	152252	2168	255		
黑龙江	1559286	12451	465181		400		
上海	798706						
江苏	1686015	26885	29957	43	787	2000	
浙江	2943221					257	
安徽	399760	15997		10159	155	3737	
福建	1122223	131			2764	590	
江西	403924	5548			1607	1719	
山东	2635963	202183	379947	2687	10263	7830	115
河南	2126662	55389	138772		6033		
湖北	1177473	2611	63549	940	360	5718	
湖南	434971	1107			797		
广东	5136353		30892	150	192	914	1515
广西	410583	2398		335	2029	837	160
海南	74256					142	
重庆	707466	443	5722		1095	1304	60
四川	1162070	3563	27442	1500	260	741	
贵州	349566	1493	3047		180	200	
云南	996554	5494		67	6764	642	
西藏	57402			295			
陕西	906645	51880	122984	3480	6558	450	
甘肃	426673	506	85097	1100	2100	900	
青海	228781	2340	105005		10971	5957	200
宁夏	255304	1796					
新疆	1273523	12429	739857	656	436	250	
不分地区	1467543		758818				

 单位：万元

地　　区	木材及竹材采运业	食品加工业	食品制造业	饮料制造业	烟草加工业	纺织业	服装及其他纤维制品制造业
全国总计	**64050**	**464578**	**331947**	**294561**	**93518**	**539816**	**277914**
北　京		1724	12501	13000		2450	5811
天　津		8171	1856	1495	1500	17692	2670
河　北		33955	32745	16987	955	28668	22415
山　西		7839	4513	9810	4600	4483	476
内蒙古		12535	21700	5258		1826	
辽　宁		8316	14060	9642		8719	2320
吉　林	22187	1410	10264	12604		200	200
黑龙江	36052	37120	20887	3559		1655	
上　海		270	11348			1484	2650
江　苏		25082	10850	23918		29809	30337
浙　江		17336	19694	10288	2269	42227	48523
安　徽		4165	4255	4400	5207	13639	2057
福　建	3000	14807	11808	5026	955	7210	11495
江　西	118	10575	9531	5105	2838	6080	6856
山　东		133630	45937	57274	8780	169957	46836
河　南		44762	24461	15385	10255	23578	65
湖　北	185	13607	15079	23765	15463	15252	13720
湖　南	120	7595	3440	2109		2688	120
广　东		15227	18955	14009	2000	114292	73841
广　西		21090	1272	4136		4117	650
海　南		2800	1000		575		150
重　庆		1662	4628	2721	2190	4771	6260
四　川		13181	10047	11733	317	1980	
贵　州	105	80	1515	2060	11599		
云　南	555	6831	1984	10461	23218	3949	132
西　藏		1150	300				
陕　西	727	6043	12996	25499	627	13474	330
甘　肃	273	7062	2160	1932		512	
青　海		907					
宁　夏		1680	260	620		374	
新　疆	728	3966	1901	1765	170	18730	
不分地区							

9－24 续表 2

单位:万元

地　　区	皮革、毛皮、羽绒及其制品业	木材加工及竹、藤、棕、草制品业	家　具制造业	造纸及纸制品业	印刷业、记录媒介的复制	文教体育用品制造业	石油加工及炼焦业
全国总计	**128169**	**172295**	**110398**	**188389**	**200776**	**67506**	**868838**
北　　京	300		561	970	10652		6464
天　　津	150		3473	3943	868		528
河　　北	20466	632	13070	10314	10564	4780	13900
山　　西					1140		101887
内 蒙 古	62		270	460	695		400
辽　　宁	916	48722	700	13133	7788	1000	5147
吉　　林	300	12840	14420		9165	400	3507
黑 龙 江		6604	3400	980	340		30307
上　　海		1500	200	1150	9845		
江　　苏	1560	14956		3272	1664	840	
浙　　江	38207	17216	3356	8061	17756	13533	165325
安　　徽	1772	17106	2252	2379	7629	170	1367
福　　建	4000	9335	2790	19706		1100	384614
江　　西	2780	6679	820	5973	9242	750	250
山　　东	11113	17031	45964	28318	11267	22053	9487
河　　南	150	570	611	9897	15953	2026	1550
湖　　北	100	2290	2297	4300	5894		500
湖　　南		630	300	19842	5778		5652
广　　东	35123	2419	6954	9418	40813	20854	67677
广　　西		1705	1384	32172	2565		
海　　南		378		895			
重　　庆	2610	4041	2050	5480	1948		
四　　川	5000	2700	2848	3320	23350		1000
贵　　州					301		150
云　　南		2530			307		
西　　藏							
陕　　西		261	510	2276	3644		3053
甘　　肃	186	950	1300	1000	780		3923
青　　海							
宁　　夏	3374		660		558		
新　　疆		1200	208	1130	270		62150
不分地区							

9－24 续表 3

单位:万元

地　　区	化学原料及化学制品制造业	医药制造业	化学纤维制造业	橡胶制品业	塑料制品业	非金属矿物制品业	黑色金属冶炼及压延加工业
全国总计	**1535996**	**581295**	**111637**	**53330**	**345904**	**755505**	**1220670**
北　京	32491	21553		1034	7935	9283	9500
天　津	3242	5364	516	300	1110	6030	
河　北	37742	68359	100	2934	34997	40974	14795
山　西	17475	45040		620	11868	26417	152136
内蒙古	5276				1027	32200	266887
辽　宁	24905	3595	300	400	11251	15601	104186
吉　林	166015	33761			300	22691	6890
黑龙江	7675	19188		2150	3231	17020	14284
上　海	43312	10798		300	14521	7854	3188
江　苏	213797	38221	2940	1120	13476	13436	3760
浙　江	59957	27161		2000	36616	19732	7591
安　徽	21458	9925		3431	11499	58682	3529
福　建	420	18399		573	15076	13519	7483
江　西	13574	7221	713		8025	14537	920
山　东	57279	53653	74344	9743	36546	96951	42007
河　南	584812	16174	21560		2541	33337	350
湖　北	14087	9489	35	1100	6545	39770	11650
湖　南	7092	2044	1467	150	20099	1444	4769
广　东	89649	67560	638	17293	93286	165180	495864
广　西	6376	4502	745	498	1144	3432	4620
海　南	3912	5838		618	9861	870	
重　庆	29454	22673	8279	900	240	26447	5000
四　川	29431	30541		2400	1088	14741	11392
贵　州	10407	1360			223	7206	4105
云　南	20647	11700			110	2000	7273
西　藏		1130			69	2733	
陕　西	13968	43174		5461	2300	25020	19026
甘　肃	1288	1279		305	90	2521	2075
青　海	4605				60	7353	1300
宁　夏	12447	883				11840	1724
新　疆	3203	710			770	16684	14366
不分地区							

9－24 续表 4

单位:万元

地　　区	有色金属冶炼及压延加工业	金属制品业	普通机械制造业	专用设备制造业	交通运输设备制造业	电气机械及器材制造业
全国总计	**552743**	**423123**	**385034**	**359396**	**956316**	**440327**
北　　京	1988	8725	32909	30416	87732	30563
天　　津	550	9188	4660	1522	9233	16017
河　　北	1999	35975	17749	34530	11790	11173
山　　西	59036	5018	10311	8032	7385	972
内 蒙 古	20982	180	6000	600	705	992
辽　　宁	20408	13197	33655	24758	37299	15028
吉　　林	2400	4183	4480	1850	26329	10450
黑 龙 江	750	3018	960	13638	22857	30937
上　　海	29430	7184	26639	5183	98667	7519
江　　苏	1116	44059	10743	18671	17119	26479
浙　　江	3906	21491	26902	22581	15313	18605
安　　徽	164	8055	9101	7577	5292	8835
福　　建	304	5260	15513	3000	11036	395
江　　西	7189	10551	9586	12395	12637	2927
山　　东	54804	47019	77565	82339	136282	60091
河　　南	254853	7849	15810	4499	47834	15044
湖　　北	3330	15300	9673	7047	73829	17712
湖　　南	60	882	1771	9983	3225	6087
广　　东	4280	115335	16412	16396	68486	110375
广　　西	1297	2179	1749	2096	3220	470
海　　南		1464		315	3425	291
重　　庆	20700	22097	12756	2906	45280	6508
四　　川	9852	21346	5491	19921	52015	20341
贵　　州	900	1181	219	67	4046	
云　　南	402	538	136	9190	950	1160
西　　藏		200			1300	
陕　　西	34764	6161	21921	15247	148411	15403
甘　　肃	7226	4298	10700	4360	3272	5953
青　　海	10053	142	710		60	
宁　　夏		200		110		
新　　疆		848	913	167	1287	
不分地区						

9-24 续表 5

单位:万元

地区	电子及通信设备制造业	仪器仪表及文化办公用机械制造业	其他制造业	电力、蒸汽、热水的生产和供应业	煤气的生产和供应业	自来水的生产和供应业
全国总计	**2172106**	**174784**	**374272**	**16622032**	**415693**	**990023**
北京	104353	25645	2355	84820	180635	28227
天津	28812		2625	236379	20367	5400
河北	12613	12510	2210	446782	5759	4574
山西	1950	411	10904	1833366	8810	7118
内蒙古	50		2899	594712	2452	18102
辽宁	30443	8652	4763	309616	4039	26783
吉林	16724	16000	500	284983	800	15977
黑龙江		8415	330	723146	300	72451
上海	290816	18996	111617	75485	18050	700
江苏	74794	2907	49061	824404	21890	106062
浙江	137689	10377	32310	2051139	8818	36985
安徽	11814	3598	910	115993	5662	17789
福建	28852	1050	3197	493616	3619	21580
江西	10363	700	12500	118590	495	84530
山东	68815	26942	20151	398003	25493	57264
河南	47947	5019	1293	673616	21719	22948
湖北	39458	3000	26727	664338	6577	42176
湖南	4526		2480	294233	1591	22890
广东	1177222	12135	55734	2116564	1016	57683
广西	527	220	4292	284571	139	13656
海南	2104	1330		25101	603	12584
重庆	3777	857	7102	407549	17791	20165
四川	49655	586	3160	667249	26720	87159
贵州	720			278452	200	19750
云南			2978	847148		29388
西藏				49393		832
陕西	19222	13817	12164	206977	17244	31573
甘肃	8200	1367	1800	231973	300	29885
青海				74700		4418
宁夏			210	206692	6746	5130
新疆	660	250		293717	7858	86244
不分地区				708725		

9－25 各地区能源工业基本建设新增固定资产

单位：万元

地区	能源工业合计	煤炭采选业	石油和天然气开采业	电力、蒸汽、热水的生产和供应业	石油加工及炼焦业	煤气的生产和供应业
全国总计	**22495077**	**724346**	**3864168**	**16622032**	**868838**	**415693**
北京	271919			84820	6464	180635
天津	767859		510585	236379	528	20367
河北	501218	6826	27951	446782	13900	5759
山西	2226882	282819		1833366	101887	8810
内蒙古	611182	13618		594712	400	2452
辽宁	550442	14530	217110	309616	5147	4039
吉林	443451	1909	152252	284983	3507	800
黑龙江	1231385	12451	465181	723146	30307	300
上海	93535			75485		18050
江苏	903136	26885	29957	824404		21890
浙江	2225282			2051139	165325	8818
安徽	139019	15997		115993	1367	5662
福建	881980	131		493616	384614	3619
江西	124883	5548		118590	250	495
山东	1015113	202183	379947	398003	9487	25493
河南	891046	55389	138772	673616	1550	21719
湖北	737575	2611	63549	664338	500	6577
湖南	302583	1107		294233	5652	1591
广东	2216149		30892	2116564	67677	1016
广西	287108	2398		284571		139
海南	25704			25101		603
重庆	431505	443	5722	407549		17791
四川	725974	3563	27442	667249	1000	26720
贵州	283342	1493	3047	278452	150	200
云南	852642	5494		847148		
西藏	49393			49393		
陕西	402138	51880	122984	206977	3053	17244
甘肃	321799	506	85097	231973	3923	300
青海	182045	2340	105005	74700		
宁夏	215234	1796		206692		6746
新疆	1116011	12429	739857	293717	62150	7858
不分地区	1467543		758818	708725		

9-26 各地区交通运输业基本建设新增固定资产

单位:万元

地区	合计	铁路运输业	公路运输业	管道运输业	水上运输业	航空运输业	交通运输辅助业	其他交通运输业
全国总计	**29085441**	**6911035**	**13625377**	**1061282**	**175961**	**1683465**	**5515275**	**113046**
北京	11690	60					11630	
天津	375302	6032	431			3046	365793	
河北	621524	7685	316571		200		296406	662
山西	1070791	47504	1017919				5368	
内蒙古	787688	91055	61628			4680	630325	
辽宁	1568659	29173	1236248		16360	126160	151337	9381
吉林	219148	15506	140280			30416	19057	13889
黑龙江	676628	45841	585333		558	6095	36006	2795
上海	42598					21851	20747	
江苏	1583881	12475	1070677		1304		497545	1880
浙江	1969730	4808	835030		16271	3113	1054868	55640
安徽	1042705	47497	898146		808	66395	25712	4147
福建	603650	14192	496092		2210		90902	254
江西	537848	272	488454		3600		45447	75
山东	730806	311935	29433		4534	14500	370404	
河南	1388296	24546	943316	921	391		419022	100
湖北	481521	58886	153520		3031		265704	380
湖南	1378777	200	1215944		264		159738	2631
广东	905086	276736	272977	500	107519	14467	219402	13485
广西	428224	155229	264816		6822		1357	
海南	537129	124750	19649		4460	330883	57387	
重庆	388294	8056	71455	3380	2696	6172	296535	
四川	1417296	45966	1268545	4340		15850	78175	4420
贵州	595129	322016	263684		3606		5823	
云南	974816	1166	971363		1327	960		
西藏	144362		144287				75	
陕西	982277	605320	122085			6344	248528	
甘肃	211449	78441	10577			9795	110152	2484
青海	110656	2413	94907	800			11713	823
宁夏	11665		10560			425	680	
新疆	531466	33354	401343			77332	19437	
不分地区	6756350	4539921	220107	1051341		944981		

9-27 各地区邮电通信业基本建设新增固定资产

单位:万元

地区	投资额	邮政业	电信业	邮电业
全国总计	**3888207**	**352407**	**3455569**	**80231**
北京	59471	24757	34714	
天津	98400		98400	
河北	70976	12685	57008	1283
山西	71221	8378	62549	294
内蒙古	44609	3221	41388	
辽宁	32819	95	32724	
吉林	85677	19668	63609	2400
黑龙江	140733	1136	123496	16101
上海	19457	3311	16146	
江苏	273964	46632	222832	4500
浙江	302419	19043	283166	210
安徽	97709	11978	84077	1654
福建	101404	29879	67859	3666
江西	143350	4831	138519	
山东	221685	6663	188896	26126
河南	212611	7888	186608	18115
湖北	183644	7839	175805	
湖南	70839	23835	46954	50
广东	299754	44405	254394	955
广西	199077	14788	184209	80
海南	21259	1312	19947	
重庆	71171	5056	66115	
四川	383427	8213	372764	2450
贵州	38779	1108	37639	32
云南	30451	3804	26575	72
西藏	22333	670	21556	107
陕西	153382	22979	130403	
甘肃	55244	6350	47964	930
青海	26172	736	25436	
宁夏	38039		38039	
新疆	318131	11147	305778	1206
不分地区				

9－28 国民经济行业按隶属关系分的基本建设新增固定资产

单位：万元

行　业	合　计	中央项目	地方项目				
				省属	地市属	县属	其他
全国总计	**119896905**	**31829794**	**88067111**	**23365476**	**24490441**	**30324180**	**9887014**
(一)农、林、牧、渔业	**2389892**	**172608**	**2217284**	**308196**	**253971**	**1493666**	**161451**
农业	787153	126454	660699	161507	58979	392370	47843
林业	744140	21665	722475	80852	127022	494424	20177
畜牧业	287251	10847	276404	13540	19978	189640	53246
渔业	71918	100	71818	2890	15084	38157	15687
农、林、牧、渔服务业	499430	13542	485888	49407	32908	379075	24498
(二)采掘业	**4834017**	**3680764**	**1153253**	**490268**	**237696**	**242204**	**183085**
煤炭采选业	724346	14266	710080	417347	72479	111842	108412
石油和天然气开采业	3864168	3637437	226731	15292	124000	35739	51700
黑色金属矿采选业	48948	12499	36449	2189	9084	20556	4620
有色金属矿采选业	92405	365	92040	21146	11698	51863	7333
非金属矿采选业	38050	10	38040	6657	4628	15955	10800
其他矿采选业	2050		2050	115		1715	220
木材及竹材采运业	64050	16187	47863	27522	15807	4534	
(三)制造业	**14181143**	**1812508**	**12368635**	**1254367**	**2964661**	**3062200**	**5087407**
食品加工业	464578	3839	460739	18800	81000	171229	189710
食品制造业	331947	110	331837	4005	31852	152880	143100
饮料制造业	294561	1435	293126	4370	30102	130167	128487
烟草加工业	93518	71250	22268	16895	3035	2338	
纺织业	539816	13095	526721	16239	145057	161889	203536
服装及其他纤维品制造业	277914	3070	274844	5908	20693	94512	153731
皮革、毛皮、羽绒及其制品业	128169	322	127847	3623	910	49572	73742
木材加工及竹、藤、棕、草制品业	172295	178	172117	230	5903	46737	119247
家具制造业	110398		110398	78	16435	26909	66976
造纸及纸制品业	188389	350	188039	1657	56557	61072	68753
印刷业、记录媒介的复制	200776	13966	186810	41645	30998	19247	94920
文教体育用品制造业	67506		67506		500	36435	30571
石油加工及炼焦业	868838	220747	648091	11517	413239	37405	185930
化学原料及化学制品制造业	1535996	771050	764946	139572	102446	278034	244894
医药制造业	581295	21768	559527	42316	129812	135914	251485
化学纤维制造业	111637	8279	103358		95829	2960	4569
橡胶制品业	53330	1934	51396	2039	6582	24599	18176
塑料制品业	345904	397	345507	17416	42354	120927	164810
非金属矿物制品业	755505	18392	737113	94906	110012	249843	282352
黑色金属冶炼及压延加工业	1220670	12803	1207867	354173	600706	115313	137675
有色金属冶炼及压延加工业	552743	18024	534719	27565	68979	317832	120343
金属制品业	423123	4508	418615	14559	37781	108871	257404
普通机械制造业	385034	44288	340746	51296	73962	66930	148558

9－28续表1　　　　单位:万元

行　业	合　计	中央项目	地方项目				
				省属	地市属	县属	其他
专用设备制造业	359396	16397	342999	35492	68173	123732	115602
交通运输设备制造业	956316	446939	509377	151499	141683	92969	123226
电气机械及器材制造业	440327	23760	416567	38551	91527	100248	186241
电子及通信设备制造业	2172106	37845	2134261	118320	401036	198251	1416654
仪器仪表及文化办公用机械制造业	174784	28130	146654	2535	37966	31063	75090
其他制造业	374272	29632	344640	39161	119532	104322	81625
(四)电力、煤气及水的生产和供应业	**18027748**	**10899457**	**7128291**	**2934066**	**1602734**	**2045318**	**546173**
电力、蒸汽、热水的生产和供应业	16622032	10821811	5800221	2680884	1065633	1577030	476674
煤气的生产和供应业	415693		415693	214485	125818	48882	26508
自来水的生产和供应业	990023	77646	912377	38697	411283	419406	42991
(五)建筑业	**1779469**	**264990**	**1514479**	**172387**	**332852**	**862453**	**146787**
土木工程建筑业	1638096	221136	1416960	161020	295095	825027	135818
线路、管道和设备安装业	124901	43854	81047	11335	37257	28654	3801
建筑物的装修装饰业	16472		16472	32	500	8772	7168
(六)地质勘查业、水利管理业	**4111437**	**672935**	**3438502**	**515349**	**1075192**	**1832448**	**15513**
地质勘查业	133811	96994	36817	32501	1928	2388	
水利管理业	3977626	575941	3401685	482848	1073264	1830060	15513
(七)交通运输、仓储及邮电通信业	33938023	10812458	23125565	11661627	5353861	4891150	1218927
铁路运输业	6911035	5440695	1470340	610452	122115	119892	617881
公路运输业	13625377	222588	13402789	8575027	2209964	2251361	366437
管道运输业	1061282	1051696	9586	566	800	3880	4340
水上运输业	175961	780	175181	17422	126842	12638	18279
航空运输业	1683465	1226159	457306	379677	77275	354	
交通运输辅助业	5515275	202805	5312470	934638	2320218	2029093	28521
其他交通运输业	113046		113046	24008	26712	58551	3775
仓储业	964375	253513	710862	166001	159476	358677	26708
邮电通信业	3888207	2414222	1473985	953836	310459	56704	152986
(八)批发和零售贸易、餐饮业	**2754999**	**125959**	**2629040**	**167260**	**640114**	**1158201**	**663465**
食品、饮料、烟草和家庭用品批发商业	818459	55542	762917	55978	236115	336959	133865
能源、材料和机械电子设备批发业	390728	41426	349302	28417	76332	129684	114869
其他批发业	116389	699	115690	13335	17558	64272	20525
零售业	1185196	28292	1156904	67003	260058	511506	318337
商业经纪与代理业	27995		27995		2867	14260	10868

单位：万元

行　　业	合　　计	中央项目	地方项目				
				省属	地市属	县属	其他
餐饮业	216232		216232	2527	47184	101520	65001
(九)金融、保险业	**466526**	**306730**	**159796**	**29221**	**71338**	**43439**	**15798**
金融业	420690	270229	150461	27273	68239	39929	15020
保险业	45836	36501	9335	1948	3099	3510	778
(十)房地产业	**1213215**	**16681**	**1196534**	**57490**	**398359**	**542177**	**198508**
房地产开发与经营业	921129	15981	905148	43159	308254	372946	180789
房地产管理业	281200	700	280500	14331	85180	163687	17302
房地产代理与经纪业	10886		10886		4925	5544	417
(十一)社会服务业	**14368712**	**182235**	**14186477**	**2052316**	**6412613**	**4937836**	**783712**
公共服务业	12365376	51401	12313975	1890832	5950813	4236727	235603
居民服务业	121898	350	121548	8287	43888	52047	17326
旅馆业	695434	35363	660071	63470	246841	169934	179826
租赁服务业	2911		2911		998	800	1113
旅行社	339529	3140	336389	7725	54196	189795	84673
娱乐服务业	162440	900	161540	6603	11475	76286	67176
信息、咨询服务业	25175		25175	6000	9024	4661	5490
计算机应用服务业	315468	81775	233693	32229	52560	29239	119665
其他社会服务业	340481	9306	331175	37170	42818	178347	72840
(十二)卫生、体育和社会福利业	**2298323**	**74833**	**2223490**	**480896**	**833507**	**815246**	**93841**
卫生	1549434	64521	1484913	293323	517517	607353	66720
体育	566888	7426	559462	130773	253396	153550	21743
社会福利保障业	182001	2886	179115	56800	62594	54343	5378
(十三)教育、文化艺术及广播电影电视业	**8129687**	**1082334**	**7047353**	**2088685**	**1668399**	**2996478**	**293791**
教育	7158978	933637	6225341	1921471	1296186	2725801	281883
文化艺术业	552582	88312	464270	95385	225947	131395	11543
广播电影电视业	418127	60385	357742	71829	146266	139282	365
(十四)科学研究和综合技术服务业	**933919**	**488145**	**445774**	**114931**	**202706**	**85791**	**42346**
科学研究业	512048	400192	111856	64372	15513	8807	23164
综合技术服务业	421871	87953	333918	50559	187193	76984	19182
(十五)国家机关、政党机关和社会团体	**9237419**	**1071497**	**8165922**	**928961**	**2102851**	**4858133**	**275977**
国家机关	8711676	1006702	7704974	850029	2059052	4683930	111963
政党机关	199369	49912	149457	42904	26782	79020	751
社会团体	107145	14883	92262	35628	14530	35836	6268
基层群众自治组织	219229		219229	400	2487	59347	156995
(十六)其他行业	**1232376**	**165660**	**1066716**	**109456**	**339587**	**457440**	**160233**
其他行业	1232376	165660	1066716	109456	339587	457440	160233

9-29 国民经济行业按建设性质分的基本建设新增固定资产

单位:万元

行 业	新建	扩建	改建	单纯建造生活设施	迁建	恢复	单纯购置
全国总计	**63201397**	**32392790**	**15170571**	**3166930**	**1511884**	**139783**	**4313550**
(一)农、林、牧、渔业	**1406683**	**603790**	**283349**	**75926**	**14357**	**2986**	**2801**
农业	459373	134622	126358	57154	8660		986
林业	391585	269222	74664	5370	1779	1445	75
畜牧业	187885	68773	27773	1700		810	310
渔业	46134	21523	1154	3037			70
农、林、牧、渔服务业	321706	109650	53400	8665	3918	731	1360
(二)采掘业	**1533779**	**2642059**	**609329**	**46730**	**1082**	**158**	**880**
煤炭采选业	547269	143716	21348	11275		158	580
石油和天然气开采业	873063	2415978	565617	8510	1000		
黑色金属矿采选业	17477	13290	2903	15278			
有色金属矿采选业	47210	37050	4020	4043	82		
非金属矿采选业	14801	19386	489	3074			300
其他矿采选业	1655	80		315			
木材及竹材采运业	32304	12559	14952	4235			
(三)制造业	**9412451**	**3329174**	**404982**	**484350**	**300248**	**3400**	**246538**
食品加工业	334041	94177	20982	12350	2664		364
食品制造业	251475	47505	9291	6300	15797		1579
饮料制造业	175663	69996	25679	11966	11061		196
烟草加工业	24545	38694	18675	11108			496
纺织业	394184	76369	7268	46032	5024	350	10589
服装及其他纤维品制造业	222241	43809	3249	2437	5117		1061
皮革、毛皮、羽绒及其制品业	96892	27029	1260	508	2480		
木材加工及竹、藤、棕、草制品业	157015	13055	682	1313	80		150
家具制造业	100035	7273	420	2401	189		80
造纸及纸制品业	113092	63313	4843	4750	1065		1326
印刷业、记录媒介的复制	101070	67768	920	5231	23573		2214
文教体育用品制造业	46351	19263			1600		292
石油加工及炼焦业	610239	243740	2052	12460			347
化学原料及化学制品制造业	1046872	429219	4915	36177	4238	1800	12775
医药制造业	402192	102823	43878	4968	25052		2382
化学纤维制造业	13555	94121		3445			516
橡胶制品业	35636	11846		4538			1310
塑料制品业	271304	52839	3677	3830	1160		13094
非金属矿物制品业	497618	196781	15369	13457	24996		7284
黑色金属冶炼及压延加工业	713734	428995	13880	61571	1010	1250	230
有色金属冶炼及压延加工业	394404	150624		7169			546
金属制品业	309858	88412	4242	9950	4237		6424
普通机械制造业	177827	96934	26480	46308	21269		16216

9－29 续表 1

单位：万元

行　　业	新建	扩建	改建	单纯建造生活设施	迁建	恢复	单纯购置
专用设备制造业	234712	54885	5964	36236	24444		3155
交通运输设备制造业	400428	298164	104523	81807	66580		4814
电气机械及器材制造业	324469	57816	4263	14064	26106		13609
电子及通信设备制造业	1551533	388582	60556	14134	25057		132244
仪器仪表及文化办公用机械制造业	111415	34972	3547	19059	979		4812
其他制造业	300051	30170	18367	10781	6470		8433
(四)电力、煤气及水的生产和供应业	**9512558**	**5201637**	**3116909**	**124267**	**17318**	**7281**	**47778**
电力、蒸汽、热水的生产和供应业	8877361	4628729	2937506	110354	14865	6761	46456
煤气的生产和供应业	205954	114161	92368	2516	533		161
自来水的生产和供应业	429243	458747	87035	11397	1920	520	1161
(五)建筑业	**877129**	**421913**	**295556**	**168538**	**5876**	**663**	**9794**
土木工程建筑业	827378	396274	249836	149582	5876	312	8838
线路、管道和设备安装业	35641	24777	44850	18326		351	956
建筑物的装修装饰业	14110	862	870	630			
(六)地质勘查业、水利管理业	**1737080**	**915822**	**1364724**	**32761**	**2309**	**58262**	**479**
地质勘查业	82523	15150	15553	19905		201	479
水利管理业	1654557	900672	1349171	12856	2309	58061	
(七)交通运输、仓储及邮电通信业	**17830269**	**7208561**	**4998422**	**181006**	**126879**	**14655**	**3578231**
铁路运输业	1929531	1613406	1492102	81496	3475		1791025
公路运输业	10529320	759040	1975690	28761	18353	5508	308705
管道运输业	4680	1051341		921		4340	
水上运输业	110239	25778	27500	600	1414		10430
航空运输业	23369	269458	1572	6260	65163		1317643
交通运输辅助业	3061231	1073386	1338667	19527	15370	2985	4109
其他交通运输业	45083	19691	47502	250		520	
仓储业	455990	463040	31236	11611	2498		
邮电通信业	1670826	1933421	84153	31580	20606	1302	146319
(八)批发和零售贸易、餐饮业	**1634969**	**721268**	**234927**	**106873**	**44293**	**118**	**12551**
食品、饮料、烟草和家庭用品批发商业	415372	293286	47342	39969	20850		1640
能源、材料和机械电子设备批发业	236283	90774	35282	19680	6378		2331
其他批发业	61710	26406	9901	11327	6276	118	651
零售业	746226	276302	110796	35257	9660		6955
商业经纪与代理业	21959	4814	1222				

9－29 续表 2 单位:万元

行　　业	新建	扩建	改建	单纯建造生活设施	迁建	恢复	单纯购置
餐饮业	153419	29686	30384	640	1129		974
(九)金融、保险业	**197961**	**122188**	**15048**	**71527**	**32573**	**640**	**26589**
金融业	172702	110493	12420	66596	32023	640	25816
保险业	25259	11695	2628	4931	550		773
(十)房地产业	**867274**	**106941**	**78440**	**152590**	**3330**		**4640**
房地产开发与经营业	745990	53501	37522	78516	960		4640
房地产管理业	118054	49476	40501	70799	2370		
房地产代理与经纪业	3230	3964	417	3275			
(十一)社会服务业	**8366033**	**3409510**	**2251186**	**102314**	**155843**	**22128**	**61698**
公共服务业	6968214	2987647	2111537	87055	132778	21458	56687
居民服务业	68048	25611	8549	1394	15939		2357
旅馆业	429812	185450	68186	6528	3981		1477
租赁服务业	1765	966	180				
旅行社	241012	80496	16092	1199	640	90	
娱乐服务业	131711	24884	4240	1105			500
信息、咨询服务业	20466	2532	1910				267
计算机应用服务业	261916	44030	8000	1112			410
其他社会服务业	243089	57894	32492	3921	2505	580	
(十二)卫生、体育和社会福利业	**1209662**	**749155**	**112495**	**78476**	**79866**	**1233**	**67436**
卫生	558188	708217	84456	68050	62138	1183	67202
体育	520938	22515	21192	1650	490		103
社会福利保障业	130536	18423	6847	8776	17238	50	131
(十三)教育、文化艺术及广播电影电视业	**2847343**	**3858968**	**480263**	**460516**	**417156**	**10917**	**54524**
教育	2374091	3493208	416888	447386	388390	7527	31488
文化艺术业	276333	214513	30598	8039	14975	2945	5179
广播电影电视业	196919	151247	32777	5091	13791	445	17857
(十四)科学研究和综合技术服务业	**423933**	**357639**	**41758**	**96926**	**1891**	**1439**	**10333**
科学研究业	139499	268543	23269	74398	180		6159
综合技术服务业	284434	89096	18489	22528	1711	1439	4174
(十五)国家机关、政党机关和社会团体	**4663239**	**2490310**	**773634**	**846379**	**283679**	**12535**	**167643**
国家机关	4413048	2321249	737185	786377	275333	11403	167081
政党机关	70824	82459	12580	26062	6700	182	562
社会团体	80498	17327	5020	1884	1466	950	
基层群众自治组织	98869	69275	18849	32056	180		
(十六)其他行业	**681034**	**253855**	**109549**	**137751**	**25184**	**3368**	**21635**
其他行业	681034	253855	109549	137751	25184	3368	21635

9-30 各地区基本建设财务拨款

单位:万元

地区	本年资金来源合计	上年末结余资金	本年资金来源小计	本年各项应付款合计
全国总计	**184559861**	**12423227**	**172136634**	**19675729**
北京	5647617	1391468	4256149	371034
天津	3816129	320509	3495620	754261
河北	6098345	295228	5803117	493970
山西	3755594	259395	3496199	758779
内蒙古	3643164	61815	3581349	686988
辽宁	5419422	229667	5189755	708261
吉林	3670302	73352	3596950	348811
黑龙江	4846598	113379	4733219	427690
上海	9563308	1665218	7898090	1130963
江苏	11521708	648631	10873077	1062663
浙江	12713397	1021181	11692216	1537633
安徽	4167486	213437	3954049	550843
福建	4228179	475108	3753071	544019
江西	3521557	156233	3365324	318775
山东	11889082	503614	11385468	1293457
河南	7529802	520400	7009402	568118
湖北	7611541	359143	7252398	726340
湖南	5132445	237851	4894594	690858
广东	13870103	972870	12897233	1542703
广西	3932807	289088	3643719	357805
海南	1648641	102457	1546184	234468
重庆	4166823	314168	3852655	401548
四川	8049170	413663	7635507	897762
贵州	3174827	227618	2947209	240205
云南	3879740	244665	3635075	648174
西藏	1025504	11997	1013507	169314
陕西	4801925	334433	4467492	485379
甘肃	2678990	238090	2440900	311254
青海	1806981	114257	1692724	118235
宁夏	1162638	43884	1118754	137407
新疆	4935066	158790	4776276	486699
不分地区	14650970	411618	14239352	671313

9-31 各地区基本建设财务拨款资金来源

单位：万元

地　　区	本年资金来源小计	国家预算内资金	国内贷款	债券
全国总计	**172136634**	**25335961**	**44123883**	**1769543**
北　京	4256149	997196	710278	6359
天　津	3495620	167212	1059957	17847
河　北	5803117	276242	1040748	16366
山　西	3496199	305724	1140665	
内蒙古	3581349	998469	763168	10162
辽　宁	5189755	871089	1121907	24385
吉　林	3596950	321841	485753	18725
黑龙江	4733219	540975	703097	126515
上　海	7898090	239282	2307253	100300
江　苏	10873077	404345	2800627	18264
浙　江	11692216	637460	3329328	25280
安　徽	3954049	728688	944848	77311
福　建	3753071	536099	1257381	35591
江　西	3365324	437171	907217	26774
山　东	11385468	705779	2291793	25768
河　南	7009402	727000	2140035	
湖　北	7252398	1594529	1734152	500000
湖　南	4894594	548990	1180854	48886
广　东	12897233	389875	2841311	102322
广　西	3643719	669566	1082884	
海　南	1546184	155178	279491	30969
重　庆	3852655	1129802	874721	435
四　川	7635507	1000863	1997808	37980
贵　州	2947209	385219	1329076	10047
云　南	3635075	610341	1324689	25000
西　藏	1013507	687851	59638	71210
陕　西	4467492	830265	1137523	2281
甘　肃	2440900	520116	749327	14504
青　海	1692724	401905	585881	
宁　夏	1118754	330452	360414	
新　疆	4776276	1107448	1072290	27697
不分地区	14239352	6078989	4509769	368565

9－31 续表

单位：万元

地　　区	利用外资	外商直接投资	自筹资金	其他资金来源
全国总计	**10311861**	**5466341**	**76540748**	**14054638**
北　京	135371	94178	2164737	242208
天　津	297693	267317	1883301	69610
河　北	102322	51149	3425390	942049
山　西	186823	57154	1425470	437517
内蒙古	163112	21967	1249271	397167
辽　宁	411030	213649	2429227	332117
吉　林	119122	50351	2015449	636060
黑龙江	113996	62118	2800066	448570
上　海	1183317	632614	3501648	566290
江　苏	700342	235765	6427375	522124
浙　江	752872	428497	6257640	689636
安　徽	191524	64819	1680831	330847
福　建	356282	251443	1287401	280317
江　西	284623	245258	1335291	374248
山　东	527894	296313	6781027	1053207
河　南	158708	48352	3202171	781488
湖　北	368710	248356	2595637	459370
湖　南	238169	130024	2413492	464203
广　东	1869129	1541937	7122916	571680
广　西	103544	52329	1437297	350428
海　南	347265	335265	608978	124303
重　庆	92121	19116	1211487	544089
四　川	131331	13556	3729597	737928
贵　州	12070	2801	1081294	129503
云　南	141342	9117	1260642	273061
西　藏	258	258	86561	107989
陕　西	113065	26241	1713998	670360
甘　肃	35226	5240	694346	427381
青　海	19336	19079	383484	302118
宁　夏	36942	10847	212483	178463
新　疆	52679	31231	2016807	499355
不分地区	1065643		2105434	110952

9-32 各地区基本建设财务拨款中的自筹资金

单位:万元

地区	自筹资金合计	中央各部门自筹	省自筹	地市自筹	县自筹	企事业单位自有资金	
							发行股票
全国总计	**76540748**	**3651763**	**6710790**	**9215469**	**9484216**	**47478510**	**247964**
北京	2164737	166164	371338	184889	114210	1328136	834
天津	1883301	170075	196695	238184	23618	1254729	3155
河北	3425390	92684	253967	240684	729833	2108222	14540
山西	1425470	85631	186884	111773	165332	875850	20008
内蒙古	1249271	14407	62597	125866	259339	787062	8077
辽宁	2429227	48579	105826	124339	193409	1957074	18326
吉林	2015449	175	68344	109523	88202	1749205	2710
黑龙江	2800066	135000	116551	348293	128235	2071987	21788
上海	3501648	90508	474681	604074		2332385	5200
江苏	6427375	64968	1225691	824831	1033274	3278611	9030
浙江	6257640	101752	413625	1006985	1534489	3200789	2003
安徽	1680831	45292	92153	189246	161971	1192169	3650
福建	1287401	18859	196669	164125	166925	740823	
江西	1335291	54327	101863	334861	199215	645025	3500
山东	6781027	44015	167865	482282	749425	5337440	4900
河南	3202171	105440	385941	304190	402769	2003831	4094
湖北	2595637	48580	166637	251665	248904	1879851	21530
湖南	2413492	160504	216178	343674	463158	1229978	36022
广东	7122916	242453	462634	1974596	972505	3470728	29326
广西	1437297	119355	228218	193118	174095	722511	
海南	608978	933	25013	21921	25162	535949	1554
重庆	1211487	46034	61823	26843	261184	815603	
四川	3729597	128146	284881	431775	579472	2305323	
贵州	1081294	165717	125550	130902	178336	480789	
云南	1260642	168140	274889	161888	189699	466026	
西藏	86561	23599	15763	11252	3051	32896	
陕西	1713998	94781	141597	102053	188625	1186942	3100
甘肃	694346	40187	56597	70316	99480	427766	110
青海	383484	128520	34152	8934	32027	179851	
宁夏	212483	7970	55471	5888	25048	118106	
新疆	2016807	63989	40785	84753	93224	1734056	34507
不分地区	2105434	974979	99912	1746		1028797	

9-33 基本建设分行业财务拨款

单位:万元

行业	本年资金来源合计	上年末结余资金	本年资金来源小计	本年各项应付款合计
全国总计	**184559861**	**12423227**	**172136634**	**19675729**
(一)农、林、牧、渔业	**6019170**	**189341**	**5829829**	**293549**
农业	1047655	21832	1025823	52695
林业	3743708	138251	3605457	162992
畜牧业	421115	6309	414806	21254
渔业	125180	1373	123807	8768
农、林、牧、渔服务业	681512	21576	659936	47840
(二)采掘业	**6942607**	**238422**	**6704185**	**162579**
煤炭采选业	1247790	200191	1047599	101775
石油和天然气开采业	5213416	21150	5192266	29977
黑色金属矿采选业	68019	1742	66277	12071
有色金属矿采选业	187382	9019	178363	10317
非金属矿采选业	65095	3854	61241	7656
其他矿采选业	4170	190	3980	
木材及竹材采运业	156735	2276	154459	783
(三)制造业	**23550792**	**1750173**	**21800619**	**1880359**
食品加工业	836041	7574	828467	37410
食品制造业	575885	7128	568757	77533
饮料制造业	552855	24011	528844	23120
烟草加工业	150862	24043	126819	6032
纺织业	785467	11757	773710	52534
服装及其他纤维品制造业	386059	3955	382104	44110
皮革、毛皮、羽绒及其制品业	242243	9029	233214	7870
木材加工及竹、藤、棕、草制品业	271083	6907	264176	15083
家具制造业	171040	1717	169323	6075
造纸及纸制品业	379271	84822	294449	23230
印刷业、记录媒介的复制	265877	9269	256608	23796
文教体育用品制造业	102525	1570	100955	2347
石油加工及炼焦业	1072569	213448	859121	83078
化学原料及化学制品制造业	2350029	269195	2080834	246324
医药制造业	1145502	73882	1071620	62264
化学纤维制造业	347995	19422	328573	3007
橡胶制品业	157631	6376	151255	4186
塑料制品业	600170	27329	572841	55391
非金属矿物制品业	1235813	60787	1175026	112169
黑色金属冶炼及压延加工业	1109669	11408	1098261	90342
有色金属冶炼及压延加工业	769085	29337	739748	31170
金属制品业	631146	19434	611712	68313
普通机械制造业	618163	43234	574929	45780

单位：万元

行　　业	本年资金来源合计	上年末结余资金	本年资金来源小计	本年各项应付款合计
专用设备制造业	768208	32579	735629	50621
交通运输设备制造业	1832001	190331	1641670	110965
电气机械及器材制造业	708874	53470	655404	56547
电子及通信设备制造业	4102135	402931	3699204	430718
仪器仪表及文化办公用机械制造业	471273	18205	453068	33404
其他制造业	911321	87023	824298	76940
(四)电力、煤气及水的生产和供应业	**26048127**	**2001696**	**24046431**	**2965311**
电力、蒸汽、热水的生产和供应业	23227778	1383646	21844132	2584764
煤气的生产和供应业	980266	304729	675537	95029
自来水的生产和供应业	1840083	313321	1526762	285518
(五)建筑业	**2772401**	**120150**	**2652251**	**305847**
土木工程建筑业	2565798	117557	2448241	278619
线路、管道和设备安装业	179577	2023	177554	26094
建筑物的装修装饰业	27026	570	26456	1134
(六)地质勘查业、水利管理业	**7796135**	**1047510**	**6748625**	**1187983**
地质勘查业	172798	6221	166577	2257
水利管理业	7623337	1041289	6582048	1185726
(七)交通运输、仓储及邮电通信业	**44016730**	**1566136**	**42450594**	**4551531**
铁路运输业	7240250	71515	7168735	59983
公路运输业	16539394	680596	15858798	2137364
管道运输业	1076019	275	1075744	171
水上运输业	497545	14584	482961	86246
航空运输业	1995337	59603	1935734	86286
交通运输辅助业	9624071	444690	9179381	1555510
其他交通运输业	425890	17422	408468	98864
仓储业	1203866	101171	1102695	113734
邮电通信业	5414358	176280	5238078	413373
(八)批发和零售贸易、餐饮业	**4037235**	**114031**	**3923204**	**384828**
食品、饮料、烟草和家庭用品批发商业	1153282	32211	1121071	115471
能源、材料和机械电子设备批发业	585632	11592	574040	33724
其他批发业	224225	8356	215869	18151
零售业	1760429	57911	1702518	203086
商业经纪与代理业	45561	1368	44193	2310

单位:万元

行　　业	本年资金来源合计	上年末结余资金	本年资金来源小计	本年各项应付款合计
餐饮业	268106	2593	265513	12086
(九)金融、保险业	**777733**	**110509**	**667224**	**35968**
金融业	703703	104159	599544	34606
保险业	74030	6350	67680	1362
(十)房地产业	**2120783**	**131424**	**1989359**	**234748**
房地产开发与经营业	1664005	115443	1548562	198698
房地产管理业	429529	13981	415548	34999
房地产代理与经纪业	27249	2000	25249	1051
(十一)社会服务业	**26313559**	**2205640**	**24107919**	**3748513**
公共服务业	22392923	1973914	20419009	3335314
居民服务业	176450	12162	164288	20343
旅馆业	1186760	100845	1085915	110828
租赁服务业	219853	2640	217213	3832
旅行社	529503	11968	517535	57417
娱乐服务业	326729	34304	292425	49466
信息、咨询服务业	100356	4770	95586	14428
计算机应用服务业	601404	36049	565355	35065
其他社会服务业	779581	28988	750593	121820
(十二)卫生、体育和社会福利业	**3630395**	**446450**	**3183945**	**493289**
卫生	2564299	270227	2294072	258704
体育	882975	162757	720218	202866
社会福利保障业	183121	13466	169655	31719
(十三)教育、文化艺术及广播电影电视业	**12322626**	**1057259**	**11265367**	**1660672**
教育	10348996	754736	9594260	1131912
文化艺术业	1237769	171341	1066428	398704
广播电影电视业	735861	131182	604679	130056
(十四)科学研究和综合技术服务业	**1761890**	**433488**	**1328402**	**175140**
科学研究业	843318	212455	630863	83382
综合技术服务业	918572	221033	697539	91758
(十五)国家机关、政党机关和社会团体	**14228577**	**913353**	**13315224**	**1377297**
国家机关	13344221	821512	12522709	1291923
政党机关	335529	69504	266025	30273
社会团体	238032	21279	216753	27869
基层群众自治组织	310795	1058	309737	27232
(十六)其他行业	**2221101**	**97645**	**2123456**	**218115**
其他行业	2221101	97645	2123456	218115

9－34　基本建设分行业财务拨款资金来源

单位:万元

行　　业	本年资金来源小计	国家预算内资金	国内贷款	债券
全国总计	**172136634**	**25335961**	**44123883**	**1769543**
(一)农、林、牧、渔业	**5829829**	**3402964**	**221425**	**29518**
农业	1025823	263354	83278	2612
林业	3605457	2838367	57710	13211
畜牧业	414806	47299	37254	1980
渔业	123807	3176	7280	
农、林、牧、渔服务业	659936	250768	35903	11715
(二)采掘业	**6704185**	**164699**	**1381201**	**558**
煤炭采选业	1047599	53942	368419	
石油和天然气开采业	5192266	1510	967668	
黑色金属矿采选业	66277	1010	2349	
有色金属矿采选业	178363	2827	30758	
非金属矿采选业	61241	150	5945	
其他矿采选业	3980			
木材及竹材采运业	154459	105260	6062	558
(三)制造业	**21800619**	**443728**	**4206828**	**8975**
食品加工业	828467	8776	100281	1655
食品制造业	568757	3712	65590	100
饮料制造业	528844	22236	39213	
烟草加工业	126819		16995	
纺织业	773710	1085	91624	
服装及其他纤维品制造业	382104	440	16019	
皮革、毛皮、羽绒及其制品业	233214		13955	
木材加工及竹、藤、棕、草制品业	264176	1185	35684	
家具制造业	169323	200	17156	100
造纸及纸制品业	294449		61783	
印刷业、记录媒介的复制	256608	346	29576	
文教体育用品制造业	100955	240	3843	
石油加工及炼焦业	859121	4610	341311	
化学原料及化学制品制造业	2080834	60191	379152	600
医药制造业	1071620	10268	178784	1200
化学纤维制造业	328573	3000	112028	
橡胶制品业	151255	365	44184	
塑料制品业	572841	2168	78916	
非金属矿物制品业	1175026	16403	174251	
黑色金属冶炼及压延加工业	1098261	3512	168361	
有色金属冶炼及压延加工业	739748		157888	
金属制品业	611712	2713	73777	
普通机械制造业	574929	16401	67986	

行　业	本年资金来源小计	国家预算内资金	国内贷款	债券
专用设备制造业	735629	19937	203568	800
交通运输设备制造业	1641670	181822	343000	
电气机械及器材制造业	655404	8197	63171	3320
电子及通信设备制造业	3699204	23037	1030022	
仪器仪表及文化办公用机械制造业	453068	11586	50659	
其他制造业	824298	41298	248051	1200
(四)电力、煤气及水的生产和供应业	**24046431**	**2212223**	**12021492**	**964770**
电力、蒸汽、热水的生产和供应业	21844132	1805938	11555639	931051
煤气的生产和供应业	675537	74596	118029	7200
自来水的生产和供应业	1526762	331689	347824	26519
(五)建筑业	**2652251**	**377534**	**360687**	**16501**
土木工程建筑业	2448241	337064	349917	10913
线路、管道和设备安装业	177554	40470	9346	5588
建筑物的装修装饰业	26456		1424	
(六)地质勘查业、水利管理业	**6748625**	**3204597**	**526675**	**98289**
地质勘查业	166577	8582	5559	
水利管理业	6582048	3196015	521116	98289
(七)交通运输、仓储及邮电通信业	**42450594**	**7227855**	**14750858**	**454407**
铁路运输业	7168735	2912111	2605979	188335
公路运输业	15858798	2441757	6389937	121039
管道运输业	1075744	1411	687972	
水上运输业	482961	28661	103731	300
航空运输业	1935734	121682	393690	
交通运输辅助业	9179381	1109023	3674919	95444
其他交通运输业	408468	66047	109173	7179
仓储业	1102695	436871	85404	42110
邮电通信业	5238078	110292	700053	
(八)批发和零售贸易、餐饮业	**3923204**	**64084**	**389683**	**5350**
食品、饮料、烟草和家庭用品批发商业	1121071	37767	97543	5350
能源、材料和机械电子设备批发业	574040	3370	54992	
其他批发业	215869	9400	15296	
零售业	1702518	12545	184839	
商业经纪与代理业	44193		4050	

9－34 续表 2

单位：万元

行　　业	本年资金来源小计	国家预算内资金	国内贷款	债　券
餐饮业	265513	1002	32963	
(九)金融、保险业	**667224**	**46779**	**41575**	
金融业	599544	45881	40220	
保险业	67680	898	1355	
(十)房地产业	**1989359**	**50977**	**380867**	
房地产开发与经营业	1548562	26474	308183	
房地产管理业	415548	24343	70484	
房地产代理与经纪业	25249	160	2200	
(十一)社会服务业	**24107919**	**2612611**	**6117453**	**79930**
公共服务业	20419009	2442635	5334503	76759
居民服务业	164288	5090	14474	
旅馆业	1085915	27967	231601	
租赁服务业	217213	2100	500	
旅行社	517535	39947	64020	3171
娱乐服务业	292425	2013	46045	
信息、咨询服务业	95586	9400	51435	
计算机应用服务业	565355	47515	221147	
其他社会服务业	750593	35944	153728	
(十二)卫生、体育和社会福利业	**3183945**	**384341**	**482049**	**3445**
卫生	2294072	227028	352699	3426
体育	720218	139638	116558	
社会福利保障业	169655	17675	12792	19
(十三)教育、文化艺术及广播电影电视业	**11265367**	**1420924**	**2111208**	**20756**
教育	9594260	1137129	1794107	20756
文化艺术业	1066428	243997	194178	
广播电影电视业	604679	39798	122923	
(十四)科学研究和综合技术服务业	**1328402**	**424672**	**187803**	**8017**
科学研究业	630863	262609	42210	817
综合技术服务业	697539	162063	145593	7200
(十五)国家机关、政党机关和社会团体	**13315224**	**3129120**	**677078**	**77684**
国家机关	12522709	2974281	650318	77684
政党机关	266025	123108	6672	
社会团体	216753	22542	11427	
基层群众自治组织	309737	9189	8661	
(十六)其他行业	**2123456**	**168853**	**267001**	**1343**
其他行业	2123456	168853	267001	1343

单位:万元

行　　业	利用外资	外商直接投资	自筹资金	其他资金来源
全国总计	**10311861**	**5466341**	**76540748**	**14054638**
(一)农、林、牧、渔业	**138928**	**61237**	**1485249**	**551745**
农业	38864	21753	473565	164150
林业	42582	12277	451695	201892
畜牧业	10595	8722	235469	82209
渔业	17641	11616	79871	15839
农、林、牧、渔服务业	29246	6869	244649	87655
(二)采掘业	**177758**	**148762**	**4429733**	**550236**
煤炭采选业	10469	10469	551420	63349
石油和天然气开采业	153860	127979	3650488	418740
黑色金属矿采选业	150	150	48408	14360
有色金属矿采选业	3291	2491	119895	21592
非金属矿采选业	8708	6393	32934	13504
其他矿采选业	1280	1280	220	2480
木材及竹材采运业			26368	16211
(三)制造业	**4334606**	**3668609**	**11180101**	**1626381**
食品加工业	80182	74113	563069	74504
食品制造业	76222	73422	383338	39795
饮料制造业	60248	53627	371016	36131
烟草加工业			100466	9358
纺织业	159509	154759	432085	89407
服装及其他纤维品制造业	111954	102568	234801	18890
皮革、毛皮、羽绒及其制品业	86736	79596	113378	19145
木材加工及竹、藤、棕、草制品业	84178	82169	125367	17762
家具制造业	35102	30805	101222	15543
造纸及纸制品业	51377	49183	157003	24286
印刷业、记录媒介的复制	18963	18585	184035	23688
文教体育用品制造业	38243	38243	50872	7757
石油加工及炼焦业	95622	93370	391240	26338
化学原料及化学制品制造业	434250	278843	893219	313422
医药制造业	72198	71071	744779	64391
化学纤维制造业	80113	80113	113243	20189
橡胶制品业	10634	10634	81622	14450
塑料制品业	180263	171198	259025	52469
非金属矿物制品业	227628	169835	641178	115566
黑色金属冶炼及压延加工业	30833	19212	811136	84419
有色金属冶炼及压延加工业	44055	42155	509410	28395
金属制品业	97360	95814	385795	52067
普通机械制造业	86184	85416	341882	62476

9－34 续表 4

单位:万元

行　　业	利用外资	外商直接投资	自筹资金	其他资金来源
专用设备制造业	93833	72104	345918	71573
交通运输设备制造业	135202	131978	870813	110833
电气机械及器材制造业	163526	158334	350090	67100
电子及通信设备制造业	1618894	1272626	950925	76326
仪器仪表及文化办公用机械制造业	97429	96632	254020	39374
其他制造业	63868	62204	419154	50727
(四)电力、煤气及水的生产和供应业	**2048172**	**362767**	**5760259**	**1039515**
电力、蒸汽、热水的生产和供应业	1824325	303336	4860764	866415
煤气的生产和供应业	56665	24893	333292	85755
自来水的生产和供应业	167182	34538	566203	87345
(五)建筑业	**92978**	**14372**	**1385883**	**418668**
土木工程建筑业	88678	10072	1271644	390025
线路、管道和设备安装业			94385	27765
建筑物的装修装饰业	4300	4300	19854	878
(六)地质勘查业、水利管理业	**154955**	**12997**	**2337701**	**426408**
地质勘查业	500	500	115902	36034
水利管理业	154455	12497	2221799	390374
(七)交通运输、仓储及邮电通信业	**2327401**	**588392**	**15957308**	**1732765**
铁路运输业	360835	8308	984395	117080
公路运输业	496034	62387	5676532	733499
管道运输业			385615	746
水上运输业	11182		312905	26182
航空运输业	1059769	310741	349469	11124
交通运输辅助业	205844	74362	3560421	533730
其他交通运输业	4312	500	213767	7990
仓储业	33883	15912	476091	28336
邮电通信业	155542	116182	3998113	274078
(八)批发和零售贸易、餐饮业	**144609**	**125100**	**2589999**	**729479**
食品、饮料、烟草和家庭用品批发商业	6545	4524	751155	222711
能源、材料和机械电子设备批发业	16224	14564	422231	77223
其他批发业	11000	11000	117981	62192
零售业	93352	77993	1082268	329514
商业经纪与代理业	8751	8751	29956	1436

9-34 续表 5

单位:万元

行 业	利用外资	外商直接投资	自筹资金	其他资金来源
餐饮业	8737	8268	186408	36403
(九)金融、保险业			**411353**	**167517**
金融业			355081	158362
保险业			56272	9155
(十)房地产业	**21206**	**19911**	**1161175**	**375134**
房地产开发与经营业	16466	15171	949351	248088
房地产管理业	4740	4740	196037	119944
房地产代理与经纪业			15787	7102
(十一)社会服务业	**586510**	**274643**	**12478395**	**2233020**
公共服务业	436834	130765	10203156	1925122
居民服务业	12429	9641	99519	32776
旅馆业	58336	58246	667816	100195
租赁服务业	10	10	211463	3140
旅行社	34915	34595	321138	54344
娱乐服务业	23707	21707	189418	31242
信息、咨询服务业	3775	3775	29859	1117
计算机应用服务业	11899	11299	276380	8414
其他社会服务业	4605	4605	479646	76670
(十二)卫生、体育和社会福利业	**45202**	**38546**	**1961168**	**307740**
卫生	15164	8508	1459249	236506
体育	29958	29958	383581	50483
社会福利保障业	80	80	118338	20751
(十三)教育、文化艺术及广播电影电视业	**77295**	**60038**	**6587472**	**1047712**
教育	64566	48309	5629368	948334
文化艺术业	12729	11729	562589	52935
广播电影电视业			395515	46443
(十四)科学研究和综合技术服务业	**34396**	**8371**	**570486**	**103028**
科学研究业	8501	4390	269976	46750
综合技术服务业	25895	3981	300510	56278
(十五)国家机关、政党机关和社会团体	**103041**	**58692**	**6902927**	**2425374**
国家机关	98179	54100	6523893	2198354
政党机关	250	60	92946	43049
社会团体	3390	3310	54035	125359
基层群众自治组织	1222	1222	232053	58612
(十六)其他行业	**24804**	**23904**	**1341539**	**319916**
其他行业	24804	23904	1341539	319916

9-35 基本建设分行业财务拨款中的自筹资金

单位:万元

行业	自筹资金合计	中央各部门自筹	省自筹	地市自筹	县自筹	企事业单位自有资金	发行股票
全国总计	**76540748**	**3651763**	**6710790**	**9215469**	**9484216**	**47478510**	**247964**
(一)农、林、牧、渔业	**1485249**	**215028**	**80057**	**67824**	**297136**	**825204**	**1300**
农业	473565	7624	20478	22659	98099	324705	500
林业	451695	203006	14024	24433	82939	127293	
畜牧业	235469	1023	10364	6061	32607	185414	
渔业	79871		1975		3405	74491	800
农、林、牧、渔服务业	244649	3375	33216	14671	80086	113301	
(二)采掘业	**4429733**	**66588**	**17618**	**5210**	**51045**	**4289272**	**17900**
煤炭采选业	551420	729	17138	610	46747	486196	
石油和天然气开采业	3650488	65633		4600	267	3579988	17900
黑色金属矿采选业	48408					48408	
有色金属矿采选业	119895		400		1844	117651	
非金属矿采选业	32934	138	80		2187	30529	
其他矿采选业	220					220	
木材及竹材采运业	26368	88				26280	
(三)制造业	**11180101**	**17460**	**66447**	**302274**	**271150**	**10522770**	**156937**
食品加工业	563069	250	4763	3183	34355	520518	15080
食品制造业	383338	100	484	800	6940	375014	4094
饮料制造业	371016		1100	40	3563	366313	100
烟草加工业	100466				732	99734	
纺织业	432085		100	67993	30803	333189	19970
服装及其他纤维品制造业	234801	396	3258	783	1001	229363	3
皮革、毛皮、羽绒及其制品业	113378			2100		111278	
木材加工及竹、藤、棕、草制品业	125367				825	124542	
家具制造业	101222				1055	100167	2950
造纸及纸制品业	157003		3100		3300	150603	
印刷业、记录媒介的复制	184035	3619	945			179471	
文教体育用品制造业	50872				918	49954	
石油加工及炼焦业	391240	650	1500	2019	2727	384344	41613
化学原料及化学制品制造业	893219		17419	2723	7872	865205	18200
医药制造业	744779	6000	16564	3224	2087	716904	3333
化学纤维制造业	113243					113243	
橡胶制品业	81622				850	80772	22000
塑料制品业	259025	850		300	5864	252011	205
非金属矿物制品业	641178		505	11627	38462	590584	834
黑色金属冶炼及压延加工业	811136		600	1000	11835	797701	7777
有色金属冶炼及压延加工业	509410				38500	470910	
金属制品业	385795		858	1240	940	382757	
普通机械制造业	341882		2818	2100	27622	309342	538

单位：万元

行　　业	自筹资金合　　计	中央各部门自筹	省自筹	地市自筹	县自筹	企事业单位自有资金	发行股票
专用设备制造业	345918		6613	2500	3845	332960	
交通运输设备制造业	870813	700	20	63	12562	857468	3500
电气机械及器材制造业	350090	2667	4150		2802	340471	682
电子及通信设备制造业	950925	2228	650	37078	11046	899923	13380
仪器仪表及文化办公用机械制造业	254020			156326		97694	2678
其他制造业	419154		1000	7175	20644	390335	
(四)电力、煤气及水的生产和供应业	**5760259**	**261321**	**706787**	**356005**	**278907**	**4157239**	**50088**
电力、蒸汽、热水的生产和供应业	4860764	259381	685550	199153	184394	3532286	50088
煤气的生产和供应业	333292	1254	5550	23098	8348	295042	
自来水的生产和供应业	566203	686	15687	133754	86165	329911	
(五)建筑业	**1385883**	**30447**	**104542**	**155636**	**274199**	**821059**	
土木工程建筑业	1271644	29864	88337	154557	264910	733976	
线路、管道和设备安装业	94385	583	16205	1079	4428	72090	
建筑物的装修装饰业	19854				4861	14993	
(六)地质勘查业、水利管理业	**2337701**	**152690**	**347902**	**591448**	**688423**	**557238**	**192**
地质勘查业	115902	61643	1145		410	52704	
水利管理业	2221799	91047	346757	591448	688013	504534	192
(七)交通运输、仓储及邮电通信业	**15957308**	**2347956**	**3590306**	**1708106**	**1563322**	**6747618**	**770**
铁路运输业	984395	689556	48395	15006	21605	209833	
公路运输业	5676532	1000525	1714304	977626	813945	1170132	
管道运输业	385615			2622	2540	380453	
水上运输业	312905	7299	116091	24140	4436	160939	
航空运输业	349469	28726	16363	45116	306	258958	
交通运输辅助业	3560421	286778	857724	466998	629938	1318983	
其他交通运输业	213767	392	98046	7809	23497	84023	
仓储业	476091	13803	27502	8374	30810	395602	
邮电通信业	3998113	320877	711881	160415	36245	2768695	770
(八)批发和零售贸易、餐饮业	**2589999**	**18564**	**35360**	**35779**	**152153**	**2348143**	**8020**
食品、饮料、烟草和家庭用品批发商业	751155	2314	19611	6720	52566	669944	110
能源、材料和机械电子设备批发业	422231	12119	2664	2980	12549	391919	
其他批发业	117981		3691	933	13792	99565	
零售业	1082268	3969	9074	24046	63711	981468	7910
商业经纪与代理业	29956		20		360	29576	

9－35 续表 2　　　　单位:万元

行　业	自筹资金合　计	中央各部门自筹	省自筹	地市自筹	县自筹	企事业单位自有资金	发行股票
餐饮业	186408	162	300	1100	9175	175671	
(九)金融、保险业	**411353**	**34492**	**20054**	**5133**	**3481**	**348193**	
金融业	355081	31249	15518	4511	3481	300322	
保险业	56272	3243	4536	622		47871	
(十)房地产业	**1161175**		**1120**	**152881**	**69392**	**937782**	
房地产开发与经营业	949351		870	117915	31923	798643	
房地产管理业	196037			34487	31482	130068	
房地产代理与经纪业	15787		250	479	5987	9071	
(十一)社会服务业	**12478395**	**14099**	**856234**	**3657053**	**2723470**	**5227539**	**11030**
公共服务业	10203156	11798	829143	3361086	2601899	3399230	4030
居民服务业	99519		2105	15346	12101	69967	
旅馆业	667816	1600	12846	32133	17909	603328	7000
租赁服务业	211463				180	211283	
旅行社	321138	420	4727	5086	37185	273720	
娱乐服务业	189418		1178	425	6423	181392	
信息、咨询服务业	29859	281	5161	4403	350	19664	
计算机应用服务业	276380			11551	4213	260616	
其他社会服务业	479646		1074	227023	43210	208339	
(十二)卫生、体育和社会福利业	**1961168**	**22990**	**97030**	**224038**	**183239**	**1433871**	**96**
卫生	1459249	20052	59250	94098	74152	1211697	44
体育	383581	1388	24216	114076	86749	157152	
社会福利保障业	118338	1550	13564	15864	22338	65022	52
(十三)教育、文化艺术及广播电影电视业	**6587472**	**51524**	**357668**	**766245**	**889593**	**4522442**	**277**
教育	5629368	44833	280154	531246	817476	3955659	277
文化艺术业	562589	4126	36248	196486	41069	284660	
广播电影电视业	395515	2565	41266	38513	31048	282123	
(十四)科学研究和综合技术服务业	**570486**	**36690**	**33831**	**43717**	**32214**	**424034**	**374**
科学研究业	269976	35804	10752	4146	3092	216182	
综合技术服务业	300510	886	23079	39571	29122	207852	374
(十五)国家机关、政党机关和社会团体	**6902927**	**357586**	**377512**	**1032212**	**1763703**	**3371914**	**980**
国家机关	6523893	350123	353457	1015552	1720261	3084500	980
政党机关	92946	533	17990	6231	30688	37504	
社会团体	54035	6750	3332	8559	6256	29138	
基层群众自治组织	232053	180	2733	1870	6498	220772	
(十六)其他行业	**1341539**	**24328**	**18322**	**111908**	**242789**	**944192**	
其他行业	1341539	24328	18322	111908	242789	944192	

9－36 基本建设施工规模和生产能力建成率

生产能力(或效益)名称	计量单位	代码	本年施工规模	本年新开工	本年新增生产能力	生产能力建成率(%)
原煤开采	万吨/年	101	7256	1818	1819	25.1
洗煤	万吨/年	102	1525	710	320	21.0
焦炭	万吨/年	103	944	573	323	34.2
天然原油开采	万吨/年	105	3182	2211	2233	70.2
天然气开采	亿立方米/年	107	514	512	159	30.9
石油管输	公里	111				
	万吨/年	112				
天然气管输	公里	113	2171	1456	602	27.7
	亿立方米/年	114	138	124	47	34.1
成品油(气)管输	公里	115	114	114		
	万吨/年	116	146	146		
石油加工:蒸馏设备能力	处理万吨/年	121	100		100	100.0
蒸馏设备能力	套	721	2		2	100.0
裂化设备能力	处理万吨/年	122				
裂化设备能力	套	722	45	45	45	100.0
其中:热裂化设备	套	723				
热裂化设备	处理万吨/年	724				
催化裂化设备	套	725				
催化裂化设备	处理万吨/年	726				
加氢裂化设备	套	727	45	45	45	100.0
加氢裂化设备	处理万吨/年	728				
焦化设备能力	万吨/年	124				
焦化设备能力	套	729				
催化重整设备能力	万吨/年	125	40		40	100.0
催化重整设备能力	套	730	1		1	100.0
加氢精制设备能力	处理万吨/年	123	600	120	600	100.0
加氢精制设备能力	套	731	2		2	100.0
润滑油(综合能力)	万吨/年	732	13	2	3	23.1
油罐容量	万立方米	129	141	43	141	100.0
铁矿石原矿开采	万吨/年	131	1531	216	90	5.9
铁矿选矿处理量	万吨/年	735	4	4	4	100.0
铁矿石成品矿	万吨/年	132	332	13	13	3.9
人造富铁矿	万吨/年	133	184	95	157	85.3
其中:烧结铁矿	万吨/年	134	52	23	29	55.8
球团铁矿	万吨/年	135	60		60	100.0
锰矿石原矿开采	万吨/年	136				
生铁	万吨/年	141	241	153	77	32.0
炼钢	万吨/年	142	394	182	14	3.6
其中:平炉钢	万吨/年	143				
转炉钢	万吨/年	144	280	180		
电炉钢	万吨/年	145				
初轧	万吨/年	146				
连铸坯	万吨/年	147	54	54	37	68.5
其中:板坯连铸坯	万吨/年	736				
方坯连铸(含矩形坯)	万吨/年	737				
圆坯连铸	万吨/年	738				
铁合金	万吨/年	149	28	15	16	57.1
粗铜	吨/年	739	14620	14620	14620	100.0
钢材	万吨/年	151	1941	744	643	33.1
热轧钢材	万吨/年	152	1481	543	404	27.3
冷加工钢材	万吨/年	153	209	199	19	9.1
其中:冷弯型钢材	万吨/年	741				
冷轧薄钢板(卷)	万吨/年	742	190	190		
冷轧钢带(卷)	万吨/年	743	15	5	15	100

生产能力（或效益）名称	计量单位	代码	本年施工规模	本年新开工	本年新增生产能力	生产能力建成率（%）
冷轧硅钢片	万吨/年	744				
冷拔无缝钢管	万吨/年	745	4	4	4	100.0
电气焊钢管	万吨/年	746				
镀锌钢板(卷)	万吨/年	747				
镀锡钢板(卷)	万吨/年	748				
锻压钢材	万吨/年	749	1			
挤压钢材	万吨/年	750	250	2	220	88.0
其中:铁道用钢材	万吨/年	155				
其中:重轨	万吨/年	156				
轻轨	万吨/年	157				
型材	万吨/年	751	130			
线材	万吨/年	158	240	200	40	16.7
特厚钢板	万吨/年	752	10	10	10	100.0
中厚钢板	万吨/年	159	201	100	101	50.2
薄钢板	万吨/年	160	97		97	100.0
硅钢片	万吨/年	753				
钢带(卷)	万吨/年	754				
无缝钢管	万吨/年	161				
焊接钢管	万吨/年	755	20		20	100.0
钢丝	万吨/年	756				
钢丝绳	万吨/年	758	1	1	1	100.0
钢绞线	万吨/年	759				
铜采矿(原矿)	万吨/年	171	277	133	16	5.8
铜选矿:(1)处理原矿	万吨/年	172	211	132		
(2)铜含量	吨/年	174	8000			
铜冶炼	吨/年	175				
其中:电解铜	吨/年	176				
铜加工	吨/年	177	24372	24372	16549	67.9
其中:铜板材	吨/年	761	601	601	601	100.0
铜带材	吨/年	762				
铜箔材	吨/年	763	4200	4200	3000	71.4
铜管材	吨/年	764	12948	12948	12948	100.0
铜线材	吨/年	765	6623	6623		
铅锌采矿(原矿)	万吨/年	181	14	13	4	28.6
铅锌选矿:(1)处理原矿	万吨/年	182	42	42	30	71.4
(2)铅含量	吨/年	186	6767	6767	3307	48.9
(3)锌含量	吨/年	187	13192	13192	4992	37.8
铅冶炼	吨/年	188	5000	5000		
其中:电解铅	吨/年	189	5000	5000		
锌冶炼	吨/年	190	138100	88100	15100	10.9
其中:电解锌	吨/年	191	53000	53000	3000	5.7
蒸馏锌	吨/年	192				
精馏锌	吨/年	767				
锡采矿(原矿)	万吨/年	201	59			
锡选矿:(1)处理原矿	万吨/年	202				
(2)锡含量	吨/年	204	4971			
锡冶炼	吨/年	205				
其中:电解锡	吨/年	206				
镍采矿(原矿)	万吨/年	211	13		12	92.3
镍选矿:(1)处理原矿	万吨/年	212				
(2)镍含量	吨/年	214				
镍冶炼	吨/年	215	2000	1000	2000	100.0
其中:电解镍	吨/年	216				
氧化铝	万吨/年	232	752070	352055	2015	0.3

生产能力(或效益)名称	计量单位	代码	本年施工规模	本年新开工	本年新增生产能力	生产能力建成率(%)
电解铝	吨/年	233	742840	342000	326831	44.0
粗铅	吨/年	768	20	20	20	100.0
铝加工	吨/年	234	55138	50118	8430	15.3
其中:铝板材	吨/年	770	43000	43000		
铝带材	吨/年	771				
铝箔材	吨/年	772	170	170	170	100.0
铝管材	吨/年	773				
铝型材	吨/年	774				
铝线材	吨/年	775	80	60	60	75.0
日用精铝制品	吨/年	776	2400	2400	2400	100.0
工业锅炉	蒸吨	777	200	200	200	100.0
金采矿(原矿)	万吨/年	261	418	312	317	75.8
金选矿:(1)处理原矿	吨/年	262	555500	11000	14200	2.6
(2)金含量	公斤/年	264	1431	1	47	3.3
黄金	公斤/年	265	33974	30740	30610	90.1
矿山成品金	公斤/年	266	2510	740	610	24.3
冶炼厂产金	公斤/年	267	31464	30000	30000	95.3
黄金电解	公斤/年	268				
银选矿:(1)处理原矿	吨/年	272				
(2)银含量	公斤/年	274				
石棉采矿	万吨/年	281	32		32	100.0
石棉选矿:(1)处理原矿	万吨/年	282	32		32	100.0
(2)成品棉	万吨/年	283	1		1	100.0
原料云母	吨/年	284				
云母制品	吨/年	285				
硫铁矿开采	万吨/年	286	10	10	10	100.0
磷矿开采	万吨/年	287				
硼矿开采	万吨/年	288				
发电机组容量	万千瓦	291	9244	3071	1193	12.9
水力发电	万千瓦	292	4562	1301	148	3.2
火力发电	万千瓦	293	3854	1563	808	21.0
其他发电	万千瓦	295	828	207	237	28.6
输电线路长度(11 万伏及以上)	公里	296	44123	19326	23979	54.3
变电设备能力(11 万伏及以上)	万千伏安	297	14459	6262	8066	55.8
水　泥	万吨/年	301	1730	1297	479	27.7
平板玻璃	万重量箱/年	302	352	68	272	77.3
釉面砖	万平方米	780	800	500	300	37.5
墙地砖	万平方米	781	4380	3650	3205	73.2
卫生陶瓷	万件/年	303	2	2	2	100.0
耐火材料制品	吨/年	304	44550	44550	40500	90.9
石墨及炭素制品	吨/年	305	263835	51713	140950	53.4
木材采运	万立方米/年	311	10	10	10	100.0
锯　材	万立方米/年	312	2	2	2	100.0
胶合板	万立方米/年	313	71	71	71	100.0
纤维板	万立方米/年	314	118	96	98	83.1
刨花板	万立方米/年	315	29	29	1	3.4
人造板装饰加工板	万立方米/年	316	8	3	8	100.0
家具	万件/年	782	2209	2208	1698	76.9
硫　酸	吨/年	321	285000	285000	200000	70.2
浓硝酸	吨/年	322	30000			
烧碱	吨/年	323	110000		50000	45.5
纯碱	吨/年	324				
电石	吨/年	325	151971	115451	135001	88.8

9－36 续表 3

生产能力(或效益)名称	计量单位	代码	本年施工规模	本年新开工	本年新增生产能力	生产能力建成率(%)
合成氨	吨/年	327	1036238	736238	586000	56.6
农用氮、磷、钾化学肥	吨/年	331	2361730	1298700	284500	12.0
氮肥	吨/年	332	1049030	996000	182000	17.3
磷肥	吨/年	335	112700	102700	102500	90.9
钾肥	吨/年	338	1200000	200000		
化学农药原药	吨/年	341	65	65		
乙烯	吨/年	342	782690	2690	182690	23.3
丙烯	吨/年	343	3000	3000	3000	100.0
纯　苯	吨/年	344	2000			
精甲醇	吨/年	783	203040	3040	3040	1.5
冰醋酸	吨/年	345				
油　漆	吨/年	346	49001	19001	4001	8.2
染　料	吨/年	347	3080	3080	580	18.8
炭　黑	吨/年	348	55000	55000	55000	100.0
塑料树脂及共聚物	吨/年	349	304110	123910	145110	47.7
合成橡胶	吨/年	350	6450	6450	5450	84.5
合成纤维单体	吨/年	351	450150	425150	150	
合成纤维聚合物	吨/年	352	556500	246500	315001	56.6
松香	吨/年	785	32780	32780	31218	95.2
栲胶	吨/年	786				
紫胶	吨/年	787				
轮胎外胎	万条/年	353	27	9	27	100.0
轮胎内胎	万条/年	354	1500	1500	1500	100.0
化学原料药	吨/年	361	3636	2636	2021	55.6
化学药制剂:粉针剂	万瓶/年	788	28367	26467	6667	23.5
注射液	万支/年	789	47415	30695	19615	41.4
片剂	万片/年	790	1135545	533195	410215	36.1
输液	万瓶/年	791	12160	6060	8160	67.1
胶囊剂	万粒/年	792	602655	287880	98655	16.4
医药中间体	吨/年	363	13818	13818	12468	90.2
中成药	吨/年	364	267663	266052	10826	4.0
蒸汽锅炉制造	台/年	371	25	20	20	80.0
	蒸发量:小时吨/年	372	1025			
汽轮发电机制造	万千瓦/年	374				
水轮发电机制造	万千瓦/年	376	120			
交流电动机制造	万千瓦/年	377	90	10	50	55.6
大中型变压器	万千伏安	793	83	75	79	95.2
电力电缆	公里	794	319109	318427	270209	84.7
光纤通讯电缆	芯公里	795	97962	91151	81283	83.0
全塑市话电缆	万对公里	796	3830	3830	3819	99.7
原电池(折一号电池)	万只	797	1608	1500	108	6.7
内燃机制造	台/年	378	57	57		
	万千瓦/年	379	74	74		
柴油机制造	台/年	380	57	57		
	万千瓦/年	381	74	74		
其他内燃机制造	台/年	382				
	万千瓦/年	383				
金属切削机床制造	台/年	384	1340	1340	125	9.3
其中:数控机床	台/年	800	1325	1200		
锻压机械	吨/年	801	406	360	371	91.4
超重机械	吨/年	802				
叉车	台/年	803				
输送机械	吨/年	804	700	700	700	100.0
泵	台/年	805	710	710	710	100.0

9-36 续表 4

生产能力（或效益）名称	计量单位	代码	本年施工规模	本年新开工	本年新增生产能力	生产能力建成率（%）
风机	台/年	806				
拖拉机制造	台/年	391	160	160	160	100.0
大中型拖拉机制造	台/年	392				
小型拖拉机制造	台/年	393	160	160	160	100.0
其中：手扶拖拉机制造	台/年	394	160	160	160	100.0
装载机	台/年	807	8	8	8	100.0
冶金设备制造	吨/年	396				
矿山设备制造	吨/年	397	105800	105500	5800	5.5
石油钻采设备	吨/年	808	100	100	100	100.0
烟草加工机械制造	台(套)/年	398				
建筑机械制造	台/年	401	11300	10300	11000	97.3
其中：挖掘机	台/年	402				
推土机	台/年	403				
医疗器械制造	台/年	406	13900	9300	9300	66.9
铁路机车制造	台/年	411	80	80	80	100.0
其中：内燃机车制造	台/年	412	80	80	80	100.0
电力机车制造	台/年	413				
铁路客车制造	辆/年	414				
铁路货车制造	辆/年	415	1000		1000	100.0
汽车制造	辆/年	417	209899	109899	125400	59.7
载货汽车制造	辆/年	418	8000			
客车制造	辆/年	809	3000	3000		
轿车制造	辆/年	419	191999	99999	120000	62.5
其它汽车制造	辆/年	420	6900	6900	5400	78.3
摩托车制造	辆/年	423	6500	6500	1500	23.1
民用钢质船舶	艘/年	424	35	27		
民用钢质船舶	总吨	810				
民用钢质船舶	修正总吨	811				
民用钢质船舶	综合吨/年	425	270105	270000		
修造船坞	万载重吨/年	426				
浮船坞	举力吨	427	2			
	万载重吨/年	428	10			
钢质标准集装箱制造	标箱/年	429				
电视机	万部/年	812	190	10		
其中：彩色电视机	万部/年	432	190	10		
录像机	万部/年	433				
摄像机	万部/年	434				
组合音响	万部/年	813	15	15	15	100.0
激光唱机(CD)	万台/年	814				
录放音机	万部/年	435				
影碟机	万台/年	557				
VCD 盘	万张/年	558				
CD 盘	万张/年	559				
显像管	万只/年	815	340	60	160	47.1
其中：彩色显像管	万只/年	437	340	60	120	35.3
集成电路	万块/年	816	27326	27139	27047	99.0
电子计算机	部/年	450	1036	1036	1036	100.0
其中：大中型电子计算机	部/年	451				
微型电子计算机	万部/年	452	166			
其中：便携式微型计算机	万部/年	818	136			
电子计算机外部设备	台/年	453	5909410	5635410	5635410	95.4
其中：打印设备	部/年	454	1681900	1681900	1681900	100.0
化学纤维	吨/年	461	89290	84290	19290	21.6
其中：合成纤维	吨/年	462	69870	69870	9870	14.1

9-36 续表 5

生产能力（或效益）名称	计量单位	代码	本年施工规模	本年新开工	本年新增生产能力	生产能力建成率（%）
粘胶纤维	吨/年	463	10520	5520	520	4.9
棉纺锭	锭	471	286930	236530	136530	47.6
棉织布机	台	472	394	258	204	51.8
棉印染	万米/年	473	13794	13082	13394	97.1
毛纺锭	锭	474				
丝织机	台	481				
桑蚕缫丝机	绪	482				
原　盐	万吨/年	491	30	30	10	33.3
食用植物油	日处理原料:吨	492	16205	8005	5325	32.9
	日精炼油:吨	493	3322	1902	1602	48.2
肉加工品	吨/年	494	199919	174099	55399	27.7
其中:熟肉加工	吨/年	495	11580	10080	10060	86.9
机制糖	日处理原料:吨	496	13000	13000	13000	100.0
	年生产糖:吨	497	1000	1000	1000	100.0
罐　头	万吨/年	819	16	8	15	93.8
糖　果	吨/年	502	740	740		
饼　干	吨/年	503	83249	63249	57920	69.6
乳制品	吨/年	504	277642	239070	29360	10.6
奶　粉	吨/年	505	4620	120	4560	98.7
其他乳制品	吨/年	506	273022	238950	24800	9.1
酒	万吨/年	507	40	40	25	62.5
啤　酒	万吨/年	508	27	27	14	51.9
白　酒	万吨/年	509	10	10	8	80.0
其他酒	万吨/年	510	3	3	3	100.0
冷冻饮品	吨/年	821	99350	98850	61150	61.6
软饮料	吨/年	822	519994	382981	295631	56.9
其中:瓶装(或罐装)饮用水	吨/年	823	148000	148000	109000	73.6
方便主食品	吨/年	824	135264	125264	108766	80.4
卷烟	箱/年	513	400	400		
机制纸浆	万吨/年	521	70	3		
机制纸	万吨/年	825	79	54	64	81.0
机制纸板	万吨/年	826	40	30	33	82.5
肥　皂	万吨/年	523				
合成洗涤剂	万吨/年	524	41	41		
牙膏	万支/年	827				
鞣制皮革(折合牛皮)	万张/年	527				
轻革	万平方米/年	828	1653	1653	1648	99.7
重革	吨/年	829				
皮　鞋	万双/年	528	6808	3686	2277	33.4
服　装	万件/年	529	9471	8364	6803	71.8
塑料制品	万吨/年	530	9583	5378	9576	99.9
日用搪瓷制品	万吨/年	532				
日用陶瓷器	万件/年	533	8202	6202	5702	69.5
日用玻璃制品	万吨/年	534	8	4	1	12.5
日用精铝制品	万件/年	535	10	10	10	100.0
保温瓶	万个/年	537	800	800	800	100.0
灯泡	万只/年	830	40	40	40	100.0
灯管	万只/年	831	140	140	20	14.3
自行车	万辆/年	540	35	20	20	57.1
缝纫机	架/年	541	300000		300000	100.0
钟	万只/年	832	2	2	2	100.0
其中:机械钟	万只/年	833				
表	万只/年	542	1800	1800	1800	100.0
其中:机械表	万只/年	834				

生产能力（或效益）名称	计量单位	代码	本年施工规模	本年新开工	本年新增生产能力	生产能力建成率（%）
照相机	万架/年	543				
电影胶片	万米/年	544				
照像胶卷	万平方米/年	835				
其中:彩色照像胶卷	万平方米/年	545				
磁带	万米/年	547	65868	65868	65868	100.0
复印机	台/年	548				
家用电风扇	万台/年	549	170	170	170	100.0
家用电冰箱	万台/年	551				
家用冷冻箱	万台/年	836	8	8	8	100.0
家用洗衣机	万台/年	552				
家用空气调节器	万台/年	553	117	117	7	6.0
吸尘器	万台/年	554				
排油烟机	万台/年	555				
电淋浴器	万台/年	837				
电熨斗	万个/年	838				
燃气用具	万台/年	556	1	1		
微波炉	万台/年	560				
电饭锅	万个/年	840				
移动电话机(手持机)	部/年	841	8912350	8872350	3082350	34.6
移动通信基站设备	个/年	842	74575	73364	73652	98.8
无线寻呼机(生气能力)	部/年	843				
程控交换机	万线/年	844	16991	16960	11910	70.1
电话单机	万部/年	845	2216	2216	129	5.8
传真机(生产能力)	部/年	846	400001	400001	400001	100.0
铁路机车购置	台	561	833	833	833	100.0
铁路客车购置	辆	562	2375	2375	2375	100.0
铁路货车购置	辆	563	27610	27610	27610	100.0
新建铁路主线正线交付运营里程	公里	571	5565	698	1994	35.8
增建铁路第二线交付运营里程	公里	572	1203	34	559	46.5
电气化铁路主线正线交付运营里程	公里	573	2347	92	757	32.3
新建公路	公里	576	50000	24132	47465	94.9
其中:高速公路	公里	577	12429	3110	4213	33.9
一级公路	公里	848	2829	1191	1119	39.6
二级公路	公里	849	7272	3542	3595	49.4
改建公路	公里	578	80000	46863	77376	96.7
其中:高速公路	公里	579	504	236	4	0.8
一级公路	公里	580	3152	1941	1655	52.5
二级公路	公里	850	17688	11160	10364	58.6
新建独立公路桥梁	延长米	581	106306	42661	38237	36.0
	座	582	338	251	237	70.1
新(扩)建港口码头	年吞吐量:万吨	583	27251	8458	4959	18.2
	泊位:个	584	351	167	128	36.5
其中:新(扩)建沿海港口码头	年吞吐量:万吨	585	21422	6040	6590	30.8
	泊位:个	586	138	51	57	41.3
船舶购置	艘	589	32	32	32	100.0
	载重量:吨位	590	340580	340580	340580	100.0
	载客量:客位	591	2831	2831	2831	100.0
	拖轮功率:千瓦	592	13996	13996	13996	100.0
新增内河航道里程	公里	593	79	11		
改善内河航道里程	公里	594	1285	715	262	20.4
新(扩)建客、货运站	个	595	122	73	70	57.4
	平方米	596	894707	433932	399387	44.6
民航机场跑道	条	597	18	9	4	22.2
	米	598	40550	20650	11400	28.1

9-36 续表 7

生产能力（或效益）名称	计量单位	代码	本年施工规模	本年新开工	本年新增生产能力	生产能力建成率（%）
航空油库	吨	599	2000	2000	2000	100.0
	立方米	600	3550	3550	3550	100.0
飞机购置	架	601	43	43	43	100.0
候机楼	座	602	11	3	3	27.3
	平方米	603	210852	50200	57800	27.4
长途电缆	延长公里	604	36172	32175	31543	87.2
新建微波电路	公里	605	1313	1283	1089	82.9
农牧场机具购置	台	610	893	893	893	100.0
	千瓦	611	23017	23017	23017	100.0
商品蛋鸡场	万公斤蛋/年	612	608	608	308	50.7
耕地面积	万亩	613	6332	6309	6299	99.5
造林面积	万亩	614	3996	3404	3072	76.9
水库容量(总库容)	亿立方米	615	960	219	45	4.7
有效灌溉面积	万亩	616	5892	4512	3929	66.7
除涝面积	万亩	617	1333	764	409	30.7
排灌装机	万千瓦	618	32	29	30	93.8
商业石油库	万立方米	621	72	45	50	69.4
物资储备石油库	万立方米	622	37	20	31	83.8
商业冷藏库	万吨	623	25	8	13	52.0
水产冷藏库	万吨	624	8	3	5	62.5
粮食仓库	万公斤	625	1256470	752794	953895	75.9
	平方米	626	3025424	1873088	2317702	76.6
高等院校:学生席位	个	631	1334243	611813	702983	52.7
建筑面积	平方米	632	16473071	8608380	7519883	45.6
中等学校:学生席位	个	633	2958704	2294337	2232425	75.5
建筑面积	平方米	634	16407775	11668955	11529437	70.3
小学校:学生席位	个	635	1680343	1406812	1416380	84.3
建筑面积	平方米	636	6865415	5618051	5722184	83.3
其他学校:学生席位	个	637	162124	133052	107686	66.4
建筑面积	平方米	638	1383419	1039292	729239	52.7
公共图书馆:藏书量	万册(件)	639	2972	997	1112	37.4
阅览室座席	个	640	19456	4906	9346	48.0
建筑面积	平方米	641	435491	231826	245103	56.3
影剧院:座席	个	644	37439	11540	14128	37.7
	平方米	645	328314	70242	110123	33.5
文化馆	平方米	647	150357	110949	80909	53.8
医院病床	张	651	125145	65425	55583	44.4
疗养院、所病床	张	652	3334	2388	1838	55.1
宾馆、旅馆、招待所客房数	间	653	35237	17113	18245	51.8
宾馆、旅馆、招待所客房数	平方米	654	1794379	781789	879864	49.0
城市自来水供水能力	万吨/日	661	2027	806	692	34.1
城市自来水管道长度	公里	662	5653	3449	3673	65.0
城市煤气生产能力	万立方米/日	663	499	110	48	9.6
城市天然气储气能力	万立方米/日	664	1279	313	160	12.5
城市液化石油气储气能力	吨	665	152232	152232	151932	99.8
城市供热能力:蒸汽	吨/小时	666	16298	9338	8629	52.9
热水	兆瓦/小时	667	9793	7237	6513	66.5
城市公共交通车辆购置	辆	671	4076	4076	4076	100.0
城市道路扩建长度	公里	672	6584	4802	4193	63.7
城市道路扩建面积	万平方米	673	104892	10313	77346	73.7
城市排水管道铺设长度	公里	674	3940	2360	1956	49.6
城市污水处理能力	万吨/日	675	2227	890	599	26.9
城市永久性桥梁	座	676	533	252	243	45.6
城市防洪堤长度	公里	677	5060	2866	2498	49.4

9-37 各地区基本建设项目个数

单位:个

地　　区	基层填报单位个数	施工项目个数	新开工项目个数	全部建成投产项目个　数	项目建成投产率(%)
全国总计	**98980**	**97488**	**65318**	**52465**	**53.8**
北　京	1113	1086	473	442	40.7
天　津	786	744	494	370	49.7
河　北	4734	4656	3673	2737	58.8
山　西	2402	2385	1573	1358	56.9
内蒙古	3171	3155	2568	2268	71.9
辽　宁	2249	2203	1590	1233	56.0
吉　林	1795	1787	1486	1046	58.5
黑龙江	2979	2954	2330	2101	71.1
上　海	1215	1179	616	317	26.9
江　苏	3750	3735	2619	2442	65.4
浙　江	5558	5478	3043	2416	44.1
安　徽	3231	3023	2022	1571	52.0
福　建	2409	2372	1287	939	39.6
江　西	3022	2994	2022	1531	51.1
山　东	6871	6653	4784	3099	46.6
河　南	4685	4619	3139	2652	57.4
湖　北	4523	4437	2914	2820	63.6
湖　南	4219	4202	2541	2135	50.8
广　东	5186	5100	2719	2018	39.6
广　西	4911	4851	3212	2566	52.9
海　南	1062	1038	746	561	54.0
重　庆	2749	2705	1657	1304	48.2
四　川	5429	5413	3469	2629	48.6
贵　州	3044	2979	2044	1763	59.2
云　南	3958	3939	2398	2155	54.7
西　藏	1404	1401	1183	913	65.2
陕　西	3459	3436	2182	1902	55.4
甘　肃	3095	3081	2124	1395	45.3
青　海	1706	1670	1247	1041	62.3
宁　夏	956	956	721	591	61.8
新　疆	3219	3174	2425	2132	67.2
不分地区	90	83	17	18	21.7

9－38 基本建设分行业项目个数

单位：个

行业	基层填报单位个数	施工项目个数	新开工项目个数	全部建成投产项目个数	项目建成投产率(%)
全国总计	**98980**	**97488**	**65318**	**52465**	**53.8**
(一)农、林、牧、渔业	**5166**	**5143**	**4063**	**3215**	**62.5**
农业	1577	1572	1238	989	62.9
林业	1693	1689	1369	1058	62.6
畜牧业	580	578	472	350	60.6
渔业	130	129	91	69	53.5
农、林、牧、渔服务业	1186	1175	893	749	63.7
(二)采掘业	**803**	**794**	**497**	**387**	**48.7**
煤炭采选业	331	326	187	114	35.0
石油和天然气开采业	84	83	50	42	50.6
黑色金属矿采选业	68	67	46	37	55.2
有色金属矿采选业	125	124	80	67	54.0
非金属矿采选业	107	106	84	68	64.2
其他矿采选业	9	9	7	5	55.6
木材及竹材采运业	79	79	43	54	68.4
(三)制造业	**11138**	**10833**	**7678**	**4989**	**46.1**
食品加工业	745	739	582	395	53.5
食品制造业	441	434	341	204	47.0
饮料制造业	331	328	239	179	54.6
烟草加工业	82	79	39	38	48.1
纺织业	602	585	463	289	49.4
服装及其他纤维品制造业	407	397	294	192	48.4
皮革、毛皮、羽绒及其制品业	214	214	152	81	37.9
木材加工及竹、藤、棕、草制品业	212	210	173	124	59.0
家具制造业	190	186	155	79	42.5
造纸及纸制品业	236	232	176	112	48.3
印刷业、记录媒介的复制	218	210	142	109	51.9
文教体育用品制造业	84	83	62	39	47.0
石油加工及炼焦业	155	153	110	62	40.5
化学原料及化学制品制造业	839	825	592	365	44.2
医药制造业	565	553	363	192	34.7
化学纤维制造业	42	40	25	21	52.5
橡胶制品业	94	90	64	44	48.9
塑料制品业	401	386	285	165	42.7
非金属矿物制品业	859	838	639	454	54.2
黑色金属冶炼及压延加工业	237	235	148	117	49.8
有色金属冶炼及压延加工业	175	172	113	84	48.8
金属制品业	544	523	391	263	50.3
普通机械制造业	598	580	409	261	45.0

单位：个

行　业	基层填报单位个数	施工项目个数	新开工项目个数	全部建成投产项目个数	项目建成投产率（%）
专用设备制造业	535	527	348	244	46.3
交通运输设备制造业	622	610	361	255	41.8
电气机械及器材制造业	456	438	301	191	43.6
电子及通信设备制造业	684	619	353	217	35.1
仪器仪表及文化办公用机械制造业	191	184	115	70	38.0
其他制造业	379	363	243	143	39.4
（四）电力、煤气及水的生产和供应业	**5747**	**5694**	**3236**	**2436**	**42.8**
电力、蒸汽、热水的生产和供应业	4199	4162	2451	1882	45.2
煤气的生产和供应业	329	327	160	79	24.2
自来水的生产和供应业	1219	1205	625	475	39.4
（五）建筑业	**2510**	**2472**	**1786**	**1344**	**54.4**
土木工程建筑业	2298	2264	1635	1223	54.0
线路、管道和设备安装业	168	165	117	94	57.0
建筑物的装修装饰业	44	43	34	27	62.8
（六）地质勘查业、水利管理业	**4772**	**4761**	**3221**	**2482**	**52.1**
地质勘查业	174	169	105	90	53.3
水利管理业	4598	4592	3116	2392	52.1
（七）交通运输、仓储及邮电通信业	**10985**	**10838**	**6806**	**5859**	**54.1**
铁路运输业	210	198	95	85	42.9
公路运输业	4010	3966	2563	2087	52.6
管道运输业	15	15	8	5	33.3
水上运输业	153	144	63	52	36.1
航空运输业	102	93	36	29	31.2
交通运输辅助业	2643	2628	1738	1397	53.2
其他交通运输业	120	119	72	56	47.1
仓储业	1118	1118	683	721	64.5
邮电通信业	2614	2557	1548	1427	55.8
（八）批发和零售贸易、餐饮业	**4611**	**4555**	**3129**	**2729**	**59.9**
食品、饮料、烟草和家庭用品批发商业	1326	1314	854	749	57.0
能源、材料和机械电子设备批发业	607	594	430	368	62.0
其他批发业	338	335	217	196	58.5
零售业	2026	2007	1416	1230	61.3
商业经纪与代理业	49	49	29	26	53.1

9-38 续表 2 单位:个

行　　业	基层填报单位个数	施工项目个数	新开工项目个数	全部建成投产项目个　数	项目建成投产率(%)
餐饮业	265	256	183	160	62.5
(九)金融、保险业	**1127**	**1086**	**651**	**659**	**60.7**
金融业	966	930	558	555	59.7
保险业	161	156	93	104	66.7
(十)房地产业	**1256**	**1253**	**773**	**596**	**47.6**
房地产开发与经营业	849	846	510	364	43.0
房地产管理业	385	385	244	221	57.4
房地产代理与经纪业	22	22	19	11	50.0
(十一)社会服务业	**11442**	**11299**	**7284**	**5558**	**49.2**
公共服务业	9067	8949	5846	4429	49.5
居民服务业	336	329	195	170	51.7
旅馆业	864	854	504	420	49.2
租赁服务业	21	21	15	9	42.9
旅行社	448	448	289	189	42.2
娱乐服务业	207	205	130	99	48.3
信息、咨询服务业	51	49	22	19	38.8
计算机应用服务业	89	86	42	25	29.1
其他社会服务业	359	358	241	198	55.3
(十二)卫生、体育和社会福利业	**3881**	**3729**	**2246**	**1937**	**51.9**
卫生	3113	2970	1800	1592	53.6
体育	364	357	187	129	36.1
社会福利保障业	404	402	259	216	53.7
(十三)教育、文化艺术及广播电影电视业	**15677**	**15460**	**10740**	**9536**	**61.7**
教育	14136	13968	9964	8867	63.5
文化艺术业	827	804	400	368	45.8
广播电影电视业	714	688	376	301	43.8
(十四)科学研究和综合技术服务业	**1136**	**1079**	**570**	**452**	**41.9**
科学研究业	488	465	199	183	39.4
综合技术服务业	648	614	371	269	43.8
(十五)国家机关、政党机关和社会团体	**17590**	**17364**	**11900**	**9756**	**56.2**
国家机关	16448	16232	11075	9128	56.2
政党机关	425	416	261	215	51.7
社会团体	275	274	173	148	54.0
基层群众自治组织	442	442	391	265	60.0
(十六)其他行业	**1139**	**1128**	**738**	**530**	**47.0**
其他行业	1139	1128	738	530	47.0

9－39　各地区基本建设房屋建筑面积和造价

地　　区	施工房屋面　　积（万平方米）	竣工房屋面　　积（万平方米）	房屋建筑面积竣工率（%）	竣工房屋价　　值（万元）	竣工房屋造　　价（元/平方米）
全国总计	**58144.95**	**27395.33**	**47.1**	**25641019**	**936**
北　　京	1812.20	621.54	34.3	1349536	2171
天　　津	691.55	281.67	40.7	383852	1363
河　　北	2851.28	1558.70	54.7	1367125	877
山　　西	1471.77	708.37	48.1	613323	866
内 蒙 古	1230.79	797.27	64.8	652536	818
辽　　宁	1750.89	768.86	43.9	770340	1002
吉　　林	1544.49	899.46	58.2	921891	1025
黑 龙 江	1712.04	970.46	56.7	926831	955
上　　海	1045.05	287.50	27.5	486765	1693
江　　苏	2403.32	1343.57	55.9	1467237	1092
浙　　江	4115.50	1558.87	37.9	1699661	1090
安　　徽	1712.82	746.21	43.6	591887	793
福　　建	1270.87	487.77	38.4	486445	997
江　　西	1248.52	705.37	56.5	522559	741
山　　东	4866.15	2308.43	47.4	1976101	856
河　　南	3276.07	1346.88	41.1	1130920	840
湖　　北	1983.45	1223.52	61.7	1033316	845
湖　　南	2494.28	1035.89	41.5	890959	860
广　　东	4370.93	1680.18	38.4	1792303	1067
广　　西	1285.74	567.69	44.2	408187	719
海　　南	516.43	244.72	47.4	229188	937
重　　庆	2181.71	1241.91	56.9	844562	680
四　　川	3048.13	1381.79	45.3	915667	663
贵　　州	1053.18	453.99	43.1	313130	690
云　　南	1356.00	652.61	48.1	588893	902
西　　藏	174.06	117.07	67.3	160507	1371
陕　　西	2429.58	1073.02	44.2	1024933	955
甘　　肃	1431.80	581.16	40.6	471638	812
青　　海	306.06	134.17	43.8	121351	904
宁　　夏	332.36	185.31	55.8	169777	916
新　　疆	1410.25	861.15	61.1	802589	932
不分地区	767.69	570.22	74.3	527010	924

9-40 各地区基本建设住宅建筑面积和造价

地区	施工房屋面积（万平方米）	竣工房屋面积（万平方米）	房屋建筑面积竣工率（%）	竣工房屋价值（万元）	竣工房屋造价（元/平方米）
全国总计	**18650.80**	**10417.13**	**55.9**	**7809979**	**750**
北京	545.42	219.09	40.2	363866	1661
天津	96.48	63.01	65.3	95607	1517
河北	1192.17	689.40	57.8	498871	724
山西	675.92	331.56	49.1	245342	740
内蒙古	469.96	341.42	72.6	235456	690
辽宁	554.74	321.61	58.0	258144	803
吉林	505.01	353.65	70.0	294222	832
黑龙江	646.55	446.22	69.0	352068	789
上海	115.47	43.03	37.3	48558	1129
江苏	404.04	271.82	67.3	237983	876
浙江	645.95	265.43	41.1	257318	969
安徽	417.37	240.48	57.6	150087	624
福建	165.63	95.43	57.6	78470	822
江西	319.86	219.40	68.6	123957	565
山东	1430.93	759.24	53.1	567787	748
河南	1138.27	591.28	51.9	398154	673
湖北	744.53	577.10	77.5	390131	676
湖南	847.66	401.51	47.4	235514	587
广东	619.56	331.07	53.4	324521	980
广西	441.04	252.71	57.3	145692	577
海南	204.06	128.64	63.0	99606	774
重庆	1108.45	652.07	58.8	389214	597
四川	1310.62	664.22	50.7	349617	526
贵州	362.69	164.65	45.4	87396	531
云南	571.39	288.55	50.5	208187	721
西藏	41.34	29.66	71.7	28325	955
陕西	1158.80	519.34	44.8	413006	795
甘肃	787.99	341.19	43.3	247260	725
青海	116.60	52.74	45.2	37438	710
宁夏	113.65	70.28	61.8	48553	691
新疆	604.34	449.95	74.5	326194	725
不分地区	294.29	241.38	82.0	273435	1133

9－41 基本建设分行业房屋建筑面积和造价

行　　业	施工房屋面　　积（万平方米）	竣工房屋面　　积（万平方米）	房屋建筑面积竣工率（%）	竣工房屋价　　值（万元）	竣工房屋造　　价（元/平方米）
全国总计	**58144.95**	**27395.33**	**47.1**	**25641019**	**936**
（一）农、林、牧、渔业	**942.98**	**647.01**	**68.6**	**390819**	**604**
农业	366.32	285.25	77.9	174415	611
林业	90.70	60.80	67.0	41691	686
畜牧业	263.09	168.38	64.0	85637	509
渔业	21.57	13.35	61.9	7419	556
农、林、牧、渔服务业	201.30	119.24	59.2	81657	685
（二）采掘业	**457.08**	**269.66**	**59.0**	**202978**	**753**
煤炭采选业	246.78	144.84	58.7	111663	771
石油和天然气开采业	70.73	47.04	66.5	33326	708
黑色金属矿采选业	39.31	21.31	54.2	19576	919
有色金属矿采选业	48.00	19.35	40.3	13237	684
非金属矿采选业	19.12	12.15	63.5	8557	705
其他矿采选业	1.04	0.59	56.7	375	636
木材及竹材采运业	32.10	24.39	76.0	16244	666
（三）制造业	**8914.69**	**4219.48**	**47.3**	**3895264**	**923**
食品加工业	316.09	172.85	54.7	144883	838
食品制造业	218.27	111.73	51.2	105109	941
饮料制造业	218.52	100.90	46.2	84905	842
烟草加工业	103.10	53.14	51.5	55131	1038
纺织业	543.92	296.02	54.4	201435	680
服装及其他纤维品制造业	344.45	180.26	52.3	138080	766
皮革、毛皮、羽绒及其制品业	221.31	82.78	37.4	68508	828
木材加工及竹、藤、棕、草制品业	94.58	66.94	70.8	47258	706
家具制造业	131.63	60.07	45.6	46351	772
造纸及纸制品业	118.16	59.14	50.0	46911	793
印刷业、记录媒介的复制	151.94	76.18	50.1	80691	1059
文教体育用品制造业	71.05	39.03	54.9	26645	683
石油加工及炼焦业	54.51	31.45	57.7	38858	1236
化学原料及化学制品制造业	498.13	246.47	49.5	220867	896
医药制造业	537.87	155.46	28.9	183106	1178
化学纤维制造业	41.58	18.30	44.0	30332	1658
橡胶制品业	58.36	24.14	41.4	18099	750
塑料制品业	236.31	126.94	53.7	121555	958
非金属矿物制品业	461.40	215.65	46.7	191146	886
黑色金属冶炼及压延加工业	430.94	204.42	47.4	179069	876
有色金属冶炼及压延加工业	168.42	95.30	56.6	80083	840
金属制品业	349.32	183.29	52.5	149551	816
普通机械制造业	409.91	193.11	47.1	173228	897

9－41 续表 1

行　　业	施工房屋面　　积（万平方米）	竣工房屋面　　积（万平方米）	房屋建筑面积竣工率（%）	竣工房屋价　　值（万元）	竣工房屋造　　价（元/平方米）
专用设备制造业	451.64	226.25	50.1	171021	756
交通运输设备制造业	772.83	339.99	44.0	373213	1098
电气机械及器材制造业	423.98	230.08	54.3	182350	793
电子及通信设备制造业	962.06	376.62	39.1	487302	1294
仪器仪表及文化办公用机械制造业	162.69	68.30	42.0	84778	1241
其他制造业	361.70	184.66	51.1	164799	892
（四）电力、煤气及水的生产和供应业	**1420.88**	**591.74**	**41.6**	**567394**	**959**
电力、蒸汽、热水的生产和供应业	1188.41	491.76	41.4	468728	953
煤气的生产和供应业	79.97	29.57	37.0	33911	1147
自来水的生产和供应业	152.50	70.42	46.2	64755	920
（五）建筑业	**1418.12**	**748.02**	**52.7**	**591901**	**791**
土木工程建筑业	1330.03	703.00	52.9	546681	778
线路、管道和设备安装业	72.55	36.64	50.5	36740	1003
建筑物的装修装饰业	15.53	8.37	53.9	8480	1013
（六）地质勘查业、水利管理业	**471.82**	**220.66**	**46.8**	**145186**	**658**
地质勘查业	126.86	66.32	52.3	53020	799
水利管理业	344.96	154.34	44.7	92166	597
（七）交通运输、仓储及邮电通信业	**3723.90**	**1523.36**	**40.9**	**1764895**	**1159**
铁路运输业	355.65	193.98	54.5	165393	853
公路运输业	383.47	194.09	50.6	170772	880
管道运输业	2.92	1.43	49.0	1841	1288
水上运输业	34.74	9.07	26.1	14019	1546
航空运输业	176.84	24.28	13.7	45829	1888
交通运输辅助业	745.15	159.20	21.4	139707	878
其他交通运输业	13.70	6.10	44.5	8662	1420
仓储业	657.53	427.21	65.0	490536	1148
邮电通信业	1353.91	508.01	37.5	728136	1433
（八）批发和零售贸易、餐饮业	**3995.29**	**1809.60**	**45.3**	**1631389**	**902**
食品、饮料、烟草和家庭用品批发商业	1255.65	624.56	49.7	542277	868
能源、材料和机械电子设备批发业	445.78	244.53	54.9	215527	881
其他批发业	229.01	99.42	43.4	74415	749
零售业	1766.94	700.81	39.7	658165	939
商业经纪与代理业	99.13	19.50	19.7	17202	882

行　业	施工房屋面　积(万平方米)	竣工房屋面　积(万平方米)	房屋建筑面积竣工率(%)	竣工房屋价　值(万元)	竣工房屋造　价(元/平方米)
餐饮业	198.79	120.78	60.8	123803	1025
(九)金融、保险业	**669.04**	**308.09**	**46.0**	**296264**	**962**
金融业	595.07	269.90	45.4	259855	963
保险业	73.97	38.19	51.6	36409	953
(十)房地产业	**2127.06**	**918.37**	**43.2**	**790365**	**861**
房地产开发与经营业	1549.96	634.84	41.0	569978	898
房地产管理业	537.27	273.04	50.8	211945	776
房地产代理与经纪业	39.82	10.50	26.4	8442	804
(十一)社会服务业	**4339.61**	**1552.67**	**35.8**	**1606846**	**1035**
公共服务业	2443.83	801.13	32.8	690359	862
居民服务业	114.92	62.22	54.1	72344	1163
旅馆业	731.71	277.96	38.0	393053	1414
租赁服务业	49.56	2.06	4.2	1308	635
旅行社	195.41	77.43	39.6	88766	1146
娱乐服务业	97.89	54.06	55.2	76294	1411
信息、咨询服务业	55.66	8.41	15.1	8421	1001
计算机应用服务业	196.66	78.90	40.1	92892	1177
其他社会服务业	453.96	190.51	42.0	183409	963
(十二)卫生、体育和社会福利业	**2842.92**	**1064.95**	**37.5**	**1294647**	**1216**
卫生	2263.72	851.73	37.6	976346	1146
体育	367.58	116.90	31.8	219955	1882
社会福利保障业	211.62	96.32	45.5	98346	1021
(十三)教育、文化艺术及广播电影电视业	**12922.36**	**6627.40**	**51.3**	**6195442**	**935**
教育	11905.51	6321.70	53.1	5719101	905
文化艺术业	625.94	206.36	33.0	320886	1555
广播电影电视业	390.91	99.34	25.4	155455	1565
(十四)科学研究和综合技术服务业	**760.40**	**284.42**	**37.4**	**423059**	**1487**
科学研究业	425.37	182.70	43.0	285954	1565
综合技术服务业	335.04	101.72	30.4	137105	1348
(十五)国家机关、政党机关和社会团体	**11460.56**	**5983.12**	**52.2**	**5228871**	**874**
国家机关	10611.08	5561.54	52.4	4861380	874
政党机关	284.58	125.40	44.1	136158	1086
社会团体	188.86	46.52	24.6	48226	1037
基层群众自治组织	376.04	249.67	66.4	183107	733
(十六)其他行业	**1678.25**	**626.76**	**37.3**	**615699**	**982**
其他行业	1678.25	626.76	37.3	615699	982

9－42 基本建设分行业住宅建筑面积和造价

行　　业	施工住宅面积(万平方米)	竣工住宅面积(万平方米)	住宅建筑面积竣工率(%)	竣工住宅价值(万元)	竣工住宅造价(元/平方米)
全国总计	**18650.80**	**10417.13**	**55.9**	**7809979**	**750**
(一)农、林、牧、渔业	**415.18**	**326.39**	**78.6**	**184228**	**564**
农业	244.41	211.59	86.6	114441	541
林业	55.00	37.14	67.5	22753	613
畜牧业	12.87	9.66	75.0	5943	615
渔业	8.84	5.31	60.0	3809	718
农、林、牧、渔服务业	94.06	62.69	66.6	37282	595
(二)采掘业	**318.73**	**185.97**	**58.3**	**139229**	**749**
煤炭采选业	165.63	94.95	57.3	77587	817
石油和天然气开采业	54.48	34.30	63.0	20699	603
黑色金属矿采选业	35.96	19.22	53.5	16077	836
有色金属矿采选业	34.35	10.87	31.6	7447	685
非金属矿采选业	8.98	8.04	89.5	5982	744
其他矿采选业	0.54	0.54	100.0	355	657
木材及竹材采运业	18.78	18.05	96.1	11082	614
(三)制造业	**2193.62**	**1184.96**	**54.0**	**898488**	**758**
食品加工业	64.00	40.01	62.5	25138	628
食品制造业	37.04	24.74	66.8	17699	715
饮料制造业	43.18	31.62	73.2	21689	686
烟草加工业	52.14	36.15	69.3	35643	986
纺织业	161.75	114.36	70.7	79134	692
服装及其他纤维品制造业	27.21	22.53	82.8	16869	749
皮革、毛皮、羽绒及其制品业	31.52	10.79	34.2	7163	664
木材加工及竹、藤、棕、草制品业	12.34	5.92	48.0	3548	599
家具制造业	9.74	6.31	64.8	4291	680
造纸及纸制品业	31.94	16.92	53.0	12039	712
印刷业、记录媒介的复制	27.13	19.98	73.6	14428	722
文教体育用品制造业	9.08	2.27	25.0	1955	861
石油加工及炼焦业	23.64	18.53	78.4	17597	950
化学原料及化学制品制造业	148.09	87.08	58.8	60116	690
医药制造业	73.10	17.57	24.0	13620	775
化学纤维制造业	12.93	5.52	42.7	3425	620
橡胶制品业	11.04	7.03	63.7	4362	620
塑料制品业	23.04	14.21	61.7	10194	717
非金属矿物制品业	95.52	51.11	53.5	35629	697
黑色金属冶炼及压延加工业	246.08	128.15	52.1	93338	728
有色金属冶炼及压延加工业	61.72	34.82	56.4	27450	788
金属制品业	43.88	23.57	53.7	17181	729
普通机械制造业	168.80	82.85	49.1	58109	701

行　　业	施工住宅面　　积（万平方米）	竣工住宅面　　积（万平方米）	住宅建筑面积竣工率（%）	竣工住宅价　　值（万元）	竣工住宅造　　价（元/平方米）
专用设备制造业	152.72	84.60	55.4	54913	649
交通运输设备制造业	288.96	152.46	52.8	130974	859
电气机械及器材制造业	68.76	37.86	55.1	33117	875
电子及通信设备制造业	115.90	51.96	44.8	52478	1010
仪器仪表及文化办公用机械制造业	48.10	23.05	47.9	22910	994
其他制造业	104.27	32.97	31.6	23479	712
（四）电力、煤气及水的生产和供应业	**568.66**	**286.96**	**50.5**	**215454**	**751**
电力、蒸汽、热水的生产和供应业	505.36	246.61	48.8	188369	764
煤气的生产和供应业	12.09	8.22	68.0	4674	568
自来水的生产和供应业	51.22	32.13	62.7	22411	698
（五）建筑业	**951.63**	**527.65**	**55.4**	**368903**	**699**
土木工程建筑业	889.53	498.64	56.1	347957	698
线路、管道和设备安装业	57.17	26.11	45.7	18728	717
建筑物的装修装饰业	4.93	2.90	58.9	2218	764
（六）地质勘查业、水利管理业	**316.72**	**162.55**	**51.3**	**90721**	**558**
地质勘查业	94.47	49.63	52.5	34905	703
水利管理业	222.25	112.92	50.8	55816	494
（七）交通运输、仓储及邮电通信业	**690.51**	**397.55**	**57.6**	**297602**	**749**
铁路运输业	148.76	109.12	73.4	84972	779
公路运输业	132.51	70.95	53.5	45096	636
管道运输业	2.02	1.43	70.7	1230	861
水上运输业	15.11	2.63	17.4	1982	754
航空运输业	49.03	10.33	21.1	15815	1531
交通运输辅助业	106.70	69.82	65.4	52622	754
其他交通运输业	2.43	0.98	40.4	525	534
仓储业	35.12	28.90	82.3	19821	686
邮电通信业	198.83	103.39	52.0	75539	731
（八）批发和零售贸易、餐饮业	**861.06**	**510.76**	**59.3**	**338653**	**663**
食品、饮料、烟草和家庭用品批发商业	330.28	194.81	59.0	127165	653
能源、材料和机械电子设备批发业	103.42	65.74	63.6	42472	646
其他批发业	81.84	51.90	63.4	32744	631
零售业	309.48	181.74	58.7	125972	693
商业经纪与代理业	10.16	2.28	22.4	1296	569

9－42 续表 2

行　　业	施工住宅面　　积（万平方米）	竣工住宅面　　积（万平方米）	住宅建筑面积竣工率（%）	竣工住宅价　　值（万元）	竣工住宅造　　价（元/平方米）
餐饮业	25.89	14.29	55.2	9004	630
（九）金融、保险业	**343.33**	**186.37**	**54.3**	**133852**	**718**
金融业	314.69	168.19	53.4	122367	728
保险业	28.64	18.18	63.5	11485	632
（十）房地产业	**1394.83**	**687.59**	**49.3**	**550455**	**801**
房地产开发与经营业	939.64	450.45	47.9	373345	829
房地产管理业	424.58	230.93	54.4	172425	747
房地产代理与经纪业	30.62	6.22	20.3	4685	753
（十一）社会服务业	**1226.73**	**532.32**	**43.4**	**406064**	**763**
公共服务业	1022.00	430.16	42.1	307410	715
居民服务业	15.38	8.87	57.7	6469	729
旅馆业	97.12	40.38	41.6	48910	1211
租赁服务业	0.79	0.79	100.0	460	584
旅行社	18.46	14.89	80.7	12500	839
娱乐服务业	13.83	7.39	53.5	7648	1035
信息、咨询服务业	3.77	1.16	30.6	687	594
计算机应用服务业	2.06	1.36	66.1	2174	1593
其他社会服务业	53.31	27.32	51.2	19806	725
（十二）卫生、体育和社会福利业	**494.08**	**263.63**	**53.4**	**198238**	**752**
卫生	413.24	227.73	55.1	166922	733
体育	21.72	7.12	32.8	7368	1034
社会福利保障业	59.12	28.78	48.7	23948	832
（十三）教育、文化艺术及广播电影电视业	**2681.37**	**1650.84**	**61.6**	**1359449**	**823**
教育	2534.64	1567.20	61.8	1288977	822
文化艺术业	88.70	53.20	60.0	49936	939
广播电影电视业	58.03	30.44	52.5	20536	675
（十四）科学研究和综合技术服务业	**277.18**	**120.86**	**43.6**	**147177**	**1218**
科学研究业	182.44	82.30	45.1	109065	1325
综合技术服务业	94.73	38.55	40.7	38112	989
（十五）国家机关、政党机关和社会团体	**5097.19**	**3075.48**	**60.3**	**2252858**	**733**
国家机关	4678.10	2857.84	61.1	2092174	732
政党机关	132.71	66.61	50.2	55352	831
社会团体	66.37	14.99	22.6	10481	699
基层群众自治组织	220.01	136.04	61.8	94851	697
（十六）其他行业	**819.97**	**317.23**	**38.7**	**228608**	**721**
其他行业	819.97	317.23	38.7	228608	721

9-43 各地区基本建设大中型项目投资效果主要指标

地 区	项目建成投产率(%)	建设周期(年)	固定资产交付使用率(%)	未完项目占用率(%)	房屋建筑面积竣工率(%)
全国总计	**18.3**	**7.1**	**63.7**	**122.3**	**46.6**
北 京	35.3	7.8	253.8	245.7	13.6
天 津	31.8	3.4	78.5	28.9	40.8
河 北	10.8	5.5	47.4	121.8	63.9
山 西	14.3	9.5	302.7	153.1	26.5
内 蒙 古	25.0	4.4	105.3	124.6	77.3
辽 宁	13.9	5.1	87.1	107.5	29.7
吉 林	16.7	4.7	78.9	97.8	9.6
黑 龙 江	28.6	3.4	102.0	19.7	82.6
上 海	2.5	6.8	6.3	219.1	8.6
江 苏	18.8	5.3	29.9	186.6	3.4
浙 江	20.0	9.3	136.0	265.0	5.6
安 徽	37.2	5.2	116.2	87.5	49.6
福 建	19.6	4.0	75.0	26.4	5.8
江 西	11.1	3.9	55.8	137.4	30.9
山 东	3.2	4.5	44.6	48.3	69.0
河 南	19.6	8.0	114.4	118.3	69.0
湖 北	20.0	6.0	17.5	39.5	67.4
湖 南	4.4	6.0	11.9	176.6	26.0
广 东	22.2	6.3	74.1	164.0	34.0
广 西	7.4	10.6	39.2	144.2	
海 南	7.5	11.3	57.3	237.0	11.0
重 庆	18.4	4.4	41.8	201.9	53.6
四 川	8.2	5.9	13.2	147.8	62.4
贵 州	10.5	7.7	50.3	135.7	28.4
云 南	12.0	10.1	86.7	142.0	24.3
西 藏	31.0	2.2	18.5	73.9	31.7
陕 西	11.3	6.6	98.8	168.6	26.7
甘 肃	23.2	6.5	59.6	168.2	30.7
青 海	30.0	6.7	34.2	136.5	5.8
宁 夏		4.8	82.7	125.8	31.6
新 疆	15.4	3.7	55.5	116.1	22.5
不分地区	22.4	10.4	52.2	87.3	75.4

9-44 基本建设分行业大中型项目投资效果主要指标

行　业	项目建成投产率(%)	建设周期(年)	固定资产交付使用率(%)	未完项目占用率(%)	房屋建筑面积竣工率(%)
全国总计	**18.3**	**7.1**	**63.7**	**122.3**	**46.6**
(一)农、林、牧、渔业	**10.7**	**29.4**	**0.7**	**6.5**	**87.0**
农业	25.0	3.5	88.3	3.2	100.0
林业	7.1	29.8		0.1	
畜牧业	50.0	2.0	111.9	35.3	100.0
渔业		11.9		912.3	
农、林、牧、渔服务业		15.3		611.0	
(二)采掘业	**29.7**	**2.6**	**75.0**	**43.5**	**88.1**
煤炭采选业	15.4	11.1	68.9	236.5	88.6
石油和天然气开采业	50.0	1.6	77.7	20.8	93.9
黑色金属矿采选业	25.0	5.7	19.2	16.8	75.0
有色金属矿采选业		6.6	2.2	341.3	73.8
非金属矿采选业	50.0	15.9	126.2	1184.8	
其他矿采选业木材及竹材采运业		4.2	17.0	10.1	27.3
(三)制造业	**20.7**	**6.5**	**69.0**	**115.9**	**47.3**
食品加工业		3.7	35.3	43.6	7.6
食品制造业	16.7	7.0	34.4	152.6	21.3
饮料制造业		4.0		133.5	
烟草加工业		24.2		134.8	
纺织业		8.9	48.6	69.4	75.2
服装及其他纤维品制造业	33.3	2.4	29.6	88.1	43.8
皮革、毛皮、羽绒及其制品业	25.0	9.9	70.7		
木材加工及竹、藤、棕、草制品业	50.0	1.2	1.8	19.7	41.1
家具制造业		3.1	5.8	94.2	4.8
造纸及纸制品业	33.3	11.1	43.5	226.0	31.1
印刷业、记录媒介的复制					
文教体育用品制造业	100.0	1.0	100.0		100.0
石油加工及炼焦业	16.7	8.7	111.5	157.0	12.8
化学原料及化学制品制造业	29.4	9.4	93.8	106.3	56.1
医药制造业	25.0	1.5	20.9	88.2	11.7
化学纤维制造业		2.4	8.0	123.5	50.3
橡胶制品业	50.0	8.7	53.5	102.6	100.0
塑料制品业	30.0	6.3	82.1	16.4	76.6
非金属矿物制品业	18.5	3.5	42.1	84.7	25.3
黑色金属冶炼及压延加工业	14.3	7.5	194.8	109.5	55.9
有色金属冶炼及压延加工业	25.0	3.7	76.8	44.9	73.6
金属制品业	50.0	3.8	99.1	80.6	83.8
普通机械制造业		9.3	77.3	256.8	6.4

9－44续表1

行　　业	项目建成投产率(%)	建设周期(年)	固定资产交付使用率(%)	未完项目占用率(%)	房屋建筑面积竣工率(%)
专用设备制造业	16.7	2.3	29.4	169.5	16.3
交通运输设备制造业	10.3	9.7	57.3	44.5	62.4
电气机械及器材制造业	14.3	6.3	73.4	174.3	71.2
电子及通信设备制造业	23.3	4.4	13.2	157.2	21.3
仪器仪表及文化办公用机械制造业					
其他制造业	8.3	3.9	3.9	97.9	62.2
(四)电力、煤气及水的生产和供应业	**11.8**	**6.9**	**73.2**	**135.7**	**24.8**
电力、蒸汽、热水的生产和供应业	13.2	6.8	74.7	128.4	25.4
煤气的生产和供应业		9.2	67.3	333.6	23.5
自来水的生产和供应业	5.0	9.4	24.3	320.7	3.7
(五)建筑业	**19.4**	**4.1**	**40.0**	**106.6**	**21.6**
土木工程建筑业	24.0	4.1	41.1	105.0	21.6
线路、管道和设备安装业		6.3		164.6	
建筑物的装修装饰业					
(六)地质勘查业、水利管理业	**15.6**	**9.3**	**36.7**	**211.4**	**87.7**
地质勘查业					
水利管理业	15.6	9.3	36.7	211.4	87.7
(七)交通运输、仓储及邮电通信业	**19.9**	**5.4**	**74.0**	**138.6**	**31.3**
铁路运输业	29.7	5.5	95.6	202.2	49.4
公路运输业	15.7	5.6	73.5	92.0	48.1
管道运输业		4.1	99.6	0.4	
水上运输业		5.7	5.8	213.0	
航空运输业	14.8	4.7	44.3	172.3	3.9
交通运输辅助业	22.6	5.7	34.6	155.9	11.1
其他交通运输业		4.0		329.6	
仓储业	41.2	11.5	73.4	67.2	56.7
邮电通信业	19.4	2.8	60.6	66.0	22.8
(八)批发和零售贸易、餐饮业	**33.3**	**4.0**	**86.9**	**237.4**	**38.4**
食品、饮料、烟草和家庭用品批发商业		2.5		108.9	
能源、材料和机械电子设备批发业	33.3	2.5	67.2	167.4	100.0
其他批发业	100.0	2.3	83.7		100.0
零售业	50.0	35.0	63.4	3077.5	2.8
商业经纪与代理业		2.4			

9-44 续表 2

行　　业	项目建成投产率(%)	建设周期(年)	固定资产交付使用率(%)	未完项目占用率(%)	房屋建筑面积竣工率(%)
餐饮业	50.0	2.5	246.9		100.0
(九)金融、保险业	**50.0**	**1.2**	**100.0**		**100.0**
金融业	50.0	1.2	100.0		100.0
保险业					
(十)房地产业	**30.0**	**1.9**	**21.3**	**84.0**	**34.9**
房地产开发与经营业	22.2	1.9	18.0	86.3	25.7
房地产管理业	100.0	1.4	139.8		100.0
房地产代理与经纪业					
(十一)社会服务业	**18.4**	**6.5**	**38.9**	**235.3**	**27.4**
公共服务业	18.9	6.8	42.0	242.5	45.1
居民服务业		1.1		100.0	
旅馆业		1.4	100.0		
租赁服务业					
旅行社	50.0	4.9	37.3	388.1	100.0
娱乐服务业		2.1			
信息、咨询服务业		2.1			
计算机应用服务业					
其他社会服务业	14.3	2.7	0.5	188.0	0.8
(十二)卫生、体育和社会福利业	**26.7**	**4.3**	**68.2**	**70.9**	**53.4**
卫生	12.5	3.4	28.3	212.9	11.3
体育	42.9	4.7	86.2	7.0	92.1
社会福利保障业					
(十三)教育、文化艺术及广播电影电视业	**12.9**	**4.5**	**48.9**	**105.2**	**24.8**
教育	12.8	4.3	51.0	79.4	27.6
文化艺术业	33.3	4.7	62.8	225.9	8.6
广播电影电视业		6.1	3.7	128.6	
(十四)科学研究和综合技术服务业	**8.7**	**6.3**	**34.7**	**328.0**	**69.4**
科学研究业	22.2	4.0	117.7	73.1	69.4
综合技术服务业		6.6	23.3	363.1	
(十五)国家机关、政党机关和社会团体	**41.5**	**3.0**	**45.2**	**2.8**	**80.8**
国家机关	37.8	3.0	45.1	2.8	80.8
政党机关	75.0	7.7	100.0		
社会团体					
基层群众自治组织					
(十六)其他行业		**3.5**	**11.2**	**82.3**	**11.2**
其他行业		3.5	11.2	82.3	11.2

9-45 全国基本建设大中型项目投资总规模与完成情况

单位：万元

地　区	计划总投资	实际需要总投资	自开始建设至本年底累计完成投资	本年完成投资
全国总计	**320287930**	**320683308**	**138449150**	**44979257**
一、按隶属关系分				
中央项目	202484504	202280372	82171718	27095727
地方项目	117803426	118402936	56277432	17883530
省　属	67991556	68735554	34687061	10143049
地市属	31105324	31329366	14183671	4976353
县　属	5881022	5998568	3240457	1375163
其　他	12825524	12339448	4166243	1388965
二、按建设性质分				
新　建	268664537	269039688	106789787	33121059
扩　建	41328046	41309145	24579211	9506711
改　建	8933402	8968706	6446141	2130489
单纯建造生活设施	2850	2850	2850	904
迁　建	1077601	1081425	389011	165743
恢　复	281494	281494	242150	54351
单纯购置				
三、按投资总规模分				
500万元以下	11471	11584	10537	9674
500万元～1000万元	19727	16879	14220	12683
1000万元～3000万元	143022	144371	105054	81165
3000万元～5000万元	243598	226349	161663	118093
5000万元～1亿元	894593	898365	563408	334404
1亿元～5亿元	10456452	10669334	6743494	3017029
5亿元～10亿元	13800366	13956987	8550037	3257934
10亿元以上	294718701	294759439	122300737	38148275

9－45 续表 单位:万元

地　　区	累计新增固定资产	未完工程累计投资	全部建成尚需投资	未完工程占用率(%)
全国总计	**56458471**	**55028651**	**182234158**	**122.3**
一、按隶属关系分				
中央项目	32345559	27610594	120108654	101.9
地方项目	24112912	27418057	62125504	153.3
省　属	16207512	16165271	34048493	159.4
地市属	4619781	8920076	17145695	179.2
县　属	1217265	1028471	2758111	74.8
其　他	2068354	1304239	8173205	93.9
二、按建设性质分				
新　　建	36901803	45600057	162249901	137.7
扩　　建	14911859	7402370	16729934	77.9
改　　建	4372382	1775347	2522565	83.3
单纯建造生活设施	2850			
迁　　建	115355	242705	692414	146.4
恢　　复	154222	8172	39344	15.0
单纯购置				
三、按投资总规模分				
500 万元以下	9522	530	1047	5.5
500 万元～1000 万元	12348	1842	2659	14.5
1000 万元～3000 万元	67241	27696	39317	34.1
3000 万元～5000 万元	105989	33833	64686	28.6
5000 万元～1 亿元	292017	202437	334957	60.5
1 亿元～5 亿元	2932709	2942585	3925840	97.5
5 亿元～10 亿元	3715854	4004329	5406950	122.9
10 亿元以上	49322791	47815399	172458702	125.3

9-46 各地区基本建设大中型项目投资总规模与完成情况

单位:万元

地 区	计划总投资	实际需要总投资	自开始建设至本年底累计完成投资	本年完成投资
全国总计	**320287930**	**320683308**	**138449150**	**44979257**
北 京	2588779	2944064	2360284	378641
天 津	5162747	4679327	3161824	1359094
河 北	4940193	4930954	3132822	890765
山 西	5970659	5992888	3106932	633456
内 蒙 古	2942901	2930052	1649033	673243
辽 宁	5157917	5176265	3818202	1013373
吉 林	2404697	2404697	1793363	510483
黑 龙 江	3253746	3257535	2064758	964369
上 海	23955991	24083300	11461466	3561586
江 苏	8698185	8717957	4056219	1640370
浙 江	13540446	13242080	7872008	1430007
安 徽	5394823	5380307	2808272	1028146
福 建	5956575	5957339	3728743	1484043
江 西	3304493	3304493	1737635	837818
山 东	5861833	5905184	2609014	1309386
河 南	9601955	9609608	6808151	1207031
湖 北	14416206	14444183	12228012	2391481
湖 南	2297648	2341673	1137919	389834
广 东	26918106	27123875	12767945	4321252
广 西	6267255	6302031	1824846	591920
海 南	3475589	3531363	1167699	312681
重 庆	2091830	2092182	1382151	474511
四 川	4463747	4495866	1808335	767838
贵 州	6243568	6243568	1896112	805768
云 南	6403544	6420094	2491578	637104
西 藏	396998	398516	206262	183935
陕 西	7220389	7344356	3446270	1112073
甘 肃	4037252	4094872	2213147	628300
青 海	2317707	2317707	1493288	343912
宁 夏	871240	871240	442845	180342
新 疆	5539012	5550833	3985548	1495896
不分地区	118591899	118594899	27788467	11420599

单位:万元

地　　区	累计新增固定资产	未完工程累计投资	全部建成尚需投资	未完工程占用率(%)
全国总计	**56458471**	**55028651**	**182234158**	**122.3**
北　　京	1430024	930260	583780	245.7
天　　津	2531456	392932	1517503	28.9
河　　北	1638297	1085268	1798132	121.8
山　　西	2077402	969750	2885956	153.1
内 蒙 古	810336	838697	1281019	124.6
辽　　宁	2586649	1089096	1358063	107.5
吉　　林	817000	499313	611334	97.8
黑 龙 江	1369521	189950	1192777	19.7
上　　海	2248867	7803274	12621834	219.1
江　　苏	994334	3061682	4661738	186.6
浙　　江	3827802	3789810	5370072	265.0
安　　徽	1771479	899232	2572035	87.5
福　　建	3280370	391496	2228596	26.4
江　　西	473529	1150862	1566858	137.4
山　　东	948052	631966	3296170	48.3
河　　南	2295515	1428359	2801457	118.3
湖　　北	2124677	945255	2216171	39.5
湖　　南	442665	688396	1203754	176.6
广　　东	4397927	7086996	14355930	164.0
广　　西	947611	853796	4477185	144.2
海　　南	242208	741164	2363664	237.0
重　　庆	266085	958191	710031	201.9
四　　川	218156	1134812	2687531	147.8
贵　　州	616255	1093690	4347456	135.7
云　　南	1505623	904712	3928516	142.0
西　　藏	39528	135926	192254	73.9
陕　　西	1522707	1874879	3898086	168.6
甘　　肃	954010	1056495	1881725	168.2
青　　海	670641	469291	824419	136.5
宁　　夏	215941	226904	428395	125.8
新　　疆	2059290	1736323	1565285	116.1
不分地区	11134514	9969874	90806432	87.3

9－47 基本建设分行业大中型项目投资总规模与完成情况

单位:万元

行业	计划总投资	实际需要总投资	自开始建设至本年底累计完成投资	本年完成投资
全国总计	**320287930**	**320683308**	**138449150**	**44979257**
(一)农、林、牧、渔业	**76756074**	**76756144**	**4433854**	**2606738**
农业	33393	33393	18027	9455
林业	76313093	76313163	4239880	2564120
畜牧业	13651	13651	10292	6988
渔业	12181	12181	9351	1025
农、林、牧、渔服务业	383756	383756	156304	25150
(二)采掘业	**13477758**	**13556329**	**10384186**	**5313904**
煤炭采选业	5228355	5298215	2900673	479431
石油和天然气开采业	7384916	7389983	6939077	4671190
黑色金属矿采选业	100400	100400	70237	17747
有色金属矿采选业	276505	276505	143182	41629
非金属矿采选业	72286	72295	72295	4560
其他矿采选业				
木材及竹材采运业	415296	418931	258722	99347
(三)制造业	**30899893**	**31053107**	**12926298**	**4759785**
食品加工业	44826	44826	12565	12053
食品制造业	97141	97141	28523	13923
饮料制造业	204316	204316	68201	51070
烟草加工业	91098	91098	5065	3758
纺织业	407906	407973	54240	45934
服装及其他纤维品制造业	33594	30236	15924	12484
皮革、毛皮、羽绒及其制品业	37287	37287	3755	3755
木材加工及竹、藤、棕、草制品业	66561	66561	55709	53386
家具制造业	19078	19078	6169	6169
造纸及纸制品业	1310970	1341712	620347	120515
印刷业、记录媒介的复制				
文教体育用品制造业	810	810	810	810
石油加工及炼焦业	4767892	4771011	1984247	549069
化学原料及化学制品制造业	8881950	8954053	2662514	950651
医药制造业	94325	94354	69259	62105
化学纤维制造业	599257	599257	330750	251615
橡胶制品业	220366	220366	43658	25396
塑料制品业	182968	182775	76402	29188
非金属矿物制品业	1095330	1091876	469924	309483
黑色金属冶炼及压延加工业	3276623	3279231	1428552	435366
有色金属冶炼及压延加工业	1068030	1068030	427759	291155
金属制品业	127199	127199	96953	33356
普通机械制造业	199933	199933	73504	21587

单位:万元

行业	计划总投资	实际需要总投资	自开始建设至本年底累计完成投资	本年完成投资
专用设备制造业	174641	174641	152309	74800
交通运输设备制造业	3270427	3308190	2184246	340967
电气机械及器材制造业	250378	250378	119751	39598
电子及通信设备制造业	3787278	3801066	1680389	869403
仪器仪表及文化办公用机械制造业				
其他制造业	589709	589709	254773	152189
(四)电力、煤气及水的生产和供应业	**82121348**	**82360176**	**47521689**	**11869251**
电力、蒸汽、热水的生产和供应业	78357373	78171521	45021300	11421959
煤气的生产和供应业	447823	825748	524990	89805
自来水的生产和供应业	3316152	3362907	1975399	357487
(五)建筑业	**788757**	**788757**	**430266**	**190773**
土木工程建筑业	756223	756223	420197	185568
线路、管道和设备安装业	32534	32534	10069	5205
建筑物的装修装饰业				
(六)地质勘查业、水利管理业	**17227401**	**17380573**	**9528464**	**1875647**
地质勘查业				
水利管理业	17227401	17380573	9528464	1875647
(七)交通运输、仓储及邮电通信业	**71332412**	**71392782**	**39194613**	**13143058**
铁路运输业	24940492	24952255	17507350	4551052
公路运输业	23998772	24009048	12446240	4294389
管道运输业	4356492	4356492	1055321	1055321
水上运输业	1668921	1700383	1246966	298882
航空运输业	1699454	1704451	850013	359635
交通运输辅助业	12098666	12104805	4846872	2118720
其他交通运输业	283674	283674	232583	70565
仓储业	1545000	1548769	604710	135058
邮电通信业	740941	732905	404558	259436
(八)批发和零售贸易、餐饮业	**147230**	**162246**	**135319**	**40534**
食品、饮料、烟草和家庭用品批发商业	22688	22688	9807	8907
能源、材料和机械电子设备批发业	41902	41902	39552	16865
其他批发业	291	291	291	129
零售业	57920	66270	59488	1894
商业经纪与代理业	8500	8500	3586	3586

单位：万元

行业	计划总投资	实际需要总投资	自开始建设至本年底	
			累计完成投资	本年完成投资
餐饮业	15929	22595	22595	9153
(九)金融、保险业	**6510**	**6510**	**6010**	**5590**
金融业	6510	6510	6010	5590
保险业				
(十)房地产业	**257170**	**257170**	**141631**	**133770**
房地产开发与经营业	252185	252185	136646	130205
房地产管理业	4985	4985	4985	3565
房地产代理与经纪业				
(十一)社会服务业	**19248069**	**18811719**	**9242626**	**2911599**
公共服务业	18675761	18234810	8850351	2690077
居民服务业	3000	3000	2727	2727
旅馆业	115	115	80	80
租赁服务业				
旅行社	32450	32450	27950	6570
娱乐服务业	1847	1847	900	900
信息、咨询服务业	110707	110707	52211	52211
计算机应用服务业				
其他社会服务业	424189	428790	308407	159034
(十二)卫生、体育和社会福利业	**613488**	**650728**	**477940**	**152111**
卫生	157513	160205	113891	47205
体育	455975	490523	364049	104906
社会福利保障业				
(十三)教育、文化艺术及广播电影电视业	**2402887**	**2507662**	**1338888**	**557928**
教育	1767814	1844564	968980	429828
文化艺术业	386679	386879	239771	83028
广播电影电视业	248394	276219	130137	45072
(十四)科学研究和综合技术服务业	**1399293**	**1380763**	**810670**	**219299**
科学研究业	103987	106238	59534	26493
综合技术服务业	1295306	1274525	751136	192806
(十五)国家机关、政党机关和社会团体	**3459040**	**3460807**	**1823455**	**1154098**
国家机关	3440965	3442030	1821032	1151675
政党机关	18075	18777	2423	2423
社会团体				
基层群众自治组织				
(十六)其他行业	**150600**	**157835**	**53241**	**45172**
其他行业	150600	157835	53241	45172

9－47 续表 3 单位:万元

地　　区	累计新增固定资产	未完工程累计投资	全部建成尚需投资	未完工程占用率(%)
全国总计	**56458471**	**55028651**	**182234158**	**122.3**
(一)农、林、牧、渔业	**28403**	**168383**	**72322290**	**6.5**
农业	8352	300	15366	3.2
林业	9941	2600	72073283	0.1
畜牧业	7822	2470	3359	35.3
渔业		9351	2830	912.3
农、林、牧、渔服务业	2288	153662	227452	611.0
(二)采掘业	**6931084**	**2314078**	**3172143**	**43.5**
煤炭采选业	1451932	1133857	2397542	236.5
石油和天然气开采业	5379107	971100	450906	20.8
黑色金属矿采选业	20392	2980	30163	16.8
有色金属矿采选业	1098	142084	133323	341.3
非金属矿采选业	18269	54026		1184.8
其他矿采选业				
木材及竹材采运业	60286	10031	160209	10.1
(三)制造业	**5566800**	**5515084**	**18126809**	**115.9**
食品加工业	4260	5259	32261	43.6
食品制造业	4783	21252	68618	152.6
饮料制造业		68201	136115	133.5
烟草加工业		5065	86033	134.8
纺织业	22340	31900	353733	69.4
服装及其他纤维品制造业	4141	11000	14312	88.1
皮革、毛皮、羽绒及其制品业	2655		33532	
木材加工及竹、藤、棕、草制品业	6250	10500	10852	19.7
家具制造业	356	5813	12909	94.2
造纸及纸制品业	220951	272410	721365	226.0
印刷业、记录媒介的复制				
文教体育用品制造业	810			
石油加工及炼焦业	907226	862076	2786764	157.0
化学原料及化学制品制造业	1328290	1010082	6291539	106.3
医药制造业	13000	54759	25095	88.2
化学纤维制造业	20113	310637	268507	123.5
橡胶制品业	17592	26066	176708	102.6
塑料制品业	48671	4800	106373	16.4
非金属矿物制品业	137126	262286	621952	84.7
黑色金属冶炼及压延加工业	849367	476710	1850679	109.5
有色金属冶炼及压延加工业	228437	130650	640271	44.9
金属制品业	45968	26895	30246	80.6
普通机械制造业	16677	55439	126429	256.8

9－47 续表 4

单位：万元

行　　业	累计新增固定资产	未完工程累计投资	全部建成尚需投资	未完工程占用率(%)
专用设备制造业	21965	126764	22332	169.5
交通运输设备制造业	1421930	151631	1123944	44.5
电气机械及器材制造业	45613	69021	130627	174.3
电子及通信设备制造业	173256	1366855	2120677	157.2
仪器仪表及文化办公用机械制造业				
其他制造业	25023	149013	334936	97.9
(四)电力、煤气及水的生产和供应业	**19792563**	**16111167**	**34838487**	**135.7**
电力、蒸汽、热水的生产和供应业	18914454	14665177	33150221	128.4
煤气的生产和供应业	224256	299571	300758	333.6
自来水的生产和供应业	653853	1146419	1387508	320.7
(五)建筑业	**154795**	**203329**	**358491**	**106.6**
土木工程建筑业	153295	194760	336026	105.0
线路、管道和设备安装业	1500	8569	22465	164.6
建筑物的装修装饰业				
(六)地质勘查业、水利管理业	**2263769**	**3964262**	**7852109**	**211.4**
地质勘查业				
水利管理业	2263769	3964262	7852109	211.4
(七)交通运输、仓储及邮电通信业	**18758626**	**18209836**	**32198169**	**138.6**
铁路运输业	8044616	9203861	7444905	202.2
公路运输业	7060120	3949165	11562808	92.0
管道运输业	1051341	3980	3301171	0.4
水上运输业	411422	636602	453417	213.0
航空运输业	201123	619525	854438	172.3
交通运输辅助业	1316153	3302134	7257933	155.9
其他交通运输业		232583	51091	329.6
仓储业	498027	90739	944059	67.2
邮电通信业	175824	171247	328347	66.0
(八)批发和零售贸易、餐饮业	**35413**	**96213**	**26927**	**237.4**
食品、饮料、烟草和家庭用品批发商业		9700	12881	108.9
能源、材料和机械电子设备批发业	11327	28225	2350	167.4
其他批发业	291			
零售业	1200	58288	6782	3077.5
商业经纪与代理业			4914	

9－47 续表 5 单位：万元

行　　业	累计新增固定资产	未完工程累计投资	全部建成尚需投资	未完工程占用率(%)
餐饮业	22595			
(九)金融、保险业	**6010**		**500**	
金融业	6010		500	
保险业				
(十)房地产业	**28852**	**112314**	**115539**	**84.0**
房地产开发与经营业	23867	112314	115539	86.3
房地产管理业	4985			
房地产代理与经纪业				
(十一)社会服务业	**1350321**	**6850137**	**9569093**	**235.3**
公共服务业	1346937	6522962	9384459	242.5
居民服务业		2727	273	100.0
旅馆业	80		35	
租赁服务业				
旅行社	2450	25500	4500	388.1
娱乐服务业			947	
信息、咨询服务业			58496	
计算机应用服务业				
其他社会服务业	854	298948	120383	188.0
(十二)卫生、体育和社会福利业	**205863**	**107886**	**172788**	**70.9**
卫生	13374	100517	46314	212.9
体育	192489	7369	126474	7.0
社会福利保障业				
(十三)教育、文化艺术及广播电影电视业	**564738**	**587021**	**1168774**	**105.2**
教育	490147	341498	875584	79.4
文化艺术业	52194	187577	147108	225.9
广播电影电视业	22397	57946	146082	128.6
(十四)科学研究和综合技术服务业	**87622**	**719376**	**570093**	**328.0**
科学研究业	40173	19361	46704	73.1
综合技术服务业	47449	700015	523389	363.1
(十五)国家机关、政党机关和社会团体	**677832**	**32382**	**1637352**	**2.8**
国家机关	675409	32382	1620998	2.8
政党机关	2423		16354	
社会团体				
基层群众自治组织				
(十六)其他行业	**5780**	**37183**	**104594**	**82.3**
其他行业	5780	37183	104594	82.3

9－48　各地区施工和建成投产的基建大中型项目个数

单位:个

地　　区	施工项目个数	新开工项目个数	全部建成投产项目个　　数	项目建成投产率（%）
全国总计	**1381**	**405**	**253**	**18.3**
北　　京	17		6	35.3
天　　津	22	9	7	31.8
河　　北	37	8	4	10.8
山　　西	21	9	3	14.3
内 蒙 古	20	10	5	25.0
辽　　宁	36	4	5	13.9
吉　　林	12	3	2	16.7
黑 龙 江	14	2	4	28.6
上　　海	80	31	2	2.5
江　　苏	16		3	18.8
浙　　江	45	11	9	20.0
安　　徽	78	33	29	37.2
福　　建	46	8	9	19.6
江　　西	27	6	3	11.1
山　　东	31	7	1	3.2
河　　南	46	11	9	19.6
湖　　北	20	3	4	20.0
湖　　南	23	3	1	4.3
广　　东	284	105	63	22.2
广　　西	27	5	2	7.4
海　　南	40	8	3	7.5
重　　庆	38	15	7	18.4
四　　川	61	20	5	8.2
贵　　州	19	3	2	10.5
云　　南	25	4	3	12.0
西　　藏	29	15	9	31.0
陕　　西	53	11	6	11.3
甘　　肃	99	43	23	23.2
青　　海	10		3	30.0
宁　　夏	3			
新　　疆	26	5	4	15.4
不分地区	76	13	17	22.4

9－49 分行业施工和建成投产的基建大中型项目个数

单位：个

行业	施工项目个数	新开工项目个数	全部建成投产项目个数	项目建成投产率（%）
全国总计	**1381**	**405**	**253**	**18.3**
（一）农、林、牧、渔业	**28**	**8**	**3**	**10.7**
农业	4	2	1	25.0
林业	14	3	1	7.1
畜牧业	2	1	1	50.0
渔业	1			
农、林、牧、渔服务业	7	2		
（二）采掘业	**64**	**18**	**19**	**29.7**
煤炭采选业	26	1	4	15.4
石油和天然气开采业	26	14	13	50.0
黑色金属矿采选业	4	2	1	25.0
有色金属矿采选业	4	1		
非金属矿采选业	2		1	50.0
其他矿采选业				
木材及竹材采运业	2			
（三）制造业	**266**	**102**	**55**	**20.7**
食品加工业	5	4		
食品制造业	6	4	1	16.7
饮料制造业	1			
烟草加工业	1			
纺织业	5	1		
服装及其他纤维品制造业	6	4	2	33.3
皮革、毛皮、羽绒及其制品业	4	3	1	25.0
木材加工及竹、藤、棕、草制品业	2	1	1	50.0
家具制造业	3	2		
造纸及纸制品业	6		2	33.3
印刷业、记录媒介的复制				
文教体育用品制造业	2	2	2	100.0
石油加工及炼焦业	12	3	2	16.7
化学原料及化学制品制造业	34	12	10	29.4
医药制造业	8	2	2	25.0
化学纤维制造业	5	1		
橡胶制品业	4	2	2	50.0
塑料制品业	10	7	3	30.0
非金属矿物制品业	27	17	5	18.5
黑色金属冶炼及压延加工业	14	3	2	14.3
有色金属冶炼及压延加工业	12	6	3	25.0
金属制品业	8	3	4	50.0
普通机械制造业	7	3		

9－49 续表 1

单位：个

行 业	施工项目个数	新开工项目个数	全部建成投产项目个 数	项目建成投产率（%）
专用设备制造业	6	2	1	16.7
交通运输设备制造业	29	6	3	10.3
电气机械及器材制造业	7	1	1	14.3
电子及通信设备制造业	30	10	7	23.3
仪器仪表及文化办公用机械制造业				
其他制造业	12	3	1	8.3
(四)电力、煤气及水的生产和供应业	**314**	**79**	**37**	**11.8**
电力、蒸汽、热水的生产和供应业	265	70	35	13.2
煤气的生产和供应业	9	3		
自来水的生产和供应业	40	6	2	5.0
(五)建筑业	**31**	**13**	**6**	**19.4**
土木工程建筑业	25	9	6	24.0
线路、管道和设备安装业	6	4		
建筑物的装修装饰业				
(六)地质勘查业、水利管理业	**122**	**18**	**19**	**15.6**
地质勘查业				
水利管理业	122	18	19	15.6
(七)交通运输、仓储及邮电通信业	**292**	**72**	**58**	**19.9**
铁路运输业	37		11	29.7
公路运输业	102	30	16	15.7
管道运输业	2	2		
水上运输业	12	2		
航空运输业	27	5	4	14.8
交通运输辅助业	62	16	14	22.6
其他交通运输业	2			
仓储业	17	5	7	41.2
邮电通信业	31	12	6	19.4
(八)批发和零售贸易、餐饮业	**15**	**6**	**5**	**33.3**
食品、饮料、烟草和家庭用品批发商业	4	1		
能源、材料和机械电子设备批发业	3	1	1	33.3
其他批发业	1	1	1	100.0
零售业	4	2	2	50.0
商业经纪与代理业	1	1		

9－49 续表 2

单位：个

行　　业	施工项目个数	新开工项目个数	全部建成投产项目个　数	项目建成投产率(%)
餐饮业	2		1	50.0
(九)金融、保险业	**2**		**1**	**50.0**
金融业	2		1	50.0
保险业				
(十)房地产业	**10**	**2**	**3**	**30.0**
房地产开发与经营业	9	2	2	22.2
房地产管理业	1		1	100.0
房地产代理与经纪业				
(十一)社会服务业	**87**	**26**	**16**	**18.4**
公共服务业	74	20	14	18.9
居民服务业	1	1		
旅馆业	1	1		
租赁服务业				
旅行社	2		1	50.0
娱乐服务业	1			
信息、咨询服务业	1	1		
计算机应用服务业				
其他社会服务业	7	3	1	14.3
(十二)卫生、体育和社会福利业	**15**	**4**	**4**	**26.7**
卫生	8	3	1	12.5
体育	7	1	3	42.9
社会福利保障业				
(十三)教育、文化艺术及广播电影电视业	**62**	**20**	**8**	**12.9**
教育	47	16	6	12.8
文化艺术业	6	2	2	33.3
广播电影电视业	9	2		
(十四)科学研究和综合技术服务业	**23**	**5**	**2**	**8.7**
科学研究业	9	2	2	22.2
综合技术服务业	14	3		
(十五)国家机关、政党机关和社会团体	**41**	**24**	**17**	**41.5**
国家机关	37	20	14	37.8
政党机关	4	4	3	75.0
社会团体				
基层群众自治组织				
(十六)其他行业	**9**	**8**		
其他行业	9	8		

下　篇

十、更新改造固定资产投资

10－1 更新改造投资主要指标

指　　标	2001年	2002年	2002年比2001年增减	
			绝对数	%
一、投资总额(亿元)	**5923.76**	**6750.55**	**826.79**	**14.0**
1.按构成分				
建筑安装工程	2206.06	2598.03	391.97	17.8
设备、工具、器具投资	3297.88	3635.32	337.44	10.2
其他费用	419.82	517.19	97.37	23.2
2.按建设性质分				
新　建	585.06	845.32	260.26	44.5
扩　建	2958.56	3208.70	250.14	8.5
改　建	1943.73	2202.77	259.04	13.3
单纯建造生活设施	14.93	12.10	－2.83	－19.0
迁　建	64.41	93.09	28.68	44.5
恢　复	16.91	5.55	－11.36	－67.2
单纯购置	340.15	383.01	42.86	12.6
3.按隶属关系分				
中央项目	2130.80	1953.46	－177.34	－8.3
地方项目	3792.96	4797.09	1004.13	26.5
省　属	1366.75	1452.47	85.72	6.3
地市属	1111.74	1339.36	227.62	20.5
县　属	937.63	1220.05	282.42	30.1
其　他	376.84	785.21	408.37	108.4
4.按投资总规模分				
500万元以下	210.52	233.97	23.45	11.1
500万元～1000万元	240.42	278.89	38.47	16.0
1000万元～3000万元	758.00	894.35	136.35	18.0
3000万元～5000万元	502.28	608.71	106.43	21.2
5000万元～1亿元	710.46	899.91	189.45	26.7
1亿元～5亿元	1656.26	1867.20	210.94	12.7
5亿元～10亿元	549.84	689.77	139.93	25.4
10亿元以上	1295.98	1277.76	－18.22	－1.4
5.其中:住宅	38.03	35.89	－2.14	－5.6
二、新增固定资产(亿元)	**4411.49**	**4693.16**	**281.67**	**6.4**
三、建设项目(个)				
施工项目	55061	55217	156	0.3
其中:限额以上	1934	2261	327	16.9
全部建成投产项目	35782	33484	－2298	－6.4
其中:限额以上	523	570	47	9.0
四、房屋建筑面积(万平方米)				
施工面积	5359.39	6711.48	1352.09	25.2
其中:住宅	649.87	535.18	－114.69	－17.6
竣工面积	2827.44	3371.10	543.66	19.2
其中:住宅	435.34	280.57	－154.77	－35.6

10－2 各地区更新改造投资效果主要指标

地　区	项目建成投产率(％)	建设周期(年)	固定资产交付使用率(％)	未完项目占用率(％)	房屋建筑面积竣工率(％)
全国总计	**60.6**	**2.2**	**69.5**	**41.0**	**50.2**
北　京	62.2	2.4	77.1	63.8	26.6
天　津	56.3	1.8	62.4	21.7	71.9
河　北	65.4	2.2	74.1	37.3	49.3
山　西	72.4	2.2	86.4	29.8	60.4
内蒙古	73.8	2.3	90.1	55.6	48.6
辽　宁	73.3	2.2	68.8	41.7	49.8
吉　林	61.9	2.2	70.7	29.0	59.5
黑龙江	76.6	1.8	79.1	31.0	61.2
上　海	2.2	2.3	46.1	59.6	29.0
江　苏	73.6	2.2	91.4	36.1	61.6
浙　江	61.0	2.1	68.4	37.4	53.3
安　徽	58.9	2.1	67.6	39.6	67.2
福　建	67.9	2.1	75.5	34.6	50.0
江　西	34.3	2.1	49.2	48.9	43.6
山　东	55.1	1.9	65.8	33.7	52.5
河　南	61.7	2.3	76.8	39.0	49.0
湖　北	64.9	1.9	73.4	21.7	62.4
湖　南	64.4	2.9	60.9	62.1	41.2
广　东	58.7	2.4	63.9	49.0	36.5
广　西	69.5	2.6	61.6	55.0	44.0
海　南	48.1	1.5	114.7	15.8	82.0
重　庆	65.1	2.3	71.3	34.7	51.9
四　川	46.0	2.3	55.0	35.3	38.6
贵　州	60.4	3.0	67.6	51.2	53.6
云　南	54.4	2.1	82.9	39.9	40.9
西　藏	61.2	1.4	28.7	74.0	86.3
陕　西	61.3	2.5	78.3	53.4	59.1
甘　肃	48.1	2.2	53.4	75.1	31.9
青　海	60.8	2.6	55.2	55.3	41.7
宁　夏	69.7	2.1	84.9	29.6	64.4
新　疆	80.9	1.7	80.5	26.2	68.1
不分地区	28.6	1.1	79.4		100.0

10－3　更新改造分行业投资效果主要指标

行　　业	项目建成投产率(%)	建设周期(年)	固定资产交付使用率(%)	未完项目占用率(%)	房屋建筑面积竣工率(%)
全国总计	**60.6**	**2.2**	**69.5**	**41.0**	**50.2**
(一)农、林、牧、渔业	**73.5**	**2.1**	**78.1**	**22.6**	**79.5**
农业	83.7	1.6	74.1	23.8	71.6
林业	46.6	2.6	71.7	21.6	91.4
畜牧业	66.7	1.8	94.5	4.3	85.1
渔业	81.8	1.6	78.6	11.3	
农、林、牧、渔服务业	65.3	4.6	76.2	63.7	85.8
(二)采掘业	**64.4**	**1.6**	**75.4**	**22.2**	**56.0**
煤炭采选业	65.8	2.1	71.1	32.9	63.1
石油和天然气开采业	54.0	1.1	76.9	14.0	23.4
黑色金属矿采选业	65.3	1.8	76.4	25.7	40.8
有色金属矿采选业	64.1	2.4	83.5	32.6	56.9
非金属矿采选业	61.3	1.9	77.7	19.9	91.0
其他矿采选业	66.7	1.3	53.2	46.8	31.5
木材及竹材采运业	75.0	1.7	87.7	59.6	81.9
(三)制造业	**53.8**	**2.5**	**64.4**	**48.8**	**48.4**
食品加工业	64.3	1.7	65.2	31.6	68.2
食品制造业	58.0	1.9	72.7	31.4	51.0
饮料制造业	56.0	2.1	63.2	39.4	33.8
烟草加工业	51.8	2.9	73.6	92.8	42.2
纺织业	60.7	2.0	78.4	27.8	57.6
服装及其他纤维品制造业	55.1	1.8	71.2	24.9	66.0
皮革、毛皮、羽绒及其制品业	59.0	1.8	83.6	30.6	60.3
木材加工及竹、藤、棕、草制品业	68.8	1.8	73.1	25.5	63.3
家具制造业	42.3	1.7	56.3	49.0	28.6
造纸及纸制品业	58.5	2.6	70.5	38.7	61.0
印刷业、记录媒介的复制	63.7	1.7	76.6	20.6	59.9
文教体育用品制造业	47.4	2.0	71.9	20.9	30.0
石油加工及炼焦业	64.1	2.7	65.7	74.7	57.0
化学原料及化学制品制造业	60.8	2.6	74.0	46.7	52.7
医药制造业	36.7	2.3	63.4	49.4	42.3
化学纤维制造业	61.0	2.1	71.9	54.1	66.5
橡胶制品业	52.9	2.7	50.9	54.0	24.2
塑料制品业	55.8	2.0	69.3	27.9	55.0
非金属矿物制品业	63.0	2.1	69.7	38.6	60.9
黑色金属冶炼及压延加工业	55.6	2.7	58.3	64.1	45.0
有色金属冶炼及压延加工业	53.2	3.5	52.0	71.0	37.1
金属制品业	43.7	2.1	83.5	28.1	44.2
普通机械制造业	44.8	2.7	63.2	54.9	38.3

10－3续表1

行　业	项目建成投产率(%)	建设周期(年)	固定资产交付使用率(%)	未完项目占用率(%)	房屋建筑面积竣工率(%)
专用设备制造业	45.4	2.5	57.8	54.5	42.0
交通运输设备制造业	38.0	2.8	47.3	47.4	42.4
电气机械及器材制造业	45.5	2.4	70.2	48.6	57.6
电子及通信设备制造业	36.2	2.5	59.9	41.8	38.5
仪器仪表及文化办公用机械制造业	37.6	3.2	65.3	59.4	25.5
其他制造业	54.9	2.7	68.1	51.9	67.6
(四)电力、煤气及水的生产和供应业	**59.2**	**2.6**	**78.8**	**47.5**	**58.2**
电力、蒸汽、热水的生产和供应业	61.7	2.6	79.1	46.3	57.5
煤气的生产和供应业	51.9	2.7	70.1	44.2	83.0
自来水的生产和供应业	41.2	3.5	77.4	67.8	53.4
(五)建筑业	**68.3**	**1.5**	**83.8**	**7.7**	**67.6**
土木工程建筑业	69.4	1.5	86.4	6.7	80.8
线路、管道和设备安装业	66.7	1.7	65.1	13.1	13.7
建筑物的装修装饰业	42.9	2.0	55.5	28.5	34.7
(六)地质勘查业、水利管理业	**59.3**	**2.9**	**66.1**	**44.0**	**53.8**
地质勘查业	60.0	1.2	87.5	3.7	70.1
水利管理业	59.2	3.0	65.1	46.0	43.6
(七)交通运输、仓储及邮电通信业	**71.7**	**1.7**	**74.3**	**31.8**	**59.7**
铁路运输业	63.2	1.3	75.3	19.9	77.5
公路运输业	60.6	1.6	78.7	29.5	51.1
管道运输业	80.0	1.0	100.0		100.0
水上运输业	66.4	2.8	81.4	46.3	21.1
航空运输业	46.4	2.4	81.8	4.1	42.0
交通运输辅助业	53.7	2.0	64.9	51.9	22.3
其他交通运输业	76.9	1.8	30.9	32.7	
仓储业	62.2	1.9	88.7	9.9	47.4
邮电通信业	76.4	1.7	74.3	32.8	57.9
(八)批发和零售贸易、餐饮业	**68.0**	**1.6**	**82.9**	**18.9**	**64.2**
食品、饮料、烟草和家庭用品批发商业	77.8	1.4	82.0	22.3	53.5
能源、材料和机械电子设备批发业	61.3	1.3	69.5	8.9	62.7
其他批发业	73.3	3.5	100.6	15.3	56.0
零售业	64.2	1.9	91.2	25.5	68.5
商业经纪与代理业	50.0	3.9	66.1	108.2	

10－3 续表 2

行　业	项目建成投产率(%)	建设周期(年)	固定资产交付使用率(%)	未完项目占用率(%)	房屋建筑面积竣工率(%)
餐饮业	68.3	1.3	86.8	14.6	66.9
(九)金融、保险业	**82.6**	**1.2**	**87.1**	**8.1**	**80.1**
金融业	82.4	1.2	87.0	8.2	80.1
保险业	100.0	1.0	100.0		
(十)房地产业	**36.4**	**5.3**	**33.1**	**181.3**	**19.5**
房地产开发与经营业	20.9	6.7	31.9	212.6	14.9
房地产管理业	53.1	3.2	34.5	134.5	59.7
房地产代理与经纪业		1.0	100.0		
(十一)社会服务业	**56.0**	**1.8**	**72.5**	**26.5**	**54.1**
公共服务业	58.3	1.8	71.2	26.1	63.3
居民服务业	59.1	1.3	68.4	4.9	28.8
旅馆业	49.0	2.0	89.1	24.8	37.7
租赁服务业		1.6	45.5	54.5	
旅行社	65.2	1.3	77.5	22.4	45.3
娱乐服务业	57.1	1.5	117.0	14.2	80.6
信息、咨询服务业	57.1	1.1	32.9		
计算机应用服务业	27.5	3.0	108.0	31.4	86.2
其他社会服务业	35.1	1.7	31.2	49.7	30.2
(十二)卫生、体育和社会福利业	**53.0**	**1.4**	**85.4**	**20.3**	**23.6**
卫生	55.2	1.3	86.1	20.0	20.2
体育	40.0	2.1	66.5	31.7	38.2
社会福利保障业	50.0	4.6	96.5	3.2	47.6
(十三)教育、文化艺术及广播电影电视业	**54.4**	**2.2**	**77.8**	**22.8**	**60.0**
教育	56.5	1.3	74.9	14.5	58.4
文化艺术业	60.0	2.1	97.1	17.4	66.1
广播电影电视业	50.0	3.4	77.1	33.9	72.8
(十四)科学研究和综合技术服务业	**54.9**	**2.3**	**63.6**	**99.5**	**67.2**
科学研究业	48.7	3.1	87.0	57.9	64.6
综合技术服务业	64.6	1.9	53.9	116.9	73.2
(十五)国家机关、政党机关和社会团体	**71.1**	**2.0**	**67.4**	**22.0**	**55.5**
国家机关	71.3	2.0	67.1	22.0	54.5
政党机关	57.1	1.9	89.8	1.1	84.4
社会团体	70.0	1.4	96.7	2.6	59.2
基层群众自治组织	68.2	1.3	61.3	39.5	67.1
(十六)其他行业	**67.1**	**1.7**	**44.6**	**34.4**	**37.9**
其他行业	67.1	1.7	44.6	34.4	37.9

10－4 各地区更新改造投资总规模与完成情况

单位:万元

地　　区	计划总投资	实际需要总投资	自开始建设至本年底累计完成投资	本年完成投资
全国总计	**146113397**	**148178876**	**98911927**	**67505484**
北　　京	3991282	3993036	2696182	1696309
天　　津	2909096	2924508	2083977	1625138
河　　北	7788642	8302300	5720392	3777801
山　　西	4239765	4350188	2789135	1939154
内 蒙 古	2519341	2522844	1832685	1075476
辽　　宁	7822865	8176881	5626049	3654095
吉　　林	3416796	3472491	2287850	1611875
黑 龙 江	3716733	3796670	2669312	2150605
上　　海	9553803	9780703	6830553	4225776
江　　苏	9948354	9900487	6484060	4532848
浙　　江	7571913	7545354	5200424	3567684
安　　徽	4963243	4979967	3040915	2316349
福　　建	4474167	4157257	2820141	1944944
江　　西	2909620	2980451	2061006	1419991
山　　东	12645341	13012942	8685458	6917739
河　　南	5329057	5362872	3784246	2337930
湖　　北	5949984	6010850	3962415	3201733
湖　　南	6655890	6707542	3772892	2279629
广　　东	12255233	12480719	8771044	5149280
广　　西	2760112	2799742	1525897	1071517
海　　南	208093	197617	174158	128257
重　　庆	2617247	2640679	1460361	1150785
四　　川	5933889	6014445	3834613	2574877
贵　　州	3504100	3516442	2223543	1186985
云　　南	2370760	2391301	1615683	1140003
西　　藏	131425	131425	100961	92516
陕　　西	3538573	3590315	2479832	1448632
甘　　肃	2998009	3018836	2034409	1379247
青　　海	666200	658222	319523	257809
宁　　夏	511537	518013	374663	251539
新　　疆	1984352	1985557	1402618	1153469
不分地区	227975	258220	246930	245492

单位:万元

地　区	累计新增固定资产	未完工程累计投资	全部建成尚需投资	未完工程占用率(%)
全国总计	**63041015**	**27708887**	**49266949**	**41.0**
北　京	1577806	1083014	1296854	63.8
天　津	1244657	351939	840531	21.7
河　北	3981749	1409810	2581908	37.3
山　西	2109965	577935	1561053	29.8
内蒙古	1223180	597774	690159	55.6
辽　宁	3500435	1522536	2550832	41.7
吉　林	1588123	467020	1184641	29.0
黑龙江	1803041	666102	1127358	31.0
上　海	2883083	2517933	2950150	59.6
江　苏	4736112	1637746	3416427	36.1
浙　江	3464839	1334190	2344930	37.4
安　徽	1971171	917398	1939052	39.6
福　建	2068506	672075	1337116	34.6
江　西	879291	694664	919445	48.9
山　东	5775682	2332443	4327484	33.7
河　南	2630829	910717	1578626	39.0
湖　北	2888236	695005	2048435	21.7
湖　南	2188110	1416385	2934650	62.1
广　东	5624605	2524546	3709675	49.0
广　西	934521	589487	1273845	55.0
海　南	151382	20272	23459	15.8
重　庆	978859	398755	1180318	34.7
四　川	1888855	910052	2179832	35.3
贵　州	1577231	608059	1292899	51.2
云　南	1108473	455213	775618	39.9
西　藏	27068	68492	30464	74.0
陕　西	1682114	773694	1110483	53.4
甘　肃	881650	1036200	984427	75.1
青　海	150233	142613	338699	55.3
宁　夏	297768	74380	143350	29.6
新　疆	1028628	302438	582939	26.2
不分地区	194813		11290	

10－5 各地区按投资规模分的更新改造投资总规模

单位：万元

地区	500万元以下	500～1000万元	1000～3000万元	3000～5000万元
全国总计	**2618911**	**3503877**	**13345698**	**10563475**
北京	28460	142295	449431	445740
天津	48354	51988	263783	224558
河北	221411	276587	949536	482025
山西	27640	51950	283068	272510
内蒙古	27868	39418	177517	177085
辽宁	109573	134115	469453	340647
吉林	18975	32446	257986	231987
黑龙江	29116	32554	226162	215819
上海	142994	212114	900132	676024
江苏	164154	239491	996467	755565
浙江	136463	212492	837290	534655
安徽	125112	117880	552656	487921
福建	80386	113293	375197	297165
江西	43961	68886	249969	178224
山东	170430	266087	1103156	991836
河南	107046	128966	445753	358390
湖北	223552	249715	694578	566395
湖南	140122	175641	537471	406025
广东	156858	229185	944777	718269
广西	96889	79436	256635	173390
海南	18742	14151	36254	25369
重庆	32318	43057	158422	151584
四川	86058	154602	612360	529210
贵州	92155	108201	424470	321422
云南	50745	80151	234533	207484
西藏	7862	1944	24849	12943
陕西	49287	70105	295151	223567
甘肃	51995	60264	239418	227891
青海	23808	25218	60154	77410
宁夏	21770	27194	71585	59463
新疆	84807	64451	214841	181829
不分地区			2644	11073

10－5 续表 单位:万元

地 区	5000万元～1亿元	1～5亿 元	5～10亿 元	10亿元及以上
全国总计	**17202357**	**44258723**	**18081466**	**38604369**
北 京	222355	995260	689791	1019704
天 津	365976	1124395	493541	351913
河 北	880848	1961515	692053	2838325
山 西	412845	1307170	673192	1321813
内 蒙 古	407755	1055677	350285	287239
辽 宁	873019	2362247	1461372	2426455
吉 林	378586	1233781	294576	1024154
黑 龙 江	378285	849344	341814	1723576
上 海	837760	2398773	882275	3730631
江 苏	1282582	3638787	1056429	1767012
浙 江	712996	2338983	808817	1963658
安 徽	748015	1524755	619444	804184
福 建	572368	1302819	630760	785269
江 西	355315	879500	537168	667428
山 东	1524660	3969254	1746393	3241126
河 南	667606	1714330	606333	1334448
湖 北	879037	1829424	507695	1060454
湖 南	668378	1900218	547625	2332062
广 东	1251920	3416596	1634236	4128878
广 西	274699	1066842	412528	439323
海 南	41088	62013		
重 庆	238041	573443	500642	943172
四 川	1001535	2176987	718313	735380
贵 州	348623	789841	447909	983821
云 南	349162	628536	301585	539105
西 藏	25580		58247	
陕 西	567843	1123315	516444	744603
甘 肃	293743	1017431	352132	775962
青 海	122147	90326	104243	154916
宁 夏	141671	196330		
新 疆	377919	695710		366000
不分地区		35121	95624	113758

10-6 各地区按隶属关系分的更新改造投资总规模

单位:万元

地区	合计	中央项目	地方项目	省属	地市属	县属	其他
全国总计	**148178876**	**40286219**	**107892657**	**35051744**	**33767221**	**24228354**	**14845338**
北京	3993036	1064357	2928679	2113193	474706	12346	328434
天津	2924508	474396	2450112	1535727	386558	59149	468678
河北	8302300	1296882	7005418	3264200	907159	2203973	630086
山西	4350188	1319974	3030214	1124004	564762	718853	622595
内蒙古	2522844	439117	2083727	871796	456186	423000	332745
辽宁	8176881	3445488	4731393	498602	3073191	505526	654074
吉林	3472491	1332657	2139834	316365	649549	530787	643133
黑龙江	3796670	2232459	1564211	799842	386900	228758	148711
上海	9780703	2370273	7410430	6253387	961025	21050	174968
江苏	9900487	2663951	7236536	1005247	3127066	2241041	863182
浙江	7545354	1851883	5693471	728854	1380394	1949557	1634666
安徽	4979967	691917	4288050	978524	2398548	554632	356346
福建	4157257	607525	3549732	961716	1242993	913524	431499
江西	2980451	816930	2163521	997519	390573	459916	315513
山东	13012942	2677348	10335594	1391616	3459462	4264967	1219549
河南	5362872	958431	4404441	1159849	1555592	1419028	269972
湖北	6010850	1506328	4504522	701410	1844982	1128151	829979
湖南	6707542	2368725	4338817	1991325	898296	602765	846431
广东	12480719	2551036	9929683	2569714	4655086	1868067	836816
广西	2799742	642513	2157229	649728	1060748	196686	250067
海南	197617	6404	191213	149878	2424	23778	15133
重庆	2640679	1156449	1484230	443900	63	515423	524844
四川	6014445	1429704	4584741	502868	1860095	1166244	1055534
贵州	3516442	1741853	1774589	721269	331369	314587	407364
云南	2391301	600202	1791099	929628	318529	494852	48090
西藏	131425	109494	21931	4610	2335	1987	12999
陕西	3590315	1172334	2417981	632730	951739	522428	311084
甘肃	3018836	996175	2022661	1193300	153850	496433	179078
青海	658222	327745	330477	102397	78673	132501	16906
宁夏	518013	68368	449645	238791	46276	88604	75974
新疆	1985557	1107081	878476	219755	148092	169741	340888
不分地区	258220	258220					

10-7 各地区按建设性质分的更新改造投资总规模

单位:万元

地区	新建	扩建	改建	单纯建造生活设施	迁建	恢复	单纯购置
全国总计	**20415041**	**69457159**	**49530804**	**196825**	**2734939**	**109208**	**5734900**
北京	28666	1700495	1284745	19301	746496	15500	197833
天津	763237	1241704	701529		42084	1693	174261
河北	1203089	3573525	2614703	39357	66880	3015	801731
山西	871906	1989094	1436003	3462	4290		45433
内蒙古	144998	1652687	658059	3000	1500	13430	49170
辽宁	516696	2957623	4398042	4177	170614		129729
吉林	700566	1628112	1061945		65847		16021
黑龙江	893564	1603570	1256866		9442	9408	23820
上海	1614126	2214535	4388749	954	178800	30870	1352669
江苏	1324579	4655021	3509185	6569	232596	2390	170147
浙江	910543	4071690	2163721	1093	116459	510	281338
安徽	736245	2223919	1962613	8183	16761	56	32190
福建	661213	2292597	601941	620	346181	8460	246245
江西	450448	1403744	1016447	15460	4370	500	89482
山东	1366285	8054074	3269953	3862	72486	1925	244357
河南	1184405	1927629	2109758	27099	40558	2285	71138
湖北	802158	2710056	2190585	5201	52008	2407	248435
湖南	1385998	2862796	2209515	3735	86989	750	157759
广东	883090	6734795	3799972	4043	127948	3006	927865
广西	250898	1850161	526695	6204	92669	1660	71455
海南	41621	109822	34088			80	12006
重庆	266697	1592543	625415	420	84859		70745
四川	1338218	2613029	1947838	80	73279	3895	38106
贵州	710327	1542535	1215562	3050	19385		25583
云南	99237	1400587	803582	26633	27912	4166	29184
西藏	2956	31990	96199				280
陕西	305212	1889064	1291914	326	5872	600	97327
甘肃	266757	1693532	1011626	5198	15675		26048
青海	267724	157816	203335	2520	11731	2602	12494
宁夏	124876	213843	168812	115	8600		1767
新疆	298706	864571	713187	6163	12648		90282
不分地区			258220				

10－8　分地区更新改造投资和新增固定资产

单位：万元

地　　区	投资额	新增固定资产	固定资产交付使用率（%）
全国总计	**67505484**	**46931637**	**69.5**
北　　京	1696309	1308483	77.1
天　　津	1625138	1013445	62.4
河　　北	3777801	2798196	74.1
山　　西	1939154	1676166	86.4
内 蒙 古	1075476	968735	90.1
辽　　宁	3654095	2514421	68.8
吉　　林	1611875	1139213	70.7
黑 龙 江	2150605	1700524	79.1
上　　海	4225776	1946847	46.1
江　　苏	4532848	4144562	91.4
浙　　江	3567684	2440595	68.4
安　　徽	2316349	1566286	67.6
福　　建	1944944	1468568	75.5
江　　西	1419991	698931	49.2
山　　东	6917739	4551811	65.8
河　　南	2337930	1794513	76.8
湖　　北	3201733	2351514	73.4
湖　　南	2279629	1389278	60.9
广　　东	5149280	3291923	63.9
广　　西	1071517	660219	61.6
海　　南	128257	147101	114.7
重　　庆	1150785	820962	71.3
四　　川	2574877	1415551	55.0
贵　　州	1186985	801825	67.6
云　　南	1140003	945438	82.9
西　　藏	92516	26593	28.7
陕　　西	1448632	1133583	78.3
甘　　肃	1379247	737028	53.4
青　　海	257809	142225	55.2
宁　　夏	251539	213619	84.9
新　　疆	1153469	928669	80.5
不分地区	245492	194813	79.4

10－9　更新改造分行业投资额和新增固定资产

单位:万元

行　　业	投资额	新增固定资产	固定资产交付使用率(%)
全国总计	**67505484**	**46931637**	**69.5**
(一)农、林、牧、渔业	**228584**	**178529**	**78.1**
农业	101075	74856	74.1
林业	34931	25037	71.7
畜牧业	40547	38319	94.5
渔业	28146	22115	78.6
农、林、牧、渔服务业	23885	18202	76.2
(二)采掘业	**4730280**	**3566918**	**75.4**
煤炭采选业	1597937	1135587	71.1
石油和天然气开采业	2551082	1962828	76.9
黑色金属矿采选业	121506	92775	76.4
有色金属矿采选业	304899	254655	83.5
非金属矿采选业	138310	107451	77.7
其他矿采选业	2566	1366	53.2
木材及竹材采运业	13980	12256	87.7
(三)制造业	**35237745**	**22680679**	**64.4**
食品加工业	955192	622493	65.2
食品制造业	904412	657126	72.7
饮料制造业	941229	594468	63.2
烟草加工业	552815	406899	73.6
纺织业	1929777	1512016	78.4
服装及其他纤维品制造业	336639	239598	71.2
皮革、毛皮、羽绒及其制品业	107857	90212	83.6
木材加工及竹、藤、棕、草制品业	227800	166467	73.1
家具制造业	150709	84894	56.3
造纸及纸制品业	1095547	772114	70.5
印刷业、记录媒介的复制	379289	290493	76.6
文教体育用品制造业	53669	38574	71.9
石油加工及炼焦业	1362727	895501	65.7
化学原料及化学制品制造业	3590554	2657706	74.0
医药制造业	2181697	1382216	63.4
化学纤维制造业	343315	246731	71.9
橡胶制品业	327042	166448	50.9
塑料制品业	930734	644619	69.3
非金属矿物制品业	2358054	1644054	69.7
黑色金属冶炼及压延加工业	5661131	3297959	58.3
有色金属冶炼及压延加工业	1630379	847409	52.0
金属制品业	525263	438824	83.5
普通机械制造业	1000564	632466	63.2

单位:万元

行　　业	投资额	新增固定资产	固定资产交付使用率(%)
专用设备制造业	830125	479808	57.8
交通运输设备制造业	3109760	1471105	47.3
电气机械及器材制造业	1125511	790134	70.2
电子及通信设备制造业	2110119	1263744	59.9
仪器仪表及文化办公用机械制造业	172633	112736	65.3
其他制造业	343202	233865	68.1
(四)电力、煤气及水的生产和供应业	**5824767**	**4588793**	**78.8**
电力、蒸汽、热水的生产和供应业	5346824	4229040	79.1
煤气的生产和供应业	142580	100015	70.1
自来水的生产和供应业	335363	259738	77.4
(五)建筑业	**664397**	**557060**	**83.8**
土木工程建筑业	593469	512504	86.4
线路、管道和设备安装业	53893	35105	65.1
建筑物的装修装饰业	17035	9451	55.5
(六)地质勘查业、水利管理业	**310107**	**205101**	**66.1**
地质勘查业	14624	12801	87.5
水利管理业	295483	192300	65.1
(七)交通运输、仓储及邮电通信业	**15302466**	**11371346**	**74.3**
铁路运输业	1205025	907877	75.3
公路运输业	920620	724466	78.7
管道运输业	1634	1634	100.0
水上运输业	218925	178121	81.4
航空运输业	554557	453683	81.8
交通运输辅助业	961158	623526	64.9
其他交通运输业	58072	17959	30.9
仓储业	84110	74639	88.7
邮电通信业	11298365	8389441	74.3
(八)批发和零售贸易、餐饮业	**782881**	**649238**	**82.9**
食品、饮料、烟草和家庭用品批发商业	98546	80830	82.0
能源、材料和机械电子设备批发业	248869	172910	69.5
其他批发业	18188	18292	100.6
零售业	350928	320010	91.2
商业经纪与代理业	1784	1180	66.1

10－9续表2 单位:万元

行　业	投资额	新增固定资产	固定资产交付使用率(%)
餐饮业	64566	56016	86.8
(九)金融、保险业	**197738**	**172325**	**87.1**
金融业	195709	170296	87.0
保险业	2029	2029	100.0
(十)房地产业	**86884**	**28736**	**33.1**
房地产开发与经营业	52432	16701	31.9
房地产管理业	34202	11785	34.5
房地产代理与经纪业	250	250	100.0
(十一)社会服务业	**2253894**	**1633780**	**72.5**
公共服务业	1962117	1397515	71.2
居民服务业	10030	6860	68.4
旅馆业	102544	91341	89.1
租赁服务业	3371	1533	45.5
旅行社	23671	18341	77.5
娱乐服务业	19445	22749	117.0
信息、咨询服务业	9360	3078	32.9
计算机应用服务业	70187	75790	108.0
其他社会服务业	53169	16573	31.2
(十二)卫生、体育和社会福利业	**351221**	**299792**	**85.4**
卫生	324201	279295	86.1
体育	18564	12341	66.5
社会福利保障业	8456	8156	96.5
(十三)教育、文化艺术及广播电影电视业	**452212**	**351853**	**77.8**
教育	225920	169322	74.9
文化艺术业	40438	39247	97.1
广播电影电视业	185854	143284	77.1
(十四)科学研究和综合技术服务业	**286451**	**182323**	**63.6**
科学研究业	84291	73345	87.0
综合技术服务业	202160	108978	53.9
(十五)国家机关、政党机关和社会团体	**482397**	**325291**	**67.4**
国家机关	461248	309430	67.1
政党机关	6604	5929	89.8
社会团体	2853	2760	96.7
基层群众自治组织	11692	7172	61.3
(十六)其他行业	**313460**	**139873**	**44.6**
其他行业	313460	139873	44.6

10－10 各地区按投资规模分的更新改造投资

单位:万元

地　区	500万元以　下	500～1000万　元	1000～3000万　元	3000～5000万　元
全国总计	**2339671**	**2788860**	**8943450**	**6087077**
北　京	23681	95875	266294	239983
天　津	46215	45324	216269	162918
河　北	209964	255163	769995	322707
山　西	23300	37855	171820	127383
内蒙古	24625	34401	132536	103246
辽　宁	104756	112954	355713	207097
吉　林	17450	28723	167033	129760
黑龙江	27178	26086	147031	129948
上　海	124432	150442	516738	389809
江　苏	154041	204197	729363	447794
浙　江	112256	153359	498396	335419
安　徽	111243	95849	369437	293770
福　建	67657	90679	243519	158254
江　西	35962	48016	115461	81958
山　东	155685	218242	793257	630026
河　南	98971	112407	317603	212151
湖　北	206917	213105	495716	340403
湖　南	127181	146468	346287	219432
广　东	134666	176181	608604	418318
广　西	83643	57748	158480	87432
海　南	18102	13651	34729	13921
重　庆	28094	30221	101426	85748
四　川	73750	114955	374380	270803
贵　州	79765	82537	272804	151567
云　南	41773	56383	161151	85430
西　藏	7740	1208	11818	7585
陕　西	41022	54563	196180	118196
甘　肃	41342	40177	126680	105506
青　海	18325	15334	37519	50227
宁　夏	19014	20825	48606	34383
新　疆	80921	55932	155961	116268
不分地区			2644	9635

单位:万元

地　　区	5000 万元～1 亿元	1～5 亿　元	5～10 亿　元	10 亿元及以上
全国总计	**8999060**	**18672010**	**6897744**	**12777612**
北　　京	118101	470263	144039	338073
天　　津	215194	574224	263197	101797
河　　北	545967	875344	222481	576180
山　　西	208237	593094	292589	484876
内 蒙 古	207763	436190	124413	12302
辽　　宁	499588	1070714	516721	786552
吉　　林	216952	552077	64727	435153
黑 龙 江	256710	488752	233114	841786
上　　海	438735	1020870	516725	1068025
江　　苏	752596	1580473	306066	358318
浙　　江	368899	1069924	259281	770150
安　　徽	426134	616467	245178	158271
福　　建	269420	454497	316783	344135
江　　西	112622	315698	300932	409342
山　　东	880305	1835251	681104	1723869
河　　南	361829	739711	204938	290320
湖　　北	486628	800990	298688	359286
湖　　南	249846	587595	132121	470699
广　　东	608036	1216264	464548	1522663
广　　西	117951	404684	136372	25207
海　　南	23942	23912		
重　　庆	107679	222439	250179	324999
四　　川	470531	926711	242060	101687
贵　　州	129771	247001	77116	146424
云　　南	154782	260370	121269	258845
西　　藏	21200		42965	
陕　　西	281499	410022	115334	231816
甘　　肃	109988	411341	206861	337352
青　　海	64592	22136	22319	27357
宁　　夏	69741	58970		
新　　疆	223822	361786		158779
不分地区		24240	95624	113349

10-11 各地区按构成分的更新改造投资

单位:万元

地 区	投资额	建筑安装工程	设备工器具购置	其 他 费 用
全国总计	**67505484**	**25980310**	**36353240**	**5171934**
北 京	1696309	485299	957024	253986
天 津	1625138	676069	874226	74843
河 北	3777801	1496623	1976416	304762
山 西	1939154	755694	1031709	151751
内 蒙 古	1075476	363253	634253	77970
辽 宁	3654095	1648870	1680962	324263
吉 林	1611875	741859	765103	104913
黑 龙 江	2150605	959959	1076465	114181
上 海	4225776	1503133	2296090	426553
江 苏	4532848	1531429	2579458	421961
浙 江	3567684	1101169	2132686	333829
安 徽	2316349	808099	1364563	143687
福 建	1944944	580121	1266969	97854
江 西	1419991	659069	668323	92599
山 东	6917739	2810617	3637994	469128
河 南	2337930	1077893	1087654	172383
湖 北	3201733	1135806	1803688	262239
湖 南	2279629	859291	1210507	209831
广 东	5149280	2040429	2801066	307785
广 西	1071517	332476	646011	93030
海 南	128257	43610	70427	14220
重 庆	1150785	445055	631293	74437
四 川	2574877	959413	1417638	197826
贵 州	1186985	496525	619966	70494
云 南	1140003	383928	671704	84371
西 藏	92516	51654	38229	2633
陕 西	1448632	633148	702976	112508
甘 肃	1379247	562064	735202	81981
青 海	257809	154867	95598	7344
宁 夏	251539	70015	166926	14598
新 疆	1153469	427298	679640	46531
不分地区	245492	185575	32474	27443

10-12 各地区按用途分的更新改造投资

单位：万元

地区	合计	增产	节约能源	其他节约	增加品种	提高产品质量	三废治理	其他
全国总计	**67505484**	**24919474**	**2292842**	**363772**	**8147176**	**5468743**	**1116591**	**25196886**
北京	1696309	147340	9014	583	52880	56613	131317	1298562
天津	1625138	732845	32218	1240	232575	103442	11654	511164
河北	3777801	1219758	146743	19060	632722	243823	80442	1435253
山西	1939154	820132	82069	7760	145643	198767	55780	629003
内蒙古	1075476	347415	51394	1351	192044	97831	16226	369215
辽宁	3654095	1923771	126710	8860	280513	323927	87780	902534
吉林	1611875	657127	64328	7726	497362	101565	18047	265720
黑龙江	2150605	393103	86566	15393	138009	247364	15065	1255105
上海	4225776	1047572	30032	3072	710789	308513	40911	2084887
江苏	4532848	1804569	97414	38268	683521	368420	53865	1486791
浙江	3567684	1849941	120504	10405	360641	243015	27402	955776
安徽	2316349	1092561	151912	13481	290286	222047	49179	496883
福建	1944944	887553	31258	4040	115472	85024	16617	804980
江西	1419991	435065	72517	4622	136676	103216	22934	644961
山东	6917739	3165142	377764	36314	1112540	601878	73051	1551050
河南	2337930	963987	72439	6435	239721	129496	72405	853447
湖北	3201733	1064021	167295	16080	498673	461699	46167	947798
湖南	2279629	851781	50835	12710	317303	263966	39487	743547
广东	5149280	1244141	107683	34018	169437	214430	48561	3331010
广西	1071517	358406	17790	8299	106788	124871	18347	437016
海南	128257	30721	11063	866	783	32766	1031	51027
重庆	1150785	337191	6564	5862	72060	90819	5882	632407
四川	2574877	1112331	39791	22568	491657	351453	32591	524486
贵州	1186985	429071	84440	1705	79263	78321	53469	460716
云南	1140003	205645	20538	3229	163184	51687	25827	669893
西藏	92516	79872	799			469	349	11027
陕西	1448632	486526	38491	4192	122410	135110	18133	643470
甘肃	1379247	467823	96494	66744	164271	107500	27234	449181
青海	257809	84489	7154	2280	61550	17162	3551	81623
宁夏	251539	81547	1266	3820	31369	12399	9880	111258
新疆	1153469	389055	65517	2789	47034	91150	13107	544817
不分地区	245492	208973	24240					12279

10-13 各地区按建设性质分的更新改造投资

单位:万元

地 区	新 建	扩 建	改 建	单纯建造生活设施	迁 建	恢 复	单纯购置
全国总计	**8453237**	**32087036**	**22027704**	**120954**	**930925**	**55529**	**3830099**
北 京	9773	836593	494332	11479	170190	659	173283
天 津	509703	615376	315612		25945	1693	156809
河 北	576568	1388120	1457467	25379	32163	3013	295091
山 西	246552	1032150	612507	3462	1722		42761
内蒙古	66570	645380	306358	2800	1500	7621	45247
辽 宁	268205	1300575	1905373	2018	65433		112491
吉 林	314365	671035	581839		39140		5496
黑龙江	596304	951463	573282		5579	982	22995
上 海	815024	947487	1787533	835	71251	20327	583319
江 苏	512626	2230582	1538084	5867	83917	1891	159881
浙 江	405456	2036348	806047	641	49901	240	269051
安 徽	268788	1052518	943558	7783	13300	56	30346
福 建	223864	1131960	272671	618	112323	3273	200235
江 西	164963	665116	543430	4948	1900	370	39264
山 东	623563	4247438	1798234	2948	44953	1070	199533
河 南	374409	1047661	829500	11848	9368	1885	63259
湖 北	411587	1516271	1042272	3263	21898	1347	205095
湖 南	230223	1045701	853549	2640	23142	650	123724
广 东	301644	2765258	1394273	1667	19625	2146	664667
广 西	117094	601067	245452	1250	44571	1210	60873
海 南	34558	48738	32888			80	11993
重 庆	200508	660390	188057	410	33373		68047
四 川	483447	1165459	869733	80	21479	1243	33436
贵 州	198508	576246	385124	1652	3775		21680
云 南	33467	719345	324720	21383	8782	4166	28140
西 藏	1956	25753	64527				280
陕 西	122563	662870	570430	326	1566	600	90277
甘 肃	112720	823274	408380	863	9334		24676
青 海	60843	89258	90018	565	5535	1007	10583
宁 夏	38442	113270	93592	66	4560		1609
新 疆	128944	474334	453370	6163	4700		85958
不分地区			245492				

10－14 各地区按主要行业分的更新改造投资

单位：万元

地区	合计	农、林、牧、渔业	采掘业	制造业	电力、煤气及水的生产和供应业
全国总计	**67505484**	**228584**	**4730280**	**35237745**	**5824767**
北京	1696309		6897	529426	73965
天津	1625138	2920	20312	1067997	48928
河北	3777801	16366	186089	1993189	342860
山西	1939154	1147	363579	995907	125453
内蒙古	1075476	2731	82404	626019	124426
辽宁	3654095	12051	404879	2183446	293078
吉林	1611875	924	146465	1301066	72719
黑龙江	2150605	10567	535898	722833	175062
上海	4225776	4691	5287	2342710	206892
江苏	4532848	6616	137152	2926092	400785
浙江	3567684	4296	9842	1875365	476004
安徽	2316349	2842	186886	1299567	368455
福建	1944944	3630	31117	899949	125019
江西	1419991	1743	88648	644091	150857
山东	6917739	24252	1131471	3837823	529996
河南	2337930	5266	420788	1089640	208592
湖北	3201733	12984	101060	1902029	179500
湖南	2279629	2320	48318	1412586	204315
广东	5149280	10468	18595	1348631	546019
广西	1071517	3031	18003	591082	81735
海南	128257	20199		24756	28029
重庆	1150785	3476	18548	481606	130032
四川	2574877	1274	99651	1906147	121512
贵州	1186985	57	44488	603940	228629
云南	1140003	1110	27033	561647	29885
西藏	92516	1007	323	2751	47774
陕西	1448632	319	183797	559243	193421
甘肃	1379247	21948	62240	805140	154635
青海	257809	2036	15604	127258	54077
宁夏	251539	335	28104	156667	15343
新疆	1153469	47978	73589	419142	86770
不分地区	245492		233213		

10－14 续表 1　　　　　　　　　　　　　　　　　　单位:万元

地　　区	建筑业	地质勘查业 水利管理业	交通运输、 仓储和 邮电通信业	批发零售 贸易和 餐饮业	金融、 保险业	房地产业
全国总计	**664397**	**310107**	**15302466**	**782881**	**197738**	**86884**
北　京	13187	3909	697518	1492		5002
天　津	35819	3140	227368	20639	9051	3285
河　北	44270	19830	819385	60587	1000	1432
山　西	26751	1073	375895	3640		
内蒙古	252		191317	615		4160
辽　宁	37826	3693	545371	58655	550	4960
吉　林	1970		51521	2244		
黑龙江	5000	1495	524886	152102		
上　海	24581	19884	963501	67335		43392
江　苏	34058	41419	702387	37686	6607	2660
浙　江	13600	3893	975958	6421	12495	
安　徽	10444	4372	378184	16825	1232	1450
福　建	5394	7173	801234	3075		150
江　西	7490	2637	445256	12308	11182	
山　东	34840	7511	995696	62557	6636	3258
河　南	4319	6043	423346	7714	7194	6048
湖　北	58455	12447	686100	59362	36236	60
湖　南	23426	7304	413492	35573	680	
广　东	88812	96844	2260075	63560	80180	4250
广　西	3229	3116	339173	11967	2130	
海　南		250	41133		2438	
重　庆	1134	728	455408	7210	8173	4885
四　川	21513	7126	324642	8403		570
贵　州	1581	1015	278660	5387	211	
云　南	877	9194	422708	4034	4677	
西　藏	335	936	38699	250	250	
陕　西	51181	7357	271402	14262		
甘　肃	1890	8387	247789	35046	130	743
青　海	6300	642	29667	7762	196	
宁　夏	511		45858			
新　疆	105352	28689	316558	16170	6490	579
不分地区			12279			

10－14 续表 2 单位:万元

地 区	社 会 服务业	卫生体育和 社会福利业	教育、文化 艺术和广播 电影电视业	科学研究 和综合技术 服务业	国家机关、 政党机关和 社会团体	其 他 行 业
全国总计	**2253894**	**351221**	**452212**	**286451**	**482397**	**313460**
北 京	151144	8253	6086	153985	4892	40553
天 津	44921	4370	7125	2445	8297	118521
河 北	134676	14757	45596	3768	22602	71394
山 西	40567	329	1903		1250	1660
内蒙古	21487	2165	720	6428	12724	28
辽 宁	64110	9451	13189	4390	17246	1200
吉 林	13642		14571	2603		4150
黑龙江	17135	182	577	80	3653	1135
上 海	426809	32481	59778	9988	15518	2929
江 苏	149200	10676	30617	20236	14580	12077
浙 江	88454	70401	22476	4454	3225	800
安 徽	11360	1008	4353	1028	26249	2094
福 建	32322	1038	20145	1149	9709	3840
江 西	16477	2558	10510	132	19856	6246
山 东	188830	6913	15112	3600	60194	9050
河 南	89355	3938	8218	16553	37591	3325
湖 北	40888	31682	32620	5643	33515	9152
湖 南	59995	23193	22649	7797	17581	400
广 东	344107	84463	82070	9008	99362	12836
广 西	10434	3255	1705	860	317	1480
海 南	2558	1020	823		5551	1500
重 庆	5163	1616	13951	3718	14826	311
四 川	53918	1029	12364	6622	8106	2000
贵 州	16955	1840	2264	262	1696	
云 南	54862	2085	12720	4953	4218	
西 藏			100		91	
陕 西	102808	27317	2719	13415	18824	2567
甘 肃	28956	50	933	640	10333	387
青 海	8962	226	437	470	4012	160
宁 夏	2888	232	438	800	363	
新 疆	30911	4693	5443	1424	6016	3665
不分地区						

10-15 各地区按主要工业行业分的更新改造投资

单位:万元

地　区	工　业 合　计	煤　炭 采选业	石油和天然 气开采业	黑色金属 矿采选业	有色金属 矿采选业	非金属矿 采选业	其他矿 采选业
全国总计	**45792792**	**1597937**	**2551082**	**121506**	**304899**	**138310**	**2566**
北　京	610288	400		5975		522	
天　津	1137237	83	9953			9076	1200
河　北	2522138	152559	6416	14221	5905	6988	
山　西	1484939	358045		2000	1434	2100	
内 蒙 古	832849	37231		8187	14552	22434	
辽　宁	2881403	48696	316763	32241	3519	3660	
吉　林	1520250	5173	133746	1700		1767	
黑 龙 江	1433793	54884	468868			3600	
上　海	2554889		3747	1214			326
江　苏	3464029	67010	59686	3355	1100	6001	
浙　江	2361211			4801	2571	2470	
安　徽	1854908	171752		200	6643	8291	
福　建	1056085	12181		3585	12022	1974	
江　西	883596	8653		60	79226	709	
山　东	5499290	315268	735233	4958	54146	21336	530
河　南	1719020	123814	266080	50	30794	50	
湖　北	2182589	7348	64288	14338	5325	9251	510
湖　南	1665219	22781		2528	8202	14807	
广　东	1913245	280	12280		4889	1146	
广　西	690820	341		1912	11942	3808	
海　南	52785						
重　庆	630186	12807	2432	1559		1750	
四　川	2127310	25950	48587	3147	11152	10815	
贵　州	877057	40249	3818		123	298	
云　南	618565	10564		2996	12658	815	
西　藏	50848				323		
陕　西	936461	42337	118062	2478	20708	212	
甘　肃	1022015	24157	17527	6116	11204	3236	
青　海	196939	381	13213	1200	560	250	
宁　夏	200114	28104					
新　疆	579501	26889	37170	2685	5901	944	
不分地区	233213		233213				

10－15 续表 1　　　　单位：万元

地　　区	木材及竹材采运业	食　品加工业	食　品制造业	饮　料制造业	烟　草加工业	纺织业	服装及其他纤维制品制造业
全国总计	**13980**	**955192**	**904412**	**941229**	**552815**	**1929777**	**336639**
北　　京			11311	32259	1503	14999	3748
天　　津		14378	29914	19378	650	27007	1232
河　　北		33637	59928	54848	13202	126735	13126
山　　西		16303	15884	21846	3700	17980	448
内 蒙 古		58871	88823	20294	3008	59377	
辽　　宁		27809	26087	21382	3160	26899	10396
吉　　林	4079	90092	45800	35240	1370	12492	1001
黑 龙 江	8546	41750	63478	31929	1855	8400	
上　　海		6652	33431	3149	12783	47778	36028
江　　苏		41047	45561	17920	36119	322093	45990
浙　　江		25484	22648	52802	8553	166387	65798
安　　徽		16848	50676	21525	24182	66032	2083
福　　建	1355	39233	22558	44618	83066	131919	29742
江　　西		8661	9074	43269	9730	24383	3950
山　　东		191726	98969	101680	19846	437892	59919
河　　南		49197	30771	10409	36638	76386	8033
湖　　北		39815	26608	48065	34628	152575	21845
湖　　南		48344	20030	46170	58412	42961	9200
广　　东		28251	22133	18752	23216	16629	14743
广　　西		63260	9349	7846	44982	4870	50
海　　南		829	1117	1266		807	
重　　庆		8078	7229	16193	23302	6832	840
四　　川		32110	43316	132158	21372	47055	4470
贵　　州		7070	4527	50602	18844	761	2000
云　　南		9626	120	3514	52637	2762	
西　　藏				1565		130	
陕　　西		7316	10000	14247	5599	20577	112
甘　　肃		20978	36985	14442	8607	1827	1062
青　　海		10679	508	1844		350	
宁　　夏		2454	9346	7947			823
新　　疆		14694	58231	44070	1851	64882	
不分地区							

单位:万元

地　　区	皮革、毛皮、羽绒及其制品业	木材加工及竹、藤、棕、草制品业	家　具制造业	造纸及纸制品业	印刷业、记录媒介的复制	文教体育用品制造业	石油加工及炼焦业
全国总计	**107857**	**227800**	**150709**	**1095547**	**379289**	**53669**	**1362727**
北　　京		200		2359	27333	15	21641
天　　津	767	1903	21205	7478	16058	1561	14766
河　　北	9792	18110	6709	74498	23285	3055	39687
山　　西				500	2000		106217
内 蒙 古		7500		10350	273		14284
辽　　宁	5534	24819	23011	24171	9561	400	268809
吉　　林		6460	152	6193	300		4900
黑 龙 江		5114	4152	25350			127447
上　　海	439	5195	1277	4165	27544	2026	201321
江　　苏	1260	18469	9267	18942	17519	1480	61690
浙　　江	22275	17197	9178	53351	41032	5865	37791
安　　徽	3150	15506	1585	22591	6099	1995	17233
福　　建	14071	13138	3700	37909	6149	3064	19487
江　　西	400	4570	530	6130	20356	5000	21182
山　　东	10038	9124	39686	361657	11890	4293	178010
河　　南	5209	7429	750	57270	8596		2388
湖　　北	490	13406	5420	53675	25789	3628	19434
湖　　南	9407	13968	3115	123745	6788	300	79607
广　　东	2953	1037	2904	36020	39843	20414	50623
广　　西	258	16199	113	48939			450
海　　南		2800		250	220		
重　　庆	300	98		517	1461		1260
四　　川	6413	19385	8445	64913	43663		9979
贵　　州		985		2343	1321		
云　　南		1077	50	4029	17359	223	
西　　藏							
陕　　西	76	96		12995	21523		34143
甘　　肃	3951	770		3272	530		3510
青　　海	1794			338			
宁　　夏	2893	181	140	12970	1910		
新　　疆	6387	3064	9320	18627	887	350	26868
不分地区							

10－15 续表 3

单位:万元

地　　区	化学原料及化学制品制造业	医　药制造业	化学纤维制造业	橡　胶制品业	塑　料制品业	非金属矿物制品业	黑色金属冶炼及压延加工业
全国总计	**3590554**	**2181697**	**343315**	**327042**	**930734**	**2358054**	**5661131**
北　　京	26281	12442		1720	659	35241	55549
天　　津	101419	87428	10107	11630	43290	25590	135357
河　　北	182134	78687	6689	14756	71804	182628	711044
山　　西	139775	30088	6000	5371	850	74133	383764
内 蒙 古	32348	54412			6137	28137	130348
辽　　宁	136384	54651	1251	34069	54809	120895	642451
吉　　林	133469	229271	16706	17396	21566	88781	120840
黑 龙 江	24575	75076	20076	250	2630	14423	64840
上　　海	152963	112966	14484	4373	45160	25577	662212
江　　苏	564391	135086	70934	18867	35758	134505	341891
浙　　江	239616	171184	62942	28182	49694	135020	148169
安　　徽	97275	55790	7444	4781	88419	144178	220262
福　　建	55496	24691	6078	20945	7508	45963	53126
江　　西	37652	38308	7704	677	11234	51125	145231
山　　东	402169	142609	18527	121462	179628	295121	318726
河　　南	147552	95074	12231	12003	31576	114281	83050
湖　　北	182356	150430	20198	5187	61118	123050	337566
湖　　南	80056	78372	15956	1100	53621	70674	184877
广　　东	62410	64312	1996	7181	33536	31607	93007
广　　西	27108	78886	3333		6313	46002	83492
海　　南		9908	3738			1230	
重　　庆	54080	26055	4196	102	2748	72829	22211
四　　川	205916	177904	23565	1416	74764	134374	298595
贵　　州	75993	48465	220	7922	7843	65167	16057
云　　南	106235	34591		285	1020	33987	177960
西　　藏						1056	
陕　　西	36890	73857		1838	3480	71380	49023
甘　　肃	229040	18965	890	250	5721	64333	149425
青　　海	15380	2936			211	31369	11366
宁　　夏	18798	3065		4984	626	39067	8856
新　　疆	22793	16188	8050	295	29011	56331	11836
不分地区							

10－15 续表 4

单位:万元

地　区	有色金属冶炼及压延加工业	金　属制品业	普通机械制造业	专用设备制造业	交通运输设备制造业	电气机械及器材制造业
全国总计	**1630379**	**525263**	**1000564**	**830125**	**3109760**	**1125511**
北　京		4485	5651	74353	113202	32473
天　津	9830	14363	16049	12084	123564	93233
河　北	27790	33314	75680	38916	46614	17434
山　西	112526	2625	19519	8114	11977	3169
内蒙古	59756	4490	5400	750	8019	1585
辽　宁	71178	37386	96358	69851	246017	80812
吉　林	5649	15102	17861	12576	325488	25840
黑龙江	6241	475	14151	8758	151780	9880
上　海	18117	25760	92268	33590	369450	66794
江　苏	12162	57739	139521	101322	241209	95867
浙　江	28619	39384	45653	49865	139742	122562
安　徽	47198	16123	43144	10567	210731	49334
福　建	47655	10388	18344	24942	14461	39845
江　西	81550	3494	15631	11616	44013	12217
山　东	83861	41219	127172	107991	123971	134381
河　南	150700	1810	19104	39314	19201	27357
湖　北	50597	48487	42099	66668	229745	40724
湖　南	103151	20009	38481	52994	86788	41336
广　东	17633	31907	30345	8782	191038	160294
广　西	63942	3668	17956	6342	43159	7882
海　南					2196	
重　庆	21356	2641	17046	3338	145525	1575
四　川	55647	92595	52910	26818	102871	18225
贵　州	184198	2034	764	8531	59649	6060
云　南	67696	867	17814	11663	6453	8594
西　藏						
陕　西	22718	3317	18684	36059	47928	3806
甘　肃	217793	1310	3517	233	1294	7723
青　海	37256	2060	4093		2397	165
宁　夏	17290	7209	4729	3016		3300
新　疆	8270	1002	620	1072	1278	13044
不分地区						

单位:万元

地　　区	电子及通信设备制造业	仪器仪表及文化办公用机械制造业	其他制造业	电力、蒸汽、热水的生产和供应业	煤气的生产和供应业	自来水的生产和供应业
全国总计	**2110119**	**172633**	**343202**	**5346824**	**142580**	**335363**
北　　京	25286	25647	1069	47190	12820	13955
天　　津	207405	7506	12845	28900	8329	11699
河　　北	24533	3429	1125	337747	2602	2511
山　　西	1980	639	10499	121609	956	2888
内 蒙 古	2400		29457	118995		5431
辽　　宁	53036	2934	9326	282827	2320	7931
吉　　林	59695	6046	780	71259		1460
黑 龙 江	1098	3160	15945	174882		180
上　　海	280929	23996	32283	152176	26743	27973
江　　苏	287730	18825	32928	374357	3342	23086
浙　　江	64735	7035	14602	442665	3473	29866
安　　徽	52543	830	1443	355557	4728	8170
福　　建	75473	335	6045	122730		2289
江　　西	16400	1046	8958	145595	340	4922
山　　东	175848	8490	31918	500158	21496	8342
河　　南	29687	5361	8263	200029	4520	4043
湖　　北	79950	12341	6135	146883	3453	29164
湖　　南	93908	2132	27084	180732	3350	20233
广　　东	301935	4987	30143	490038	14006	41975
广　　西	3200	1968	1515	69143	8053	4539
海　　南	395			22964		5065
重　　庆	491	8024	33279	115897	9916	4219
四　　川	180506	16165	10597	90591	5937	24984
贵　　州	28970	501	3113	217421	2964	8244
云　　南	1695		1390	19508	2232	8145
西　　藏				47774		
陕　　西	50750	2456	10373	176980	800	15641
甘　　肃	7176	506	1030	151401	200	3034
青　　海		3725	787	53717		360
宁　　夏	2264	4549	250	8571		6772
新　　疆	101		20	78528		8242
不分地区						

10－16　更新改造中三次产业投资

单位：万元

地　区	投资额	第一产业	第二产业	第三产业
全国总计	**67505484**	**204699**	**46457189**	**20843596**
北　京	1696309		623475	1072834
天　津	1625138	2920	1173056	449162
河　北	3777801	15646	2566408	1195747
山　西	1939154	1147	1511690	426317
内蒙古	1075476	2731	833101	239644
辽　宁	3654095	8551	2919229	726315
吉　林	1611875	924	1522220	88731
黑龙江	2150605	10567	1438793	701245
上　海	4225776	4691	2579470	1641615
江　苏	4532848	6616	3498087	1028145
浙　江	3567684	2817	2374811	1190056
安　徽	2316349	1666	1865352	449331
福　建	1944944	3287	1061479	880178
江　西	1419991	1143	891086	527762
山　东	6917739	24252	5534130	1359357
河　南	2337930	1864	1723339	612727
湖　北	3201733	7575	2241044	953114
湖　南	2279629	1128	1688645	589856
广　东	5149280	10108	2002057	3137115
广　西	1071517	3031	694049	374437
海　南	128257	19589	52785	55883
重　庆	1150785	3170	631320	516295
四　川	2574877	878	2148823	425176
贵　州	1186985	57	878638	308290
云　南	1140003	298	619442	520263
西　藏	92516	1007	51183	40326
陕　西	1448632	319	987642	460671
甘　肃	1379247	19691	1023905	335651
青　海	257809	1446	203239	53124
宁　夏	251539	335	200625	50579
新　疆	1153469	47245	684853	421371
不分地区	245492		233213	12279

10－17 各地区能源工业更新改造投资

单位:万元

地区	能源工业合计	煤炭采选业	石油和天然气开采业	电力、蒸汽、热水的生产和供应业	石油加工及炼焦业	煤气的生产和供应业
全国总计	**11001150**	**1597937**	**2551082**	**5346824**	**1362727**	**142580**
北京	82051	400		47190	21641	12820
天津	62031	83	9953	28900	14766	8329
河北	539011	152559	6416	337747	39687	2602
山西	586827	358045		121609	106217	956
内蒙古	170510	37231		118995	14284	
辽宁	919415	48696	316763	282827	268809	2320
吉林	215078	5173	133746	71259	4900	
黑龙江	826081	54884	468868	174882	127447	
上海	383987		3747	152176	201321	26743
江苏	566085	67010	59686	374357	61690	3342
浙江	483929			442665	37791	3473
安徽	549270	171752		355557	17233	4728
福建	154398	12181		122730	19487	
江西	175770	8653		145595	21182	340
山东	1750165	315268	735233	500158	178010	21496
河南	596831	123814	266080	200029	2388	4520
湖北	241406	7348	64288	146883	19434	3453
湖南	286470	22781		180732	79607	3350
广东	567227	280	12280	490038	50623	14006
广西	77987	341		69143	450	8053
海南	22964			22964		
重庆	142312	12807	2432	115897	1260	9916
四川	181044	25950	48587	90591	9979	5937
贵州	264452	40249	3818	217421		2964
云南	32304	10564		19508		2232
西藏	47774			47774		
陕西	372322	42337	118062	176980	34143	800
甘肃	196795	24157	17527	151401	3510	200
青海	67311	381	13213	53717		
宁夏	36675	28104		8571		
新疆	169455	26889	37170	78528	26868	
不分地区	233213		233213			

10－18 各地区邮电通讯业更新改造投资

单位:万元

地 区	合 计	邮政业	电信业	邮电业
全国总计	**11298365**	**150544**	**10957982**	**189839**
北 京	648658	9186	639472	
天 津	165745	8560	157185	
河 北	534875	6494	506404	21977
山 西	307411	10390	297021	
内蒙古	133772	545	133227	
辽 宁	363794	923	362510	361
吉 林	28243		28243	
黑龙江	417871	3820	409644	4407
上 海	641583	15770	625813	
江 苏	579927	1207	573911	4809
浙 江	787354	21326	761708	4320
安 徽	312884	8317	304177	390
福 建	645517	5469	638582	1466
江 西	341399	10897	330502	
山 东	493599		493599	
河 南	187829		159787	28042
湖 北	509599	5271	462583	41745
湖 南	292768	13797	278971	
广 东	1735886	4428	1660741	70717
广 西	279085	1792	276714	579
海 南	30658	1937	28721	
重 庆	389913	2151	387762	
四 川	218597	8335	210262	
贵 州	226277	1511	224766	
云 南	350250	4281	345967	2
西 藏	30665	2940	27725	
陕 西	198454		189959	8495
甘 肃	188497	743	186653	1101
青 海	23097		23097	
宁 夏	37965	454	37511	
新 疆	196193		194765	1428
不分地区				

10－19　国民经济行业按构成分的更新改造投资

单位:万元

行　　业	投资额	建筑安装工程	设备工器具购置	其　他费　用
全国总计	**67505484**	**25980310**	**36353240**	**5171934**
(一)农、林、牧、渔业	**228584**	**112719**	**66732**	**49133**
农业	101075	61940	24152	14983
林业	34931	11913	3252	19766
畜牧业	40547	20460	12295	7792
渔业	28146	6912	19793	1441
农、林、牧、渔服务业	23885	11494	7240	5151
(二)采掘业	**4730280**	**2722633**	**1631197**	**376450**
煤炭采选业	1597937	558510	896159	143268
石油和天然气开采业	2551082	1834315	532565	184202
黑色金属矿采选业	121506	59845	53900	7761
有色金属矿采选业	304899	202661	78482	23756
非金属矿采选业	138310	59498	63316	15496
其他矿采选业	2566	1008	655	903
木材及竹材采运业	13980	6796	6120	1064
(三)制造业	**35237745**	**11626384**	**20527158**	**3084203**
食品加工业	955192	351797	535621	67774
食品制造业	904412	280633	545135	78644
饮料制造业	941229	340110	546672	54447
烟草加工业	552815	152809	352163	47843
纺织业	1929777	399398	1428060	102319
服装及其他纤维品制造业	336639	128737	177533	30369
皮革、毛皮、羽绒及其制品业	107857	38181	59578	10098
木材加工及竹、藤、棕、草制品业	227800	60572	146250	20978
家具制造业	150709	75722	57050	17937
造纸及纸制品业	1095547	288324	726669	80554
印刷业、记录媒介的复制	379289	63796	303444	12049
文教体育用品制造业	53669	14450	34694	4525
石油加工及炼焦业	1362727	610146	597596	154985
化学原料及化学制品制造业	3590554	1222349	1993618	374587
医药制造业	2181697	1028363	902295	251039
化学纤维制造业	343315	86848	227617	28850
橡胶制品业	327042	72180	236068	18794
塑料制品业	930734	263109	615673	51952
非金属矿物制品业	2358054	896925	1257318	203811
黑色金属冶炼及压延加工业	5661131	2118137	3044772	498222
有色金属冶炼及压延加工业	1630379	618781	869282	142316
金属制品业	525263	149748	338538	36977
普通机械制造业	1000564	272531	654008	74025

10－19 续表 1

行　　业	投资额	建筑安装工程	设备工器具购置	其　他费　用
专用设备制造业	830125	300645	402335	127145
交通运输设备制造业	3109760	912763	1914390	282607
电气机械及器材制造业	1125511	320774	687468	117269
电子及通信设备制造业	2110119	416970	1557219	135930
仪器仪表及文化办公用机械制造业	172633	53032	91423	28178
其他制造业	343202	88554	224669	29979
(四)电力、煤气及水的生产和供应业	**5824767**	**2720824**	**2554315**	**549628**
电力、蒸汽、热水的生产和供应业	5346824	2393063	2439140	514621
煤气的生产和供应业	142580	86339	46721	9520
自来水的生产和供应业	335363	241422	68454	25487
(五)建筑业	**664397**	**265192**	**364218**	**34987**
土木工程建筑业	593469	245402	324152	23915
线路、管道和设备安装业	53893	10471	35243	8179
建筑物的装修装饰业	17035	9319	4823	2893
(六)地质勘查业、水利管理业	**310107**	**237190**	**36104**	**36813**
地质勘查业	14624	3298	11319	7
水利管理业	295483	233892	24785	36806
(七)交通运输、仓储及邮电通信业	**15302466**	**5728267**	**9124218**	**449981**
铁路运输业	1205025	648443	528641	27941
公路运输业	920620	505722	381216	33682
管道运输业	1634	278	1342	14
水上运输业	218925	63813	150455	4657
航空运输业	554557	14263	540116	178
交通运输辅助业	961158	648980	257674	54504
其他交通运输业	58072	33407	17412	7253
仓储业	84110	65471	13365	5274
邮电通信业	11298365	3747890	7233997	316478
(八)批发和零售贸易、餐饮业	**782881**	**422253**	**281488**	**79140**
食品、饮料、烟草和家庭用品批发商业	98546	60591	30496	7459
能源、材料和机械电子设备批发业	248869	114425	122012	12432
其他批发业	18188	9047	8073	1068
零售业	350928	199814	98163	52951
商业经纪与代理业	1784	100	1263	421

10－19 续表 2

行　　业	投资额	建筑安装工程	设备工器具购置	其　他费　用
餐饮业	64566	38276	21481	4809
(九)金融、保险业	**197738**	**28992**	**166301**	**2445**
金融业	195709	28157	165107	2445
保险业	2029	835	1194	
(十)房地产业	**86884**	**71792**	**4475**	**10617**
房地产开发与经营业	52432	43908	3081	5443
房地产管理业	34202	27884	1394	4924
房地产代理与经纪业	250			250
(十一)社会服务业	**2253894**	**1143097**	**727085**	**383712**
公共服务业	1962117	994348	633887	333882
居民服务业	10030	5927	3910	193
旅馆业	102544	70440	22452	9652
租赁服务业	3371	1714	813	844
旅行社	23671	20648	1938	1085
娱乐服务业	19445	8618	1638	9189
信息、咨询服务业	9360	72	9228	60
计算机应用服务业	70187	17419	42385	10383
其他社会服务业	53169	23911	10834	18424
(十二)卫生、体育和社会福利业	**351221**	**79997**	**265194**	**6030**
卫生	324201	60280	260222	3699
体育	18564	14315	3975	274
社会福利保障业	8456	5402	997	2057
(十三)教育、文化艺术及广播电影电视业	**452212**	**204394**	**226982**	**20836**
教育	225920	127030	92076	6814
文化艺术业	40438	17008	22215	1215
广播电影电视业	185854	60356	112691	12807
(十四)科学研究和综合技术服务业	**286451**	**106244**	**166540**	**13667**
科学研究业	84291	19745	53353	11193
综合技术服务业	202160	86499	113187	2474
(十五)国家机关、政党机关和社会团体	**482397**	**285788**	**161630**	**34979**
国家机关	461248	275678	151905	33665
政党机关	6604	2965	2889	750
社会团体	2853	884	1939	30
基层群众自治组织	11692	6261	4897	534
(十六)其他行业	**313460**	**224544**	**49603**	**39313**
其他行业	313460	224544	49603	39313

10-20 国民经济行业按建设性质分的更新改造投资

单位:万元

行业	新建	扩建	改建	单纯建造生活设施	迁建	恢复	单纯购置
全国总计	**8453237**	**32087036**	**22027704**	**120954**	**930925**	**55529**	**3830099**
(一)农、林、牧、渔业	**35949**	**63915**	**99820**	**2121**		**1684**	**25095**
农业	22006	16004	56772	1746			4547
林业	6815	17796	9020			901	399
畜牧业	3156	18537	17260	375			1219
渔业		5082	6146				16918
农、林、牧、渔服务业	3972	6496	10622			783	2012
(二)采掘业	**584736**	**2094838**	**2014705**	**4162**	**2293**	**1528**	**28018**
煤炭采选业	51602	551488	982103	3862	618	1093	7171
石油和天然气开采业	475353	1237396	829181				9152
黑色金属矿采选业	10879	52717	55398		480		2032
有色金属矿采选业	32642	153150	113760	300			5047
非金属矿采选业	10491	89816	31757		1195	435	4616
其他矿采选业	1200	910	456				
木材及竹材采运业	2569	9361	2050				
(三)制造业	**4940309**	**17310022**	**10964449**	**53106**	**882354**	**18675**	**1068830**
食品加工业	169389	518160	241092	1035	9283	800	15433
食品制造业	157952	548895	138879		9515	150	49021
饮料制造业	116049	551311	251575	69	8584	500	13141
烟草加工业	10990	155942	240547		118642	450	26244
纺织业	195912	964244	603486	3212	38466		124457
服装及其他纤维品制造业	47737	217419	37700		5235		28548
皮革、毛皮、羽绒及其制品业	14857	45060	41126	208	990		5616
木材加工及竹、藤、棕、草制品业	84742	89235	47769	746			5308
家具制造业	56062	70750	17371			528	5998
造纸及纸制品业	142596	746305	174776	271	13374	982	17243
印刷业、记录媒介的复制	47626	161321	100378	2343	15187		52434
文教体育用品制造业	15724	18867	3808	3555	886		10829
石油加工及炼焦业	104817	491548	762649		1760		1953
化学原料及化学制品制造业	431158	1960362	1107995	3725	42487	2185	42642
医药制造业	443447	974338	611761	1510	136769		13872
化学纤维制造业	62320	170606	109061		52		1276
橡胶制品业	26345	163844	123808	95	1607	130	11213
塑料制品业	201825	531653	149417	140	11049		36650
非金属矿物制品业	473491	1236907	560775	1672	38171	1070	45968
黑色金属冶炼及压延加工业	400534	2371859	2829645	22239	5210	10980	20664
有色金属冶炼及压延加工业	207220	763202	634674	3870	8019		13394
金属制品业	84362	298400	94216	596	3061		44628
普通机械制造业	114589	501731	243937	2665	57486		80156

10－20 续表 1

单位:万元

行业	新建	扩建	改建	单纯建造生活设施	迁建	恢复	单纯购置
专用设备制造业	106252	354129	185245	1638	145595	90	37176
交通运输设备制造业	453899	1458907	987815	895	108034	710	99500
电气机械及器材制造业	139155	691982	145537	1641	63083		84113
电子及通信设备制造业	564239	1039273	377340	460	18194	100	110513
仪器仪表及文化办公用机械制造业	25885	64881	45864	311	17202		18490
其他制造业	41135	148891	96203	210	4413		52350
(四)电力、煤气及水的生产和供应业	**526911**	**2251394**	**2972967**	**5241**	**7898**	**2970**	**57386**
电力、蒸汽、热水的生产和供应业	452144	2019862	2812323	3521	4188	2913	51873
煤气的生产和供应业	31356	62009	44397		110		4708
自来水的生产和供应业	43411	169523	116247	1720	3600	57	805
(五)建筑业	**34393**	**88012**	**292363**	**4956**	**10344**	**2247**	**232082**
土木工程建筑业	18706	77705	271490	4956	10309	2247	208056
线路、管道和设备安装业	14740	3875	11391				23887
建筑物的装修装饰业	947	6432	9482		35		139
(六)地质勘查业、水利管理业	**21852**	**54067**	**220730**	**2498**	**627**	**4179**	**6154**
地质勘查业		479	7100	2498			4547
水利管理业	21852	53588	213630		627	4179	1607
(七)交通运输、仓储及邮电通信业	**1663270**	**8841247**	**3482588**	**29939**	**7144**	**892**	**1277386**
铁路运输业	52816	101287	1033162	651	2000	300	14809
公路运输业	25179	121156	445027	800	1515	386	326557
管道运输业		771	268				595
水上运输业	6423	52383	62928				97191
航空运输业	12905	19965	16834				504853
交通运输辅助业	48610	180424	648673	1350	479	1	81621
其他交通运输业	350	40293	3511				13918
仓储业	23291	34701	22299		2800	205	814
邮电通信业	1493696	8290267	1249886	27138	350		237028
(八)批发和零售贸易、餐饮业	**115915**	**384329**	**237928**	**205**	**8287**		**36217**
食品、饮料、烟草和家庭用品批发商业	37169	22901	32172	40	1320		4944
能源、材料和机械电子设备批发业	22005	180586	42346	10	11		3911
其他批发业	1351	2362	9141	155	671		4508
零售业	51128	150387	124873		5835		18705
商业经纪与代理业	421		100				1263

单位:万元

行　　业	新　建	扩　建	改　建	单纯建造生活设施	迁　建	恢　复	单纯购置
餐饮业	3841	28093	29296		450		2886
(九)金融、保险业	**7971**	**10569**	**49936**		**2722**		**126540**
金融业	7971	10569	49101		2722		125346
保险业			835				1194
(十)房地产业	**23082**	**11426**	**40746**	**10011**			**1619**
房地产开发与经营业	23082	5132	17552	5093			1573
房地产管理业		6044	23194	4918			46
房地产代理与经纪业		250					
(十一)社会服务业	**228688**	**560533**	**918039**	**2465**	**2295**	**18777**	**523097**
公共服务业	166078	462545	800965	1685	2295	18777	509772
居民服务业		6948	1649				1433
旅馆业	6787	18139	74545				3073
租赁服务业		500	2058				813
旅行社	5300	12990	4192				1189
娱乐服务业	9686	4452	4527	780			
信息、咨询服务业	6324	662	198				2176
计算机应用服务业	22356	44142	1914				1775
其他社会服务业	12157	10155	27991				2866
(十二)卫生、体育和社会福利业	**7256**	**49127**	**99388**	**234**	**237**		**194979**
卫生	2130	43079	84210	234	237		194311
体育	4700	5280	8359				225
社会福利保障业	426	768	6819				443
(十三)教育、文化艺术及广播电影电视业	**25133**	**115130**	**162260**	**1169**	**2619**	**1150**	**144751**
教育	11038	72710	63015	826	2579	160	75592
文化艺术业	2736	9057	9622		40	990	17993
广播电影电视业	11359	33363	89623	343			51166
(十四)科学研究和综合技术服务业	**24184**	**45785**	**192621**		**2103**		**21758**
科学研究业	5445	39846	29936		2103		6961
综合技术服务业	18739	5939	162685				14797
(十五)国家机关、政党机关和社会团体	**64808**	**103958**	**229108**	**1514**	**1802**	**3427**	**77780**
国家机关	64208	94042	222366	1514	1802	3427	73889
政党机关		547	3838				2219
社会团体	400	240	764				1449
基层群众自治组织	200	9129	2140				223
(十六)其他行业	**148780**	**102684**	**50056**	**3333**	**200**		**8407**
其他行业	148780	102684	50056	3333	200		8407

10－21　各地区按隶属关系分的更新改造新增固定资产

单位:万元

地　区	合　计	中央项目	地方项目				
				省　属	地市属	县　属	其　他
全国总计	**46931637**	**14612404**	**32319233**	**9477952**	**8840736**	**8609808**	**5390737**
北　京	1308483	498265	810218	342616	147956	10426	309220
天　津	1013445	109095	904350	501394	196451	27087	179418
河　北	2798196	205960	2592236	1024245	250438	1035693	281860
山　西	1676166	514873	1161293	565995	124491	238873	231934
内蒙古	968735	252684	716051	230228	222136	169681	94006
辽　宁	2514421	1114954	1399467	155066	720792	261623	261986
吉　林	1139213	440882	698331	121557	170894	164308	241572
黑龙江	1700524	1177047	523477	220408	147319	129389	26361
上　海	1946847	389919	1556928	1139472	365512	3100	48844
江　苏	4144562	1296040	2848522	472011	1239768	905665	231078
浙　江	2440595	607181	1833414	396186	403020	499278	534930
安　徽	1566286	300909	1265377	413218	437443	255824	158892
福　建	1468568	265879	1202689	451036	207332	326330	217991
江　西	698931	255140	443791	231396	51680	121644	39071
山　东	4551811	1200538	3351273	599119	920334	1390700	441120
河　南	1794513	542051	1252462	271634	395804	504637	80387
湖　北	2351514	706589	1644925	130053	639021	491380	384471
湖　南	1389278	405930	983348	237931	237763	264915	242739
广　东	3291923	912018	2379905	548061	881109	541363	409372
广　西	660219	293303	366916	38912	188321	53715	85968
海　南	147101	6404	140697	119099	1941	14084	5573
重　庆	820962	349885	471077	139772		176577	154728
四　川	1415551	237917	1177634	117992	415446	319386	324810
贵　州	801825	500913	300912	81485	43620	107284	68523
云　南	945438	402905	542533	351016	84987	102957	3573
西　藏	26593	24372	2221	1430	335	400	56
陕　西	1133583	402379	731204	126615	234477	262641	107471
甘　肃	737028	300428	436600	250588	39692	83395	62925
青　海	142225	57833	84392	24229	9155	48611	2397
宁　夏	213619	52856	160763	61553	23227	30534	45449
新　疆	928669	592442	336227	113635	40272	68308	114012
不分地区	194813	194813					

10－22 各地区按主要行业分的更新改造新增固定资产

单位:万元

地　　区	合　　计	农、林、牧、渔业	采 掘 业	制 造 业	电力、煤气及水的生产和供应业
全国总计	**46931637**	**178529**	**3566918**	**22680679**	**4588793**
北　　京	1308483		1934	275738	57685
天　　津	1013445	2920	16337	687489	22566
河　　北	2798196	15893	126854	1314002	200775
山　　西	1676166	794	241790	892091	81450
内 蒙 古	968735	947	69191	549791	78411
辽　　宁	2514421	4640	304614	1301189	336437
吉　　林	1139213	924	146247	848127	64557
黑 龙 江	1700524	9758	389985	517743	132970
上　　海	1946847	3958	326	968399	189513
江　　苏	4144562	5896	106455	2579296	532284
浙　　江	2440595	4636	9716	1165682	405871
安　　徽	1566286	2922	155396	797470	240604
福　　建	1468568	2903	20884	626263	106813
江　　西	698931	1456	77709	282583	47714
山　　东	4551811	21214	790618	2408669	322898
河　　南	1794513	3822	334363	811296	159284
湖　　北	2351514	10992	68219	1429717	104481
湖　　南	1389278	1563	39458	787732	79668
广　　东	3291923	8543	12931	958155	431477
广　　西	660219	2681	3520	300795	22809
海　　南	147101	18964		50392	27122
重　　庆	820962	2628	14673	324239	91221
四　　川	1415551	1371	82776	899758	94956
贵　　州	801825		32950	284484	249307
云　　南	945438	992	31976	444852	27006
西　　藏	26593	2207		1955	162
陕　　西	1133583	319	155846	403965	190284
甘　　肃	737028	6898	40477	278663	161378
青　　海	142225	950	14961	58639	15539
宁　　夏	213619	130	20655	129002	13572
新　　疆	928669	37608	66495	302503	99979
不分地区	194813		189562		

10－22 续表 1

单位:万元

地　　区	建筑业	地质勘查业水利管理业	交通运输、仓储和邮电通信业	批发零售贸易和餐饮业	金融、保险业	房地产业
全国总计	**557060**	**205101**	**11371346**	**649238**	**172325**	**28736**
北　　京	12696	6391	695061	1313		4061
天　　津	28319	3167	106301	77354	5858	1405
河　　北	36221	19063	853658	24510	1000	
山　　西	26751	1073	398670	3300		
内 蒙 古	252		209228	615		260
辽　　宁	23196	534	386547	54391	550	4960
吉　　林	1180		43922	270		
黑 龙 江	12000	1145	504074	111632		
上　　海	22936	10713	264219	46377		5487
江　　苏	34176	41519	572407	37592	6607	2660
浙　　江	6123		686307	6029	12495	
安　　徽	9014	3997	304363	18477	732	1450
福　　建	2744	1090	660827	5210		
江　　西	4840	1255	241553	3280	11182	
山　　东	30743	4799	757319	46477	6019	3758
河　　南	4050	50	368483	5690	221	
湖　　北	32167	9249	513708	34081	24775	60
湖　　南	17051	6183	334983	29275	680	
广　　东	80707	43003	1256972	46713	76033	216
广　　西	3323	1758	300373	7764	2130	
海　　南		250	37133		2438	
重　　庆	50		336715	7547	9491	3015
四　　川	12648	4501	211237	8069		570
贵　　州	539	216	216300	4391	211	
云　　南	548	4578	380906	4088	4667	
西　　藏	335	3495	17848	250	250	
陕　　西	51181	4353	213368	10162		
甘　　肃	176	7373	178951	35026	130	255
青　　海	6300		34771	4512	366	
宁　　夏	511		45148			
新　　疆	96283	25346	234743	14843	6490	579
不分地区			5251			

10-22 续表 2　　单位:万元

地　区	社　会 服务业	卫生体育和 社会福利业	教育、文化 艺术和广播 电影电视业	科学研究 和综合技术 服务业	国家机关、 政党机关和 社会团体	其　他 行　业
全国总计	**1633780**	**299792**	**351853**	**182323**	**325291**	**139873**
北　京	167368	4823	1366	74294	1225	4528
天　津	27008	4402	5918	2445	6917	15039
河　北	91020	9180	29203	3768	18639	54410
山　西	25335	629	1373		1250	1660
内蒙古	32979	2165	826	11346	12724	
辽　宁	52829	6101	11051	7500	18682	1200
吉　林	7942		14571	2603		8870
黑龙江	17135	182	500	80	2185	1135
上　海	356409	17803	39140	6340	11836	3391
江　苏	150088	10676	29319	17902	7608	10077
浙　江	52414	64228	17820	5394	3225	655
安　徽	7133	1008	2700	504	19122	1394
福　建	12975	1048	13193	1149	9709	3760
江　西	12339	2223	2967		9830	
山　东	112501	6103	7064	500	30664	2465
河　南	65174	3318	7624	7864	23274	
湖　北	34440	28344	28353	4682	19974	8272
湖　南	32634	21098	20918	4968	13067	
广　东	146390	75523	77337	8682	57011	12230
广　西	8644	2940	805	860	337	1480
海　南	2558	1020	823		4901	1500
重　庆	4216	351	7568	1481	16187	1580
四　川	78272	329	11964	3744	5356	
贵　州	7203	2010	2256	262	1696	
云　南	25483	1867	8445	5723	4307	
西　藏					91	
陕　西	53878	27317	2469	6898	10976	2567
甘　肃	19597	50	893	640	6521	
青　海	3453	129	144	470	1991	
宁　夏	3206	232		800	363	
新　疆	23157	4693	5243	1424	5623	3660
不分地区						

10－23 各地区能源工业更新改造新增固定资产

单位:万元

地 区	能源工业合计	煤 炭采选业	石油和天然气开采业	电力、蒸汽、热水的生产和供应业	石油加工及炼焦业	煤气的生产和供应业
全国总计	**8322971**	**1135587**	**1962828**	**4229040**	**895501**	**100015**
北 京	70240	400		40783	21099	7958
天 津	31470	83	9953	17305	829	3300
河 北	329079	102387	1605	197064	26123	1900
山 西	435497	239856		79961	115184	496
内蒙古	138483	42240		74999	21244	
辽 宁	728254	36566	232783	327609	129776	1520
吉 林	196955	5936	133746	52473	4800	
黑龙江	577305	48364	331670	132790	64481	
上 海	205020			147947	28486	28587
江 苏	749146	38673	58386	497447	154313	327
浙 江	445284			401523	40288	3473
安 徽	390653	142176		230719	17258	500
福 建	129274	5385		104402	19487	
江 西	53336	1300		44676	7020	340
山 东	1177444	233869	501879	299087	120929	21680
河 南	456715	73344	226865	150902	553	5051
湖 北	138508	6814	39675	78016	12613	1390
湖 南	111124	15107		70357	23810	1850
广 东	438770	280	10918	373851	48669	5052
广 西	22696	305		21941	450	
海 南	23352			23352		
重 庆	100962	8782	2432	79987	500	9261
四 川	134093	19161	48237	62199	1835	2661
贵 州	277127	28749	3818	242287		2273
云 南	20059	6189		12474		1396
西 藏	162			162		
陕 西	328182	31695	103389	187412	4886	800
甘 肃	195431	14757	17527	159797	3150	200
青 海	28773	291	13213	15269		
宁 夏	27455	20655		6800		
新 疆	172560	12223	37170	95449	27718	
不分地区	189562		189562			

10－24　各地区邮电通讯业更新改造新增固定资产

单位:万元

地　　区	合　　计	邮 政 业	电 信 业	邮 电 业
全国总计	**8389441**	**92398**	**8164984**	**132059**
北　京	651254	4196	647058	
天　津	54021		54021	
河　北	676517	6134	653461	16922
山　西	351601	2390	349211	
内蒙古	160736	545	160191	
辽　宁	251965	923	250681	361
吉　林	28243		28243	
黑龙江	401926	3820	393699	4407
上　海	7462	3693	3769	
江　苏	463626	1010	457807	4809
浙　江	541834	7154	530068	4612
安　徽	239950	8437	231123	390
福　建	603887	1423	600998	1466
江　西	137436	2897	134539	
山　东	421741		421741	
河　南	171832		143790	28042
湖　北	373401	8503	352834	12064
湖　南	268733	17489	251244	
广　东	826642	4428	776017	46197
广　西	230039	1523	227731	785
海　南	30658	1937	28721	
重　庆	276282	2191	274091	
四　川	199791	7687	192104	
贵　州	188154	544	187610	
云　南	329069	3947	324142	980
西　藏	11214	330	10884	
陕　西	146416		137921	8495
甘　肃	145757	743	143913	1101
青　海	28644		28644	
宁　夏	37965	454	37511	
新　疆	132645		131217	1428
不分地区				

10－25 国民经济行业按建设性质分的更新改造新增固定资产

单位:万元

行业	新建	扩建	改建	单纯建造生活设施	迁建	恢复	单纯购置
全国总计	**4700454**	**22600809**	**15627828**	**82035**	**509937**	**40902**	**3369672**
(一)农、林、牧、渔业	**19059**	**55658**	**76672**	**2121**		**1751**	**23268**
农业	11019	13936	43886	1746			4269
林业	3012	16220	4505			901	399
畜牧业	3156	16879	16690	375			1219
渔业		3132	2435				16548
农、林、牧、渔服务业	1872	5491	9156			850	833
(二)采掘业	**393663**	**1508656**	**1639934**	**4612**	**1361**	**1528**	**17164**
煤炭采选业	26723	356057	739562	3862	881	1093	7409
石油和天然气开采业	333344	934613	694791				80
黑色金属矿采选业	8290	21469	60504		480		2032
有色金属矿采选业	19467	114392	115519	750			4527
非金属矿采选业	5839	70159	27902			435	3116
其他矿采选业		910	456				
木材及竹材采运业		11056	1200				
(三)制造业	**2498531**	**11550200**	**7228626**	**26737**	**474388**	**7340**	**894857**
食品加工业	102561	324153	173768	1408	6210	800	13593
食品制造业	85653	400234	110938		12468	150	47683
饮料制造业	61177	333325	182997	594	4840	500	11035
烟草加工业	9108	89076	171696		115885	1	21133
纺织业	178356	698045	508849	3212	14350		109204
服装及其他纤维品制造业	34780	147855	28412		3843		24708
皮革、毛皮、羽绒及其制品业	11987	32109	37362	208	4780		3766
木材加工及竹、藤、棕、草制品业	57195	72415	32971	719			3167
家具制造业	29697	42219	9840				3138
造纸及纸制品业	97869	527367	125798	433	4427		16220
印刷业、记录媒介的复制	32871	121590	83000	2343	4279		46410
文教体育用品制造业	12188	12531	2654	500	836		9865
石油加工及炼焦业	67272	271131	553385		1760		1953
化学原料及化学制品制造业	212655	1173041	1198864	3550	33032	1385	35179
医药制造业	162100	711709	428869	1510	68396		9632
化学纤维制造业	44431	157386	44722		52		140
橡胶制品业	14878	85547	54680	95	1542	10	9696
塑料制品业	88946	442032	79697	140	3559		30245
非金属矿物制品业	196679	935864	423193	1650	42922	1925	41821
黑色金属冶炼及压延加工业	155293	1777876	1347048		5765	1979	9998
有色金属冶炼及压延加工业	122392	376232	333778	3800	150		11057
金属制品业	52201	281423	60454	776	5319		38651
普通机械制造业	50730	313628	193584	2565	14725		57234

10－25 续表 1　　　　单位：万元

行　业	新　建	扩　建	改　建	单纯建造生活设施	迁　建	恢　复	单纯购置
专用设备制造业	47653	229730	132694	1138	38283	90	30220
交通运输设备制造业	205512	737151	422890	1435	22447	400	81270
电气机械及器材制造业	100997	493415	97535	500	23929		73758
电子及通信设备制造业	232524	614692	302532		22499	100	91397
仪器仪表及文化办公用机械制造业	11762	47376	25834	71	15789		11904
其他制造业	19064	101048	60582	90	2301		50780
(四)电力、煤气及水的生产和供应业	**380066**	**1629081**	**2514773**	**5241**	**2462**	**1044**	**56126**
电力、蒸汽、热水的生产和供应业	346242	1451462	2374489	3521	1646	987	50693
煤气的生产和供应业	21325	42855	31127				4708
自来水的生产和供应业	12499	134764	109157	1720	816	57	725
(五)建筑业	**21583**	**61966**	**241420**	**4160**	**8956**	**2247**	**216728**
土木工程建筑业	13796	57086	232198	4160	8609	2247	194408
线路、管道和设备安装业	6840	1352	4732				22181
建筑物的装修装饰业	947	3528	4490		347		139
(六)地质勘查业、水利管理业	**20221**	**35501**	**137826**	**1372**		**3889**	**6292**
地质勘查业		298	6760	1372			4371
水利管理业	20221	35203	131066			3889	1921
(七)交通运输、仓储及邮电通信业	**1049725**	**6784595**	**2425197**	**27169**	**5828**	**892**	**1077940**
铁路运输业	36430	76545	772148	5595	2000	300	14859
公路运输业	25917	103151	296765	900	315	386	297032
管道运输业		771	268				595
水上运输业	6027	39563	43727				88804
航空运输业	6799	13088	15225				418571
交通运输辅助业	25325	111045	408318	1350	431	1	77056
其他交通运输业	350		3691				13918
仓储业	22551	31006	17338		2800	205	739
邮电通信业	926326	6409426	867717	19324	282		166366
(八)批发和零售贸易、餐饮业	**76887**	**372542**	**159182**	**460**	**4742**		**35425**
食品、饮料、烟草和家庭用品批发商业	33523	13727	27459	110	1201		4810
能源、材料和机械电子设备批发业	1278	137507	30023	180	11		3911
其他批发业	3411	2335	7108	170	760		4508
零售业	36008	192550	70427		2320		18705
商业经纪与代理业			100				1080

单位:万元

行　　业	新　建	扩　建	改　建	单纯建造生活设施	迁　建	恢　复	单纯购置
餐饮业	2667	26423	24065		450		2411
(九)金融、保险业	**7471**	**10466**	**42553**				**111835**
金融业	7471	10466	41718				110641
保险业			835				1194
(十)房地产业	**1735**	**11959**	**7641**	**5782**			**1619**
房地产开发与经营业	1735	4265	7323	1805			1573
房地产管理业		7444	318	3977			46
房地产代理与经纪业		250					
(十一)社会服务业	**141603**	**342975**	**618938**	**850**	**1450**	**18118**	**509846**
公共服务业	103013	247489	529909	850	1450	18118	496686
居民服务业		4101	1441				1318
旅馆业	3487	11153	73628				3073
租赁服务业			720				813
旅行社	1300	12660	3192				1189
娱乐服务业	9336	9026	4387				
信息、咨询服务业	140	662	100				2176
计算机应用服务业	24322	48329	1364				1775
其他社会服务业	5	9555	4197				2816
(十二)卫生、体育和社会福利业	**7566**	**27997**	**78022**	**234**	**237**		**185736**
卫生	2610	26079	65067	234	237		185068
体育	4700	1150	6266				225
社会福利保障业	256	768	6689				443
(十三)教育、文化艺术及广播电影电视业	**19781**	**62731**	**128496**	**1133**	**4322**	**666**	**134724**
教育	7079	31942	50951	790	4322	160	74078
文化艺术业	2736	9044	10507			506	16454
广播电影电视业	9966	21745	67038	343			44192
(十四)科学研究和综合技术服务业	**11919**	**40539**	**107388**		**2103**		**20374**
科学研究业	2897	36440	25570		2103		6335
综合技术服务业	9022	4099	81818				14039
(十五)国家机关、政党机关和社会团体	**13883**	**58600**	**174021**	**1452**	**2873**	**3427**	**71035**
国家机关	13283	52794	168457	1452	2873	3427	67144
政党机关		547	3163				2219
社会团体	400	530	381				1449
基层群众自治组织	200	4729	2020				223
(十六)其他行业	**36761**	**47343**	**47139**	**712**	**1215**		**6703**
其他行业	36761	47343	47139	712	1215		6703

10－26 各地区更新改造财务拨款

单位：万元

地区	本年资金来源合计	上年末结余资金	本年资金来源小计	本年各项应付款合计
全国总计	**71545969**	**3324814**	**68221155**	**4047593**
北京	2028311	149036	1879275	30648
天津	1747496	65001	1682495	85083
河北	4097824	147149	3950675	184022
山西	1995311	166607	1828704	340843
内蒙古	1052563	40352	1012211	64545
辽宁	3822134	229087	3593047	230609
吉林	1707781	90602	1617179	78136
黑龙江	2230313	108192	2122121	133487
上海	4346653	310071	4036582	292976
江苏	4679748	99450	4580298	166975
浙江	3994964	230099	3764865	215712
安徽	2416464	71428	2345036	183772
福建	2098404	116187	1982217	57530
江西	1477689	51766	1425923	59357
山东	6982421	213053	6769368	574572
河南	2580638	90071	2490567	94395
湖北	3386809	93110	3293699	132389
湖南	2397615	81729	2315886	131783
广东	5551409	290803	5260606	272816
广西	1328332	33199	1295133	55440
海南	129478	6643	122835	25426
重庆	1260669	122584	1138085	62822
四川	2757383	116601	2640782	109255
贵州	1272825	83498	1189327	93789
云南	1245238	61971	1183267	59986
西藏	100025		100025	6610
陕西	1518808	122819	1395989	110851
甘肃	1414861	96876	1317985	64037
青海	245907	12846	233061	22957
宁夏	255120	5368	249752	40254
新疆	1177284	18616	1158668	66516
不分地区	245492		245492	

10－27　各地区更新改造财务拨款资金来源

单位:万元

地　区	本年资金来源小计	国家预算内资金	国内贷款	债　券
全国总计	**68221155**	**1672055**	**12195297**	**135920**
北　京	1879275	87463	96091	
天　津	1682495	29604	191724	6113
河　北	3950675	35572	438657	8120
山　西	1828704	21293	318649	
内蒙古	1012211	32972	160140	
辽　宁	3593047	96221	704019	873
吉　林	1617179	9463	208526	1575
黑龙江	2122121	70226	316728	270
上　海	4036582	41419	804157	
江　苏	4580298	82064	803491	
浙　江	3764865	42786	840256	
安　徽	2345036	48385	605222	21213
福　建	1982217	6629	390966	1740
江　西	1425923	20269	324788	3478
山　东	6769368	93945	1233269	7748
河　南	2490567	70790	585850	
湖　北	3293699	64079	730475	
湖　南	2315886	91181	360663	1775
广　东	5260606	145756	777469	17643
广　西	1295133	26303	281374	
海　南	122835	10764	15103	3884
重　庆	1138085	80009	234786	
四　川	2640782	67309	427989	7323
贵　州	1189327	61879	361685	5952
云　南	1183267	20761	159900	
西　藏	100025	20406	2160	42965
陕　西	1395989	161412	258906	181
甘　肃	1317985	48376	232829	3524
青　海	233061	22783	26607	
宁　夏	249752	3369	41765	
新　疆	1158668	58567	261053	1543
不分地区	245492			

单位:万元

地区	利用外资	外商直接投资	自筹资金	其他资金来源
全国总计	**3122495**	**2498543**	**48563282**	**2532106**
北京	108618	107424	1579531	7572
天津	301220	301120	1133890	19944
河北	51510	49337	3266220	150596
山西	5612	5612	1397062	86088
内蒙古	15334	9140	759595	44170
辽宁	164194	155786	2509997	117743
吉林	53037	13037	1189566	155012
黑龙江	25049	15680	1532251	177597
上海	364187	319589	2790125	36694
江苏	437226	405988	3167570	89947
浙江	104503	85743	2680581	96739
安徽	38365	33832	1581623	50228
福建	195708	193464	1265372	121802
江西	35402	35026	969731	72255
山东	184465	156614	5044026	205915
河南	35364	23502	1678527	120036
湖北	122026	114180	2256747	120372
湖南	124308	73093	1590590	147369
广东	535228	243820	3624272	160238
广西	47484	47408	902088	37884
海南	1664	1664	72277	19143
重庆	45643	21097	745672	31975
四川	54146	32687	1975952	108063
贵州	34318	29660	692660	32833
云南	19659	11388	949543	33404
西藏			28782	5712
陕西	8112	7682	882446	84932
甘肃	7087	2675	958197	67972
青海	165	165	143376	40130
宁夏	600	600	195419	8599
新疆	2261	1530	754102	81142
不分地区			245492	

10－28　各地区更新改造财务拨款中的自筹资金

单位:万元

地　区	自筹资金合计	中央各部门自筹	省自筹	地市自筹	县自筹	企事业单位自有资金	
							发行股票
全国总计	**48563282**	**1343717**	**2205255**	**1212835**	**986943**	**42814532**	**1066012**
北　京	1579531	26182	21438	18708		1513203	18173
天　津	1133890	28368	17463	127188	3169	957702	18344
河　北	3266220	9634	316325	92611	183824	2663826	66208
山　西	1397062	51191	178292	39992	14143	1113444	5090
内蒙古	759595	13596	7103	1218	9876	727802	13539
辽　宁	2509997	69633	22901	11680	20256	2385527	14666
吉　林	1189566		16114		880	1172572	2987
黑龙江	1532251	184444	101906	17065	1720	1227116	53564
上　海	2790125	31442	63593	162974		2532116	21390
江　苏	3167570	24778	193983	47893	32083	2868833	45712
浙　江	2680581	19046	47647	16307	100383	2497198	27439
安　徽	1581623	46587	82666	23322	16976	1412072	54332
福　建	1265372	1890	182412	15585	16730	1048755	29095
江　西	969731	161385	104245	31743	22246	650112	7941
山　东	5044026	72987	71675	34376	128002	4736986	195285
河　南	1678527	93651	20418	55313	40451	1468694	16381
湖　北	2256747	82086	38036	81075	29906	2025644	28317
湖　南	1590590	39289	68569	29356	54990	1398386	35548
广　东	3624272	43489	311325	257889	205079	2806490	55397
广　西	902088	38837	32320	22883	9962	798086	21673
海　南	72277		3362	810	1605	66500	521
重　庆	745672	9745	1918	9245	4744	720020	86295
四　川	1975952	80867	130323	31319	17876	1715567	99671
贵　州	692660	30881	79893	21215	15699	544972	52990
云　南	949543	29808	24919	26774	14445	853597	51091
西　藏	28782	1389	90	120		27183	
陕　西	882446	32782	29851	18742	18934	782137	10212
甘　肃	958197	59614	26554	6057	12121	853851	16940
青　海	143376	6127	1998	1810	7348	126093	
宁　夏	195419		416	1582	1002	192419	5229
新　疆	754102	41710	7500	7983	2493	694416	11982
不分地区	245492	12279				233213	

10－29 更新改造分行业财务拨款

单位：万元

行　业	本年资金来源合计	上年末结余资金	本年资金来源小计	本年各项应付款合计
全国总计	**71545969**	**3324814**	**68221155**	**4047593**
(一)农、林、牧、渔业	**227341**	**2186**	**225155**	**26694**
农业	102316	658	101658	7038
林业	37020	929	36091	8484
畜牧业	40539	165	40374	2933
渔业	22955		22955	5761
农、林、牧、渔服务业	24511	434	24077	2478
(二)采掘业	**4763762**	**49322**	**4714440**	**247254**
煤炭采选业	1630119	41726	1588393	213984
石油和天然气开采业	2544844	1369	2543475	14062
黑色金属矿采选业	121148	1153	119995	5207
有色金属矿采选业	311431	3621	307810	9166
非金属矿采选业	140273	1453	138820	3735
其他矿采选业	2466		2466	300
木材及竹材采运业	13481		13481	800
(三)制造业	**38134140**	**2265543**	**35868597**	**2073455**
食品加工业	984575	14136	970439	60306
食品制造业	933984	16086	917898	35100
饮料制造业	945965	41422	904543	51765
烟草加工业	653437	22396	631041	12593
纺织业	2082167	122058	1960109	97316
服装及其他纤维品制造业	364538	7801	356737	22569
皮革、毛皮、羽绒及其制品业	117745	9700	108045	1347
木材加工及竹、藤、棕、草制品业	241726	13885	227841	11717
家具制造业	142015	7248	134767	21924
造纸及纸制品业	1265833	60114	1205719	106506
印刷业、记录媒介的复制	385370	4530	380840	19442
文教体育用品制造业	61765	3797	57968	1512
石油加工及炼焦业	1318688	41882	1276806	121181
化学原料及化学制品制造业	3781826	172440	3609386	217225
医药制造业	2416173	128060	2288113	154487
化学纤维制造业	351219	28524	322695	27318
橡胶制品业	441621	33052	408569	10179
塑料制品业	963414	30040	933374	53886
非金属矿物制品业	2499879	119695	2380184	233515
黑色金属冶炼及压延加工业	5821313	359414	5461899	238396
有色金属冶炼及压延加工业	1703785	109529	1594256	133464
金属制品业	545441	23448	521993	18142
普通机械制造业	1160291	104643	1055648	51375

单位:万元

行　　业	本年资金来源合计	上年末结余资金	本年资金来源小计	本年各项应付款合计
专用设备制造业	950385	39141	911244	40554
交通运输设备制造业	3819269	431589	3387680	125188
电气机械及器材制造业	1204473	43795	1160678	102831
电子及通信设备制造业	2335018	196682	2138336	86638
仪器仪表及文化办公用机械制造业	192163	21031	171132	7196
其他制造业	450062	59405	390657	9783
(四)电力、煤气及水的生产和供应业	**6366165**	**366272**	**5999893**	**446967**
电力、蒸汽、热水的生产和供应业	5847093	315972	5531121	372492
煤气的生产和供应业	148781	15577	133204	14893
自来水的生产和供应业	370291	34723	335568	59582
(五)建筑业	**663668**	**7483**	**656185**	**39799**
土木工程建筑业	586517	7002	579515	39043
线路、管道和设备安装业	59982	366	59616	517
建筑物的装修装饰业	17169	115	17054	239
(六)地质勘查业、水利管理业	**378803**	**61060**	**317743**	**19808**
地质勘查业	14862	200	14662	894
水利管理业	363941	60860	303081	18914
(七)交通运输、仓储及邮电通信业	**15658654**	**348592**	**15310062**	**649925**
铁路运输业	1218619	1	1218618	2257
公路运输业	884170	1470	882700	74007
管道运输业	1634		1634	
水上运输业	234988	5168	229820	2525
航空运输业	566673	67091	499582	3761
交通运输辅助业	907152	31276	875876	112482
其他交通运输业	75019		75019	10900
仓储业	99687	735	98952	736
邮电通信业	11670712	242851	11427861	443257
(八)批发和零售贸易、餐饮业	**852155**	**24910**	**827245**	**144267**
食品、饮料、烟草和家庭用品批发商业	103897	2307	101590	1599
能源、材料和机械电子设备批发业	283014	5019	277995	112068
其他批发业	18864	95	18769	167
零售业	378664	10828	367836	27310
商业经纪与代理业	2196	953	1243	

10－29 续表 2　　单位:万元

行　　业	本年资金来源合计	上年末结余资金	本年资金来源小计	本年各项应付款合计
餐饮业	65520	5708	59812	3123
(九)金融、保险业	**203342**	**2712**	**200630**	**2513**
金融业	201313	2602	198711	2513
保险业	2029	110	1919	
(十)房地产业	**92431**	**5430**	**87001**	**5197**
房地产开发与经营业	58600	5430	53170	4576
房地产管理业	33581		33581	621
房地产代理与经纪业	250		250	
(十一)社会服务业	**2147544**	**70580**	**2076964**	**292863**
公共服务业	1827488	58584	1768904	271798
居民服务业	10295		10295	307
旅馆业	107631	10546	97085	10000
租赁服务业	3845		3845	474
旅行社	23642		23642	29
娱乐服务业	20116	90	20026	204
信息、咨询服务业	9492	180	9312	
计算机应用服务业	88504	1158	87346	5187
其他社会服务业	56531	22	56509	4864
(十二)卫生、体育和社会福利业	**355625**	**27458**	**328167**	**31355**
卫生	320795	11916	308879	21836
体育	18257	3377	14880	1382
社会福利保障业	16573	12165	4408	8137
(十三)教育、文化艺术及广播电影电视业	**524505**	**26895**	**497610**	**29158**
教育	256330	1120	255210	18786
文化艺术业	47084	8032	39052	776
广播电影电视业	221091	17743	203348	9596
(十四)科学研究和综合技术服务业	**327660**	**21101**	**306559**	**3549**
科学研究业	119701	15866	103835	1160
综合技术服务业	207959	5235	202724	2389
(十五)国家机关、政党机关和社会团体	**520447**	**39994**	**480453**	**29447**
国家机关	495170	34697	460473	29214
政党机关	10625	4781	5844	213
社会团体	2880	516	2364	
基层群众自治组织	11772		11772	20
(十六)其他行业	**329727**	**5276**	**324451**	**5342**
其他行业	329727	5276	324451	5342

10－30 更新改造分行业财务拨款资金来源

单位：万元

行业	本年资金来源小计	国家预算内资金	国内贷款	债券
全国总计	**68221155**	**1672055**	**12195297**	**135920**
(一)农、林、牧、渔业	**225155**	**22213**	**16771**	**10**
农业	101658	13937	7028	
林业	36091	4399	3768	10
畜牧业	40374	175	4982	
渔业	22955		450	
农、林、牧、渔服务业	24077	3702	543	
(二)采掘业	**4714440**	**24852**	**330403**	**1523**
煤炭采选业	1588393	16213	144800	1523
石油和天然气开采业	2543475	7300	116615	
黑色金属矿采选业	119995		10730	
有色金属矿采选业	307810	655	40793	
非金属矿采选业	138820	250	13345	
其他矿采选业	2466		1000	
木材及竹材采运业	13481	434	3120	
(三)制造业	**35868597**	**514652**	**6956577**	**30414**
食品加工业	970439	7373	172872	
食品制造业	917898	5694	165456	6000
饮料制造业	904543	5536	149456	
烟草加工业	631041		157703	
纺织业	1960109	22216	435231	8679
服装及其他纤维品制造业	356737	3250	74302	
皮革、毛皮、羽绒及其制品业	108045		15132	
木材加工及竹、藤、棕、草制品业	227841	950	31283	
家具制造业	134767		18342	
造纸及纸制品业	1205719	1284	226934	
印刷业、记录媒介的复制	380840		58326	
文教体育用品制造业	57968		3035	
石油加工及炼焦业	1276806		231371	
化学原料及化学制品制造业	3609386	47926	700288	2500
医药制造业	2288113	9455	472671	1195
化学纤维制造业	322695	3408	109187	
橡胶制品业	408569	19989	100376	
塑料制品业	933374	1905	214687	780
非金属矿物制品业	2380184	33591	582888	
黑色金属冶炼及压延加工业	5461899	48191	939884	
有色金属冶炼及压延加工业	1594256	33528	379850	
金属制品业	521993	8	69124	540
普通机械制造业	1055648	15951	231120	4807

单位:万元

行　　业	本年资金来源小计	国家预算内资金	国内贷款	债券
专用设备制造业	911244	19221	191488	707
交通运输设备制造业	3387680	152407	577596	3406
电气机械及器材制造业	1160678	8355	267878	
电子及通信设备制造业	2138336	36610	304347	1800
仪器仪表及文化办公用机械制造业	171132	7210	24572	
其他制造业	390657	30594	51178	
(四)电力、煤气及水的生产和供应业	**5999893**	**334020**	**2528493**	**89485**
电力、蒸汽、热水的生产和供应业	5531121	297110	2457817	84256
煤气的生产和供应业	133204	5060	9500	
自来水的生产和供应业	335568	31850	61176	5229
(五)建筑业	**656185**	**51090**	**34150**	
土木工程建筑业	579515	49527	24665	
线路、管道和设备安装业	59616	1563	9155	
建筑物的装修装饰业	17054		330	
(六)地质勘查业、水利管理业	**317743**	**64364**	**32103**	**3875**
地质勘查业	14662	2839	80	
水利管理业	303081	61525	32023	3875
(七)交通运输、仓储及邮电通信业	**15310062**	**226431**	**1636633**	**6577**
铁路运输业	1218618	21064	15470	
公路运输业	882700	88502	132234	4577
管道运输业	1634			
水上运输业	229820		57117	
航空运输业	499582	3582	50139	
交通运输辅助业	875876	49103	147170	2000
其他交通运输业	75019			
仓储业	98952	10237	24070	
邮电通信业	11427861	53943	1210433	
(八)批发和零售贸易、餐饮业	**827245**	**4883**	**127823**	
食品、饮料、烟草和家庭用品批发商业	101590	1384	4950	
能源、材料和机械电子设备批发业	277995		75222	
其他批发业	18769	696	656	
零售业	367836	2563	42645	
商业经纪与代理业	1243	240		

10－30 续表 2　　　　　　　　　　　　　　　　　　单位:万元

行　　业	本年资金来源小计	国家预算内资金	国内贷款	债　　券
餐饮业	59812		4350	
(九)金融、保险业	**200630**	**6118**	**600**	
金融业	198711	6118	600	
保险业	1919			
(十)房地产业	**87001**	**2740**	**875**	
房地产开发与经营业	53170	2170	800	
房地产管理业	33581	570	75	
房地产代理与经纪业	250			
(十一)社会服务业	**2076964**	**123572**	**365010**	**1200**
公共服务业	1768904	119332	318397	1200
居民服务业	10295	163	470	
旅馆业	97085	2350	19465	
租赁服务业	3845		340	
旅行社	23642	381	2740	
娱乐服务业	20026	148	318	
信息、咨询服务业	9312		198	
计算机应用服务业	87346	532	11082	
其他社会服务业	56509	666	12000	
(十二)卫生、体育和社会福利业	**328167**	**28527**	**23649**	
卫生	308879	27481	21149	
体育	14880		2500	
社会福利保障业	4408	1046		
(十三)教育、文化艺术及广播电影电视业	**497610**	**31476**	**53689**	**240**
教育	255210	28704	16157	240
文化艺术业	39052	1570	2200	
广播电影电视业	203348	1202	35332	
(十四)科学研究和综合技术服务业	**306559**	**142031**	**20334**	
科学研究业	103835	47698	12534	
综合技术服务业	202724	94333	7800	
(十五)国家机关、政党机关和社会团体	**480453**	**93366**	**39993**	**2596**
国家机关	460473	91253	39393	2596
政党机关	5844	2013	600	
社会团体	2364			
基层群众自治组织	11772	100		
(十六)其他行业	**324451**	**1720**	**28194**	
其他行业	324451	1720	28194	

单位:万元

行　业	利　用 外　资	外商直接投资	自筹资金	其　他 资金来源
全国总计	**3122495**	**2498543**	**48563282**	**2532106**
(一)农、林、牧、渔业	**2555**	**773**	**148106**	**35500**
农业	431	145	65985	14277
林业	60		12613	15241
畜牧业	430	268	31354	3433
渔业	300	300	21865	340
农、林、牧、渔服务业	1334	60	16289	2209
(二)采掘业	**25723**	**24733**	**4119840**	**212099**
煤炭采选业	378	288	1390702	34777
石油和天然气开采业	11849	11849	2254442	153269
黑色金属矿采选业	2000	1100	99389	7876
有色金属矿采选业	5127	5127	249043	12192
非金属矿采选业	5369	5369	116071	3785
其他矿采选业	500	500	966	
木材及竹材采运业	500	500	9227	200
(三)制造业	**2467866**	**2252974**	**24710089**	**1188999**
食品加工业	48091	38003	684951	57152
食品制造业	51353	41784	620102	69293
饮料制造业	49948	42985	672807	26796
烟草加工业	380	380	469883	3075
纺织业	136286	111370	1237914	119783
服装及其他纤维品制造业	48526	48066	224175	6484
皮革、毛皮、羽绒及其制品业	21077	21020	67125	4711
木材加工及竹、藤、棕、草制品业	5358	5358	176676	13574
家具制造业	21046	20176	86965	8414
造纸及纸制品业	121182	69800	833169	23150
印刷业、记录媒介的复制	18230	18230	276827	27457
文教体育用品制造业	19024	14624	32541	3368
石油加工及炼焦业	3230	2850	970615	71590
化学原料及化学制品制造业	176226	141978	2579153	103293
医药制造业	79521	77921	1622835	102436
化学纤维制造业	23164	20329	180171	6765
橡胶制品业	78700	78700	198454	11050
塑料制品业	83528	79839	600492	31982
非金属矿物制品业	108074	100992	1513181	142450
黑色金属冶炼及压延加工业	73187	60355	4312341	88296
有色金属冶炼及压延加工业	44398	44398	1074777	61703
金属制品业	64100	63530	370971	17250
普通机械制造业	36013	35837	727718	40039

10－30 续表 4

单位:万元

行　业	利　用 外　资	外商直接投资	自筹资金	其　他 资金来源
专用设备制造业	32210	27940	634490	33128
交通运输设备制造业	363021	360141	2256202	35048
电气机械及器材制造业	161428	146193	688386	34631
电子及通信设备制造业	564437	546187	1204583	26559
仪器仪表及文化办公用机械制造业	10325	10325	126946	2079
其他制造业	25803	23663	265639	17443
(四)电力、煤气及水的生产和供应业	**120974**	**54797**	**2703788**	**223133**
电力、蒸汽、热水的生产和供应业	112228	49101	2390467	189243
煤气的生产和供应业	5618	4268	93484	19542
自来水的生产和供应业	3128	1428	219837	14348
(五)建筑业	**5097**	**3347**	**535065**	**30783**
土木工程建筑业	4300	2550	471620	29403
线路、管道和设备安装业			47698	1200
建筑物的装修装饰业	797	797	15747	180
(六)地质勘查业、水利管理业	**1317**		**195881**	**20203**
地质勘查业			10642	1101
水利管理业	1317		185239	19102
(七)交通运输、仓储及邮电通信业	**406894**	**96266**	**12688880**	**344647**
铁路运输业			1166329	15755
公路运输业	3531	540	519751	134105
管道运输业			1039	595
水上运输业			169639	3064
航空运输业	293578	106	152036	247
交通运输辅助业	251		612364	64988
其他交通运输业	24570	24570	37511	12938
仓储业	691	691	61074	2880
邮电通信业	84273	70359	9969137	110075
(八)批发和零售贸易、餐饮业	**28115**	**25794**	**509220**	**157204**
食品、饮料、烟草和家庭用品批发商业	691	691	87018	7547
能源、材料和机械电子设备批发业	651	651	77472	124650
其他批发业			16617	800
零售业	21615	19294	278806	22207
商业经纪与代理业			1003	

10－30 续表 5

单位：万元

行业	利用外资	外商直接投资	自筹资金	其他资金来源
餐饮业	5158	5158	48304	2000
(九)金融、保险业	**500**	**500**	**189990**	**3422**
金融业	500	500	188071	3422
保险业			1919	
(十)房地产业			**77055**	**6331**
房地产开发与经营业			44896	5304
房地产管理业			31909	1027
房地产代理与经纪业			250	
(十一)社会服务业	**29640**	**19088**	**1357165**	**200377**
公共服务业	13427	3281	1138908	177640
居民服务业	1700	1700	7276	686
旅馆业	5050	5050	65136	5084
租赁服务业			3505	
旅行社	8345	8045	8851	3325
娱乐服务业	115	115	15421	4024
信息、咨询服务业	903	797	8211	
计算机应用服务业	100	100	75144	488
其他社会服务业			34713	9130
(十二)卫生、体育和社会福利业	**7304**	**631**	**258532**	**10155**
卫生	7304	631	244673	8272
体育			10497	1883
社会福利保障业			3362	
(十三)教育、文化艺术及广播电影电视业	**3375**	**3375**	**373418**	**35412**
教育	2874	2874	190376	16859
文化艺术业			33046	2236
广播电影电视业	501	501	149996	16317
(十四)科学研究和综合技术服务业	**1870**		**137522**	**4802**
科学研究业	1870		41273	460
综合技术服务业			96249	4342
(十五)国家机关、政党机关和社会团体	**6646**	**6646**	**295961**	**41891**
国家机关	6580	6580	280625	40026
政党机关	66	66	3025	140
社会团体			839	1525
基层群众自治组织			11472	200
(十六)其他行业	**14619**	**9619**	**262770**	**17148**
其他行业	14619	9619	262770	17148

10－31 更新改造分行业财务拨款中的自筹资金

单位:万元

行业	自筹资金合计	中央各部门自筹	省自筹	地市自筹	县自筹	企事业单位自有资金	发行股票
全国总计	**48563282**	**1343717**	**2205255**	**1212835**	**986943**	**42814532**	**1066012**
(一)农、林、牧、渔业	**148106**	**970**	**4676**	**5233**	**8856**	**128371**	
农业	65985	690	3479	3690	923	57203	
林业	12613	280	446	130	1685	10072	
畜牧业	31354			1249	220	29885	
渔业	21865				670	21195	
农、林、牧、渔服务业	16289		751	164	5358	10016	
(二)采掘业	**4119840**	**8458**	**6073**	**4948**	**14770**	**4085591**	**22405**
煤炭采选业	1390702	1273	5223	4736	4840	1374630	3671
石油和天然气开采业	2254442	5435			7150	2241857	14666
黑色金属矿采选业	99389	1320			180	97889	
有色金属矿采选业	249043	430	830	200	850	246733	4068
非金属矿采选业	116071		20	12	1750	114289	
其他矿采选业	966					966	
木材及竹材采运业	9227					9227	
(三)制造业	**24710089**	**184517**	**82037**	**101772**	**222345**	**24119418**	**1008635**
食品加工业	684951	50	5522	1808	9838	667733	8042
食品制造业	620102		1124	2319	12469	604190	29339
饮料制造业	672807	589	116	2648	8997	660457	106028
烟草加工业	469883		4928			464955	
纺织业	1237914	290	2300	6477	30317	1198530	20794
服装及其他纤维品制造业	224175			230	7523	216422	
皮革、毛皮、羽绒及其制品业	67125			1470	1037	64618	1260
木材加工及竹、藤、棕、草制品业	176676		680	335	1081	174580	30820
家具制造业	86965				160	86805	
造纸及纸制品业	833169		4030	554	8438	820147	104633
印刷业、记录媒介的复制	276827	1877	676	692	340	273242	7006
文教体育用品制造业	32541				1173	31368	
石油加工及炼焦业	970615	140958	479		360	828818	14813
化学原料及化学制品制造业	2579153	9212	5639	13343	38487	2512472	120067
医药制造业	1622835	4050	1844	8495	6678	1601768	109308
化学纤维制造业	180171	1763		2224	400	175784	30
橡胶制品业	198454		30	1405		197019	19700
塑料制品业	600492		354	2996	2934	594208	7154
非金属矿物制品业	1513181	2500	4325	17989	46801	1441566	10446
黑色金属冶炼及压延加工业	4312341		23597	1072	2545	4285127	42314
有色金属冶炼及压延加工业	1074777	150	14870	4800	3745	1051212	51148
金属制品业	370971	500	1745	590	3400	364736	9311
普通机械制造业	727718	50	1170	2268	6104	718126	60786

10－31 续表 1 单位：万元

行业	自筹资金合计	中央各部门自筹	省自筹	地市自筹	县自筹	企事业单位自有资金	
							发行股票
专用设备制造业	634490	2693	904	2600	19281	609012	28015
交通运输设备制造业	2256202	18335	2189	16656	3135	2215887	74982
电气机械及器材制造业	688386		3812	2700	2620	679254	27164
电子及通信设备制造业	1204583	450	863	3147	3937	1196186	48878
仪器仪表及文化办公用机械制造业	126946			2127	100	124719	3348
其他制造业	265639	1050	840	2827	445	260477	73249
(四)电力、煤气及水的生产和供应业	**2703788**	**83148**	**310098**	**109384**	**75352**	**2125806**	**2800**
电力、蒸汽、热水的生产和供应业	2390467	82489	286540	85993	68789	1866656	2800
煤气的生产和供应业	93484	359	10822	1469	1002	79832	
自来水的生产和供应业	219837	300	12736	21922	5561	179318	
(五)建筑业	**535065**	**2772**	**24714**	**10904**	**43158**	**453517**	
土木工程建筑业	471620	1813	24414	10713	42391	392289	
线路、管道和设备安装业	47698	959	300	45	767	45627	
建筑物的装修装饰业	15747			146		15601	
(六)地质勘查业、水利管理业	**195881**	**4486**	**18366**	**74600**	**44099**	**54330**	
地质勘查业	10642	1800	12	420		8410	
水利管理业	185239	2686	18354	74180	44099	45920	
(七)交通运输、仓储及邮电通信业	**12688880**	**1011513**	**1637276**	**323275**	**227872**	**9488944**	**4340**
铁路运输业	1166329	858442	3200		75	304612	
公路运输业	519751	240	67157	36903	93375	322076	
管道运输业	1039					1039	
水上运输业	169639		358	774		168507	2340
航空运输业	152036	7819				144217	
交通运输辅助业	612364	8242	69624	46748	63726	424024	
其他交通运输业	37511				8480	29031	
仓储业	61074	230	617	210	2525	57492	
邮电通信业	9969137	136540	1496320	238640	59691	8037946	2000
(八)批发和零售贸易、餐饮业	**509220**	**2993**	**5128**	**5313**	**11619**	**484167**	**11875**
食品、饮料、烟草和家庭用品批发商业	87018		625	705	754	84934	
能源、材料和机械电子设备批发业	77472	2636	1965	2895	7419	62557	4000
其他批发业	16617		1256		200	15161	
零售业	278806	249	1282	1405	2736	273134	7875
商业经纪与代理业	1003					1003	

单位:万元

行　　业	自筹资金合　　计	中央各部门自筹	省自筹	地市自筹	县自筹	企事业单位自有资金	
							发行股票
餐饮业	48304	108		308	510	47378	
(九)金融、保险业	**189990**	**23435**	**10500**	**2584**	**33**	**153438**	
金融业	188071	23435	10500	2584	33	151519	
保险业	1919					1919	
(十)房地产业	**77055**		**4613**	**16318**	**5048**	**51076**	
房地产开发与经营业	44896			1991	4648	38257	
房地产管理业	31909		4613	14327	400	12569	
房地产代理与经纪业	250					250	
(十一)社会服务业	**1357165**	**1549**	**57901**	**332089**	**159145**	**806481**	**5230**
公共服务业	1138908	28	54343	328534	154850	601153	230
居民服务业	7276	141	487	150	260	6238	
旅馆业	65136		2271	1946	530	60389	
租赁服务业	3505					3505	
旅行社	8851			500	2200	6151	
娱乐服务业	15421	780			466	14175	
信息、咨询服务业	8211					8211	
计算机应用服务业	75144	600	800	109	239	73396	
其他社会服务业	34713			850	600	33263	5000
(十二)卫生、体育和社会福利业	**258532**	**2992**	**3296**	**16327**	**5849**	**230068**	
卫生	244673	2992	1426	13014	3750	223491	
体育	10497			2769	1720	6008	
社会福利保障业	3362		1870	544	379	569	
(十三)教育、文化艺术及广播电影电视业	**373418**	**7084**	**20926**	**49113**	**73069**	**223226**	**250**
教育	190376	4634	10788	35856	58828	80270	
文化艺术业	33046	650	3179	3649	2420	23148	
广播电影电视业	149996	1800	6959	9608	11821	119808	250
(十四)科学研究和综合技术服务业	**137522**	**3694**	**5667**	**5490**	**1598**	**121073**	**10477**
科学研究业	41273	373	1000			39900	9628
综合技术服务业	96249	3321	4667	5490	1598	81173	849
(十五)国家机关、政党机关和社会团体	**295961**	**2059**	**12608**	**59340**	**91324**	**130630**	
国家机关	280625	2059	12493	58280	90431	117362	
政党机关	3025			820		2205	
社会团体	839		115	240		484	
基层群众自治组织	11472				893	10579	
(十六)其他行业	**262770**	**4047**	**1376**	**96145**	**2806**	**158396**	
其他行业	262770	4047	1376	96145	2806	158396	

10-32　更新改造施工规模和生产能力建成率

生产能力（或效益）名称	计量单位	代码	本年施工规模	本年新开工	本年新增生产能力	生产能力建成率（%）
原煤开采	万吨/年	101	3486	2634	1353	38.8
洗煤	万吨/年	102	2647	1689	1122	42.4
焦炭	万吨/年	103	883	467	578	65.5
天然原油开采	万吨/年	105	277	277	277	100.0
天然气开采	亿立方米/年	107	3	3	3	100.0
石油管输	公里	111	4042	4042		
	万吨/年	112	7100	7100		
天然气管输	公里	113	2320	2320	412	17.8
	亿立方米/年	114	359	359	7	1.9
成品油(气)管输	公里	115	1296	1296	1285	99.2
	万吨/年	116	800	800	500	62.5
石油加工:蒸馏设备能力	处理万吨/年	121	1734	863	813	46.9
蒸馏设备能力	套	721	8	6	6	75.0
裂化设备能力	处理万吨/年	122	804	352	497	61.8
裂化设备能力	套	722	4	3	2	50.0
其中:热裂化设备	套	723				
热裂化设备	处理万吨/年	724				
催化裂化设备	套	725	3	2	1	33.3
催化裂化设备	处理万吨/年	726	602	302	295	49.0
加氢裂化设备	套	727	1	1	1	100.0
加氢裂化设备	处理万吨/年	728	45	45	45	100.0
焦化设备能力	万吨/年	124	100	50	100	100.0
焦化设备能力	套	729	2	1	2	100.0
催化重整设备能力	万吨/年	125	119	103	113	95.0
催化重整设备能力	套	730	4	4	4	100.0
加氢精制设备能力	处理万吨/年	123	487	175	97	19.9
加氢精制设备能力	套	731	4	1	2	50.0
润滑油(综合能力)	万吨/年	732	2	2	2	100.0
油罐容量	万立方米	129	10	10	10	100.0
铁矿石原矿开采	万吨/年	131	295	265	180	61.0
铁矿选矿处理量	万吨/年	735	187	157	137	73.3
铁矿石成品矿	万吨/年	132	96	76	76	79.2
人造富铁矿	万吨/年	133	1021	836	467	45.7
其中:烧结铁矿	万吨/年	134	695	530	344	49.5
球团铁矿	万吨/年	135	300	280	100	33.3
锰矿石原矿开采	万吨/年	136	60	60	60	100.0
生铁	万吨/年	141	1840	1486	760	41.3
炼钢	万吨/年	142	2182	1215	495	22.7
其中:平炉钢	万吨/年	143				
转炉钢	万吨/年	144	1681	1011	311	18.5
电炉钢	万吨/年	145	195	20	100	51.3
初轧	万吨/年	146	72	72	71	98.6
连铸坯	万吨/年	147	1458	1133	989	67.8
其中:板坯连铸坯	万吨/年	736	259		134	51.7
方坯连铸(含矩形坯)	万吨/年	737	225	225	120	53.3
圆坯连铸	万吨/年	738	12	12		
铁合金	万吨/年	149	40	29	26	65.0
粗铜	吨/年	739	428000	428000	5000	1.2
钢材	万吨/年	151	3183	2044	1158	36.4

10－32 续表 1

生产能力（或效益）名称	计量单位	代码	本年施工规模	本年新开工	本年新增生产能力	生产能力建成率（%）
热轧钢材	万吨/年	152	2566	1613	744	29.0
冷加工钢材	万吨/年	153	304	230	200	65.8
其中：冷弯型钢材	万吨/年	741	25	25	5	20.0
冷轧薄钢板(卷)	万吨/年	742	50		42	84.0
冷轧钢带(卷)	万吨/年	743	82	82	12	14.6
冷轧硅钢片	万吨/年	744				
冷拨无缝钢管	万吨/年	745	3	3	2	66.7
电气焊钢管	万吨/年	746	20	13	17	85.0
镀锌钢板(卷)	万吨/年	747				
镀锡钢板(卷)	万吨/年	748				
锻压钢材	万吨/年	749	13	11	5	38.5
挤压钢材	万吨/年	750	300	190	210	70.0
其中：铁道用钢材	万吨/年	155				
其中：重轨	万吨/年	156				
轻轨	万吨/年	157				
型材	万吨/年	751	12	9	8	66.7
线材	万吨/年	158	396	202	176	44.4
特厚钢板	万吨/年	752	5	5	5	100.0
中厚钢板	万吨/年	159	238	22	92	38.7
薄钢板	万吨/年	160	601	331	112	18.6
硅钢片	万吨/年	753	10	10	10	100.0
钢带(卷)	万吨/年	754	60	40		
无缝钢管	万吨/年	161	68	1	13	19.1
焊接钢管	万吨/年	755	22	14	18	81.8
钢丝	万吨/年	756	90	84	22	24.4
钢丝绳	万吨/年	758	12	10	10	83.3
钢绞线	万吨/年	759	15	10	10	66.7
铜采矿(原矿)	万吨/年	171	1834	24	26	1.4
铜选矿：(1)处理原矿	万吨/年	172	165	165	75	45.5
(2)铜含量	吨/年	174	6000	6000		
铜冶炼	吨/年	175	103000	25000	78000	75.7
其中：电解铜	吨/年	176	95000	25000	70000	73.7
铜加工	吨/年	177	141650	54650	105250	74.3
其中：铜板材	吨/年	761	6250	6250	6250	100.0
铜带材	吨/年	762	6000	6000	6000	100.0
铜箔材	吨/年	763				
铜管材	吨/年	764	43000	8000	31000	72.1
铜线材	吨/年	765	81000	29000	59000	72.8
铅锌采矿(原矿)	万吨/年	181	220	202	160	72.7
铅锌选矿：(1)处理原矿	万吨/年	182	112	106	90	80.4
(2)铅含量	吨/年	186	21446	18926	16291	76.0
(3)锌含量	吨/年	187	29852	25442	20192	67.6
铅冶炼	吨/年	188	98001	84302	19900	20.3
其中：电解铅	吨/年	189	64602	64602	5000	7.7
锌冶炼	吨/年	190	325560	294560	163060	50.1
其中：电解锌	吨/年	191	162500	142500	70000	43.1
蒸馏锌	吨/年	192				
精馏锌	吨/年	767				

10－32 续表 2

生产能力（或效益）名称	计量单位	代码	本年施工规模	本年新开工	本年新增生产能力	生产能力建成率（%）
锡采矿(原矿)	万吨/年	201	1	1	1	100.0
锡选矿:(1)处理原矿	万吨/年	202	2	2	2	100.0
(2)锡含量	吨/年	204	15	15	15	100.0
锡冶炼	吨/年	205	44100	16100	30600	69.4
其中:电解锡	吨/年	206	600	600	600	100.0
镍采矿(原矿)	万吨/年	211				
镍选矿:(1)处理原矿	万吨/年	212				
(2)镍含量	吨/年	214				
镍冶炼	吨/年	215	832	832	32	3.8
其中:电解镍	吨/年	216				
氧化铝	万吨/年	232	725030	247000	385000	53.1
电解铝	吨/年	233	1214847	645569	253833	20.9
粗铅	吨/年	768	55280	5280	55280	100.0
铝加工	吨/年	234	329608	56106	96306	29.2
其中:铝板材	吨/年	770	23000	10000		
铝带材	吨/年	771	67000		6000	9.0
铝箔材	吨/年	772	20000	3000	12000	60.0
铝管材	吨/年	773				
铝型材	吨/年	774	36500	25000	8200	22.5
铝线材	吨/年	775				
日用精铝制品	吨/年	776	7000		7000	100.0
工业锅炉	蒸吨	777	1800	1725	1765	98.1
金采矿(原矿)	万吨/年	261	311	230	96	30.9
金选矿:(1)处理原矿	吨/年	262	7464603	1415060	99060	1.3
(2)金含量	公斤/年	264	9682	4618	4920	50.8
黄金	公斤/年	265	1283	731	760	59.2
矿山成品金	公斤/年	266	511	231	260	50.9
冶炼厂产金	公斤/年	267	772	500	500	64.8
黄金电解	公斤/年	268				
银选矿:(1)处理原矿	吨/年	272	80200	80200	200	0.2
(2)银含量	公斤/年	274	210000	210000	36000	17.1
石棉采矿	万吨/年	281	704	686	668	94.9
石棉选矿:(1)处理原矿	万吨/年	282	13	13	13	100.0
(2)成品棉	万吨/年	283				
原料云母	吨/年	284				
云母制品	吨/年	285				
硫铁矿开采	万吨/年	286	74	74	74	100.0
磷矿开采	万吨/年	287	25	25	25	100.0
硼矿开采	万吨/年	288				
发电机组容量	万千瓦	291	1440	694	240	16.7
水力发电	万千瓦	292				
火力发电	万千瓦	293	1440	694	240	16.7
核能发电	万千瓦	294				
其他发电	万千瓦	295				
输电线路长度(11 万伏及以上)	公里	296	7808	6308	7097	90.9
变电设备能力(11 万伏及以上)	万千伏安	297	2166	1425	1587	73.3
水　泥	万吨/年	301	6828	5081	3633	53.2
平板玻璃	万重量箱/年	302	2090	1236	1222	58.5

10－32 续表 3

生产能力（或效益）名称	计量单位	代码	本年施工规模	本年新开工	本年新增生产能力	生产能力建成率（%）
釉面砖	万平方米	780	4142	1872	4120	99.5
墙地砖	万平方米	781	12087	11358	7817	64.7
卫生陶瓷	万件/年	303	136	136	136	100.0
耐火材料制品	吨/年	304	168160	168160	168160	100.0
石墨及炭素制品	吨/年	305	496455	248455	116560	23.5
木材采运	万立方米/年	311	2	2	2	100.0
锯　材	万立方米/年	312	4	4	4	100.0
胶合板	万立方米/年	313	59	59	39	66.1
纤维板	万立方米/年	314	438	420	258	58.9
刨花板	万立方米/年	315	53	49	52	98.1
人造板装饰加工板	万立方米/年	316	3223	3223	506	15.7
家具	万件/年	782	2431	2389	2392	98.4
硫　酸	吨/年	321	2465316	1678516	1058016	42.9
浓硝酸	吨/年	322	190300	190300	90000	47.3
烧碱	吨/年	323	395200	125400	234100	59.2
纯碱	吨/年	324	325002	260002	292002	89.8
电石	吨/年	325	205000	139000	200000	97.6
合成氨	吨/年	327	1121390	864714	673351	60.0
农用氮、磷、钾化学肥	吨/年	331	2899254	1647434	1857639	64.1
氮肥	吨/年	332	1208846	896826	748131	61.9
磷肥	吨/年	335	1484100	624300	985200	66.4
钾肥	吨/年	338	206308	126308	124308	60.3
化学农药原药	吨/年	341	50560	28290	25190	49.8
乙烯	吨/年	342	901500	341500	317500	35.2
丙烯	吨/年	343				
纯苯	吨/年	344	10600	10600	600	5.7
精甲醇	吨/年	783	238720	148720	148720	62.3
冰醋酸	吨/年	345	13000	13000	9000	69.2
油漆	吨/年	346	22430	22430	20430	91.1
染料	吨/年	347	37881	35881	25831	68.2
炭黑	吨/年	348	84400	19400	17500	20.7
塑料树脂及共聚物	吨/年	349	913729	508229	604929	66.2
合成橡胶	吨/年	350	52766	52666	22496	42.6
合成纤维单体	吨/年	351	104000	84000	2500	2.4
合成纤维聚合物	吨/年	352	278800	51800	79800	28.6
松香	吨/年	785	13800	13800	11750	85.1
栲胶	吨/年	786	1600	1600	1600	100.0
紫胶	吨/年	787				
轮胎外胎	万条/年	353	1324	1174	779	58.8
轮胎内胎	万条/年	354	38	38	30	78.9
化学原料药	吨/年	361	67191	32286	41198	61.3
化学药制剂：粉针剂	万瓶/年	788	181617	173032	37096	20.4
注射液	万支/年	789	759188	463958	518953	68.4
片剂	万片/年	790	11376922	7392097	9280412	81.6
输液	万瓶/年	791	53789	38956	27624	51.4
胶囊剂	万粒/年	792	1480993	915862	692584	46.8
医药中间体	吨/年	363	48759	17308	42622	87.4
中成药	吨/年	364	76436	56210	35118	45.9

生产能力（或效益）名称	计量单位	代码	本年施工规模	本年新开工	本年新增生产能力	生产能力建成率（%）
蒸汽锅炉制造	台/年	371	3236			
	蒸发量:小时吨/年	372	17283		130	0.8
汽轮发电机制造	万千瓦/年	374	19		19	100.0
水轮发电机制造	万千瓦/年	376	35			
交流电动机制造	万千瓦/年	377	520	176	319	61.3
大中型变压器	万千伏安	793	12253	12246	11950	97.5
电力电缆	公里	794	370258	299877	305467	82.5
光纤通讯电缆	芯公里	795	2549270	2005012	2536720	99.5
全塑市话电缆	万对公里	796	2265	2112	2155	95.1
原电池(折一号电池)	万只	797	15447	13944	2434	15.8
内燃机制造	台/年	378	418620	143500	64500	15.4
	万千瓦/年	379	2059	963	358	17.4
柴油机制造	台/年	380	303620	143500	64500	21.2
	万千瓦/年	381	1155	963	358	31.0
其他内燃机制造	台/年	382	115000			
	万千瓦/年	383	904			
金属切削机床制造	台/年	384	3365	2705	1425	42.3
其中:数控机床	台/年	800	3253	2825	720	22.1
锻压机械	吨/年	801	8480	6020	800	9.4
超重机械	吨/年	802	120900	120900	60900	50.4
叉车	台/年	803				
输送机械	吨/年	804				
泵	台/年	805	780287	226577	68261	8.7
风机	台/年	806	82800	82800	80800	97.6
拖拉机制造	台/年	391	21000	1000	5000	23.8
大中型拖拉机制造	台/年	392	20000		5000	25.0
小型拖拉机制造	台/年	393	1000	1000		
其中:手扶拖拉机制造	台/年	394				
装载机	台/年	807	10701	7641	5760	53.8
冶金设备制造	吨/年	396	900	900	900	100.0
矿山设备制造	吨/年	397	40159	15105	15159	37.7
石油钻采设备	吨/年	808	31940	31742	2800	8.8
烟草加工机械制造	台(套)/年	398	38	36	36	94.7
建筑机械制造	台/年	401	13055	3365	5005	38.3
其中:挖掘机	台/年	402	5000			
推土机	台/年	403	200	200		
医疗器械制造	台/年	406	6865	3565	6065	88.3
铁路机车制造	台/年	411				
其中:内燃机车制造	台/年	412				
电力机车制造	台/年	413				
铁路客车制造	辆/年	414				
铁路货车制造	辆/年	415				
汽车制造	辆/年	417	1305457	657287	704445	54.0
载货汽车制造	辆/年	418	121881	61681	80845	66.3
客车制造	辆/年	809	453500	383300	313000	69.0
轿车制造	辆/年	419	684000	184000	299000	43.7
其它汽车制造	辆/年	420	46076	28306	11600	25.2
摩托车制造	辆/年	423	1280500	480500	470500	36.7

10－32 续表 5

生产能力（或效益）名称	计量单位	代码	本年施工规模	本年新开工	本年新增生产能力	生产能力建成率（%）
民用钢质船舶	艘/年	424	36	32	4	11.1
民用钢质船舶	总吨	810	15000	15000		
民用钢质船舶	修正总吨	811				
民用钢质船舶	综合吨/年	425	186605	181600	170000	91.1
修造船坞	万载重吨/年	426	23	23	17	73.9
浮船坞	举力吨	427				
	万载重吨/年	428				
钢质标准集装箱制造	标箱/年	429	50000	50000	50000	100.0
电视机	万部/年	812	364	238	273	75.0
其中:彩色电视机	万部/年	432	276	150	185	67.0
录像机	万部/年	433				
摄像机	万部/年	434				
组合音响	万部/年	813				
激光唱机(CD)	万台/年	814				
录放音机	万部/年	435				
影碟机	万台/年	557	130	30	10	7.7
VCD 盘	万张/年	558	2400	2400	2400	100.0
CD 盘	万张/年	559	480	480	480	100.0
显像管	万只/年	815	1030	980	950	92.2
其中:彩色显像管	万只/年	437	80	80		
集成电路	万块/年	816	54821	54803	200	0.4
电子计算机	部/年	450	200000	200000	200000	100.0
其中:大中型电子计算机	部/年	451				
微型电子计算机	万部/年	452	17	2	17	100.0
其中:便携式微型计算机	万部/年	818	5		5	100.0
电子计算机外部设备	台/年	453	329600	61000	250600	76.0
其中:打印设备	部/年	454	268600	600	250600	93.3
化学纤维	吨/年	461	396934	156616	165974	41.8
其中:合成纤维	吨/年	462	205185	51400	52985	25.8
粘胶纤维	吨/年	463	27210	23810	24210	89.0
棉纺锭	锭	471	1209668	1068810	1042181	86.2
棉织布机	台	472	7874	7672	6184	78.5
棉印染	万米/年	473	36111	26297	27116	75.1
毛纺锭	锭	474	3168	3140	2180	68.8
丝织机	台	481	1338	1338	1028	76.8
桑蚕缫丝机	绪	482	20370	20370	16770	82.3
原　盐	万吨/年	491	161	151	161	100.0
食用植物油	日处理原料:吨	492	7836	7782	4494	57.4
	日精炼油:吨	493	2589	2555	1329	51.3
肉加工品	吨/年	494	221454	192303	198846	89.8
其中:熟肉加工	吨/年	495	36220	35770	35670	98.5
机制糖	日处理原料:吨	496	574254	566254	573204	99.8
	年生产糖:吨	497	54097	46097	53047	98.1
罐头	万吨/年	819	31	27	26	83.9
糖　果	吨/年	502	1285	285	1280	99.6
饼　干	吨/年	503	47665	47165	41560	87.2
乳制品	吨/年	504	568227	372482	539169	94.9
奶　粉	吨/年	505	316963	128883	315770	99.6

10－32 续表 6

生产能力(或效益)名称	计量单位	代码	本年施工规模	本年新开工	本年新增生产能力	生产能力建成率(%)
其他乳制品	吨/年	506	251264	243599	223399	88.9
酒	万吨/年	507	340	276	243	71.5
啤　酒	万吨/年	508	264	217	188	71.2
白　酒	万吨/年	509	69	55	51	73.9
其他酒	万吨/年	510	7	4	4	57.1
冷冻饮品	吨/年	821	32918	26918	26918	81.8
软饮料	吨/年	822	2115777	1648942	995847	47.1
其中:瓶装(或罐装)饮用水	吨/年	823	252180	177975	201880	80.1
方便主食品	吨/年	824	154284	134989	142439	92.3
卷烟	箱/年	513	1508005	515001	188018	12.5
机制纸浆	万吨/年	521	78	41	46	59.0
机制纸	万吨/年	825	414	312	225	54.3
机制纸板	万吨/年	826	312	121	172	55.1
肥　皂	万吨/年	523	11	11	11	100.0
合成洗涤剂	万吨/年	524	17	6	14	82.4
牙膏	万支/年	827	15070	70	15070	100.0
合成洗涤剂原料	吨/年	525	15040	15040	5040	33.5
鞣制皮革(折合牛皮)	万张/年	527	247	217	241	97.6
轻革	万平方米/年	828	1480	1477	1480	100.0
重革	吨/年	829	20	20	20	100.0
皮　鞋	万双/年	528	1101	991	1101	100.0
服　装	万件/年	529	6525	6140	4249	65.1
塑料制品	万吨/年	530	174	169	133	76.4
日用搪瓷制品	万吨/年	532				
日用陶瓷器	万件/年	533	28471	27671	27371	96.1
日用玻璃制品	万吨/年	534	25	22	20	80.0
日用精铝制品	万件/年	535				
保温瓶	万个/年	537				
灯泡	万只/年	830	11515	11515	11500	99.9
灯管	万只/年	831	12536	3380	12536	100.0
自行车	万辆/年	540	60	60	60	100.0
缝纫机	架/年	541	50000	50000	30000	60.0
钟	万只/年	832				
其中:机械钟	万只/年	833				
表	万只/年	542				
其中:机械表	万只/年	834				
照相机	万架/年	543				
电影胶片	万米/年	544				
照像胶卷	万平方米/年	835	800			
其中:彩色照像胶卷	万平方米/年	545	800			
磁带	万米/年	547				
复印机	台/年	548				
家用电风扇	万台/年	549	85	85	85	100.0
家用电冰箱	万台/年	551	9	9		
家用冷冻箱	万台/年	836	60		60	100.0
家用洗衣机	万台/年	552	100	80	90	90.0
家用空气调节器	万台/年	553	169	122	108	63.9
吸尘器	万台/年	554				

10－32 续表 7

生产能力（或效益）名　称	计量单位	代　码	本年施工规模	本年新开工	本年新增生产能力	生产能力建成率（%）
排油烟机	万台/年	555	2	2	2	100.0
电淋浴器	万台/年	837	70	1	1	1.4
电熨斗	万个/年	838				
燃气用具	万台/年	556	32	12	12	37.5
微波炉	万台/年	560	750	750	750	100.0
电饭锅	万个/年	840	20	20	20	100.0
移动电话机(手持机)	部/年	841	3717561	3717561	3717561	100.0
移动通信基站设备	个/年	842	103333	26164	99323	96.1
无线寻呼机(生气能力)	部/年	843	2150000	100000	100000	4.7
程控交换机	万线/年	844	125776	125510	125633	99.9
电话单机	万部/年	845	143	38	43	30.1
传真机(生产能力)	部/年	846				
铁路机车购置	台	561	48	48	48	100.0
铁路客车购置	辆	562	23	23	23	100.0
铁路货车购置	辆	563				
新建铁路主线正线交付运营里程	公里	571				
增建铁路第二线交付运营里程	公里	572				
电气化铁路主线正线交付运营里程	公里	573				
新建公路	公里	576				
其中:高速公路	公里	577				
一级公路	公里	848				
二级公路	公里	849				
改建公路	公里	578				
其中:高速公路	公里	579				
一级公路	公里	580				
二级公路	公里	850				
新建独立公路桥梁	延长米	581	4899	1948	4659	95.1
	座	582	25	14	24	96.0
新(扩)建港口码头	年吞吐量:万吨	583				
	泊位:个	584				
其中:新(扩)建沿海港口码头	年吞吐量:万吨	585				
	泊位:个	586				
船舶购置	艘	589	205	205	201	98.0
	载重量:吨位	590	463424	463424	462024	99.7
	载客量:客位	591	5229	5229	5129	98.1
	拖轮功率:千瓦	592	24561	24561	24561	100.0
新增内河航道里程	公里	593				
改善内河航道里程	公里	594	39	9	39	100.0
新(扩)建客、货运站	个	595				
	平方米	596				
民航机场跑道	条	597				
	米	598				
航空油库	吨	599				
	立方米	600				
飞机购置	架	601	14	14	14	100.0
候机楼	座	602				
	平方米	603				
长途电缆	延长公里	604	85207	78602	84341	99.0

10－32 续表 8

生产能力(或效益)名称	计量单位	代码	本年施工规模	本年新开工	本年新增生产能力	生产能力建成率(%)
新建微波电路	公里	605				
农牧场机具购置	台	610	319	319	319	100.0
	千瓦	611	8033	8033	8033	100.0
商品蛋鸡场	万公斤蛋/年	612	558	558	558	100.0
耕地面积	万亩	613	3	3	2	66.7
造林面积	万亩	614	34	20	18	52.9
水库容量(总库容)	亿立方米	615	11		1	9.1
有效灌溉面积	万亩	616	278	67	66	23.7
除涝面积	万亩	617	28	18	1	3.6
排灌装机	万千瓦	618	1	1		
商业石油库	万立方米	621	11	11	11	100.0
物资储备石油库	万立方米	622	2	2	2	100.0
商业冷藏库	万吨	623	1928	1927	2	0.1
水产冷藏库	万吨	624	4	3	3	75.0
粮食仓库	万公斤	625	11248	3735	8338	74.1
	平方米	626	30181	14754	22033	73.0
高等院校:学生席位	个	631	1080	1080	1080	100.0
建筑面积	平方米	632	7760	7760	7760	100.0
中等学校:学生席位	个	633	49686	45176	29690	59.8
建筑面积	平方米	634	266263	246963	171124	64.3
小学校:学生席位	个	635	56370	52660	53155	94.3
建筑面积	平方米	636	204049	180114	180119	88.3
其他学校:学生席位	个	637	620	620	20	3.2
建筑面积	平方米	638	5210	5210	290	5.6
公共图书馆:藏书量	万册(件)	639	4	4	4	100.0
阅览室座席	个	640	200	200	200	100.0
建筑面积	平方米	641	7470	7470	7470	100.0
影剧院:座席	个	644	470	200	470	100.0
	平方米	645	4200	2200	4200	100.0
文化馆	平方米	647				
医院病床	张	651	2227	1527	1479	66.4
疗养院、所病床	张	652	200	200	200	100.0
宾馆、旅馆、招待所客房数	间	653	533	325	365	68.5
宾馆、旅馆、招待所客房数	平方米	654	68862	11370	12260	17.8
城市自来水供水能力	万吨/日	661	229	118	121	52.8
城市自来水管道长度	公里	662	1521	984	958	63.0
城市煤气生产能力	万立方米/日	663	49	6	41	83.7
城市天然气储气能力	万立方米/日	664	228	228	222	97.4
城市液化石油气储气能力	吨	665	11500	3500	11500	100.0
城市供热能力:蒸汽	吨/小时	666	6214	5339	5369	86.4
热水	兆瓦/小时	667	3381	2722	2167	64.1
城市公共交通车辆购置	辆	671	20529	20349	20381	99.3
城市道路扩建长度	公里	672	689	622	526	76.3
城市道路扩建面积	万平方米	673	2667	2518	2154	80.8
城市排水管道铺设长度	公里	674	436	321	343	78.7
城市污水处理能力	万吨/日	675	96	57	48	50.0
城市永久性桥梁	座	676	42	32	31	73.8
城市防洪堤长度	公里	677	208	135	156	75.0

10－33 各地区更新改造项目个数

单位：个

地 区	基层填报单位个数	施工项目个数	新开工项目个数	全部建成投产项目个数	项目建成投产率（%）
全国总计	**32761**	**55217**	**40232**	**33484**	**60.6**
北 京	766	1378	940	857	62.2
天 津	637	746	562	420	56.3
河 北	2409	3223	2266	2108	65.4
山 西	568	1834	1548	1327	72.4
内 蒙 古	459	1262	1021	931	73.8
辽 宁	1350	3162	2506	2319	73.3
吉 林	462	1232	1002	763	61.9
黑 龙 江	455	1293	1135	990	76.6
上 海	1896	2188	113	49	2.2
江 苏	2229	3386	2697	2491	73.6
浙 江	1775	3306	2325	2016	61.0
安 徽	1372	1305	1029	769	58.9
福 建	948	2440	1934	1657	67.9
江 西	631	1544	1236	529	34.3
山 东	2509	3675	2797	2023	55.0
河 南	1197	1562	1190	963	61.7
湖 北	2258	2698	2015	1750	64.9
湖 南	1496	3247	2574	2092	64.4
广 东	2128	4027	2662	2363	58.7
广 西	951	1703	1275	1184	69.5
海 南	132	258	244	124	48.1
重 庆	412	950	602	618	65.1
四 川	1355	1655	1078	762	46.0
贵 州	1053	1448	1087	875	60.4
云 南	633	994	632	541	54.4
西 藏	69	67	60	41	61.2
陕 西	706	1158	909	710	61.3
甘 肃	625	1508	1165	726	48.1
青 海	248	311	227	189	60.8
宁 夏	221	353	299	246	69.7
新 疆	804	1297	1096	1049	80.9
不分地区	7	7	6	2	28.6

10－34　更新改造分行业项目个数

单位：个

行　　业	基层填报单位个数	施工项目个数	新开工项目个数	全部建成投产项目个　　数	项目建成投产率（%）
全国总计	**32761**	**55217**	**40232**	**33484**	**60.6**
（一）农、林、牧、渔业	**411**	**593**	**514**	**436**	**73.5**
农业	180	344	304	288	83.7
林业	86	103	97	48	46.6
畜牧业	67	75	60	50	66.7
渔业	25	22	19	18	81.8
农、林、牧、渔服务业	53	49	34	32	65.3
（二）采掘业	**1186**	**2261**	**1756**	**1456**	**64.4**
煤炭采选业	570	1316	1052	866	65.8
石油和天然气开采业	50	137	88	74	54.0
黑色金属矿采选业	118	173	140	113	65.3
有色金属矿采选业	231	387	291	248	64.1
非金属矿采选业	198	222	172	136	61.3
其他矿采选业	6	6	4	4	66.7
木材及竹材采运业	13	20	9	15	75.0
（三）制造业	**19425**	**25689**	**18050**	**13824**	**53.8**
食品加工业	1031	1173	992	754	64.3
食品制造业	659	786	637	456	58.0
饮料制造业	714	786	583	440	56.0
烟草加工业	192	367	166	190	51.8
纺织业	1434	1523	1135	924	60.7
服装及其他纤维品制造业	371	376	274	207	55.1
皮革、毛皮、羽绒及其制品业	143	134	110	79	59.0
木材加工及竹、藤、棕、草制品业	303	298	262	205	68.8
家具制造业	121	137	97	58	42.3
造纸及纸制品业	600	673	480	394	58.5
印刷业、记录媒介的复制	338	281	224	179	63.7
文教体育用品制造业	88	78	53	37	47.4
石油加工及炼焦业	296	955	709	612	64.1
化学原料及化学制品制造业	2229	3368	2497	2049	60.8
医药制造业	1313	1563	1003	574	36.7
化学纤维制造业	144	223	158	136	61.0
橡胶制品业	184	227	135	120	52.9
塑料制品业	546	599	444	334	55.8
非金属矿物制品业	1915	2192	1723	1381	63.0
黑色金属冶炼及压延加工业	951	2378	1474	1321	55.6
有色金属冶炼及压延加工业	501	1396	944	743	53.2
金属制品业	607	775	642	339	43.7
普通机械制造业	981	1004	664	450	44.8

10－34 续表 1

单位：个

行　　业	基层填报单位个数	施工项目个数	新开工项目个数	全部建成投产项目个　数	项目建成投产率（%）
专用设备制造业	669	692	440	314	45.4
交通运输设备制造业	1128	1487	852	565	38.0
电气机械及器材制造业	783	890	556	405	45.5
电子及通信设备制造业	747	754	407	273	36.2
仪器仪表及文化办公用机械制造业	173	173	96	65	37.6
其他制造业	264	401	293	220	54.9
（四）电力、煤气及水的生产和供应业	**2785**	**6183**	**4071**	**3661**	**59.2**
电力、蒸汽、热水的生产和供应业	2349	5361	3613	3308	61.7
煤气的生产和供应业	105	135	84	70	51.9
自来水的生产和供应业	331	687	374	283	41.2
（五）建筑业	**452**	**413**	**321**	**282**	**68.3**
土木工程建筑业	383	366	286	254	69.4
线路、管道和设备安装业	53	33	27	22	66.7
建筑物的装修装饰业	16	14	8	6	42.9
（六）地质勘查业、水利管理业	**323**	**491**	**382**	**291**	**59.3**
地质勘查业	25	15	11	9	60.0
水利管理业	298	476	371	282	59.2
（七）交通运输、仓储及邮电通信业	**4164**	**14775**	**11512**	**10592**	**71.7**
铁路运输业	314	2644	2283	1672	63.2
公路运输业	615	538	402	326	60.6
管道运输业	4	5	5	4	80.0
水上运输业	91	244	203	162	66.4
航空运输业	63	69	39	32	46.4
交通运输辅助业	480	877	626	471	53.7
其他交通运输业	16	13	11	10	76.9
仓储业	94	98	70	61	62.2
邮电通信业	2487	10287	7873	7854	76.3
（八）批发和零售贸易、餐饮业	**664**	**859**	**684**	**584**	**68.0**
食品、饮料、烟草和家庭用品批发商业	115	216	184	168	77.8
能源、材料和机械电子设备批发业	123	168	134	103	61.3
其他批发业	59	45	29	33	73.3
零售业	274	324	254	208	64.2
商业经纪与代理业	5	2	1	1	50.0

10－34 续表 2　　　　单位:个

行　　业	基层填报单位个数	施工项目个数	新开工项目个数	全部建成投产项目个　　数	项目建成投产率(%)
餐饮业	88	104	82	71	68.3
(九)金融、保险业	**116**	**167**	**152**	**138**	**82.6**
金融业	110	165	150	136	82.4
保险业	6	2	2	2	100.0
(十)房地产业	**83**	**132**	**80**	**48**	**36.4**
房地产开发与经营业	62	67	28	14	20.9
房地产管理业	20	64	51	34	53.1
房地产代理与经纪业	1	1	1		
(十一)社会服务业	**1245**	**1720**	**1245**	**963**	**56.0**
公共服务业	941	1406	1034	819	58.3
居民服务业	25	22	18	13	59.1
旅馆业	139	149	106	73	49.0
租赁服务业	6	4	2		
旅行社	19	23	15	15	65.2
娱乐服务业	21	21	13	12	57.1
信息、咨询服务业	15	7	7	4	57.1
计算机应用服务业	45	51	22	14	27.5
其他社会服务业	34	37	28	13	35.1
(十二)卫生、体育和社会福利业	**416**	**202**	**138**	**107**	**53.0**
卫生	380	165	118	91	55.2
体育	22	25	13	10	40.0
社会福利保障业	14	12	7	6	50.0
(十三)教育、文化艺术及广播电影电视业	**606**	**620**	**402**	**337**	**54.4**
教育	318	345	238	195	56.5
文化艺术业	65	45	28	27	60.0
广播电影电视业	223	230	136	115	50.0
(十四)科学研究和综合技术服务业	**155**	**122**	**68**	**67**	**54.9**
科学研究业	72	74	34	36	48.6
综合技术服务业	83	48	34	31	64.6
(十五)国家机关、政党机关和社会团体	**614**	**844**	**736**	**600**	**71.1**
国家机关	569	805	705	574	71.3
政党机关	11	7	5	4	57.1
社会团体	10	10	8	7	70.0
基层群众自治组织	24	22	18	15	68.2
(十六)其他行业	**116**	**146**	**121**	**98**	**67.1**
其他行业	116	146	121	98	67.1

10－35　各地区更新改造房屋建筑面积和造价

地　　区	施工房屋面　　积（万平方米）	竣工房屋面　　积（万平方米）	房屋建筑面积竣工率（％）	竣工房屋价　　值（万元）	竣工房屋造　　价（元/平方米）
全国总计	**6711.48**	**3371.10**	**50.2**	**3265879**	**969**
北　　京	137.83	36.66	26.6	63985	1745
天　　津	133.74	96.16	71.9	199250	2072
河　　北	382.26	188.33	49.3	218530	1160
山　　西	125.27	75.62	60.4	64573	854
内 蒙 古	123.94	60.22	48.6	60754	1009
辽　　宁	369.27	183.91	49.8	192583	1047
吉　　林	320.26	190.60	59.5	169998	892
黑 龙 江	98.93	60.54	61.2	73156	1208
上　　海	269.45	78.27	29.0	118665	1516
江　　苏	467.63	288.18	61.6	278369	966
浙　　江	480.05	256.08	53.3	219566	857
安　　徽	145.29	97.57	67.2	85624	878
福　　建	215.91	108.02	50.0	80032	741
江　　西	120.35	52.51	43.6	32770	624
山　　东	767.95	403.05	52.5	346631	860
河　　南	252.30	123.67	49.0	94307	763
湖　　北	239.72	149.54	62.4	138242	924
湖　　南	292.52	120.64	41.2	127488	1057
广　　东	322.64	117.79	36.5	113229	961
广　　西	115.28	50.70	44.0	45143	890
海　　南	15.15	12.43	82.0	8288	667
重　　庆	150.38	78.06	51.9	54883	703
四　　川	446.94	172.63	38.6	123075	713
贵　　州	99.35	53.23	53.6	51668	971
云　　南	178.70	73.11	40.9	74697	1022
西　　藏	0.56	0.48	86.3	886	1838
陕　　西	140.85	83.25	59.1	68064	818
甘　　肃	104.43	33.35	31.9	38181	1145
青　　海	16.95	7.06	41.7	7073	1001
宁　　夏	39.59	25.49	64.4	24380	956
新　　疆	137.96	93.90	68.1	91717	977
不分地区	0.04	0.04	100.0	72	1748

10－36 各地区更新改造住宅建筑面积和造价

地　区	施工住宅面　积（万平方米）	竣工住宅面　积（万平方米）	住宅建筑面积竣工率（%）	竣工住宅价　值（万元）	竣工住宅造　价（元/平方米）
全国总计	**535.18**	**280.57**	**52.4**	**206305**	**735**
北　京	17.04	2.71	15.9	3040	1120
天　津	13.80	12.77	92.5	12569	984
河　北	29.53	12.08	40.9	11191	926
山　西	18.79	9.88	52.6	5760	583
内蒙古	11.20	3.20	28.5	2502	783
辽　宁	17.52	10.95	62.5	9304	850
吉　林	0.96	0.16	16.6	180	1131
黑龙江	2.89	1.16	40.2	597	514
上　海	7.10	2.88	40.6	3082	1070
江　苏	7.24	4.95	68.3	3422	692
浙　江	6.27	5.39	85.9	3313	614
安　徽	6.38	6.01	94.2	4238	705
福　建	10.28	8.50	82.7	5679	668
江　西	17.59	8.05	45.7	2990	371
山　东	49.54	31.60	63.8	23762	752
河　南	65.76	12.20	18.6	6451	529
湖　北	7.17	5.11	71.2	3904	765
湖　南	12.36	6.64	53.7	3732	562
广　东	28.79	20.42	70.9	28714	1406
广　西	13.94	9.65	69.3	7039	729
海　南	8.79	8.18	93.0	4442	543
重　庆	17.95	13.69	76.3	7435	543
四　川	25.42	16.07	63.2	7929	493
贵　州	12.00	7.38	61.5	4033	547
云　南	30.98	11.62	37.5	8486	730
西　藏					
陕　西	30.79	20.91	67.9	11674	558
甘　肃	42.75	10.12	23.7	6940	686
青　海	3.80	2.16	56.8	1709	792
宁　夏	2.25	1.35	60.0	957	707
新　疆	16.29	14.80	90.8	11231	759
不分地区					

10－37　更新改造分行业房屋建筑面积和造价

地　　区	施工房屋面　　积（万平方米）	竣工房屋面　　积（万平方米）	房屋建筑面积竣工率（%）	竣工房屋价　　值（万元）	竣工房屋造　　价（元/平方米）
全国总计	**6711.48**	**3371.10**	**50.2**	**3265879**	**969**
（一）农、林、牧、渔业	**54.51**	**43.33**	**79.5**	**26752**	**617**
农业	27.06	19.36	71.6	10529	544
林业	9.35	8.55	91.4	5144	602
畜牧业	15.29	13.00	85.1	9311	716
渔业农、林、牧、渔服务业	2.81	2.41	85.8	1768	734
（二）采掘业	**229.28**	**128.47**	**56.0**	**110696**	**862**
煤炭采选业	128.93	81.31	63.1	66423	817
石油和天然气开采业	39.46	9.25	23.4	11206	1211
黑色金属矿采选业	7.22	2.94	40.8	3362	1142
有色金属矿采选业	38.98	22.17	56.9	16023	723
非金属矿采选业	12.33	11.22	91.0	12270	1093
其他矿采选业	0.73	0.23	31.5	150	652
木材及竹材采运业	1.63	1.34	81.9	1262	943
（三）制造业	**5080.01**	**2457.41**	**48.4**	**2286865**	**931**
食品加工业	248.31	169.24	68.2	105269	622
食品制造业	158.15	80.66	51.0	83219	1032
饮料制造业	215.86	72.97	33.8	66163	907
烟草加工业	120.66	50.93	42.2	87572	1719
纺织业	273.56	157.51	57.6	119452	758
服装及其他纤维品制造业	90.62	59.80	66.0	48627	813
皮革、毛皮、羽绒及其制品业	30.44	18.34	60.3	14308	780
木材加工及竹、藤、棕、草制品业	39.45	24.97	63.3	17233	690
家具制造业	74.97	21.42	28.6	15967	745
造纸及纸制品业	132.14	80.66	61.0	69711	864
印刷业、记录媒介的复制	47.25	28.32	59.9	27560	973
文教体育用品制造业	13.76	4.12	30.0	3800	921
石油加工及炼焦业	24.10	13.73	57.0	14242	1037
化学原料及化学制品制造业	331.32	174.73	52.7	160776	920
医药制造业	624.91	264.61	42.3	278097	1051
化学纤维制造业	36.06	23.99	66.5	25079	1045
橡胶制品业	86.58	20.98	24.2	18268	871
塑料制品业	128.32	70.59	55.0	62574	887
非金属矿物制品业	353.36	215.16	60.9	170997	795
黑色金属冶炼及压延加工业	333.47	149.98	45.0	165521	1104
有色金属冶炼及压延加工业	221.94	82.33	37.1	95327	1158
金属制品业	148.98	65.90	44.2	55584	843
普通机械制造业	195.13	74.76	38.3	62424	835

10－37 续表 1

地　　区	施工房屋面　　积（万平方米）	竣工房屋面　　积（万平方米）	房屋建筑面积竣工率（%）	竣工房屋价　　值（万元）	竣工房屋造　　价（元/平方米）
专用设备制造业	182.73	76.73	42.0	66550	867
交通运输设备制造业	370.46	157.14	42.4	176607	1124
电气机械及器材制造业	274.18	157.96	57.6	132863	841
电子及通信设备制造业	212.38	81.80	38.5	93744	1146
仪器仪表及文化办公用机械制造业	40.12	10.22	25.5	12574	1230
其他制造业	70.79	47.86	67.6	36757	768
（四）电力、煤气及水的生产和供应业	**149.35**	**86.92**	**58.2**	**93439**	**1075**
电力、蒸汽、热水的生产和供应业	132.00	75.93	57.5	83623	1101
煤气的生产和供应业	5.83	4.84	83.0	3532	730
自来水的生产和供应业	11.53	6.16	53.4	6284	1021
（五）建筑业	**55.94**	**37.81**	**67.6**	**38492**	**1018**
土木工程建筑业	43.68	35.29	80.8	37144	1052
线路、管道和设备安装业	8.26	1.13	13.7	668	589
建筑物的装修装饰业	4.00	1.39	34.7	680	490
（六）地质勘查业、水利管理业	**6.78**	**3.65**	**53.8**	**1988**	**545**
地质勘查业	2.61	1.83	70.1	875	479
水利管理业	4.18	1.82	43.6	1113	612
（七）交通运输、仓储及邮电通信业	**369.97**	**220.75**	**59.7**	**266959**	**1209**
铁路运输业	132.34	102.57	77.5	95474	931
公路运输业	20.47	10.46	51.1	11364	1087
管道运输业	0.10	0.10	100.0	150	1579
水上运输业	7.97	1.68	21.1	2824	1677
航空运输业	3.16	1.33	42.0	1780	1339
交通运输辅助业	28.83	6.44	22.3	6407	995
其他交通运输业仓储业	40.99	19.44	47.4	25743	1324
邮电通信业	136.10	78.74	57.9	123217	1565
（八）批发和零售贸易、餐饮业	**185.84**	**119.32**	**64.2**	**176732**	**1481**
食品、饮料、烟草和家庭用品批发商业	33.34	17.84	53.5	13408	752
能源、材料和机械电子设备批发业	24.37	15.27	62.7	14779	968
其他批发业	11.23	6.28	56.0	5089	810
零售业	108.40	74.23	68.5	134131	1807
商业经纪与代理业					

地　　区	施工房屋面　　积（万平方米）	竣工房屋面　　积（万平方米）	房屋建筑面积竣工率（%）	竣工房屋价　　值（万元）	竣工房屋造　　价（元/平方米）
餐饮业	8.51	5.69	66.9	9325	1638
（九）金融、保险业	**3.94**	**3.16**	**80.1**	**2434**	**770**
金融业	3.94	3.16	80.1	2434	770
保险业					
（十）房地产业	**86.49**	**16.84**	**19.5**	**14678**	**872**
房地产开发与经营业	77.76	11.62	14.9	9048	779
房地产管理业	8.74	5.22	59.7	5630	1079
房地产代理与经纪业					
（十一）社会服务业	**150.33**	**81.30**	**54.1**	**77058**	**948**
公共服务业	64.47	40.82	63.3	38420	941
居民服务业	1.87	0.54	28.8	381	707
旅馆业	28.03	10.55	37.7	13478	1277
租赁服务业	1.05				
旅行社	2.08	0.94	45.3	800	851
娱乐服务业	7.53	6.07	80.6	9105	1500
信息、咨询服务业					
计算机应用服务业	15.54	13.40	86.2	8003	597
其他社会服务业	29.77	8.98	30.2	6871	765
（十二）卫生、体育和社会福利业	**45.75**	**10.80**	**23.6**	**14196**	**1314**
卫生	38.38	7.76	20.2	9803	1264
体育	4.85	1.85	38.2	3573	1930
社会福利保障业	2.51	1.19	47.6	820	687
（十三）教育、文化艺术及广播电影电视业	**139.80**	**83.86**	**60.0**	**66957**	**798**
教育	121.36	70.84	58.4	53496	755
文化艺术业	6.15	4.06	66.1	4221	1039
广播电影电视业	12.30	8.96	72.8	9240	1032
（十四）科学研究和综合技术服务业	**16.92**	**11.37**	**67.2**	**14725**	**1296**
科学研究业	11.86	7.66	64.6	7496	978
综合技术服务业	5.06	3.70	73.2	7229	1952
（十五）国家机关、政党机关和社会团体	**81.48**	**45.24**	**55.5**	**48678**	**1076**
国家机关	74.81	40.79	54.5	43779	1073
政党机关	0.31	0.26	84.4	130	500
社会团体	0.95	0.56	59.2	465	830
基层群众自治组织	5.42	3.64	67.1	4304	1184
（十六）其他行业	**55.07**	**20.87**	**37.9**	**25230**	**1209**
其他行业	55.07	20.87	37.9	25230	1209

10－38 更新改造分行业住宅建筑面积和造价

地　　区	施工住宅面　积（万平方米）	竣工住宅面　积（万平方米）	住宅建筑面积竣工率（%）	竣工住宅价　值（万元）	竣工住宅造　价（元/平方米）
全国总计	**535.18**	**280.57**	**52.4**	**206305**	**735**
（一）农、林、牧、渔业	**20.08**	**15.42**	**76.8**	**8590**	**557**
农业	10.46	6.62	63.3	3647	551
林业	8.06	7.47	92.7	3994	535
畜牧业	0.36	0.36	100.0	465	1301
渔业					
农、林、牧、渔服务业	1.20	0.97	80.7	484	498
（二）采掘业	**95.52**	**45.75**	**47.9**	**27434**	**600**
煤炭采选业	48.26	30.57	63.4	18610	609
石油和天然气开采业	24.34	1.08	4.4	1131	1045
黑色金属矿采选业	0.09	0.08	88.5	86	1115
有色金属矿采选业	22.53	13.72	60.9	7397	539
非金属矿采选业	0.31	0.31	100.0	210	684
其他矿采选业					
木材及竹材采运业					
（三）制造业	**231.03**	**111.07**	**48.1**	**76943**	**693**
食品加工业	5.91	5.85	99.0	3626	620
食品制造业	4.88	2.46	50.3	1100	448
饮料制造业	9.97	3.58	35.9	2416	675
烟草加工业	1.26	1.26	100.0	1133	901
纺织业	13.44	9.46	70.4	5830	616
服装及其他纤维品制造业	4.03	1.98	49.2	1270	640
皮革、毛皮、羽绒及其制品业	0.21	0.21	100.0	88	419
木材加工及竹、藤、棕、草制品业	0.39	0.29	75.4	161	547
家具制造业	5.62	1.12	19.9	537	479
造纸及纸制品业	1.24	0.60	48.2	315	525
印刷业、记录媒介的复制	2.04	1.84	90.2	1483	805
文教体育用品制造业	0.27	0.27	100.0	211	780
石油加工及炼焦业	0.31	0.25	82.0	389	1528
化学原料及化学制品制造业	12.89	10.72	83.2	7493	699
医药制造业	9.81	1.75	17.9	1327	758
化学纤维制造业	1.10				
橡胶制品业	2.74	2.14	78.2	1520	709
塑料制品业	1.79	1.37	76.5	1598	1171
非金属矿物制品业	13.61	8.61	63.3	5028	584
黑色金属冶炼及压延加工业	52.62	18.92	36.0	9936	525
有色金属冶炼及压延加工业	34.76	4.64	13.4	3491	752
金属制品业	2.56	1.11	43.5	898	808
普通机械制造业	7.98	3.55	44.4	3199	902

地　　区	施工住宅面　　积（万平方米）	竣工住宅面　　积（万平方米）	住宅建筑面积竣工率（%）	竣工住宅价　　值（万元）	竣工住宅造　　价（元/平方米）
专用设备制造业	9.94	4.85	48.8	3630	749
交通运输设备制造业	9.17	8.16	89.1	11479	1406
电气机械及器材制造业	5.34	2.15	40.3	1063	494
电子及通信设备制造业	13.84	11.93	86.2	6450	541
仪器仪表及文化办公用机械制造业	0.33				
其他制造业	2.98	1.98	66.2	1272	644
(四)电力、煤气及水的生产和供应业	**7.97**	**6.99**	**87.7**	**5104**	**731**
电力、蒸汽、热水的生产和供应业	5.09	4.63	91.0	3403	735
煤气的生产和供应业	0.84	0.84	100.0	564	675
自来水的生产和供应业	2.04	1.52	74.4	1137	748
(五)建筑业	**20.01**	**14.78**	**73.8**	**13342**	**903**
土木工程建筑业	18.98	14.78	77.8	13342	903
线路、管道和设备安装业	1.03				
建筑物的装修装饰业					
(六)地质勘查业、水利管理业	**1.51**	**1.41**	**93.9**	**869**	**615**
地质勘查业	0.99	0.99	100.0	634	643
水利管理业	0.52	0.43	82.3	235	549
(七)交通运输、仓储及邮电通信业	**24.88**	**22.43**	**90.2**	**18085**	**806**
铁路运输业	19.71	18.33	93.0	16019	874
公路运输业	2.37	2.17	91.6	1137	523
管道运输业					
水上运输业					
航空运输业					
交通运输辅助业	0.55	0.55	100.0	284	516
其他交通运输业					
仓储业					
邮电通信业	2.24	1.37	61.0	645	471
(八)批发和零售贸易、餐饮业	**29.69**	**21.30**	**71.7**	**16738**	**786**
食品、饮料、烟草和家庭用品批发商业	8.66	6.47	74.7	4318	668
能源、材料和机械电子设备批发业	0.36	0.36	100.0	234	644
其他批发业	2.38	1.04	43.7	605	582
零售业	17.14	12.40	72.3	10930	882
商业经纪与代理业					

10－38 续表 2

地　　区	施工住宅面　　积（万平方米）	竣工住宅面　　积（万平方米）	住宅建筑面积竣工率（%）	竣工住宅价　　值（万元）	竣工住宅造　　价（元/平方米）
餐饮业	1.15	1.03	89.5	651	634
(九)金融、保险业	**0.32**	**0.32**	**100.0**	**185**	**585**
金融业	0.32	0.32	100.0	185	585
保险业					
(十)房地产业	**41.74**	**11.68**	**28.0**	**8038**	**688**
房地产开发与经营业	36.10	8.73	24.2	6268	718
房地产管理业	5.64	2.95	52.3	1770	600
房地产代理与经纪业					
(十一)社会服务业	**18.72**	**6.58**	**35.2**	**3147**	**478**
公共服务业	13.81	6.12	44.3	2848	465
居民服务业					
旅馆业	1.97				
租赁服务业					
旅行社	1.00				
娱乐服务业	0.26				
信息、咨询服务业					
计算机应用服务业					
其他社会服务业	1.68	0.46	27.4	299	650
(十二)卫生、体育和社会福利业	**1.52**	**1.52**	**100.0**	**1817**	**1195**
卫生	0.64	0.64	100.0	504	788
体育	0.45	0.45	100.0	1125	2500
社会福利保障业	0.43	0.43	100.0	188	437
(十三)教育、文化艺术及广播电影电视业	**6.04**	**5.03**	**83.2**	**3887**	**773**
教育	4.71	4.29	91.2	3194	744
文化艺术业	0.32	0.32	100.0	163	514
广播电影电视业	1.02	0.42	41.2	530	1262
(十四)科学研究和综合技术服务业	**0.42**	**0.42**	**100.0**	**367**	**875**
科学研究业					
综合技术服务业	0.42	0.42	100.0	367	875
(十五)国家机关、政党机关和社会团体	**15.83**	**11.63**	**73.4**	**15595**	**1341**
国家机关	15.83	11.63	73.4	15595	1341
政党机关					
社会团体					
基层群众自治组织					
(十六)其他行业	**19.91**	**4.27**	**21.4**	**6164**	**1445**
其他行业	19.91	4.27	21.4	6164	1445

下　篇

十一、房地产开发固定资产投资

11-1 房地产开发投资主要指标

指 标 名 称	2001年	2002年	2002年比2001年增减	
			绝对数	%
一、投资总额(亿元)	**6344.11**	**7790.92**	**1446.81**	**22.8**
1、按构成分				
建筑安装工程	4273.20	5202.72	929.52	21.8
设备、工具、器具投资	122.68	139.75	17.07	13.9
其他费用	1948.24	2448.46	500.22	25.7
2、按工程用途分				
住宅	4216.68	5227.76	1011.08	24.0
其中:经济适用房	599.65	589.04	-10.61	-1.8
办公楼	307.95	381.00	73.05	23.7
商业营业用房	755.30	933.61	178.31	23.6
其他	1064.19	1248.55	184.36	17.3
二、全部项目建设规模(亿元)				
计划总投资	26179.48	32189.10	6009.62	23.0
实际需要的总投资	27552.59	33953.72	6401.13	23.2
自开始建设至本年底				
累计完成投资	15580.22	18998.76	3418.54	21.9
全部建成尚需投资	11972.37	14954.96	2982.59	24.9
三、新增固定资产(亿元)	**4489.02**	**5384.84**	**895.82**	**20.0**
四、房屋建筑面积(万平方米)				
施工面积	79411.68	94104.01	14692.33	18.5
其中:住宅	61582.99	73208.65	11625.66	18.9
竣工面积	29867.36	34975.75	5108.39	17.1
其中:住宅	24625.4	28524.70	3899.30	15.8

11-2 各地区按登记注册类型分的房地产开发单位个数

单位:个

地区	合计	内资					
			国有	集体	股份合作	国有联营	集体联营
全国总计	**32618**	**28657**	**5015**	**2488**	**654**	**92**	**59**
北京	958	718	126	35	25	3	
天津	797	724	146	47	8	5	3
河北	530	497	125	21	14	1	
山西	621	591	157	33	6	1	
内蒙古	604	602	48	11	19		
辽宁	1635	1471	149	44	37	1	
吉林	418	396	63	12	4		
黑龙江	606	565	142	24	8		
上海	2588	2308	420	184	25	16	14
江苏	2122	1878	402	260	65	7	5
浙江	2044	1945	200	138	57	6	4
安徽	1220	1141	252	109	27	2	2
福建	1774	1115	262	95	49	11	8
江西	814	707	152	53	29		
山东	1759	1590	356	242	52	4	3
河南	1107	1002	188	74	16	1	3
湖北	1077	918	251	57	18	6	4
湖南	942	824	199	48	33	1	
广东	3806	3038	509	595	36	17	9
广西	577	470	126	53	8	2	
海南	155	118	28	9	5	3	
重庆	1559	1411	104	50	29	1	1
四川	1646	1573	159	106	41	1	1
贵州	974	909	86	53	11		1
云南	355	336	89	8	6		
西藏	3	3	2				
陕西	509	479	115	40	9	1	
甘肃	633	567	91	66	10	1	1
青海	274	263	22	6	5	1	
宁夏	176	172	15	10	1		
新疆	335	326	31	5	1		

11－2 续表 1　　　　单位：个

地　　区	内　　资						
	国有与集体联营	其他联营	国有独资公司	其他有限责任公司	股份有限公司	私营独资	私营合伙
全国总计	**65**	**60**	**233**	**8967**	**2395**	**252**	**107**
北　　京	1		8	347	59	4	3
天　　津		1	3	276	11	15	
河　　北			3	125	79	1	3
山　　西		1		171	48		1
内 蒙 古	1		1	274	36	8	1
辽　　宁	1	1	8	617	150	16	4
吉　　林			4	138	46	4	
黑 龙 江	1	1	3	189	111	1	1
上　　海	28	7	35	671	59	2	9
江　　苏	6	1	5	468	170	15	4
浙　　江	2	4	22	937	138	1	3
安　　徽	2		5	291	128	11	8
福　　建	1	13	11	277	88	12	11
江　　西	1	3	1	147	71	31	13
山　　东		3	9	479	128	5	3
河　　南	1		10	382	79	5	2
湖　　北	3		4	227	129	11	3
湖　　南	1	2	9	245	105	4	4
广　　东	4	11	41	742	174	37	10
广　　西	1	1	4	105	45	2	
海　　南	2	2	2	45	13	1	
重　　庆	1	3	15	373	85	15	5
四　　川	1	1	6	516	190	12	4
贵　　州	1	2	7	250	47	24	10
云　　南	4		3	99	33	1	
西　　藏							
陕　　西	1	2	3	142	32	5	2
甘　　肃	1	1		137	84	6	1
青　　海				74	32		
宁　　夏			6	96	4		
新　　疆			5	127	21	3	2

11－2 续表 2　　单位：个

地　区	内资 私营有限责任公司	内资 私营股份有限公司	内资 其他内资企业	港澳台投资	合资经营	合作经营	独资
全国总计	**7268**	**861**	**141**	**2884**	**1319**	**693**	**816**
北　京	97	10		168	70	91	4
天　津	198	9	2	51	36	5	10
河　北	97	26	2	23	21		
山　西	156	15	2	20	14		5
内蒙古	183	11	9	1	1		
辽　宁	365	75	3	94	77	5	11
吉　林	93	31	1	13	8		5
黑龙江	68	14	2	23	16	2	5
上　海	816	13	9	197	106	11	79
江　苏	410	52	8	163	113	29	19
浙　江	387	41	5	56	50	1	5
安　徽	260	32	12	48	32	1	12
福　建	242	19	16	462	99	38	321
江　西	159	41	6	72	42	4	22
山　东	258	43	5	124	84	12	26
河　南	202	28	11	74	50	3	17
湖　北	166	32	7	104	60	3	40
湖　南	134	31	8	86	52	6	23
广　东	800	41	12	693	138	445	103
广　西	107	15	1	88	51	24	12
海　南		5	3	22	8	1	12
重　庆	653	71	5	112	68	5	36
四　川	480	51	4	54	34	3	13
贵　州	332	85		51	27	1	23
云　南	82	11		14	12		2
西　藏	1						
陕　西	115	6	6	20	15	2	1
甘　肃	144	23	1	38	24		9
青　海	105	18		5	3	1	1
宁　夏	38	2		2	2		
新　疆	120	10	1	6	6		

11－2 续表 3　　　　单位：个

地　　区	港澳台	外商投资				
	股份有限		合资经营	合作经营	独资	股份有限
全国总计	**56**	**1077**	**561**	**134**	**352**	**30**
北　　京	3	72	25	46	1	
天　　津		22	16	4	2	
河　　北	2	10	8		1	1
山　　西	1	10	7		2	1
内 蒙 古		1	1			
辽　　宁	1	70	55	7	4	4
吉　　林		9	7	1	1	
黑 龙 江		18	15	1	1	1
上　　海	1	83	31	5	47	
江　　苏	2	81	56	6	17	2
浙　　江		43	35	2	6	
安　　徽	3	31	15	1	15	
福　　建	4	197	41	8	147	1
江　　西	4	35	20	2	8	5
山　　东	2	45	30	4	10	1
河　　南	4	31	20	1	8	2
湖　　北	1	55	31	5	19	
湖　　南	5	32	22	2	5	3
广　　东	7	75	32	27	15	1
广　　西	1	19	12	5		2
海　　南	1	15	2	1	12	
重　　庆	3	36	27		7	2
四　　川	4	19	13	2	3	1
贵　　州		14	4	1	9	
云　　南		5	4	1		
西　　藏						
陕　　西	2	10	6	2	1	1
甘　　肃	5	28	18		8	2
青　　海		6	3		3	
宁　　夏		2	2			
新　　疆		3	3			

11-3 各地区房地产开发投资总规模与完成情况

单位:万元

地 区	计划总投资	实际需要总投资	自开始建设至本年底累计完成投资	
				本年完成投资
全国总计	**321891027**	**339537249**	**189987554**	**77909223**
北 京	58468201	61378089	30305884	9894132
天 津	7612074	8279259	4677174	1758446
河 北	4738415	4866709	2738506	1750411
山 西	2549292	2735806	1445814	674331
内 蒙 古	1396457	1430886	1044898	725322
辽 宁	13328507	13905321	8086188	3883147
吉 林	3072143	3134106	1634630	1167724
黑 龙 江	3474918	3543170	2102119	1457937
上 海	37722374	39619781	25307759	7488920
江 苏	14642203	15135808	9131349	5441317
浙 江	23377536	24168304	14129943	7287980
安 徽	5344921	5483641	2810477	1464887
福 建	12673908	13774561	6973882	2489869
江 西	3700676	3882504	1532537	1036441
山 东	12727921	13173677	7094296	3911649
河 南	5279747	5449475	3140092	1383602
湖 北	7264625	8467860	5331322	1786402
湖 南	5449008	5532843	2928393	1509229
广 东	58293924	63452595	36032179	11152547
广 西	3770160	3946242	2073687	752807
海 南	915254	920182	480040	201112
重 庆	9807819	10195036	5519382	2459130
四 川	10124140	10405449	5910963	3443775
贵 州	3344347	3508610	1664560	830128
云 南	3139872	3233181	2326284	962623
西 藏	34280	34280	29321	27692
陕 西	5003215	5104281	2679693	1235686
甘 肃	1485979	1536366	712771	377112
青 海	688613	690838	345591	169171
宁 夏	484905	508077	381820	308634
新 疆	1975593	2040312	1416000	877060

单位:万元

地 区	累计新增固定资产	未完工程累计投资	全部建成尚需投资	未完工程占用率(%)
全国总计	**87642283**	**87285776**	**149549695**	**112.0**
北 京	14253334	14579498	31072205	147.4
天 津	2107677	2073119	3602085	117.9
河 北	1415491	835696	2128203	47.7
山 西	819507	416157	1289992	61.7
内 蒙 古	646950	383668	385988	52.9
辽 宁	3590696	3861022	5819133	99.4
吉 林	1137761	432658	1499476	37.1
黑 龙 江	1243528	759100	1441051	52.1
上 海	8816970	11994266	14312022	160.2
江 苏	4563281	3798096	6004459	69.8
浙 江	5701823	7776282	10038361	106.7
安 徽	1531726	1098212	2673164	75.0
福 建	2838428	3418376	6800679	137.3
江 西	681840	698286	2349967	67.4
山 东	3683303	2942161	6079381	75.2
河 南	1346449	1646336	2309383	119.0
湖 北	2322167	1989235	3136538	111.4
湖 南	1266750	1556234	2604450	103.1
广 东	18546637	16270580	27420416	145.9
广 西	977734	1009629	1872555	134.1
海 南	129020	336344	440142	167.2
重 庆	2131779	3032276	4675654	123.3
四 川	2930897	2357642	4494486	68.5
贵 州	735561	853732	1844050	102.8
云 南	1190655	1095121	906897	113.8
西 藏	24725	4596	4959	16.6
陕 西	1446412	1092992	2424588	88.5
甘 肃	273346	273993	823595	72.7
青 海	180795	163796	345247	96.8
宁 夏	208229	119297	126257	38.7
新 疆	898812	417376	624312	47.6

11-4 各地区房地产开发投资和新增固定资产

单位:万元

地 区	投资额	新增固定资产	固定资产交付使用率(%)
全国总计	**77909223**	**53848445**	**69.1**
北 京	9894132	7392104	74.7
天 津	1758446	1120878	63.7
河 北	1750411	1024605	58.5
山 西	674331	566354	84.0
内蒙古	725322	611854	84.4
辽 宁	3883147	2792170	71.9
吉 林	1167724	943180	80.8
黑龙江	1457937	904095	62.0
上 海	7488920	5366865	71.7
江 苏	5441317	3521864	64.7
浙 江	7287980	4192006	57.5
安 徽	1464887	954570	65.2
福 建	2489869	1954717	78.5
江 西	1036441	527661	50.9
山 东	3911649	2501460	63.9
河 南	1383602	854428	61.8
湖 北	1786402	1441640	80.7
湖 南	1509229	918169	60.8
广 东	11152547	8546153	76.6
广 西	752807	343193	45.6
海 南	201112	108510	54.0
重 庆	2459130	1527327	62.1
四 川	3443775	2348694	68.2
贵 州	830128	556179	67.0
云 南	962623	639581	66.4
西 藏	27692	24725	89.3
陕 西	1235686	759527	61.5
甘 肃	377112	237187	62.9
青 海	169171	137557	81.3
宁 夏	308634	206730	67.0
新 疆	877060	824462	94.0

11－5 各地区按登记注册类型分的房地产开发投资

单位:万元

地 区	合 计	内 资	国有	集体	股份合作	国有联营	集体联营
全国总计	**77909223**	**66956903**	**11282737**	**3175088**	**1437769**	**163319**	**142382**
北 京	9894132	8342623	1781551	252536	265856	14731	
天 津	1758446	1647950	330433	55715	23035	2905	466
河 北	1750411	1659774	467150	58924	45721	1590	
山 西	674331	600306	142915	23710	13034	5600	
内蒙古	725322	724342	46615	7276	31824		
辽 宁	3883147	3329324	191060	50798	48302	700	
吉 林	1167724	1100410	114628	15331	7008		
黑龙江	1457937	1388315	230050	13995	21525		
上 海	7488920	6460660	665659	302339	53481	28553	29337
江 苏	5441317	4802577	1364769	352563	162692	7289	16999
浙 江	7287980	7021747	812916	299402	147592	22567	13808
安 徽	1464887	1370633	303801	96248	32183	530	4043
福 建	2489869	1555447	419128	118828	66396	8618	18794
江 西	1036441	842577	199133	31752	45250		
山 东	3911649	3522660	837484	337396	163329	1799	16384
河 南	1383602	1168635	191290	47414	9685	38	650
湖 北	1786402	1529343	337026	35073	31616	17005	5487
湖 南	1509229	1325947	290070	34218	39373	4152	
广 东	11152547	8184605	780951	661644	65306	21504	33828
广 西	752807	596836	140784	46768	6368	1297	
海 南	201112	142857	31744	3309	8855	3702	
重 庆	2459130	2070562	145625	60854	49040	220	770
四 川	3443775	3194079	506989	133311	63656	17117	460
贵 州	830128	779307	80273	29205	2986		1030
云 南	962623	873866	218012	15283	4741		
西 藏	27692	27692	23725				
陕 西	1235686	1165361	480612	45101	17883	1100	
甘 肃	377112	310867	49947	21661	1201		326
青 海	169171	163724	27532	3512	4327	2302	
宁 夏	308634	300123	22282	16057	2000		
新 疆	877060	753754	48583	4865	3504		

11－5 续表 1　　单位:万元

地　区	内　资						
	国有与集体联营	其他联营	国有独资公司	其他有限责任公司	股份有限公司	私营独资	私营合伙
全国总计	**128119**	**123521**	**1232588**	**24730322**	**6745668**	**438126**	**171836**
北　京	952		477399	3718159	790091	11015	4593
天　津			44175	563878	91704	80440	
河　北			9776	392748	303452	1522	3738
山　西				202861	36904		
内蒙古	1000		143	336600	53007	5408	615
辽　宁	1100		78188	1387612	424981	14609	10709
吉　林			9577	494516	114715	7026	
黑龙江			8650	470576	417522	187	9500
上　海	74457	6900	154153	2211762	292678	20763	7718
江　苏	11716	1783	24833	1309396	441678	30629	5805
浙　江	4586	3233	87119	3953248	592809	1	3850
安　徽	2975		6319	376174	133876	11357	13680
福　建	7735	5831	20301	397443	117556	1593	26594
江　西	7476	6720	2940	203575	80944	20042	10621
山　东		3230	14762	1098156	363521	9454	9260
河　南			19381	485119	161714	10748	1680
湖　北	240		4053	459683	186698	14617	6918
湖　南	1080	1030	19553	549820	154905	3370	2969
广　东	2616	83306	144585	2749028	956678	129393	29652
广　西	200	4065	12218	155737	51456	4227	
海　南	1616	230		70484	9885	1889	
重　庆	3260	5454	24737	616878	169073	13158	3534
四　川	65	300	13711	1071648	376215	10161	13980
贵　州	1895	138	2444	227642	62622	20504	3586
云　南	1185		6975	302604	134207	320	
西　藏							
陕　西	3965	1301	6335	241906	84772	9585	1592
甘　肃				90537	47159	2708	
青　海				62834	29381		
宁　夏			5089	177808	27755		
新　疆			35172	351890	37710	3400	1242

11－5 续表 2 单位：万元

地　　区	内　　资			港澳台投资			
	私营有限责任公司	私营股份有限公司	其他内资企业		合　资经　营	合　作经　营	独　资
全国总计	**15541823**	**1377100**	**266505**	**7879248**	**3261577**	**2348246**	**2137765**
北　　京	986931	38809		1117361	233878	677709	134227
天　　津	428486	16477	10236	82267	68250	9253	4764
河　　北	307388	60185	7580	50641	48935		
山　　西	146315	24319	4648	69869	52570		16399
内 蒙 古	223804	15792	2258	330	330		
辽　　宁	970782	149532	951	231694	163926	27777	39991
吉　　林	216262	117376	3971	35460	25010		10450
黑 龙 江	160715	52830	2765	35993	16698	560	18735
上　　海	2549043	39526	24291	539453	238933	16896	283624
江　　苏	993616	64443	14366	412643	301540	48827	62276
浙　　江	984105	82995	13516	136329	116051	1	20277
安　　徽	337327	42278	9842	61568	43228	20	14550
福　　建	303763	13961	28906	581823	125116	66586	389419
江　　西	176768	53993	3363	151760	86545	3145	56051
山　　东	588302	72203	7380	285535	201573	29552	48845
河　　南	205537	22062	13317	146347	74403	9990	58016
湖　　北	359132	35568	36227	140918	65873	24669	49596
湖　　南	169633	49201	6573	149432	89114	7547	47376
广　　东	2426419	72659	27036	2636483	625294	1317693	684925
广　　西	147600	24701	1415	111101	65311	30293	12194
海　　南		1258	9885	37994	22466	390	9673
重　　庆	877567	88704	11688	324928	194636	56488	71395
四　　川	884449	100045	1972	201773	113155	15170	64736
贵　　州	280794	66188		39936	29899	364	9673
云　　南	168174	22365		71095	63295		7800
西　　藏	3967						
陕　　西	233141	23427	14641	50577	41861	5316	1300
甘　　肃	90213	6815	300	53521	31270		21473
青　　海	26683	7153					
宁　　夏	47402	1730		698	698		
新　　疆	247505	10505	9378	121719	121719		

11－5 续表 3

单位:万元

地　　区	港澳台	外商投资				
	股份有限		合资经营	合作经营	独资	股份有限
全国总计	**131660**	**3073072**	**1603189**	**483157**	**946410**	**40316**
北　　京	71547	434148	139894	292781	1473	
天　　津		28229	8669	5160	14400	
河　　北	1706	39996	31196		7500	1300
山　　西	900	4156	3495		111	550
内 蒙 古		650	650			
辽　　宁		322129	243907	33512	29600	15110
吉　　林		31854	29754	2000	100	
黑 龙 江		33629	17105	14400	2124	
上　　海		488807	253269	7492	228046	
江　　苏		226097	138543	2080	85264	210
浙　　江		129904	104658	1981	23265	
安　　徽	3770	32686	19875	10	12801	
福　　建	702	352599	72472	4228	275898	1
江　　西	6019	42104	24244	1113	13408	3339
山　　东	5565	103454	77312	12142	12240	1760
河　　南	3938	68620	41459	3500	22261	1400
湖　　北	780	116141	47899	4479	63763	
湖　　南	5395	33850	22940	621	7195	3094
广　　东	8571	331459	156846	76941	96292	1380
广　　西	3303	44870	30653	10014		4203
海　　南	5465	20261	1157	5325	13779	
重　　庆	2409	63640	47872		12447	3321
四　　川	8712	47923	31735	4340	11300	548
贵　　州		10885	4084	390	6411	
云　　南		17662	17442	220		
西　　藏						
陕　　西	2100	19748	17077	428	243	2000
甘　　肃	778	12724	8099		2525	2100
青　　海		5447	1483		3964	
宁　　夏		7813	7813			
新　　疆		1587	1587			

11－6 各地区按资质等级分的房地产开发投资

单位:万元

地区	完成投资	一级	二级	三级
全国总计	**77909223**	**6705838**	**14508551**	**25631418**
北京	9894132	1658279	941775	181409
天津	1758446	266586	304493	288955
河北	1750411	3875	347465	535356
山西	674331	13648	130264	210117
内蒙古	725322	7133	55282	193512
辽宁	3883147	261806	539836	2375405
吉林	1167724	118877	88381	417662
黑龙江	1457937	96415	243945	805636
上海	7488920	636277	1229824	1007388
江苏	5441317	389522	1149711	3377436
浙江	7287980	525694	1394762	3218564
安徽	1464887	88083	170888	600211
福建	2489869	76120	246570	1039623
江西	1036441	2353	274217	313792
山东	3911649	276617	312077	1161551
河南	1383602	110280	294253	631466
湖北	1786402	237287	548899	601696
湖南	1509229	26576	385139	851460
广东	11152547	1158214	3030191	2892175
广西	752807	15230	86852	387318
海南	201112	9980	49899	27745
重庆	2459130	161849	906172	1267350
四川	3443775	185683	616581	1766909
贵州	830128	23074	146187	283390
云南	962623	79771	301284	195151
西藏	27692		11492	16200
陕西	1235686	99171	306708	419054
甘肃	377112	485	89808	172206
青海	169171		43584	48206
宁夏	308634	36523	69000	89191
新疆	877060	140430	193012	255284

地 区	四 级	暂 定	其 他
全国总计	**9574850**	**13841955**	**7646611**
北 京	50953	7061716	
天 津	546146	332736	19530
河 北	701438	132486	29791
山 西	194456	108280	17566
内 蒙 古	345137	64840	59418
辽 宁	93792	446427	165881
吉 林	391265	144743	6796
黑 龙 江	12223	204182	95536
上 海			4615431
江 苏	253251	228891	42506
浙 江	1367196	501630	280134
安 徽	274853	309921	20931
福 建	480252	557537	89767
江 西	263803	153812	28464
山 东	1207170	660274	293960
河 南	164145	142709	40749
湖 北	176417	204291	17812
湖 南	130939	103438	11677
广 东	1242947	1583157	1245863
广 西	102952	148267	12188
海 南	22847	68983	21658
重 庆	61746	52169	9844
四 川	419429	190814	264359
贵 州	316258	60301	918
云 南	312097	48769	25551
西 藏			
陕 西	162745	51824	196184
甘 肃	44300	53830	16483
青 海	55438	17802	4141
宁 夏	63739	36708	13473
新 疆	116916	171418	

11－7　各地区按构成分的房地产开发投资

单位：万元

地　区	投资额	建筑安装工程	设备工器具购置	其他费用
全国总计	**77909223**	**52027176**	**1397474**	**24484573**
北　京	9894132	5727023	315151	3851958
天　津	1758446	1118672	15320	624454
河　北	1750411	1228232	17841	504338
山　西	674331	481551	10048	182732
内蒙古	725322	580718	5198	139406
辽　宁	3883147	2724912	79696	1078539
吉　林	1167724	953827	8810	205087
黑龙江	1457937	1021700	23967	412270
上　海	7488920	4662301	100504	2726115
江　苏	5441317	3550038	76234	1815045
浙　江	7287980	4217970	74901	2995109
安　徽	1464887	1042480	11216	411191
福　建	2489869	1829129	23997	636743
江　西	1036441	663371	7678	365392
山　东	3911649	2856167	44522	1010960
河　南	1383602	1005790	14154	363658
湖　北	1786402	1275368	30011	481023
湖　南	1509229	1009772	18447	481010
广　东	11152547	7632673	278925	3240949
广　西	752807	527019	12164	213624
海　南	201112	157463	9618	34031
重　庆	2459130	1682614	82468	694048
四　川	3443775	2390994	51609	1001172
贵　州	830128	592351	14958	222819
云　南	962623	726654	11697	224272
西　藏	27692	24292		3400
陕　西	1235686	970931	20651	244104
甘　肃	377112	293811	7349	75952
青　海	169171	120415	2611	46145
宁　夏	308634	230527	1317	76790
新　疆	877060	728411	26412	122237

11－8 各地区按用途分的房地产开发投资

单位：万元

地 区	完成投资	住 宅	#别墅、高档公寓	经济适用房	办公楼	商业营业用房	其他
全国总计	**77909223**	**52277560**	**5169632**	**5890445**	**3810018**	**9336107**	**12485538**
北 京	9894132	5867410	828075	690691	973262	576078	2477382
天 津	1758446	1031788	140597	365162	75122	147244	504292
河 北	1750411	1054067	20070	323032	58974	258502	378868
山 西	674331	369041	2203	176681	46104	88518	170668
内蒙古	725322	386601	1107	156777	27298	210924	100499
辽 宁	3883147	2758906	195132	317602	182161	632742	309338
吉 林	1167724	798763	26058	209773	36066	249163	83732
黑龙江	1457937	771661	10938	262677	76021	276203	334052
上 海	7488920	5677598	797348		335212	624874	851236
江 苏	5441317	3950913	371636	325427	257963	709553	522888
浙 江	7287980	5470212	429636	235738	321825	1015394	480549
安 徽	1464887	892229	34417	139563	47439	222294	302925
福 建	2489869	1607802	112741	67733	99895	298477	483695
江 西	1036441	542829	11734	97724	25178	166492	301942
山 东	3911649	2761831	114907	315493	158485	474953	516380
河 南	1383602	1013116	74451	168337	25081	163175	182230
湖 北	1786402	1324781	128368	242933	69205	136947	255469
湖 南	1509229	797985	95448	255830	61185	216610	433449
广 东	11152547	7718709	1089828	140811	456123	1180111	1797604
广 西	752807	447149	9966	34169	9457	103038	193163
海 南	201112	139207	61660	20688	12915	20946	28044
重 庆	2459130	1306998	95204	124857	95679	420038	636415
四 川	3443775	2402464	230295	216679	75768	535549	429994
贵 州	830128	469696	15817	70523	46740	133932	179760
云 南	962623	726949	155437	183141	24129	82536	129009
西 藏	27692	19065	3440	15173	1658	3055	3914
陕 西	1235686	843509	92133	349337	76352	119361	196464
甘 肃	377112	253572	1218	70852	15309	51373	56858
青 海	169171	94830	175	49297	14657	13913	45771
宁 夏	308634	207236	8592	27014	23636	50614	27148
新 疆	877060	570643	11001	236731	81119	153498	71800

11－9 各地区按隶属关系分的房地产开发投资

单位：万元

地区	合计	中央项目	地方项目				
				省属	地市属	县属	其他
全国总计	**77909223**	**1391237**	**76517986**	**6934318**	**20535895**	**14770992**	**34276781**
北京	9894132	222038	9672094	2023256	1258375	515982	5874481
天津	1758446	15967	1742479	268684	36061	70774	1366960
河北	1750411	21360	1729051	73288	741381	459118	455264
山西	674331	1273	673058	54292	259687	140237	218842
内蒙古	725322	1000	724322	40063	162879	115912	405468
辽宁	3883147	36627	3846520	172552	1045958	690036	1937974
吉林	1167724	4023	1163701	33443	298463	163516	668279
黑龙江	1457937	110696	1347241	278213	577088	99106	392834
上海	7488920	251397	7237523	1213498		1662202	4361823
江苏	5441317	13742	5427575	71953	1601723	2113084	1640815
浙江	7287980	23921	7264059	382804	1864729	2106949	2909577
安徽	1464887	30289	1434598	56853	628944	218072	530729
福建	2489869	19431	2470438	135117	1178891	622980	533450
江西	1036441	4977	1031464	93839	299041	203765	434819
山东	3911649	92469	3819180	238406	1116475	1156616	1307683
河南	1383602	4537	1379065	104235	463988	135480	675362
湖北	1786402	35370	1751032	89149	780494	173940	707449
湖南	1509229	13288	1495941	167265	489868	310589	528219
广东	11152547	351722	10800825	331988	4947992	1805653	3715192
广西	752807	1987	750820	39399	437926	67065	206430
海南	201112	4660	196452	41825	37570	283	116774
重庆	2459130	31050	2428080	242521	36947	600918	1547694
四川	3443775	29074	3414701	193217	1064189	627576	1529719
贵州	830128	27495	802633	53552	51707	114593	582781
云南	962623		962623	219407	208504	154548	380164
西藏	27692		27692	3967	23725		
陕西	1235686	6304	1229382	108054	525353	188619	407356
甘肃	377112	5335	371777	54989	80051	59373	177364
青海	169171		169171	2000	136006	22279	8886
宁夏	308634	176	308458	67116	93536	30989	116817
新疆	877060	31029	846031	79373	88344	140738	537576

11－10 各地区房地产开发投资财务拨款

单位:万元

地区	本年资金来源合计	上年末结余资金	本年资金来源小计	本年各项应付款合计
全国总计	**113960180**	**16460644**	**97499536**	**14082300**
北京	16468566	2784218	13684348	708857
天津	2650293	356544	2293749	507767
河北	2007906	211264	1796642	306087
山西	935558	103770	831788	183488
内蒙古	660842	28497	632345	126470
辽宁	4913550	733003	4180547	936514
吉林	1270922	77071	1193851	219226
黑龙江	1415734	97988	1317746	214114
上海	12246147	2163867	10082280	1830605
江苏	7245973	936354	6309619	1044378
浙江	11699030	1282581	10416449	723126
安徽	2048516	302808	1745708	297883
福建	4649075	940061	3709014	448493
江西	1306300	154771	1151529	240234
山东	5128092	640702	4487390	780247
河南	1869477	288369	1581108	211633
湖北	3065616	417361	2648255	536238
湖南	1743994	158803	1585191	240879
广东	17312946	2788985	14523961	2264657
广西	1193643	169240	1024403	210984
海南	229380	16995	212385	30904
重庆	3148171	386096	2762075	376656
四川	4462269	526332	3935937	486045
贵州	1200590	237397	963193	195452
云南	1293222	214890	1078332	234523
西藏	30505	3598	26907	5000
陕西	1508811	196285	1312526	311505
甘肃	511272	68063	443209	143295
青海	191669	11711	179958	22296
宁夏	345325	20265	325060	52250
新疆	1206786	142755	1064031	192494

11－11　各地区房地产开发投资财务拨款资金来源

单位:万元

地　　区	本年资金来源小计	国家预算内资金	国　内贷　款	债　　券
全国总计	**97499536**	**118044**	**22203357**	**22439**
北　　京	13684348		3827658	12300
天　　津	2293749		484106	10
河　　北	1796642	10460	313195	
山　　西	831788	1577	214109	
内 蒙 古	632345		89935	270
辽　　宁	4180547	12800	800959	
吉　　林	1193851	1182	138316	50
黑 龙 江	1317746	4570	236117	
上　　海	10082280		2275731	
江　　苏	6309619		1584325	
浙　　江	10416449	800	2986153	520
安　　徽	1745708	1795	286522	
福　　建	3709014	5154	744547	60
江　　西	1151529	4805	227576	
山　　东	4487390		919826	
河　　南	1581108		358322	
湖　　北	2648255	31847	318764	
湖　　南	1585191	31851	340201	5787
广　　东	14523961	570	3173664	3228
广　　西	1024403		236889	
海　　南	212385		29182	
重　　庆	2762075	3675	681865	
四　　川	3935937		895961	
贵　　州	963193		184744	
云　　南	1078332	1548	220681	
西　　藏	26907		9300	164
陕　　西	1312526	4960	252144	
甘　　肃	443209	102	93337	
青　　海	179958		25469	50
宁　　夏	325060		95248	
新　　疆	1064031	348	158511	

单位:万元

地　　区	利用外资	外商直接投资	自筹资金	其他资金来源
全国总计	**1572284**	**1241285**	**27384451**	**46198961**
北　京	167728	132762	2868355	6808307
天　津	38839	24069	819828	950966
河　北	5889	2772	643364	823734
山　西	2191	2191	292637	321274
内蒙古	1153	1153	317341	223646
辽　宁	63316	35020	1658685	1644787
吉　林	7337	4858	612454	434512
黑龙江	6233	6233	618710	452116
上　海	324878	214735	2682756	4798915
江　苏	89817	86289	1769532	2865945
浙　江	29296	26975	1794516	5605164
安　徽	10164	9811	616753	830474
福　建	183219	165316	730457	2045577
江　西	59687	58736	437115	422346
山　东	41010	40110	1555080	1971474
河　南	2638	2248	522240	697908
湖　北	10592	9726	749850	1537202
湖　南	28526	25706	556220	622606
广　东	402664	308324	3815386	7128449
广　西	18034	17186	228534	540946
海　南	11468	11468	94058	77677
重　庆	36514	28578	949051	1090970
四　川	19583	17583	1245766	1774627
贵　州	1541	1541	293969	482939
云　南	400	400	192881	662822
西　藏			7632	9811
陕　西	3506	3454	516145	535771
甘　肃	1060	800	173795	174915
青　海	5001	3241	93406	56032
宁　夏			72228	157584
新　疆			455707	449465

11－12　各地区房地产土地开发情况

单位：平方米

地　　区	本年完成开发土地面积	待开发土地面积	本年购置土地面积
全国总计	**194159502**	**191786525**	**313567845**
北　　京	9249958	8381342	20925048
天　　津	5750092	573336	5826533
河　　北	11997580	2310048	9861290
山　　西	2006569	1841301	3209665
内 蒙 古	1644930	606686	2710947
辽　　宁	10432199	1684202	13847043
吉　　林	2726807	110523	2432435
黑 龙 江	2196513	704180	3892116
上　　海	3393322	14289753	10103292
江　　苏	16116186	13441071	22397482
浙　　江	16967367	16243832	36395902
安　　徽	6704836	5973266	11827342
福　　建	7364468	9322503	13643078
江　　西	7216597	5809381	11639550
山　　东	14175879	6135367	23855984
河　　南	4247820	4551614	7592160
湖　　北	8618707	10597670	17099823
湖　　南	7281997	8960824	10181992
广　　东	24970971	42183756	24826348
广　　西	4000312	4372300	5170220
海　　南	106687	127792	437251
重　　庆	6619413	12018549	13202566
四　　川	4285920	4972861	17974065
贵　　州	3983355	2198345	2913890
云　　南	3643076	2372269	6828420
西　　藏	125835	786	150000
陕　　西	2651164	8673165	5068805
甘　　肃	1575035	1067461	2151845
青　　海	883043	51449	1108488
宁　　夏	267241	329317	1466829
新　　疆	2955623	1881576	4827436

11－13 各地区房地产开发房屋建筑面积和造价

地　区	施工房屋面积(万平方米)	竣工房屋面积(万平方米)	房屋建筑面积竣工率(%)	竣工房屋价值(万元)	竣工房屋造价(元/平方米)
全国总计	**94104.01**	**34975.75**	**37.2**	**41416949**	**1184**
北　京	7510.75	2384.44	31.7	4223485	1771
天　津	2135.56	746.44	35.0	724976	971
河　北	2140.77	839.04	39.2	888070	1058
山　西	994.20	447.00	45.0	492457	1102
内蒙古	1085.69	583.38	53.7	517317	887
辽　宁	4754.11	1984.29	41.7	2061219	1039
吉　林	1463.88	755.85	51.6	868339	1149
黑龙江	1589.59	803.59	50.6	746915	929
上　海	6856.96	1984.68	28.9	4240845	2137
江　苏	6115.77	2696.69	44.1	2699623	1001
浙　江	8190.27	2660.60	32.5	3553996	1336
安　徽	2403.52	1062.48	44.2	809770	762
福　建	4114.64	1323.49	32.2	1372790	1037
江　西	1678.74	688.21	41.0	456033	663
山　东	5247.32	2189.65	41.7	2248040	1027
河　南	2484.01	892.32	35.9	678271	760
湖　北	2551.14	1072.45	42.0	1103541	1029
湖　南	2084.39	807.80	38.8	768698	952
广　东	12024.89	3908.76	32.5	6524742	1669
广　西	1258.47	352.49	28.0	280593	796
海　南	272.84	54.46	20.0	98893	1816
重　庆	4414.96	1390.73	31.5	1268348	912
四　川	5272.00	2312.34	43.9	1993687	862
贵　州	1676.45	514.10	30.7	338058	658
云　南	1205.21	561.53	46.6	521258	928
西　藏	19.05	16.16	84.8	24725	1530
陕　西	1868.61	642.07	34.4	623612	971
甘　肃	649.47	220.26	33.9	214598	974
青　海	342.38	133.60	39.0	133285	998
宁　夏	451.48	219.65	48.7	196170	893
新　疆	1246.89	727.21	58.3	744595	1024

11－14 各地区房地产开发住宅建筑面积和造价

地　　区	施工住宅面　积（万平方米）	竣工住宅面　积（万平方米）	住宅建筑面积竣工率（%）	竣工住宅价　值（万元）	竣工住宅造　价（元/平方米）
全国总计	**73208.65**	**28524.70**	**39.0**	**31909883**	**1119**
北　京	5397.60	1926.17	35.7	3187203	1655
天　津	1746.13	673.00	38.5	662588	985
河　北	1745.59	669.48	38.4	652274	974
山　西	771.13	353.83	45.9	340340	962
内蒙古	755.25	412.11	54.6	326348	792
辽　宁	3699.15	1647.75	44.5	1568876	952
吉　林	1096.60	593.55	54.1	631916	1065
黑龙江	1164.75	639.90	54.9	558555	873
上　海	5727.24	1708.11	29.8	3392571	1986
江　苏	4980.11	2263.09	45.4	2182728	964
浙　江	6390.95	2116.16	33.1	2668133	1261
安　徽	1852.72	851.47	46.0	615466	723
福　建	3079.98	1011.33	32.8	1001531	990
江　西	1288.54	523.22	40.6	325613	622
山　东	4209.43	1780.94	42.3	1745702	980
河　南	2088.38	787.61	37.7	552248	701
湖　北	2141.51	915.77	42.8	891144	973
湖　南	1556.59	647.77	41.6	596432	921
广　东	9206.45	3181.25	34.6	5143073	1617
广　西	1002.32	298.50	29.8	225739	756
海　南	210.43	47.35	22.5	86876	1835
重　庆	3081.57	1033.60	33.5	838234	811
四　川	4181.06	1893.79	45.3	1504233	794
贵　州	1237.28	409.99	33.1	247361	603
云　南	975.70	479.99	49.2	435110	906
西　藏	15.70	14.66	93.4	21977	1499
陕　西	1571.76	567.77	36.1	514677	906
甘　肃	508.26	191.30	37.6	169640	887
青　海	256.41	107.87	42.1	103606	961
宁　夏	323.95	161.26	49.8	132761	823
新　疆	946.11	616.12	65.1	586928	953

11－15　各地区按用途分的房地产开发房屋施工面积

单位：平方米

地　区	房屋施工面积合计	住　宅	#别墅、高档公寓	经济适用房	办公楼	商业营业用房	其他
全国总计	**941040052**	**732086501**	**50092312**	**106816205**	**43922952**	**115014464**	**50016135**
北　京	75107467	53975974	5508052	6602332	6726897	4003451	10401145
天　津	21355552	17461303	1823721	6558859	962949	2267216	664084
河　北	21407707	17455898	183661	5541394	617433	2893683	440693
山　西	9941975	7711309	78974	3824841	640339	1322496	267831
内蒙古	10856929	7552469	11465	3131497	387921	2733273	183266
辽　宁	47541112	36991501	2031530	4781921	1948039	7257454	1344118
吉　林	14638817	10965950	511221	2957798	403507	2845360	424000
黑龙江	15895856	11647486	117154	4394874	812504	2924268	511598
上　海	68569627	57272407	6259105		3118265	4331910	3847045
江　苏	61157657	49801122	2873606	4421529	2526382	6515256	2314897
浙　江	81902690	63909463	4024013	3584490	3435962	9480101	5077164
安　徽	24035249	18527221	622518	3277505	969784	3875033	663211
福　建	41146439	30799835	1895776	1521563	2456797	5643023	2246784
江　西	16787381	12885384	486710	2828757	407881	2995239	498877
山　东	52473170	42094317	1193241	5955581	1926423	7096436	1355994
河　南	24840133	20883806	869461	4343895	897819	2542194	516314
湖　北	25511438	21415058	1567599	4107250	964152	2081033	1051195
湖　南	20843886	15565909	1510550	5572671	900640	3451151	926186
广　东	120248925	92064540	9116212	2905307	5529761	13524429	9130195
广　西	12584698	10023188	273303	835374	363940	1574593	622977
海　南	2728353	2104270	743045	507188	146411	299576	178096
重　庆	44149577	30815697	1418053	3389353	2101670	8143442	3088768
四　川	52720038	41810569	2938946	4961784	1281874	7595424	2032171
贵　州	16764517	12372845	260684	2033464	976376	2925614	489682
云　南	12052068	9756979	1351643	3401575	411273	1168859	714957
西　藏	190536	156966	17200	129405	15763	16835	972
陕　西	18686050	15717641	2046432	7056624	1181029	1339556	447824
甘　肃	6494678	5082642	122038	1498814	361452	923325	127259
青　海	3423779	2564121	9715	1485810	415454	396227	47977
宁　夏	4514820	3239509	107514	428316	319941	802794	152576
新　疆	12468928	9461122	119170	4776434	714314	2045213	248279

11－16 各地区按用途分的房地产开发房屋新开工面积

单位:平方米

地　区	房屋新开工面积合计	住　宅			办公楼	商业营业用房	其他
			＃别墅、高档公寓	经济适用房			
全国总计	**428005187**	**347193487**	**22781702**	**52796814**	**12542432**	**49264758**	**19004510**
北　京	32059976	24557205	2242171	3432797	2228025	1265510	4009236
天　津	8252798	6531227	887702	1798259	327112	1062178	332281
河　北	9947542	8448950	37575	2511952	246844	1101077	150671
山　西	4788764	3897158	58704	1952180	174287	622318	95001
内蒙古	6435682	4483207	6217	1598393	281827	1558320	112328
辽　宁	24190374	19814062	835198	2984569	434014	3227525	714773
吉　林	10087551	7353935	101655	2070360	318427	2182475	232714
黑龙江	8685336	6402919	18859	2268166	325869	1654509	302039
上　海	26127421	23099817	3019501		459116	1368242	1200246
江　苏	36019475	29972970	1387822	3023645	993692	3740668	1312145
浙　江	37388160	29825847	1763068	1722593	1075947	4398955	2087411
安　徽	12406507	9496571	422978	1593885	414089	2075155	420692
福　建	16012554	12860509	811423	474182	476132	1896787	779126
江　西	9353900	7340511	138999	1715160	177305	1586813	249271
山　东	28044654	23191178	487967	2974283	615447	3559866	678163
河　南	11557120	9960788	408038	1770397	215574	1111979	268779
湖　北	12070626	10752239	1037343	2150951	237142	702577	378668
湖　南	9935347	7748296	749942	2452674	240609	1590064	356378
广　东	41752257	34462452	4437337	990627	901131	4050047	2338627
广　西	6269459	5250503	122937	436722	32862	701819	284275
海　南	731926	628054	166411	138466	39771	50906	13195
重　庆	17094732	12775471	542051	1751048	555690	2698696	1064875
四　川	26042819	21274359	1099432	2745393	467950	3596999	703511
贵　州	5372101	4224681	14302	764867	235647	721198	190575
云　南	4555368	3917653	441247	1486617	70994	377421	189300
西　藏	161575	146605	17200	129405		14970	
陕　西	9502580	8517988	1311196	4144960	291647	451783	241162
甘　肃	2634378	2251938	81750	683136	22474	298518	61448
青　海	1680793	1351368		671509	163398	139128	26899
宁　夏	3072998	2319308	65160	351029	175685	476992	101013
新　疆	5770414	4335718	67517	2008589	343725	981263	109708

11－17 各地区按用途分的房地产开发房屋竣工面积

单位：平方米

地　　区	房屋竣工面积合　计	住　宅	＃别墅、高档公寓	经济适用房	办公楼	商业营业用房	其他
全国总计	**349757534**	**285246967**	**16255796**	**54099744**	**10136477**	**39397548**	**14976542**
北　京	23844420	19261653	1619176	2304123	974465	829498	2778804
天　津	7464369	6730048	511391	2705093	81051	562322	90948
河　北	8390388	6694817	81205	2702904	245391	1241251	208929
山　西	4470010	3538252	20270	1912172	335609	513739	82410
内蒙古	5833813	4121135	11465	1871001	133975	1495681	83022
辽　宁	19842947	16477489	571860	2253654	634760	2310865	419833
吉　林	7558510	5935498	142425	1777186	211244	1224620	187148
黑龙江	8035908	6398979	94395	3374986	229070	1209003	198856
上　海	19846827	17081128	1728240		548263	1278324	939112
江　苏	26966905	22630890	1299177	2397515	630602	2793273	912140
浙　江	26605980	21161633	896734	1525144	948767	3070825	1424755
安　徽	10624754	8514700	211803	1664101	275445	1597656	236953
福　建	13234937	10113345	329502	911382	465347	2075356	580889
江　西	6882103	5232175	121506	1409907	139366	1244591	265971
山　东	21896483	17809358	472828	3136142	456542	3102060	528523
河　南	8923164	7876118	412069	2068943	208255	647897	190894
湖　北	10724481	9157677	639313	2472928	280702	770669	515433
湖　南	8077986	6477740	650253	2888659	283808	1043105	273333
广　东	39087611	31812527	3404739	1485694	936574	3616162	2722348
广　西	3524873	2984988		368794	75811	314347	149727
海　南	544600	473489	230971	120184		63657	7454
重　庆	13907317	10335956	384967	1329751	500084	2262955	808322
四　川	23123374	18937858	1041555	2738181	528736	2987232	669548
贵　州	5141002	4099869	166970	817952	184020	740267	116846
云　南	5615266	4799908	776447	1998017	75519	478806	261033
西　藏	161575	146605	17200	129405		14970	
陕　西	6420725	5677653	247668	2981044	240606	381204	121262
甘　肃	2202632	1913038	24493	609122	96450	167295	25849
青　海	1336040	1078656	1140	633438	82326	150452	24606
宁　夏	2196476	1612630	66184	251941	149089	359141	75616
新　疆	7272058	6161155	79850	3260381	184600	850325	75978

11－18　各地区房地产开发商品房屋实际销售面积

单位:平方米

地　　区	房屋实际销售面积	住　宅	＃别墅、高档公寓	经济适用房	办公楼	商业营业用房	其他
全国总计	**268082855**	**237023148**	**12412605**	**40036071**	**5389175**	**22185849**	**3484683**
北　　京	17083396	16044191	1535914	2202691	440156	328845	270204
天　　津	5639975	5382621	295068	1912815	69350	177621	10383
河　　北	6588468	5648848	38802	2014490	146193	745316	48111
山　　西	2990473	2614277	20579	1342271	87542	273164	15490
内 蒙 古	4221326	3474413	16052	1474938	49964	673458	23491
辽　　宁	12774633	11203614	256781	1333105	206940	1277333	86746
吉　　林	5182828	4326747	118630	1126298	83260	724105	48716
黑 龙 江	6924691	5743325	99919	2664338	131366	968783	81217
上　　海	19714703	18463832	1825467		423532	739337	88002
江　　苏	23218531	20744676	1238436	1969901	371887	1789402	312566
浙　　江	22192981	18739711	807587	1090687	704341	2046011	702918
安　　徽	7948154	6819034	242948	1353397	167646	824140	137334
福　　建	10470513	8829169	299057	880944	311928	1144060	185356
江　　西	5620932	4668139	92238	1288861	67524	799225	86044
山　　东	16958362	14822344	392089	2464231	245509	1614299	276210
河　　南	6399398	5847425	285708	1455652	55148	410225	86600
湖　　北	8056939	7246467	417209	1855414	159642	609257	41573
湖　　南	6022932	5181759	427199	2164524	137863	670275	33035
广　　东	25308134	22600022	1897786	953785	496592	1742901	468619
广　　西	3396290	3022887	339	339051	39272	272986	61145
海　　南	767428	710348	298398	115230	2500	51644	2936
重　　庆	10165825	8704139	356450	902367	255963	1054515	151208
四　　川	18659351	16444828	542880	2105879	356826	1736854	120843
贵　　州	4248542	3785136	70428	615941	54195	388321	20890
云　　南	4002238	3718877	576001	1233939	36043	214633	32685
西　　藏	161575	146605	17200	129405		14970	
陕　　西	4775351	4414080	178172	2022571	137535	170874	52862
甘　　肃	1658323	1522304		284501	62006	73004	1009
青　　海	680359	611661		402008	10834	32447	25417
宁　　夏	1183618	984881	18797	153297	38815	154456	5466
新　　疆	5066586	4556788	46471	2183540	38803	463388	7607

11-19 各地区房地产开发商品房屋实际销售额

单位:万元

地 区	房屋实际销售额	住 宅	#别墅、高档公寓	经济适用房	办公楼	商业营业用房	其他
全国总计	**60323413**	**49578501**	**5155663**	**5136921**	**2336572**	**7739689**	**668651**
北 京	8138380	7166593	1274079	630959	579540	259527	132720
天 津	1402816	1299236	105292	432074	24965	76683	1932
河 北	990574	749483	7465	217631	19818	213222	8051
山 西	429088	327539	2995	134905	26379	73690	1480
内 蒙 古	530070	361721	3332	156599	6390	158654	3305
辽 宁	2732993	2231000	108672	199616	83089	398162	20742
吉 林	862852	648388	47250	148811	12801	194212	7451
黑 龙 江	1248743	918213	38986	382511	36793	276509	17228
上 海	8150324	7398946	1056477		353365	367308	30705
江 苏	4469966	3745486	328698	235083	131898	548402	44180
浙 江	5297841	3987251	269630	173854	276712	909558	124320
安 徽	1025047	798512	42804	132642	24508	179030	22997
福 建	2252829	1539548	85447	110697	83398	601599	28284
江 西	596687	423486	15294	87117	9061	156698	7442
山 东	2721410	2275344	164492	310715	81184	339002	25880
河 南	882902	755043	69998	136361	14184	104332	9343
湖 北	1173101	1020504	95298	188703	29488	115681	7428
湖 南	798501	595908	92044	199849	23280	174591	4722
广 东	8203220	6830099	831151	110983	261084	1019142	92895
广 西	654045	496853	90	34613	10824	135327	11041
海 南	137325	127624	69540	14571	750	8145	806
重 庆	1581505	1111929	101554	79730	61106	385231	23239
四 川	2576376	1957252	123246	170153	77104	525635	16385
贵 州	526138	404183	8000	53503	14745	104313	2897
云 南	765723	663464	137286	156694	10391	82055	9813
西 藏	25348	22600	3440	19160		2748	
陕 西	741858	653823	58725	235740	47186	33652	7197
甘 肃	219830	181922		26528	12543	25228	137
青 海	87898	71375		42850	1420	11845	3258
宁 夏	220736	157019	5856	16097	11463	50687	1567
新 疆	879287	658157	8522	298172	11103	208821	1206